CARLOS MARÍA RAMÍREZ E A CONSTRUÇÃO DE UMA NOVA REPÚBLICA ORIENTAL DO URUGUAI

ENTRE A "NAÇÃO IDEAL" E A "NAÇÃO REAL" (1868-1898)

Editora Appris Ltda.
1.ª Edição - Copyright© 2024 do autor
Direitos de Edição Reservados à Editora Appris Ltda.

Nenhuma parte desta obra poderá ser utilizada indevidamente, sem estar de acordo com a Lei nº 9.610/98. Se incorreções forem encontradas, serão de exclusiva responsabilidade de seus organizadores. Foi realizado o Depósito Legal na Fundação Biblioteca Nacional, de acordo com as Leis nos 10.994, de 14/12/2004, e 12.192, de 14/01/2010.

Catalogação na Fonte
Elaborado por: Josefina A. S. Guedes
Bibliotecária CRB 9/870

D538c 2024	Diana, Elvis de Almeida
	    Carlos María Ramírez e a construção de uma nova República Oriental do Uruguai: entre a "nação ideal" e a "nação real" (1868-1898) / Elvis de Almeida Diana.
	    1. ed. – Curitiba: Appris, 2024.
	    500 p. ; 21 cm. – (Ciências sociais. Seção história).
	
	    Inclui referências.
	    ISBN 978-65-250-6038-5
	
	    1. Uruguai – História. 2. Republicanismo. 3. Intelectuais. 4. Conceitos. 5. Ramírez, Carlos María. I. Título. II. Série.
	<div align="right">CDD – 989</div>

Livro de acordo com a normalização técnica da ABNT

Appris *editora*

Editora e Livraria Appris Ltda.
Av. Manoel Ribas, 2265 – Mercês
Curitiba/PR – CEP: 80810-002
Tel. (41) 3156 - 4731
www.editoraappris.com.br

Printed in Brazil
Impresso no Brasil

Elvis de Almeida Diana

CARLOS MARÍA RAMÍREZ E A CONSTRUÇÃO DE UMA NOVA REPÚBLICA ORIENTAL DO URUGUAI

ENTRE A "NAÇÃO IDEAL" E A "NAÇÃO REAL" (1868-1898)

FICHA TÉCNICA

EDITORIAL — Augusto Coelho
Sara C. de Andrade Coelho

COMITÊ EDITORIAL — Marli Caetano
Andréa Barbosa Gouveia - UFPR
Edmeire C. Pereira - UFPR
Iraneide da Silva - UFC
Jacques de Lima Ferreira - UP

SUPERVISOR DA PRODUÇÃO — Renata Cristina Lopes Miccelli

PRODUÇÃO EDITORIAL — Sabrina Costa

REVISÃO — Camila Dias Manoel

DIAGRAMAÇÃO — Andrezza Libel

CAPA — Johnny Alves

REVISÃO DE PROVA — Sabrina Costa

COMITÊ CIENTÍFICO DA COLEÇÃO CIÊNCIAS SOCIAIS

DIREÇÃO CIENTÍFICA — **Fabiano Santos (UERJ-IESP)**

CONSULTORES — Alícia Ferreira Gonçalves (UFPB)
Artur Perrusi (UFPB)
Carlos Xavier de Azevedo Netto (UFPB)
Charles Pessanha (UFRJ)
Flávio Munhoz Sofiati (UFG)
Elisandro Pires Frigo (UFPR-Palotina)
Gabriel Augusto Miranda Setti (UnB)
Helcimara de Souza Telles (UFMG)
Iraneide Soares da Silva (UFC-UFPI)
João Feres Junior (Uerj)

Jordão Horta Nunes (UFG)
José Henrique Artigas de Godoy (UFPB)
Josilene Pinheiro Mariz (UFCG)
Leticia Andrade (UEMS)
Luiz Gonzaga Teixeira (USP)
Marcelo Almeida Peloggio (UFC)
Maurício Novaes Souza (IF Sudeste-MG)
Michelle Sato Frigo (UFPR-Palotina)
Revalino Freitas (UFG)
Simone Wolff (UEL)

Dedico este trabalho a minha companheira de vida, Andréa,
e aos meus pais, Darci e Valdenice.
Com todo o meu amor e carinho.

AGRADECIMENTOS

Agradeço à professora Adriane Vidal Costa, minha orientadora de doutorado, a oportunidade e a confiança proporcionadas até aqui, a paciência, o comprometimento na orientação, as leituras sempre atentas, os conselhos e todas as atividades acadêmicas oferecidas e das quais pude participar nesse período.

Também agradeço aos professores Gerardo Caetano (UDELAR-Uruguai), Maria Elisa Noronha de Sá (PUC-Rio), José Alves de Freitas Neto (UNICAMP) e João Paulo Garrido Pimenta (USP), que, gentilmente, aceitaram participar da banca de minha defesa, a leitura atenta e as valiosas considerações feitas em tal ocasião e que contribuíram totalmente para o desenvolvimento desta obra.

Ainda deixo meus agradecimentos aos professores Marcos Sorrilha Pinheiro (UNESP/Franca) e Marcos Alves de Souza (UNESP/Franca), por todas as conversas, pelo auxílio com materiais e pelas dicas de possibilidades de pesquisa sobre a História uruguaia desde a época de minha graduação. Agradeço, igualmente, às professoras Natally Vieira Dias (UEM), Kátia Gerab Baggio (UFMG) e Mariana de Moraes Silveira (UFMG), pelas indicações de leitura feitas e toda a solicitude concedida.

À Coordenação de Aperfeiçoamento de Pessoal de Nível Superior (CAPES), pelo financiamento por quase todo o período do doutorado (de agosto de 2018 a fevereiro de 2022), sem o qual essa pesquisa não teria sido possível. O presente trabalho foi realizado com o apoio da CAPES Brasil – Código de Financiamento 001 (Conforme Portaria n.o 206, de 4 de setembro de 2018).

À Biblioteca Nacional e ao Ministério de Educação e Cultura do Uruguai, pela importantíssima iniciativa de digitalização e disponibilização, na internet (por meio do sítio eletrônico Anáforas), da grande maioria das fontes e dos documentos históricos analisados nesta obra, empreendimento esse que possibilitou totalmente a realização de minha pesquisa de doutorado, a qual, por sua vez, resultou no presente livro.

A Pablo Ney Ferreira, pesquisador da Universidade de la República (UDELAR), e a Stella Duran, Estela Saldaín e demais funcionários da Biblioteca do Palácio Legislativo do Uruguai, que, há mais de uma década, quando de minha visita ao Uruguai, auxiliaram-me muito gentilmente na coleta de parte das fontes históricas e bibliográficas que compuseram este trabalho. Também agradeço a todos os funcionários da Biblioteca Nacional do Uruguai e do Museu Pedagógico "José Pedro Varela".

Aos vários colegas e professores que fazem parte do grupo de pesquisa História Intelectual: Narrativas, Práticas e Circulação de Ideias (UFMG/CNPq), pelos debates e contribuições valiosos que colaboraram muito para a minha pesquisa.

Agradeço aos meus pais, Darci e Valdenice, todo o apoio sempre concedido, principalmente no início do doutorado, quando as coisas foram um pouco mais difíceis e, também, por compreenderem algumas ausências físicas minhas que se fizeram necessárias em certos momentos nestes últimos anos. Agradeço, ainda, aos demais membros das famílias Almeida e Diana.

Também sou grato a minha companheira de vida, Andréa, pelo amor, pelo companheirismo sempre essencial e incondicional, pela compreensão, pelas experiências, pelo carinho, por tudo. Tudo. Também agradeço ao Vito e ao Bento, por um dos tipos de amor mais honesto, sincero e desinteressado que há nesta vida.

Aos amigos de longa data: Guilherme; Bruna; Thales; Marcos Antônio; João Victor; Francisco Sabadini; Marcus Oliveira; Carlos Reis; Henrique Garcia; Helena Papa; Fabrício Trevisan; Carlos Bortolo; Tathy Bortolo; Daliana; e Robson Della Torre.

Aos amigos e colegas que fiz no período de doutorado (do PPGH/UFMG ou não) e que, de alguma maneira, direta ou indiretamente, contribuíram para as reflexões que resultaram no presente livro: Isadora Vivacqua; Daniel Rocha; Warley Gomes; Dmitri Bichara; Ana Paula Calegari; Rute; Hélia; Edi; Danilo Vomlel; Laurindo Mekie; Francisco Rocha; Gustavo Mota; e tantas outras e outros que tive a oportunidade de conhecer e com os quais pude conviver nessa jornada.

Vida é sorte perigosa
passada na obrigação:
toda noite é rio-abaixo,
todo dia é escuridão...

Mas estes versos não cantei para ninguém ouvir, não valesse a pena. Nem eles me deram refrigério. Acho que porque eu mesmo tinha inventado o inteiro deles. A virtude que tivessem de ter, deu de se recolher de novo em mim, a modo que o truso dum gado mal saído, que em sustos se revolta para o curral, e na estreitez da porteira embola e rela. Sentimento que não espairo; pois eu mesmo nem acerto com o mote disso – o que queria e o que não queria, estória sem final. O correr da vida embrulha tudo, a vida é assim: esquenta e esfria, aperta e daí afrouxa, sossega e depois desinquieta. O que ela quer da gente é coragem. O que Deus quer é ver a gente aprendendo a ser capaz de ficar alegre a mais, no meio da alegria, e inda mais alegre ainda no meio da tristeza! Só assim de repente, na horinha em que se quer, de propósito – por coragem. Será? Era o que eu às vezes achava. Ao clarear do dia.

João Guimarães Rosa,
Grande sertão: veredas **(1956 [1994], p. 447-448)**

PREFÁCIO

Na segunda metade do século XIX, o Uruguai foi palco de intensos debates intelectuais que colocaram na agenda política a discussão sobre a construção nacional. Muitos intelectuais ocuparam-se em pensar uma base para a nação, mas não necessariamente com as mesmas ideias, os mesmos questionamentos e propostas. Carlos María Ramírez (1848-1898) foi um desses intelectuais, cuja obra está profundamente vinculada às transformações ocorridas na sociedade uruguaia daquele período. A pesquisa do historiador Elvis Diana tem o grande mérito de mostrar como Ramírez — um intelectual ainda pouco abordado na historiografia uruguaia — atuou proficuamente nesse debate ao ocupar espaços públicos para difundir suas ideias e propostas, principalmente por meio da imprensa e de associações as quais ele organizava e das quais participava. Por isso, o autor compreende-o como um publicista e mediador de questões político-culturais, dotado de um projeto nacional que defendia ações fundamentais para dar forma a uma nação republicana, como a prática do constitucionalismo e do laicismo, a organização de educação pública e de uma nova escrita da história do Uruguai.

A pesquisa que dá origem a este livro tem forte rigor no trabalho com as fontes documentais — discursos, ensaios, artigos de imprensa, manifestos, atas de reuniões, textos autorreferenciais — e utiliza-se de um denso aporte teórico-metodológico para analisá-las; ao fazer isso, interconecta a História Intelectual, a História dos Intelectuais e a História Conceitual. Elvis Diana adota o contextualismo linguístico, os itinerários, os espaços de sociabilidades intelectuais e os conceitos políticos que circulavam à época para refletir sobre a formação e atuação de Ramírez, com ênfase nos seus principais interlocutores, na forma como mobilizava e ressignificava os conceitos de republicanismo, liberalismo, liberdade, associativismo, federalismo, civilização e laicismo. A partir de então, constrói uma narrativa fluida, com o objetivo de compreender o projeto de construção nacional de Ramírez em um período marcado por guerras civis, governos autoritários e vários conflitos político-sociais que impactaram a sociedade uruguaia na segunda metade do século XIX.

De forma arguta, Elvis Diana demonstra como Ramírez divulgava suas ideias e propostas por meio da imprensa e das associações em um momento de expansão da "esfera pública" no Uruguai e, em grande medida, na América Latina. Ele não se imiscui do debate sobre o tema, e abordou com profundidade as principais referências que se debruçam sobre o conceito de esfera pública e os usos que se faziam dele, dialogando com os textos clássicos do filósofo alemão Jürgen Habermas e com a produção de historiadores europeus e latino-americanos como Hilda Sábato, François Xavier-Guerra, Annick Lempérière e Cecília Demarco, que apresentam questões fundamentais de como pensar a constituição da esfera pública nos países latino-americanos no século XIX. Com base nessa discussão, o autor, com muita competência, opera com o conceito para desvendar como o intelectual uruguaio publicizou sua proposta para a construção do nacional valendo-se de um repertório que envolvia a unidade e pacificação do país, a elaboração de uma nova Constituição republicana, a criação e expansão da educação pública e cívica, a promoção da secularização do Estado, o uso do racionalismo como meio eficaz na tomada de decisões políticas, a adoção dos princípios democráticos pelo Estado e pela sociedade uruguaia no século XIX.

Reescrever a história nacional foi o desafio que Ramírez colocou para si e para muitos de seus interlocutores, pois a construção nacional deveria ter como um dos elementos centrais a escrita da história por intelectuais "iluminados" pelos ideais republicanos e cívicos. Ao recuperar os textos de Ramírez sobre a história uruguaia, Elvis Diana, de forma crítica e precisa, demonstra que tais textos foram espaços de ação para o intelectual elaborar a ideia da necessidade de uma história capaz de fornecer elementos voltados a um sentimento nacional a fim de, entre outros, garantir a unidade e a construção de uma identidade coletiva no país. Para reescrever a história do Uruguai, como mostra o autor, Ramírez propôs ressignificar a imagem histórica de José Gervásio Artigas como o símbolo da independência do país, que ocorreu no início do século XIX.

Ao recuperar a trajetória político-intelectual de Ramírez, Elvis Diana percorre a história do Uruguai no século XIX e os principais debates sobre a possibilidade da construção de uma nação ideal como utopia de uma nação real. O trabalho notabiliza-se, ainda, pela qualidade da escrita e por ser uma importante contribuição para a História Intelectual no Uruguai, e desvenda um período importante da história política latino-americana, contribuindo para o fortalecimento dos estudos sobre o tema no Brasil. A qualidade deste livro e a competência do autor são estímulos a sua leitura.

Adriane Vidal Costa
Professora do Departamento de História da UFMG e coordenadora do grupo de pesquisa História Intelectual: Práticas, Narrativas e Circulação de Ideias.

APRESENTAÇÃO

Quais motivações fazem com que nós, brasileiros, voltemo-nos para a História de nosso vizinho Uruguai? Quais os caminhos que nos levam a ela? O que um estudo de caso específico sobre esse país teria a nos ensinar em relação à construção da cidadania, do(s) republicanismo(s) e do âmbito público?

De certa forma, procuro, por meio desta obra, algumas respostas para as perguntas anteriores. Acredito ser importante ressaltar que o presente livro é o resultado de minha tese de doutorado, a qual foi defendida no Programa de Pós-Graduação em História da Universidade Federal de Minas Gerais (UFMG) no ano de 2022, e sob a sempre cuidadosa, atenta e presente orientação da Prof.ª Dr.ª Adriane Vidal Costa (Departamento de História da UFMG). Embora eu tenha mantido, neste trabalho, praticamente todo o teor contido originalmente na tese, realizei algumas modificações e inseri algumas reflexões novas, cuja culminância desses elementos é o presente livro.

Particularmente instigado pelas experiências históricas e pelo reconhecimento internacional que fazem do Uruguai um "exemplo" ou uma "exceção" situados na América Latina (para muitos especialistas no assunto) e relativos à questão do respeito à coisa pública e do laicismo, adentrei, já há alguns anos, tal caminho.

E esse caminho foi trilhado acompanhando os passos de um indivíduo "descoberto" de modo despretensioso, ainda durante meu mestrado (que tratava sobre outro tema, mas próximo do objeto deste trabalho). Tal indivíduo, o qual chamo de intelectual, foi o professor, jurista, "historiador", jornalista e político Carlos María Ramírez (1848-1948), dono de uma atuação pública consideravelmente diversificada e, eu diria, sem a intenção de exaltá-lo incondicionalmente, quase incansável na tentativa de ampliação do âmbito público em nosso país vizinho.

Combatente de uma das inúmeras guerras civis que devastaram o Uruguai durante o século XIX — a chamada *Revolución de las Lanzas* (1870-1872) —, presenciou os horrores que pairavam sobre aquele país, o que o motivou a defender a pacificação política definitiva por meio de suas ideias e propostas de cunho liberal e republicano, em toda a sua diversidade de linguagens e metáforas, na empreitada de se construir uma nação. Rompendo os limites dos muros da Universidade uruguaia na qual lecionou Direito Constitucional, criou periódicos e associações diversos com outros professores, artistas e escritores na pretensão de democratizar as discussões que tinham (ou que deveriam passar a ter), em sua visão, um caráter público e, consequentemente, concretizar uma República em nível mais amplo, qual fosse, o nacional.

E, para isso, lançou mão de várias ações a respeito da ampliação da educação pública, do constitucionalismo, da cultura, do laicismo, da reelaboração da história do país e de uma identidade nacional que fosse mais inclusiva, entre outros pontos. Mas todos eles realizados diante de uma opinião pública que, ao mesmo tempo, também estava em construção e da qual, ele entendia, provinha o apoio fundamental para a construção da nova nação uruguaia que ele visualizara. Daí suas várias ações de mediação política, cultural e intelectual, na preocupação de se estabelecer uma aproximação com vários setores da sociedade de então e que, em seu entendimento, deveriam ser considerados na consolidação de uma nação efetivamente estável politicamente e, consequentemente, democrática, soberana, republicana e desenvolvida.

Nesse sentido, abrangeu representantes de grupos sociais diversos da capital e do interior uruguaios de então, buscando estabelecer uma aproximação visando à sustentação da nação republicana, que, até então, parecia inalcançável. E, conforme veremos, tais "pontes" criadas contribuíram para, ao menos, diminuir a complexa e profunda distância entre a nação "real" e a nação "ideal", para abrir o caminho em direção a um espaço que fosse de todos.

O autor

LISTA DE SIGLAS E ACRÔNIMOS

SAEP   Sociedad de Amigos de la Educación Popular

UDELAR Universidad de la República

SUMÁRIO

INTRODUÇÃO 21

CAPÍTULO 1
A FORMAÇÃO POLÍTICO-INTELECTUAL DE CARLOS MARÍA RAMÍREZ E A BUSCA PELA UNIDADE NACIONAL 49

1.1 Nação e identidade nacional como elementos para a análise de um itinerário político-intelectual 51

1.2 Entre a violência e a "cultura da unidade" nacional 62

1.3 O sarmientino: educação pública, imprensa e "civilização" contra a "barbárie" ... 92

1.4 Outros referenciais político-intelectuais para combater a "barbárie" política 110

    1.4.1 O micheletiano: direito, republicanismo e laicidade. 110

    1.4.2 O racionalista bilbaíno e o *principista* 118

CAPÍTULO 2
RAMÍREZ NA ESFERA PÚBLICA: O ASSOCIATIVISTA, O PUBLICISTA E O MEDIADOR. 129

2.1 Esfera pública, imprensa e associativismo políticos na construção da nação republicana 131

2.2 Do privado ao público: os usos da linguagem cristã e das metáforas da família para a construção da nação republicana. 138

2.3 O espírito universitário, a ideia educacional e a nação: o Club Universitario e a Sociedad de Amigos de la Educación Popular (1868) 142

2.4 Ensaismo, mediação e unidade nacional em *La guerra civil y los partidos de la República Oriental del Uruguay* (1871). 152

2.5 A ideia "radical" e seus espaços de sociabilidade 168

    2.5.1 Os "herdeiros" do fusionismo: o principismo da década de 1870. 168

    2.5.2 O órgão público dos "radicais": *La Bandera Radical* e mediações político-intelectuais 172

        2.5.2.1 A imprensa como garantidora do "interesse comum": a educação do povo e o papel do publicista 178

        2.5.2.2 A recepção do folheto *La guerra civil y los partidos de la República Oriental del Uruguay* pelas páginas de *La Bandera Radical*. 187

        2.5.2.3. A Sociedad de Amigos del País (1852) como referência histórica para o Club Radical 190

2.5.2.4. Por uma nova temporalidade política: soberania do povo, a Convenção Nacional e o governo permanente..202

2.5.2.5 Comunhão de ideias e mediações em prol da nação oriental na esfera pública....211

2.6 A ideia "racional", a defesa da cultura e seus espaços de sociabilidade 230

2.6.1 Liberdade religiosa e a expressão pública da ideia racional: o Club Racionalista (1872-73) e a *Profesión de fe racionalista* (1872) 230

2.6.2 Defesa da cultura e da sociabilidade político-intelectual: o Ateneo del Uruguay (1883)...237

CAPÍTULO 3
RAMÍREZ, O "JURISTA": O PROJETO DE UM NOVO ORDENAMENTO CONSTITUCIONAL E REPUBLICANO NACIONAL.....................243

3.1 Os significados do Direito e das ideias constitucionais na América Latina e no Uruguai pós-independência...248

3.2 Tornar público o Direito: retomar/reformar (os bons "princípios") (d)a Constituição de 1830..263

3.2.1 Uma nova "ordem" nacional para a República "Oriental": as *Conferencias de Derecho Constitucional* (1871)...263

3.2.2 Um "estado da ciência", interdisciplinaridade e o federalismo que faltava ...266

3.2.3 A sociabilidade do indivíduo e os princípios da "simpatia" e "associação" ...280

3.2.4 Liberdade civil, o conceito de Estado e o "bom governo"....................285

3.2.5 O Direito Constitucional, o poder e a questão da soberania.................290

3.2.6 A Constituição oriental e os direitos individuais 299

3.2.7 A separação era necessária: a liberdade religiosa/de consciência e o Estado 302

3.2.8 O Direito Constitucional e as liberdades de pensamento e de imprensa.....328

3.3 A persistência do constitucionalismo no tempo: outras manifestações dos princípios político-constitucionais na imprensa e na UDELAR (décadas de 1880-1890) 336

3.3.1 O Partido Constitucional e o seu espaço difusor: o periódico El Plata.......336

3.3.2 O constitucionalismo dos periódicos para a Universidade novamente: a segunda edição das *Conferencias de Derecho Constitucional* (1897)..................344

CAPÍTULO 4
RAMÍREZ E A REESCRITA DA HISTÓRIA NACIONAL URUGUAIA .. 351

4.1 Em busca do "libertador" Artigas: a (re)construção de um imaginário nacional "oriental" (1875-1900) 356

4.1.1 Os combates à "calúnia histórica": Artigas, de "bandido" e "desordeiro" a *jefe republicano de los orientales* 356

4.2 Ramírez e seu *Juicio crítico del bosquejo histórico de la República Oriental del Uruguay* (1881/1882) 370

4.2.1 Entre Michelet e Kant: unidade, continuidade, totalidade e sociabilidade na concepção de História de Ramírez..370

4.2.2 Artigas unido aos Trinta e Três Orientais: o conceito de "barbárie" ressignificado, e a unidade histórica e nacional uruguaia 393

4.3 Entre um lado e outro do Prata: batalhas escritas entre *La Razón* (Montevidéu) e *El Sud-América* (Buenos Aires)..420

4.4 Tornar público o passado: mediação cultural e o "lugar" de Ramírez na reescrita da história nacional oriental 447

CONSIDERAÇÕES FINAIS 453

REFERÊNCIAS 467

INTRODUÇÃO

Objetivamos, com este livro, analisar o *itinerário* político-intelectual[1] de Carlos María Ramírez[2], durante a segunda metade do século XIX, como forma de compreender o projeto de construção nacional pensado por ele para o Uruguai. Ramírez foi professor de Direito Constitucional da Universidade de Montevidéu, publicista[3] e político. Como veremos mais adiante, teve uma consistente e diversificada atuação político-intelectual, pautada por diversas temáticas, o que pode ser verificado mediante a publicação de vários ensaios e artigos na imprensa de então. Criou periódicos e associações, além de ter participado ativamente de outros espaços não necessariamente criados por ele, nos e por meio dos quais elaborou e tornou público o seu projeto de nação. Assim, as balizas temporais de nosso trabalho iniciam-se em 1868, quando se dá o início da atuação político-intelectual de Ramírez por meio de sua contribuição para a criação da Sociedad de Amigos de la Educación Popular (SAEP), até o ano de sua morte, em 1898.

Nesse sentido, privilegiamos a análise de sua atuação política e de sua multifacetada produção intelectual, divulgada por meio da imprensa e das *sociabilidades*[4] que construiu e manteve ao longo de sua trajetória. A análise do "itinerário" permite-nos compreender como Ramírez tornou público o seu projeto de "nação ideal" que privilegiava a unidade político-social, a ampliação da esfera pública, a "civilização", a estabilização e a consolidação

---

[1] Conforme veremos melhor adiante, com base nas indicações de: SIRINELLI, Jean-François. Os intelectuais. *In*: REMOND, René. *Por uma história política*. Tradução de Dora Rocha. 2. ed. Rio de Janeiro: Editora FGV, 2003. p. 231-262.

[2] Ramírez nasceu no dia 6 abril de 1848, na então província brasileira do Rio Grande do Sul. Esse local serviu de refúgio para a sua família durante a *Guerra Grande*, ocorrida simultaneamente nos territórios uruguaio e argentino. Ramírez nasceu em uma família de pessoas com letramento elevado em comparação à população uruguaia daquele momento. MONTERO BUSTAMANTE, Raúl. Prólogo. *In*: RAMÍREZ, Carlos María. *Páginas de historia*. Montevideo: Ministerio de Educación y Cultura, 1978. (Colección de Clásicos Uruguayos, v. 152). Trataremos melhor sobre tais eventos e processos no capítulo 1.

[3] Pelo fato de ter tido uma intensa atuação político-intelectual por meio da imprensa, tendo consistido, em nosso entendimento, em um publicista político, de acordo com o conceito elaborado por Jorge Myers para denominar uma das formas de intelectualidade no século XIX latino-americano. Cf. MYERS, Jorge. Los intelectuales latinoamericanos desde la colonia hasta inicio del siglo XX. *In*: ALTAMIRANO, Carlos (dir.). *Historia de los intelectuales en América Latina*. Buenos Aires: Katz, 2008. v. 1, p. 29-50. Trataremos melhor sobre esse conceito mais adiante.

[4] Como veremos posteriormente, dialogaremos com as propostas teórico-metodológicas de vários autores para articularmos o conceito de "sociabilidades" com o nosso objeto de estudo.

das instituições políticas assentadas em valores e práticas republicanos. Como mostramos ao longo desta obra, isso foi feito em uma reação de tensão com a "nação real", marcada por guerras civis, autoritarismo e por conflitos político-sociais[5]. Acreditamos que esse esforço nos possibilitou apreender como se deram os vários meios que Ramírez encontrou de projetar e reafirmar uma identidade nacional de caráter político para si mesmo enquanto cidadão "oriental"[6]. Além disso, essa identidade, evidentemente, também tinha um caráter coletivo, pois ele visava à construção daquele país platino ainda em vias de consolidação[7].

---

[5] Ao utilizarmos as expressões "nação ideal" e "nação real", as quais fazem parte do título deste livro, estamos dialogando diretamente com os autores que trataram sobre o contexto que pesquisamos e que concordam com a existência de uma oposição entre o "país legal" e, por extensão, "ideal", pensado pelos setores intelectuais daquele período, e o "país real", caracterizado pelas relações e disputas político-partidárias complexas e, em muitos casos, com a violência resultante delas. Especificamente sobre as expressões "país legal" e "país real", ver: CAETANO, Gerardo. *Historia mínima de Uruguay*. Ciudad de México: El Colegio de México: 2020. *E-book*. Primeira edição impressa em 2019.

[6] Os termos "oriental" e "uruguaio", embora presentes no nome oficial do país — *República Oriental del Uruguay* — desde 1830 até hoje, nem sempre significaram a mesma coisa ao longo da história uruguaia, tendo sido objetos de disputa na construção da identidade política do país desde o processo de independência. Cf. FREGA, Ana. Uruguayos y orientales: itinerario de una síntesis compleja. *In*: CHIARAMONTE, José Carlos; MARICHAL, Carlos; GRANADOS GARCÍA, Aimer. *Crear la nación*: los nombres de los países de América Latina. Buenos Aires: Editorial Sudamericana, 2008. p. 95-112. Também dialogaremos com João Paulo Pimenta a respeito dessa temática. PIMENTA, João Paulo G. Província Oriental, Cisplatina, Uruguai: elementos para uma história da identidade oriental (1808-1828). *In*: PAMPLONA, Marco A.; MÄDER, Maria Elisa (org.). *Revoluções de independências e nacionalismos nas Américas*: região do Prata e Chile. São Paulo: Paz e Terra, 2007. p. 27-55. De qualquer modo, acreditamos que Ramírez concebia os dois termos como algo único, embora utilizasse recorrentemente o adjetivo "oriental" e não tanto o termo "uruguaio". No capítulo 1, realizamos uma discussão mais aprofundada sobre a identidade nacional e a "orientalidade" no Uruguai.

[7] Em relação à independência uruguaia, acreditamos ser válido estabelecer um breve panorama sobre esse processo histórico. Após a crise imperial ocorrida no início do século XIX na América Hispânica, teve início a revolução rio-pratense iniciada em Buenos Aires, em maio de 1810, conhecida como *Revolución de Mayo*. O processo de independência uruguaia — ou *Revolución Oriental* — foi resultado desse processo inicial, que se dividiu em dois períodos distintos. O primeiro deles diz respeito ao chamado "ciclo artiguista" (1811-1820), que leva o nome do prócer da independência em relação à Espanha, José Gervário Artigas (1754-1850). Nesse primeiro momento, houve a emancipação política da ainda chamada "Banda Oriental" em relação ao domínio do vice-reino monárquico espanhol em Buenos Aires (1811) e o experimento de um governo republicano (1811-1815), o qual, devido à sua veia radical e popular, gerou a reação de setores conservadores de Montevidéu, de Buenos Aires e da Coroa Portuguesa, então estabelecida no Rio de Janeiro, levando, assim, à queda do governo artiguista. Mesmo após tentativas de se restabelecer essa experiência republicana, Artigas e seus seguidores foram obrigados a deixar a Banda Oriental. O segundo momento diz respeito ao que ficou conhecido como a "Cruzada Libertadora" (1825-1828), no qual, já sob a dominação brasileira após esse país ter se tornado independente de Portugal, houve uma expedição exitosa na emancipação da então "Província Cisplatina" diante do Império do Brasil, embora os líderes daquela — os chamados *Treita y Tres Orientales* — tenham buscado se distanciar do "artiguismo" e estabelecer uma orientação política mais "moderada" para a região. Para mais informações sobre esse processo histórico, ver: CAETANO, Gerardo; RILLA, José. *Historia contemporánea del Uruguay*: de la colonia al Mercosur. Montevideo: Fin de Siglo, 1994; CAETANO, *op. cit*.

Nesse sentido, a difusão de suas propostas foi empreendida por meio de periódicos e associações diversos, os quais tiveram a preocupação, a nosso ver, de reiterar o caráter republicano que a "pátria"[8] "oriental"/uruguaia deveria ter. Mais especificamente, tal projeto foi constituído tendo como mote a pacificação do país em meio às guerras civis históricas[9] empreendidas pelos chamados partidos tradicionais, os *blancos* e os *colorados*[10]. Além disso, Ramírez defendeu um novo ordenamento constitucional, a educação pública e cívica para a população, a secularização do Estado e da sociedade pautada pelo racionalismo e a defesa dos princípios democráticos para que a República Oriental do Uruguai, já em vigência, pudesse se sustentar enquanto tal.

Ramírez também reescreveu a história nacional em um contexto marcado pelas polêmicas político-intelectuais relativas à figura do "prócer" da independência José Gervásio Artigas. Em meio a essas "batalhas" escritas e publicadas, Ramírez estabeleceu um intenso debate, com outros publicistas, uruguaios e argentinos, a respeito da ressignificação da imagem histórica de Artigas. Na década de 1880, procurou tornar pública essa renovação da concepção sobre o atual "herói" da independência do país de forma a contribuir para a reescrita da história nacional, e fê-lo com base em livros e ensaios que produziu relativos a essa temática, sempre polemizando com outros escritores daquele período.

Nesse sentido, acreditamos que todos esses elementos constituíram, tanto no plano teórico quanto na prática, um modo de se construir institucional e legalmente a nação, dando-a forma, pacificando-a e ampliando

---

[8] Estamos cientes das diferenças que envolvem os termos "nação" e "pátria" ao longo da história. No entanto, em Ramírez, entendemos que um engloba o outro, significando, assim, a mesma coisa. Em vez de guardarem sentidos puramente étnicos, aqueles termos, a nosso ver, foram dotados de um caráter mais sociopolítico e jurídico em Ramírez, pensados e mobilizados enquanto um "Estado", uma comunidade democrática de cidadãos livres, soberanos e "civilizados", que deveriam viver sob as mesmas leis de uma Constituição republicana e abertos aos elementos "de fora". Discutiremos, em diálogo com nossas fontes históricas e com a bibliografia pertinente, essas referidas questões ao longo de nosso trabalho.

[9] Conforme aponta Washington Lockhart, houve mais de 40 conflitos armados no Uruguai independente. Alguns extrapolaram o âmbito nacional que ainda estava em construção, como, por exemplo, a Guerra Grande (1839-1851). Outros vários conflitos ocorreram dentro dos limites fronteiriços uruguaios e consistiram em levantes contra o governo central, empreendidos pelos partidos tradicionais, os *blancos* e os *colorados*, ao longo de praticamente todo o século XIX. LOCKHART, Washington. Las guerras civiles. *In:* EDITORES REUNIDOS. *Enciclopedia Uruguaya.* T. 11. Montevideo: Editorial Arca, 1968. No capítulo 1, trataremos de forma mais detida sobre os conflitos que mais permearam a formação e atuação político-intelectual de Ramírez.

[10] De modo geral, os dois partidos tradicionais têm suas origens marcadas pelo fim do processo de independência uruguaia e começaram a se definir, na base de muitos conflitos entre si, após 1830, conforme aponta: CAETANO, Gerardo; RILLA, José. *Historia contemporánea del Uruguay*: de la colonia al Mercosur. Montevideo: Fin de Siglo, 1994. Trataremos sobre as principais características desses dois partidos no capítulo 1.

a esfera pública[11] e a cidadania que deveriam haver dentro dela[12]. Tais processos, ocorridos no supracitado contexto histórico, contribuíram para a intervenção pública de vários intelectuais e a formação de grupos intelectuais e políticos que buscaram solucionar os problemas existentes no Uruguai e pensar a nação. Um desses grupos foi o que ficou conhecido como *principistas*[13], do qual Ramírez fez parte do fim da década de 1860 em diante. É exatamente em meio a esses processos e por meio de vários espaços de sociabilidade que a formação intelectual e a atuação política de Carlos María Ramírez se fizeram notáveis.

Atuou em associações e periódicos diversos entre o fim dos anos 1860 até 1898, ano de sua morte, tais como: o jornal *El Siglo*; o Club Universitario; a Sociedad de Amigos de la Educación Popular (tendo-a fundado com seu

---

[11] À luz da concepção de autores como o filósofo Jürgen Habermas, a qual vem sendo mobilizada e/ou reformulada por historiadores europeus e latino-americanos a exemplo de François-Xavier Guerra, Annick Lempèriére, Hilda Sabato, entre outros pesquisadores, como forma de analisar as especificidades do processo de formação de uma esfera pública nos países da região desde o início do século XIX. De forma geral, dialogamos com esses autores objetivando compreender como Ramírez teria contribuído para a formação de uma "esfera pública" nacional, enquanto tentativas de construir ambientes de exercício da cidadania e de discussão política e do bem comum para além dos espaços estritamente estatais e da Igreja. HABERMAS, Jürgen. *Mudança estrutural da esfera pública*: investigações quanto a uma categoria da sociedade burguesa. Tradução de Flávio R. Kothe. Rio de Janeiro: Tempo Brasileiro, 2003; GUERRA, François-Xavier; LEMPÈRIÉRE, Annick. Introducción. *In*: GUERRA, François-Xavier; LEMPÈRIÉRE, Annick (org.). *Los espacios públicos en Iberoamérica*: ambiguedades y problemas. Siglos XVIII-XIX. Nueva edición. México: Fondo de Cultura Económica; Centro de Estudios Mexicanos y Centroamericanos, 2008. *En línea*. Disponível em: https://books.openedition.org/cemca/1450. Acesso em: 10 fev. 2020; SABATO, Hilda. Nuevos espacios de formación y actuación intelectual: prensa, asociaciones, esfera pública (1850-1900). *In*: ALTAMIRANO, Carlos (dir.). *Historia de los intelectuales en América Latina*. Buenos Aires: Katz, 2008. v. 1, p. 387-411; DEMARCO, Cecília. Tipógrafos y esfera pública en Montevideo: 1885-1902. *Revista Encuentros Latinoamericanos*, v. III, n. 2, p. 303-329, jul./dic. 2019. 2. época. Realizamos uma discussão mais profunda sobre as relações entre esse conceito de "esfera pública" e sua vinculação com as associações políticas e a imprensa no capítulo 2.

[12] Aqui, fazemos referência ao que já havia proposto Ángel Rama sobre a necessidade histórica que os escritores e intelectuais latino-americanos viam de "ordenar", por meio do seu pensamento e escritos, as coletividades latino-americanas e, a partir de certo momento, questionar essa "ordem", reelaborando-a e ampliando o espaço público dentro delas. RAMA, Ángel. *La ciudad letrada*. Montevideo: Arca, 1998.

[13] Grupo intelectual e político que atuou a partir do fim da década de 1860, o qual a historiografia considera como o movimento "herdeiro" e ressignificador do chamado *fusionismo* de meados do século XIX no Uruguai. *Grosso modo*, ambos os movimentos tiveram como objetivo a unidade da nação com base na "fusão" e/ou coexistência pacífica dos partidos ditos tradicionais, considerados, pelos setores intelectuais daquele momento, os causadores de toda a violência e "fragmentação" do novo país platino. Os *principistas* eram de origem urbana e defendiam uma forma pacífica de se fazer política, que levava em consideração os *princípios* (daí o seu nome) liberais, democráticos, de moral cívica, de respeito às leis constitucionais e a defesa da "civilização", em contraposição à "barbárie", associada, muitas vezes de forma negativa, até mesmo, à área rural. Este grupo teve uma atuação político-intelectual mais intensa durante a primeira metade da década de 1870. ODDONE, Juan Antonio. *El principismo del Setenta*: una experiencia liberal en el Uruguay. Montevideo: Universidad de la República Oriental del Uruguay, 1956; MARIANI, Alba. Principistas y doctores. *Enciclopedia Uruguaya*. Montevideo: Editorial Arca, 1968. Tratamos sobre o *fusionismo* no capítulo 1 e acerca das formações *principistas* no capítulo 2 de nosso trabalho.

amigo José Pedro Varela[14]); o Club Radical e a revista *La Bandera Radical*; o Club Racionalista; o Ateneo del Uruguay; os diários *La Razón* e *El Plata*. Dentro dessas associações e periódicos, Ramírez produziu variados escritos, os quais foram divulgados, em sua maioria, também por meio deles. Tais fontes históricas consistiram em ensaios, artigos, manifestos, atas de reuniões, discursos, escritos autorreferenciais etc., e trataram sobre os mais variados temas de interesse público e relativos *à* construção da nação uruguaia, quais fossem: a educação; os princípios constitucionais; o associativismo; a imprensa; a secularização do Estado; a liberdade religiosa; a soberania, a unidade e a estabilização política nacionais; e a reescrita da história uruguaia e a ressignificação dos símbolos, eventos e personagens do passado oriental.

Nesse sentido, as principais fontes que mobilizamos e analisamos ao longo deste livro são as seguintes: *Sobre el "Facundo"* (1873); *El destino nacional y la universidad* (1876); *La independencia nacional* (1879); *En el banquete a Sarmiento* (1882); *Carlos María Ramírez "extranjero"!* (1887), escritos esses de caráter mais breve e/ou autorreferencial; os poemas "La guerra" (1878) e "Voto nupcial" (1878); alguns discursos realizados na SAEP de 1868 em diante; o programa do Club Radical, o respectivo periódico desta associação; o *La Bandera Radical* e os artigos publicados neste periódico, no início da década de 1870; o ensaio *La guerra civil y los partidos políticos de la República Oriental del Uruguay* (1871), o qual circulou não somente no Uruguai, mas também na Argentina e no Sul do Brasil; o manifesto intitulado *Profesión de fe racionalista* (1872), o qual marcou a fundação do Club Racionalista; discursos feitos por Ramírez no Ateneo del Uruguay, na década de 1880, e publicados em formato de anais dessa associação.

Também analisaremos: as suas *Conferencias de Derecho Constitucional*, as quais foram, inicialmente, aulas ministradas por Ramírez na Universidade de la República (UDELAR) e, posteriormente, publicadas em vários números

---

[14] José Pedro Varela (1845-1879) foi um polêmico intelectual uruguaio que visava à construção de uma educação pública e gratuita no país. Atuou com Ramírez e outros vários intelectuais orientais e estrangeiros em favor dessa causa, e foi inspetor nacional de Educação no governo militar de Lorenzo Latorre (1876-1880), quando conseguiu implementar o Decreto-Lei de Educação Comum, de 1877, e conduzir, com apoio estatal, uma intensa reforma educacional no país que levou seu sobrenome — "Reforma Vareliana" —, a qual é reconhecida até hoje no país. Apesar do caráter republicano e democrático que atribuía ao seu projeto educacional, foi duramente criticado por outros intelectuais do período pelo fato de ter exercido esse cargo dentro de um governo autoritário. Até hoje, no Uruguai, sua figura e suas medidas são alvo de elogios e duras críticas. Estudamos esse tema e objeto em nossa dissertação de mestrado, da qual o seguinte livro foi resultado: DIANA, Elvis de Almeida. *Educação pública e política em José Pedro Varela no Uruguai do século XIX*. Curitiba: Editora Prismas, 2018. Foi justamente analisando o ideário de Varela e suas relações político-intelectuais que nos deparamos com e passamos a conhecer, aos poucos, a existência de seu amigo e companheiro de atuação, Carlos María Ramírez, e sua considerável produção e ação político-intelectual. Após finalizado nosso mestrado, passamos a estudar a trajetória de Ramírez.

do periódico *La Bandera Radical*, no ano de 1871; a compilação e reedição dessas *Conferencias*, em forma de livro e publicada pela prensa do diário *La Razón* mais de 20 anos após a sua publicação inicial em *La Bandera Radical*, a pedido de vários alunos da UDELAR em 1897, um ano antes de sua morte; o *Juicio crítico del bosquejo histórico de la República Oriental del Uruguay* (1882); as polêmicas político-intelectuais que Ramírez travou, por meio das páginas de *La Razón*, com os publicistas argentinos do periódico *El Sud-América*, de Buenos Aires, em 1884, e reeditada em formato livresco, em 1897.

Dessa forma, ao longo de nosso trabalho, tratamos sobre cada um desses espaços de sociabilidade político-intelectual e analisamos cada uma dessas fontes, as quais, reiteramos, consistiram em publicações que, em sua grande maioria, foram a(o) público por meio de periódicos oriundos das mencionadas associações das quais fez parte.

Além de todas essas atividades, Ramírez foi diplomata, tendo exercido missões no Brasil (entre 1873 e 1875, e 1887). Participou ativamente da *Revolución del Quebracho* (1886), contribuiu para a criação do *Ministerio de Conciliación*[15], que teve lugar logo após aquele levante e que teria sido uma das principais medidas para a transição ao período civil e democrático no país[16]. Ramírez também foi ministro de Fazenda no governo de Julio Herrera y Obes, além de deputado e senador na década de 1890. Faleceu em setembro de 1898, aos 50 anos de idade[17].

Mas por que focarmos nossa análise na trajetória e obra de Ramírez, e não em outro intelectual daquele período? Acreditamos que a justificativa de nosso interesse por tal tema e objeto seja, principalmente, pelo fato de entendermos que Ramírez foi um intelectual que contribuiu sobremaneira para a construção do Estado-Nacional, da cidadania e da ampliação da esfera pública uruguaios durante a segunda metade do século XIX. Além disso, a nossa escolha justifica-se pela escassez de trabalhos sobre a produção intelectual e atuação política de Ramírez não somente no Brasil, mas também no Uruguai, o que chamou nossa atenção. Raúl Montero Bustamante[18] e José M. Fernandez Saldaña[19] são os únicos autores dos quais temos conhe-

---

[15] MONTERO BUSTAMANTE, Raúl. Prólogo. *In*: RAMÍREZ, Carlos María. *Páginas de historia*. Montevideo: Ministerio de Educación y Cultura, 1978. (Colección de Clásicos Uruguayos, v. 152).

[16] CAETANO, Gerardo; RILLA, José. *Historia contemporánea del Uruguay*: de la colonia al Mercosur. Montevideo: Fin de Siglo, 1994.

[17] MONTERO BUSTAMANTE, *op. cit.*

[18] *Ibid.*

[19] FERNANDEZ SALDAÑA, José M. Ramírez, Carlos María. *In*: FERNANDEZ SALDAÑA, José M. *Diccionario uruguayo de biografias (1810-1940)*. Montevideo: Editorial Amerindia, 1945. p. 1.040-1.045.

cimento que trataram sobre a "vida" daquele escritor uruguaio. Bustamante escreveu um prólogo estritamente biográfico a uma compilação de escritos produzidos por Ramírez, intitulada *Páginas de História*[20].

Esse prólogo tem, em nossa ótica, um caráter hagiográfico sobre a vida de Ramírez. Já a biografia desse intelectual, escrita por Fernandez Saldaña, é muito mais breve e objetiva que a produzida por Bustamante, tem as características de um "verbete" de dicionário e faz parte de uma coletânea de biografias de várias personalidades históricas uruguaias[21]. No entanto, traz informações da trajetória de Ramírez ausentes no prólogo escrito por Bustamante. Embora tenham suas limitações, tais produções são muito relevantes para nosso trabalho.

Outros estudos mais recentes deram certa atenção à parte da produção intelectual de Ramírez, mas não se centraram, especificamente, na análise de sua atuação político-intelectual. É o caso do trabalho de Javier Gallardo, autor que realiza uma investigação pelo viés da Ciência Política e da História das Ideias, privilegiando o pensamento republicano no Uruguai de modo geral[22]. Outro exemplo é o de Luis Delio Machado, que, na mesma linha que Gallardo, enfoca especificamente a relação entre o *Partido Constitucional* e a *Facultad de Derecho de la Universidad de Montevideo*[23], espaços nos quais Ramírez atuou. No entanto, não faz parte dos objetivos centrais de nenhum desses dois autores dar atenção exclusiva ao *itinerário* político-intelectual propriamente dito e das sociabilidades daquele intelectual uruguaio, muito menos se ater aos significados de construção da nação oriental presentes neles.

Além das pesquisas anteriores, podemos citar os trabalhos do historiador brasileiro Juarez José Rodrigues Fuão. Esse autor também dá certa atenção a Ramírez em sua tese de doutorado, mas fá-lo por outro objetivo: analisar alguns escritos específicos de Ramírez, dentro de um rol de outros vários intelectuais uruguaios, acerca da recuperação da figura histórica de José Artigas, considerado o herói da independência uruguaia. O foco de Fuão é comparar tais escritos e publicações dos intelectuais uruguaios

---

[20] MONTERO BUSTAMANTE, Raúl. Prólogo. *In*: RAMÍREZ, Carlos María. *Páginas de historia*. Montevideo: Ministerio de Educación y Cultura, 1978. (Colección de Clásicos Uruguayos, v. 152). O prólogo biográfico de Bustamante à obra de Ramírez é-nos muito útil na reconstrução da trajetória político-intelectual desse publicista. Alguns pontos da referida obra do intelectual uruguaio oitocentista também serão analisados neste trabalho como fonte histórica.

[21] FERNANDEZ SALDAÑA, José M. Ramírez, Carlos María. *In*: FERNANDEZ SALDAÑA, José M. *Diccionario uruguayo de biografias (1810-1940)*. Montevideo: Editorial Amerindia, 1945. p. 1.040-1.045.

[22] GALLARDO, Javier. Las ideas republicanas en los orígenes de la democracia uruguaya. *Araucaria*: Revista Iberoamericana de Filosofía, Política y Humanidades, v. 5, n. 9, p. 3-44, 2003.

[23] DELIO MACHADO, L. M. El partido constitucional y la Facultad de Derecho. *Revista de la Facultad de Derecho*, n. 24, p. 99-124, 19 dic. 2005.

"reformuladores" da figura de Artigas com os dos intelectuais brasileiros que recuperaram a imagem de Bento Gonçalves, na então província brasileira do Rio Grande do Sul. Fuão faz isso buscando entender as disputas travadas pelos intelectuais a respeito da memória dos "heróis" nacionais em cada país e as posteriores materializações desses "próceres", por meio de monumentos construídos em cada um dos vizinhos da região do Cone Sul[24].

Em outro trabalho, Fuão[25] centra-se especificamente na polêmica travada entre Ramírez e Francisco Antonio Berra sobre a recuperação de Artigas, mas não o faz à luz da História dos Intelectuais, da História Intelectual ou da História Conceitual, conforme nos dedicamos em nosso livro[26]. Da mesma forma que Fuão, Tomás Sansón Corbo trata, em seus trabalhos, sobre a ideia de "nação" inscrita nesses debates específicos entre Ramírez e Berra[27]. No entanto, assim como Fuão, não se preocupa com a análise específica do "itinerário" político-intelectual, das sociabilidades de Ramírez, os recursos e as linguagens políticas utilizadas[28] por ele, e a contribuição desse intelectual para a construção de uma esfera pública no Uruguai.

Além disso, alguns autores, como José Pedro Barran[29], Juan José Arteaga[30] e Alberto Zum Felde[31], não reconhecem que a atuação de Ramírez — enquanto membro dos *principistas* e um dos maiores expoentes desse grupo, em nossa visão — tenha tido um caráter político concreto. Desse modo, tais historiadores atribuem tanto a Ramírez quanto aos *principistas*, em geral, um papel menor dentro dos processos políticos uruguaios da segunda metade do século XIX, restringindo sua análise ao âmbito estritamente político-partidário. Embora reconheçamos que sejam autores

---

[24] FUÃO, Juarez José Rodrigues. *A construção da memória*: os monumentos a Bento Gonçalves e José Artigas. 2009. Tese (Doutorado em História) – Universidade do Vale do Rio dos Sinos, 2009a.

[25] FUÃO, Juarez José Rodrigues. Carlos María Ramírez sai em defesa de José Artigas: da crítica à (re)construção do herói oriental. *Estudos Ibero-Americanos*, v. 35, n. 2, p. 37-58, jul./dez. 2009b.

[26] Tratamos melhor sobre tais vertentes mais à frente, na discussão teórico-metodológica que realizamos para embasar nosso trabalho.

[27] SANSÓN CORBO, Tomás. Historiografía y nación: una polémica entre Francisco Berra y Carlos María Ramírez. *Anuario del Instituto de Historia Argentina*, año 6, p. 177-199, 2006. Disponível em: http://sedici.unlp. edu.ar/handle/10915/12398. Acesso em: 23 jun. 2022; SANSÓN CORBO, Tomás. Un debate rioplatense sobre José Artigas (1884). *Anuario del Instituto de Historia Argentina*, n. 4, p. 187-216, 2004.

[28] Conforme veremos mais adiante, com base nas indicações teórico-metodológicas de John Pocock e, principalmente, Elías Palti.

[29] BARRÁN, José Pedro. *Apogeo y crisis del Uruguay pastoril y caudillesco*: 1839-1875. Montevideo: Banda Oriental, 1990. t. 4.

[30] ARTEAGA, Juan José. *Uruguay*: breve historia contemporánea. México (Ciudad): Fondo de Cultura Económica, 2000.

[31] ZUM FELDE, Alberto. *Proceso histórico del Uruguay*. Montevideo: Arca, 1967.

consagrados dentro da historiografia uruguaia e que os seus trabalhos sejam fundamentais para a compreensão dos principais processos da História do país, eles desconsideram toda amplitude do âmbito político[32]. Assim, por meio deste livro, buscamos realizar o oposto do que entenderam aqueles historiadores uruguaios. Um dos nossos argumentos é o de que a atuação político-intelectual de Ramírez foi multifacetada e muito mais ampla do que a atividade estritamente político-partidária — a qual também exerceu.

Desse modo, considerando esses pontos já colocados por nós, acreditamos que o nosso livro seja pertinente e tenha originalidade em relação a todos os outros trabalhos que trataram, de alguma forma, sobre a atuação de Ramírez. Em outros termos, pelo fato de nos propormos a analisar a trajetória político-intelectual desse escritor e os significados de "nação" presentes em sua produção intelectual, ação política e sociabilidades. Em nossa visão, esses elementos foram expressos por recursos linguísticos diversos, formulados e materializados nos e por meio dos periódicos e associações nos quais atuou como forma de construção de uma esfera pública nacional.

Nesse sentido, valendo-nos das fontes sobre a trajetória político-intelectual de Ramírez no período que delimitamos para este livro, propomos as seguintes indagações: o que Ramírez concebia por "nação"/"pátria" oriental? De que forma a atuação multifacetada de Ramírez teria contribuído para a projeção e prática de suas ideias sobre a construção da nação republicana uruguaia/oriental? De que modo a defesa e prática de suas sociabilidades, da associação política e da imprensa estariam vinculadas ao seu projeto de nação republicana e ampliação da cidadania e de uma esfera pública nacional? Como Ramírez teria mediado suas propostas de unidade nacional, estabilidade política e construção da nação entre a sociedade e o Estado uruguaios por meio das diversas associações e periódicos em que atuou? Quais foram as *linguagens políticas*[33] utilizadas naquele período por Ramírez para divulgar certas ideias, valores, símbolos políticos e sociais como forma de intervenção naquela conjuntura e construir a nação republicana? Será que Ramírez e seus companheiros de causa pensaram a nação sob referenciais estritamente internos ou o faziam, também, baseados em elementos político-intelectuais estrangeiros?

---

[32] Conforme as diversas novas abordagens desenvolvidas com base na renovação dos pressupostos da História Política, que vão muito além das atividades puramente político-partidárias ou institucionais. Ver: REMOND, René (org.). *Por uma história política*. Tradução de Dora Rocha. 2. ed. Rio de Janeiro: Editora FGV, 2003. p. 441-450; ROSANVALLON, Pierre. *Por uma história do político*. São Paulo: Alameda, 2010.

[33] Ver: POCOCK, John. *Linguagens do ideário político*. Tradução de Fábio Fernandez. São Paulo: EDUSP, 2003; PALTI, Elías José. *El tiempo de la política*: el siglo XIX reconsiderado. Buenos Aires: Siglo XXI Editores, 2007a.

Para conseguirmos responder a essas e a outras questões que surgiram ao longo da pesquisa, recorreremos aos pressupostos teórico-metodológicos da História Intelectual, da História Conceitual[34] e da História dos Intelectuais. Inicialmente, trataremos sobre essa última vertente. Embora reconheçamos que as informações biográficas do indivíduo sejam importantes para a reconstrução de uma trajetória político-intelectual, não procuraremos realizar um estudo estritamente biográfico de Ramírez, pois nossa intenção é ir muito além disso[35]. Nesse sentido, acreditamos que Jean-François Sirinelli tenha toda a razão quando afirma que a História dos Intelectuais possa ser definida como "um campo histórico autônomo que, longe de se fechar sobre si mesmo, é um campo aberto, situado no cruzamento das histórias política, social e cultural".[36]

Reconhecemos, assim como alerta Carlos Altamirano, que o termo "intelectual" não guarda um único significado, sendo "multívoco, polêmico e de limites imprecisos como o conjunto social que se busca identificar com a denominação de intelectuais"[37]. Não retomaremos, neste livro, todo o debate sobre a historicização e as diversas conceitualizações do termo,

---

[34] Para um debate teórico-metodológico sobre as possibilidades de complementaridade entre as proposições da História Intelectual (em especial, as encabeçadas por Skinner e Pocock) e a História Conceitual de Koselleck, ver: JASMIN, Marcelo Gantus; FERES JÚNIOR, João. História dos conceitos: dois momentos de um encontro intelectual. *In*: JASMIN, Marcelo; FERES JÚNIOR, João (org.). *História dos conceitos*: debates e perspectivas. Rio de Janeiro: Editora PUC-Rio; Edições Loyola; IUPERJ, 2006. p. 9-38; DOSSE, François. *La marcha de las ideas*: historia de los intelectuales, historia intelectual. València: PUV/Universitat de València, 2007; RICHTER, Melvin. Avaliando um clássico contemporâneo: o Gechichtliche Grundbegriffe e a atividade acadêmica futura. *In*: JASMIN, Marcelo; FERES JÚNIOR, João (org.). *História dos conceitos*: debates e perspectivas. Rio de Janeiro: Editora PUC-Rio; Edições Loyola; IUPERJ, 2006. p. 39-53; PALTI, Elías José. La nueva historia intelectual y sus repercusiones en América Latina. *História Unisinos*, v. 11, n. 3, p. 297-305, set./dez. 2007b. Disponível em: http://revistas.unisinos. br/index.php/historia/article/view/5908/3092. Acesso em: 23 jun. 2022; DIANA, Elvis de Almeida. Travessias historiográficas: da história das ideias às contribuições da história intelectual e a história conceitual para o estudo dos processos políticos uruguaios oitocentistas. *História da Historiografia*: International Journal of Theory and History of Historiography, Ouro Preto, v. 15, n. 38, p. 67-96, 2022. DOI 10.15848/hh.v15i38.1809.

[35] Embora não seja nosso foco realizar um estudo estritamente biográfico de Ramírez, tais aspectos serão muito importantes para a nossa análise sobre o seu "itinerário" político-intelectual, pois acreditamos que contribuirão para compreendermos melhor como se deu a sua formação e posterior ação política de forma intensificada dentro do recorte temporal que estabelecemos em nossa pesquisa. Além disso, vamos utilizar fragmentos autorreferenciais escritos por Ramírez de modo disperso em diferentes textos seus, buscando alcançar tais objetivos. De qualquer forma, queremos nos distanciar de um olhar acrítico, puramente descritivo e linear, e, para isso, acreditamos que as considerações de Ângela de Castro Gomes, Pierre Bourdieu e Adriana Rodríguez Persico serão muito valiosas para alcançarmos tal objetivo. Trabalhamos melhor com tais reflexões no capítulo 1 de nosso livro.

[36] SIRINELLI, Jean-François. Os intelectuais. *In*: REMOND, René. *Por uma história política*. Tradução de Dora Rocha. 2. ed. Rio de Janeiro: Editora FGV, 2003. p. 232.

[37] ALTAMIRANO, Carlos. *Intelectuales*: notas de investigación. Bogotá: Grupo Editorial Norma, 2006. p. 17. Optamos por realizar a tradução livre de todas as citações diretas em língua estrangeira presentes neste trabalho, sejam elas provenientes de referências bibliográficas ou das fontes documentais, exceto em relação a casos pontuais, mais especificamente no que tange a alguns poemas escritos por Ramírez — os quais analisamos no capítulo 1 —, de modo a não comprometer sua forma e seu sentido originais.

pois há trabalhos recentes e de qualidade que já se dedicaram a essa discussão e balanço[38]. Por outro lado, também temos ciência da necessidade de definirmos minimamente o que entendemos por "intelectual" quando assim adjetivamos Ramírez. Desse modo, acreditamos ser necessário ter conhecimento sobre a atuação intelectual no Oitocentos latino-americano. Ao denominarmos Ramírez como um "intelectual", estamos considerando o que Jorge Myers apontou a respeito dessa questão. Segundo o autor, a partir das novas Constituições criadas após as independências dos países latino-americanos, as figuras do jurista e do publicista político crítico passaram a ser exemplos de ação intelectual naquele período. Cada um, a seu modo, esteve envolvido com a construção dos Estados nacionais, pensando os novos ordenamentos políticos e buscando concretizá-los[39].

Ramírez tem as duas faces mencionadas, as quais, a nosso ver, complementaram-se totalmente. No entanto, embora ambas sejam relevantes para compreendermos a atuação dele, a que sobressaiu, em nossa perspectiva, foi a do publicista político. De fato, essa função contribuiu para a formação de uma esfera pública nos novos países latino-americanos, proporcionando, até mesmo, o surgimento de algumas bases próprias desse processo, não necessariamente vinculadas aos domínios da Igreja ou dos Estados ainda em construção. Alguns desses componentes foram os seguintes: o desenvolvimento de uma imprensa periódica relativamente livre da censura imposta; a consolidação de um público leitor, mesmo que incipiente e nem sempre constituído por uma elite dirigente; e a criação, manutenção e transformação de espaços de sociabilidade compostos, na maioria dos casos, por associações literárias, educacionais e científicas[40].

Como professor de Direito Constitucional e publicista político que foi, além de opositor aos diversos regimes políticos vigentes ao longo da segunda metade do século XIX uruguaio, Ramírez tornou público o seu projeto de uma nação republicana baseada na unidade e na estabilidade políticas. Contra a "barbárie" das guerras civis e o autoritarismo vigentes ao longo do Oitocentos, no Uruguai, criou e manteve os periódicos e as associações políticas já mencionados, além de ter colaborado ativamente em outros não

---

[38] Ver, por exemplo: WASSERMAN, Claudia. História intelectual: origem e abordagens. *Tempos Históricos*, v. 19, p. 63-79, 1. sem. 2015. Ver, também, a introdução e os capítulos da seguinte obra, organizada por: NORONHA DE SÁ, Maria Elisa (org.). *História intelectual latino-americana*: itinerários, debates e perspectivas. Rio de Janeiro: Ed. PUC-Rio, 2016.

[39] MYERS, Jorge. Los intelectuales latinoamericanos desde la colonia hasta inicio del siglo XX. *In*: ALTAMIRANO, Carlos (dir.). *Historia de los intelectuales en América Latina*. Buenos Aires: Katz, 2008. v. 1, p. 29-50.

[40] *Ibid.*, p. 38.

necessariamente inaugurados por ele. Por meio desses espaços, discutiu e tornou públicos os principais elementos de seu projeto político nacional, visando à resolução dos problemas do país próprios daquele período.

Ainda, para além do que já indicamos, consideramos especificamente as práticas de mediação político-intelectuais estabelecidas por Ramírez[41]. Tais práticas se deram tanto entre si e os demais escritores dentro de seus espaços de sociabilidade quanto em relação a sua intenção de divulgar, por meio da imprensa, o projeto de "nação" republicana "ideal"[42] que tinha em mente visando, a nosso ver, à constituição de uma esfera pública nacional. Isso ocorreu por meio dos periódicos e das associações que criou e com as quais colaborou, buscando tornar público seu projeto de nação republicana oriental.

Assim, além de mediar as relações com seus próprios pares, acreditamos que Ramírez agiu enquanto um mediador ao ter tornado públicas as suas aulas universitárias de Direito Constitucional e a reelaboração e divulgação de uma nova história nacional. Também contribuiu para repensar a educação pública, participou da construção de escolas e bibliotecas populares pelo país, de modo a ultrapassar os espaços frequentados somente pelos setores "doutorais", alcançar e abranger a população do interior do país e, assim, formar um público leitor maior e possuidor de uma consciência crítica. Tudo isso levado a cabo por meio das associações e periódicos aos quais esteve vinculado.

Nesse sentido, dialogando com Ángel Rama e conforme percebemos em Ramírez, a "nação ideal" deveria ser "ordenada", pacificada, "moderna", "letrada" e "civilizada", além de abranger a "cidade", ou melhor, a "nação real"[43]. Enquanto um membro da "cidade escriturária"[44] que era, esta caracterizada por seu restrito alcance, acreditamos que Ramírez buscou ampliá-la de modo a concretizar a transição para uma cidade "modernizada"[45], e todas as ações de mediação já mencionadas estavam relacionadas com essa transformação.

Consideramos, desse modo, Ramírez um "intelectual mediador" e, para embasar ainda mais a nossa visão, partimos das indicações de Ângela de Castro Gomes e Patrícia Hansen. Conforme as autoras, a referida conceituação permitir-nos-ia romper com a dicotomia rígida entre o "criador" da obra "original" e

---

[41] Aqui, dialogamos com Sirinelli, defensor do argumento de que os "mediadores culturais" consistiriam naqueles atores político-sociais que realizam uma atividade mais abrangente, tais como os jornalistas, os professores e os escritores de modo geral. SIRINELLI, Jean-François. Os intelectuais. *In*: REMOND, René. *Por uma história política*. Tradução de Dora Rocha. 2. ed. Rio de Janeiro: Editora FGV, 2003. p. 242. Como temos apresentado e ainda mostraremos ao longo deste livro, Ramírez apresenta as três características mencionadas.

[42] RAMA, Ángel. *La ciudad letrada*. Montevideo: Arca, 1998.

[43] *Ibid.*

[44] *Ibid.*

[45] *Ibid.*

o seu "divulgador", este enquanto simples "reprodutor" de um conhecimento ou obra já elaborados por outros intelectuais. Ainda conforme Gomes e Hansen, tal dicotomia seria responsável por uma hierarquização que separaria as diversas atividades político-culturais, empobrecendo, assim, o debate sobre o tema. Além disso, ainda em consonância com as autoras, ao evitarmos reproduzir tal dualidade, aumentamos as possibilidades de análise a serem realizadas sobre a temática e não incorremos no erro de desvalorizarmos o referido objeto[46].

Assim, concordamos com Gomes e Hansen em relação à necessidade de se superar tal dicotomia, pois, em nosso entendimento, Ramírez não foi somente um "criador" ou estritamente um "divulgador" das ideias de outros intelectuais contemporâneos e/ou anteriores a ele. Acreditamos que a atuação político-intelectual de Ramírez tenha sido, na verdade, marcada por uma complementaridade entre essas duas características. De forma complementar, esse publicista elaborou seus textos e teve um forte apreço pela organização da prática associativa, pelos periódicos que criou e dos quais fez parte — muitos deles oriundos dessas próprias associações — ao longo do recorte temporal delimitado em nosso livro. Sempre visando a uma circulação das ideias, por meio de sua ação político-intelectual e suas sociabilidades.

Nesse sentido, concebemos Ramírez como um "intelectual mediador" que teria mediado tanto os interesses e ideias "patriotas" que comparti-lhava com seus companheiros letrados como a extrapolação dos limites da Universidade na qual dava suas aulas de Direito Constitucional, buscando difundir e democratizar o conteúdo de seu projeto de nação republicana. Tais práticas, em nossa perspectiva, seriam oriundas de sua capacidade de "ressonância" política e intelectual[47], "ressignificando" e difundindo novas ideias ao longo de sua trajetória[48]. Enquanto membro de uma "elite cultu-ral" e política, acreditamos ser possível, também, conceber Ramírez como um intelectual detentor de uma "ressonância" e "amplificação" intelectual e política, conforme os conceitos colocados por Jean-François Sirinelli[49].

Este seria outro motivo de nos debruçarmos sobre a atuação de Ramírez em meio a tantos outros escritores daquele contexto, pois, em

---

[46] GOMES, Ângela de Castro; HANSEN, Patrícia. Apresentação. Intelectuais, mediação cultural e projetos políticos: uma introdução para a delimitação do objeto de estudo. *In*: GOMES, Ângela de Castro; HANSEN, Patrícia (org.). *Intelectuais mediadores*: práticas culturais e ação política. Rio de Janeiro: Civilização Brasileira, 2016. p. 7-37.

[47] Conforme a expressão de: SIRINELLI, Jean-François. As elites culturais. *In*: RIOUX, Jean Pierre; SIRINELLI, Jean-Francois. *Para uma história cultural*. Lisboa: Editorial Estampa, 1998. p. 259-279.

[48] Ainda dialogando especificamente com o que propõem: GOMES; HANSEN, *op. cit.*, p. 18.

[49] SIRINELLI, Jean-François. As elites culturais. *In*: RIOUX, Jean Pierre; SIRINELLI, Jean-Francois. *Para uma história cultural*. Lisboa: Editorial Estampa, 1998. p. 259-279.

nossa ótica, foi um intelectual que, por deter essa "ressonância" política e social[50], transitou entre vários espaços de sociabilidade. Assim, poderíamos considerá-lo um mediador entre vários publicistas, professores, literatos e políticos atuantes em diversos grupos daquele contexto, pois, em nossa perspectiva, ele tinha a capacidade de uni-los, por meio dos periódicos e associações, em prol de um mesmo ideal: a construção da nação republicana uruguaia, dando a ela forma definida.

Em outras palavras, Ramírez apresentava uma considerável capacidade de aglutinação entre os demais agentes de seu contexto político, social e intelectual, conduta essa que já consistiria em uma forma de se pensar e praticar, por meio das suas sociabilidades, uma "unidade" para a nação que buscava projetar. Além disso, tinha a preocupação de "encontrar o povo"[51] valendo-se de sua atuação político-intelectual. Ter tornado públicas suas aulas de Direito Constitucional, divulgando-as para além do espaço restrito da Universidade, conforme já indicamos, foi, a nosso ver, um exemplo dessa prática. Ainda, a elaboração e publicação de edições "populares"[52] dos seus escritos e o direcionamento dos valores referentes às vendas de suas publicações para a causa da educação pública mantida por ele e os demais intelectuais[53] podem ser concebidos como outros exemplos dessas mediações e de contribuição para a ampliação de uma esfera pública. Somado a tudo isso, havia, a nosso ver, o caráter pedagógico das publicações, principalmente quando Ramírez contribuiu para a ressignificação da imagem histórica de Artigas, buscando fazer "justiça" ao prócer e tornando pública uma versão republicana e de "precursor da nacionalidade oriental"[54] do referido "libertador". Enfim, foi um intelectual que, por meio das associações e da imprensa, buscou, a nosso ver, mediar as reivindicações da sociedade

---

[50] *Ibid.*

[51] RAMÍREZ, Carlos María. *La guerra civil y los partidos de la República Oriental del Uruguay*. Montevideo: Imprenta de El Siglo, 1871. p. 28.

[52] Como, por exemplo, a segunda edição do seu livro *Artigas*, a qual Ramírez publicou um ano antes de morrer, em 1897. A primeira edição "se esgotou rapidamente" após ser publicada, em 1884. Na segunda edição, Ramírez desejou que ela estivesse ao "alcance de todos". Não teve "ânimo de lucro", e decidiu assim porque, com base na sugestão de "muitas pessoas", buscou atribui-lhe um caráter de "edição popular". RAMÍREZ, Carlos María. Advertencia. *In*: RAMÍREZ, Carlos María. *Artigas*: debate entre "El Sud-América" de Buenos Aires e "La Razón" de Montevideo. 2. ed. Montevideo: Imprenta y litografía "La Razón", 1897. s/p.

[53] Como está explícito na *"Advertencia"* do folheto *La guerra civil y los partidos de la República Oriental del Uruguay*. *Ibid.* Para além das atas de reunião da Sociedade de Amigos de la Educación Popular, também é possível verificarmos informações sobre a construção das escolas e bibliotecas públicas por meio da seção *"Sueltos diversos"*, de alguns números do periódico *La Bandera Radical*.

[54] RAMÍREZ, Carlos María. *Artigas*: debate entre "El Sud-América" de Buenos Aires e "La Razón" de Montevideo. Montevideo: Editorial de la Librería Nacional de A. Barreiro y Ramos, 1884. p. 11.

em meio à construção e consolidação do Estado nacional, visando, assim, à ampliação de uma esfera pública no Uruguai do século XIX[55].

Daí que as noções de "itinerário" político-intelectual e "redes de sociabilidade", também elaborados por Sirinelli, auxiliam-nos nessa empreitada. No que tange à ideia de "itinerário", Sirinelli argumenta que o "mapeamento" do percurso intelectual e político de um indivíduo e/ou o cruzamento deste com as trajetórias de outros intelectuais ao longo do tempo consiste em um recurso frutífero para a compreensão dos processos políticos existentes. Tais contatos, ocorridos ao longo da trajetória do intelectual estudado, permitem que compreendamos melhor como se deram as "inspirações" e "escolhas" de caráter intelectual e político adotadas pelo indivíduo, em consonância com outros agentes que cruzaram o seu caminho[56].

Esses itinerários cruzados proporcionam a formação das "redes de sociabilidade", as quais consistiriam nos modos de se estabelecer uma ligação entre os intelectuais, ou melhor, seriam uma forma de os itinerários político-intelectuais se unirem em prol de uma determinada causa, segundo Sirinelli. E, para que esse "entrelaçamento" possa ocorrer com maior concretude, os ambientes editoriais das revistas, os documentos de caráter público — tais como manifestos e abaixo-assinados – e outros espaços de sociabilidade têm papel muito importante na identificação de tais "redes" político-intelectuais, ainda conforme o historiador francês. Além disso, acreditamos ser muito importante considerar o aspecto não somente físico de tais espaços, mas, também, o âmbito afetivo dessas "redes". Sirinelli argumenta que, com base nessa concepção, seria possível compreendermos a inter-relação entre o "afetivo" e o "ideológico", e o estudo das "redes" de sociabilidade permite que apreendamos, ao mesmo tempo, os "movimentos das ideias" e das sensibilidades envolvidas nessas relações[57].

Acreditamos que considerar a existência dos sentimentos envolvidos em tais espaços — principalmente os que conotam "união", "amizade",

---

[55] Considerando, *grosso modo*, a reunião de pessoas privadas que, por meio de uma esfera pública literária — clubes, imprensa, associações — e da "racionalidade pública", visam à construção de uma esfera pública política, responsável por intermediar sociedade civil e Estado, conforme nos indica: HABERMAS, Jürgen. *Mudança estrutural da esfera pública*: investigações quanto a uma categoria da sociedade burguesa. Tradução de Flávio R. Kothe. Rio de Janeiro: Tempo Brasileiro, 2003. Assim como já colocamos, tratamos de modo mais aprofundado a respeito do debate sobre a ideia de esfera pública no capítulo 2, não somente à luz da visão de Habermas, mas também das considerações de outros autores que vêm operacionalizando-a para pensar a formação da esfera pública nos países latino-americanos ao longo do século XIX.

[56] SIRINELLI, Jean-François. Os intelectuais. *In*: REMOND, René. *Por uma história política*. Tradução de Dora Rocha. 2. ed. Rio de Janeiro: Editora FGV, 2003. p. 231-262.

[57] SIRINELLI, Jean-François. Os intelectuais. *In*: REMOND, René. *Por uma história política*. Tradução de Dora Rocha. 2. ed. Rio de Janeiro: Editora FGV, 2003. p. 249.

"fraternidade" e "solidariedade", como é o caso de Ramírez — nos ajudaria a compreender a formação de uma "geração" da qual esse publicista participou ativamente com a finalidade de intervir em sua realidade. Entendemos, ainda seguindo as indicações de Sirinelli, que, para além dos parâmetros etários, as sensibilidades afloradas a partir de determinados acontecimentos políticos "inauguradores" podem marcar uma *geração* de intelectuais, pois concebemos esta enquanto um "produto cultural", e não somente "produto da natureza"[58]. No caso de Ramírez e dos demais intelectuais uruguaios, acreditamos que as várias guerras civis, a *Revolución de las Lanzas* e os governos militares poderiam consistir nesses acontecimentos, responsáveis por reforçar laços afetivos e políticos entre aqueles publicistas, professores e escritores de diversas faixas etárias.

Nesse sentido, a "geração" de Ramírez esteve envolvida e comprometida com uma causa pública de construção da nação republicana em meio aos descompassos de sua época, considerando a criação, organização e manutenção das redes de sociabilidade, materializadas pelos periódicos e pelas associações, e visando à ampliação de uma esfera pública nacional. A análise sobre essas duas formas de sociabilidade — imprensa e associações — permeia todo o nosso trabalho, pois os textos que Ramírez publicou e assinou com os demais escritores e publicistas foram divulgados por meio de sua atuação pública com base nesses espaços. Assim, para compreendermos melhor a criação e o funcionamento de tais lugares, recorremos ao que a historiadora argentina Hilda Sabato nos indica. Para Sabato, a partir, principalmente, da segunda metade do século XIX, as

> [...] associações e a imprensa não atuavam somente no campo limitado da representação, da defesa ou da proteção dos interesses e das opiniões específicas de suas próprias bases, mas também *constituíam tramas conectivas que atravessavam e articulavam vertical e horizontalmente a sociedade.* Criavam, ademais, espaços de interlocução com o Estado e as autoridades, *constituindo instâncias decisivas na formação de esferas públicas*, próprias das repúblicas liberais em formação.[59]

---

[58] SIRINELLI, Jean-François. A geração. *In*: FERREIRA, Marieta de Morais Ferreira; AMADO, Janaína (coord.). *Usos & abusos da história oral.* Rio de Janeiro: Editora da Fundação Getulio Vargas, 1996. p. 131-132.

[59] SABATO, Hilda. Nuevos espacios de formación y actuación intelectual: prensa, asociaciones, esfera pública (1850-1900). *In*: ALTAMIRANO, Carlos (dir.). *Historia de los intelectuales en América Latina.* Buenos Aires: Katz, 2008. v. 1, p. 387, grifos nossos.

Acreditamos, pois, apoiados nessas colocações de Sabato, que tais espaços, formados e geridos pelos intelectuais, serviam como "tramas" que "conectavam" a "nação", dando forma a ela, e, consequentemente, contribuíam para a ampliação de uma esfera pública. Tanto os periódicos criados na segunda metade do século XIX quanto as associações voluntárias desse mesmo período tinham o propósito de consistir em espaços de autogestão, visando a uma coletividade e um espírito de solidariedade entre seus membros em prol de uma causa pública que se propunha, ao mesmo tempo, "republicana" e "nacional"[60]. Esses elementos, muitas vezes, até se confundiam, conforme acreditamos ser o exemplo de Ramírez no caso uruguaio, assim como veremos ao longo dos capítulos deste livro.

Conforme ainda sugere Sabato, durante a consolidação dos novos ordenamentos políticos e sociais dos países latino-americanos, podemos conceber a imprensa e as associações enquanto espaços físicos e simbólicos de exercício da cidadania e nos quais estavam presentes os sentimentos de pertencimento a um grupo, concordando, indiretamente, com Sirinelli em relação a esse ponto. Nesse sentido, vários escritores "encontraram um campo de ação nesses âmbitos, os quais, por sua vez, converteram-se em lugar de treinamento, formação e desempenho de novos 'intelectuais'"[61]. Também estamos atentos ao que Adriane Vidal Costa e Claudio Maíz propõem para o estudo das redes de sociabilidades nacionais e transnacionais dos intelectuais latino-americanos. Consideramos as indicações dos autores tanto no que diz respeito a mudanças e resistências que as ideias podem sofrer devido a sua circulação e inserção aos diversos espaços quanto no que tange à necessidade de se ponderar sobre a sua imaterialidade, contingência e mediações possíveis[62].

---

[60] *Ibid.,* p. 389.

[61] *Ibid.,* p. 387.

[62] COSTA, Adriane Vidal; MAÍZ, Claudio. Introdução. *In*: COSTA, Adriane Vidal; MAÍZ, Claudio (org.). *Nas tramas da "cidade letrada"*: sociabilidade dos intelectuais latino-americanos e as redes transnacionais. Belo Horizonte: Fino Traço, 2018. p. 10-11. Também acreditamos ser muito válido citar outros trabalhos que versam sobre a formação das sociabilidades intelectuais e políticas, o compartilhamento de ideias em comum e sua relação com a intelectualidade ao longo do século XIX, com os quais também dialogamos diretamente, em maior ou menor grau, ao longo do livro, tais como: MOLINA, Eugenia. Sociabilidad y redes político-intelectuales: algunos casos entre 1800 y 1852. *CILHA*, año 12, n. 14, p. 19-54, 2011; MAÍZ, Claudio. Las re(d) vistas latinoamericanas y las tramas culturales: redes de difusión en el romanticismo y el modernismo. *In*: COSTA, Adriane Vidal; MAÍZ, Claudio (org.). *Nas tramas da "cidade letrada"*: sociabilidade dos intelectuais latino-americanos e as redes transnacionais. Belo Horizonte: Fino Traço, 2018. p. 131-151; GONZÁLEZ BERNALDO, Pilar. Pedagogía societaria y aprendizaje de la nación en el Río de la Plata. *In*: ANNINO, Antonio; XAVIER GUERRA, François (org.). *Inventando la nación*: Iberoamérica, siglo XIX. México: Fondo de Cultura Económica, 2003. p. 565-589.

Acreditamos que essas indicações de Sirinelli, Sabato, Costa e Maíz nos sejam muito importantes, pois a atuação de Ramírez não se deu de forma individual, mas sim de modo multifacetado e por meio das sociabilidades — periódicos e associações — que inaugurou, dirigiu e ajudou a manter com seus companheiros, conforme já indicamos.

Além disso, partimos do pressuposto de que, ao se associarem e publicarem seus escritos político-intelectuais por meio tais espaços, Ramírez e os demais escritores, professores e publicistas visualizaram uma forma de, ao mesmo tempo, praticar a cidadania, a "civilidade"/"civilização" e a coesão comunitária que a sociabilidade política proporcionaria, segundo ele. Acreditamos que todos esses elementos estavam ligados a termos, valores e sentimentos adjacentes, como "república", "democracia", "união", "inteligência", "fraternidade", "ordem", "paz" etc., e seriam os pilares de uma unidade de âmbito nacional que buscavam tornar pública, divulgando-a o máximo possível. Assim, Ramírez, a nosso ver, teria contribuído diretamente para projetar, mediar e divulgar essas propostas de unidade e estabilidade política nacionais, tanto teoricamente quanto no plano da construção de uma coletividade que estava sendo pensada e exercida por meio da prática político-sociológica.

Em outras palavras, apoiado em cada uma das associações e dos ambientes editoriais dos periódicos nos quais atuou, Ramírez buscou construir uma nação republicana e "civilizada" em "miniatura", tomando aqui emprestada uma expressão da historiadora Heloisa Starling[63] e adaptando-a para o contexto uruguaio do século XIX. Em nossa perspectiva, essas ideias, esses valores e práticas representaram, em escala menor, o que Ramírez e os demais intelectuais de fato buscavam em nível mais amplo: construir e dar "liga" à nação arrasada pelas guerras civis de décadas e o autoritarismo dos governos militares, e, assim, "tecer seus fios" soltos, conforme a expressão de Antônio Carlos Amador Gil[64].

---

[63] Starling, ao relembrar a expressão *"ward-republics"*, de Thomas Jefferson, foca o processo de independência das Treze Colônias e a constituição da matriz republicana estadunidense, ainda no fim do século XVIII. Segundo a autora, "o mecanismo que transforma uma estrutura associativa em repúblicas em miniatura – ou, como definiu Thomas Jefferson, em *ward-republics* – é a extraordinária disposição para debater sobre todos os assuntos concernentes aos negócios públicos, discutir e trocar opiniões. Não menos importante para a formação desse mecanismo, elas também operam com uma mesma disposição de compartilhar entre seus membros a determinação para agir, a convicção de poder mudar as coisas no mundo público pelos seus próprios esforços". STARLING, Heloisa Murgel. A matriz norte-americana. *In*: BIGNOTTO, Newton (org.). *Matrizes do republicanismo*. Belo Horizonte: Editora UFMG, 2013. p. 248, grifos da autora.

[64] Originalmente, Antonio Carlos Amador Gil pensou esse termo ao trabalhar com o caso da formação da nação argentina, mais especificamente no começo do século XIX. Assim, tomamos emprestado desse autor a referida ideia para tratar do caso uruguaio considerando atuação político-intelectual de Ramírez. GIL, Antonio Carlos Amador. *Tecendo os fios da nação*: soberania e identidade nacional no processo de construção do Estado. Vitória: Instituto Histórico e Geográfico do Espírito Santo, 2001.

Em completa interação com os postulados anteriores estão, em nossa perspectiva, as indicações de Renato Moscatelli, quando argumenta sobre a importância de dedicarmos nossa atenção não somente aos escritos em si mesmos, à biografia do autor e à sua contextualização, mas também considerarmos a intertextualidade contida nessas relações.[65] A nosso ver, essa indicação é, de acordo com Helenice Rodrigues da Silva, uma maneira de analisar determinado contexto histórico/intelectual no qual as ideias estão, de fato, inseridas[66]. Além disso, esse esforço contribui para que apreendamos as linguagens políticas de determinado contexto histórico[67], as quais não são neutras, nem gratuitas, e que guardam a capacidade de interferir em um determinado contexto intelectual e político[68].

Essas últimas indicações, feitas por Renato Moscatelli e Helenice Rodrigues da Silva, são próprias da História Intelectual, da qual também nos utilizamos para alcançarmos nossos objetivos e responder às questões colocadas anteriormente. A História Intelectual, ao mesmo tempo que se diferencia da antiga História das Ideias e da História dos Intelectuais, não apresenta uma problemática comum entre os pesquisadores que a operacionalizam[69], tem suas "fronteiras frouxas, permeáveis, incertas"[70]. Ainda, consiste mais em um "campo de estudos" do que uma disciplina propriamente dita, mas que está preocupada com a mutabilidade das ideias ao longo do tempo, como afirmou Carlos Altamirano[71]; está sujeita às várias denominações, a depender dos vínculos acadêmico-institucionais dos pesquisadores que a mobilizam[72].

---

[65] MOSCATELLI, Renato. História intelectual: a problemática da interpretação de textos. *In*: LOPES, Marcos Antônio (org.). *Grandes nomes da história intelectual*. São Paulo: Contexto, 2003. p. 48-59.

[66] SILVA, Helenice Rodrigues da. *Fragmentos da história intelectual*: entre questionamentos e perspectivas. Campinas: Papirus, 2002.

[67] POCOCK, John. *Linguagens do ideário político*. Tradução de Fábio Fernandez. São Paulo: EDUSP, 2003.

[68] LOPES, Marcos Antonio. *Para ler os clássicos da história intelectual*: um guia historiográfico. Rio de Janeiro: Ed. FGV, 2002.

[69] DARNTON, Robert. *O beijo de Lamourette*: mídia, cultura e revolução. Tradução de Denise Bottman. São Paulo: Companhia das Letras, 1990.

[70] MYERS, Jorge. Músicas distantes. Algumas notas sobre a história intelectual hoje: horizontes velhos e novos, perspectivas que se abrem. *In*: NORONHA DE SÁ, Maria Elisa (org.). *História intelectual latino-americana*: itinerários, debates e perspectivas. Rio de Janeiro: Ed. PUC-Rio, 2016. p. 23. Ainda sobre os debates acerca do campo da História Intelectual na América Latina, ver também a introdução à obra que citamos nesta nota, escrita por Maria Elisa Noronha de Sá, e os demais capítulos do mencionado livro.

[71] ALTAMIRANO, Carlos. *Para un programa de historia intelectual y otros ensayos*. Buenos Aires: Siglo XXI Editores, 2005. p. 10-11.

[72] Cf. CHARTIER, Roger. *A história cultural*: entre práticas e representações. Tradução de Maria Manuela Galhardo. 2. ed. Portugal: Difel, 2002; WASSERMAN, Claudia. História intelectual: origem e abordagens. *Tempos Históricos*, v. 19, p. 63-79, 1. sem. 2015.

Justamente por isso, como forma de se estabelecer um caminho minimamente balizado a seguir em nossa pesquisa, consideramos uma possibilidade teórico-metodológica, esta indicada por François Dosse, o entrelaçamento entre "internalismo", caracterizado pelo próprio conteúdo das obras, e o "externalismo", o qual consiste na contextualização das formas de produção das ideias[73]. Recorremos, também, à formulação feita por Jorge Myers, a qual, acreditamos, auxilia-nos consideravelmente no estabelecimento de um norte para a compreensão dessa vertente:

> Uma formulação muito sucinta poderia ser a seguinte: a história intelectual consiste em uma exploração da produção douta realizada pelas elites letradas do passado, enfocada a partir de uma perspectiva que considera a própria condição de inteligibilidade histórica dessa produção como derivada de sua reinserção (por parte do pesquisador) em um contexto social e cultural – simbólico e material – historicamente específico [...]. O termo "douto" refere-se à necessidade de uma linguagem elaborada, complexa, que remeta a uma tradição [...].[74]

E, em total consonância com o que propõe Myers, está, a nosso ver, o que, mais uma vez, indica Altamirano sobre a História Intelectual, quando sustenta que o objetivo desta não é "restabelecer a marcha das ideias imperturbáveis através do tempo", mas sim "segui-las e analisá-las nos conflitos e os debates, nas perturbações e nas mudanças de sentido que lhes faz sofrer seu passar pela história"[75]. Nesse sentido, Elías Palti argumenta que a História Intelectual a ser realizada especificamente sobre o século XIX está para além de se pautar nos sentidos que as palavras têm ou tiveram nos dicionários, mas sim "reconstruir linguagens políticas"[76]. Ainda conforme Palti,

> [...] somente tomadas em seu conjunto, no jogo de suas inter-relações e defasagens recíprocos, revelar-se-ão, enfim, a natureza e o sentido das profundas mutações conceituais ocorridas ao longo do século [XIX] analisado.[77]

---

[73] DOSSE, François. *História e ciências sociais*. Tradução de Fernanda Abreu. Bauru: EDUSC, 2004. p. 298.

[74] MYERS, Jorge. Músicas distantes. Algumas notas sobre a história intelectual hoje: horizontes velhos e novos, perspectivas que se abrem. *In*: NORONHA DE SÁ, Maria Elisa (org.). *História intelectual latino-americana*: itinerários, debates e perspectivas. Rio de Janeiro: Ed. PUC-Rio, 2016. p. 24, aspas do autor.

[75] ALTAMIRANO, *op. cit.*, p. 11.

[76] PALTI, Elías José. *El tiempo de la política*: el siglo XIX reconsiderado. Buenos Aires: Siglo XXI Editores, 2007a. p. 17.

[77] *Ibid.*

Segundo Palti, essa seria uma das maiores características responsáveis pelo distanciamento entre a História Intelectual e a tradicional História das Ideias, pois, conforme o autor, "uma linguagem política não é um conjunto de ideias ou conceitos, mas sim um modo característico de produzi-los", entendendo, assim, a "lógica que as articula"[78], e também evitar os "modelos ideais" e os "sistemas de pensamento"[79]. Além disso, esse caminho evita a concepção errônea de que as ideias e os conceitos estão "fora de lugar"[80], entendendo, na verdade, que eles circulam e são ressignificados conforme os diversos interesses político-culturais e sociais dos variados períodos e contextos históricos[81].

Dessa forma, também é uma das nossas hipóteses a premissa de que Ramírez teria se utilizado de elementos político-intelectuais tanto próprios dos "republicanismos" quanto dos "liberalismos" para pensar e construir a nação uruguaia durante a segunda metade do século XIX. Assim, acreditamos que considerar a circulação das ideias e dos conceitos se mostra muito relevante para isso. Nesse sentido, argumentamos que o intelectual uruguaio se valeu de linguagens e conceitos políticos ligados tanto à tradição republicana quanto à liberal, enunciados ao longo do tempo por escritores uruguaios ou estrangeiros de diversos períodos históricos. Algumas dessas referências foram: Montesquieu, John Stuart Mill, Jules Michelet, Jules Simon, Benjamin Constant, Jean-Jacques Rousseau, Alexis de Tocqueville,

---

[78] *Ibid.*

[79] *Ibid.*, p. 55.

[80] Elías Palti informa-nos que o crítico literário Roberto Schwarz, ainda nos anos 1970, publicou um artigo no qual argumentava que as ideias estavam "fora de lugar" no Brasil. Tal publicação gerou a resposta da filósofa e socióloga Maria Sylvia de Carvalho Franco, em 1976, na qual a autora afirmava que as ideias estavam, sim, "no lugar", asseverando que as ideias liberais não eram "estranhas" ao Brasil e que, se elas circularam publicamente neste país, é porque encontraram condições para tal. Além desse debate, realizado no e sobre o Brasil, também houve discussões acerca do mesmo tema no e sobre o meio acadêmico e intelectual latino-americano. Alguns dos autores latino-americanos que se envolveram nessa discussão no mesmo período foram o argentino Arturo Andrés Roig, o mexicano Leopoldo Zea, o uruguaio Arturo Ardao e outros vários intelectuais. Sobre esse assunto, ver: PALTI, *op. cit.*

[81] Alinhamo-nos às considerações teórico-metodológicas de Elías Palti e Adriane Vidal Costa sobre esse ponto, com a finalidade de superarmos os pressupostos da História das Ideias de cunho tradicional na América Latina, esta marcada pela defesa da importação de "modelos" ideológicos europeus, que, em tese, não seriam próprios das características culturais e intelectuais dos países latino-americanos e, por isso, foram consideradas meras cópias carregadas de "erros" ou "desvios" em sua inserção em tais locais. Dessa forma, no lugar da referida abordagem tradicional, preferimos seguir os pressupostos teórico-metodológicos que prezam pelos usos das linguagens e conceitos políticos, e suas formas de enunciação, ou seja, os modos de intervir e de mobilizar as ideias publicamente e em variados contextos históricos, o que nos permite compreender a circulação de ideias e conceitos como os de "nação", "liberalismo" e "republicanismo" em quaisquer espaços e temporalidades. Sobre esse debate, ver: PALTI, Elías J.; COSTA, Adriane Vidal. Prefácio: os lugares das ideias na América Latina. *In*: PALTI, Elías J.; COSTA, Adriane Vidal (org.). *História intelectual e circulação de ideias na América Latina nos séculos XIX e XX*. Belo Horizonte: Fino Traço, 2021. p. 5-11; PALTI, *op. cit.*

Francisco Bilbao, Carlos de Castro, Domingo Faustino Sarmiento, entre outros. Nesse sentido, entendemos que a sua ideia de nação esteve permeada por uma densa complementaridade entre ambas as tradições de pensamento mencionadas[82].

Nessa esteira, acreditamos ser muito frutífera a complementaridade entre os postulados da História Intelectual e os da História dos Intelectuais para a análise do itinerário político-intelectual de Ramírez. Em nossa perspectiva, essa interconexão contribuirá muito para a "reconstituição" do contexto político-intelectual no qual aquele escritor atuou, dos "empréstimos" linguísticos e conceituais realizados e as suas formas de enunciação[83]. Ademais, permitirá que compreendamos como houve a circulação das ideias

---

[82] Sobre esse ponto específico, dialogamos principalmente com os trabalhos de Elías Palti, Gerardo Caetano, Natalio Botana e Javier Gallardo, principalmente a partir do capítulo 2, para tratar sobre os usos das linguagens e dos conceitos políticos relacionados às tensões entre os republicanismos e os liberalismos, seja na América Latina, de modo mais geral, seja no Uruguai propriamente dito. Ver: PALTI, Elías J.; COSTA, Adriane Vidal (org.). *História intelectual e circulação de ideias na América Latina nos séculos XIX e XX*. Belo Horizonte: Fino Traço, 2021. p. 5-11; PALTI, Elías José. *El tiempo de la política*: el siglo XIX reconsiderado. Buenos Aires: Siglo XXI Editores, 2007a; PALTI, Elías José. Las polémicas en el liberalismo argentino: sobre virtud, republicanismo y lenguaje. *In*: RIVERA, José Antonio Aguilar; ROJAS, Rafael (org.). *El republicanismo en Hispanoamérica*: ensayos de historia intelectual y política. México: Fondo de Cultura Económica, 2002. p. 167-209; BOTANA, Natalio. *La tradición republicana*: Alberdi, Sarmiento y las ideas políticas de su tiempo. Buenos Aires: Edhasa, 2013; CAETANO, Gerardo. Genealogías de la política uruguaya moderna: el liberalismo como "concepto fundamental" y su primacía sobre el republicanismo en el siglo XIX. *Claves*: Revista de Historia, n. 2, p. 111-143, ene./jun. 2016; GALLARDO, Javier. Las ideas republicanas en los orígenes de la democracia uruguaya. *Araucaria*: Revista Iberoamericana de Filosofía, Política y Humanidades, v. 5, n. 9, p. 3-44, 2003.

[83] Acreditamos que as contribuições da chamada Escola de Cambridge, encabeçada por Quentin Skinner e John Pocock, assim como a História dos Conceitos alemã, liderada por Reinhart Koselleck, nos serão muito válidas para realizar essa análise, sem, no entanto, nos prendermos e/ou esgotarmos todos os seus postulados teórico-metodológicos. SKINNER, Quentin. *As fundações do pensamento político moderno*. São Paulo: Companhia das Letras, 1996; SKINNER, Quentin. *Visões da política*: sobre os métodos históricos. Lisboa: Algés; DIFEL, 2005; POCOCK, John. *Linguagens do ideário político*. Tradução de Fábio Fernandez. São Paulo: EDUSP, 2003; KOSELLECK, Reinhart. *Futuro passado*: contribuição à semântica dos tempos históricos. Rio de Janeiro: Contraponto; Editora PUC-Rio, 2006; KOSELLECK, Reinhart. *Histórias de conceitos*: estudos sobre a semântica e a pragmática da linguagem política e social. Tradução de Markus Hediger. Rio de Janeiro: Contraponto, 2020. Sobre as possibilidades de complementaridade entre tais vertentes teórico-metodológicas, conferir as referências que indicamos na nota número 34. Isso nos permitirá dar mais espaço a autores latino-americanos que também adotam essa linha, mas estão totalmente atentos especificamente ao contexto político-intelectual oitocentista próprio daquela região. Ver: PALTI, Elías José. *El tiempo de la política*: el siglo XIX reconsiderado. Buenos Aires: Siglo XXI Editores, 2007a; GRANADOS GARCÍA, Aimer; MARICHAL, Carlos. *Construcción de las identidades latinoamericanas*: ensayos de historia intelectual, siglos XIX y XX. México, D.F.: El Colegio de México; Centro de Estudios Históricos, 2009; CHIARAMONTE, José Carlos; MARICHAL, Carlos; GRANADOS GARCIA, Aimer. *Crear la nación*: los nombres de los países de América Latina. Buenos Aires: Editorial Sudamericana, 2008; EZCURRA, Mara Polgovsky. La historia intelectual latinoamericana en la era del "giro lingüístico". *Nuevo Mundo Mundos Nuevos*: Cuestiones del Tiempo Presente, 2010. Disponível em: https://journals.openedition.org/nuevomundo/60207; ANNINO, Antonio; XAVIER GUERRA, François (org.). *Inventando la nación*: Iberoamérica, siglo XIX. México: Fondo de Cultura Económica, 2003; PALTI, Elías José. La nueva historia intelectual y sus repercusiones en América Latina. *História Unisinos*, v. 11, n. 3, p. 297-305, set./dez. 2007b. Disponível em: http://revistas.unisinos.br/index.php/historia/article/view/5908/3092. Acesso em: 23 jun. 2022.

e conceitos, por meio dos itinerários cruzados, dos contatos e mediações estabelecidos entre Ramírez e os outros escritores dentro das suas "redes" intelectuais e das práticas políticas realizadas em determinado contexto histórico. Acreditamos que esse caminho seja válido, pois indica-nos uma forma de concebermos que a formulação de novos projetos intelectuais esteve e está atrelada à busca pela compreensão de novas realidades políticas e sociais que estavam se constituindo, ainda mais no contexto latino-americano oitocentista, em que tudo ainda estava "por fazer-se" no que diz respeito às nações em construção[84].

Consideramos, ainda, pertinente recorrer ao "programa" que Carlos Altamirano nos propõe, o qual, em nossa perspectiva, interconectaria as vertentes sobre as quais discutimos anteriormente. Indicaria as formas de abordarmos nosso objeto não somente de forma teórica, senão enquanto possibilidade metodológica, especialmente em relação aos tipos de escritos e textos que estamos utilizando como corpus documental em nosso livro. Concordando com Altamirano, explicitamos que o nosso objetivo consiste em também "esboçar um programa possível de trabalho que comunique a história política, a história das elites culturais e a análise histórica da 'literatura de ideias'"[85].

Considerando que as nossas fontes são constituídas por impressos de tipos diferentes (artigos, atas de reuniões, ensaios, declarações, manifestos, escritos autorreferenciais, discursos etc.), acreditamos que essa proposição

---

[84] PALTI, Elías José. *El tiempo de la política*: el siglo XIX reconsiderado. Buenos Aires: Siglo XXI Editores, 2007a. p. 13. Sobre o papel das linguagens políticas na compreensão e classificação das novas realidades, mais especificamente na América hispânica e portuguesa e nos países latino-americanos recém-independentes, François-Xavier Guerra e Anick Lempèriére afirmam que "a linguagem não é uma realidade separável das realidades sociais, um elenco de instrumentos neutros e atemporais do qual se pode dispor à vontade, mas sim uma parte essencial da realidade humana e, como ela, oscilante". GUERRA, François-Xavier; LEMPÈRIÉRE, Annick. Introducción. *In*: GUERRA, François-Xavier; LEMPÈRIÉRE, Annick (org.). *Los espacios públicos en Iberoamérica*: ambiguedades y problemas. Siglos XVIII-XIX. Nueva edición. México: Fondo de Cultura Económica; Centro de Estudios Mexicanos y Centroamericanos, 2008. *En línea*. Disponível em: https://books.openedition.org/cemca/1450. Acesso em: 10 fev. 2020.

[85] ALTAMIRANO, Carlos. *Para un programa de historia intelectual y otros ensayos*. Buenos Aires: Siglo XXI Editores, 2005. p. 14, aspas do autor. Altamirano, explicando mais profundamente sobre o que consistiria esse "programa" que propõe, afirma: "No caso do programa que trato de dimensionar, os textos são já eles mesmos objetos de fronteira, ou seja, textos que estão no limite de vários interesses e de várias disciplinas: a história política, a história das ideias, a história das elites e a história da literatura. O contorno geral desse domínio no âmbito do discurso intelectual hispano-americano foi traçado muitas vezes, e basta citar alguns de seus títulos clássicos para identificá-lo rapidamente: o *Facundo*, de Sarmiento; 'Nuestra América', de Martí; o *Ariel*, de Rodó; a *Evolución política del pueblo mexicano*, de Justo Sierra; os *Siete ensayos de interpretación de la realidad peruana*, de Mariátegui; *Radiografia de la pampa*, de Martínez Estrada; *El Laberinto de la soledad*, de Octavio Paz". ALTAMIRANO, Carlos. *Para un programa de historia intelectual y otros ensayos*. Buenos Aires: Siglo XXI Editores, 2005. p. 15-16, grifos e aspas do autor.

de Altamirano se faz pertinente para analisarmos os diferentes textos que Ramírez produziu e tornou públicos. Assim, esse "programa" "não une somente conceitos e raciocínios, mas também elementos da imaginação e da sensibilidade" distribuídos entre eles[86]. Nesse sentido, concordamos com Eliana de Freitas Dutra e Jean-Yves Mollier quando argumentam que os impressos políticos foram essenciais, em meio ao advento da modernidade, para: a formação da opinião pública; a publicização das ideias políticas; a consolidação das identidades, dos sentimentos de pertença coletiva e de construção nacionais[87].

Acreditamos que tais indicações teórico-metodológicas, em conjunto, mostram-se muito pertinentes e frutíferas para compreendermos as relações entre as ideias de "nação", "civilização", "barbárie", "república", "liberdade" e "ordem" — além de outros termos relacionados a estes — elaboradas e difundidas por aquele intelectual, por meio de suas sociabilidades, no Uruguai da segunda metade do século XIX em um contexto de construção nacional.

E, pelo fato de que trataremos, também, sobre a ideia de "nação" em nosso trabalho com base no itinerário de Ramírez, pensamos ser necessário nos debruçar sobre os debates em relação a esse termo. Não reconhecemos a "nação" e seus termos correlatos enquanto algo já dado ou estabelecido previamente, mas sim como uma construção intelectual e política que se deu ao longo do tempo. Também já adiantamos que a discussão que fazemos sobre esse conceito se dá de forma diluída, ao longo destes capítulos, conforme as problemáticas e fontes históricas o exigem, mas sempre relacionando-o com a trajetória político-intelectual de Ramírez e sua contribuição para a ampliação de uma esfera pública nacional.

Embora estejamos atentos aos debates da historiografia europeia sobre a ideia de "nação", os quais se preocupam mais com os processos históricos dos países europeus, de fato[88], procuramos nos nortear pelas considerações de

---

[86] *Ibid.*, p. 19.

[87] DUTRA, Eliana de Freitas; MOLLIER, Jean-Yves. Introdução. *In*: DUTRA, Eliana de Freitas; MOLLIER, Jean-Yves (org.). *Política, nação e edição*: o lugar dos impressos na construção da vida política no Brasil, Europa e Américas nos séculos XVIII-XX. São Paulo: Annablume, 2006. p. 9.

[88] Tais como: HOBSBAWM, Eric. *Nações e nacionalismos desde 1780*: programa, mito e realidade. Tradução de Maria Cecília Paoli e Anna Maria Quirino. Rio de Janeiro: Paz e Terra, 1990; SMITH, Anthony D. O nacionalismo e os historiadores. *In*: BALAKRISHNAN, Gopal (org.). *Um mapa da questão nacional*. Rio de Janeiro: Contraponto, 2000. p. 185-208; NOIRIEL, Gérard. Repensar o Estado-nação: elementos para uma análise sócio-histórica. *Revista Ler História*, Lisboa, n. 41, p. 39-54, 2001; HERMET, Guy. *História das nações e do nacionalismo na Europa*. Tradução de Ana Moura. Lisboa: Editorial Estampa, 1996; ANDERSON, Benedict. *Comunidades imaginadas*: reflexões sobre a origem e a difusão do nacionalismo. Tradução de Denise Bottman. São Paulo: Companhia das Letras, 2008; THIESSE, Anne-Marie. Ficções criadoras: as identidades nacionais. *Anos 90*, Porto Alegre, n. 15, p. 7-23, 2001/2002.

uma linha historiográfica mais recente e dedicada aos processos específicos da América Latina. Assim, dialogamos mais com os autores latino-americanos que buscaram pensar a formação das nações naquela região, por uma chave de análise focada tanto na construção das identidades nacionais, como Maria Lígia Prado[89], quanto na História Intelectual e Conceitual, tais como Hilda Sabato[90], Elías Palti[91], José Carlos Chiaramonte[92], Gerardo Caetano[93], Guillermo Palacios[94] e Pilar González Bernaldo[95]. Assim, o diálogo com esses autores permitirá analisarmos os "significados" contextuais de "nação" com base na produção intelectual, ação política, das sociabilidades e da atuação de Ramírez *no* e *para* o âmbito público.

Assim, para conseguirmos alcançar os objetivos propostos anteriormente e pensando em uma forma de organização deste trabalho de modo que nossa tese tenha uma inteligibilidade razoável de acordo com o que propomos, decidimos dividi-lo em quatro capítulos de desenvolvimento.

No capítulo 1, tratamos sobre a formação e algumas das inspirações político-intelectuais de Ramírez em meio às guerras civis e às tentativas

[89] PRADO, Maria Lígia Coelho. Uma introdução ao conceito de identidade. *In*: BARBOSA, Carlos Alberto Sampaio; GARCIA, Tânia da Costa (org.). *Cadernos de Seminário Cultura e Política nas Américas*. Assis: FCL-Assis-UNESP Publicações, 2009. v. 1, p. 66-71.

[90] SABATO, Hilda. Soberanía popular, ciudadanía y nación en Hispanoamérica: la experiencia republicana del siglo XIX. *Almanack Braziliense*, n. 9, p. 23-40, maio 2009. Disponível em: https://sites.usp.br/ieb/wp-content/uploads/sites/127/2016/07/almanack_09_1322176965.pdf. Acesso em: 23 jun. 2022; SABATO, Hilda. *Povo & política*: a construção de uma república. Tradução de Daniel da Silva Becker. Porto Alegre: EdiPUCRS, 2011. (Série História, 59).

[91] PALTI, Elías José. *La nación como problema*: los historiadores y la cuestión nacional. Buenos Aires: Fondo de Cultura Económica de Argentina, 2002; PALTI, Elías José. *El tiempo de la política*: el siglo XIX reconsiderado. Buenos Aires: Siglo XXI Editores, 2007a.

[92] CHIARAMONTE, José Carlos. El problema de los orígenes de los Estados hispanoamericanos en la historiografía reciente y el caso del Río de la Plata. *Anos 90*, v. 1, n. 1, p. 49-83, 1993; CHIARAMONTE, José Carlos. Formas de identidad política en el Río de la Plata luego 1810. *Boletín del Instituto de Historia Argentina y Americana "Dr. E. Ravignani"*, n. 1, p. 71-92, 1. sem. 1989. 3. serie; CHIARAMONTE, José Carlos. El mito de los orígenes en la historiografía latinoamericana. *Cuadernos del Instituto Ravignani*, Buenos Aires, n. 2, p. 5-39, oct. 1991.

[93] CAETANO, Gerardo (org.). *Historia conceptual*: voces y conceptos de la política oriental (1750-1870). Montevideo: EBO, 2013; CAETANO, Gerardo. Identidad nacional e imaginario colectivo en Uruguay: la síntesis perdurable del centenario. *In*: ACHUGAR, Hugo; CAETANO, Gerardo. *Identidad uruguaya*: ¿mito, crisis o afirmación? 3. ed. Montevideo: Ediciones Trilce, 1993. p. 75-96.

[94] PALACIOS, Guillermo. El "otro" en el centro de lo "propio": visiones de la alteridad en los nacionalismos iberoamericanos tempranos. *In*: BEIRED, José Luis Bendicho; CAPELATO, Maria Helena; PRADO, Maria Lígia Coelho (org.). *Intercâmbios políticos e mediações culturais nas Américas*. Assis, SP; São Paulo: FCL/Assis-UNESP Publicações; Laboratório de Estudos de História das Américas – FFLCH/USP, 2010. p. 419-440.

[95] GONZÁLEZ BERNALDO, Pilar. Pedagogía societaria y aprendizaje de la nación en el Río de la Plata. *In*: ANNINO, Antonio; XAVIER GUERRA, François (org.). *Inventando la nación*: Iberoamérica, siglo XIX. México: Fondo de Cultura Económica, 2003. p. 565-589; GONZÁLEZ BERNALDO, Pilar. La "identidad nacional" en el Río de la Plata post-colonial: continuidades y rupturas con el antiguo régimen. *Anuario del IEHS "Prof. Juan C. Grosso"*, 12, TandH, UNCPBA, p. 109-122, 1997.

de estabilidade política e nacional no Uruguai do século XIX. Em 1871, ao voltar da *Revolución de las Lanzas* (1870-1872), uma das guerras civis de que participou, Ramírez rompeu os seus vínculos com o Partido Colorado, do qual era filiado até a deflagração desse conflito, e passou a criticar a forma violenta de se fazer política no país, pondo-se a defender a unidade nacional. A partir de então, não necessariamente de forma linear e sistematizada, passou a escrever alguns textos autorreferenciais e, neles, mencionou eventos e personalidades nacionais, regionais e internacionais históricos os quais, ao longo de sua trajetória, teriam contribuído para a construção de sua identidade nacional e de sua formação político-intelectual. Os eventos pretéritos mencionados por ele foram: o desembarque dos "Trinta e Três Orientais" durante a "Cruzada Libertadora" — acontecimento e símbolos emblemáticos da independência em relação ao Império do Brasil, ocorrido mais de 20 anos antes de seu nascimento —; e o exílio de sua família no Brasil em meio ao chamado Sítio de Montevidéu (1843-1852), empreendido por Juan Manuel Rosas e Manuel Oribe durante a Guerra Grande (1838-1852). Também fez menção ao general e publicista oriental Melchor Pacheco y Obes (1809-1855), atuante na Defesa da capital, Montevidéu, sitiada por Rosas e Oribe.

Outras personalidades e processos citados foram, em maior ou menor grau: o escritor, publicista e político argentino Domingo Faustino Sarmiento (1811-1888); o filósofo chileno Francisco Bilbao (1823-1865); e o historiador francês Jules Michelet (1798-1874). Além disso, mencionou as mudanças ocorridas na Universidade de la República a partir da inauguração da cátedra de Economia Política, realizada por Carlos de Castro (1835-1911), e como elas também contribuíram para a sua formação liberal e *principista*. Assim, as fontes históricas analisadas neste capítulo são os seguintes: *Sobre el "Facundo"* (1873); *La universidad y el destino nacional* (1876); *La independencia nacional* (1879); *En el banquete a Sarmiento* (1882); *Carlos María Ramírez "extranjero"!* (1887); e os poemas "La guerra" (1878) e "Voto nupcial" (1878). Além de tais textos, trabalhamos com as informações biográficas desse escritor fornecidas a nós por Raúl Montero Bustamante e José Maria Fernandez Medina, as quais são essenciais para compreendermos os principais pontos de sua formação e trajetória.

No capítulo 2, analisamos as intervenções públicas e as práticas associativas de Ramírez em meio ao surgimento do *principismo*, a partir do fim da década de 1860. Ramírez contribuiu ativamente para a criação e atuação desse grupo, o qual é considerado "herdeiro" do *fusionismo*[96] vigente nas décadas de 1850 e 1860. Ramírez buscou, por diversos espaços de sociabilidade intelectuais criados, dirigidos por ele mesmo e/ou com os quais colaborou, divulgar as ideias *principistas* de unidade nacional em detrimento das guerras civis ainda em curso.

Para isso, analisamos a sua atuação em diversos periódicos e associações político-intelectuais, tais como a Sociedad de Amigos de la Educación Popular, de 1868 em diante, e os discursos e publicações feitos neste e por meio desse espaço; do Club Radical, do Partido Radical e o respectivo periódico dessas associações, o *La Bandera Radical*, entre 1870 e 1871, e suas publicações; o ensaio *La guerra civil y los partidos políticos de la República Oriental del Uruguay* (1871), o qual circulou não somente no Uruguai, mas também na Argentina e no Sul do Brasil; do Club Racionalista e o manifesto que marcou a fundação dessa associação, a *Profesión de fe racionalista* (1872); e o *Ateneo del Uruguay*, na década de 1880.

No capítulo 3, analisamos as ideias e linguagens político-jurídicas de Ramírez, buscando compreender os significados do Direito e, especificamente, o de "Constituição" naquele contexto de formação da nação "oriental", estes enquanto instrumentos de construção nacional, ampliação da esfera pública e estabilidade política. Faremos isso por meio da análise das suas *Conferencias de Derecho Constitucional*, publicadas em vários números do periódico *La Bandera Radical*, no ano de 1871. Nessas *Conferencias*, inicialmente ministradas por ele em suas aulas de Direito Constitucional na UDELAR, Ramírez propôs as bases de um novo tratado constitucional, o qual, em sua visão, continha os elementos necessários para reformar a Constituição de 1830 e construir uma "nação". Tais *Conferencias* tiveram uma reedição mais de 20 anos depois de sua publicação em *La Bandera Radical*, as quais foram compiladas e publicadas em forma de livro, pela prensa do diário *La Razón*, a pedido de vários alunos da UDELAR em 1897, um ano antes de sua morte, a qual também será objeto de nossa análise neste capítulo.

No capítulo 4, analisamos como Ramírez participou do debate político-intelectual travado sobre a reescrita da história nacional, e as fontes a serem utilizadas serão as seguintes: o *Juicio crítico del bosquejo histórico de la República Oriental del Uruguay* (1882), ensaio escrito e publicado por Ramírez em resposta à obra intitulada *Bosquejo histórico de la República Oriental del Uruguay*, de autoria de Francisco Antonio Berra, um dos escritores que

---

[96] De acordo com o que considera: ODDONE, Juan Antonio. *El principismo del Setenta*: una experiencia liberal en el Uruguay. Montevideo: Universidad de la República Oriental del Uruguay, 1956.

ainda reproduziam o antiartiguismo; e as polêmicas político-intelectuais que Ramírez travou, por meio das páginas do diário *La Razón*, com os publicistas argentinos do periódico *El Sud-América*, de Buenos Aires, em 1884, e reeditada em formato livresco, em 1897. Nosso foco, neste capítulo, será compreender como esse intelectual se dedicou a "fazer justiça" à imagem histórica do prócer de modo a reelaborar e, principalmente, a tornar público o passado do país ainda em disputa, durante o fim da década de 1870 e os anos 1880.

Assim, dialogando a todo momento com a bibliografia específica sobre esse contexto, nosso objetivo principal, nesse último capítulo, será analisar o "lugar" de Ramírez dentro desse "revisionismo" e compreender quais foram os elementos que aquele intelectual mobilizou para ressignificar e tornar pública a reelaboração da imagem histórica de Artigas. Ramírez, diferentemente dos reprodutores do antiartiguismo, atribuiu a Artigas um significado republicano e institucional, visando tanto a construção e coesão nacionais quanto à formação dos novos cidadãos orientais, contribuindo, assim, para a construção da já referida reelaboração da história nacional uruguaia.

CAPÍTULO 1

A FORMAÇÃO POLÍTICO-INTELECTUAL DE CARLOS MARÍA RAMÍREZ E A BUSCA PELA UNIDADE NACIONAL

Neste capítulo, analisamos a formação político-intelectual de Ramírez ao longo do século XIX. Essa reconstituição foi marcada por alguns desafios relacionados à já mencionada escassez de trabalhos sobre a vida desse escritor. Devido a isso, realizamos essa empreitada do seguinte modo: tanto apoiados em informações presentes nos trabalhos de cunho estritamente biográfico escritos por Raúl Montero Bustamante[97] e José M. Fernandez Saldaña[98] quanto por meio de alguns escritos autorreferenciais produzidos pelo próprio Ramírez. Tais fontes históricas são: *Sobre el "Facundo"* (1873); *El destino nacional y la universidad* (1876); *La independencia nacional* (1879); *En el banquete a Sarmiento* (1881); e *Carlos María Ramírez "extranjero"!* (1887). Além desses textos, utilizaremos dois poemas publicados por Ramírez no ano de 1878, intitulados "La guerra" e "Voto nupcial". Ou seja, todos eles foram elaborados na segunda metade do século XIX, mas também tratam, em maior ou menor grau, sobre processos político-intelectuais vivenciados por Ramírez em sua trajetória.

Os escritos autorreferenciais produzidos por Ramírez são dispersos e fragmentados, e estão presentes em vários textos diferentes desse escritor. Além disso, foram produzidos não necessariamente com a finalidade específica de consistirem em um gênero propriamente autobiográfico. Justamente por isso, não é de nosso interesse, neste capítulo, realizar uma análise centrada em uma escrita de si propriamente dita. Embora tais fontes não tenham uma característica autobiográfica em sua totalidade, acreditamos que, para analisar a sua formação político-intelectual, não podemos desconsiderá-las, pois elas permitirão que tenhamos acesso às informações que o próprio Ramírez nos fornece acerca de sua trajetória. Assim, diante da

---

[97] MONTERO BUSTAMANTE, Raúl. Prólogo. *In*: RAMÍREZ, Carlos María. *Páginas de historia*. Montevideo: Ministerio de Educación y Cultura, 1978. (Colección de Clásicos Uruguayos, v. 152).

[98] FERNANDEZ SALDAÑA, José M. Ramírez, Carlos María. *In*: FERNANDEZ SALDAÑA, José M. *Diccionario uruguayo de biografias (1810-1940)*. Montevideo: Editorial Amerindia, 1945. p. 1.040-1.045.

já mencionada escassez de informações sobre esse publicista, acreditamos que esse caminho seja necessário. Por meio de seus escritos, percebemos que ele tratou, em alguns momentos, de pontos de sua formação político--intelectual e, em outros momentos, buscou construir e reforçar sua própria identidade nacional e política. Procurou, também, legitimar-se enquanto oriental e projetar uma "ordem" institucional e nacional republicana em meio às várias guerras civis do século XIX no Uruguai.

Nesse sentido, Ramírez "selecionou" alguns eventos políticos e relatou experiências pessoais tais como o exílio que ele e sua família vivenciaram no Brasil em meio ao chamado Sítio de Montevidéu (1843-1852) durante a Guerra Grande (1838-1852), e o desembarque dos "Trinta e Três Orientais" durante a Cruzada Libertadora. Esse último evento, emblemático na história do país, ocorreu ainda em meio à independência em relação ao Império do Brasil, ou seja, mais de 20 anos antes do seu nascimento. De qualquer modo, Ramírez argumentou sobre como todos esses acontecimentos foram importantes para a formação de sua identidade nacional e político-intelectual. Também relatou o que teria sido, a nosso ver, sua própria experiência em uma das guerras civis ao ter participado diretamente de um dos conflitos uruguaios da segunda metade do século XIX, a *Revolución de las Lanzas* (1870-1872). Esse último acontecimento, conforme Montero Bustamante apontou, teria contribuído substancialmente para os rumos de sua trajetória dali em diante[99].

Concordamos com Bustamante em relação a esse ponto e percebemos que foi a partir desse momento que Ramírez passou a reiterar a sua identidade nacional e defender uma unidade e um novo ordenamento nacionais para o Uruguai em sua atuação político-intelectual. Além disso, fez menção a personalidades político-intelectuais históricas, tais como: o general e publicista "oriental" Melchor Pacheco y Obes; o escritor e publicista argentino Domingo Faustino Sarmiento (1811-1888); o historiador francês Jules Michelet (1798-1874) e seus ideais de laicismo e "nação"; o filósofo chileno Francisco Bilbao (1823-1865), ao racionalismo e ao republicanismo; e às mudanças ocorridas na Universidade de Montevidéu, como a inauguração da Cátedra de Economia Política pelo professor Carlos de Castro (1835-1911), por exemplo.

Ao dialogarmos com os seus biógrafos e nos atentarmos para as menções que o próprio Ramírez realizou sobre tais eventos, personalidades, experiências e processos político-intelectuais — vivenciados por ele ou não —, acreditamos ser possível analisar e compreender os principais pontos

---

[99] MONTERO BUSTAMANTE, Raúl. Prólogo. *In*: RAMÍREZ, Carlos María. *Páginas de historia*. Montevideo: Ministerio de Educación y Cultura, 1978. (Colección de Clásicos Uruguayos, v. 152).

de sua formação e trajetória. Ademais, podemos apreender as "justificativas" que elaborou para reiterar a sua própria identidade nacional oriental, "elegendo" os principais referenciais intelectuais e de homem público que almejou seguir como forma de pacificar e projetar um novo país. Também concebemos que esse esforço nos permitirá compreender os significados de "nação" presentes em Ramírez, como ele construiu suas sociabilidades e como se deu a circulação das ideias que contribuíram para a sua formação político-intelectual em meio àquele contexto de consolidação nacional.

1.1 Nação e identidade nacional como elementos para a análise de um itinerário político-intelectual

Ao analisarmos a formação político-intelectual de um indivíduo, acreditamos ser necessário considerar algumas questões pontuais, tais como as mudanças ocorridas em sua trajetória. Bourdieu alerta para uma possível "ilusão biográfica" presente nessa análise, pois conduziria à concepção de que tais histórias não seriam mais que um "percurso linear", um "caminho orientado" e de "finalidade prevista", estabelecida de antemão. Isso se daria com base em alguns eventos ocorridos ao longo da vida do indivíduo e "escolhidos" por ele ou por seus biógrafos como forma de se dar e/ou reafirmar uma identidade própria para si mesmo. Assim, conforme o sociólogo francês, a construção dessa "trajetória coerente" seria uma "ilusão" pelo simples fato de o indivíduo nunca ser estático, pois, de uma forma ou de outra, desloca-se entre vários grupos, tendo contato com diversos indivíduos, "ocupando" diferentes "posições" ao longo de sua "trajetória", dando margem, assim, à possíveis transformações[100].

Estamos de acordo com Bourdieu, porquanto, como veremos, Ramírez não teve uma trajetória totalmente coerente ou estática, conforme ele defende em alguns momentos, principalmente após a sua participação na guerra civil, no início da década de 1870, segundo apontamos. Assim, esse momento teria contribuído para que reiterasse seus ideais de "nação"/"pátria", união nacional e reforçasse seus principais referenciais político-intelectuais.

Nesse sentido, a questão da "unidade" da nação e da identidade nacional é um assunto que também perpassa toda a nossa análise, pois consiste em uma temática que norteia, em maior ou menor grau, todo o itinerário político-intelectual de Ramírez. Em termos gerais, não é de nosso interesse retomar e/ou esgotar todo o debate sobre essa questão em nosso livro, nem mesmo temos a

---

[100] BOURDIEU, Pierre. A ilusão biográfica. *In*: FERREIRA, Marieta de Moraes; AMADO, Janaina (coord.). *Usos e abusos da história oral*. Rio de Janeiro: Editora FGV, 2006. p. 183-191.

ambição de definir, a priori, o que seria uma "nação"[101]. Assim como já alertaram alguns autores, essa tarefa é impossível[102], sendo algo que só pode ser analisado sob uma chave de leitura que considere o processo histórico[103]. Em vez disso, um dos nossos objetivos não somente neste capítulo, mas em toda a nossa tese, é o de, valendo-nos de algumas visões sobre o tema, matizar essa problemática sempre em consonância com o nosso objeto, sem, porém, retomar desnecessariamente tudo o que já foi produzido quanto à temática. Também procuramos nos distanciar dos postulados elaborados pela historiografia dita "tradicional--nacionalista", a qual concebe a existência de "nações" e "nacionalismos" muito bem definidos desde o fim da época colonial naqueles que viriam a se tornar os novos países latino-americanos, e defende que as independências consistiram em resultados "causais" e "fatais" desses elementos em cada um desses países[104].

---

[101] Até porque, conforme afirma Eric Hobsbawm, existe uma grande dificuldade em estabelecer critérios tanto "objetivos" quanto puramente "subjetivos" para designar uma nação, e até mesmo os mais utilizados ao longo da história, como língua comum, religião e traços culturais comuns, território etc., mostraram-se ambíguos e mutáveis ao longo do tempo. HOBSBAWM, Eric. *Nações e nacionalismos desde 1780*: programa, mito e realidade. Tradução de Maria Cecília Paoli e Anna Maria Quirino. Rio de Janeiro: Paz e Terra, 1990. p. 14-15.

[102] ANDERSON, Benedict. *In*: BALAKRISHNAN, Gopal (org.). *Um mapa da questão nacional*. Rio de Janeiro: Contraponto, 2000. p. 7 *apud* SCHEIDT, Eduardo. Debates historiográficos acerca de representações de nação na região platina. *Revista Eletrônica da ANPHLAC*, n. 5, p. 1-26, 2006. Disponível em: https://revista.anphlac.org. br/anphlac/article/view/1369/1240. Acesso em: 23 jun. 2022. p. 2; HOBSBAWM, *op. cit*.

[103] Como a lista é imensa, citamos somente alguns trabalhos. Em relação à Europa, mencionamos: HOBSBAWM, *op. cit*; SMITH, Anthony D. O nacionalismo e os historiadores. *In*: BALAKRISHNAN, Gopal (org.). *Um mapa da questão nacional*. Rio de Janeiro: Contraponto, 2000. p. 185-208; THIESSE, Anne-Marie. Ficções criadoras: as identidades nacionais. *Anos 90*, Porto Alegre, n. 15, p. 7-23, 2001/2002. Já em relação à América Latina, mais especificamente à região do Rio da Prata: CHIARAMONTE, José Carlos. El problema de los orígenes de los Estados hispanoamericanos en la historiografía reciente y el caso del Río de la Plata. *Anos 90*, v. 1, n. 1, p. 49-83, 1993; CHIARAMONTE, José Carlos. Formas de identidad política en el Río de la Plata luego 1810. *Boletín del Instituto de Historia Argentina y Americana "Dr. E. Ravignani"*, n. 1, p. 71-92, 1. sem. 1989. 3. serie; CHIARAMONTE, José Carlos. El mito de los orígenes en la historiografía latinoamericana. *Cuadernos del Instituto Ravignani*, Buenos Aires, n. 2, p. 5-39, oct. 1991.

[104] Essa visão foi elaborada, justamente, pelos próprios escritores rio-pratenses do século XIX latino-americano, já no período pós-independências, com o objetivo de se forjar uma narrativa de "nação" própria, definida e "soberana" em meio às guerras civis e das ainda imprecisas fronteiras territoriais. Entre esses "primeiros historiadores", podemos citar os argentinos da chamada "Geração de 37" Domingo Faustino Sarmiento, Vicente Fidel López e Bartolomé Mitre, por exemplo. Sobre essa discussão, ver os trabalhos de: WASSERMAN, Fabio. *Conocimiento histórico y representaciones del pasado en el Río de la Plata (1830-1860)*. 2004. Tesis (Doctorado en Historia) – Universidad de Buenos Aires, Buenos Aires, 2004; WASSERMAN, Fabio. *Formas de identidad política y representaciones de la nación en el discurso de la Generación de 1837*. Tesis (Licenciatura en Historia) – Universidad de Buenos Aires (UBA), Buenos Aires, 1996. Ver também: FREITAS NETO, José Alves de. Mitre e a edificação de um patrimônio historiográfico argentino. *História da Historiografia*, Ouro Preto, n. 7, p. 78-93, nov./dez. 2011. Disponível em: https://www.historiadahistoriografia.com.br/revista/article/view/292/202. Acesso em: 23 jun. 2022. Já em relação ao Uruguai, os escritores que ficaram conhecidos pela construção da "orientalidade" e "História Nacional" uruguaia foram, além do próprio Ramírez, Francisco Bauzá e Juan Zorrilla de San Martín durante a segunda metade do século XIX, entre outros autores contemporâneos a eles. Essa história ficou conhecida como a "tradicional" ou "nacionalista" sobre o país e começou a ser escrita a partir da segunda metade da década de 1870. BARRÁN, José Pedro; NAHUM, Benjamín. *Historia rural del Uruguay moderno (1886-1894)*. Montevideo: EBO, 1968. t. 2. Ver também: CAETANO, Gerardo; RILLA, José. Prólogo. *In*: REAL DE AZÚA, Carlos. *Los orígenes de la nacionalidad uruguaya*. 2. ed. Montevideo: Arca; Nuevo Mundo, 1991. p. 5-11. Tratamos sobre os significados dessa (re)escrita da história uruguaia de forma mais aprofundada no capítulo 4 de nosso livro.

Assim, em vez de "inventada"[105], entendemos a "nação" como algo histórico e intelectualmente construído, como já deixamos claro na introdução de nosso trabalho. Concordarmos com Eric Hobsbawm quando o autor afirma entender a "nação" como algo construído historicamente. No entanto, matizamos o argumento desse autor a respeito de que seriam somente o Estado e o nacionalismo os que criam as nações[106]. Daí considerarmos, também, que os intelectuais têm papel fundamental nesse processo, sejam eles literatos, sejam jornalistas, juristas, historiadores etc., atuando de dentro do Estado ou não, como bem observou José Carlos Chiaramonte ao tratar sobre o caso latino-americano, mais especificamente em relação aos países da região do Rio da Prata[107]. Além disso, Hobsbawm, com Ernest Gellner, utiliza, ademais do termo "invenção", alguns outros, como "artefato" e "engenharia social"[108], para se referir ao processo de construção das nações, com os quais não concordamos para a nossa abordagem. Na verdade, estamos em consonância com o que coloca Benedict Anderson, quando esse autor argumenta que o termo "nação" não é uma "invenção", dotada de "falsidade". Para Anderson, a "nação" seria uma "comunidade política imaginada" e "soberana", pois, ao mesmo tempo, seus membros sentem-se igualmente pertencentes a essa coletividade construída mentalmente, embora não se conheçam nem se conhecerão[109].

Acreditamos ser necessário termos em mente a relação entre as ideias de "nação" e de "pátria" ao longo do tempo. "Nação" era inicialmente mais abstrato, ligado ao simples "ato de nascer" ou lugar no qual se nasceu[110], ao passo que o termo "pátria" e seus correlatos — "patriota" e "patriotismo" — são bem mais antigos, tendo sua utilização datada desde os romanos e sido mobilizados, com conotação política, ao longo de outros períodos da história[111]. Dessa forma, "pátria" obtinha uma grande carga afetiva e foi vinculado aos anseios em relação a um "Estado livre", possuidor de leis que garantiriam a felicidade e a liberdade, e o "patriota" seria o indivíduo que se dedicaria para que tudo

---

[105] HOBSBAWM, Eric. *Nações e nacionalismos desde 1780*: programa, mito e realidade. Tradução de Maria Cecília Paoli e Anna Maria Quirino. Rio de Janeiro: Paz e Terra, 1990. p. 19.

[106] *Ibid.*

[107] CHIARAMONTE, José Carlos. El problema de los orígenes de los Estados hispanoamericanos en la historiografía reciente y el caso del Río de la Plata. *Anos 90*, v. 1, n. 1, p. 49-83, 1993.

[108] HOBSBAWM, *op cit.*, p. 19.

[109] ANDERSON, Benedict. *Comunidades imaginadas*: reflexões sobre a origem e a difusão do nacionalismo. Tradução de Denise Bottman. São Paulo: Companhia das Letras, 2008. p. 32-33.

[110] GIL, Antonio Carlos Amador. *Tecendo os fios da nação*: soberania e identidade nacional no processo de construção do Estado. Vitória: Instituto Histórico e Geográfico do Espírito Santo, 2001. p. 38.

[111] *Ibid.*

isso fosse mantido. Tais características ajudariam a explicar, por exemplo, os usos desse termo no processo de independência dos Estados Unidos e da Revolução Francesa como forma de expressão da fidelidade à "pátria"[112].

Especificamente sobre os processos político-intelectuais da região do Rio da Prata, Adriana Rodríguez Pérsico afirma que o discurso autor-referencial ajudaria a construir e exaltaria a figura do "patriota" a um posto maior até que a do "legislador" e/ou a do "político", e, quando se alcança esse "título", "não é necessária nenhuma outra instância legitimadora"[113]. Como veremos, Ramírez utilizou muito o adjetivo "patriota" para se autor-referenciar em alguns de seus escritos.

É sempre necessário relembrarmos que o ato de escrever, durante o século XIX, significou "ordenar" a nação, na tentativa de se alcançar a "racionalidade" e a "civilização", como bem colocou Julio Ramos: "escrever, nesse mundo, era dar forma ao sonho modernizador; era civilizar, ordenar o sem sentido da barbárie americana"[114]. Apoiados nas palavras de Rodríguez Pérsico e de Ramos, podemos afirmar que Ramírez, em seu "itinerário", reconhecia, nessa prática, um modo de "ordenar" o "caos" da "barbárie" das guerras civis de seu contexto, reafirmando-se como "oriental" e homem público construtor da nação.

Assim, diferentemente do sentido que tinha o termo "nação" durante o Antigo Regime, quando a soberania radicava totalmente no rei, aquela passou a emanar dos cidadãos, do "povo", e trazer elementos republicanos após a independência estadunidense[115] e a Revolução Francesa[116], cada uma delas, claro, com os seus processos intelectuais e políticos específicos[117]. O

---

[112] PÉRONNET, Michel. A Revolução Francesa em 50 palavras chaves. São Paulo: Brasiliense, 1988. p. 236-237 *apud* GIL, Antonio Carlos Amador. *Tecendo os fios da nação*: soberania e identidade nacional no processo de construção do Estado. Vitória: Instituto Histórico e Geográfico do Espírito Santo, 2001, p. 39.

[113] RODRÍGUEZ PERSICO, Adriana. *Un huracán llamado progreso*: utopía y autobiografía en Sarmiento y Alberdi. Washington: Secretaria General de la Organización de los Estados Americanos/OEA, 1993. (Colección INTERAMER). p. 13.

[114] RAMOS, Julio. *Desencontros da modernidade na América Latina*: literatura e política no século XIX. Tradução de Rômulo Monte Alto. Belo Horizonte: Editora UFMG, 2008. p. 27.

[115] Ver: STARLING, Heloisa Murgel. A matriz norte-americana. *In*: BIGNOTTO, Newton (org.). *Matrizes do republicanismo*. Belo Horizonte: Editora UFMG, 2013. p. 231-314.

[116] NICOLET, Claude. *L'Idée républicaine en France (1789-1924)*: essai d'histoire critique. Paris: Gallimard, 1982 *apud* SANTOS, Afonso Carlos Marques dos. Nação e história: Jules Michelet e o paradigma na historiografia do século XIX. *Revista de História [da] USP*, n. 144, p. 151-180, 2001. Disponível em: https://www.revistas.usp.br/revhistoria/article/view/18913/20976. Acesso em: 23 jun. 2022. Ver também: BIGNOTTO, Newton. A matriz francesa. *In*: BIGNOTTO, *op. cit.*, p. 175-230.

[117] Para mais informações sobre o processo histórico de independência dos EUA, ver: JUNQUEIRA, Mary Anne. *Estados Unidos*: Estado nacional e narrativa da nação (1776-1900). 2. ed. rev. e ampl. São Paulo: Editora da Universidade de São Paulo, 2018. Para mais informações acerca das motivações que levaram à Revolução

surgimento do "novo" significado" de "nação" esteve atrelado a esse último processo histórico. Nesse sentido, pelo que escreveu Siéyes, o termo passou a expressar "uma pessoa moral, uma entidade jurídica, dotada de consciência e de uma vontade autônoma"[118], estando no cerne do novo direito público que nascia e sem que necessariamente fosse passível de definição[119]. A partir disso, o "nacional" estava ligado às questões internas, como a vontade geral, a representação etc., e às funções externas, como a defesa contra o inimigo estrangeiro e a defesa da soberania da "nação", situavam-se no âmbito da "pátria"[120]. No entanto, com o passar do tempo, os significados desses dois termos, "nação" e "pátria", foram praticamente se confundindo, conforme aponta Antonio Carlos Amador Gil[121]. A nosso ver, em Ramírez, é possível identificar esses dois significados juntos, conforme apontamos antes.

De qualquer modo, acreditamos ser necessário termos sempre em mente que, na América espanhola, tais processos e mudanças de significados do termo "nação" estiveram inscritos na transição para a modernidade política na região, conforme argumenta François-Xavier Guerra[122]. Concordamos com Guerra quando o autor argumenta que a nação moderna não consiste em "um ser atemporal, [...] mas um novo modelo de comunidade política"[123]. Esse novo modelo de nação, diz, divide-se em dois tipos que se retroalimentam. Um deles seria o da "ordem ideal" enquanto referência para as formas de pensar e agir coletivamente e buscar a concretização dos projetos. O outro seria um conjunto de ideias, valores, imaginários e comportamentos em relação à concepção de coletividade, ou seja, sobre a "sua estrutura íntima, o laço social, o fundamento da obrigação política, sua relação com a história, seus direitos"[124].

Francesa e suas várias fases, ver: VOVELLE, Michel. *A Revolução Francesa explicada à minha neta*. Tradução de Fernando Santos. São Paulo: Editora UNESP, 2007.

[118] CELLARD, Jacques. *Ah! Ça ira çaira... Cesmots que nous devons à la Revolution*. Paris: Balland, 1989 *apud* SANTOS, Afonso Carlos Marques dos. Nação e História: Jules Michelet e o paradigma nacional na historiografia do século XIX. *Revista de História (USP)*, v. 144, 2001. p. 160.

[119] *Ibid.*

[120] *Ibid.*

[121] GIL, Antonio Carlos Amador. *Tecendo os fios da nação*: soberania e identidade nacional no processo de construção do Estado. Vitória: Instituto Histórico e Geográfico do Espírito Santo, 2001.

[122] GUERRA, François-Xavier. A nação na América espanhola: a questão das origens. Tradução de Marco Morel. *Revista Maracanan*, v. 1, n. 1, p. 9-30, 1999. Disponível em: https://www.e-publicacoes.uerj.br/index.php/maracanan/article/view/13242/10116. Acesso em: 4 fev. 2020.

[123] *Ibid.*, p. 12.

[124] *Ibid.*

Em consonância com essa pontuação de Guerra, está o que coloca Fabio Wasserman em relação ao sentido político de nação. Para Wasserman, quando "nação" é vinculado à comunidade de indivíduos que estão sujeitos às mesmas leis de um governo soberano e autônomo, não quer dizer necessariamente que aqueles deveriam ter mais alguma característica em comum. Isso, pois, explicaria os motivos de, no século XIX, os significados políticos e étnicos de "nação" não estarem necessariamente associados em muitas ocasiões e, ainda, até a segunda metade do século XIX latino-americano, esse caráter político, "pactual" e "constitucional" de "nação" foi o que teria prevalecido[125].

Nesse processo de formação das diversas identidades políticas, balizado entre o processo das independências e, principalmente, no contexto de consolidação das nações, conforme aponta José Carlos Chiaramonte[126], o papel diversificado dos intelectuais latino-americanos oitocentistas — sendo estes juristas, literatos, professores, publicistas etc. — foi notável para a construção do "civismo"[127]. Nesse sentido, os escritos impressos produzidos por eles, em suas trajetórias, podem ser vistos como "literaturas de ideias", assim como propõe Carlos Altamirano e como já indicamos. Na esteira do que coloca esse último autor, tais documentos mostravam tanto o caráter racional quanto o viés sentimental, pois eles estavam relacionados à política e à vida pública, de busca por um ordenamento político que fosse "duradouro" e que visasse à identidade nacional[128].

Dentro desse contexto de (re)construção de identidade e construção nacionais do século XIX, abundaram os intelectuais que Jorge Myers denominou "letrados patriotas", os quais teriam exercido o papel de "artífices [...] das novas identidades regionais que começavam a surgir das ruínas do império caído [...] um 'intelectual' cuja tarefa se definia como 'porta-voz' [...]

---

[125] WASSERMAN, Fabio. El concepto de nación y las transformaciones del orden político en Iberoamérica (1750-1850). In: SEBÁSTIAN, Javier Fernández (dir.). Diccionario político y social iberoamericano. Madrid: Fundación Carolina; Sociedad Estatal de Conmemoraciones Culturales; Centro de Estudios Políticos y Constitucionales, 2009. p. 851-869.

[126] CHIARAMONTE, José Carlos. El problema de los orígenes de los Estados hispanoamericanos en la historiografía reciente y el caso del Río de la Plata. Anos 90, v. 1, n. 1, p. 49-83, 1993; CHIARAMONTE, José Carlos. Formas de identidad política en el Río de la Plata luego 1810. Boletín del Instituto de Historia Argentina y Americana "Dr. E. Ravignani", n. 1, p. 71-92, 1. sem. 1989. 3. serie; CHIARAMONTE, José Carlos. El mito de los orígenes en la historiografía latinoamericana. Cuadernos del Instituto Ravignani, Buenos Aires, n. 2, p. 5-39, oct. 1991.

[127] ALTAMIRANO, Carlos. Introducción general. In: ALTAMIRANO, Carlos (dir.). Historia de los intelectuales en América Latina. Buenos Aires: Katz, 2008. v. 1, p. 9-27.

[128] ALTAMIRANO, Carlos. Para un programa de historia intelectual y otros ensayos. Buenos Aires: Siglo XXI Editores, 2005. p. 20.

dos interesses de sua pátria"[129]. Ainda conforme Myers, esse tipo de intelectual teria contribuído para a representação que, de si mesmos, fizeram os escritores atuantes ao longo do século XIX na América Latina[130].

Assim, ao longo da sua "literatura de ideias", acreditamos que, enquanto um "letrado"/"intelectual patriota" que parecia buscar ser, Ramírez construiu e reforçou, discursivamente, sua identidade de "oriental" ao longo de sua formação político-intelectual. Essa característica, para ele, não teria se perdido no tempo, tendo sido algo "duradouro" e "inexplicável", conforme veremos posteriormente ainda neste capítulo. Nesse sentido, as considerações anteriores são condizentes com a forma de Ramírez ter concebido a nação/pátria uruguaia/oriental e de ter se sentido pertencente a essa coletividade política nacional, em meio aos debates intelectuais e os processos históricos de construção do Uruguai recém-independente.

Também sobre esse significado moderno e político do termo "nação", está, a nosso ver, o que argumenta Hilda Sabato, especificamente em relação ao vínculo existente entre "nação", "cidadania" e republicanismo, particularmente no século XIX latino-americano. Concordamos com Sabato quando a autora afirma que, ao longo do século XIX, "[...] nação foi sinônimo de República, ainda que os significados de uma e de outra fossem múltiplos e matéria de profundas, às vezes sangrentas, disputas que atravessaram boa parte de todo o século"[131].

Segundo Sabato, as tentativas de se criar/construir a nação moderna, nesse contexto pós-independências, era necessariamente "desenhar, e pôr em marcha e sustentar *instituições políticas*"[132].

Seguindo a linha de Sabato, mais especificamente no que diz respeito à nação enquanto comunidade "fundamentalmente política" em toda a América Latina no período pós-independências, está o que Pilar González Bernaldo argumenta[133]. Embora reconhecendo não ser possível conceber

---

[129] MYERS, Jorge. El letrado patriota: los hombres de letras hispanoamericanos en la encrucijada del colapso del imperio español en América. *In*: ALTAMIRANO, Carlos (dir.). *Historia de los intelectuales en América Latina*. Buenos Aires: Katz, 2008. v. 1, p. 121-122, aspas do autor.

[130] *Ibid.*

[131] SABATO, Hilda. Soberanía popular, ciudadanía y nación en Hispanoamérica: la experiencia republicana del siglo XIX. *Almanack Braziliense*, n. 9, p. 23-40, maio 2009. p. 24. Disponível em: https://sites.usp.br/ieb/wp-content/uploads/sites/127/2016/07/almanack_09_1322176965.pdf. Acesso em: 23 jun. 2022.

[132] *Ibid.*, p. 26, grifos nossos.

[133] GONZÁLEZ BERNALDO, Pilar. La "identidad nacional" en el Río de la Plata post-colonial: continuidades y rupturas con el antiguo régimen. *Anuario del IEHS "Prof. Juan C. Grosso"*, 12, TandH, UNCPBA, p. 109-122, 1997.

a existência de nações já estabelecidas durante o processo das independências e na primeira metade do século XIX, González Bernaldo entende que a nação e a identificação relacionada a ela estavam ligadas às tentativas de construção institucional dos novos Estados. No entanto, não se restringia a eles, pois a sociedade também contribuiu para a construção da unidade do corpo social[134].

Partindo do caso argentino, a autora estabelece a ideia de "nação identitária" para o estudo sobre os projetos de nação elaborados no século XIX não somente naquele país, mas nos outros países latino-americanos, reconhecendo, ainda, as diferenças existentes entre eles. A referida ideia de "nação identitária" estaria baseada nos princípios de "civilidade"/"civilização" e de sociabilidade como elementos de pertença à comunidade, os quais contribuiriam para a conformação dos projetos e identidades nacionais individuais e coletivos. Nesse sentido, segundo a autora, tal abordagem faz com que estejamos atentos a duas questões importantes. Uma delas é não reproduzir os postulados de uma história dita "nacionalista" — iniciada no século XIX, aliás, conforme já indicamos. A outra diz respeito a não seguirmos totalmente os postulados das visões mais recentes sobre o tema, tais como as encabeçadas por Chiaramonte e que a autora chama de "comunitário-autonomista", a qual pressupõe a existência de identidades "a-nacionais" que se sobrepõem à identidade nacional[135].

Acreditamos que todas as considerações anteriores sejam importantes para compreendermos a concepção de nação/pátria que Ramírez sustentava com base em sua trajetória político-intelectual. Embora já tenhamos alertado que não definiremos rigidamente a priori o que foram esses termos para Ramírez, acreditamos ser importante apontar algumas características sobre essa concepção. Conforme já apontamos na introdução deste livro, acreditamos que, em Ramírez, os termos "nação" e "pátria" se confundem, englobando-se um ao outro e tendo o mesmo significado. Nesse sentido, aqueles termos, a nosso ver, são dotados de um caráter mais sociopolítico e jurídico em Ramírez, pensados e mobilizados enquanto um "Estado", uma comunidade de cidadãos livres, soberanos e "civilizados", que deveriam viver sob as mesmas leis de uma Constituição republicana e abertos aos elementos "de fora". Além disso, seriam membros de uma comunidade polí-

---

[134] GONZÁLEZ BERNALDO, Pilar. La "identidad nacional" en el Río de la Plata post-colonial: continuidades y rupturas con el antiguo régimen. *Anuario del IEHS "Prof. Juan C. Grosso"*, 12, TandH, UNCPBA, p. 109-122, 1997..

[135] *Ibid.*, p. 117.

tica democrática que deveria compartilhar os mesmos símbolos e valores próprios de uma sociabilidade harmônica e coesa.

Em meio às instabilidades políticas daquele momento, percebemos nitidamente que Ramírez entendia ser necessário sempre reforçar os laços de "solidariedade" nacional ou a identificação com a cidadania[136] "oriental" que sempre afirmou ter. Tudo isso devido à sua constante insatisfação com a realidade violenta que atentava contra uma nação republicana, a ser construída "racional" e institucionalmente, conforme concebido por ele. Além disso, a questão da igualdade jurídica é outro ponto digno de nota[137]. Como veremos mais profundamente no capítulo 3, Ramírez também se debruçou sobre a elaboração de um tratado constitucional para a nação uruguaia, intitulado *Conferencias de Derecho Constitucional*, resultado de suas aulas na Universidade e que foi publicado no periódico *La Bandera Radical*.

Ainda, a fim de compreendermos a identidade política e nacional que Ramírez construiu para si, destacamos dois dos três tipos de identidade que o sociólogo jamaicano Stuart Hall elenca[138]: a do "sujeito iluminista", centrado em um "núcleo interior", autônomo, dotado de razão e consciente da necessidade de ação; e a do "sujeito sociológico", que pressupunha a insuficiência individualista e de autonomia intrínsecas ao sujeito iluminista, e a formação do indivíduo dar-se-ia em contato com "'outras pessoas importantes para ele'" quando de sua interação com estas[139]. Nesse sentido, o núcleo interior — o "eu real" — permaneceria no sujeito, mas este seria constituído graças às interações entre os mundos "pessoal" e "público", e, assim, a identidade "costura" o sujeito ao contexto no qual vive[140]. Tais considerações são válidas, pois, em nossa perspectiva, ao construir a sua própria identidade nacional, Ramírez também o faz apoiado nas interações que exerceu com o contexto político e intelectual no qual viveu, relatando os fatos e personalidades políticas e intelectuais que se destacaram em sua trajetória e na história do Uruguai.

---

[136] De acordo com a discussão realizada por Gérard Noiriel acerca dos elementos jurídicos e sócio-históricos da "nação", tais como a cidadania e a solidariedade. NOIRIEL, Gérard. Repensar o Estado-nação: elementos para uma análise sócio-histórica. *Revista Ler História*, Lisboa, n. 41, p. 39-54, 2001.

[137] *Ibid.*

[138] São elas: as identidades do "sujeito do iluminismo"; do "sujeito sociológico"; e do "sujeito pós-moderno", responsável pelo total "descentramento" do sujeito iluminista. HALL, Stuart. *A identidade cultural na pós-modernidade*. Tradução de Tomás Tadeu da Silva e Guacira Lopes Louro. Rio de Janeiro: Lamparina, 2015.

[139] *Ibid.*, p. 11.

[140] *Ibid.*

No mesmo caminho, Maria Lígia Coelho Prado argumenta que a identidade nacional não é uma "essência" preestabelecida e imune às mudanças de sentido históricas, sendo elaboradas por meio dos projetos de "nação" a ser construída e com a capacidade de fazer florescer os sentimentos de pertença coletiva a uma "comunidade"[141]. Nesse sentido, o processo de construção de identidades pressuporia, entre outras coisas, a supressão dos conflitos e hierarquias, caminho esse que proporcionaria uma "adesão homogênea, harmoniosa e coletiva em oposição a um 'outro' imaginado"[142]. Além disso, Prado, concordando com Pierre Ansart, chama atenção para o fato de as identidades não serem concebidas somente por meio do âmbito cultural, pois tal questão também estaria vinculada tanto à razão quanto aos sentimentos, "ligando-se umbilicalmente às paixões políticas, às emoções coletivas, que supõem amor ou ódio a uma determinada causa"[143]. Assim, a autora argumenta que as identidades estão sempre sujeitas a mudanças e às "readaptações e ressignificações, passando por um processo incessante de construção/reconstrução"[144].

Desse modo, as ideias de "oriental" e de "orientalidade" expressadas por Ramírez ao longo de seu "itinerário", como designativo de "patriotismo" e de uma identidade nacional própria, são fundamentais para a discussão neste trabalho. Como bem alertou Gerardo Caetano, o "Uruguai nasceu antes que os uruguaios, o Estado precedeu à nação"[145]. Assim como em vários outros países latino-americanos, foi necessário ir construindo-a aos poucos. Antes de adotar o nome oficial de República Oriental do Uruguai, o país platino passou por vários processos de formação nacional e obteve outros nomes, tais como Província Oriental, Estado Oriental, Província Cisplatina, por exemplo. No entanto, de modo geral, a "Banda Oriental" do Rio da Prata — denominação da posição geográfica considerada em relação a Buenos Aires — foi o que designou, de fato, uma identificação política em detrimento daquilo que, ao menos, tinha-se a certeza de não ser: portugueses, brasileiros ou portenhos. Desse modo, a localização geográfica passou a ter um caráter político de identificação nacional desde o processo

---

[141] PRADO, Maria Lígia Coelho. Uma introdução ao conceito de identidade. *In*: BARBOSA, Carlos Alberto Sampaio; GARCIA, Tânia da Costa (org.). *Cadernos de Seminário Cultura e Política nas Américas*. Assis: FCL-Assis-UNESP Publicações, 2009. v. 1, p. 67.

[142] *Ibid*., p. 66, aspas da autora.

[143] ANSART, Pierre. *La gestion des passion politiques*. Lausanne: L'Âge d'Homme, 1983 *apud* PRADO, *op. cit*., p. 67.

[144] PRADO, *op. cit*., p. 68.

[145] CAETANO, Gerardo. Identidad nacional e imaginario colectivo en Uruguay: la síntesis perdurable del centenario. *In*: ACHUGAR, Hugo; CAETANO, Gerardo. *Identidad uruguaya*: ¿mito, crisis o afirmación? 3. ed. Montevideo: Ediciones Trilce, 1993. p. 81.

de independência política tanto em relação a Portugal/Império do Brasil quanto aos argentinos/portenhos[146].

Assim, os termos "oriental" e "uruguaio" sempre foram dotados de caráter político e objetos históricos de disputa na construção de uma identidade nacional naquele país. Embora não seja nosso objetivo, aqui, esgotar todos esses significados mobilizados ao longo da história uruguaia, acreditamos ser válido, para nossa discussão, ter em mente algumas questões. Ao longo do recorte temporal que estabelecemos, o termo "oriental" era mais mobilizado por aqueles "que privilegiavam o papel da tradição e o passado histórico na configuração dos referentes identitários"[147]. Por outro lado, a designação "uruguaios" era utilizada por "aqueles que postulavam certos princípios de validade 'universal' associados à realização de um determinado projeto de país"[148]. Ainda conforme Frega, "uruguaio" estava mais ligado a uma concepção urbana, da capital, e "oriental" seria um termo mais ligado ao interior do país[149].

No entanto, acreditamos ser necessário matizar esta questão. Concebemos que o sentido de oriental, inscrito nos textos de Ramírez, também se entrelaça com o adjetivo de uruguaio, ou seja, para nós, ambos os termos não guardavam sentidos diferentes em seus escritos. Embora ele utilizasse muito mais o termo "oriental" ou República Oriental do que "uruguaio" ou simplesmente Uruguai, a todo momento, invertia os significados contidos nos dois termos apontados por Frega. Assim, como ainda veremos ao longo de nosso livro, Ramírez fundiu os sentidos daqueles designativos como se buscasse, de fato, unir, no plano discursivo, a nação/pátria. Nesse sentido, o termo "oriental" obtinha, para Ramírez, tanto parte do passado histórico, ligado a determinados símbolos nacionais e político-intelectuais elencados por ele, quanto o caráter urbano, com sua caracterização mais universal, cosmopolita e aberta ao "de fora", aspirante à modernidade.

---

[146] FREGA, Ana. Uruguayos y orientales: itinerario de una síntesis complexa. *In*: CHIARAMONTE, José Carlos; MARICHAL, Carlos; GRANADOS GARCIA, Aimer. *Crear la nación*: los nombres de los países de América Latina. Buenos Aires: Editorial Sudamericana, 2008. p. 96. Também dialogamos com João Paulo Pimenta a respeito dessa temática. PIMENTA, João Paulo G. Província Oriental, Cisplatina, Uruguai: elementos para uma história da identidade oriental (1808-1828). *In*: PAMPLONA, Marco A.; MÄDER, Maria Elisa (org.). *Revoluções de independências e nacionalismos nas Américas*: região do Prata e Chile. São Paulo: Paz e Terra, 2007. p. 27-55.

[147] FREGA, Ana. Uruguayos y orientales: itinerario de una síntesis complexa. *In*: CHIARAMONTE, José Carlos; MARICHAL, Carlos; GRANADOS GARCIA, Aimer. *Crear la nación*: los nombres de los países de América Latina. Buenos Aires: Editorial Sudamericana, 2008. p. 96.

[148] *Ibid.*, aspas da autora.

[149] *Ibid.*

Isso fica evidente quando, ao ter reforçado sua própria condição de "patriota" e "natural" de "oriental", evocou eventos e personalidades políticos e intelectuais pretéritos, mas, ao mesmo tempo, representativos do âmbito urbano e cosmopolita. De uma forma geral, acreditamos que, para Ramírez, a "orientalidade" enquanto projeto nacional era embasada por elementos como a ordem institucional, a cidadania, a sociabilidade política harmônica e a "civilidade"/"civilização", elementos esses que dariam a sustentação necessária à nação republicana.

De qualquer modo, o retorno a esse período de formação e trajetória político-intelectual de Ramírez permite-nos compreender como se construiu o *itinerário* desse professor e publicista uruguaio em meio aos anseios e aos projetos carregados de "interesses nacionais" existentes no processo de consolidação da nação. Conforme afirma Guillermo Palacios, o estudo sobre tais "interesses nacionais" e suas formas de enunciação na América Latina do século XIX é cada vez mais necessário, "pois eles são determinantes de um conjunto crucial de outros elementos do cimento da ideia de 'nação' e de seus correlatos nacionalismos e nacionalidades"[150].

Esses "interesses" de âmbito nacional dos quais trata Palacios, existentes nos países latino-americanos do século XIX, pressupunham algo maior do que interesses localizados e, no Uruguai daquele período, estavam relacionados à unidade/união da nação ou, conforme coloca Gerardo Caetano, eram expressões de uma "cultura da unidade" nacional[151]. Dessa forma, a temática da nação e da identidade nacional contribui para compreendermos a formação e o "itinerário" político-intelectual de Ramírez, e os significados de "nação", "pátria", "república" e "civilização" em meio à "cultura da unidade" nacional e aos "interesses nacionais" no Uruguai do século XIX.

1.2 Entre a violência e a "cultura da unidade" nacional[152] oriental

O historiador argentino Elías Palti tem toda razão quando afirma que o século XIX latino-americano representou "um momento de refundação e

---

[150] PALACIOS, Guillermo. El "otro" en el centro de lo "propio": visiones de la alteridad en los nacionalismos iberoamericanos tempranos. *In*: BEIRED, José Luis Bendicho; CAPELATO, Maria Helena; PRADO, Maria Lígia Coelho (org.). *Intercâmbios políticos e mediações culturais nas Américas*. Assis, SP; São Paulo: FCL/Assis-UNESP Publicações; Laboratório de Estudos de História das Américas – FFLCH/USP, 2010. p. 422, grifos nossos, aspas do autor.

[151] CAETANO, Gerardo. La cuestión del origen de los partidos: el pleito entre distintas maneras de concebir la asociación política. *In*: CAETANO, Gerardo (org.). *Historia conceptual*: voces y conceptos de la política oriental (1750-1870). Montevideo: EBO, 2013. p. 197-213.

[152] De acordo com o termo elaborado por: CAETANO, *op. cit.*

incerteza, no qual tudo estava por fazer-se e nada era certo e estável"[153]. Em meio aos anseios de constituir países novos, com costumes novos, próprios, buscava-se a "ordem" diante do "caos". Era preciso ter um destaque próprio em relação às outras novas nações, ao mesmo tempo que o peso do passado ainda se fazia presente naquele momento:

> Rompidas as ideias e instituições tradicionais, abria-se um horizonte vasto e incerto. Qual era o sentido desses novos valores e práticas a seguir era algo que somente poderia estabelecer-se em um terreno estritamente político. [...] Esse será, enfim, o *tempo da política*.[154]

Esse "tempo da política" também foi o momento em que se deu a construção das identidades e dos Estados nacionais recém-independentes em meio aos conflitos internos e externos em que esses novos países estavam envolvidos. Conflitos esses que, em muitos casos, ainda eram resultado das especificidades e problemas políticos e sociais históricos de cada nova sociedade latino-americana[155].

Conforme argumenta Gerardo Caetano, mais especificamente em relação ao século XIX uruguaio, em um período no qual havia a "indefinição das fronteiras" não somente no sentido territorial, mas em variados âmbitos — jurídicos, políticos, culturais e econômicos —, também não havia ideais claros e definidos de "nação" ou imaginários de caráter nacionalista bem consolidados. Nesse sentido, desde as "origens do Estado", na primeira metade do Oitocentos, até o início do último terço do século XIX, período no qual já estava em vigência a internacionalização dos mercados, havia a necessidade de, ao mesmo tempo, valorizar a "orientalidade" e reiterar a autoridade do país diante de seus "gigantes" vizinhos — Brasil e Argentina. Além disso, havia uma articulação de caráter dialético entre o "interno" e o "externo", devido às ondas imigratórias que chegaram ao Uruguai mais intensamente a partir da década de 1860[156], proporcionando um processo

---

[153] PALTI, Elías J. *El tiempo de la política*: el siglo XIX reconsiderado. Buenos Aires: Siglo XXI Editores, 2007. p. 13.

[154] *Ibid.*, p. 13-14, grifos do autor.

[155] Cf. PRADO, Maria Lígia. *A formação das nações latino-americanas*. 3. ed. São Paulo; Campinas: Atual; Editora da Universidade Estadual de Campinas, 1987.

[156] De meados do século XIX em diante, o Uruguai recebeu grandes ondas imigratórias, em sua maioria provindas da Europa, que foram resultado do aumento das atividades portuárias e da navegação de cabotagem, por exemplo. Além disso, a criação e exploração do gado de lã, na área rural, também demandou maior mão de obra, suprida em boa parte pelos imigrantes. Não à toa, a partir da década de 1860, o país sofreu um crescimento demográfico considerável e os imigrantes dos mais diversos países europeus constituíram algo em torno de 60% da capital uruguaia. BARRÁN, José Pedro. *Apogeo y crisis del Uruguay pastoril y caudillesco*: 1839-1875.

de "integração" daquela por meio do "prospecto" proporcionado pelos projetos modernizadores.[157]

No plano externo, já estava em curso a Guerra do Paraguai, que envolveu, além, evidentemente, desse último país, o Uruguai, a Argentina e o Brasil. No plano interno, no mesmo contexto, teve início a *Revolución de las Lanzas* (1870-1872), um levante iniciado pelos *blancos* liderados por Timoteo Aparicio, um dos caudilhos desse partido. Esse conflito foi mais um fator que veio a pôr em xeque a estabilidade política, já tão vilipendiada havia décadas, desse país do Cone Sul durante o governo *colorado* de Lorenzo Batlle (1868-1872)[158].

Em meio a tudo isso, as origens familiares, as amizades, a formação escolar, universitária, intelectual e política de caráter liberal de Ramírez, além das desarticulações políticas e da violência em meio às quais viveu desde sua infância, contribuíram, inicialmente, para que esse escritor se filiasse ao *Partido Colorado* em sua juventude[159]. Conforme Raúl Montero

---

Montevideo: Banda Oriental, 1990. t. 4. Entre os imigrantes europeus, estavam ingleses, franceses, espanhóis, italianos, alemães, suíços e austríacos. Cf.: ZUBILLAGA, Carlos. Breve panorama da imigração maciça no Uruguai (1870-1931). *In*: FAUSTO, Boris. *Fazer a América*: a imigração em massa para a América Latina. São Paulo: EDUSP, 2000. p. 420-460.

[157] CAETANO, Gerardo. Identidad nacional e imaginario colectivo en Uruguay: la síntesis perdurable del centenario. *In*: ACHUGAR, Hugo; CAETANO, Gerardo. *Identidad uruguaya*: ¿mito, crisis o afirmación? 3. ed. Montevideo: Ediciones Trilce, 1993. p. 80-82.

[158] Lorenzo Batlle foi pai de José Batlle y Ordóñez, este que também foi presidente do Uruguai por duas ocasiões: a primeira entre 1903 e 1907, e a segunda de 1911 a 1915. Aliás, há um consenso na historiografia uruguaia de que foi durante os governos de Batlle y Ordóñez que se moldou o Uruguai "moderno", com base em um reformismo de caráter republicano intenso ocorrido em vários âmbitos e implementado por Batlle e os *batllistas*. Embora a bibliografia sobre esse tema seja vastíssima, indicamos algumas obras sobre o "batllismo" e os respectivos processos políticos no Uruguai do início do século XX: SOUZA, Marcos Alves de. *A cultura política do "batllismo" no Uruguai (1903-1958)*. São Paulo: Annablume; FAPESP, 2003; BARRÁN, José Pedro; NAHUM, Benjamín. El batllismo uruguayo y su reforma "moral". *Desarrollo Económico*, Argentina, v. 23, n. 89, p. 121-135, abr./jun. 1983. Acreditamos ser válido, também, mencionar que Batlle y Ordóñez, em sua juventude, compartilhou alguns dos mesmos espaços de sociabilidade que Ramírez a partir da década de 1880, como, por exemplo, o ambiente editorial do diário *La Razón*, conforme nos indica: ARDAO, Arturo. *Racionalismo y liberalismo en el Uruguay*. Montevideo: Ed. Universidad de la República, 1962.

[159] O *Partido Colorado* — assim como o *Partido Blanco* — era um dos dois agrupamentos políticos uruguaios que a historiografia convencionou denominar de "partidos tradicionais". Os *colorados*, de caráter mais urbano e liberal, simpatizavam-se mais com a institucionalização do poder, o cosmopolitismo e a modernização. Os *blancos*, por sua vez, mais ligados à área rural, tinham certa resistência ao poder institucionalizado, eram defensores de uma forma mais conservadora de modernização, de caráter mais local. Ver: CAETANO, Gerardo; RILLA, José. El sistema de partidos: raíces y permanencias. *Cuadernos del CLAEH*, Montevideo, n. 31, p. 81-98, 1984; BARRÁN, José Pedro. *Apogeo y crisis del Uruguay pastoril y caudillesco*: 1839-1875. Montevideo: Banda Oriental, 1990. t. 4. No entanto, Ana Ribeiro sustenta que ambos os partidos tiveram uma "matriz e linguagem liberal comum", e as suas diferenças estavam mais centradas em seus referenciais: enquanto os *colorados* eram mais "eurocêntricos", os *blancos* exaltavam mais o seu "americanismo", de caráter mais regional. RIBEIRO, Ana. De las independencias a los Estados republicanos (1810-1850): Uruguay. *In*: FRASQUET, Ivana; SLEMIAN,

Bustamante, aquela agrupação política consistia em uma "espécie de escola ideológica e idealista em que militavam todos os seus [de Ramírez] companheiros da Universidade"[160].

Mesmo *colorado*, Ramírez foi um crítico ferrenho do governo do seu companheiro de partido Lorenzo Batlle (1868-1872). Em 1869, os irmãos Carlos María e José Pedro Ramírez eram os redatores do jornal *El Siglo* e, por meio desse periódico, atacaram frontalmente o governo de Batlle, tendo sido presos por isso. No dia seguinte à prisão, o mesmo jornal publicou, em sua página principal, que os dois irmãos foram exilados em Buenos Aires e a sua redação passaria a ser de responsabilidade de José Pedro Varela. Seu primeiro editorial como redator foi publicado em 28 de outubro de 1869, no qual Varela afirmou o seguinte: "a bandeira de honradez e justiça que tremulou nas colunas do *El Siglo*, sustentada pelo talento e pela energia dos Ramírez, não ficará parada por falta de braços que a tremulem. Hoje somos nós os desterrados"[161].

Nesse mesmo contexto, o de maior "regionalização" do caudilhismo no Uruguai, conforme a expressão de Juan E. Pivel Devoto e Ranieri Pivel Devoto[162], Lorenzo Batlle empreendeu uma política de "exclusivismo" colorado que consistiu em limitar ao máximo a participação parlamentar dos *blancos* e que privilegiasse, politicamente, somente os membros de seu partido.

Andréa (org.). *De las independencias iberoamericanas a los Estados nacionales (1810-1850)*: 200 años de historia. Madrid; Frankfurt am Main: Iberoamericana; Vervuert, 2009. (Estudios AHILA de Historia Latinoamericana, n. 6). p. 84. Esses partidos teriam se formado sob dois âmbitos principais: 1) em termos legislativos, isto é, não reconhecimento deles pela Constituição de 1830 e por esta não ser algo inquestionável para eles; e 2) sociológicos, isto é, o personalismo do caudilho como centro para a sua formação. Ver: BRUSCHERA, Oscar H. Los partidos políticos tradicionales en el Uruguay: análisis de su estructura. *In*: REAL DE AZÚA, Real (org.). *El Uruguay visto por los uruguayos (antología)*. Montevideo: Centro Editor de América Latina, 1968. t. 2, p. 54-60. Também teriam consistido em um canal muito importante para a "nacionalização" dos imigrantes, ao invés de estes terem "desnacionalizado" o país. Sobre esta discussão, ver: ARES PONS, Roberto. Blancos y colorados. *In*: REAL DE AZÚA, Real (org.). *El Uruguay visto por los uruguayos (antología)*. Montevideo: Centro Editor de América Latina, 1968. t. 2, p. 45-53.

[160] MONTERO BUSTAMANTE, Raúl. Prólogo. *In*: RAMÍREZ, Carlos María. *Páginas de historia*. Montevideo: Ministerio de Educación y Cultura, 1978. (Colección de Clásicos Uruguayos, v. 152). p. 21, inserção nossa.

[161] EL SIGLO, 28 de outubro de 1869 *apud* MANACORDA, Telmo. *Jose Pedro Varela*. Montevideo: Impresora Uruguaya, 1948. p. 114.

[162] PIVEL DEVOTO, Juan E; PIVEL DEVOTO, Ranieri de. *Historia de la República O. del Uruguay*, [19--] *apud* BARRÁN, José Pedro; NAHUM, Benjamín. *Historia rural del Uruguay moderno*: 1851-1885. Montevideo: Banda Oriental, 1967. Essa "regionalização do caudilhismo" (1869-1875), conforme conceito de Juan e Ranieri Pivel Devoto lembrado por Barrán e Nahum, teria provocado uma "regionalização da República", segundo esses últimos dois autores: a dissolução do poder do Estado centralizado foi materializada pela multiplicação dos locais de autoridade distribuídos por todo o país, o que favoreceu a ação dos diversos caudilhos locais e o aumento das relações de dependência pessoal. Para mais informações sobre esse processo, ver: BARRÁN; NAHUM, *op. cit.*

O resultado foi a chamada *Revolución de las Lanzas* (1870-1872), conflito civil que teve início com a sublevação contra o governo central *colorado* de Batlle e que foi liderada por Timoteo Aparicio. O conflito teve esse nome devido à forma ainda rudimentar em que a referida guerra civil foi travada, assim como algumas das anteriores ocorridas no país, por meio de lanças e objetos mais rústicos[163].

Apesar de sua prisão e seu exílio, e de volta ao Uruguai, Ramírez, foi para a guerra como soldado e secretário do general Gregório Suárez e lutou contra as tropas *blancas* de Aparício. Depois de ter servido por quatro meses nos campos de batalha do interior, Ramírez voltou a Montevidéu, desfiliou-se do *Partido Colorado* devido aos horrores que testemunhou em plena guerra civil[164] e passou a defender a pacificação nacional por meio de sua atuação político-intelectual nos periódicos e associações que criou e participou a partir do fim da década de 1860. Trataremos de forma mais detida sobre essa fase de sua trajetória nos próximos capítulos.

Assim, alguns anos depois desses acontecimentos, Ramírez escreveu duas poesias tratando sobre as mortes causadas pelas guerras civis. Tais poesias de Ramírez e de outros escritores foram compiladas e publicadas por Alejandro Magariños Cervantes, com a finalidade de se angariar fundos para a construção de um monumento em prol da Independência nacional, no ano de 1878, em local não especificado por Cervantes. Acreditamos ser digno de nota o fato de que Cervantes foi professor de Ramírez na Universidade[165]. Além disso, atuaram juntos política e intelectualmente em *La Bandera Radical*, no Club Universitario, na SAEP, no *Ateneo del Uruguay*, no diário *El Plata*, e em outros espaços compartilhados, conforme tratamos de modo mais aprofundado no capítulo 2. Em uma dessas já referidas poesias, intitulada "Voto nupcial", Ramírez expressou o seguinte:

> Ha mucho tiempo, mucho, que, en mi lira ignota,
> Enmudeció aquel canto, que en entusiasta nota
> Alzó mi débil voz;
> Siguieron dudas, lágrimas, al dulce devaneo,
> Y huyó la poesía como infantil recreo,

---

[163] Para mais informações sobre a *Revolución de las Lanzas*, ver: BARRÁN, José Pedro. *Apogeo y crisis del Uruguay pastoril y caudillesco: 1839-1875*. Montevideo: Banda Oriental, 1990. t. 4; LOCKHART, Washington. Las guerras civiles. *In*: EDITORES REUNIDOS. *Enciclopedia Uruguaya*. T. 11. Montevideo: Editorial Arca, 1968.

[164] MONTERO BUSTAMANTE, Raúl. Prólogo. *In*: RAMÍREZ, Carlos María. *Páginas de historia*. Montevideo: Ministerio de Educación y Cultura, 1978. (Colección de Clásicos Uruguayos, v. 152).

[165] *Ibid.*

CARLOS MARÍA RAMÍREZ E A CONSTRUÇÃO DE UMA NOVA REPÚBLICA ORIENTAL DO URUGUAI:
ENTRE A "NAÇÃO IDEAL" E A "NAÇÃO REAL" (1868-1898)

De la niñez en pos![166]

O que depreendemos desse fragmento é que, há décadas, aquilo que ocultava a sua poesia, sua voz e seu entusiasmo era a violência constante das guerras ocorridas no país, as quais geravam dúvidas e lágrimas que ofuscavam o seu "doce devaneio" em relação à pacificação e à união nacionais. Em outra poesia, intitulada "La guerra", também publicada nesse livro organizado por Cervantes, Ramírez tratou mais claramente sobre tais acontecimentos, mas de modo breve. Nela, destacou a função "purificadora" da nuvem que viria lavar o sangue derramado dos irmãos orientais nos campos de batalha do interior do Uruguai:

> Oh! Nube que recorres el *desierto*
> Qué ves en la cuchilla, en la llanura?
> Allí del prócer el cadáver yerto,
> Allá el vivac con su mesnada impura!
> Oh! Tierra *inculta* del fecundo llano,
> Cual es tu surco y tu abundante riego?
> La tíbia sangre del caído hermano
> Y del vivac el dilatado fuego!
> Fulmina horrible nube, el rayo ardiente,
> Y tú la lava, profanada tierra,
> Para abatir la abominable frente
> Del sanguinario genio de la guerra![167]

Em meio ao "deserto" — não "povoado e governado" aos moldes de como havia proposto Juan Bautista Alberdi para a Argentina décadas antes[168]

---

[166] Excepcionalmente, mantivemos os versos destacados dos referidos poemas no idioma original, de modo a preservar a forma deles. Uma tradução para esse trecho seria a seguinte: "Há muito tempo, muito, que já em minha lira ignota, Emudeceu aquele canto, que em entusiasta nota, Alçou minha débil voz, Seguiram dúvidas, lágrimas, ao doce devaneio, E fugiu a poesia como infantil recreio, Desde a infância!" RAMÍREZ, Carlos María. Voto nupcial. *In*: MAGARIÑOS CERVANTES, Alejandro. Álbum de poesias. Montevideo: Imprenta a vapor de La Tribuna, 1878. p. 488-489.

[167] "Oh! Nuvem que recorre o deserto, que vês no cutelo, na planície, ali do prócer o cadáver rígido, lá o bivaque com sua mesnada impura! Oh! Terra inculta da fecunda planície, Qual é teu sulco e o teu abundante regar? O sangue tíbio do caído irmão e do bivaque o dilatado fogo! Fulmina horrível nuvem, o raio ardente, e tu a lava, profanada terra, Para abater a abominável frente, do sanguinário gênio da guerra!" RAMÍREZ, Carlos María. La guerra. *In*: MAGARIÑOS CERVANTES, Alejandro. Álbum de *poesias*. Montevideo: Imprenta a vapor de La Tribuna, 1878. p. 17, grifos nossos.

[168] Ramírez pôde, nesse trecho, provavelmente ter realizado um paralelo com a máxima "povoar é governar", criada por Alberdi, quando este propunha não somente preencher o "vazio" do "deserto" do interior como uma das formas de construir o Estado argentino no Oitocentos, mas também incutir, nos seus ocupantes, os valores e comportamentos "civilizatórios". Ver: ALBERDI, Juan Bautista. *Bases y puntos de partida para la organización de la República Argentina*. Buenos Aires: Biblioteca del Congreso de la Nación, [1853], 2017. Para uma visão mais ampliada sobre as ideias de "vazio" e "deserto" nas obras dos intelectuais argentinos oitocentistas, ver o seguinte trabalho de: FREITAS NETO, José Alves de. A formação da nação e o vazio na narrativa argentina: ficção e civilização no século XIX. *Esboços*, v. 15, p. 189-204, 2008. Disponível em: https://periodicos.ufsc.br/index.php/esbocos/article/view/2175-7976.2008v15n20p189/9534. Acesso em: 23 jun. 22.

—, havia os bivaques que acomodavam as "mesnadas" — ou tropas mercenárias e irregulares —, as quais, por meio de seus cutelos, faziam derramar o sangue do "irmão" já caído no solo da terra da "pátria". Era preciso que a nuvem "purificadora" viesse lavar todo o sangue derramado e neutralizar o "sanguinário" gênio da guerra que impedia a convivência nacional pacífica, fraternal e harmônica.

Acreditamos que Ramírez esteja se referindo à sua própria experiência na guerra civil, mais especificamente em *La Revolución de las Lanzas*, ocorrida quase uma década antes, embora não tenha explicitado isso em seus versos. Mas tais manifestações também poderiam igualmente se referir, de modo mais genérico e abrangente, aos outros vários conflitos civis históricos do século XIX uruguaio pós-independência, remetendo, até mesmo, a eventos anteriores à sua participação direta no conflito anteriormente citado. É como se a sua experiência pessoal na guerra se confundisse com os demais eventos violentos da história do país, colocados por ele de modo atemporal e como se ainda fossem algo incompleto, passível de resolução, em aberto. E isso se mostra compreensível quando consideramos que, no Uruguai, em seu período já independente e constitucional — mais especificamente entre 1830 e o fim do século XIX —, ocorreram mais de 40 conflitos armados[169].

Para o nosso estudo, acreditamos ser necessário, também, retornar à primeira metade do século XIX, como já dissemos, pois a própria *Revolución de las Lanzas*, conflito no qual Ramírez lutou, teve, de certo modo, algumas raízes nos processos históricos daquele período. Entre o fim da década de 1830 e o início dos anos 1850, o país esteve imerso na chamada Guerra Grande, evento que foi considerado por Gerardo Caetano e José Rilla uma "verdadeira encruzilhada constituinte das identidades políticas" no Uruguai[170]. Esse conflito teve dimensões não somente nacionais, mas regionais e internacionais. Foi protagonizado tanto pelos partidos políticos uruguaios, os *blancos* e os *colorados*, quanto

---

[169] Washington Lockhart informa-nos que, para além da chamada *Guerra Grande*, o país foi palco de vários outros conflitos que ele denomina de "movimentos subversivos". Ao todo, segundo Lockhart, foram 43 movimentos, os quais o autor especifica da seguinte forma: 18 revoluções, nove motins e 16 levantes de pouco alcance. LOCKHART, Washington. Las guerras civiles. *In*: EDITORES REUNIDOS. *Enciclopedia Uruguaya*. T. 11. Montevideo: Editorial Arca, 1968.

[170] CAETANO, Gerardo; RILLA, José. *Historia contemporánea del Uruguay*: de la colonia al Mercosur. Montevideo: Fin de Siglo, 1994. p. 53.

por argentinos, os *unitários* e os *federalistas*, além da participação da França, da Inglaterra e do Brasil[171].

Os *colorados* estabeleceram uma união com os *unitários*, enquanto os *blancos* se ligaram aos *federalistas*. Inicialmente, a Guerra ficou circunscrita ao território argentino, mas depois chegou às terras "orientais" a partir do evento que ficou conhecido historicamente como o Sítio de Montevidéu, iniciado em 1843. Tal cerco foi empreendido por Manuel Oribe, presidente uruguaio de então — após este ter liderado um dos levantes que destituíram Fructuoso Rivera da Presidência da República —, a mando do presidente argentino Juan Manuel de Rosas e que durou até 1852, ou seja, praticamente até o fim da guerra[172]. Além disso, após iniciado o cerco de Oribe e Rosas, houve a "territorialização" dos partidos, conforme pontuou Ana Ribeiro, processo marcado pela formação de dois governos na capital uruguaia, Montevidéu, um *blanco* e outro *colorado*, com suas sedes localizadas nos bairros de Cerrito e La Defensa, respectivamente[173].

Foi como uma das vítimas desse conflito que Ramírez já iniciava sua vida, esta entrelaçada aos impasses próprios de sua época e à violência vigente[174].

---

[171] José Pedro Barrán aponta algumas causas que teriam levado à Guerra Grande. Segundo o autor, o então presidente argentino Juan Manuel de Rosas tinha interesses expansionistas na região do Rio da Prata para levar adiante seus antigos anseios pela restauração monárquica na região, o que teria causado as intervenções europeias, caracterizadas especificamente por dois motivos principais, sendo eles políticos e econômicos. Em relação ao primeiro motivo, as revoluções liberais que estavam ocorrendo naquele contexto animaram, por um lado, tais interferências na região do Prata. Economicamente falando, havia a busca por novos mercados consumidores naquele momento. A intervenção do Brasil deu-se devido à aliança contextual desse país com os *colorados*, em oposição aos *blancos*, partido de Manuel Oribe. Oribe, após ter destituído Fructuoso Rivera da Presidência, era o então presidente do Uruguai no período e exercia um papel de "lugar-tenente" de Rosas no Uruguai, o que também contribuiu para o desenvolvimento do conflito. Para mais informações, ver: BARRÁN, José Pedro. *Apogeo y crisis del Uruguay pastoril y caudillesco*: 1839-1875. Montevideo: Banda Oriental, 1990. t. 4.

[172] *Ibid.*

[173] RIBEIRO, Ana. De las independencias a los Estados republicanos (1810-1850): Uruguay. *In*: FRASQUET, Ivana; SLEMIAN, Andréa (org.). *De las independencias iberoamericanas a los Estados nacionales (1810-1850)*: 200 años de historia. Madrid; Frankfurt am Main: Iberoamericana; Vervuert, 2009. p. 61-87. (Estudios AHILA de Historia Latinoamericana, n. 6). p. 70. Apesar dessa divisão espacial apontada por Ribeiro, acreditamos ser válido ter em mente que, dentro dessa matriz liberal comum dos partidos também apontada pela autora, havia, segundo Juan Pivel Devoto, em Montevidéu, setores mais reacionários do *Partido Colorado*, da mesma forma que existiam alas mais liberais dentro de Cerrito e na área rural, espaços esses mais associados aos *blancos*. PIVEL DEVOTO, Juan E. *apud* CAETANO, Gerardo. *Historia mínima de Uruguay*. Ciudad de México: El Colegio de México: 2020. *E-book*. Primeira edição impressa em 2019. p. 59.

[174] Em relação à violência política vigente durante o século XIX, buscamos não reproduzir visões simplistas e reducionistas que trataram esse tema como mero resultado dos "irracionais ódios" políticos entre "bandos" ou partidos existentes e supostamente motivados pelo poder em si mesmo. Desse modo, optamos pelo diálogo recorrente com renovadas visões historiográficas a respeito da formação da cidadania, da violência e da institucionalização do Estado-nação no XIX latino-americano. Essa linha historiográfica tem, entre seus principais

Após o cerco de Montevidéu, as tropas de Oribe dominaram toda a área rural no Uruguai. Como o pai de Carlos Ramírez, Juan Ramírez, era um proprietário rural e, também, um *unitário*[175], este foi muito hostilizado e toda a sua família foi obrigada a emigrar para o Brasil. Em meio ao refúgio em território brasileiro, Ramírez nasceu em São Gonçalo, na então província brasileira do Rio Grande do Sul, em 1847[176]. Assim como o próprio Ramírez atestou:

> Quando no ano de 1843 dom Manuel Oribe invadiu a *República Oriental do Uruguai*[177], meus pais emigraram para o Brasil, estabelecendo sua residência na província do Rio Grande do Sul, sobre seu limite fronteiriço com o território *oriental*.[178] Ali nasci, em dezembro de 1847. Meu pai era natural de Montevidéu e minha mãe era natural de Buenos Aires.[179]

---

expoentes, Noemi Goldman, Ricardo Salvatore, Pablo Buchbinder, Ana Frega, Jorge Myers, Federica Morelli, Monica Quijada, Hilda Sabato, entre outros vários autores que discutem as relações complexas existentes entre o caudilhismo, os partidos políticos e a busca pela cidadania em meio aos processos de construção e consolidação das recém-independentes nações latino-americanas no século XIX. Para um debate sobre essa renovação historiográfica condizente aos estudos dessa temática na América Latina em geral, ver: MORELLI, Federica. *Entre el antiguo y el nuevo régimen: la historia política hispanoamericana del siglo XIX. Historia Crítica*, n. 33, p. 122-155, ene./jun. 2007. A respeito das renovações que tratam mais especificamente sobre as relações entre caudilhismo, cidadania e a formação dos Estados nacionais na região do Rio da Prata, ver: GOLDMAN, Noemí; SALVATORE, Ricardo (comp.). *Caudillismos rioplatenses*: nuevas miradas a un viejo problema. Buenos Aires: Eudeba, 2005. Para uma discussão sobre outras formas de cidadania para além do sufrágio no contexto da consolidação das nações latino-americanas pós-independências, ver: SABATO, Hilda. Soberanía popular, ciudadanía y nación en Hispanoamérica: la experiencia republicana del siglo XIX. *Almanack Braziliense*, n. 9, p. 23-40, maio 2009. Disponível em: https://sites.usp.br/ieb/wp-content/uploads/sites/127/2016/07/almanack_09_1322176965.pdf. Acesso em: 23 jun. 2022; SABATO, Hilda. *Povo & política*: a construção de uma república. Tradução de Daniel da Silva Becker. Porto Alegre: EdiPUCRS, 2011. (Série História, 59).

[175] FERNANDEZ SALDAÑA, José M. Ramírez, Carlos María. *In*: FERNANDEZ SALDAÑA, José M. *Diccionario uruguayo de biografías (1810-1940)*. Montevideo: Editorial Amerindia, 1945. p. 1.040-1.045.

[176] Raúl Montero Bustamante informa-nos que Ramírez nasceu em 1848. MONTERO BUSTAMANTE, Raúl. Prólogo. *In*: RAMÍREZ, Carlos María. *Páginas de historia*. Montevideo: Ministerio de Educación y Cultura, 1978. (Colección de Clásicos Uruguayos, v. 152). No entanto, essa data informada por Montero Bustamante não condiz com a que o publicista do século XIX se atribui. Em seu texto, Ramírez afirma que nasceu um ano antes, em dezembro de 1847. RAMÍREZ, Carlos María. Carlos María Ramírez "extranjero" (1887). *In*: BIBLIOTECA DE LA SOCIEDAD DE HOMBRES DE LETRAS DEL URUGUAY. *Carlos María Ramírez*: apuntes y discursos. Montevideo: Gaceta Comercial, 1948. p. 52.

[177] Era frequente a associação, realizada por Ramírez, entre o nome oficial do país (República Oriental do Uruguai) com os valores nacionais que expressava, como se "República" e "nação" necessariamente se correspondessem mutuamente. Tratamos melhor sobre essa e outras questões nos próximos capítulos.

[178] Da mesma forma que parecia haver a correlação entre os termos "nação" e "República", havia sempre a menção ao designativo "oriental" e "uruguaio" quando Ramírez se referia ao Uruguai enquanto país de origem e/ou como termos que remetiam à qualidade de identidade nacional, conforme já indicamos antes.

[179] RAMÍREZ, Carlos María. Carlos María Ramírez "extranjero" (1887). *In*: BIBLIOTECA DE LA SOCIEDAD DE HOMBRES DE LETRAS DEL URUGUAY. *Carlos María Ramírez*: apuntes y discursos. Montevideo: Gaceta Comercial, 1948. p. 52, grifos nossos.

De qualquer modo, como visto, seu nascimento foi marcado pelos eventos da Guerra Grande, conflito esse que se deflagrou mesmo após já criada a primeira Constituição republicana pós-independência, em 1830, pensada e elaborada para que houvesse a união e a estabilidade nacionais tão desejadas do novo Estado independente. Embora o Uruguai tenha criado sua primeira Constituição republicana em 1830, muitos foram os percalços enfrentados em busca de uma organização nacional estável por quase todo o restante do século XIX. E, em meio a esse contexto caótico de busca pela "harmonia política" e "unidade da nação", as discussões e os projetos intelectuais então vigentes estavam relacionados a conceitos e práticas políticas referentes às ideias de "independência", "partidos", "soberania", "pátria", "democracia", "liberdade", "civilização", "Estado", entre outros termos e valores políticos, mais ou menos mutáveis ao longo do tempo. Nesse sentido, acreditamos, com outros autores que estudaram esse período, que o contexto em questão é digno de atenção, pois consiste em um terreno fértil e propício para os debates político-intelectuais a respeito dos já citados termos e concepções, os quais estariam, de uma forma ou outra, relacionados à ideia e à construção da "nação", da "república", da "ordem" e da "civilização"[180].

Desse modo, as concepções político-intelectuais acerca desses termos foram constituindo-se aos poucos, com a finalidade de se estabelecer a consolidação da comunidade nacional. Em nossa perspectiva, esses processos são de fundamental importância para compreendermos como se deu a formação político-intelectual e das sociabilidades de Ramírez em meio aos eventos e referenciais políticos e intelectuais "selecionados" e destacados por ele mesmo em sua escrita autorreferencial.

Caetano, ao tratar sobre a "cultura da unidade" nacional, refere-se aos debates intelectuais, valores e práticas políticas em torno da formação da nação pós-independência e em processo de consolidação em meio às várias guerras civis iniciadas na primeira metade do século XIX e que se estenderam por quase toda essa centúria[181]. Tais elementos estariam baseados,

---

[180] Afirmamos isso com base nos trabalhos de vários historiadores uruguaios, tais como Ana Frega, Wilson González Demuro, Ariadna Islas, Gerardo Caetano, Ana Ribeiro e Inés Cuadro Cawen. Neste capítulo, dialogamos diretamente com esses e outros autores com a finalidade de (re)construir o contexto político-intelectual no qual Ramírez se formou e o qual teria condicionado sua posterior ação político-intelectual. Para mais informações sobre os trabalhos dos autores citados anteriormente, ver: CAETANO, Gerardo (org.). *Historia conceptual*: voces y conceptos de la política oriental (1750-1870). Montevideo: EBO, 2013.

[181] CAETANO, Gerardo. La cuestión del origen de los partidos: el pleito entre distintas maneras de concebir la asociación política. *In*: CAETANO, Gerardo (org.). *Historia conceptual*: voces y conceptos de la política oriental (1750-1870). Montevideo: EBO, 2013.

grosso modo, na busca por uma "harmonia política", considerando o receio de uma possível fragmentação da nação recém-independente, "divisões" essas que se materializavam, conforme argumentavam seus simpatizantes, na existência dos recém-criados partidos políticos (*blancos* e *colorados*). Em outras palavras, consistia, segundo o autor, em uma forma de se conceber e fazer política principalmente com base na defesa da unidade nacional baseada no "antipartidarismo", pois os partidos eram vistos como um fator "desagregador" da nação[182].

Em relação a esse "antipartidarismo", uma das principais características da primeira Carta Magna do país platino recém-independente, promulgada em 1830, foi a proibição dos partidos políticos, pois, naquele contexto, concebia-se que tais agrupamentos consistiam em "intermediários" entre o indivíduo e o Estado, o que não deveria ocorrer segundo os constituintes[183]. Conforme aponta Caetano, a Constituição de 1830 não explicitava a possibilidade legal em relação ao direito de reunião ou de associação política de modo geral, contribuindo, assim, para o questionamento da legitimidade dos partidos políticos. Além disso, o texto constitucional não considerava como cidadãos os analfabetos, e era baseado em elementos consideravelmente censitários[184]. Assim, em meio a esses impasses da concepção de cidadania dentro do novo país platino, o "país legal" dos "doutores" foi enfrentado pelo "país real" dos caudilhos e do caudilhismo[185]. Tais questões, conforme a historiografia pertinente, teriam contribuído para a conformação de grande parte das concepções, dos valores, comportamentos, conflitos e reordena-

---

[182] De acordo com Caetano, ainda quando o Uruguai estava sob a dominação espanhola, já existia uma concepção de "patriotismo colonial" que condicionava o adjetivo de "patriota" somente àqueles que não fossem membros de um "partido" ou de uma "facção". Pelas próprias palavras do historiador uruguaio: "A noção de uma convivência pacífica e harmônica, sem divisões, sustentava essa perspectiva de férrea unidade que parecia cimentar a uniformidade de interesses e opiniões como sustento da sociabilidade política possível – e desejável – em um regime afirmado na lealdade a Deus, à Monarquia e a seus clérigos. [...] a sinalização da ruptura em relação a esta autêntica 'cultura política da unidade' *implicava a denúncia de uma atitude 'faccional' e foi utilizado frequentemente como instrumento de condenação*". CAETANO, *op. cit.*, p. 198, grifos nossos, aspas do autor.

[183] Conforme nos informa Héctor Gross Espiell, essa rejeição aos partidos políticos foi inspirada no pensamento iluminista do século XVIII, ideais que teriam servido de referência para a elaboração e implementação de vários textos constitucionais. Assim, tais pressupostos preconizavam que o partido "interferia" nessa relação, que, por sua vez, não deveria ser mediada. GROS ESPIELL, Héctor. *Las Constituciones del Uruguay.* Madrid: Centro Iberoamericano de Cooperación, 1978.

[184] CAETANO, Gerardo. *Historia mínima de Uruguay.* Ciudad de México: El Colegio de México: 2020. *E-book.* Primeira edição impressa em 2019.

[185] CAETANO, Gerardo. *Historia mínima de Uruguay.* Ciudad de México: El Colegio de México: 2020. *E-book.* Primeira edição impressa em 2019. p. 47.

mentos políticos e intelectuais dali em diante, os quais teriam permanecido, em maior ou menor grau, até o fim do século XIX[186].

No Uruguai, o nascimento dos primeiros partidos políticos — *blancos* e *colorados* — deu-se anteriormente à fundação oficial do Estado, conforme argumenta Caetano. Fructuoso Rivera, considerado o fundador do *Partido Colorado* e primeiro presidente constitucional pós-independência, enfrentou os primeiros levantes da história do país em sua vida republicana, estes empreendidos por Juan Antonio Lavalleja — como já dito, um dos líderes da Cruzada Libertadora de 1825 —, ainda na década de 1830. Manuel Oribe, mais alinhado a Lavalleja, seguiu a mesma "política das armas" contra Rivera, tomando o poder deste no ano de 1836 e contribuindo para o início de uma polarização violenta e "formalizada" entre os *blancos* e os *colorados* que perduraria por todo o Oitocentos. Para além dos processos puramente político-partidários, esse evento histórico intensificou os debates político-intelectuais em relação à legitimidade dos partidos uruguaios ainda em formação, proporcionando discussões baseadas em argumentos "contraditórios"[187].

Como um exemplo do teor que tais debates apresentavam, podemos citar a intenção de Oribe e Lavalleja em criar um "partido da nação" em um momento em que cada vez mais se consolidavam como "caudilhos da fração", apelando à utilização e à reiteração dos símbolos que remetiam ao *Partido Blanco* como um fator de "unidade". Tais adereços — geralmente da cor branca, assim como o próprio nome do partido sugere — continham escritos o termo "Defensores das Leis", conotando, desse modo, significados de caráter "nacional" ou "não partidário"[188].

Mas essa atitude não se restringia aos *blancos*. O recurso à retórica da "unidade nacional" também partia de correligionários do *Partido Colorado*, materializando-se na forma de associações que tinham como mote a construção do "orientalismo" e do "patriotismo" em detrimento de um "espírito de partido", sendo, na verdade, tais discursos e práticas empreendidos pelos

---

[186] Cf.: BARRÁN, José Pedro. *Apogeo y crisis del Uruguay pastoril y caudillesco*: 1839-1875. Montevideo: Banda Oriental, 1990. t. 4; ARTEAGA, Juan José. *Uruguay*: breve historia contemporánea. México (Ciudad): Fondo de Cultura Económica, 2000; CAETANO, Gerardo; RILLA, José. *Historia contemporánea del Uruguay*: de la colonia al Mercosur. Montevideo: Fin de Siglo, 1994; CAETANO, Gerardo; RILLA, José. El sistema de partidos: raíces y permanencias. *Cuadernos del CLAEH*, Montevideo, n. 31, p. 81-98, 1984.

[187] CAETANO, Gerardo. La cuestión del origen de los partidos: el pleito entre distintas maneras de concebir la asociación política. *In*: CAETANO, Gerardo (org.). *Historia conceptual*: voces y conceptos de la política oriental (1750-1870). Montevideo: EBO, 2013. p. 206.

[188] *Ibid.*

dois grupos políticos[189]. No entanto, conforme argumenta Caetano, quando tais partidos mobilizavam a ideia de "unidade", a preocupação deles era afirmar sua própria legitimidade e de suprimir o espaço político um do outro. De qualquer modo, dois exemplos de associações políticas criadas naquele contexto são notáveis: a Sociedad Nacional, por volta de 1846, inaugurada pelos membros do governo *colorado* de La Defensa, da capital uruguaia, e opositores de Rivera; e a Sociedad Patriótica, criada pelo também *colorado* e general Melchor Pacheco y Obes. Ambas as associações foram inauguradas já em meio ao Sítio iniciado por Oribe e Rosas[190].

Aqui, interessa-nos, mais especificamente, a figura de Melchor Pacheco y Obes (1809-1855), quem consistiu em uma das maiores referências políticas e "cívicas" de Ramírez. Ao que tudo indica, esse intelectual o concebia como uma referência de cidadão "oriental"/uruguaio a ser seguida, mesmo aquele também não tendo nascido no Uruguai, conforme o próprio Ramírez explicitou no trecho a seguir:

> Longe estão os tempos épicos em que o General Pacheco y Obes, nascido em Buenos Aires, dizia [...]: "Se existisse a velha Roma em todo o seu esplendor, não mudaria meu título de *cidad*ão oriental pela de cidadão romano; mas enquanto esse título existir, sentirei orgulho em usá-lo e não me resignaria em ter nenhum outro".[191]

Utilizando-se das palavras do general Melchor Pacheco y Obes, Ramírez buscava reiterar que não era um "estrangeiro", e reforçar sua identidade política em um texto publicado no ano de 1887, o qual guardava o teor de uma brevíssima autobiografia e que tinha a finalidade de, ao mesmo tempo, legitimar e reivindicar sua cidadania uruguaia/"oriental". Esse trecho diz respeito a uma polêmica na qual Ramírez se envolveu naquele contexto — algo comum em sua trajetória. Esse imbróglio se baseou nas "acusações" de que Ramírez não se enquadrava como "cidadão" uruguaio, tendo, até mesmo, que reivindicar oficialmente sua condição de "oriental" para poder assumir cargos de natureza pública. Tais "acusações" foram fei-

---

[189] CAETANO, Gerardo. La cuestión del origen de los partidos: el pleito entre distintas maneras de concebir la asociación política. *In*: CAETANO, Gerardo (org.). *Historia conceptual*: voces y conceptos de la política oriental (1750-1870). Montevideo: EBO, 2013. p. 206.

[190] *Ibid.*

[191] RAMÍREZ, Carlos María. Carlos María Ramírez "extranjero" (1887). *In*: BIBLIOTECA DE LA SOCIEDAD DE HOMBRES DE LETRAS DEL URUGUAY. *Carlos María Ramírez*: apuntes y discursos. Montevideo: Gaceta Comercial, 1948. p. 55, grifos nossos, aspas do autor.

tas por uma publicação, de autoria não especificada por Ramírez[192], que o teria "tachado" de "estrangeiro" por ter nascido no Brasil e não o adjetivava como "oriental"[193] de fato.

Naquele momento, Ramírez pleiteava a candidatura de deputado[194] e viu-se obrigado a escrever a referida carta. No entanto, a solicitação também se dava por uma "provocação" em especial. Francisco Antonio Berra, um dos autores com os quais Ramírez polemizou sobre a imagem histórica de Artigas e que, naquele momento, ainda reproduzia o antiartiguismo, teria acusado Ramírez de ser "compatriota" de D. Pedro II, o "imperador constitucional e defensor perpétuo do Brasil"[195]. Para os devidos fins burocráticos e também, acreditamos, como forma de reiterar o caráter republicano e liberal[196] que, para ele, estava intrinsecamente relacionado com sua iden-

---

[192] No entanto, temos a informação de que tais "acusações" foram feitas no ano de 1882, pelos diários mantidos por simpatizantes do governo ditatorial de Máximo Santos, ao qual Ramírez exercia uma ferrenha oposição. Diante de tal ultraje à sua cidadania e à sua nacionalidade "orientais", Ramírez respondeu reivindicando tais direitos, os quais sempre considerou como direitos naturais seus. Ver: FERNANDEZ SALDAÑA, José M. Ramírez, Carlos María. *In*: FERNANDEZ SALDAÑA, José M. *Diccionario uruguayo de biografias (1810-1940)*. Montevideo: Editorial Amerindia, 1945. p. 1.040-1.045.

[193] RAMÍREZ, Carlos María. Carlos María Ramírez "extranjero" (1887). *In*: BIBLIOTECA DE LA SOCIEDAD DE HOMBRES DE LETRAS DEL URUGUAY. *Carlos María Ramírez*: apuntes y discursos. Montevideo: Gaceta Comercial, 1948. p. 55.

[194] De acordo com a informação que encontramos no prólogo escrito por Luis Bonavita à segunda edição da obra *Artigas* (1897), de Ramírez. BONAVITA, Luis. Prólogo. *In*: RAMÍREZ, Carlos María. *Artigas*. Montevideo: Biblioteca Artigas, [1897], 1953. p. XI-XX. Após esses impasses, Ramírez exerceu uma considerável carreira política. Foi eleito deputado para dois mandatos: um como representante do departamento de Treinta y Tres, em 1888, e outro pelo de Montevidéu, em 1891. Antes de seu segundo mandato como deputado ter fim, assumiu o cargo de ministro da Fazenda a convite do então presidente *colorado* e seu amigo de juventude, Julio Herrera y Obes, o que não agradou muito aos seus companheiros de causa *principista*/constitucionalista. Ramírez também foi senador pelo departamento de Tacuarembó, em 1893. FERNANDEZ SALDAÑA, José M. *Diccionario uruguayo de biografias (1810-1940)*. Montevideo: Editorial Amerindia, 1945.

[195] GONZÁLEZ, Ariosto de. *Las primeras fórmulas constitucionales en los países del Plata (1810-1813)*. Montevideo, 1941, p. 116, nota 34 *apud* GROS ESPIELL, Héctor. Prólogo. *In*: RAMÍREZ, Carlos María. *Conferencias de Derecho Constitucional (1871)*. Montevideo: Ministerio de Instrucción Pública y Previsión Social, 1966. p. XXXIII, nota n. 7.

[196] Reconhecemos que o termo "liberalismo" foi um "conceito fundamental" dentro do debate político a respeito da formação da nação no Uruguai do século XIX, tendo sido elaborado de forma polissêmica ao longo do tempo e colocado o termo "republicanismo" em segundo plano naquele contexto, embora este também estivesse presente, mesmo que de forma difusa no referido período, conforme argumenta Gerardo Caetano. No entanto, acreditamos ser possível conceber Ramírez como um liberal republicano. Afirmamos isso apoiados nas indicações feitas por Javier Gallardo, mais especificamente em relação ao fato de que já havia, na segunda metade do século XIX, uma incipiente combinação de elementos republicanos, democráticos e liberais presente nas polêmicas e discursos político-intelectuais travados no Uruguai. Também consideramos as advertências feitas por Caetano em relação a algumas concepções de Gallardo sobre a questão, mais no que tange a uma questionável ampla incorporação dos princípios republicanos por parte de todos os *principistas*, grupo do qual Ramírez fez parte, o que poderia consistir em um anacronismo. De qualquer modo, o diálogo com Caetano e Gallardo é fundamental para nossa tese. Para mais informações sobre esse debate, ver: CAETANO, Gerardo. Genealogías de la política uruguaya moderna: el liberalismo como "concepto fundamental" y su primacía sobre el republicanismo en el siglo XIX.

tidade nacional de "oriental", Ramírez solicitou a carta de cidadania. Esse ato despertou "a humilhação de pedir o que eu tenho consciência de que é meu e que ninguém pode conceder-me, nem tirar-me"[197].

O que chama atenção é que essa "petição" de cidadania "oriental" foi feita por Ramírez em um contexto que ficou conhecido como o da construção do "primeiro imaginário nacional", no qual vários escritores passaram a debater a história do país apoiados nas diversas figuras históricas recuperadas por eles, mais especificamente a partir do fim da década de 1870[198]. Nesse sentido, quando Ramírez evocou tais personalidades e eventos para a constituição de si e de sua vida, fê-lo em meio a um período em que a própria história nacional também estava sendo reescrita, quase que entrelaçando os dois âmbitos.

Pacheco y Obes, assim como Ramírez, havia nascido no exterior, mas em Buenos Aires, ainda durante o processo de independência uruguaio, ou seja, no início do século XIX. No entanto, assim como Ramírez, esteve envolvido em polêmicas a respeito de sua nacionalidade. Para além disso, acreditamos que há outros motivos que fizeram Ramírez mencioná-lo em sua "petição" cívica/cidadã. É digno de nota que Pacheco y Obes participou diretamente do movimento liderado pelos chamados "Trinta e Três Orientais", liderados por Manuel Oribe, Juan Antonio Lavalleja e Fructuoso Rivera, e que desembarcaram em Florida[199], em 19 de abril de 1825, iniciando, assim, a chamada "Cruzada

---

Claves: Revista de Historia, n. 2, p. 111-143, ene./jun. 2016; GALLARDO, Javier. Las ideas republicanas en los orígenes de la democracia uruguaya. *Araucaria*: Revista Iberoamericana de Filosofía, Política y Humanidades, v. 5, n. 9, p. 3-44, 2003. Ver também: CAETANO, Gerardo; RIBEIRO, Ana. El pleito conceptual entre libertad y república en los tiempos artiguistas. *Ariadna Histórica*: Lenguajes, Conceptos, Metáforas, n. 7, p. 13-35, 2018. Como veremos mais adiante neste capítulo e nos próximos, Ramírez foi um defensor das instituições e dos hábitos republicanos como bases de seu projeto de nação, como ele mesmo explicitou em seus escritos e práticas.

[197] RAMÍREZ, Carlos María. Carlos María Ramírez "extranjero" (1887). *In*: BIBLIOTECA DE LA SOCIEDAD DE HOMBRES DE LETRAS DEL URUGUAY. *Carlos María Ramírez*: apuntes y discursos. Montevideo: Gaceta Comercial, 1948. p. 55.

[198] DEMASI, Carlos. La figura de Artigas en la construcción del primer imaginario nacional (1875-1900). *In*: FREGA, Ana; ISLAS, Ariadna. *Nuevas miradas en torno al artiguismo*. Montevideo: Facultad de Humanidades y Ciencias de la Educación de la UDELAR, 2001. p. 341-351. Tratamos, de modo mais detido, sobre o "lugar" de Ramírez na reescrita dessa história e da formação desse "primeiro imaginário nacional" no capítulo 4 de nosso livro.

[199] No entanto, conforme as informações de Fernández Saldaña, Melchor Pacheco y Obes lutou nas batalhas pela libertação da "Banda Oriental" somente seis meses depois do desembarque dos "Trinta e Três Orientais", sob as ordens de Lavalleja e de Laguna, na vila de Mercedes. FERNANDEZ SALDAÑA, José M. Pacheco y Obes, Melchor José. *In*: FERNANDEZ SALDAÑA, José M. *Diccionario uruguayo de biografías (1810-1940)*. Montevideo: Editorial Amerindia, 1945. p. 953-954.

Libertadora". Esse evento resultou na Guerra da Cisplatina (1825-1828) e, consequentemente, na libertação da então "Banda Oriental" em relação ao domínio brasileiro, por meio da Declaração de Florida[200]. E, sobre esses "Trinta e Três Orientais" "heróis" — aos quais Pacheco y Obes esteve subordinado —, Ramírez, em seu discurso intitulado *La independencia nacional*", feito durante a inauguração de um monumento da Independência da República no departamento de Florida, em 1879, no contexto da ditadura militar de Lorenzo Latorre (1876-1880), afirmou o seguinte:

> Guardo no meu coração, dos puríssimos lábios da infância, as últimas notas desse hino, cujas estrofes valentes e severas ressoam como golpes de um escudo guerreiro em meus ouvidos já habituados à enervação e à suavidade, *e evocam involuntariamente em meu espírito as gloriosas lembranças desse sítio, um dia não distante convertido em altar sangrento de sacrifício heroico e sublime.*[201]

Já em relação especificamente ao trecho destacado *supra*, Ramírez mencionou o desembarque dos "Trinta e Três Orientais". Um ponto digno de nota é que, entre esses "heróis", estavam aqueles que, mais tarde, seriam membros dos dois "partidos tradicionais" — *blancos* e *colorados* —, os quais, como vimos, protagonizaram sangrentos conflitos civis ao longo do século XIX. Também acreditamos ser válido relembrarmos que os líderes desse desembarque — Oribe, Lavalleja e Rivera — foram, na época do processo de independência em relação à Espanha, oficiais subordinados ao general Artigas, o prócer da emancipação em relação à antiga metrópole. Após ocorrida a Cruzada Libertadora de 1825 e estabelecida a primeira Constituição republicana, eles passaram a estar em lados opostos em relação às investidas pelo poder político no Uruguai e lideraram as primeiras guerras civis ocorridas no período pós-independência no país[202].

---

[200] CAETANO, Gerardo. *Historia mínima de Uruguay*. Ciudad de México: El Colegio de México: 2020. *E-book*. Primeira edição impressa em 2019.

[201] RAMÍREZ, Carlos María. La independencia nacional (1879). *In*: BIBLIOTECA DE LA SOCIEDAD DE HOMBRES DE LETRAS DEL URUGUAY. *Carlos María Ramírez*: apuntes y discursos. Montevideo: Gaceta Comercial, 1948. p. 57, grifos nossos. Em relação a esse discurso e sobre a efeméride da inauguração deste monumento de independência, acreditamos ser válido refletir sobre um fato importante. Embora Alejandro Magariños Cervantes não tenha deixado isto claro, tudo nos leva a crer que as vendas dos exemplares da obra de poesias compiladas por ele — obra que contou com as poesias escritas por Ramírez, conforme já mencionamos — teriam sido revertidas justamente para a inauguração desse monumento, como forma de contribuição para a sua construção.

[202] CAETANO, Gerardo. *Historia mínima de Uruguay*. Ciudad de México: El Colegio de México: 2020. *E-book*. Primeira edição impressa em 2019.

Além disso, um elemento chama-nos atenção no discurso anteriormente citado. Quando Ramírez relembra símbolos nacionais como o hino, diz recordar-se dos sentimentos que teve quando o ouvira em sua infância. Mas vai além disso: afirma recordar-se daquilo que não vivera, ou seja, as "gloriosas lembranças" do desembarque dos "Cruzados Orientais", no dia em que estes se "sacrificaram heroicamente" pela independência da República Oriental. E continuou descrevendo-o como se, de fato, tivesse testemunhado tal fato histórico:

> Paira o *sol* de 19 de abril de 1825. Acabam os heróis de pisar as úmidas areias que beijam o Uruguai; flutuam na costa os débeis barcos que cruzaram o Prata levando os destinos e a liberdade de um povo. Ali estão. Palpita neles a alma da pátria que se expande ao respirar suas auras. Um fogo heroico anima seus olhares; uma força estranha parece contrair todos os seus músculos; e ali, reunidos em indefinível grupo, juram sobre suas espadas imortais redimir a pátria ou sucumbir gloriosamente na demanda. Oh! *Quem poderia deter o curso inexorável dos tempos e fechar o livro fatal da memória, para contemplá-los sempre assim, jovens galhardos paladinos da pátria, antes de que a guerra civil estendesse entre eles a nuvem vermelha dos ódios e rompesse a santa unidade moral de nossa terra, quando todos eram puros e parecia uma blasfêmia horrível pensar que a vida daqueles homens não seria para sempre sagrada e inviolável para nosso solo.*[203]

Uma descrição "fiel" construída por alguém que não tinha como estar presente no desembarque histórico dos "Trinta e Três Orientais", pois, lembremos, Ramírez nasceu somente em 1847, ou seja, mais de 20 anos após aquele evento. Nesse sentido, essas "gloriosas lembranças" que Ramírez atesta ter tido não se constituíram somente em "memória histórica", transmitida socialmente ao longo do tempo[204], mas sim em algo que ele buscou afirmar que vivera, de fato, o que se aproximaria de uma "ilusão biográfica"[205] criada por ele mesmo. Também é válido termos em mente que os "heróis" de 1825 não necessariamente se referiram aos "orientais" enquanto uma nacionalidade "pronta" e "acabada", conforme concebido por

---

[203] RAMÍREZ, Carlos María. La independencia nacional (1879). *In*: BIBLIOTECA DE LA SOCIEDAD DE HOMBRES DE LETRAS DEL URUGUAY. *Carlos María Ramírez*: apuntes y discursos. Montevideo: Gaceta Comercial, 1948. p. 59, grifos nossos.

[204] Conforme coloca: HALBWACHS, Maurice. *La memoria colectiva*. Zaragoza: Prensas Universitarias de Zaragoza, 2004.

[205] Conforme os termos elaborados por Pierre Bourdieu, assim como discutimos logo no início deste segundo capítulo. BOURDIEU, Pierre. A ilusão biográfica. *In*: FERREIRA, Marieta de Moraes; AMADO, Janaina (coord.). *Usos e abusos da história oral*. Rio de Janeiro: Editora FGV, 2006. p. 183-191.

Ramírez. Lavalleja, ao iniciar a "Cruzada", dirigiu-se aos "argentinos orientais", o que, naquele contexto, equivaleria aos "rio-pratenses deste lado do rio", assim como alerta Caetano[206]. De qualquer modo, é nítida a tentativa, por parte de Ramírez, de conectar seu passado e seu presente próprios com os eventos de formação da "pátria", tornando-os quase a mesma coisa e atribuindo a "orientalidade" a eles.

Além disso, buscava reforçar, a todo momento, a sua identidade nacional e reiterar a permanência da "nuvem", dessa vez "vermelha", que ofuscava o "sol" — um dos símbolos da bandeira do país adotado desde 1830[207] — da independência nacional. A referida nuvem muito provavelmente era vermelha pelo fato de estar manchada com o sangue derramado nas guerras civis históricas ainda em vigência em seu momento de escrita, as quais consistiam, para ele, em um fator de clara "inviabilidade" da nação "oriental" que ainda precisava ser solucionado por meio da "ordem" e da "harmonia" política.

Ramírez atribui um tom épico à sua narrativa, o que, inevitavelmente, remete-nos a alguns dos textos escritos por Artigas, ainda no contexto da revolução de independência em relação à Espanha, ou seja, mais de 60 anos antes dos escritos de Ramírez. Para termos uma noção, citamos o trecho a seguir, escrito por Artigas, como forma de comparação:

> [...] o fogo patriótico eletrizava os corações e nada era bastante a deter seu rápido curso [...]. Um punhado de *orientais*, já cansados de humilhações, haviam decretado sua liberdade na vila de Mercedes [...]; talvez até então não era oferecido ao templo do patriotismo um voto nem mais puro, nem mais glorioso, nem mais arriscado [...]. Os que se convertem repentinamente em soldados [...] (eram) os que surdos à voz da natureza, ouviam somente a da pátria. Eu chegarei muito em breve a meu destino com este *povo de heróis* e a frente de seis mil deles que trabalhando como *soldados da pátria*, saberão *conservar suas glórias* em qualquer parte.[208]

---

[206] CAETANO, Gerardo. *Historia mínima de Uruguay*. Ciudad de México: El Colegio de México: 2020. *E-book*. Primeira edição impressa em 2019. p. 45.

[207] RELA, Walter. *Uruguay*: cronología histórica documentada. [*S. l.: s. n.*], [19--]. t. 3.

[208] A.A., t. 4, p. 73-82 *apud* CAETANO, Gerardo. La patria resignificada tras los "lenguajes del patriotismo". *In*: CAETANO, Gerardo (org.). *Historia conceptual*: voces y conceptos de la política oriental (1750-1870). Montevideo: EBO, 2013. p. 219, grifos nossos, inserções do autor.

Sobre esse último trecho, Gerardo Caetano afirma que, para além de um tom épico e da "fidelidade à pátria", há a presença de um caráter "moral" e até religioso nesse "patriotismo artiguista", que embasava a "religião patriótica". Caetano também faz um alerta para o fato de que Artigas não tinha em mente uma "independência nacional" propriamente dita, pois o seu projeto baseava-se na construção de uma confederação que abarcasse todas as então Províncias Unidas do Rio da Prata e não se restringia à formação de um "Estado Oriental" de fato[209]. E Ramírez realmente considerou que Artigas não foi o "fundador" da nacionalidade "oriental", mas sim o seu "precursor" ou, ao menos, aquele que a "tornou possível"[210].

Embora Artigas tenha dado esse teor religioso para legitimar e inflamar a ação revolucionária ainda na época da independência em relação à Espanha, tais indícios nos levam a acreditar que o "patriotismo" de Ramírez, de seis décadas depois, aproximava-se dos significados que Artigas atribuía em seus escritos. Ainda mais quando levamos em conta o que Ana Frega argumenta sobre o "projeto artiguista", sendo este baseado na República tanto como sistema de governo quanto sustentada pela "virtude" e pela igualdade dos cidadãos[211]. Esse "patriotismo artiguista" de Ramírez também estava mesclado, a nosso ver, com o que Caetano denomina "patriotismo liberal" — formado por vários "liberalismos" —, iniciado entre o fim da década de 1860 e início da

---

[209] CAETANO, Gerardo. La patria resignificada tras los "lenguajes del patriotismo". *In*: CAETANO, Gerardo (org.). *Historia conceptual*: voces y conceptos de la política oriental (1750-1870). Montevideo: EBO, 2013. p. 219. Com base nas informações de Ana Ribeiro, na década de 1810 Artigas liderou essa confederação, intitulada *Liga Federal*, a qual contava, para além da Banda Oriental, com as províncias que, posteriormente, formariam parte da Argentina, sendo elas as de Santa Fe, Entre Ríos, Misiones, Corrientes e Córdoba. RIBEIRO, Ana. De las independencias a los Estados republicanos (1810-1850): Uruguay. *In*: FRASQUET, Ivana; SLEMIAN, Andréa (org.). *De las independencias iberoamericanas a los Estados nacionales (1810-1850)*: 200 años de historia. Madrid; Frankfurt am Main: Iberoamericana; Vervuert, 2009. p. 61-87. (Estudios AHILA de Historia Latinoamericana, n. 6).

[210] RAMÍREZ, Carlos María. *Artigas*: debate entre "El Sud-América" de Buenos Aires e "La Razón" de Montevideo. Montevideo: Editorial de la Librería Nacional de A. Barreiro y Ramos, 1884. p. 11.

[211] FREGA, Ana. La virtud y el poder: la soberanía particular de los pueblos en el proyecto artiguista. *In*: GOLDMAN, Noemí; SALVATORE, Ricardo (comp.). *Caudillismos rioplatenses*: nuevas miradas a un viejo problema. Buenos Aires: Eudeba, 2005. p. 101-133. Ainda sobre esses significados de "República" no Oitocentos rio-pratense, Gabriel Di Meglio argumenta que houve dois sentidos, totalmente complementares entre si para esse termo durante a primeira metade do século XIX naquela região: o de república como sistema de governo e, também, como anseio de "virtude cívica". DI MEGLIO, Gabriel. República. Argentina - Río de la Plata. *In*: SEBÁSTIAN, Javier Fernández (dir.). *Diccionario político y social iberoamericano*. Madrid: Fundación Carolina; Sociedad Estatal de Conmemoraciones Culturales; Centro de Estudios Políticos y Constitucionales, 2009. p. 1.272. Acreditamos que essa complementaridade persistiu no tempo e esses significados estiveram muito presentes especificamente na produção intelectual e ação política de Ramírez na segunda metade do século XIX no Uruguai. Para um debate sobre as concepções de "República" e "republicanismo", e a mobilização de suas linguagens políticas na América Latina no século XIX, ver: RIVERA, José Antonio Aguilar; ROJAS Rafael (org.). *El republicanismo en Hispanoamérica*: ensayos de historia intelectual y política. México: Fondo de Cultura Económica, 2002.

de 1870, do qual Ramírez foi um dos maiores adeptos ao buscar a harmonia política dos setores intelectuais e políticos dos dois partidos[212].

Sob tais referenciais históricos, Ramírez tentou legitimar o caráter sagrado e a atemporalidade que buscava atribuir à identidade nacional e à cidadania "orientais", dando a ele um sentido propriamente "nacional". Além disso, há a semelhança em relação à construção narrativa referente aos "Trinta e Três Orientais" e os próprios escritos de Artigas no que tange aos sentimentos que tomaram conta dos corpos dos "heróis" das independências e que os mobilizaram, de forma determinante, para o êxito da libertação "nacional" nos dois momentos. Embora fossem eventos distintos, ocorridos com um intervalo de quase 20 anos entre um e outro, Ramírez pareceu "fundi-los" temporalmente em um só, por meio da idealização de um consenso nacional que a união de todos esses líderes históricos traria:

> A ideia se fez verbo: o verbo se fez lei. Ide a cumpri-la!, disse-ram os próceres da Florida, e logo *Rivera* a faz imperar com sua astúcia nos campos de Rincón e *Lavalleja* resplandecer com sua espada nas margens de [do rio] Sarandí. *O rumor deste combate glorioso se dilata até [...] o povo de 1810.* Estava encadeada a vitória! E ela seguirá arrastando a nossa carruagem e a *dos irmãos* que em nosso auxílio acodem até o último confim de nossos mares e até o próprio solo dos conquistadores.[213]

Em sua narrativa, há o desejo de construir a imagem de si enquanto uma testemunha que teria vivenciado Rivera e Lavalleja sempre unidos, lutando lado a lado, mas pela paz, e cooperando bravamente para a liberdade e união eterna da pátria "oriental". Além disso, para Ramírez, esse evento se estendeu no tempo, o que teria permitido interligar três momentos: o da revolução de independência liderada por Artigas, em 1810 — período no qual pode ter se dado o início da conversão de uma população de súditos em cidadãos "orientais", em "povo" —; o da "Cruzada Libertadora" dos "Trinta e Três Orientais", em 1825; e o seu próprio momento de escrita, na segunda metade do século XIX. Mas todos eles evocados na "esperança" de mudar o futuro da nação oriental[214]. E prosseguiu:

---

[212] CAETANO, Gerardo. La patria resignificada tras los "lenguajes del patriotismo". *In*: CAETANO, Gerardo (org.). *Historia conceptual*: voces y conceptos de la política oriental (1750-1870). Montevideo: EBO, 2013. p. 228.

[213] RAMÍREZ, Carlos María. La independencia nacional (1879). *In*: BIBLIOTECA DE LA SOCIEDAD DE HOMBRES DE LETRAS DEL URUGUAY. *Carlos María Ramírez*: apuntes y discursos. Montevideo: Gaceta Comercial, 1948. p. 60-61, inserção e grifos nossos.

[214] Tratamos, de modo mais aprofundado, sobre essa tentativa de Ramírez em unir temporalmente os atos heroicos de Artigas com os dos Trinta e Três Orientais, dando uma "unidade" histórica a eles, no capítulo 4 de nosso livro.

> Todas essas *recordações gloriosas* parecem rodear-se de uma
> ação magnética, sob a evocação do monumento que a *gratidão
> nacional* levantou em Florida. Parece que se descobriu o lumi-
> noso panorama da *vida a um enfermo por muito tempo privado
> de luz e de ar livre.* O coração redobra suas batidas como um
> tambor de guerra. Despertam-se as fibras do *patriotismo amor-
> tecido e* vibram as molas mofadas da cívica virtude. Respira-se
> no ambiente da *esperança.* E eu pergunto: contradições tão
> belas e tão nobres para fundar uma *nacionalidade gloriosa,* por
> que não vivemos, enfim, *todos unidos, na liberdade e na justiça,
> sem deixar-nos prender pelas sacrílegas lutas do passado* e sem
> curvar o pescoço à ignominiosa servidão, *igualmente inimigos
> da anarquia e do despotismo: da anarquia que tudo corrompe,
> e do despotismo que não funda senão denominações efêmeras e
> sangrentas?*[215]

Com base nas "recordações gloriosas" que menciona, Ramírez afirmou que o monumento de independência viria "revigorar", em forma material, a identidade nacional não somente dele, mas de todos os "orientais", os quais estavam "enfermos" por muito tempo, e fazer com que a "orientalidade" de todos pudesse ter contato com a "luz" do "sol" e da "pátria" novamente. Tais "enfermidades" da nacionalidade, para ele, eram resultado da violência das guerras civis históricas. Assim, por meio da "virtude cívica" e da "esperança" renovadas, poderia ser possível visualizar a "justiça" e a união nacional "oriental" em detrimento da violência causada pela "anarquia" e pela "barbárie" políticas.

De qualquer modo, não somente os "Trinta e Três Orientais" foram os heróis protagonistas dos atos de independência, mas sim todos os cidadãos orientais: "[...] naqueles grandes dias, o *cidad*ão não foi menos heroico que o soldado. Quase todos os orientais tinham então temperamento de metal, e ao lado do guerreiro se alçava o estadista como firme coluna da pátria".[216] Conforme a narrativa que Ramírez construiu, tanto ele próprio — mesmo que ainda nem tivesse nascido — quanto Pacheco y Obes e qualquer outro cidadão "oriental" poderiam ter participado ativamente daqueles feitos históricos nacionais.

Assim, reforçava não somente a sua própria identidade nacional de "oriental", mas, também, a comunidade/sociabilidade de cidadãos orientais,

---

[215] RAMÍREZ, Carlos María. La independencia nacional (1879). *In*: BIBLIOTECA DE LA SOCIEDAD DE HOMBRES DE LETRAS DEL URUGUAY. *Carlos María Ramírez*: apuntes y discursos. Montevideo: Gaceta Comercial, 1948. p. 61-62, grifos nossos.

[216] *Ibid.*, p. 60, grifo nosso.

da qual se sentia pertencente. Reconhecia que a "herança" dos antepassados "não era pequena" e, se todos soubessem "amá-la" e "cultivá-la", seria possível construir "um organismo sério e fecundo na *civilização* da América"[217]. E, como "cidadãos orientais" que poderiam levar tal empreitada adiante, Ramírez não concebia somente os que já estavam "dentro" da República Oriental, senão todos aqueles indivíduos de outros países, visando construir uma *"nacionalidade generosa* e expansiva, [...] a *aliança e a fusão de todas as atividades dos homens"*[218]. Além disso, a obra dos antepassados permitiria receber

> [...] todas as religiões, todas as ideias, todos os sistemas a *viver tranquilos*, sob o amparo da *liberdade do pensamento*, depurando-se pela *contradição pacífica, trabalhando e modelando os espíritos, preparando assim as soluções definitivas e harmônicas* que serão para *o indivíduo a religião do dever, e para o cidadão, a religião da lei.*[219]

Nesse sentido, podemos perceber que a ideia de "nação" que Ramírez tinha em mente conciliava não somente os elementos internos, mas estes com os externos, na construção de uma comunidade/sociabilidade que, em um exercício de mão dupla, pacificasse os elementos internos e, também, abrangesse o "de fora". Assim, isso faria com que todos os cidadãos, com os seus "espíritos" e "costumes modelados" ou "morigerados"[220], vivessem sob a "harmonia" dos preceitos das normas legais que a "civilização" proporcionaria ou, como o próprio Ramírez colocou, da "religião" de caráter civil e institucional. No entanto, para que isso fosse concretizado, ainda havia muito a se fazer, conforme ele mesmo explicitou: "Mas quão longe estamos e quão indignos somos dessa grande *obra civilizadora* com que unicamente poderíamos corresponder à grande obra emancipadora de nossos antepassados!"[221].

Retornemos a Melchor Pacheco y Obes, um dos colaboradores dos "Trinta e Três Orientais", descritos anteriormente por Ramírez. Esse publi-

---

[217] RAMÍREZ, Carlos María. La independencia nacional (1879). *In*: BIBLIOTECA DE LA SOCIEDAD DE HOMBRES DE LETRAS DEL URUGUAY. *Carlos María Ramírez*: apuntes y discursos. Montevideo: Gaceta Comercial, 1948. p. 62, grifos nossos.

[218] *Ibid.*, grifos nossos.

[219] *Ibid.*, grifos nossos.

[220] Conforme a expressão de: BUSCASSO, Ariadna Islas. Morigerar las costumbres para formar la nación: el concepto civilización en el discurso político desde la formación de la sociedad colonial hasta la constitución de la república (1750-1870). *In*: CAETANO, Gerardo (org.). *Historia conceptual*: voces y conceptos de la política oriental (1750-1870). Montevideo: EBO, 2013. p. 93-112.

[221] RAMÍREZ, Carlos María. La independencia nacional (1879). *In*: BIBLIOTECA DE LA SOCIEDAD DE HOMBRES DE LETRAS DEL URUGUAY. *Carlos María Ramírez*: apuntes y discursos. Montevideo: Gaceta Comercial, 1948. p. 63, grifos nossos.

cista e militar também é historicamente conhecido no país como uma referência política e intelectual de caráter "legalista" e que prezava pela manutenção da ordem constitucional recém-instaurada pós-1830. Um exemplo disso foi a recusa, já como militar, em participar dos primeiros levantes contra o incipiente governo nacional republicano na década de 1830, mesmo quando os insurgentes eram os próprios *colorados*, assim como ele. Além disso tudo, Pacheco y Obes, ocupando o cargo de ministro de Guerra e Marinha, foi um dos líderes de La Defensa de Montevidéu durante o cerco de Oribe e Rosas, a partir de 1843, tendo sua imagem praticamente se "confundido" com esse evento específico[222].

A figura de Pacheco y Obes foi tão emblemática na história uruguaia que despertou a atenção de outros intelectuais rio-pratenses e, também, europeus. Julio Herrera y Obes[223], um contemporâneo e amigo de Ramírez, em carta enviada ao amigo de Pacheco y Obes, Andrés Lamas[224], afirmou o seguinte: "Melchor organizou um clube, com o nome de *Sociedade Patriótica, com o objetivo ostensivo de fundir todos os partidos em um interesse comum por meio da união*"[225]. No entanto, Caetano chama atenção para um ponto importante. Segundo o autor, nem essa proposta de Pacheco y Obes, nem outras da primeira metade do século XIX uruguaio, podem ser entendidas como um "antecedente genuíno" dos anseios *fusionistas* de caráter estrita-

---

[222] Conforme José M. Fernandez Saldaña afirma, "Desde esse momento, a vida de Melchor Pacheco y Obes se identifica com a história da Defesa de Montevidéu e sai por essa mesma razão dos limites de uma simples ficha biográfica e pessoal". FERNANDEZ SALDAÑA, José M. Pacheco y Obes, Melchor José. *In*: FERNANDEZ SALDAÑA, José M. *Diccionario uruguayo de biografias (1810-1940)*. Montevideo: Editorial Amerindia, 1945. p. 955.

[223] Julio Herrera y Obes foi um publicista político e presidente da República durante a década de 1890, na transição da ditadura militar para o "civilismo" no Uruguai. FERNANDEZ SALDAÑA, José M. Herrera y Obes, Julio Julián Basilio. *In*: FERNANDEZ SALDAÑA, José M., *op. cit.*, p. 632-637. Foi amigo de Ramírez desde a infância. MONTERO BUSTAMANTE, Raúl. Prólogo. *In*: RAMÍREZ, Carlos María. *Páginas de historia*. Montevideo: Ministerio de Educación y Cultura, 1978. (Colección de Clásicos Uruguayos, v. 152). Também dividiu com Ramírez os espaços de alguns periódicos e associações a partir do fim da década de 1860, assim como veremos a partir do capítulo 2.

[224] Andres Lamas (1817-1891) foi um político, diplomata e publicista uruguaio. Criou e dirigiu, com o argentino Miguel Cané, o periódico *El Iniciador*. Da mesma forma que outros intelectuais uruguaios, como Alejandro Magariños Cervantes — que foi professor e companheiro de atuação política e intelectual de Ramírez durante a segunda metade do século XIX —, teve contato direto com os intelectuais argentinos da chamada Geração de 37, tais como Vicente Fidel López, Juan Bautista Alberdi, Juan Maria Gutiérrez, Domingo Faustino Sarmiento, Esteban Echeverría, entre outros. FERRETJANS, Daniel Álvarez. *Historia de la prensa en el Uruguay*: desde la Estrella del Sur a internet. Montevideo: Fin de Siglo, 2006.

[225] PIVEL DEVOTO, Juan E. *Historia de los partidos políticos en el Uruguay*. Montevideo: Tipografía Atlántida, 1943. t.1, p. 201 *apud* CAETANO, Gerardo. La cuestión del origen de los partidos: el pleito entre distintas maneras de concebir la asociación política. *In*: CAETANO, Gerardo (org.). *Historia conceptual*: voces y conceptos de la política oriental (1750-1870). Montevideo: EBO, 2013. p. 206, grifo nosso.

mente antipartidário, os quais somente se estabeleceriam de fato — embora não de forma exitosa — após a Guerra Grande, ou seja, a partir de 1851[226].

O conhecido escritor francês Alexandre Dumas, em contato direto com Pacheco y Obes quando este esteve na França, no fim da década de 1840, também teceu comentários sobre a "bravura" do militar e publicista uruguaio a respeito da defesa de Montevidéu liderada por ele contra as investidas estrangeiras de Rosas, ainda durante a Guerra Grande. Em seu livro intitulado *Montevideo: la nueva Troya*, no qual ficou explícita a oposição de Dumas a Rosas, o escritor francês afirmou que a organização militar "patriótica" das linhas de defesa da capital uruguaia empreendidas pelo político e general "oriental" eram dignas de valor "histórico" e "imortal"[227]. De fato, tudo indica que Pacheco y Obes foi "imortalizado" por Ramírez na história da República Oriental.

Desse modo, Ramírez construiu a narrativa a respeito do significado de "oriental" como algo que, historicamente, sempre teria sido "próprio" do território pátrio uruguaio, ao mesmo tempo que considerava muito os valores "civilizatórios" e cosmopolitas inerentes a Montevidéu. E esse significado, para ele, remontaria até mesmo a antes do Sítio da capital uruguaia e da Guerra Grande, conforme o próprio Ramírez expressou:

> Eu via, em meu país, exercerem os mais altos postos públicos pessoas que não haviam nascido em seu território e que tampouco se viram obrigadas a solicitar carta de cidadania [...]. *Meu nascimento acidental no exterior, na época de horrível conflagração para a pátria de meus pais, me dava uma superioridade de posição em relação* às *pessoas nomeadas, aumentava a exaltação de meus sentimentos patrióticos* quando via que a República Argentina declarava cidadãos naturais a todos os filhos de argentinos nascidos em terra estranha durante as emigrações políticas de 1830 a 1852.[228]

Ao tomar o exemplo das expatriações de intelectuais e homens públicos realizadas por Juan Manuel Rosas durante a primeira metade do século XIX, Ramírez muito provavelmente se referiu aos *unitários* e

---

[226] CAETANO, *op. cit.*, p. 207.

[227] DUMAS, Alexandre. Montevideo: La Nueva Troya, 1850, p. 91 *apud* SORDI, Gabriel. O historiador Alexandre Dumas, defensor do Uruguai. *In*: ENCONTRO INTERNACIONAL DA ANPHLAC, 9., 2010, UFG. *Anais* [...]. p. 11. Disponível em: http://antigo.anphlac.org/sites/default/files/Sordi%20G.pdf. Acesso em: 10 abr. 2020.

[228] RAMÍREZ, Carlos María. Carlos María Ramírez "extranjero" (1887). *In*: BIBLIOTECA DE LA SOCIEDAD DE HOMBRES DE LETRAS DEL URUGUAY. *Carlos María Ramírez*: apuntes y discursos. Montevideo: Gaceta Comercial, 1948. p. 54.

membros da Geração de 1837[229]. Ao fazê-lo, Ramírez identificava-se com a referida situação para reiterar sua identidade de "oriental", assim como aqueles argentinos que, mesmo tendo nascido fora desse país, também foram reconhecidos enquanto tais. Desse modo, o seu nascimento, ocorrido de forma "acidental" no Brasil e que deveria, na verdade, ter se dado dentro das terras "orientais", era um detalhe, fruto do "desvio" da "normalidade" causado pela Guerra Grande, ou seja, a "horrível deflagração" instaurada na "pátria de seus pais".

De qualquer modo, sobre aquele período de restrições políticas recorrentes, Ramírez, mais uma vez escrevendo sobre o seu passado, declarou que:

> Numerosos emigrados *orientais* e argentinos viviam então agrupados nas hospitaleiras fronteiras brasileiras, esperando ansiosos o momento de voltar à terra natal, jamais ausentes do espírito dos refugiados políticos. Os que nasciam nessas agrupações de emigrados, *nasciam verdadeiramente sob as bandeiras da pátria de seus progenitores e se habituavam a amar essa* pátria com *tanto mais fervor quanto a vislumbravam misteriosamente*, cheia de sublimes prestígios, através das graves preocupações que ela inspirava ao pai e as profundas emoções que por ela palpitavam no coração da mãe.[230]

O trecho anterior traz-nos outras questões importantes relacionadas ao sentimento de pertencimento coletivo e nacional expresso por Ramírez.

---

[229] A chamada Geração de 1837 foi formada por diversos escritores e homens públicos argentinos, os quais buscaram pensar a identidade e a unidade nacional daquele país. Tinha como principais nomes os de Esteban Echeverría (1805-1851), Juan Bautista Alberdi (1810-1884), Juan María Gutiérrez (1809-1878), Domingo Faustino Sarmiento (1811-1888), Vicente Fidel López (1815-1904), Bartolomé Mitre (1821-1906) e Miguel Cané (1812-1859). Também mantinha ligações com intelectuais de fora da Argentina, tais como os orientais Andrés Lamas, Alejandro Magariños Cervantes e José Victorino Lastarria, o chileno Francisco Bilbao, entre outros escritores. Esses intelectuais se aglutinaram em torno de alguns espaços que ficaram muito conhecidos na história latino-americana, tais como o Salón Literario, criado em 1837, a Asociación de la Joven Argentina, a Asociación de Mayo. Além desses locais, Jorge Myers destaca como elementos constituintes dos "laços" dessa "geração" as redações conjuntas dos periódicos criados por aqueles intelectuais, os quais "definiram um 'partido' literário e intelectual, que se imaginaria com capacidade de substituir os autênticos partidos que então disputavam o poder". MYERS, Jorge. La revolución en las ideas: la generación romántica de 1837 en la cultura y en la política argentinas. *In*: GOLDMAN, Noemi (org.). *Revolución, república, confederación*: 1806-1852. 2. ed. Buenos Aires: Sudamericana, 2005. p. 384. Também sugerimos a leitura do trabalho de José Alves de Freitas Neto, autor que trata especificamente sobre um dos espaços de sociabilidade ocupados por esses intelectuais, o periódico *La Moda*. Ver: FREITAS NETO, José Alves de. *Un siglo todo de señales*: o trabalho intelectual em Buenos Aires e as demandas expostas em La Moda (1837-1838). *Revista Territórios & Fronteiras*, Cuiabá, v. 6, n. 2, p. 166-187, jul./dez. 2013. Disponível em: https://periodicoscientificos.ufmt.br/territoriosefronteiras/index.php/v03n02/article/view/238/169.

[230] RAMÍREZ, Carlos María. Carlos María Ramírez "extranjero" (1887). *In*: BIBLIOTECA DE LA SOCIEDAD DE HOMBRES DE LETRAS DEL URUGUAY. *Carlos María Ramírez*: apuntes y discursos. Montevideo: Gaceta Comercial, 1948. p. 52, grifos nossos.

CARLOS MARÍA RAMÍREZ E A CONSTRUÇÃO DE UMA NOVA REPÚBLICA ORIENTAL DO URUGUAI:
ENTRE A "NAÇÃO IDEAL" E A "NAÇÃO REAL" (1868-1898)

O fato de ter nascido em terras brasileiras parece não ter comprometido em nada a percepção de cidadão "oriental"/"uruguaio" que construiu sobre si mesmo e reiterou em seus escritos. Pelo contrário, além de nada comprometer sua concepção de cidadão "oriental" que sempre teria sido, afirmou que todos aqueles que nasciam sob a condição de refugiados políticos ou exilados necessariamente já vinham ao mundo com a nacionalidade de seus pais, que era a "oriental"/"uruguaia". Nesse sentido, era necessário, para ele, reforçar essa identidade de modo que esta se tornasse algo totalmente "natural", o que concebia como algo fundamental em seu contexto de escrita, ou seja, na segunda metade do século XIX. Assim, os mais "novos uruguaios", na condição de exilados, passavam "naturalmente" a amar a sua pátria, algo que, para eles, parecia não ter explicação racional, e que causava um "vislumbre misterioso".

Para Ramírez, apesar dos problemas existentes, o Uruguai sempre teria sido um lugar digno de um sentimento de pertença, que o fazia sentir-se cidadão "oriental", embora não tenha nascido em tais terras. Para além da violência vigente, que muitos intelectuais das décadas de 1840 associavam necessariamente à existência e à atuação dos partidos políticos — ou "bandos", "facções" —, Ramírez parece ter tido em mente que sempre fora cidadão da "pátria oriental". De qualquer forma, as "graves preocupações" que afligiam os pais de Ramírez tinham claramente a ver com as "horríveis deflagrações" causadas pelas guerras civis e, consequentemente, com a busca pela "ordem" institucional e estabilidade política — não autoritária — que se visava alcançar. Essa "ordem" deveria estar ligada à "civilidade" e à "civilização", a serem estabelecidas em detrimento da "desordem", do "caos" e da "irracionalidade" provocados pelas guerras civis, conflitos esses causados pelas "facções", conforme muito se entendia naquele contexto. Pelo tom utilizado por Ramírez, a busca pela "ordem" estava ligada mais a um sentido de "unidade da nação", a qual parecia se sobrepor a questões "menores" e "localizadas", tais como a prática do caudilhismo.

Nesse sentido, em relação às mobilizações do termo "ordem" durante o século XIX uruguaio, Ana Ribeiro argumenta que, após a independência do país platino, mais especificamente a partir de 1830, tal ideia estava relacionada não somente à busca pela "normalidade", mas, também, à própria sustentação e autonomia do país recém-independente. Conforme a autora:

> A partir de 1830 os usos do conceito *ordem*, assim como o de outros relacionados a ele, aludem fundamentalmente a essa necessidade de manter a normalidade; entretanto, uma hermenêutica atenta ao contexto revela significados mais profundos, que apontam a viabilidade ou inviabilidade do novo país. A *ordem* deveria endossar a existência de um *dever ser* nacional; a desordem, portanto, podia pôr em risco a recente independência.[231]

Desse modo, "o conceito de independência se articulou então com *ordem*, também com o significado de bem coletivo adquirido no trajeto histórico que os converteu em nação"[232]. Como podemos ver, existia uma relação direta entre os anseios pela "ordem", a sustentação do novo Estado--nação e o "dever ser nacional", assim como colocado por Ribeiro. A própria ideia de "Estado", após a criação da Constituição republicana, de acordo com Ariadna Islas Buscasso, era mobilizada como algo ligado à "República" e/ou ao "Estado Oriental", e esse último termo era identificado "com um determinado sistema político, com uma determinada *forma de pacto*"[233]. Ainda segundo a historiadora uruguaia, quando se buscava tratar sobre o "Estado Oriental" ou os Estados estrangeiros, utilizou-se tal ideia ligada ao de "Estado-nação" como uma concepção que se entrelaçaria, necessariamente, às de "república", "nação" e "país"[234]. Como percebemos apoiados na análise que fazemos de nossas fontes nos próximos capítulos, esse entrelaçamento entre "república", "nação" e "país" também será uma característica muito presente na obra e atuação político-intelectual de Ramírez a partir do fim da década de 1860.

Desde a primeira metade do século XIX, o termo "ordem" era mobilizado pelos membros dos dois partidos políticos como forma de desqualificação mútua em meio ao debate público. Os *blancos* tachavam os *colorados* de causadores da "anarquia" e da "rebelião" e autodenominavam-se os representantes máximos da "legalidade", da Constituição vigente e "causa da ordem" desde então[235]. Por outro lado, para uma parcela dos *colorados*, a

---

[231] RIBEIRO, Ana. Orden y desorden: salud y enfermedad social em tempos de heroísmos fundacionales. *In*: CAETANO, Gerardo (org.). *Historia conceptual*: voces y conceptos de la política oriental (1750-1870). Montevideo: EBO, 2013. p. 123-124, grifos da autora.

[232] *Ibid.*, p. 124, grifo da autora.

[233] BUSCASSO, Ariadna Islas. Entre pactos: notas sobre el concepto de Estado entre la nación española y la república oriental (1750-1870). *In*: CAETANO, Gerardo (org.). *Historia conceptual*: voces y conceptos de la política oriental (1750-1870). Montevideo: EBO, 2013. p. 87, grifos nossos.

[234] *Ibid.*, p. 74.

[235] IBEIRO, Ana. Orden y desorden: salud y enfermedad social em tempos de heroísmos fundacionales. *In*: CAETANO, Gerardo (org.). *Historia conceptual*: voces y conceptos de la política oriental (1750-1870). Montevideo: EBO, 2013. p. 124.

legalidade derivou-se da própria condição de confinamento em que estes se encontravam, em La Defensa, pois vários franceses e ingleses habitaram a capital sitiada e ajudaram a combater os exércitos de Rosas. Essa presença estrangeira teria contribuído para um processo de "europeização" do pensamento no país platino, transformação de caráter modernizador que ocorria com base na capital uruguaia[236].

Apesar dos clamores a respeito da "questão nacional", cultural e intelectualmente, Montevidéu aproximava-se muito da Europa, mais especificamente com a França e a Inglaterra[237]. Não somente a imprensa, mas também a música, a literatura e outras atividades intelectuais e artísticas de inspiração e/ou de origem francesa e inglesa predominavam na cidade, apoiadas em uma circulação intelectual proporcionada pelo trânsito das frotas navais desses países europeus ocorrida durante a Guerra Grande. Entre os maiores nomes da literatura que figuravam nos círculos intelectuais uruguaios daquele momento, estava — além do de Dumas, assim como já apontamos — o de outro escritor francês, Victor Hugo, por exemplo. A intensificação do movimento intelectual contribuiu para a criação da Universidade e foi exatamente nesse período em que foi criada a Faculdade de Direito, a primeira do país, no ano de 1849[238]. Foi frequentando as salas de aula desse espaço que Ramírez se tornaria, mais tarde, bacharel em Direito e, em seguida, professor da mesma Universidade, assim como veremos posteriormente.

Soma-se a esse processo a interação intelectual de caráter regional, dada entre os argentinos membros do grupo *unitário* — que estavam exilados naquele momento em Montevidéu devido a sua oposição ao governo de Rosas — e os *colorados* de La Defensa. Tais *unitários* eram inspirados intelectualmente por alguns dos integrantes da Geração de 37, tais como

---

[236] *Ibid.*

[237] Inspirações cosmopolitas essas que até arrancaram manifestações de Domingo Faustino Sarmiento naquele contexto, quando esse intelectual estava de passagem por Montevidéu: na capital da República Oriental do Uruguai, era possível, segundo aquele escritor argentino, perceber a presença de "todas as línguas do mundo e parece uma Babel". *Apud* BARRÁN, José Pedro. *Apogeo y crisis del Uruguay pastoril y caudillesco*: 1839-1875. Montevideo: Banda Oriental, 1990. t. 4. p. 29.

[238] BARRÁN, *op. cit.*

Esteban Echeverría[239], Bartolomé Mitre, Vicente Fidel López[240], Domingo Faustino Sarmiento, Juan Bautista Alberdi, Juan María Gutiérrez, entre outros autores argentinos. E vários desses intelectuais também interagiram diretamente com os escritores uruguaios da primeira metade do século XIX, por meio de alguns espaços de sociabilidade intelectual[241]. Alguns desses letrados argentinos colaboravam com o periódico *El Iniciador*[242], de Montevidéu, e, em nome da Asociación Joven Argentina, publicaram o manifesto intitulado *Código, o declaración de los principios que constituyen la creencia social de la República Argentina*, em 1838, texto que foi subscrito por Echeverría, Gutiérrez e Alberdí[243]. Ou seja, o manifesto foi escrito e publicado em meio aos conflitos civis do período pós-independência e que estavam ocorrendo nos dois lados do Rio da Prata, mas anteriores ao início da *Guerra Grande*.

Acreditamos ser digno de destaque o fato de o periódico *El Iniciador* ter sido fundado pelo escritor oriental Andrés Lamas e o argentino e, também, membro da Geração de 1837 Miguel Cané, tendo consistido em um espaço de considerável interação entre os intelectuais desses dois países naquele momento, conforme nos informa Daniel Álvarez Ferretjans[244]. Além de Lamas, *El Iniciador* contou com a participação de outros escritores uruguaios, tais como Alejandro Magariños Cervantes, por exemplo, um dos intelectuais que compartilharam muitas das ideias e experiências com os intelectuais da

---

[239] Após inaugurada a Universidade de Montevidéu, em 1849, Echeverría também foi um dos integrantes do primeiro Conselho Universitário dessa instituição, com Luis José de la Peña e Allejo Villegas. Ver: ARDAO, Arturo. *La Universidad de Montevideo*: su evolución histórica. Montevideo: UDELAR, 1950. Mais especificamente sobre a atuação político-literária de Echeverría contra o governo de Rosas ainda na primeira metade do século XIX, por meio de sua conhecida obra *El matadero*, ver: FREITAS NETO, José Alves de. A formação da nação e o vazio na narrativa argentina: ficção e civilização no século XIX. *Esboços*, v. 15, p. 189-204, 2008. Disponível em: https://periodicos.ufsc.br/index.php/esbocos/article/view/2175-7976.2008v15n20p189/9534. Acesso em: 23 jun. 22.

[240] Vicente Fidel López foi professor da Universidade de Montevidéu e, assim como Echeverría, fez parte do Conselho Universitário dessa instituição. ODDONE, Juan; ODDONE, Blanca París. *Historia de la Universidad de la República*: la Universidad vieja, 1849-1885. 2. ed. Montevideo: Ediciones Universitárias, [1963] 2010, t. 1.

[241] Sobre quem exatamente foram todos os intelectuais argentinos exilados no Uruguai e os espaços com os quais contribuíram, ver: MAÍZ, Claudio. Las re(d)vistas latinoamericanas y las tramas culturales: redes de difusión en el romanticismo y el modernismo. *In*: COSTA, Adriane Vidal; MAÍZ, Claudio (org.). *Nas tramas da "cidade letrada"*: sociabilidade dos intelectuais latino-americanos e as redes transnacionais. Belo Horizonte: Fino Traço, 2018. p. 131-151.

[242] O periódico *El Iniciador* teve seu primeiro número publicado em abril de 1838 e o último em janeiro de 1839. FERRETJANS, Daniel Álvarez. *Historia de la prensa en el Uruguay*: desde la Estrella del Sur a internet. Montevideo: Fin de Siglo, 2006.

[243] PRADO, Maria Lígia Coelho. *América Latina no século XIX*: tramas, telas e textos. 2. ed., 1. reimp. São Paulo: EDUSP, 2014.

[244] ERRETJANS, Daniel Álvarez. *Historia de la prensa en el Uruguay*: desde la Estrella del Sur a internet. Montevideo: Fin de Siglo, 2006.

Geração de 37. Além disso, Cervantes dividiu vários espaços de sociabilidade com Ramírez na segunda metade do século XIX, conforme já apontamos. No primeiro número desse periódico, de 15 de abril de 1838, Lamas, assinando pela redação de todos os seus membros, defendia que a "unidade" e o estabelecimento de uma nação "independente", "civilizada" e "inteligente" dependiam totalmente do trabalho constante dos republicanos "ativos"[245].

Ademais, o próprio Echeverría publicou a segunda edição de sua *Creencia*, mas com o título *Dogma socialista* — uma de suas mais conhecidas obras, em 1846 —, durante o período em que ficou exilado na capital uruguaia devido ao regime autoritário de Rosas, na Argentina. Somente nessa segunda edição, a qual circulou em Montevidéu naquele contexto, é que, de fato, tal publicação passou a ser assinada somente por Echeverría[246]. Em seu *Dogma*, Echeverría também expressou os anseios pela "unidade nacional" em detrimento das divisões que, segundo sua concepção, inviabilizavam a existência e consolidação da nação argentina. Conforme o próprio Echeverría, era necessário um *"partido novo"*, capaz de obter "o que há de legítimo em um e outro partido", de caráter "pacífico", e "como chave para uma grande síntese, *mais nacional* e mais completa que a sua, que satisfazendo todas as necessidades legítimas, abrace-as e as *funda em sua unidade*"[247].

A defesa de um "partido novo" e da "unidade", por parte de Echeverria, ao que tudo indica, foi linguagem política endossada e compartilhada por escritores uruguaios como Lamas e Magariños Cervantes por meio das publicações de *El Iniciador* com aqueles escritores argentinos exilados em Montevidéu. Nesse sentido, esses termos e temas, conforme percebemos, consistiram em algo que foi reproduzido pelos grupos intelectuais uruguaios entre as décadas de 1850 e 1860, mediante debates a respeito da política do *fusionismo*, e da década de 1870 em diante, com o *principismo*. Essas tendências, com suas características específicas em cada contexto, visavam à união nacional e à pacificação do país por intermédio da "unidade" da nação e da "civilidade"/"civilização"[248].

---

[245] INTRODUCCIÓN. El Iniciador, Montevideo, 1838,Tomo 1, n. 1, p. 1-24, 15 de abr. 1838, 1-2, grifos do autor.

[246] PRADO, Maria Lígia Coelho. *América Latina no século XIX*: tramas, telas e textos. 2. ed., 1. reimp. São Paulo: EDUSP, 2014.

[247] ECHEVERRÍA, Esteban. Dogma socialista. *In*: CASAVALLE, Carlos. *Obras completas de D. Estéban Echeverria*. Buenos Aires: Imprenta y Librería de Mayo, 1873 (Escritores Argentinos). p. 75, grifos do autor.

[248] Afirmamos isso, também, com base no diálogo constante que vimos estabelecendo, e estabelecemos ao longo de todo o nosso livro, com Juan Antonio Oddone a respeito das bases do *fusionismo* e do *principismo*. ODDONE, Juan Antonio. *El principismo del Setenta*: una experiencia liberal en el Uruguay. Montevideo: Universidad de la República Oriental del Uruguay, 1956.

Considerando que Cervantes também dividiu os mesmos espaços de sociabilidade com Ramírez a partir do fim de 1860, acreditamos não ser exagerado afirmar que esse intelectual tenha dado continuidade a tais linguagens, ideias e práticas a partir do referido contato estabelecido com aquele. Desse modo, acreditamos ser possível considerar a contribuição desses "ecos" para o nascimento e consolidação de um pensamento e de práticas políticas no Uruguai oitocentista a respeito da "cultura da unidade" nacional[249]. Aliás, essa linguagem política estava presente nas obras que Ramírez publicou na segunda metade do século XIX, mais especificamente em seu ensaio *La guerra civil y los partidos de la República Oriental del Uruguay*, publicado em 1871. Conforme o próprio Ramírez deixou explícito no seguinte trecho, sem necessariamente citar o nome de Echeverría, nem de outros intelectuais orientais ou da Geração de 1837: "No presente ou no futuro, a bandeira do *PARTIDO NOVO* é a única que pode dar à República – organização, liberdade e progresso"[250].

1.3 O sarmientino: educação pública, imprensa e "civilização" contra a "barbárie"

Nas décadas de 1850 e 1860, a guerra civil continuava sendo considerada o maior entrave para a ordem e a civilização. Justamente por isso, na tentativa de construir projetos que privilegiassem a prática da cidadania e o trabalho, que modernizassem a área rural e que integrassem, também, os imigrantes dos mais diversos países, a questão de se "abrandar os costumes"[251] era uma discussão recorrente. Tais características contextuais estavam muito alinhadas ao tema da dicotomia "civilização" e "barbárie" elaborada pelo escritor argentino Domingo Faustino Sarmiento[252] na pri-

---

[249] Retomando, aqui, o termo cunhado por: CAETANO, Gerardo. La cuestión del origen de los partidos: el pleito entre distintas maneras de concebir la asociación política. *In*: CAETANO, Gerardo (org.). *Historia conceptual*: voces y conceptos de la política oriental (1750-1870). Montevideo: EBO, 2013. p. 197-213.

[250] RAMÍREZ, Carlos María. *La guerra civil y los partidos de la República Oriental del Uruguay*. Montevideo: Imprenta de El Siglo, 1871. p. 48, maiúsculas no original, grifos do autor. Aprofundamos nossa análise especificamente sobre essa e outras fontes históricas, no capítulo 2.

[251] BUSCASSO, Ariadna Islas. Morigerar las costumbres para formar la nación: el concepto civilización en el discurso político desde la formación de la sociedad colonial hasta la constitución de la república (1750-1870). *In*: CAETANO, Gerardo (org.). *Historia conceptual*: voces y conceptos de la política oriental (1750-1870). Montevideo: EBO, 2013. p. 93-112.

[252] Domingo Faustino Sarmiento (1811-1888) foi um escritor e publicista argentino da primeira metade do século XIX. Além de *Facundo*, escreveu as obras *Recuerdos de provincia* (1850), *Viajes* (1848), *Argirópolis* (1850), *La educación popular* (1849), entre outras. Também foi presidente da República argentina entre 1868-1874, tendo ocupado outros cargos de governo ao longo de sua vida. Ver: TEDESCO, Juan Carlos; ZACARÍAS, Ivana. Presentación. *In*: SARMIENTO, Faustino Domingo. *Educación popular*. La Plata: UNIPE: Editorial Universitaria, 2011. p. 9-25.

meira metade do século XIX. Essa temática já se desenrolava há algumas décadas no Uruguai, com a polêmica travada entre Manuel Herrera y Obes e Bernardo Berro — ocorrida ainda no fim da década de 1840, na qual esses polemistas debateram sobre os malefícios do caudilhismo para a "civilização" e o "progresso"[253].

E Ramírez, em seu texto intitulado *Sobre el "Facundo"*, de 1873 — sobre o qual temos a impressão de ser uma nota pessoal não publicada em seu próprio contexto de atuação[254] —, tratou sobre parte de sua formação político-intelectual, mais especificamente sobre o referido exemplar da obra *Facundo: civilización y barbarie* (1845)[255], de autoria de Sarmiento. Ramírez escreveu esse texto um ano após finalizada a *Revolución de las Lanzas*[256] e no mesmo ano em que ocupou o cargo de fiscal de governo, sob o breve mandato presidencial de José Ellauri, o qual foi apoiado por ele e pelos *principistas*. Breve, pois, após uma série de conturbações políticas ocorridas no período, Ellauri foi destituído do cargo pelos militares, os quais se mantiveram no poder até meados da década de 1880[257].

---

[253] HERRERA Y OBES, Manuel; BERRO, Bernardo Prudencio. *El caudillismo y la revolución americana*: polémica. Montevideo: Ministerio de Instrucción Pública y Previsión Social; Biblioteca Artigas, [1847] 1966.

[254] O que nos leva a ter essa impressão é o fato de não estar indicado, na forma pela qual esse pequeno texto foi compilado na obra *Apuntes y discursos* — a qual utilizamos como fonte histórica —, o local de sua publicação, somente o ano em que foi escrito, ou seja, em 1873.

[255] Maria Lígia Prado e Gabriela Pellegrino Soares informam-nos que essa obra, antes de se tornar livro, foi publicada, inicialmente, com o formato de folhetim em vários números do diário chileno *El Progreso*, no período em que Sarmiento esteve exilado naquele país devido às medidas autoritárias de Rosas, rival político daquele intelectual argentino e de seus correligionários *unitários*. Para mais informações, ver: PRADO, Maria Lígia; PELLEGRINO, Gabriela. Construindo identidades: de Domingo Faustino Sarmiento a José Martí. *In*: PRADO, Maria Lígia; PELLEGRINO, Gabriela. *História da América Latina*. 3. reimp. São Paulo: Contexto, 2018; PRADO, Maria Lígia Coelho. Para ler o Facundo de Sarmiento. *In*: PRADO, Maria Lígia Coelho. *América Latina no século XIX*: tramas, telas e textos. 2. ed., 1. reimp. São Paulo: EDUSP, 2014.

[256] A *Revolución de las Lanzas* teve fim em 1872, após a chamada Paz de Abril ou Convênio de Abril. Depois desse conflito, houve o esforço de se estabelecer uma política de "coparticipação" dos partidos no que dizia respeito ao tratamento dos assuntos públicos e ao poder. Diferentemente das políticas *fusionistas* da década de 1850 e início da de 1860, os setores intelectuais dos quais Ramírez fez parte passaram não mais a defender a extinção dos partidos políticos, mas sim construir um espaço democrático em que ambos os agrupamentos tradicionais pudessem participar ativamente da política a partir de então. CAETANO, Gerardo. *Historia mínima de Uruguay*. Ciudad de México: El Colegio de México: 2020. *E-book*. Primeira edição impressa em 2019. Tratamos, de modo mais aprofundado, sobre a atuação político-intelectual de Ramírez nesse contexto específico a partir do capítulo 2.

[257] O governo *principista* de Ellauri teve fim após o chamado "motim de 1875", no qual as eleições para alcaide ordinário de Montevidéu — cargo equivalente ao de prefeito para nós atualmente — foram fraudadas, o que gerou tumultos e mortes na capital do país. Esses acontecimentos levaram à intervenção dos militares, liderados pelo coronel Lorenzo Latorre, os quais investiram Pedro Varela — não é o mesmo José Pedro Varela, amigo de Ramírez — como presidente provisório e, em seguida, ocuparam o cargo mais alto do país, iniciando o período que ficou conhecido pela historiografia uruguaia como "militarismo" (1876-1886). Para mais informações, ver: CAETANO, Gerardo. *Historia mínima de Uruguay*. Ciudad de México: El Colegio de México: 2020. *E-book*. Primeira edição impressa em 2019.; BARRÁN, José Pedro. *Apogeo y crisis del Uruguay pastoril y caudillesco*: 1839-1875. Montevideo: Banda Oriental, 1990. t. 4.

Sarmiento foi um escritor, político e publicista que se tornou um expoente "clássico" na historiografia latino-americana especializada nesse contexto, o de consolidação dos Estados Nacionais pós-independências na região. Além disso, ao que tudo indica, Sarmiento teria inspirado consideravelmente o debate sobre a unidade da nação travado no outro lado do Rio da Prata. Acreditamos ser válido destacar também que, nesse mesmo contexto em que Ramírez escreveu sobre Sarmiento e sobre uma de suas obras mais famosas, o intelectual argentino ocupava o cargo de presidente de seu país, tendo exercido essa função entre 1868 e 1874. Durante seu mandato, houve um considerável impulsionamento da educação, período no qual triplicou a quantidade de escolas públicas no país[258].

Ramírez, conforme ele mesmo apontou, foi presenteado com o referido exemplar de *Facundo* por Lúcio Vicente López, filho de Vicente Fidel López, que foi um dos amigos que Sarmiento teve em sua juventude[259]. Ramírez ganhou o "presente" de Lúcio López ainda criança[260], mas não nos forneceu mais detalhes das condições em que isso ocorreu. Então, cabe a nós refletirmos sobre como tenha se dado essa circulação. Acreditamos que o contato que resultou nesse "presente" tenha ocorrido pelo fato de Vicente Fidel López, pai de Lúcio López, ter, também, feito parte da Geração de 1837 com Sarmiento, ainda na primeira metade do século XIX. Além disso, Vicente Fidel López foi um dos professores e membro do Conselho Universitário da Universidade de Montevidéu a partir dos anos 1860, período em que esteve exilado no Uruguai por também ter feito parte e compartilhado dos ideais da "Geração de 37"[261]. Esse refúgio pôde muito bem ter propiciado esse contato direto entre a família López e Ramírez.

Ao que tudo indica, com base nas "confissões" de Ramírez, a figura de Sarmiento consistiu em uma grande inspiração não somente intelectual

---

[258] TEDESCO, Juan Carlos; ZACARÍAS, Ivana. Presentación. *In*: SARMIENTO, Faustino Domingo. *Educación popular*. La Plata: UNIPE: Editorial Universitaria, 2011. p. 9-25.

[259] RAMÍREZ, Carlos María. En el banquete a Sarmiento (1881). *In*: BIBLIOTECA DE LA SOCIEDAD DE HOMBRES DE LETRAS DEL URUGUAY. *Carlos María Ramírez*: apuntes y discursos. Montevideo: Gaceta Comercial, 1948. p. 49-50.

[260] *Ibid.*

[261] Vicente Fidel López foi professor da Universidade de Montevidéu até meados da década de 1860. Sobre isso, ver: ODDONE, Juan; ODDONE, Blanca París. *Historia de la Universidad de la República*: la Universidad vieja, 1849-1885. 2. ed. Montevideo: Ediciones Universitárias, [1963] 2010, t. 1.

CARLOS MARÍA RAMÍREZ E A CONSTRUÇÃO DE UMA NOVA REPÚBLICA ORIENTAL DO URUGUAI: ENTRE A "NAÇÃO IDEAL" E A "NAÇÃO REAL" (1868-1898)

para o escritor uruguaio, mas uma referência e "caminho" a ser seguido na elaboração e construção de uma comunidade nacional republicana. No trecho a seguir, podemos observar tais manifestações expressas na ocasião em que Ramírez e seus companheiros do Ateneu do Uruguai, da Sociedad de Amigos de la Educación Popular e vários publicistas homenagearam o escritor argentino durante um banquete realizado no ano de 1881, em local não especificado por ele[262]. Ramírez deixou claro que esse banquete ocorreu respeitando uma "cláusula não escrita, mas sim sentida de nossas almas, do testamento de José Pedro Varela"[263], que havia morrido dois anos antes. Embora tenha sido um discurso público para seus companheiros, não deixa de ser uma forma de expressar sua admiração particular a respeito da referência de "educador" e homem público que tinha em Sarmiento:

> Celebramos em Sarmiento ao educador e ao literato. Talvez a voz do educador não teria bastado para despertar, no espírito inquieto de nosso malogrado amigo, o amor à causa pouco ruidosa, pouco deslumbrante, da educação do povo. Devia unir-se, também, à exortação e o conselho, *essa poderosa inspiração dos grandes escritores*, que sabe dar à palavra a força de um cinzel *que esculpe ideias, sentimentos, tendências, hábitos na alma dos indivíduos e na sociabilidade dos povos.*[264]

Nesse trecho, fica explícito como, ao mesmo tempo, Sarmiento era, para Ramírez, uma referência não somente de intelectual e homem público idealizador da nação republicana argentina, mas também o idealizador das "sociabilidades dos povos", ou seja, do escritor que elabora as ideias e pratica os valores e princípios necessários a construção e exercício da comunidade de "caráter nacional". Em outras palavras, Sarmiento parece ter sido um "espelho" em que, por meio de seus reflexos, Ramírez se autoprojetou. Aqui, referimo-nos à metáfora do "espelho" colocada por Gerardo Caetano. Conforme o historiador uruguaio, a questão nacional

---

[262] No formato da compilação de discursos e notas escritos por Ramírez, a qual utilizamos como fonte histórica neste livro, não está indicado o local onde foi realizado o referido banquete em homenagem a Sarmiento. No entanto, acreditamos que a festividade tenha ocorrido nas dependências do Club Universitario/Ateneo, local que Ramírez e seus companheiros de fato frequentavam.

[263] RAMÍREZ, Carlos María. En el banquete a Sarmiento (1881). *In*: BIBLIOTECA DE LA SOCIEDAD DE HOMBRES DE LETRAS DEL URUGUAY. *Carlos María Ramírez*: apuntes y discursos. Montevideo: Gaceta Comercial, 1948. p. 45.

[264] *Ibid.*, p. 45-46, grifos nossos.

nesse país tem como um de seus elementos históricos a necessidade do "espelho exterior", ou seja, a autoidentificação de caráter nacional também estaria baseada nos aspectos estrangeiros e no acolhimento das identidades de outros países.[265] E esse "espelho exterior" contribuiu ainda para que a sociedade uruguaia constituísse as "imagens" de uma construção política e social que visasse à estabilidade, muito relacionada aos referenciais liberais e europeus de "civilização"[266].

Além disso, Ramírez considerava Sarmiento um "publicista que doutrina e o publicista que batalha", um "batalhador formidável"[267], um "atleta da imprensa"[268]. Acreditamos ser válido pôr em relevo essa declaração de Ramírez, pois, de fato, Sarmiento teve uma considerável atuação na imprensa argentina e chilena, quando esteve exilado nesse último país, ao contribuir para a conformação e construção da nação argentina, e do republicanismo e da esfera pública em ambos os países[269]. Nesse sentido, conforme as manifestações de Ramírez, o Sarmiento escritor e publicista serviu-lhe de parâmetro político-intelectual e "moral", referência essa que buscou seguir por meio dos periódicos e associações que criou e manteve. Nesses espaços, Ramírez desempenhou uma notável atuação em prol da construção de uma esfera pública[270] nacional a partir da segunda metade do século XIX.

Acreditamos ser válido ressaltar que Ramírez, assim como Sarmiento, ficou reconhecido como um grande publicista não somente em seu pró-

---

[265] CAETANO, Gerardo. Identidad nacional e imaginario colectivo en Uruguay: la síntesis perdurable del centenario. In: ACHUGAR, Hugo; CAETANO, Gerardo. Identidad uruguaya: ¿mito, crisis o afirmación? 3. ed. Montevideo: Ediciones Trilce, 1993. p. 75-96.

[266] PANIZZA, Francisco. El liberalismo y sus "otros": la construcción del imaginario liberal en el Uruguay (1850-1930). *Cuadernos del CLAEH*, Montevideo, v. 14, n. 50, p. 31-44, 1989.

[267] RAMÍREZ, Carlos María. En el banquete a Sarmiento (1881). *In:* BIBLIOTECA DE LA SOCIEDAD DE HOMBRES DE LETRAS DEL URUGUAY. Carlos María Ramírez: apuntes y discursos. Montevideo: Gaceta Comercial, 1948. p. 50.

[268] *Ibid.*, p. 51.

[269] Sobre a atuação de Sarmiento na imprensa argentina e chilena, e a contribuição desse intelectual para a construção de um discurso republicano e da esfera pública nesses dois países, ver: BOTANA, Natalio. *La tradición republicana*: Alberdi, Sarmiento y las ideas políticas de su tiempo. Buenos Aires: Edhasa, 2013; PEREIRA, Affonso Celso Thomaz. *A terceira margem do Prata*: Alberdi, Sarmiento e a conformação do discurso republicano na imprensa chilena, 1841-1852. 2015. Tese (Doutorado) – Universidade de São Paulo, São Paulo, 2015.

[270] Como já apontamos ainda na introdução de nosso livro, realizamos uma discussão mais aprofundada sobre a ideia de "esfera pública" no capítulo 2. Para isso, dialogamos com autores como Jürgen Habermas, Hilda Sabato, Pilar González Bernaldo, entre outros.

prio contexto, mas também por alguns autores que escreveram sobre ele posteriormente e que fazem parte da bibliografia com a qual dialogamos[271]. Assim, enquanto um "publicista por antonomásia"[272], Sarmiento foi, para Ramírez, um referencial a ser seguido, como exemplo capaz de construir a nação republicana oriental por meio do âmbito público. Os elogios de nosso escritor vão além. Discursando em nome de todos os presentes no já referido banquete, e deixando clara a identificação e inspiração individual e coletiva — própria do grupo ao qual pertencia — a respeito da figura de Sarmiento, Ramírez explicitou que:

> [...] há um ponto em que nos colocamos todos em completo acordo. O reconhecemos e admiramos como um dos maiores escritores da América, e quem diz de América, diz também do mundo. O estilo é um organismo em vossa pluma e em vossos lábios. Vossa frase tem todas as palpitações e todos os movimentos da vida. Vossos bons escritos nos sacodem como uma descarga elétrica. [...] É o pensamento intenso e a imagem imponente; o *romance e a história; a elegia e o hino; o idílio e a invectiva e a ironia e o pranto, e a travessura do panfletista com a observação penetrante do filósofo: tudo misturado e confuso, como as árvores e as trepadeiras da selva virgem.*[273]

Em seu texto *Sobre el "Facundo"* (1873), Ramírez afirmou que, em um certo momento de sua trajetória, mais especificamente no início da década de 1860, *Facundo* consistia em um "livro singular", o qual havia proporcionado "impressões e pensamentos para toda a [sua] vida!"[274] Essa obra consiste em uma biografia de Facundo Quiroga, um dos caudilhos do interior argentino com os quais Rosas havia fechado acordos para

---

[271] Alguns exemplos deles são José M. Fernandez Saldaña, Raúl Montero Bustamante e Daniel Ferretjans, por exemplo. Ver: FERNANDEZ SALDAÑA, José M. Ramírez, Carlos María. *In*: FERNANDEZ SALDAÑA, José M. *Diccionario uruguayo de biografias (1810-1940)*. Montevideo: Editorial Ameríndia, 1945. p. 1.040-1.045; MONTERO BUSTAMANTE, Raúl. Prólogo. *In*: RAMÍREZ, Carlos María. Páginas de historia. Montevideo: Ministerio de Educación y Cultura, 1978. (Colección de Clásicos Uruguayos, v. 152); FERRETJANS, Daniel Álvarez. Historia de la prensa en el Uruguay: desde la Estrella del Sur a internet. Montevideo: Fin de Siglo, 2006.

[272] MYERS, Jorge. Los intelectuales latinoamericanos desde la colonia hasta inicio del siglo XX. *In*: ALTA-MIRANO, Carlos (dir.). Historia de los intelectuales en América Latina. Buenos Aires: Katz, 2008. v. 1, p. 36.

[273] RAMÍREZ, Carlos María. En el banquete a Sarmiento (1881). *In*: BIBLIOTECA DE LA SOCIEDAD DE HOMBRES DE LETRAS DEL URUGUAY. Carlos María Ramírez: apuntes y discursos. Montevideo: Gaceta Comercial, 1948. p. 49, grifos nossos.

[274] RAMÍREZ, Carlos María. Sobre el "Facundo" (1873). *In*: BIBLIOTECA DE LA SOCIEDAD DE HOMBRES DE LETRAS DEL URUGUAY. *Carlos María Ramírez*: apuntes y discursos. Montevideo: Gaceta Comercial, 1948. p. 18, inserção nossa.

estabelecer seu governo durante as décadas de 1830 e 1840[275]. No referido texto em que "confessa" uma de suas maiores inspirações literárias e político-intelectuais, Ramírez afirmou o seguinte sobre o livro que ganhou de seu amigo Lucio López:

> Doze ou treze anos faz, entrava em minha *saudosa* moradia de estudante, a passos apressados, com rosto alegre e um pequeno volume sob o braço. Era o "Facundo ou civilização e barbárie", edição então esgotada, que buscava há meses [...] com interesse, e que um amigo me havia facilitado naquele dia. Aberto o livro não foi possível que o fechasse antes de ter devorado e saboreado suas páginas, com indescritível emoção. A hora da comida, a das aulas universitárias, a do sono, todas transcorreram sem interromper aquela leitura "feroz". Lia uma página e desejava voltar a lê-la, e desejava mais conhecer a página seguinte. E assim, incitado meu espírito por esse duplo estímulo, não cheguei ao final da obra senão para voltar a começar com idêntica avidez. Desde então, sempre que empreendo uma viagem, esse livro me acompanha.[276]

Para Ramírez, esse livro de Sarmiento era "uma obra imortal"[277], com suas "belíssimas intuições de artista ao lado de observações de pensador profundo"[278]. Ao relembrar uma de suas maiores inspirações intelectuais, Ramírez estava se referindo ao início da década de 1860, como já dissemos. Era um contexto no qual a Guerra Grande já havia tido fim e estava em vigência o *fusionismo*, ou seja, uma tendência que privilegiava a pacificação do país por meio de acordos políticos e da "fusão" dos partidos, vistos como os causadores da "desordem" e da violência. Nesse sentido, a questão da existência e "legitimidade" dos partidos era uma tônica que balizou os debates político-intelectuais mais intensamente a partir do fim da Guerra Grande. O tratado de paz que selou o fim desse conflito e que foi mediado por Andres Lamas havia declarado que,

> [...] entre as diferentes opiniões nas quais estavam divididos os orientais, não houve vencidos nem vencedores; [...] todos

---

[275] PRADO, María Ligia Coelho. Para ler o Facundo de Sarmiento. *In*: PRADO, Maria Lígia Coelho. *América Latina no século XIX*: tramas, telas e textos. 2. ed., 1. reimp. São Paulo: EDUSP, 2014.

[276] RAMÍREZ, Carlos María. Sobre el "Facundo". *In*: BIBLIOTECA DE LA SOCIEDAD DE HOMBRES DE LETRAS DEL URUGUAY. *Carlos María Ramírez*: Apuntes y discursos. Montevideo: Gaceta Comercial, 1948, p. 17, grifo e aspas do autor.

[277] *Ibid.*

[278] *Ibid.*

devem *reunir-se sob o Estandarte Nacional, para o bem da pátria e a defesa de suas Leis e de sua Independência.*[279]

De modo geral, era um contexto no qual havia a reivindicação social pela paz política, o que fomentou as alianças político-intelectuais dos "doutores"[280] de ambos os partidos em busca da pacificação nacional em detrimento dos caudilhos, os quais ficaram mais isolados[281].

Essa tendência fez parte da "cultura da unidade" nacional e visava à "harmonia" e à "ordem" políticas, conforme colocado por Caetano[282]. Tais medidas se tornaram mais ou menos recorrentes durante as décadas de 1850 e 1860 por meio de debates estabelecidos pela imprensa, manifestos, associações "doutorais", além de medidas oficiais implementadas por alguns governos de caráter *fusionista*, como os de Juan Francisco Giró (1852-1853), Gabriel Antonio Pereira (1856-1860) e Bernardo Berro (1861-1864)[283]. Algumas das associações e periódicos *fusionistas* criados foram a Sociedad de Amigos del País, em 1852[284], e seu respectivo periódico, o *La Constitución*[285]. Também havia o periódico *La Fusión*[286]. Este periódico sustentava que era preciso "afirmar 'o patriotismo dos orientais' e o 'orientalismo puro' como via efetiva 'em oposição a qualquer partido'"[287]. Tinha como "questão prin-

---

[279] Tratado de Alianza (1851). Art. 12 *apud* RIBEIRO, Ana. El largo camino de un concepto migratorio: soberanía. *In*: CAETANO, Gerardo (org.). *Historia conceptual*: voces y conceptos de la política oriental (1750-1870). Montevideo: EBO, 2013. p. 146, grifos nossos.

[280] Os "doutores" eram, durante o século XIX uruguaio, todos aqueles letrados e reconhecidos socialmente como pensadores ou diplomados, frequentadores dos círculos político-intelectuais da cidade de Montevidéu. Tais "doutores", que, para nós, foram os intelectuais daquele contexto, rivalizavam constantemente com os caudilhos rurais e os líderes dos partidos tradicionais. Para mais informações sobre os "doutores", ver: MARIANI, Alba. Principistas y doctores. *Enciclopedia Uruguaya*. Montevideo: Editorial Arca, 1968.

[281] CAETANO, Gerardo. Genealogías de la política uruguaya moderna: el liberalismo como "concepto fundamental" y su primacía sobre el republicanismo en el siglo XIX. Claves: Revista de Historia, n. 2, p. 111-143, ene./jun. 2016.

[282] CAETANO, Gerardo. La cuestión del origen de los partidos: el pleito entre distintas maneras de concebir la asociación política. *In*: CAETANO, Gerardo (org.). *Historia conceptual*: voces y conceptos de la política oriental (1750-1870). Montevideo: EBO, 2013. p. 197-213.

[283] CAETANO, Gerardo. *Historia mínima de Uruguay*. Ciudad de México: El Colegio de México: 2020. E-book. Primeira edição impressa em 2019.

[284] Ramírez fez referência direta a essa associação por meio das páginas da revista *La Bandera Radical*, no início da década de 1870, apontando as contribuições históricas dela para a construção da unidade nacional. Tratamos mais profundamente sobre esse ponto no capítulo 2.

[285] CAETANO, *op. cit.*, p. 197-213.

[286] O periódico *La Fusión* teve sua primeira publicação em 21 de janeiro de 1852, quase um ano após o fim da Guerra Grande. Teve como redator Avelino Lerena e foi um periódico de pequeno porte e com curta duração (quatro meses somente) em comparação com outros do mesmo período, como *La Constitución* e *El Orden*, por exemplo. Para mais informações, ver: FERNÁNDEZ Y MEDINA, Benjamin. *La imprenta y la prensa en el Uruguay*: desde 1807 a 1900. Montevideo: Imprenta de Dornaleche y Reyes, 1900.

[287] LA FUSIÓN, 1852 *apud* CAETANO, Gerardo. La cuestión del origen de los partidos: el pleito entre distintas maneras de concebir la asociación política. *In*: CAETANO, Gerardo (org.). *Historia conceptual*: voces y conceptos de la política oriental (1750-1870). Montevideo: EBO, 2013. p. 208.

cipal" a *"fusão dos orientais"*[288], além de ter tido o lema "não haverá vencidos, nem vencedores" — o qual era parte oficial do tratado de paz pós-Guerra Grande — no centro de sua primeira página[289].

Em 1855, Andrés Lamas, um dos criadores do periódico *El Iniciador* e um dos mediadores do tratado de paz do já referido conflito regional, inspirado pelos anseios de se criar um "partido da Nação"[290], fundou a *Unión Liberal* e publicou seu manifesto *Andrés Lamas a sus compatriotas*, escrito no Brasil, quando estava em missão diplomática nesse país. O manifesto apresentava forte caráter anticaudilhista e tinha o objetivo de se fundar um "partido de ideias"[291].

Embora o *fusionismo* tenha sido uma iniciativa dos setores político-intelectuais dos partidos, os caudilhos, inicialmente resistentes a esse movimento e mais simpáticos aos acordos políticos que visassem à manutenção daqueles agrupamentos, viram a necessidade de se adotar minimamente esse pensamento e essas práticas. Como exemplo disso, surgiu o *Pacto de la Unión*, de caráter caudilhista e liderado por Manuel Oribe e Venâncio

---

[288] LA FUSIÓN: PERIÓDICO POLÍTICO. 21 ene. 1852. p. 1.

[289] *Ibid.*

[290] CAETANO, Gerardo. La cuestión del orígen de los partidos: el pleito entre distintas maneras de concebir la asociación política. *In*: CAETANO, Gerardo (Org). *Historia Conceptual*: voces y conceptos de la política oriental (1750-1870). Montevideo: EBO, 2013. p. 208.

[291] CAETANO, Gerardo. Genealogías de la política uruguaya moderna: el liberalismo como "concepto fundamental" y su primacía sobre el republicanismo en el siglo XIX. *Claves*: Revista de Historia, n. 2, p. 111-143, ene./jun. 2016. p. 127. Os chamados "partidos de ideias", ao longo da história política uruguaia, foram aqueles que surgiram como "alternativa" — ou "terceira via" — aos dois partidos tidos como "tradicionais". O primeiro momento em que eles apareceram foi nesse contexto de meados do século XIX, em meio ao *fusionismo* e às tentativas de pacificação nacional. O segundo momento foi no início do século XX, durante o período reformista do *batllismo*, no qual já estava em curso uma "profissionalização" dos políticos e de um sistema partidário "moderno", estável e consolidado. Conforme apontam Gerardo Caetano e José Rilla, ao contrário dos "partidos de ideias" de meados do século XIX, os quais visavam questionar o sistema partidário ainda em consolidação, os das primeiras décadas do XX vieram a fortalecê-lo. CAETANO, Gerardo; RILLA, José. El sistema de partidos: raíces y permanencias. *Cuadernos del CLAEH*, Montevideo, n. 31, p. 81-98, 1984. É nesse segundo contexto que surgiu o Partido Socialista, o Partido Comunista e a União Cívica no país, por exemplo, tidos como "partidos de ideias" daquele momento. Sobre essa temática, ver: LANZARO, Jorge Luis; ARMAS, Gustavo de. *Clases medias y procesos electorales en una democracia de partidos*. Instituto de Ciencia Política; Universidad de la República, 2012. Documento on-line, n. 4. Disponível em: http://biblioteca.clacso.edu.ar/Uruguay/icp-unr/20170112023239/pdf_475.pdf. Acesso em: 14 abr. 2020. Também acreditamos ser necessário ter em mente que a conceituação de "partidos de ideias" pode conduzir à impressão de que somente estes obtiveram um "programa" ideológico definido e os "partidos tradicionais" não. Nesse sentido, vale o alerta feito por André Lopes Ferreira acerca dessa questão. O autor chama atenção, de forma totalmente pertinente, para a superação necessária da dicotomia "partidos tradicionais" e "partidos de ideias", e propõe a denominação "partidos majoritários" e "partidos minoritários", em termos de capacidade eleitoral. Ver: FERREIRA, André L. Partidos tradicionais e partidos de ideias no Uruguai: uma crítica conceitual. *In*: 9º ENCONTRO INTERNACIONAL DA ANPHLAC, 9., 2010, Goiânia. *Anais* [...]. Formato digital. 2010, p. 1-7. Disponível em: http://antigo.anphlac.org/sites/default/files/Ferreira%20AL.pdf. Acesso em: 23 jun. 2022.

Flores, como resposta ao já referido documento de Lamas e à associação da *Unión Liberal* criada por este último[292].

No referido contexto *fusionista* mencionado por Ramírez, o do início da década de 1860, ele e sua família já haviam retornado do Brasil ao Uruguai havia algum tempo, após finalizada a Guerra Grande. Ramírez foi educado, primeiramente, no ambiente familiar e, em seguida, frequentou alguns colégios de Montevidéu. Os pais de Ramírez eram letrados e dotados de princípios mais liberais e democráticos. Consuelo Álvarez, sua mãe, era descendente de professores universitários cordobeses. Já seu pai, Juan Ramírez, foi estancieiro, como já apontamos, e atuou política e institucionalmente no início da vida republicana pós-independência do país "oriental", provavelmente como deputado ou ocupante de outro cargo público[293]. Conforme nos informa Montero Bustamante, o *unitário* Juan Ramírez, embora simpático aos *colorados* "orientais", teria aderido ao *fusionismo* e se dedicado a estabelecer a paz pública, buscando mediar as relações entre os principais líderes dos dois partidos uruguaios após aquele conflito regional[294].

Buscando, aos poucos, retomar a vida em terras "orientais", a família Ramírez retornou para um país no qual o lema que passou a estar em vigência pressupunha uma união e uma coesão nacionais em detrimento dos conflitos armados, e o pai de Carlos Ramírez também parecia prezar por tais valores e princípios. Ao que tudo indica, buscava praticá-los mediando as relações entre os membros dos partidos políticos "orientais" historicamente rivais. Pelo que nos informou Montero Bustamante anteriormente, a "paz pública" da República, para Juan Ramírez, estava acima de quaisquer divergências políticas e a sua preocupação e dedicação para com essa causa também poderia ser entendida como uma forma de zelar pela unidade e "civilização" nacionais ainda em construção. E Carlos Ramírez buscou se construir política e intelectualmente tanto por meio da inspiração que Sarmiento lhe imprimia quanto, ao que tudo indica, por

---

[292] CAETANO, Gerardo. La cuestión del origen de los partidos: el pleito entre distintas maneras de concebir la asociación política. *In*: CAETANO, Gerardo (org.). *Historia conceptual*: voces y conceptos de la política oriental (1750-1870). Montevideo: EBO, 2013. p. 197-213.

[293] Montero Bustamante não especifica essa informação. O biógrafo de Ramírez, sempre com uma visão hagiográfica e, muitas vezes, evasiva, afirma o seguinte: "Seu pai, Juan A. Ramírez, opulento estancieiro, homem de luzes e de progresso que prestou excelentes serviços ao país". MONTERO BUSTAMANTE, Raúl. Prólogo. *In*: RAMÍREZ, Carlos María. *Páginas de historia*. Montevideo: Ministerio de Educación y Cultura, 1978. (Colección de Clásicos Uruguayos, v. 152). p. XVII.

[294] *Ibid.*, p. XVIII.

causa da postura política do pai, e praticou tudo isso em sua fase adulta mediante seus escritos e publicações, elaborados em meio ao exercício de suas sociabilidades.

Nesse sentido, já que o autor argentino se mostra como um dos maiores referenciais de Ramírez, acreditamos ser pertinente tratar um pouco mais sobre o pensamento de Sarmiento, especialmente em *Facundo*, até para compreendermos melhor os motivos de tais "confissões" intelectuais. No entanto, não temos o intuito de ater-nos e/ou aprofundar--nos totalmente no estudo do pensamento do intelectual argentino, por meio de suas obras e atuação política, pois, além de não ser o nosso foco nesta tese, existem inúmeros trabalhos de qualidade que já realizaram esse esforço[295].

Aqui, interessa-nos a questão mais geral sobre como essa obra passou a ser reconhecida como um dos primeiros escritos que buscaram construir a identidade nacional e da construção da nação argentina. Doris Sommer, ao tratar sobre os diversos conteúdos existentes em *Facundo*, afirma que Sarmiento é autor de um "[...] texto exorbitante, parte ficção, parte biografia, parte história política, parte manifesto, um livro genericamente imoderado, cuja soma final obviamente acaba sendo bem mais que apenas um".[296]

A obra foi escrita em um momento no qual a Argentina era palco das divergências entre os *unitários* — dos quais Sarmiento era partidário — e os *federalistas* — ligados a Rosas[297], conforme já mencionamos.

Assim como o título da obra de Sarmiento já indica, o autor argentino buscou ir para além da biografia do caudilho Facundo Quiroga: "[...] o subtítulo do livro, *Civilização e Barbárie*, indicava suas pretensões de ultrapassar

---

[295] Pelo fato de os trabalhos sobre Sarmiento serem inúmeros — até mesmo comparando esse intelectual com outros escritores argentinos e latino-americanos —, citamos apenas alguns deles: MITRE, Antonio. A parábola do espelho: identidade e modernidade no Facundo de Sarmiento. *In*: MITRE, Antonio. *O dilema do centauro*: ensaios de teoria da história e pensamento latino-americano. Belo Horizonte: Editora UFMG, 2003. p. 39-70; BOTANA, Natalio. *La tradición republicana*: Alberdi, Sarmiento y las ideas políticas de su tiempo. Buenos Aires: Edhasa, 2013; PEREIRA, Affonso Celso Thomaz. *A terceira margem do Prata*: Alberdi, Sarmiento e a conformação do discurso republicano na imprensa chilena, 1841-1852. 2015. Tese (Doutorado) – Universidade de São Paulo, São Paulo, 2015; MOLINA, Diego A. Sarmiento e o romantismo no Rio da Prata. *Estudos Avançados*, v. 27, n. 77, p. 333-348, 2013; ALTAMIRANO, Carlos; SARLO, Beatriz. *Ensayos argentinos*: de Sarmiento a la vanguardia. Buenos Aires: Compañía Editora Espasa Calpe Argentina; Ariel, 1997.

[296] SOMMER, Doris. *Ficções de fundação*: os romances nacionais da América Latina. Tradução de Glaucia Gonçalves e Eliana Lourenço de Lima Reis. Belo Horizonte: Editora UFMG, 2004. p. 85.

[297] PRADO, Maria Lígia Coelho. Para o Facundo de Sarmiento. *In*: PRADO, Maria Lígia Coelho. *América Latina no século XIX*: tramas, telas e textos. 2. ed., 1. reimp. São Paulo: EDUSP, 2014.

os limites individuais da personagem e construir uma interpretação mais abrangente e generalizadora que alcançasse toda a sociedade argentina."[298] Sarmiento construiu uma dicotomia pautada pelos elementos constantes no título de sua obra e que foi muito mobilizada, naquele contexto, nos dois lados do Rio da Prata, oposição essa que fixava rigidamente os "lugares" da "barbárie", do caudilhismo, da "fração" e da tradição oral — no caso, a área rural — e o da "civilização", da cultura letrada e da "unidade" — mais relacionado à cidade[299].

No entanto, Ramírez, ao que tudo indica, não seguiu todas as "lições" que Sarmiento lhe passara por meio de seu *Facundo*. Além dos caudilhos, aquele escritor argentino classificou como "bárbaros" os indígenas, os negros e os *gauchos*[300], colocando-os todos como parte de uma população inculta, violenta e que precisava ser abrangida pela "civilização". Ramírez, por sua parte, parecia concordar totalmente com Sarmiento em relação ao fato de que o personalismo dos caudilhos partidários estava necessariamente associado às guerras civis, sendo isto o verdadeiro empecilho para a nação prosperar. Porém, não concebemos que o escritor "oriental" tenha seguido o mesmo pensamento de Sarmiento em relação aos outros grupos humanos anteriormente citados, não sendo a classificação negativa destes algo presente em seus escritos[301].

Apesar dessas nuances, as concordâncias eram muitas. Ramírez, pensando a construção do Uruguai, muito provavelmente se inspirou em Sarmiento no que diz respeito aos seguintes elementos presentes no ideário daquele intelectual argentino, contidos em seu *Facundo*: realizar a "integração" dos "caminhos" da "República"; apoio e recebimento dos imigrantes europeus; o empreendimento da educação pública como forma de "civilizar" a nação; exaltação do "benefício da imprensa" e publicações diversas que

---

[298] PRADO, Maria Lígia Coelho. *América Latina no século XIX*: tramas, telas e textos. 2. ed., 1. reimp. São Paulo: EDUSP, 2014. p. 161.

[299] ... embora alguns autores discordem da ideia de que essa dicotomia era tão rígida assim. É o caso de Antonio Mitre, que entende haver uma retroalimentação entre "civilização" e "barbárie" proporcionada pelo advento da modernidade e em meio à formação de uma identidade nacional. Para essa discussão, ver: MITRE, Antonio. A parábola do espelho: identidade e modernidade no Facundo de Sarmiento. *In*: MITRE, Antonio. *O dilema do centauro*: ensaios de teoria da história e pensamento latino-americano. Belo Horizonte: Editora UFMG, 2003. p. 39-70.

[300] Os *gauchos* são membros de comunidades localizadas no interior dos países do Cone Sul da América Latina, mais especificamente da Argentina, do Uruguai e da região Sul do Brasil, ligadas à área rural e à produção agrícola e agropecuária em tais regiões. São resultado da miscigenação entre as etnias indígenas dos *charruas* e guaranis (provenientes dos Pampas setentrionais), negra e ibérica. Ver: TERRA, Mano. *A influência do gaucho na cultura de três países*. [S. l.: s. n.], [20??]. Disponível em: https://inrcbage.files.wordpress.com/2011/09/terra-v-vai.pdf. Acesso em: 14 abr. 2020.

[301] O que não impede de analisarmos criticamente os "silêncios", na obra de Ramírez, em relação a esses grupos étnicos.

visassem à difusão da "inteligência" — um dos principais pontos da atuação de Sarmiento que mais inspiraram Ramírez, a nosso ver —; valorizar os "homens ilustrados" como condutores dos "destinos públicos"; restabelecimento dos direitos, da vida e da propriedade dos cidadãos, por meio da "Justiça" e das leis[302]; construir um ambiente democrático que respeitasse as opiniões divergentes; estabelecimento da ordem interna e da boa relação com os países vizinhos, mediante a "conciliação e ordem"[303]. Tais temáticas foram, de fato, muito presentes nos escritos e na ação política de Ramírez.

Ou seja, a nação deveria ser dotada de uma "unidade" que proporcionasse não somente integração territorial, mas também estabilidade institucional e política, permitindo, até mesmo, a consolidação de uma sociabilidade de caráter nacional. Especificamente em relação a essa ideia de "sociabilidade nacional" em *Facundo*, Pilar González Bernaldo pondera que a análise feita por Sarmiento, em sua obra, relaciona as formas de sociabilidade e os códigos e valores responsáveis pela constituição de uma comunidade coletiva[304]. Em seu *Facundo*, ainda para González Bernaldo, Sarmiento defendeu que, pelo fato de a "civilidade" estar mais ligada aos setores letrados da cidade e ausentes no interior argentino, as *pulperías*[305] seriam ambientes ligados necessariamente ao rosismo e ao caudilhismo de modo geral. Além disso, esses espaços teriam contribuído para a formação e consolidação do caudilhismo e das *montoneras*, ou seja, a formação de grupos políticos e militares locais e não regulares[306].

Sarmiento qualificou as *pulperías* como "associações artificiais", "pois a recreação não está aqui ligada com a utilização pública da razão indivi-

---

[302] SARMIENTO, Domingo Faustino. *Facundo*: civilización y barbarie. 2. reimp. Buenos Aires: R.P. Centro Editor de Cultura, [1845], 2012. p. 264.

[303] *Ibid.*, p. 265.

[304] GONZÁLEZ BERNALDO, Pilar. Pedagogía societaria y aprendizaje de la nación en el Río de la Plata. *In*: ANNINO, Antonio; XAVIER GUERRA, François (org.). *Inventando la nación*: Iberoamérica, siglo XIX. México: Fondo de Cultura Económica, 2003. p. 565-589.

[305] As *pulperías* eram pequenos estabelecimentos comerciais, algo como os armazéns, localizados nas áreas rurais da região do Rio da Prata, os quais propiciavam a sociabilidade em meio à campanha. De modo geral, eram ambientes que proporcionavam o entretenimento aos caudilhos estancieiros e camponeses (ou *gauchos*) em meio ao "deserto" dos pampas entre fins do século XVIII e ao longo do XIX. Para mais informações sobre as *pulperías*, seus donos (os *pulperos*) e seu considerável papel para a formação da sociedade rural argentina entre fins do período colonial e início da vida nacional independente daquele país, ver: CARRERA, Julián. *Pulperos y pulperías rurales bonaerenses*: su influencia en la campaña y los pueblos, 1780-1820. 2010. (Doctorado en Historia) – Universidad Nacional de la Plata, La Plata (Benos Aires), 2010. Disponível em: http://www.memoria.fahce. unlp.edu.ar/tesis/te.338/te.338.pdf. Acesso em: 14 abr. 2020.

[306] RODRÍGUEZ, Júlio C. Las montoneras y sus caudillos. *Enciclopedia Uruguaya*. Montevideo: Editorial Arca, 1968.

dual para um interesse social, mas sim com a simples vadiagem"[307]. Nesse sentido, ainda conforme a análise de González Bernaldo, para aquele intelectual argentino oitocentista, as *pulperías*, quando tomadas espaços que "moldavam" os "protagonistas" responsáveis pela "fragmentação" nacional:

> [...] não podem obviamente engendrar aos cidadãos nem definir a pertença à coletividade; a organização da nação republicana não pode fundar-se senão sobre os hábitos relacionais das pessoas decentes da cidade. E é justamente nessas relações nas quais Sarmiento encontra o gérmen de uma sociedade civil sobre a qual deveria fundar-se a nação como comunidade política de pertença.[308]

Desse modo, a identificação com formas de sociabilidade "civilizadas" projetadas não consistiria somente em um mecanismo de identidade coletiva, mas também em via de construção/organização de uma unidade e um poder nacionais. Isso, pois, privilegiaria a manutenção da "ordem" em detrimento dos conflitos localizados, muitas vezes protagonizados pelos frequentadores das *pulperías*, ou seja, os caudilhos e seus seguidores. Tudo isso ajudaria a fomentar uma "aprendizagem da nação", conforme defende González Bernaldo. Assim, esse processo "pedagógico" pressuporia

> [...] *a interiorização de códigos de conduta que 'civilizassem' a sociedade*, aspecto que, já em 1845, Sarmiento havia destacado como indispensável à erradicação do poder dos caudilhos, e a esses como principais responsáveis pela debilidade do poder nacional. [...] Ao expandir os vínculos secundários e contratuais, as associações modernas contribuem para a construção da nova representação da coletividade. Mas a isso se agrega o fato de que com a difusão desses novos vínculos se interioriza uma série de normas e códigos de conduta que definimos como relacionais de civilidade e que explicam a função específica que cumpre a *pedagogia societária na construção da nova nação, tanto mediante a pacificação da sociedade como com a afirmação da civilização ocidental como expressão de identidade nacional.*[309]

Em consonância com os dizeres de González Bernaldo, estão, a nosso ver, as ponderações da historiadora uruguaia Ariadna Islas Buscasso sobre

---

[307] GONZÁLEZ BERNALDO, Pilar. Pedagogía societaria y aprendizaje de la nación en el Río de la Plata. *In*: ANNINO, Antonio; XAVIER GUERRA, François (org.). *Inventando la nación*: Iberoamérica, siglo XIX. México: Fondo de Cultura Económica, 2003. p. 584-585.

[308] *Ibid.*, p. 584-585.

[309] GONZÁLEZ BERNALDO, Pilar. Pedagogía societaria y aprendizaje de la nación en el Río de la Plata. *In*: ANNINO, Antonio; XAVIER GUERRA, François (org.). *Inventando la nación*: Iberoamérica, siglo XIX. México: Fondo de Cultura Económica, 2003. p. 587-589, grifos nossos, aspas da autora.

os significados de "civilização" nesse país, alterações de sentido essas que são mais apreensíveis a partir de meados do século XIX, ou seja, durante as tentativas de consolidação da nação uruguaia. Conforme afirma a autora, os usos do termo "civilização" estariam intrinsecamente relacionados às intenções de se estabelecer uma nova ordenação institucional republicana e nacional próprias, com o "progresso" e com a "regeneração social" defendidos em detrimento dos antigos valores monárquicos[310].

O conceito também esteve relacionado aos processos históricos e políticos internos, tais como as "guerras civis" entre os "bandos" tradicionais, e foi usado tanto para exaltar os aliados quanto para depreciar os adversários políticos — utilizando seu termo antônimo "barbárie" ou "bárbaros" para esse último fim —, em meio às lutas partidárias. Conforme a autora, os conceitos de "civilização" e "civilizar"

> [...] conotavam a ação dos setores letrados ou das políticas do Estado na expansão da educação comum para a instrução do povo e a morigeração de seus costumes, premissa que se entendia como a base das novas instituições, em particular da formação do cidadão.[311]

Ainda, em total consonância com o que argumenta González Bernaldo sobre a relação entre a "sociabilidade nacional" e a "civilização" existente na região do Rio da Prata durante o século XIX, está o que Buscasso pondera sobre a mobilização daquele conceito com a construção de uma coletividade nacional, entendendo, assim,

> [...] [o] uso do termo *civilização* como uma forma de sociabilidade própria e gerada por um processo histórico peculiar em um lugar determinado, em uma região ou, eventualmente, em um país. Ao adquirir um patronímico, o conceito *civilização* aplicado a uma nação determinada, mesmo ao manter o caráter universal e moral que lhe é próprio, transformou-se em um caso peculiar, em uma *civilização* regional ou nacional [...].[312]

---

[310] BUSCASSO, Ariadna Islas. Morigerar las costumbres para formar la nación: el concepto civilización en el discurso político desde la formación de la sociedad colonial hasta la constitución de la república (1750-1870). *In*: CAETANO, Gerardo (org.). *Historia conceptual*: voces y conceptos de la política oriental (1750-1870). Montevideo: EBO, 2013. p. 94.

[311] *Ibid.*

[312] BUSCASSO, Ariadna Islas. Morigerar las costumbres para formar la nación: el concepto civilización en el discurso político desde la formación de la sociedad colonial hasta la constitución de la república (1750-1870). *In*: CAETANO, Gerardo (org.). *Historia conceptual*: voces y conceptos de la política oriental (1750-1870). Montevideo: EBO, 2013. p. 94, inserção nossa, grifos da autora.

Além de conotar uma sociabilidade de caráter nacional e um lugar específico — no caso, um país determinado —, o termo "civilização", assim como González Bernaldo pondera, estava relacionado ao que seria próprio da cidade, à "urbanidade". Nesse sentido, estava vinculado

> [...] aos seus *costumes, modos e linguagem*, às suas *normas jurídicas*, ao *exercício dos direitos e obrigações* no sentido relativo às ações particulares entre os indivíduos. Implica, pois, as *relações entre os homens de paz e de comum acordo*.[313]

Dentro desse contexto intelectual e político, Ramírez, ao mencionar Sarmiento, seu *Facundo* e os elementos "civilizatórios" representados pelo autor e obra, ia, cada vez mais, construindo suas sociabilidades intelectuais e políticas, as quais, em grande parte, perduraram no tempo. Além disso, proporcionaram uma comunhão da maioria dos princípios e valores já expressos por Sarmiento, Echeverria, Berro, Lamas, e Pacheco y Obes, e manifestados entre o fim da década de 1830 e 1860. Um exemplo da construção dessas sociabilidades consistia no fato de que, para além dos seus amigos da família Herrera y Obes, como já indicamos, os membros das famílias dos Varela, dos Muñoz, os Ellauri, entre outras, frequentavam a casa dos Ramírez[314].

Os frequentadores da residência dos Ramírez eram de famílias dos já citados "doutores" os quais protagonizaram muitos desses debates intelectuais sobre a "unidade nacional" e o *fusionismo* entre a primeira metade e meados do Oitocentos. Muitos de seus membros tinham algum grau de parentesco e/ou ligação com aqueles "doutores" *fusionistas* e constituíram a *geração*[315] da qual Ramírez fez parte. Assim, este compartilhou os mesmos anseios político-intelectuais com aqueles outros jovens a partir do fim da década de 1860, período em que o *fusionismo* estava sendo derrotado pela volta do caudilhismo e das guerras civis[316].

Ao que tudo indica, Ramírez era reconhecido como um dos "líderes" dessa geração. Bernabé Herrera y Obes, irmão de Julio e Miguel Herrera y

---

[313] *Ibid.*, p. 95, grifos nossos.

[314] MONTERO BUSTAMANTE, Raúl. Prólogo. *In*: RAMÍREZ, Carlos María. *Páginas de historia*. Montevideo: Ministerio de Educación y Cultura, 1978. (Colección de Clásicos Uruguayos, v. 152).

[315] Retomando, aqui, o termo de: SIRINELLI, Jean-François. A geração. *In*: FERREIRA, Marieta de Morais Ferreira; AMADO, Janaína (coord.). *Usos & abusos da história oral*. Rio de Janeiro: Editora da Fundação Getulio Vargas, 1996. p. 131-137.

[316] Fazemos essas relações também com base nas informações de Juan Antonio Oddone sobre os principais expoentes do *fusionismo* das décadas de 1850 e 1860 no Uruguai. ODDONE, Juan Antonio. *El principismo del Setenta*: una experiencia liberal en el Uruguay. Montevideo: Universidad de la República Oriental del Uruguay, 1956.

Obes, e filho de Manuel Herrera y Obes, também foi amigo de infância de Ramírez. Bernabé relatou que, em sua juventude, ele, seu irmão Miguel e os três irmãos Ramírez — Carlos, Gonzalo e Octavio — formaram um "clube" e reuniam-se na casa de sua avó todos os sábados para discutir sobre vários assuntos, desde literatura até política nacional. Bernabé Herrera y Obes relatou ainda que, nos referidos encontros de seu "clube formal", Ramírez era reconhecido como "orador" e o que apresentava "maior poder intelectual"[317], o qual tratava, preferencialmente, sobre os eventos da Revolução Francesa[318]. Acreditamos que essas informações relativas ao reconhecimento político e social desenvolvido a respeito de Ramírez reforçam a nossa concepção sobre a capacidade de "ressonância" político-intelectual[319] que ele revelava em meio à construção e à consolidação das suas sociabilidades ao longo do seu "itinerário", conforme já indicamos.

Fazendo jus ao apreço que sempre reiterou ter tido pelo princípio da sociabilidade associativa, Ramírez mostrava-se ser um simpático à formação dos "clubes" e teve participação efetiva neles, de fato. Um exemplo disso, para além do testemunho supracitado de Bernabé Herrera y Obes, foi o fato de ter sido um dos criadores do Club Radical posteriormente, este que serviu de base para o *Partido Radical*, também liderado por ele no início da década de 1870 e que foi composto por outros vários companheiros seus daquele contexto. Diferentemente do caráter radical que a Revolução Francesa teve, com o seu "período do Terror" e liderado por Maximilien Robespierre[320], o significado dado por Ramírez, posteriormente, a essa expressão foi outro. O "radicalismo", como "herdeiro" do *fusionismo* e corolário do *principismo* que surgia a partir do fim da década de 1860, passaria a estar inscrito na coexistência dos partidos políticos para promover a união/unidade e a "civilização" nacionais, e extinguir a violência no país[321]. Também inaugu-

---

[317] HERRERA Y OBES, Bernabé *apud* MONTERO BUSTAMANTE, *op. cit.*, p. XXVII.

[318] *Ibid.*

[319] Conforme os termos de Sirinelli, assim como já discutimos na introdução de nosso trabalho. Ver: SIRINELLI, Jean-François. As elites culturais. *In*: RIOUX, Jean Pierre; SIRINELLI, Jean-Francois. *Para uma história cultural.* Lisboa: Editorial Estampa, 1998. p. 259-279.

[320] VOVELLE, Michel. *A Revolução Francesa explicada à minha neta.* Tradução de Fernando Santos. São Paulo: Editora UNESP, 2007.

[321] Discutimos melhor sobre as bases de formação, o surgimento dos espaços de sociabilidade *principistas*, sua atuação e os significados de suas propostas e práticas no capítulo 2 de nosso livro, com base em um diálogo direto com Juan Antonio Oddone e Gerardo Caetano. ODDONE, Juan Antonio. *El principismo del Setenta*: una experiencia liberal en el Uruguay. Montevideo: Universidad de la República Oriental del Uruguay, 1956; CAETANO, Gerardo. La cuestión del origen de los partidos: el pleito entre distintas maneras de concebir la asociación política. *In*: CAETANO, Gerardo (org.). *Historia conceptual*: voces y conceptos de la política oriental (1750-1870). Montevideo: EBO, 2013. p. 197-213.

rou o Club Racionalista, responsável por uma campanha secularizadora a partir da década de 1870. Analisamos mais profundamente essas questões e temáticas no capítulo 2.

Acreditamos ser válido destacar que, no contexto em que mais uma vez fez referência a Sarmiento e o homenageou publicamente — na ocasião do banquete que compartilhou com seus companheiros, em 1881, e no qual brindou ao escritor e publicista argentino —, a ditadura militar já estava em vigência havia alguns anos no Uruguai. O clima foi marcado pela repressão à liberdade de imprensa e pela proscrição de vários publicistas — muitos deles *principistas*, aliás — levadas a cabo pelos militares. Na política, houve o surgimento do que se passou a chamar de *possibilismo*. Essa "escola política", conforme adjetiva Montero Bustamante, consistiu na tentativa de se conciliar o autoritarismo vigente com princípios éticos e sociais, criticando duramente quem fosse contrário à ditadura e defendendo, assim, a possibilidade de que civis pudessem integrar o governo militar e sua vigência[322]. Um de seus maiores líderes foi Jacinto Albistur, que, devido às proscrições de vários *principistas*, muitos deles antes ligados ao jornal *El Siglo*, teve o caminho livre para assumir a redação do periódico e defender o governo militar a partir de então, tendo o apoio de parcela da sociedade para isso[323].

Nesse contexto, como forma de fazer oposição à ditadura e ao *possibilismo*, Ramírez envolveu-se com a criação e vigência de outras duas associações e periódicos. Em 1880, inaugurou o *Partido Constitucional* e seu porta-voz, o periódico *El Plata*, com Alejandro Magariños Cervantes, Pablo de Maria, Miguel Herrera y Obes, entre outros escritores e publicistas[324] com os quais compartilhou outros espaços de sociabilidade político-intelectual. Devido à defesa dos princípios constitucionais que realizou e das duras críticas feitas ao regime por meio de *El Plata*, foi obrigado, mais uma vez, a sair do país e refugiar-se novamente no Brasil na companhia de sua esposa[325], repetindo o que sua família havia feito antes de seu nascimento, ainda na década de 1840, no contexto da Guerra Grande, conforme vimos.

---

[322] MONTERO BUSTAMANTE, Raúl. Prólogo. *In*: RAMÍREZ, Carlos María. *Páginas de historia*. Montevideo: Ministerio de Educación y Cultura, 1978. (Colección de Clásicos Uruguayos, v. 152). p. XXXIV.

[323] MONTERO BUSTAMANTE, Raúl. Prólogo. *In*: RAMÍREZ, Carlos María. *Páginas de historia*. Montevideo: Ministerio de Educación y Cultura, 1978. (Colección de Clásicos Uruguayos, v. 152). p. XXXIV.

[324] Conforme nos informa: FERRETJANS, Daniel Álvarez. *Historia de la prensa en el Uruguay*: desde la Estrella del Sur a internet. Montevideo: Fin de Siglo, 2006.

[325] MONTERO BUSTAMANTE, *op. cit.*; FERRETJANS, *op. cit.*

Assim, percebemos que os escritos em que Ramírez fez referência a Sarmiento foram produzidos em um intervalo de oito anos entre um e outro — o primeiro é de 1873; e o segundo, de 1881 —, ou seja, em pontos diferentes de sua trajetória e em momentos distintos da história uruguaia, conforme apontamos. Apesar disso, os motivos dessas menções e inspiração político-intelectual mostraram-se os mesmos em seus escritos, sendo eles, principalmente, o apreço aos valores ligados à "civilização"/"civilidade", à educação pública, à ideia de unidade nacional e à imagem do homem público presentes em Sarmiento. Desse modo, percebemos que o escritor uruguaio compartilhou muito desses elementos já apontados, próprios de uma "pedagogia societária" e como forma de se exercitar a "sociabilidade nacional"[326] em seus escritos e práticas político-intelectuais ao longo de sua formação e trajetória. Assim, a nosso ver, mostra-se nítida a identificação de Ramírez com muitos aspectos do pensamento e atuação de Sarmiento já apontados por ele próprio e com essa forma de praticar a "aprendizagem nacional"[327] radicada no pensamento daquele intelectual argentino. Além de difundi-los por meio dos espaços de sociabilidade política e intelectual dos quais fez parte na segunda metade do século XIX uruguaio, assim como tratamos melhor no capítulo 2.

1.4 Outros referenciais político-intelectuais para combater a "barbárie" política

1.4.1 O micheletiano: direito, republicanismo e laicidade

Para além de Sarmiento, Ramírez manifestou sua admiração e suas inspirações intelectuais por outros escritores nacionais e estrangeiros do século XIX. Naquele contexto, somente o intelectual francês Jules Michelet (1798-1874) estava "à altura" de Sarmiento, fazendo-o até ficar até "embriagado"[328]. Para ele, as "sínteses gigantescas alternadas com generalizações vastíssimas"

---

[326] Retomando os termos de: GONZÁLEZ BERNALDO, Pilar. Pedagogía societaria y aprendizaje de la nación en el Río de la Plata. *In*: ANNINO, Antonio; XAVIER GUERRA, François (org.). *Inventando la nación*: Iberoamérica, siglo XIX. México: Fondo de Cultura Económica, 2003. p. 565-589.

[327] GONZÁLEZ BERNALDO, Pilar. Pedagogía societaria y aprendizaje de la nación en el Río de la Plata. *In*: ANNINO, Antonio; XAVIER GUERRA, François (org.). *Inventando la nación*: Iberoamérica, siglo XIX. México: Fondo de Cultura Económica, 2003. p. 565-589.

[328] Ao falar sobre a leitura "voraz" que fez do *Facundo*, Ramírez afirmou: "Li a primeira página; segui lendo, e devorei aquele livro sem levantar a cabeça, sentindo ao fim uma *embriaguez* como não espero recorrê-la das libações do banquete dado em vossa honra. *Michelet e Sarmiento* são os únicos escritores que produzem em mim essa impressão estranha: talvez interprete nela a de todos os meus colegas". RAMÍREZ, Carlos María. En el banquete a Sarmiento (1881). *In*: BIBLIOTECA DE LA SOCIEDAD DE HOMBRES DE LETRAS DEL URUGUAY. *Carlos María Ramírez*: apuntes y discursos. Montevideo: Gaceta Comercial, 1948. p. 50, grifos nossos.

de Sarmiento só eram comparáveis com as "ressurreições históricas que a literatura moderna deve a Michelet"[329]. Acreditamos ser válido destacar que Michelet também foi um grande referencial intelectual para o próprio Sarmiento, assim como nos informa Maria Lígia Coelho Prado[330]. Com a menção a esse intelectual francês também do século XIX, Ramírez buscava comparar Sarmiento ao autor de a *Introdução à história da França* (1831), *O povo* (1846), *História da Revolução Francesa* (1847), entre outras obras[331].

Conforme argumenta Afonso Carlos Marques dos Santos, Michelet era um dos autores oitocentistas mais reconhecidos no que tange ao engajamento pela construção do ideal de "nação" francesa e de sua busca pelo "povo" desse país[332]. Nesse sentido, acreditamos não ser forçoso afirmar que tais comparações realizadas por Ramírez provavelmente se deram justamente por causa desses elementos, mas como forma de pensar a realidade "oriental". Tais temáticas e termos ainda estiveram muito presentes em seus artigos na imprensa, e em ensaios e manifestos publicados pelos periódicos que criou e nos quais atuou. Vale ressaltar que, em seu ensaio-manifesto *La guerra civil y los partidos de la República Oriental del Uruguay*, de 1871, Ramírez deixou bem claro que era "preciso encontrar o povo", elemento esse que, em meio aos conflitos civis, consistia na "grande *unidade moral*" e no "fundamento ao exercício das instituições democráticas"[333]. Era "preciso encontrar o povo" e chegar até ele de algum modo como forma de se estabelecer uma nação republicana, composta por cidadãos autônomos e virtuosos em detrimento da "barbárie" das guerras civis históricas.

Michelet também buscou colocar o "povo" no centro do protagonismo histórico, especificamente na época da Revolução Francesa. Além de sua incessante "busca pelo povo" francês, defendia o seguinte: "Uma coisa é preciso dizer e é muito fácil de demonstrar: a época humana e benevolente

---

[329] RAMÍREZ, Carlos María. Sobre el "Facundo". *In*: BIBLIOTECA DE LA SOCIEDAD DE HOMBRES DE LETRAS DEL URUGUAY, *op. cit.* p. 18.

[330] PRADO, Maria Lígia Coelho. *América Latina no século XIX*: tramas, telas e textos. 2. ed., 1. reimp. São Paulo: EDUSP, 2014.

[331] Para mais informações sobre a ideia de "nação" e de "História" em Jules Michelet, ver: SANTOS, Afonso Carlos Marques dos. Nação e história: Jules Michelet e o paradigma na historiografia do século XIX. *Revista de História [da] USP*, n. 144, p. 151-180, 2001. Disponível em: https://www.revistas.usp.br/revhistoria/article/view/18913/20976. Acesso em: 23 jun. 2022.

[332] SANTOS, Afonso Carlos Marques dos. Nação e história: Jules Michelet e o paradigma na historiografia do século XIX. *Revista de História [da] USP*, n. 144, p. 151-180, 2001. p. 175. Disponível em: https://www.revistas.usp.br/revhistoria/article/view/18913/20976. Acesso em: 23 jun. 2022.

[333] RAMÍREZ, Carlos María. *La guerra civil y los partidos de la República Oriental del Uruguay*. Montevideo: Imprenta de El Siglo, 1871. p. 28, grifos nossos.

de nossa Revolução tem por ator o *próprio povo, o povo inteiro, todo mundo*"[334]. Sem querer afirmar que Michelet era o único autor do século XIX a inflamar os sentimentos de "heroísmo patriótico", podemos entender que Ramírez teria se apropriado dessa ideia de todo o "povo", enquanto cidadão no sentido moderno do termo, ser o protagonista de um momento "heroico", de libertação da "nação". Basta lembramos o momento em que o escritor uruguaio buscou argumentar sobre todos os "cidadãos orientais" terem efetivamente participado da Cruzada Libertadora de 1825, diante do Império do Brasil, o que resultou na independência em face da dominação desse último país.

Como vimos defendendo, um dos pilares do pensamento e ação de Ramírez em relação à construção da nação estava relacionado à ampliação de uma esfera pública e, consequentemente, à secularização do Estado "Oriental". Nesse sentido, acreditamos ser válido termos em mente o caráter laico, de defesa do Direito e das leis jurídicas presentes nas obras de Michelet, os quais Ramírez tomou como referência[335]. Ramírez não explicitou, em seus escritos, as obras específicas daquele historiador francês com as quais teria tido contato — diferentemente do que fez em relação ao *Facundo*, de Sarmiento. No entanto, acreditamos que somente essa menção ao nome de Michelet já seja um considerável indício sobre algumas das fontes do "laicismo" tão presente nas obras e atuação político-intelectual de Ramírez.

Michelet, em seu *História da Revolução Francesa*, fez várias críticas à monarquia e à Igreja Católica, as quais caracterizou como fontes de injustiça, de modo geral. Logo no início da sua já referida obra, Michelet, ao tratar sobre o que teria sido a Revolução Francesa, definiu-a como "o advento da *Lei*, a ressurreição do *Direito*, a reação da *Justiça*"[336]. Sobre esses termos mobilizados por Michelet, recorremos às ponderações de Alcileide Cabral do Nascimento, quando a autora afirma que, para aquele escritor francês, "a Revolução inaugura um mundo novo, que não se fundamenta na vontade real, e sim na lei e justiça dos homens"[337]. Assim, somado a essa crença na

---

[334] MICHELET, Jules. Prefácio de 1847. *In*: MICHELET, Jules. *História da Revolução Francesa*: da queda da Bastilha à festa da Federação. Tradução de Maria Lúcia Machado. São Paulo: Companhia das Letras, 1989. p. 22, grifos nossos.

[335] Michelet não foi o único pensador no qual Ramírez se inspirou em relação a tal temática, tendo, até mesmo, recorrido a outros intelectuais anteriores e contemporâneos a ele para embasar tais ideais. Tratamos melhor sobre isso nos próximos capítulos, apoiados na menção a outros autores feita por Ramírez em suas obras. No entanto, o destaque que atribuímos a Michelet, neste capítulo, dá-se devido ao fato de o próprio Ramírez deixar claro que, assim como Sarmiento, o intelectual francês também teria exercido grande contribuição para a sua formação intelectual ao longo de sua vida.

[336] MICHELET, Jules. Introdução. *In*: MICHELET, Jules. *História da Revolução Francesa*: da queda da Bastilha à festa da Federação. Tradução de Maria Lúcia Machado. São Paulo: Companhia das Letras, 1989. p. 39, grifos nossos.

[337] NASCIMENTO, Alcileide. Na trama da Revolução Francesa com Jules Michelet. *Saeculum*: Revista de História, n. 8/9, p. 143-15, jan./dez. 2002-2003. p. 144. Disponível em: https://periodicos.ufpb.br/ojs2/index.php/srh/article/view/11282/6396. Acesso em: 20 abr. 2020.

"lei" e no "Direito", há esse desejo de ruptura com o passado, mas tensionado por uma ressiginificação por meio de um retorno a este. Para Nascimento, os termos "advento", "ressurreição" e "reação", quando utilizados por Michelet, indicam esse retorno ao passado, que, por sua vez, passa a ser "reinventado, mitificado, guardião das origens, de uma liberdade e de uma justiça já vivida e solapadas pelo Cristianismo. [...] *O passado é reinventado e nele se planta a semente de uma sociedade que era fraterna e justa em suas origens*"[338].

Nesse mesmo contexto ao qual Ramírez se referia ao tratar sobre as inspirações intelectuais que as obras de Michelet também lhe despertavam, iniciava-se o processo de secularização do Estado uruguaio. Gerardo Caetano e Roger Geymonat trataram sobre esse processo, argumentando que, naquele momento — o da segunda metade do século XIX em diante —, iniciava-se, no Uruguai, um fenômeno composto tanto pela "privatização do religioso" quanto pela formação de uma "religião civil". Tais elementos passariam, dali em diante, a compor um "perfil fundamental da mais vasta identidade cultural dos uruguaios"[339]. O referido processo teria se iniciado com a secularização dos cemitérios[340] e se desenvolvido por meio de outros eventos que foram, aos poucos, consolidando uma total separação entre Estado e Igreja no Uruguai[341].

---

[338] *Ibid.,* p. 145.

[339] CAETANO, Gerardo; GEYMONAT, Roger. *La secularización uruguaya (1859-1919).* Montevideo: Ediciones Santillana; Taurus, 1997. p. 38.

[340] O governo do *blanco*, "republicano" e *fusionista* Bernardo Berro (1860-1864) protagonizou um dos maiores embates com a Igreja Católica ocorridos em toda a história do país platino. O bispo Jacinto Vera, um dos maiores líderes religiosos do Uruguai naquele contexto, buscou frear o poder estatal. Com o falecimento do católico e maçom Enrique Jacobson, em 1861, em San José, o padre da cidade, Manuel Madruga, negou a realização do enterro no cemitério local devido à filiação maçônica de Jacobson. Apesar de ter obtido a permissão do padre da Matriz, Juan José Brid, o qual era simpatizante dos maçons, o bispo Vera proibiu que o corpo fosse enterrado. Dessa forma, o governo interveio a favor do enterro de Jacobson, que ocorreu no cemitério de Montevidéu. Ainda segundo Caetano e Geymonat, esse fato revelou algo maior sobre o conflito entre o Estado e a Igreja no Uruguai. Jacinto Vera reprovou a interferência do governo central e pediu a exumação do cadáver de Jacobson, declarando a interdição do cemitério enquanto isso não fosse realizado. Em resposta, o presidente Berro decretou a "secularização dos cemitérios", por meio da qual se estabelecia que a condução dos cadáveres deveria ser feita diretamente para o cemitério, sem passar pela Igreja. Além disso, Vera foi exilado em Buenos Aires pelo governo uruguaio por ter desrespeitado a decisão tomada pelo padre Brid de enterrar Jacobson em San José e a "secularização dos cemitérios" foi considerada a primeira providência em relação à separação entre a Igreja e o Estado no Uruguai. CAETANO; GEYMONAT, *op. cit.* Arturo Ardao elenca outros momentos desse processo secularizador ocorridos na segunda metade do século XIX: a Lei de Educação Comum (Reforma vareliana) (em 1877), o Registro Civil (1879) e, no mesmo ano de 1885, três medidas, sendo elas o Matrimônio Civil Obrigatório, a Lei dos Conventos, e a Lei de Educação Secundária e Superior. ARDAO, Arturo. *Racionalismo y liberalismo en el Uruguay.* Montevideo: Ed. Universidad de la República, 1962.

[341] Conforme Caetano e Geymonat, o processo de secularização uruguaia contou com três momentos. O primeiro, entre 1859 e 1885, caracterizado pela "institucionalização do conflito"; o segundo, datado entre 1885 e 1906, marcado por uma reformulação da relação entre Igreja e Estado; e o terceiro e último, entre os anos de 1906 e 1919, no qual houve a consolidação da separação completa estabelecida pela Constituição de 1919. CAETANO; GEYMONAT, *op. cit.*

De modo geral, Caetano e Geymonat argumentam que, com essa "marginalização institucional do religioso", houve uma "fratura" entre o público e o privado e, consequentemente, uma *transferência de sacralidade do religioso ao político*", o que resultou em uma "religião civil" de "moral laica", características essas identificatórias da chegada da modernidade ao país[342].

Além disso, acreditamos ser essencial destacar o encadeamento contextual dos processos históricos de então como forma de compreendermos melhor as possíveis intenções de Ramírez em mencionar tais inspirações intelectuais de seu passado, tidas por ele como "imortais", algo para a "vida toda". Concomitantemente a esse incipiente laicismo estatal, estava em curso o evento que ficou conhecido como a "Cruzada Libertadora"[343], empreendida por Venancio Flores contra o governo de Bernardo Berro, o "último" *fusionista*, ocorrida em 1863. Flores, um caudilho *colorado*, destituiu Berro da Presidência da República com o apoio da Igreja Católica, ao se aproveitar do descontentamento dessa instituição com o processo de secularização já iniciado dois anos antes, e implantando uma ditadura no país. Essa "Cruzada" é considerada um dos golpes mortais contra o cambaleante *fusionismo* iniciado ainda na década de 1850[344].

Berro, cinco anos depois, liderou uma fracassada ofensiva contra o governo de Flores, que resultou no chamado "Drama de 1868", um dos mais trágicos da história uruguaia. Após iniciado o levante de Berro e a consequente ocorrência de uma série de atos violentos pelas ruas de Montevidéu, o então presidente e ex-presidente foram assassinados no mesmo dia[345].

---

[342] CAETANO, Gerardo; GEYMONAT, Roger. Visiones y revisiones sobre la secularización uruguaya. *In*: CAETANO; GEYMONAT, Roger. *La secularización uruguaya (1859-1919)*. Montevideo: Ediciones Santillana; Taurus, 1997. p. 38, grifos dos autores.

[343] Apesar de também ter o nome de "Cruzada", esse evento ocorreu bem depois dos eventos referentes à independência em relação ao Brasil. A "Cruzada" de Flores, ocorrida nos anos 1860, teve essa denominação devido às bandeiras utilizadas pelas tropas daquele caudilho, as quais continham cruzes vermelhas como forma de associar a cor de seu partido — o Colorado — a uma "reabilitação da Igreja". BARRÁN, José Pedro. *Apogeo y crisis del Uruguay pastoril y caudillesco*: 1839-1875. Montevideo: Banda Oriental, 1990. t. 4, p. 91.

[344] Para mais informações sobre esses eventos históricos, ver: BARRÁN, *op. cit.*; CAETANO, Gerardo. *Historia mínima de Uruguay*. Ciudad de México: El Colegio de México: 2020. *E-book*. Primeira edição impressa em 2019.

[345] Em 1868, sob o comando de Berro, mais de 20 partidários seus atacaram a casa de Governo — o Forte —, tomando-a. Assim que soube dos ataques, Flores saiu com sua carruagem pelas ruas de Montevidéu para iniciar a resistência, mas foi abordado no meio do caminho por oito homens, que alvejaram a carruagem, matando um cavalo e o cocheiro. Flores tentou resistir e alojou-se embaixo da carruagem armado com um revólver, mas em vão. Foi apunhalado várias vezes e morreu no local. Não se sabe ao certo quem foram seus assassinos, embora estes estivessem com trajes típicos da área rural. Enquanto isso, ao ficarem sabendo da derrota do levante, os partidários de Berro dispersaram-se. De acordo com alguns testemunhos, Berro abandonou o Forte, de onde resistia, foi capturado, arrastado pela rua até que lhe mostraram o cadáver de Flores. Depois de ter sofrido muita humilhação, também foi assassinado e seu corpo foi carregado pelas ruas de Montevidéu como um "troféu". BARRÁN, *op. cit.*, p. 103-104.

Depois desses assassinatos, houve vários fuzilamentos por todo o país, o que culminou na morte de mais 500 pessoas naqueles dias[346].

Em meio a esses fatos e processos, Ramírez ainda era um estudante e teria tido contato direto com esse último evento. Em vias de finalização do curso de Direito e ainda filiado ao *Partido Colorado*, ele foi testemunha[347] do "Drama de 1868". Tal fato, mais uma vez, foi resultado da violência político-histórica que ainda se mostrava como uma barreira para a unidade e pacificação nacionais, conforme Ramírez e seus companheiros entendiam. Quando finalmente obteve seu diploma de bacharel, passaria a ser até mesmo "ator e, em alguns momentos, protagonista do drama"[348], como, de fato, foi ao presenciar tal assassinato e participar de um desses conflitos, assim como já colocamos.

Nesse sentido, pelo que expressou Michelet em sua obra e pelas considerações de Nascimento sobre as ideias daquele autor europeu, é inevitável pensarmos que Ramírez, por meio de seu discurso sobre a inauguração do monumento à independência nacional uruguaia, em 1879, fazia algo parecido com o que realizava o historiador francês. Porém, evidentemente, fazia isso de forma adaptada às permanências históricas percebidas por ele em sua realidade e aos anseios daquele contexto intelectual e político uruguaio. Em outras palavras, Ramírez, ao reforçar sua identidade nacional de oriental, retornou ao seu passado e ao passado da nação para ressignificá-los, fundindo-os. Esse retorno consistiu em uma forma de atribuir a esse passado a lógica de um "revigoramento" — ou a "ressurreição" — do patriotismo, da união e da harmonia política nacionais, os e nos quais gostaria de viver. E fez isto dotando-os de significados relacionados à "fraternidade" e ao "advento" da "justiça" e da "moral laica", nascentes, conforme sua concepção, intrinsecamente à independência nacional e pela ação dos "heróis cidadãos" de 1810 e de 1825. Conforme ansiava, tais atos "fundacionais" deveriam ter

---

[346] LOCKHART, Washington. Las guerras civiles. *In:* EDITORES REUNIDOS. *Enciclopedia Uruguaya.* T. 11. Montevideo: Editorial Arca, 1968.

[347] MONTERO BUSTAMANTE, Raúl. Prólogo. *In:* RAMÍREZ, Carlos María. *Páginas de historia.* Montevideo: Ministerio de Educación y Cultura, 1978. (Colección de Clásicos Uruguayos, v. 152). Tal informação consta na biografia que Montero Bustamante fez de Ramírez. No entanto, não encontramos essa informação em outras fontes documentais e bibliografia pertinentes com as quais tivemos contato ao longo deste livro.

[348] MONTERO BUSTAMANTE, Raúl. Prólogo. *In:* RAMÍREZ, Carlos María. *Páginas de historia.* Montevideo: Ministerio de Educación y Cultura, 1978. (Colección de Clásicos Uruguayos, v. 152). p. XXI.

garantido a "civilidade"/"civilização" e a "sociabilidade nacional" harmônica[349], sustentadas pela "religião da lei", elementos esses que sempre deveriam ter existido no país. No entanto, foram interrompidos pela realidade das guerras civis históricas e pela ainda forte presença da Igreja Católica na República Oriental do Uruguai.

No que tangencia especificamente à Igreja Católica naquele país platino, Ramírez nunca teria sido simpático a ela. Seu avô materno, Julián Álvarez, teve um imbróglio com a referida instituição, e isso teria impedido que Ramírez tivesse estabelecido um contato maior com essa religião durante sua infância. Aproximou-se mais do "espiritualismo integral", pelas aulas de filosofia ministradas por Plácido Ellauri[350]. Acreditamos ser válido destacar que Ellauri também participou de outros espaços criados por Ramírez, tais como a SAEP, frequentando essa associação a partir de 1868 e pensando, com os seus fundadores, Ramírez e José Pedro Varela, a educação pública como uma das formas de pacificar a nação uruguaia[351].

Em sua juventude, Ramírez aproximou-se de um "protestantismo vago, que se orientava para as seitas puritanas e se distanciava cada vez mais do dogma católico"[352]. O intelectual uruguaio rejeitou a religião "positiva" do positivismo — outro ponto de distanciamento em relação a Sarmiento — e abraçou o racionalismo e o espiritualismo, orientações que não consistiram somente em um substrato filosófico de suas inspirações intelectuais e políticas, mas também foram bases de sua espiritualidade no plano religioso. Ramírez vinculou-se ao chamado "romantismo filosófico", surgido ainda no século XVIII na Alemanha e na França, com seu auge na primeira metade da década de 1830 nesses países. Especificamente em relação à França, houve

---

[349] Retomando os termos de: GONZÁLEZ BERNALDO, Pilar. Pedagogía societaria y aprendizaje de la nación en el Río de la Plata. *In*: ANNINO, Antonio; XAVIER GUERRA, François (org.). *Inventando la nación*: Iberoamérica, siglo XIX. México: Fondo de Cultura Económica, 2003. p. 565-589.

[350] MONTERO BUSTAMANTE, Raúl. Prólogo. *In*: RAMÍREZ, Carlos María. *Páginas de historia*. Montevideo: Ministerio de Educación y Cultura, 1978. (Colección de Clásicos Uruguayos, v. 152).

[351] Além dos nomes de Ramírez e Varela, é possível constatarmos, na ata de fundação da SAEP, a assinatura de Plácido e José Ellauri (presidente da República entre 1873-1875), Alejandro Magariños Cervantes, Carlos de Castro, que foram professores universitários de Ramírez durante a década de 1860, entre outros vários intelectuais uruguaios e estrangeiros daquele período. FUNDACIÓN DE LA SOCIEDAD DE AMIGOS DE LA EDUCACIÓN POPULAR. Acta de instalación (1868). *In*: PALOMEQUE, Agapo Luis (comp./org.). *Obras de José Pedro Varela (II)*: la primera memoria. Montevideo: Cámara de Representantes da República Oriental del Uruguay, 1990b. p. 387. Tratamos, de modo mais atento, sobre o protagonismo de Ramírez na criação dessa e de outras associações a partir do capítulo 2.

[352] MONTERO BUSTAMANTE, Raúl. Prólogo. *In*: RAMÍREZ, Carlos María. *Páginas de historia*. Montevideo: Ministerio de Educación y Cultura, 1978. (Colección de Clásicos Uruguayos, v. 152). p. XXIV.

CARLOS MARÍA RAMÍREZ E A CONSTRUÇÃO DE UMA NOVA REPÚBLICA ORIENTAL DO URUGUAI:
ENTRE A "NAÇÃO IDEAL" E A "NAÇÃO REAL" (1868-1898)

duas correntes consideradas principais do chamado "romantismo filosófico": o "sansimonismo"; e o "espiritualismo eclético" ou "ecletismo". E Ramírez reiterou essa postura filosófico-política "espiritualista" do seguinte modo em carta enviada ao seu antigo professor Angel Floro Costa[353], em meados da década de 1870: "Eu me conservo fiel às doutrinas do espiritualismo"[354]. Essa última corrente, que tinha o francês Victor Cousin como seu maior expoente, consistiu na maior expressão do chamado "deísmo filosófico racionalista" durante o Oitocentos. Tanto o "sansimonismo" quanto o "espiritualismo eclético" foram fontes de inspiração intelectual nos países latino-americanos e, de modo mais específico, na região do Rio da Prata ao longo do século XIX[355].

Tratemos mais especificamente sobre o "espiritualismo eclético", corrente essa que Ramírez veio a adotar em sua produção intelectual e ação política da segunda metade do Oitocentos, assim como ele mesmo fez questão de explicitar. Essa tendência tinha, na França da primeira metade do século XIX, forte ligação com a Universidade, opunha-se à Igreja Católica e defendia a secularização da educação estatal. Ainda dentro do "romantismo filosófico" francês, os nomes de três pensadores podem ser destacados: o próprio Michelet – assim como já destacamos —, Felicité Lamennais e Edgar Quinet[356].

Tanto Jules Michelet quanto Edgar Quinet eram historiadores, literatos e filósofos. Foram autores que estiveram unidos não somente pelas ideias nacionalistas, anticlericais, racionalistas e republicanas que defendiam e expressavam por meio de suas obras individuais, levadas a público no contexto das Revoluções de 1830 e 1848 na França, mas também pelos seus escritos elaborados a quatro mãos. Um deles foi o livro *Os jesuítas*, por exemplo, publicado em 1843. As obras desses dois autores extrapolaram seu contexto histórico e as fronteiras francesas e europeias. Nas décadas de 1860 e 1870 — período em que Ramírez, respectivamente, era estudante e professor do curso de Direito na UDELAR —, os trabalhos daqueles intelectuais franceses inspiraram vários estudantes dessa insti-

---

[353] Floro Costa havia sido um dos professores de Ramírez e considerava este um membro de uma "família intelectual". FLORO COSTA, Angel *apud* MONTERO BUSTAMANTE, *op. cit.*, p. XXVI.

[354] CARTA de Ramírez a Ángel Floro Costa publicada pelo jornal El Siglo, 27 e 28 de julho de 1874. *In*: RAMÍREZ, Carlos María; VARELA, José Pedro. *El destino nacional y la universidad*: polémica. Montevideo: Ministerio de Instrucción Pública e Previsión Social; Biblioteca Artigas, 1965. t. 2, p. 142.

[355] ARDAO, Arturo. *Racionalismo y liberalismo en el Uruguay*. Montevideo: Ed. Universidad de la República, 1962.

[356] ARDAO, Arturo. *Racionalismo y liberalismo en el Uruguay*. Montevideo: Ed. Universidad de la República, 1962. p. 70-71.

tuição. Como exemplos de tais publicações em coautoria que circularam em terras uruguaias, podemos citar, além da já mencionada *Os jesuítas*, as seguintes obras: *O gênio das religiões*, de 1841; *O ultramontanismo*, de 1844; *O cristianismo e a Revolução Francesa*, de 1845; *O espírito novo*, de 1874, entre outras[357].

Como vimos antes, a formação político-intelectual de Ramírez também foi marcada pelos escritos de Michelet e, ao que tudo indica, muito provavelmente pelos de Quinet, embora Ramírez não tenha mencionado este último em seus escritos. No entanto, o contato de Ramírez com as obras de Quinet muito provavelmente pode ter ocorrido, pois, conforme já havia nos indicado Ardao, a circulação e a leitura das obras desses dois pensadores, dentro da Universidade de Montevidéu, ocorreram, de forma intensificada, no mesmo contexto em que Ramírez era aluno e, posteriormente, professor da Faculdade de Direito. Além disso, é digno de nota que a assinatura de Edgar Quinet consta na ata da reunião de inauguração da Sociedad de Amigos de la Educación Popular, realizada em 18 de setembro de 1868 nas dependências do Club Universitario[358] Embora ainda não tenhamos mais informações sobre as condições em que esse apoio manifestado à SAEP pelo intelectual francês tenha se dado, acreditamos que essa relação constitui consideráveis indícios da mencionada circulação de ideias por meio dessa "rede" de sociabilidade intelectual[359] encabeçada por Ramírez e outros intelectuais uruguaios.

1.4.2 O racionalista bilbaíno e o *principista*

Sobre o racionalismo e as ideias liberais imperantes em tal contexto, Ramírez teceu alguns comentários a respeito de quanto essas referências foram caras a ele e, também, sobre os principais responsáveis por terem o "apresentado" a elas. Ramírez, na mesma carta que escreveu a Angel Floro Costa, citada por nós anteriormente, recordou seu tempo de estudante

---

[357] *Ibid.*

[358] FUNDACIÓN DE LA SOCIEDAD DE AMIGOS DE LA EDUCACIÓN POPULAR. Acta de instalación (1868). *In*: PALOMEQUE, Agapo Luis (comp./org.). *Obras de José Pedro Varela (II)*: la primera memoria. Montevideo: Cámara de Representantes da República Oriental del Uruguay, 1990b. p. 387.

[359] Retomando os termos elaborados e discutidos por Jean-François Sirinelli, Adriane Vidal Costa e Claudio Maiz, conforme já tratamos na introdução de nosso trabalho. SIRINELLI, Jean-François. Os intelectuais. *In*: REMOND, René. *Por uma história política*. Tradução de Dora Rocha. 2. ed. Rio de Janeiro: Editora FGV, 2003. p. 231-262; COSTA, Adriane Vidal; MAÍZ, Claudio. Introdução. *In*: COSTA, Adriane Vidal; MAÍZ, Claudio (org.). *Nas tramas da "cidade letrada"*: sociabilidade dos intelectuais latino-americanos e as redes transnacionais. Belo Horizonte: Fino Traço, 2018. p. 7-18.

de mais de uma década antes e tratou sobre tais ideias com base em seus referencias intelectuais nacionais e estrangeiros:

> Esse estudo, novo para nós, com todo o prestígio do desconhecido e todos os atrativos que deram os descobrimentos e progressos desses últimos anos, não deixaria de atrair-nos com aquele mesmo ardor generoso e espontâneo que levávamos ao estudo da economia política quando Carlos de Castro inaugurava a primeira cátedra em 1860 ou ao exame das questões religiosas quando em 1863 Bilbao *agitava aos nossos olhos a tocha do racionalismo*.[360]

Nessa passagem sobre mais uma "confissão" intelectual, Ramírez elencou duas personalidades latino-americanas que, segundo ele, também contribuíram para seu "itinerário" intelectual: o uruguaio Carlos de Castro[361] e o escritor chileno Francisco Bilbao[362]. Tratemos primeiramente sobre o escritor chileno. Foi um intelectual que inspirou vários escritores latino-americanos do século XIX, um dos maiores expoentes do racionalismo e republicanismo na América Latina e no Uruguai. Não à toa, Arturo Ardao considera Bilbao como o "representante por excelência do racionalismo propriamente dito" e "a figura de maior influência no racionalismo uruguaio da época"[363]. A publicação de sua obra *La sociabilidad chilena* (1844) causou a reação dos conservadores nesse país, que o enviaram para o exílio na França. Em terras francesas, Bilbao teve contato direto com aqueles três intelectuais que mencionamos

---

[360] CARTA de Ramírez a Ángel Floro Costa publicada pelo jornal El Siglo, 27 e 28 de julho de 1874. *In*: RAMÍREZ, Carlos María; VARELA, José Pedro. *El destino nacional y la universidad*: polémica. Montevideo: Ministerio de Instrucción Pública y Previsión Social; Biblioteca Artigas, 1965. t. 2, p. 141, grifos nossos.

[361] Carlos de Castro (1835-1911) foi escritor, professor das cátedras de Direito Administrativo e Constitucional da Universidade de Montevidéu na década de 1860 e ocupou alguns cargos públicos, tais como de juiz civil, ministro das Relações Exteriores e deputado. FERNANDEZ SALDAÑA, José M. Castro, Carlos Benito Tomás de. *In*: FERNANDEZ SALDAÑA, José M. *Diccionario uruguayo de biografías* (1810-1940). Montevideo: Editorial Amerindia, 1945. p. 312-314.

[362] Francisco Bilbao foi autor de obras como *La sociabilidad chilena* (1844), *La América en peligro* (1862) e *El evangelio americano* (1864), nas quais são explícitos os seus ideais republicanos e racionalistas. Também publicou a obra *La iniciativa de América*, na qual defendeu uma espécie de "latino-americanismo" oitocentista. Durante seu exílio em Buenos Aires, quando sua família foi perseguida pelos conservadores chilenos, foi um dos membros da *Revista del Nuevo Mundo*. Faleceu de infecções no pulmão no ano de 1865. Para mais informações, ver: SCHEIDT, Eduardo. Representações da Revolução Americana no ideário de Francisco Bilbao. *Estudos Ibero-Americanos*, v. 36, n. 1, p. 48-66, jan./jun. 2010. Disponível em: https://revistaseletronicas.pucrs.br/ojs/index.php/iberoamericana/article/view/7853/pdf. Acesso em: 23 jun. 2022; MENESES, Martha V. Santos. As ideias políticas de Francisco Bilbao: entre a influência intelectual francesa e as especificidades hispano-americanas. *Temporalidades*, v. 4, n. 1, p. 113-136, jan./jul. 2012.

[363] ARDAO, Arturo. *Racionalismo y liberalismo en el Uruguay*. Montevideo: Ed. Universidad de la República, 1962. p. 88.

anteriormente — Michelet, Quinet e Lamennais — e participou ativamente dos movimentos revolucionários de 1848 no país europeu[364].

Bilbao também foi autor da obra *La América en peligro* (1862), dedicando-a aos seus "mentores" Michelet e Quinet[365], e por meio da qual defendeu uma dicotomia rígida entre catolicismo e república. Para aquele intelectual, ou era a "força" ou a "razão", sendo esta última a responsável pela formação das nações republicanas: "Ou a razão, ou a força. – *A razão produz repúblicas, a força, teocracias*. Mas a mentira pode introduzir-se e pretender conciliar os dois extremos que se negam"[366]. Acreditamos que, muito provavelmente, Ramírez também deve ter dado muita atenção ao que Quinet havia fortemente recomendado a Bilbao, "Se a pátria morre, seja tu mesmo o ideal da *nova pátria*"[367]; e aos valores que Michelet lhe imprimia contra a "injustiça": "O *direito* é o meu pai e a *justiça* é minha mãe"[368]. Para aquele intelectual chileno, ao tratar da América do Sul, argumentou que os dois eram inconciliáveis em um mesmo lugar, em um mesmo país. Conforme o próprio Bilbao explicitou:

> O catolicismo nega o *princípio fundamental da República que é a soberania do povo, que é a soberania da razão em todo o homem*. O republicanismo nega o dogma que lhe impõe a obediência cega e não pode reconhecer a autoridade que lhe imponha. Este é o dualismo da América do Sul e que nos levará à morte se não fizermos triunfar uma das duas proposições. O catolicismo triunfa, e a monarquia e a teocracia se assenhoram da América. *O republicanismo triunfa, assenhorando-se na consciência de todo homem, a razão livre e a religião da lei.*[369]

Conforme podemos perceber das próprias palavras de Francisco Bilbao, a autonomia e o livre pensamento que a soberania do povo pro-

---

[364] *Ibid.* É possível identificar essa considerável ligação entre Bilbao e os três intelectuais franceses, mais especificamente com Quinet e Michelet, por meio da "dedicatória" explícita que o escritor chileno fez àqueles, contida no início de seu *La América en Peligro*: "Aos senhores Edgar Quinet e Jules Michelet. Ex-professores do Colége de França". BILBAO, Francisco. *La América en peligro*. Buenos Aires: Imprenta y Litografía a vapor, de Bernheim y Boneo, 1862. p. III.

[365] Bilbao foi aluno desses dois intelectuais franceses quando estudou, por um tempo, no Colége de France, no contexto das revoluções francesas de 1848, passando a ter um forte vínculo político-intelectual e afetivo com esses escritores. Conforme coloca Ardao, Michelet o resume como "um jovem que eu e M. Quinet olhamos como se fosse nosso filho, o senhor Francisco Bilbao, de Chile. Queira o céu que tenhamos um filho como ele". MICHELET, Jules *apud* ARDAO, *op. cit.*, p. 89.

[366] BILBAO, Francisco. *La América en peligro*. Buenos Aires: Imprenta y Litografía a vapor, de Bernheim y Boneo, 1862. p. 7, grifos nossos.

[367] BILBAO, Francisco. *La América en peligro*. Buenos Aires: Imprenta y Litografía a vapor, de Bernheim y Boneo, 1862 . p. 4, grifos nossos.

[368] *Ibid.*

[369] *Ibid.*, p. 7-8, grifos nossos.

porcionaria dentro do republicanismo eram insustentáveis no catolicismo. Como modo de se obter a autoconsciência e a "razão", era preciso exercitar a "religião da lei", a "religião civil" do republicanismo. Conforme ainda aponta Bilbao: "O *dogma* católico constrói seu mundo político: a monarquia. Ou o *princípio* republicano se eleva e afirma seu dogma: o racionalismo"[370]. Ou seja, racionalismo e republicanismo foram princípios inseparáveis para Bilbao, e também foi assim para Ramírez. Ainda segundo Bilbao: "[...] todo aquele que crê que sob as palavras *Pátria, Independência, razão, fraternidade* há algo de verdadeiro e, por conseguinte, de divino, esse não aceitará que tudo isso se chame de egoísmo e hipocrisia".[371]

Assim, Ramírez seguiu nitidamente os postulados de Bilbao, quando concordou que, para a República Oriental ser "viável", era preciso adotar o racionalismo e a "religião civil, da lei" do republicanismo em detrimento do catolicismo. Também acreditamos ser válido destacar que a ideia de "razão", especificamente no contexto político-intelectual uruguaio do século XIX, estava totalmente relacionada com outras, tais quais "civilização", "democracia" e "leis"/"instituições", como forma de combater as "paixões e a "irracionalidade" da "barbárie" das guerras civis, quase sempre conduzidas pelos partidos políticos e seus caudilhos[372].

De volta à América do Sul, Bilbao viveu em Buenos Aires por um tempo, e foi na capital argentina que teria se dado o contato direto entre ele e alguns intelectuais uruguaios, quando estes também moravam lá, ainda no início da década de 1860, e a circulação dos ideais "bilbaínos" em terras orientais teria se dado por meio desses escritores uruguaios[373]. Alguns desses orientais foram Heráclio Fajardo e Angel Floro Costa — este que também

---

[370] *Ibid.*, p. 8, grifos do autor.

[371] *Ibid.* Um ponto que acreditamos ser digno de se matizar é o seguinte: Bilbao, em alguns de seus escritos, não focou somente a "questão nacional", mas sim o "americanismo" — ou em uma integração latino-americana — como frente ao assédio imperialista estrangeiro, fosse por parte dos países da Europa, fosse dos EUA. Sobre essa discussão, ver: PRADO, Maria Lígia Coelho. Leituras políticas e circulação de ideias entre a França e as Américas: Francisco Bilbao e a Revue des Deux Mondes. *In*: BEIRED, José Luis Bendicho; CAPELATO, Maria Helena; PRADO, Maria Lígia Coelho (org.). *Intercâmbios políticos e mediações culturais nas Américas*. Assis: FCL--Assis-UNESP/LEHA-USP, 2010. p. 193-205.

[372] PANIZZA, Francisco. El liberalismo y sus "otros": la construcción del imaginario liberal en el Uruguay (1850-1930). *Cuadernos del CLAEH*, Montevideo, v. 14, n. 50, p. 31-44, 1989. p. 34-35.

[373] Além disso, Francisco Bilbao dividiu o mesmo espaço da *Revista Española de Ambos Mundos*, fundada pelo oriental, amigo e antigo professor de Ramírez na universidade, Alejandro Magariños Cervantes, na Espanha, quando este último estava exilado nesse país devido a sua oposição ao *oribismo* e ao *rosismo*, ainda na primeira metade do século XIX. Ver: GAMBETTA, Eugenia Ortiz. Intertextualidad y modelización en tres novelas de gauchos del Río de la Plata (1850-1870). *Humanidades*: Revista de la Universidad de Montevideo, n. XI, p. 109-125, 2011.

foi professor de Ramírez, conforme já destacamos —, os quais, com outros intelectuais uruguaios do período, chegaram a escrever uma "Profissão de fé racionalista" em homenagem ao próprio Bilbao[374]. Ramírez, anos depois, entendeu a necessidade de escrever uma "profissão de fé", expressando a corrente do racionalismo em prol da "nação" republicana e seguido essa postura, quando, em 1873, colaborou para a inauguração do Club Racionalista[375]. Após a criação dessa associação, Ramírez também escreveu, com outros vários escritores, um manifesto parecido ao que haviam publicado Floro Costa e Fajardo em homenagem a Bilbao anos antes[376].

Em 1880, Ramírez passou a colaborar com o periódico *La Razón*[377], criado dois anos antes por Anacleto Dufort y Álvarez, Daniel Muñoz, Manuel Otero e Prudencio Vázquez y Vega, os quais foram membros do Ateneu do Uruguai, assim como Ramírez[378]. Nesse periódico, deu continuidade às suas duras críticas à ditadura militar em vigência desde 1876 e ao *posibilismo* que a sustentava politicamente na sociedade, ao mesmo tempo que tratou sobre um dos principais temas que motivaram a criação de *La Razón*, o racionalismo e a liberdade religiosa. A partir de 1884, assumiu a direção desse periódico. Somado às questões anteriores, realizou uma das maiores polêmicas com um publicista anônimo do periódico *El Sud-América*, de Buenos Aires, em torno da ressignificação da imagem histórica de Artigas. Essa polêmica contribuiu para a reescrita da história nacional, iniciada nesse mesmo contexto[379], conforme analisamos de modo mais aprofundado no capítulo 4.

---

[374] Bilbao chegou, até mesmo, a comentar e elogiar a "profissão de fé" publicada em sua homenagem. Essa manifestação do intelectual chileno pode ser lida na íntegra em: ARDAO, Arturo. *Racionalismo y liberalismo en el Uruguay*. Montevideo: Ed. Universidad de la República, 1962. p. 205-206.

[375] Arturo Ardao informa-nos que, após a criação da Universidade de Montevidéu, não demorou muito para que essa instituição passasse a rejeitar os preceitos da Igreja Católica e adotar um laicismo de caráter permanente. No entanto, no plano oficial e institucional, a Universidade não poderia expressar essa posição oficialmente, o que fez com que houvesse uma extensão de tal postura com base em outros espaços, exteriores à instituição, mas intelectual e afetivamente ligados a ela. Tais espaços foram o Club Universitario, a Sociedad Universitaria e o Ateneo del Uruguay. Do Club Universitario, ramificou-se o Club Racionalista, fundado por Ramírez, associação que, conforme Ardao, deu início a um combate direto com a Igreja Católica a partir de seu manifesto *Profesión de fe racionalista*. ARDAO, Arturo. *La Universidad de Montevideo*: su evolución histórica. Montevideo: UDELAR, 1950; ARDAO, Arturo. *Espiritualismo y positivismo en el Uruguay*. 2 ed. Montevideo: Universidad de la República, 1968.

[376] Trata-se do manifesto intitulado *Profesión de fe racionalista*, publicado em 1872. Analisamos esse documento mais profundamente no capítulo 2.

[377] MONTERO BUSTAMANTE, Raúl. Prólogo. *In*: RAMÍREZ, Carlos María. Páginas de historia. Montevideo: Ministerio de Educación y Cultura, 1978. (Colección de Clásicos Uruguayos, v. 152).

[378] FERRETJANS, Daniel Álvarez. *Historia de la prensa en el Uruguay*: desde la Estrella del Sur a internet. Montevideo: Fin de Siglo, 2006.

[379] FERNANDEZ SALDAÑA, José M. *Diccionario uruguayo de biografias* (1810-1940). Montevideo: Editorial Amerindia, 1945.

Já o uruguaio Carlos de Castro, a outra personalidade mencionada por Ramírez anteriormente, foi seu professor de Direito Administrativo na UDELAR, na segunda metade da década de 1860[380]. Castro inaugurou ainda a cátedra de Economia Política naquela instituição, no ano de 1860, momento esse que é considerado, por alguns autores, o início do movimento político e intelectual do *principismo*, divulgado pelas aulas de Castro e de outros professores e que, ao longo daquela década, foi, aos poucos, incorporado pelos seus alunos[381]. Esse *principismo* político era sustentado tanto pelo "espiritualismo eclético" quanto por um "civilismo", e tomou corpo efetivamente no fim da década de 1860, tendo, além de Castro, o próprio Ramírez e outros intelectuais à sua frente[382].

Em suas aulas, Castro exercia o livre debate e tratava sobre as "generalizações históricas" próprias de Michelet e Quinet[383]. A cátedra de Economia Política inaugurada por Castro na Universidade de Montevidéu também foi ocupada por outros professores, como Pedro Bustamante, por exemplo. Tal disciplina, na época, ainda estava em vias de formação e, para além de ser composta por doutrinas puramente econômicas, tangenciava outros âmbitos do conhecimento, tais como a sociologia, o direito, a política, a moral e a filosofia, e, muitas vezes, até se confundia com todas elas[384]. Além disso, foi a que iniciou uma sistematização em relação aos estudos sobre a ordenação e organização institucional do Estado e do Direito Público no país[385]. Nesse sentido, Pedro Bustamante havia incorporado, em sua cátedra, doutrinas próprias da área do Direito, unindo essas disciplinas e preocupando-se com os âmbitos político e social presentes na complementaridade entre elas: Bustamante "fez de sua cátedra uma espécie de escola de filosofia e moral política, que exerceu profunda influência sobre a geração a que pertenceu o doutor Ramírez"[386].

---

[380] MONTERO BUSTAMANTE, *op. cit.*

[381] MARIANI, Alba. Principistas y doctores. *Enciclopedia Uruguaya*. Montevideo: Editorial Arca, 1968.

[382] *Ibid.*

[383] MONTERO BUSTAMANTE, Raúl. Prólogo. *In*: RAMÍREZ, Carlos María. Páginas de historia. Montevideo: Ministerio de Educación y Cultura, 1978. (Colección de Clásicos Uruguayos, v. 152). p. XXIII.

[384] *Ibid.*

[385] GROS ESPIELL, Héctor. Prólogo. *In*: RAMÍREZ, Carlos María. *Conferencias de Derecho Constitucional (1871)*. Montevideo: Ministerio de Instrucción Pública y Previsión Social, 1966. p. VII-XXXI; ODDONE, Juan; ODDONE, Blanca París. *Historia de la Universidad de la República:* la Universidad vieja, 1849-1885. 2. ed. Montevideo: Ediciones Universitárias, [1963] 2010, t. I.

[386] MONTERO BUSTAMANTE, *op. cit.*, p. XXII-XXIII.

Como podemos notar, os professores Carlos de Castro e Pedro Bustamante também exerceram um papel considerável para a formação intelectual e política da geração de Ramírez. Inculcaram, naqueles jovens, ideias, valores e princípios que estes adotaram, difundiram e praticaram um pouco mais tarde em suas atuações públicas por meio da imprensa e das associações que criaram e com as quais colaboraram ao defender a construção nacional uruguaia mediante suas plumas. Em um trecho de outro discurso pronunciado no Club Universitario e, posteriormente, publicado no jornal *El Siglo*[387], Ramírez continuou relembrando a importância que a inauguração da referida disciplina de Economia Política na Universidade teve para sua formação política e intelectual. Conforme a concepção de Ramírez, as orientações político-intelectuais e "morais" eram muito limitadas até o início da década de 1860, e restringiam-se necessariamente a ser "liberal" ou ser "retrógrado"[388]. Assim, aquele que tinha o mínimo de "consciência" "seria provavelmente o primeiro [liberal], por que essa é a forma mais comum no desenvolvimento das inteligências que não foram comprimidas por erros de educação"[389], muito provavelmente referindo-se à presença majoritária e histórica da Igreja Católica no âmbito educacional uruguaio[390]. Porém, ainda conforme as impressões pessoais de Ramírez, foi a partir do ano de 1860 que teria se

---

[387] Acreditamos ser válido destacar o que indica Juan Antonio Oddone a respeito de o jornal *El Siglo* ter sido, de fato, um dos espaços em que o *principismo* ainda em formação se manifestou por meio de seus membros e colaboradores. Dentre eles, Oddone destaca a participação do irmão de Carlos Ramírez, José Pedro Ramírez, além de Júlio Herrera y Obes, Carlos de Castro, José Pedro Varela, José Ellauri, entre outros. Todos esses escritores e publicistas, ainda conforme Oddone, frequentavam tanto o *El Siglo* quanto o Club Universitario, e tinham como referenciais intelectuais autores como Constant, Tocqueville, Bilbao e outros filósofos e escritores, os quais, como já apontuas e ainda veremos mais adiante, também contribuíram para a formação político-intelectual de Ramírez. ODDONE, Juan Antonio. *El principismo del Setenta*: una experiencia liberal en el Uruguay. Montevideo: Universidad de la República Oriental del Uruguay, 1956.

[388] RAMÍREZ, Carlos María. [SEM TÍTULO]. El Siglo, 13 de out. 1876. *In*: RAMÍREZ, Carlos María; VARELA, José Pedro. *El destino nacional y la universidad*: polémica. Montevideo: Ministerio de Instrucción Pública y Previsión Social; Biblioteca Artigas, [1876], 1965. t. 2, p. 27-28. Esse documento faz parte de um discurso feito por Ramírez no Club Universitario, no qual criticou as ideias sobre a Universidade contidas na obra *Legislación escolar*, de autoria de José Pedro Varela (1845-1879), no ano de 1876. Varela insistia na ideia de que a Universidade ainda seguia as ideias "caducas" da Antiguidade Clássica, e Ramírez rebatia, afirmando que a "moderna" disciplina da Economia Política já tinha ocupado esse espaço e revigorado as diretrizes intelectuais da Universidade. O referido discurso de Ramírez foi publicado dias depois pelo jornal *El Siglo*. Essa polémica é considerada um dos maiores debates intelectuais já realizados a respeito dos caminhos da Universidade uruguaia, em um momento em que se discutia a adoção do paradigma positivista em detrimento do "espiritualista eclético". Sobre esses embates, ver: ARDAO, Arturo. *La Universidad de Montevideo*: su evolución histórica. Montevideo: UDELAR, 1950.

[389] RAMÍREZ, *op. cit.*, p. 28, inserção nossa.

[390] Especificamente sobre a atuação histórica da Igreja Católica no plano educacional uruguaio, ver: VILLEGAS, Juan S. J. La actividad educativa de la Iglesia en el Uruguay hasta José Pedro Varela. *Punto 21*, Montevideo, v. 3, n. 2, p. 49-59, ago. 1977.

iniciado a vigência de um novo marco intelectual e de ensino na Universidade uruguaia:

> [...] aconteceu em 1860 um fato que transformou a fisionomia da Universidade e que *exerceu extraordinária influência sobre as ideias predominantes* [...] nas classes ilustradas do país. Esse fato [...] foi a criação da aula de economia política, cujo estudo foi declarado obrigatório juntamente com os estudos de jurisprudência.[391]

Ao tratar explicitamente sobre a cátedra de Economia Política — e todos os princípios liberais vinculados a ela como aporte aos estudos jurídicos, políticos e morais —, Ramírez centrou sua atenção nas mudanças que, segundo ele, essa nova disciplina veio proporcionar a respeito do trabalho. Para ele, as ideias trazidas pelas discussões nas aulas da já referida disciplina tratavam de como o caráter igualitário e a "dignidade" do trabalho contribuíam para a construção da sociedade e da nação republicana modernas e, consequentemente, como se diferenciavam das repúblicas antigas. Aqui, é notável o diálogo implícito de Ramírez com o escritor francês Benjamin Constant, mais especificamente com base em seu discurso/ensaio *De la liberté des anciens comparé* à célle des modernes ("Da liberdade dos antigos comparada à liberdade dos modernos", de 1819)[392]. Nesse ensaio, Constant não necessariamente tratou sobre a disciplina da Economia Política, mas elaborou as diferenças entre as "liberdades" existentes nas repúblicas dos dois períodos históricos[393], e Ramírez fez o mesmo em seu relato autorreferencial de mais de 50 anos depois para exaltar a já referida disciplina, que tanto teria contribuído a sua formação político-intelectual.

Partindo desse diálogo implícito com o escritor francês, Ramírez argumentou que, nas repúblicas antigas, o trabalho manual era considerado "objeto de desprezo"[394]. Assim, para Ramírez, a nova disciplina de Economia Política teria um papel de combate a esse "desprezo" em relação ao trabalho, o que contribuiria tanto para os "avanços" intelectuais quanto

---

[391] RAMÍREZ, *op. cit.*, p. 28, grifos nossos.

[392] CONSTANT, Benjamin. *De la liberté des anciens comparé à célle des modernes*. Discours prononcé à l'Athénée royal de Paris, 1819. Disponível em: https://www.institutcoppet.org/wp-content/uploads/2015/01/7.-CONSTANT-Benjamin-De-la-liberte-des-Anciens-comparee-a-celle-des-Modernes.pdf. Acesso em: 16 abr. 2000.

[393] *Ibid.*

[394] Artigo publicado no jornal *El Siglo*, em 13 de julho de 1876. *In*: RAMÍREZ, Carlos María; VARELA, José Pedro. *El destino nacional y la universidad*: polémica. Montevideo: Ministerio de Instrucción Pública y Previsión Social; Biblioteca Artigas, [1876], 1965. t. 2, p. 29.

políticos, morais e "civilizatórios" nacionais[395]. Nesse sentido, o legislador teria poderes "humanos", e o seu papel deveria interpretar as "leis naturais" da sociedade e fazê-las avançar progressivamente, e não ser um "deus" que as cria e as destrói ao seu bel-prazer, arbitrariamente. Essas características, segundo Ramírez, eram próprias de Economia Política e jurídica liberais, que, para ele, contribuíram claramente para a diferenciação da liberdade "moderna" em relação à "antiga"[396].

Outro professor notável com o qual Ramírez teve aulas na Universidade foi o intelectual argentino Vicente Fidel López, que também foi membro da Geração de 37, assim como Sarmiento, outra de suas grandes inspirações intelectuais, e pai de Lucio Vicente López — quem havia "presenteado" Ramírez com um exemplar do *Facundo*, de Sarmiento. Vicente López foi professor de Direito Positivo e de Gentes[397] — além de ter sido membro do Conselho Universitário dessa instituição —, ensinando, em sua cátedra, uma doutrina de base eclética para fundamentar essas duas disciplinas[398]. Ademais, assinou a ata de fundação da SAEP, criada por Ramírez e Varela, em 1868[399].

Somando-se aos outros professores, não poderíamos deixar de mencionar, mais uma vez, a contribuição de Alejandro Magariños Cervantes. Vale lembrar que Cervantes foi um dos maiores colaboradores do periódico *El Iniciador*, ainda no fim da década de 1830, reunindo, ao redor de si, intelectuais das duas margens do Rio da Prata, assim como vimos anteriormente. Montero Bustamante informa-nos que, por meio das aulas de Direito Natural e Político ministradas por ele à turma de Ramírez, durante a segunda metade da década de 1860, Cervantes tratou sobre o pensamento de Benjamin Constant e das ideias do movimento republicano francês de 1830 e 1848, dos quais fizeram parte Michelet e Quinet[400].

---

[395] Artigo publicado no jornal *El Siglo*, em 13 de julho de 1876. *In*: RAMÍREZ; VARELA, *op. cit.*, p. 30.

[396] *Ibid.*, p. 31.

[397] Na época, o Direito de Gentes — ou *ius gentium* — seria algo parecido com o direito internacional atual e estaria relacionado historicamente com o direito de imigração. No entanto, assim como vários outros, foi um conceito que sofreu mutações semânticas e acadêmicas ao longo do tempo, desde a antiguidade até a contemporaneidade. Sobre essa discussão, ver: VIOLA, Francesco. Derecho de gentes antiguo y contemporáneo. Tradução de Isabel Trujillo. *Persona y Derecho*, n. 51, p. 165-189, 2004; MELLO, Celso D. de Albuquerque. *Curso de direito internacional público*. V. 1, 12 ed. rev. e aum. Rio de Janeiro: Renovar, 2000.

[398] MONTERO BUSTAMANTE, Raúl. Prólogo. *In*: RAMÍREZ, Carlos María. Páginas de historia. Montevideo: Ministerio de Educación y Cultura, 1978. (Colección de Clásicos Uruguayos, v. 152).

[399] Conforme podemos verificar na ata de fundação dessa associação. FUNDACIÓN DE LA SOCIEDAD DE AMIGOS DE LA EDUCACIÓN POPULAR. Acta de instalación (1868). *In*: PALOMEQUE, Agapo Luis (comp./org.). *Obras de José Pedro Varela (II)*: la primera memoria. Montevideo: Cámara de Representantes da República Oriental del Uruguay, 1990b. p. 387.

[400] MONTERO BUSTAMANTE, *op. cit.*

Além da interação com essas referências nas aulas de Cervantes, Ramírez foi um leitor de Montesquieu, Alexis de Tocqueville e Jean Jacques Rousseau, conforme aponta, mais uma vez, Montero Bustamante. Este autor nos informa, ainda, que Ramírez possuía o exemplar de uma das obras de Montesquieu em sua biblioteca particular[401]. No entanto, não explicita as obras específicas dos referidos escritores europeus com as quais Ramírez teve contato. De qualquer modo, acreditamos que a obra de Montesquieu lida por Ramírez seja *O espírito das leis* (1748); e, da parte de Rousseau, *O contrato social* (1762). Já a de autoria de Tocqueville consideramos que muito provavelmente tenha sido *A democracia na América* (1835). Vários pontos dessas obras foram muito discutidos por Ramírez em seus escritos, principalmente em suas *Conferencias de Derecho Constitucional*, de 1871. Tais *Conferencias* foram, inicialmente, elaboradas por Ramírez para serem ministradas em suas aulas na Universidade, e, posteriormente, foram publicadas em vários números do periódico *La Bandera Radical*, criado por ele mesmo, conforme já indicamos.

Retornemos ao contexto no qual Ramírez escreveu seus relatos autorreferencias. Como já apontamos, era um período ainda marcado pela ocorrência das guerras civis no país, as quais o *fusionismo*, estabelecido pós-Guerra Grande, não foi capaz de conter. Toda a violência histórica só foi relativamente suprimida com o início dos governos militares, o que proporcionou uma certa "modernização capitalista" a partir do recrudescimento do autoritarismo. De qualquer modo, apesar das tentativas históricas do *fusionismo* em "fundir" os partidos políticos, o "país legal" dos "doutores" parecia ser incompatível com o "país real" caudilhista e sucumbiu a este último[402].

Nesse sentido, tais inspirações *principistas* — enquanto uma expressão propriamente uruguaia de se pensar a nação no século XIX — se estabeleceram com base em alguns elementos principais ao longo da formação político-intelectual de Ramírez. De modo complementar, foram tributárias do *fusionismo*, adquiridas por meio do contato com as aulas dos já mencionados professores universitários ao longo da década de 1860 e aprimoradas cotidianamente assentes na relação com seus amigos de infância, juventude e da Universidade[403]. Isso tudo somado aos demais referenciais nacionais e

---

[401] *Ibid.*

[402] CAETANO, Gerardo. *Historia mínima de Uruguay*. Ciudad de México: El Colegio de México: 2020. *E-book*. Primeira edição impressa em 2019. p. 71.

[403] No capítulo 2, tratamos, de modo mais aprofundado, sobre as principais bases intelectuais — a maioria delas estrangeiras, aliás — de formação dessa tendência política, os principais espaços criados, os modos de atuação de Ramírez e dos demais "doutores" que aderiram a ela e seu impacto no âmbito público e político daquele contexto.

estrangeiros que já apontamos antes, como Melchor Pacheco y Obes, Sarmiento, Bilbao e Michelet, e aos eventos e processos históricos mencionados pelo próprio Ramírez. Todos esses elementos, em maior ou menor grau, contribuíram, a nosso ver, para a construção dos parâmetros de atuação político-intelectual na cena pública que Ramírez seguiu em sua trajetória.

Nesse sentido, após voltar da guerra civil, em 1871, ainda em meio à prevalência do caudilhismo e das guerras civis, Ramírez deu continuidade ao associativismo e à atuação na imprensa já iniciados por ele em 1868, por meio de sua colaboração no jornal *El Siglo* e de sua participação na criação da Sociedad de Amigos de la Educación Popular. No entanto, passou a exercer tais atividades de modo mais intenso como forma de ampliar uma esfera pública, e fez isso a partir do rompimento com os laços partidários que teve após participar do conflito, assim como já apontamos. Dessa forma, dedicou-se a divulgar o seu projeto de construção nacional baseado na defesa do sentimento de "orientalidade", na unidade, na pacificação do país e na crítica aos partidos políticos tradicionais. Além disso, buscou ampliar uma esfera pública nacional mediante as associações e a imprensa, estas baseadas nos valores e práticas da civilidade, da sociabilidade e fraternidade políticas. Desse modo, Ramírez, em sua trajetória não tão coerente quanto ele buscava reiterar e em meio a esses processos políticos conturbados, não perdeu as esperanças a respeito de uma comunidade nacional que ainda deveria ser pacificada e construída:

> O coração, no entanto, não perde a batida,
> Nem permanece inerme ao sentimento ferido
> Por vívida emoção;
> Assim, meu ardente voto, meu religioso anseio
> Irmãos! Que sempre a bendição do céu
> Proteja a vossa união![404]

E, fazendo seu "voto de núpcias" — com o mesmo "efeito de verdade"[405] que buscou deixar registrado por meio das experiências vividas em sua trajetória e relatadas por ele —, Ramírez visou, cada vez mais, à união e à conciliação harmônica de seus "irmãos" "orientais", com base em suas sociabilidades e publicações na imprensa. Tratamos sobre tudo isso no (e a partir do) capítulo seguinte.

Em diálogo direto com Juan Antonio Oddone, analisamos todos esses pontos no capítulo seguinte. ODDONE, Juan Antonio. *El principismo del Setenta*: una experiencia liberal en el Uruguay. Montevideo: Universidad de la República Oriental del Uruguay, 1956.

[404] RAMÍREZ, Carlos María. Voto nupcial. *In*: MAGARIÑOS CERVANTES, Alejandro. Álbum de poesias. Montevideo: Imprenta a vapor de La Tribuna, 1878. p. 489, grifos nossos.

[405] Retomando a expressão de: GOMES, Ângela de Castro. Escrita de si, escrita da história: a título de prólogo. *In*: GOMES, Ângela de Castro (org.). *Escrita de si, escrita da história*. Rio de Janeiro: Editora FGV, 2004. p. 14.

CAPÍTULO 2

RAMÍREZ NA ESFERA PÚBLICA: O ASSOCIATIVISTA, O PUBLICISTA E O MEDIADOR[406]

Neste segundo capítulo, analisamos a ação publicística e associativa de Ramírez, ou seja, a sua atuação na criação de associações, periódicos e demais espaços de sociabilidade político-intelectuais, em meio ao surgimento do *principismo*[407], a partir do fim da década de 1860. Ramírez contribuiu ativamente para a criação e atuação desse grupo, o qual é considerado o "herdeiro" do *fusionismo*[408] vigente nas décadas 1850 e 1860. Desse modo, buscou, por diversos espaços de sociabilidade intelectuais criados e dirigidos por ele mesmo e com os quais colaborou, divulgar as ideias *principistas* de unidade nacional em detrimento das guerras civis ainda em curso.

Nesse sentido, a análise, neste capítulo 2, sobre como Ramírez concebeu as ideias de publicidade, associação, sociabilidade e acerca de sua valorização do âmbito público será imprescindível para compreendermos sua atuação na criação de associações, periódicos e dos seus textos publicados por meio de tais espaços. Dessa forma, foi possível apreendermos como ele entendeu a organização e existência desses ambientes enquanto

---

[406] Na linha das contribuições teórico-metodológicas acerca das ideias de "mediação cultural", proposta por Jean-François Sirinelli, e de "intelectual mediador", elaboradas e indicadas por Ângela de Castro Gomes e Patrícia Hansen. Ver: SIRINELLI, Jean-François. Os intelectuais. *In*: REMOND, René. *Por uma história política*. Tradução de Dora Rocha. 2. ed. Rio de Janeiro: Editora FGV, 2003. p. 231-262; GOMES, Ângela de Castro; HANSEN, Patrícia. Apresentação. Intelectuais, mediação cultural e projetos políticos: uma introdução para a delimitação do objeto de estudo. *In*: GOMES, Ângela de Castro; HANSEN, Patrícia (org.). *Intelectuais mediadores*: práticas culturais e ação política. Rio de Janeiro: Civilização Brasileira, 2016. p. 7-37. De modo a defender a hipótese de que a atuação de Ramírez esteve marcada por mediações culturais e político-intelectuais, realizamos uma discussão articulando tais propostas teórico-metodológicas na introdução deste livro, com as quais buscamos dialogar ao longo de todo o nosso trabalho e em consonância com as proposições de outros autores, tais como Julio Ramos e Mabel Morãna, por exemplo, conforme veremos adiante.

[407] Realizamos uma explicação inicial sobre o *principismo* na introdução e no capítulo 1 deste livro. De qualquer modo, tratamos, de forma mais aprofundada, sobre a formação de Ramírez no interior de tal agrupamento político-intelectual uruguaio neste capítulo 2.

[408] Tratamos sobre o que consistiu o *fusionismo* das décadas de 1850 e 1850 no capítulo 1.

eles próprios consistindo em uma "miniatura"[409] da nação republicana e autônoma oriental que tanto almejava. Porém, nossa atenção à atuação pública de Ramírez não se limita ao presente capítulo, estendendo-se aos demais, pelo fato de suas intervenções terem tratado sobre temas diversos e em periódicos variados, muitos deles oriundos, até mesmo, das associações que criou e das quais participou até a sua morte, em 1898.

Ao estabelecermos um diálogo constante com a bibliografia pertinente, entendemos que a prática associativa, considerando as sociabilidades que a sustentam, consistiram em uma forma de projetar e/ou criar espaços comunitários e de autogestão republicana, fraterna e "civilizada" em uma escala menor. Assim, esses próprios espaços foram um "esboço" da nação propriamente dita a ser construída, em um plano mais amplo, e Ramírez e os demais intelectuais próximos a ele utilizaram tais locais e ambientes físicos para discutir e divulgar suas propostas por meio de seus periódicos e ação política provindos de tais associações. Nesse sentido, as associações e a imprensa podem ser entendidas como meios de construção da cidadania para além do voto e dos partidos políticos, consistindo em formas de mediação entre a sociedade civil, o Estado e a Igreja Católica, mediante a ampliação de uma esfera pública baseada na "opinião"[410]. Todos esses elementos foram expressos e praticados por Ramírez não somente sob uma matriz ou tradição intelectual específica, mas por diversos "liberalismos" e "republicanismos", entrelaçados e sintetizados contextualmente entre si e mediante a mobilização de linguagens políticas variadas[411].

---

[409] Aqui, dialogamos, mais uma vez, com Heloisa Starling quando a autora recorre à ideia de *"ward-republics"*, proposta por Thomas Jefferson no contexto da independência das Treze Colônias e no processo de construção nacional e republicana estadunidense ainda no século XVIII. Nesse sentido, a "estrutura associativa" é convertida em "repúblicas em miniatura" por meio da capacidade de seus membros de se debater publicamente os interesses coletivos da nação. Ver: STARLING, Heloisa Murgel. A matriz norte-americana. *In*: BIGNOTTO, Newton (org.). *Matrizes do republicanismo*. Belo Horizonte: Editora UFMG, 2013. p. 248. Tratamos sobre essa contribuição teórica de Starling na nota número 63 da introdução deste livro.

[410] Para citar apenas algumas referências com as quais dialogamos para tratar sobre todas essas temáticas neste segundo capítulo: GONZÁLEZ BERNALDO, Pilar. *Civilidad y política en los orígenes de la nación argentina*: las sociabilidades en Buenos Aires, 1829-1862. 2. ed. Buenos Aires: Fondo de Cultura Económica, 2008; SABATO, Hilda. *Povo & política*: a construção de uma república. Tradução de Daniel da Silva Becker. Porto Alegre: EdiPU-CRS, 2011. (Série História, 59); SABATO, Hilda. Soberanía popular, ciudadanía y nación en Hispanoamérica: la experiencia republicana del siglo XIX. *Almanack Braziliense*, n. 9, p. 23-40, maio 2009. Disponível em: https://sites.usp.br/ieb/wp-content/uploads/sites/127/2016/07/almanack_09_1322176965.pdf. Acesso em: 23 jun. 2022; SABATO, Hilda. Nuevos espacios de formación y actuación intelectual: prensa, asociaciones, esfera pública (1850-1900). *In*: ALTAMIRANO, Carlos (dir.). *Historia de los intelectuales en América Latina*. Buenos Aires: Katz, 2008. v. 1, p. 387-411; HABERMAS, Jürgen. *Mudança estrutural da esfera pública*: investigações quanto a uma categoria da sociedade burguesa. Tradução de Flávio R. Kothe. Rio de Janeiro: Tempo Brasileiro, 2003.

[411] Mais especificamente em relação aos "liberalismos" e os "republicanismos", dialogamos diretamente com os seguintes autores: PALTI Elías José. *El tiempo de la política*: el siglo XIX reconsiderado. Buenos Aires: Siglo XXI Editores, 2007a; STARLING, Heloisa Murgel. A matriz norte-americana. *In*: BIGNOTTO, Newton (org.).

CARLOS MARÍA RAMÍREZ E A CONSTRUÇÃO DE UMA NOVA REPÚBLICA ORIENTAL DO URUGUAI:
ENTRE A "NAÇÃO IDEAL" E A "NAÇÃO REAL" (1868-1898)

Para isso, analisamos a sua atuação em diversos periódicos e associações político-intelectuais, tais como: a Sociedad de Amigos de la Educación Popular, de 1868 em diante, e os discursos e publicações feitas nesse e por meio desse espaço; o ensaio *La guerra civil y los partidos políticos de la República Oriental del Uruguay* (1871), o qual circulou não somente no Uruguai, mas também na Argentina e no Sul do Brasil; o Club Radical, o *Partido Radical* e o porta-voz dessas associações, o *La Bandera Radical*[412], entre 1870 e 1871; o Club Racionalista e o manifesto que marcou a fundação desta associação, a *Profesión de fe racionalista* (1872); e, em menor grau, o *Ateneo*, e os artigos de Ramírez publicados em seus anais.

2.1 Esfera pública, imprensa e associativismo políticos na construção da nação republicana

> Peça a um historiador que imagine um mundo sem dimensão temporal e descobrireis, em seu rosto, sinais de contrariedade e angústia comparáveis às reações que poderia provocar em um intelectual do século XIX o fato de se supor uma sociedade sem nação.[413]

A epígrafe que inicia este capítulo não poderia ser mais propícia para este livro, pois Ramírez, como vimos analisando, atuou política e intelectualmente em prol da construção da nação oriental *na e pela* esfera pública. A partir do fim da década de 1860, é possível percebermos uma intensificação, em sua trajetória intelectual, de sua prática associativa, além de ter se empenhado em divulgar suas propostas por canais próprios no âmbito público, criados e mantidos mediante suas sociabilidades intelectuais.

Matrizes do republicanismo. Belo Horizonte: Editora UFMG, 2013. p. 231-314; CAETANO, Gerardo. Genealogías de la política uruguaya moderna: el liberalismo como "concepto fundamental" y su primacía sobre el republicanismo en el siglo XIX. *Claves*: Revista de Historia, n. 2, p. 111-143, ene./jun. 2016; GALLARDO, Javier. Las ideas republicanas en los orígenes de la democracia uruguaya. *Araucaria*: Revista Iberoamericana de Filosofía, Política y Humanidades, v. 5, n. 9, p. 3-44, 2003; Para um panorama mais amplo sobre história, origens, desenvolvimento e declínio do conceito de "liberalismo", e seus usos na América Latina entre os séculos XIX e XX, ver: CASTRO, Flaviola Rivera. El liberalismo en América Latina. *In*: COSTA, Adriane Vidal; PALTI, Elías J. *História intelectual e circulação de ideias na América Latina nos séculos XIX e XX.* Belo Horizonte: Fino Traço, 2021. p. 114-136; Ver também: ÁVILA, Alfredo. Liberalismos decimonónicos: de la historia de las ideas a la historia cultural e intelectual. *In*: PALACIOS, Guillermo (org.). *Ensayos sobre la nueva historia política de América Latina*: siglo XIX. [México]: El Colegio de México, 2007. p. 111-145. JSTOR. DOI 10.2307/j.ctv47w53q.

[412] Como será possível notar mais adiante, a maior parte deste capítulo será dedicada a esse periódico, pois foi por meio dele, em nossa visão, que Ramírez atuou de forma mais perceptível política e intelectualmente em prol da consolidação da nação republicana, mediante a defesa da afirmação de uma esfera pública no Uruguai do século XIX. Nesse sentido, neste capítulo 2, analisamos vários artigos de Ramírez publicados no referido periódico. Já no capítulo 3, no qual nos debruçamos sobre o Ramírez "jurista", analisamos as suas *Conferencias de Derecho Constitucional*, as quais foram resultado das aulas que ministrou na Universidade e publicadas por ele também por meio de *La Bandera Radical*.

[413] GONZÁLEZ BERNALDO, Pilar. *Civilidad y política en los orígenes de la nación argentina*: las sociabilidades en Buenos Aires, 1829-1862. 2. ed. Buenos Aires: Fondo de Cultura Económica, 2008. p. 27.

No entanto, os conceitos de esfera pública, sociabilidades e associativismo praticamente não foram utilizados pela historiografia para se pensar a construção da nação no Uruguai do século XIX, em termos de aporte teórico-metodológico, com algumas gratas exceções[414]. Nesse sentido, ao nos centrarmos na atuação político-intelectual de Ramírez e sua intensa atividade pública e associativa, ocorrida na segunda metade do Oitocentos, também mobilizamos o conceito de "sociabilidades"[415] vinculado ao estudo das associações e da imprensa periódica. Todos esses pontos são essenciais, a nosso ver, para analisarmos a constituição da esfera pública enquanto elemento de construção da nação republicana e da unidade nacional uruguaias.

Dito isso, acreditamos ser necessária uma breve discussão teórico-metodológica sobre tais conceitos e suas inter-relações. Concebemos que isso é pertinente para indicar o caminho que seguiremos ao analisar a atuação político-intelectual de Ramírez e sua relação com os espaços de sociabilidade político-intelectuais utilizados por ele para realizar as mediações entre Estado, Igreja e outras associações e setores da sociedade civil, e a difusão de seu projeto político-intelectual de nação.

Primeiramente, em relação à ideia de esfera pública, parece ser consenso que o filósofo político alemão Jürgen Habermas tenha sido o pioneiro em relação à sua utilização, acrescentando à expressão o termo "burguesa"[416]. Para Habermas,

---

[414] A exemplo dos trabalhos de Wilson González Demuro e Murilo Dias Winter, autores que se dedicaram mais aos processos de mudança da esfera pública e da opinião pública do início do século XIX uruguaio, ainda no contexto da independência da então Província Cisplatina. Ver: DEMURO, Wilson González. "Un juez severo a quien temen aun los Gobiernos más despóticos": el concepto de opinión pública en la prensa oriental durante la revolución (1810-1820). *Humanidades*: Revista de la Universidad de Montevideo, n. XII, p. 97-124, 2013; WINTER, Murilo Dias. Debates nas esferas públicas: transformações da opinião na imprensa periódica da província Cisplatina (1821-1828). *Revista Latino-Americana de História [da] /PPGH-UNISINOS*, v. 3, n. 10, p. 24-43, ago. 2014. Ver, ainda, o estudo de João Paulo Pimenta sobre a construção da identidade oriental por meio dos debates estabelecidos na imprensa, também no contexto do processo de independência desse país: PIMENTA, João Paulo G. Província Oriental, Cisplatina, Uruguai: elementos para uma história da identidade oriental (1808-1828). *In*: PAMPLONA, Marco A.; MÄDER, Maria Elisa (org.). *Revoluções de independências e nacionalismos nas Américas*: região do Prata e Chile. São Paulo: Paz e Terra, 2007. p. 27-55.

[415] Em nosso livro, dialogamos mais direta e especificamente com os trabalhos de Pilar González Bernaldo e Hilda Sabato para tratar sobre a ideia de "sociabilidade" vinculada à de "associação", conforme veremos a seguir. No entanto, também estamos cientes de outras contribuições relevantes mais gerais a respeito desses conceitos e objetos, próprias da historiografia francesa, tais como: AGULHON, Maurice. *Política, imágenes, sociabilidades*: de 1789 a 1989. Ed. e introd. De Jordi Canal. Tradução de Francisco Javier Ramón Solans. Zaragoza: Prensas de la Universidad de Zaragoza, 2016; RIOUX, Jean-Pierre. A associação em política. *In*: REMOND, René (org.). *Por uma história política*. Tradução de Dora Rocha. 2. ed. Rio de Janeiro: Editora FGV, 2003. p. 99-139.

[416] Sobre as análises sobre o conceito de "esfera pública" criado por Habermas e as críticas a ele, ver: GUERRA, François-Xavier; LEMPÈRIÉRE, Annick (org.). *Los espacios públicos en Iberoamérica*: ambiguedades y problemas. Siglos XVIII-XIX. Nueva edición. México: Fondo de Cultura Económica; Centro de Estudios Mexicanos y Centroamericanos, 2008. *En línea*. Disponível em: https://books.openedition.org/cemca/1450. Acesso em: 10 fev. 2020. PICCATO, Pablo. A esfera pública na América Latina: um mapa da historiografia. *Revista Territórios & Fronteiras*, Cuiabá, v. 7, n. 1, p. 6-42, jan./jun. 2014.

> A esfera pública burguesa pode ser entendida inicialmente como a esfera das pessoas privadas reunidas em um público; elas reivindicam esta esfera pública regulamentada pela autoridade, mas diretamente contra a própria autoridade, a fim de discutir com ela as leis gerais da troca na esfera fundamentalmente privada, mas publicamente relevante [...]. O meio desta discussão política não tem, de modo peculiar e histórico, um modelo anterior: a racionalização pública.[417]

Essa esfera pública, segundo Habermas, teria surgido ainda no século XVIII. Foi sustentada por esse "raciocínio público"[418], movida por indivíduos privados passando a ter como lugar a cidade. Nesse sentido, "a esfera pública política provém da literária; ela *intermedia*, através da opinião pública, o Estado e as necessidades da sociedade"[419].

Não obstante Habermas utilize, em alguns momentos, o termo "sociabilidade" para tratar a respeito da constituição da esfera pública política, o filósofo alemão não se debruça de forma mais aprofundada sobre o que entende a respeito do conceito. Em nossa visão, outros autores contribuem para pensarmos uma relação profícua que a complementaridade entre "esfera pública", "opinião pública", "sociabilidades" e "associativismo" pode proporcionar à análise da construção da nação republicana na América Latina, na região do Rio da Prata e no Uruguai, como é o nosso caso. Estamos nos referindo, de modo mais específico, a uma parte da historiografia argentina recente que trata sobre a articulação entre todos esses conceitos anteriormente mencionados e que tem, como principais expoentes, a nosso ver, os trabalhos de Pilar González Bernaldo[420] e Hilda Sabato[421].

Pilar González Bernaldo concilia o conceito de "sociabilidades" com a ideia de "associatividade", à luz das formulações pioneiras de Maurice Agulhon e das proposições teóricas de Habermas a respeito da história da

---

[417] HABERMAS, Jürgen. *Mudança estrutural da esfera pública*: investigações quanto a uma categoria da sociedade burguesa. Tradução de Flávio R. Kothe. Rio de Janeiro: Tempo Brasileiro, 2003. p. 42.

[418] *Ibid.*, p. 44.

[419] *Ibid.*, p. 46, grifo nosso.

[420] GONZÁLEZ BERNALDO, Pilar. *Civilidad y política en los orígenes de la nación argentina*: las sociabilidades en Buenos Aires, 1829-1862. 2. ed. Buenos Aires: Fondo de Cultura Económica, 2008; GONZÁLEZ BERNALDO, Pilar. Sociabilidad y opinión pública en Buenos Aires (1821-1852). *Historia Contemporánea*, n. 27, p. 663-694, 2003.

[421] SABATO, Hilda. *Povo & política*: a construção de uma república. Tradução de Daniel da Silva Becker. Porto Alegre: EdiPUCRS, 2011. (Série História, 59); SABATO, Hilda. Soberanía popular, ciudadanía y nación en Hispanoamérica: la experiencia republicana del siglo XIX. *Almanack Braziliense*, n. 9, p. 23-40, maio 2009. Disponível em: https://sites.usp.br/ieb/wp-content/uploads/sites/127/2016/07/almanack_09_1322176965.pdf. Acesso em: 23 jun. 2022; SABATO, Hilda. Nuevos espacios de formación y actuación intelectual: prensa, asociaciones, esfera pública (1850-1900). *In*: ALTAMIRANO, Carlos (dir.). *Historia de los intelectuales en América Latina*. Buenos Aires: Katz, 2008. v. 1, p. 387-411.

"esfera pública", o que nos proporciona elementos consideráveis para lidar com esse tema. A autora considera a ideia de nação "fortemente polissêmica", que esta só pode ser compreendida pelas "combinatórias semânticas"[422] engendradas pelas disputas político-históricas empreendidas pelas elites culturais. Esses significados se dariam, assim, com base em suas tentativas de monopolização do espaço público e das instituições representativas "a partir das quais se formula um discurso sobre a nação que serve para legitimar a construção do Estado que empreendem essas mesmas elites"[423].

Embora concordemos com as proposições da historiadora argentina, acreditamos ser necessário ressaltar, em diálogo com Wilson Gomes[424], que ainda preferimos utilizar o termo "esfera pública" a "espaço público" para nos remetermos à sua correspondente iluminista, a qual ainda estaria inscrita em Ramírez, a nosso ver. Ramírez e os demais escritores e publicistas uruguaios praticaram a sociabilidade político-intelectual se reunindo em espaços físicos, como o Club Universitario, a Universidade e os ambientes editoriais dos periódicos, de modo a debater e publicar suas propostas a respeito da criação de outros espaços públicos materiais. Um deles foi a construção de escolas, por exemplo. Mas, a nosso ver, faziam-no por meio de um lócus imaterial, no qual o debate político sobre o âmbito público se desenvolvia[425]. Além disso, expressou-se tanto por meios e termos oficiais quanto informais ("expressão pública", "opinião pública", o debate público, no sentido da "contraposição" argumentativa)[426].

De qualquer modo, ainda seguindo as indicações de Agulhon, González Bernaldo defende "a noção de sociabilidade como 'princípio das relações entre as pessoas' ou a aptidão dos homens para viver em sociedade'"[427]. Desse modo, pressuporia todo tipo de relações humanas, desde aquelas baseadas na "afabilidade" à, até mesmo, violência[428]. Embora a autora se centre no caso argentino, seus trabalhos auxiliam-nos totalmente para analisarmos como Ramírez atuou no Uruguai na segunda metade do século XIX.

---

[422] GONZÁLEZ BERNALDO, Pilar. *Civilidad y política en los orígenes de la nación argentina*: las sociabilidades en Buenos Aires, 1829-1862. 2 ed. Buenos Aires: Fondo de Cultura Económica, 2008. p. 31.

[423] *Ibid.*

[424] GOMES, Wilson. Apontamentos sobre o conceito de esfera pública política. *In*: MAIA, Rousiley; CASTRO, Maria Ceres Pimenta Spínola (org.). *Mídia, esfera pública e identidades coletivas*. Belo Horizonte: Editora UFMG, 2006. p. 55.

[425] Ainda dialogando com as proposições de: GOMES, *op. cit.*, p. 55.

[426] *Ibid.*, p. 56-58.

[427] GONZÁLEZ BERNALDO, *op. cit.*, p. 35, aspas da autora.

[428] *Ibid.*

Acreditamos que tratar da ideia de "sociabilidade" enquanto a "aptidão" ou "disposição" dos homens em se reunirem para a constituição de associações seja pertinente, pois, como já destacamos e trataremos adiante, esses termos são recorrentes nos textos e práticas de Ramírez como forma de esse intelectual projetar e construir a nação "ideal". De modo mais específico, o publicista sempre procurou reiterar a defesa das ideias de "sociabilidade", "associação", "civil"/"civilidade" (aqui entendido enquanto "cortesia" e "civismo") e "civilização", quando propunha seu projeto de nação republicana. Além disso, atribuía o mesmo significado semântico a todos eles, relacionando-os ao âmbito público, coletivo[429].

Desse modo, Ramírez reuniu todos esses termos e valores, materializando-os nas associações e periódicos dos quais participou em sua atuação político-intelectual e até como um meio de exercitar uma "pedagogia cívica", um "aprendizado da nação"[430], conforme já propomos brevemente no capítulo 1. Dialogando com González Bernaldo, concordamos com a autora quando argumenta que as associações, por meio de suas formas de sociabilidade, consistiram em meios de representar e difundir novas expressões da "sociedade nacional", esta formada por indivíduos que praticam e defendem o "aprendizado da coisa pública"[431]. Assim, "Essas práticas se inclinam a uma nação que tende a definir-se como 'sociedade civil' no duplo sentido: de sociedade de direito a sociedade civilizada"[432].

Nesse sentido, Hilda Sabato estabelece uma análise a respeito desses elementos de forma convergente ao entendimento de González Bernaldo, em nossa concepção. Ao pensar a construção da nação, da cidadania e do republicanismo no século XIX, a autora trata sobre como os debates e polêmicas político-intelectuais do período se relacionaram com as disputas acerca das formas organizativas dos Estados nacionais independentes e suas instituições:

> Os debates e as lutas em torno do centralismo/confederacionismo/federalismo; da divisão ou não de poderes; da legitimidade dos poderes extraordinários e até da ditadura;

---

[429] González Bernaldo observou a mesma coisa em seus trabalhos, os quais contribuíram e têm contribuído totalmente para que percebamos questões parecidas ao analisarmos e identificarmos os significados presentes na trajetória e obra de Ramírez no Uruguai.

[430] Mais uma vez em diálogo com: GONZÁLEZ BERNALDO, Pilar. Pedagogía societaria y aprendizaje de la nación en el Río de la Plata. *In*: ANNINO, Antonio; XAVIER GUERRA, François (org.). *Inventando la nación*: Iberoamérica, siglo XIX. México: Fondo de Cultura Económica, 2003. p. 565-589.

[431] GONZÁLEZ BERNALDO, Pilar. *Civilidad y política en los orígenes de la nación argentina*: las sociabilidades en Buenos Aires, 1829-1862. 2. ed. Buenos Aires: Fondo de Cultura Económica, 2008. p. 36.

[432] *Ibid.*, p. 37, aspas da autora.

do presidencialismo e o parlamentarismo; e, também, dos alcances e limites da cidadania estavam *no centro da problemática da nação.* Ao longo do século XIX se ensaiaram variantes muito diversas, mas quase todas elas, reitero, *dentro de marcos que se consideravam republicanos.*[433]

Apesar das divergências a respeito de quem realizava a função de supervisionar o governo, e a forma como essa era exercida, esses espaços, de forma geral, podem ser concebidos na função de canais de relação e de mediação entre o povo e a política, conforme também defende Hilda Sabato. Nesse sentido, como expressão da coletividade dos cidadãos em prol de um bem comum, baseados na igualdade e na racionalidade, consistia em um antagonismo às formas de sociabilidade tradicionais, de caráter hierárquico das monarquias e das ordens religiosas, demarcando, assim, sua capacidade de difundir o livre pensamento e opinião na esfera pública[434].

A partir de meados do século XIX, com a formação de uma sociedade civil relativamente autônoma, após a queda de Rosas, a atividade associativa foi se tornando cada vez mais expressiva enquanto um canal de ação coletiva, no contexto de consolidação das nações rio-pratenses e relativamente independentes dos órgãos estatais. Tanto as associações quanto a imprensa despontaram como meios de aproximação entre vários setores sociais, consistiram em espaços "de práticas igualitárias e fraternas, assim como de desenvolvimento e expressão da cortejada *opinião pública*"[435].

Nesse sentido, atuavam como um "tecido conectivo", visando "construir laços de pertencimento e solidariedade"[436], enfim, a expressão de "[...] uma sociedade livre, moderna, democrática e solidária; concepção que se inspirava em diversas fontes ideológicas, mas que coincidiam em celebrar a fraternidade humana encarnada no associativismo voluntário."[437] Sobre o caso argentino, Sabato destaca que

> Para além de sua composição e de seus fins específicos, as instituições e suas lideranças foram definindo espaços comuns de atuação e interconexão; dialogavam entre si e

---

[433] SABATO, Hilda. Soberanía popular, ciudadanía y nación en Hispanoamérica: la experiencia republicana del siglo XIX. *Almanack Braziliense*, n. 9, p. 23-40, maio 2009. p. 26, grifos nossos. Disponível em: https://sites.usp.br/ieb/wp-content/uploads/sites/127/2016/07/almanack_09_1322176965.pdf. Acesso em: 23 jun. 2022.

[434] SABATO, Hilda. *Povo & política*: a construção de uma república. Tradução de Daniel da Silva Becker. Porto Alegre: EdiPUCRS, 2011. (Série História, 59). p. 69-71.

[435] *Ibid.*, p. 77, grifos da autora.

[436] *Ibid.*, p. 78

[437] *Ibid.*

> desenvolviam um *intercâmbio e uma circulação muito intensos entre as associações*, que transcendiam os limites de cada localidade para adquirir, em muitos casos, *dimensões nacionais*. Utilizavam o *espaço da imprensa* periódica para convocar e informar seus sócios e, também, o restante da população. *Constituíam-se, desse modo, na voz concreta desse público que buscavam representar.*[438]

Desse modo, a fraternidade, exercida em tais espaços, pressupunha a solidariedade comum em prol da nação, uma "camaradagem horizontal", que conotaria a "comunidade" nacional a ser construída, nos termos de Benedict Anderson.[439] Nessa comunicação entre várias associações e espaços político-intelectuais diversos, Sabato destaca a imprensa. Com um papel tão relevante quanto o das associações, a imprensa foi concebida como "[...] necessidade para quem quisesse possuir presença política, defender sua opinião, pressionar por seus interesses".[440] A imprensa teve funções para além da mera informação, possuiu um caráter político em meio à construção da nação republicana, de uma sociedade racional e ilustrada[441]:

> Em suma, jornais e associações não apenas atuaram no campo das representações, proteção e defesa dos interesses e opiniões de suas bases, mas também constituíram uma densa trama de relações e intercâmbios. [...] A imprensa e o movimento associativo se consideravam, além disso, *pilares do mundo moderno e do progresso* e, portanto, viam a si mesmos como partícipes da mesma *empresa civilizatória*. Estavam convencidos de seu papel como *formadores e, ao mesmo tempo, representantes da opinião pública* e, a partir desta posição, promoveram e contribuíram para criar um conjunto de práticas de mobilização que foram características deste período [...].[442]

Nesse sentido, percebemos, ao longo deste capítulo 2 — e não somente — que Ramírez, mesmo afirmando recorrentemente ser um "liberal", fazia uso de diversas vertentes do republicanismo, incluindo as mais contemporâneas a ele ou não. Isso, a nosso ver, tem relação com toda a discussão que fizemos até este momento, pois está ligada à sua atuação político-intelectual

---

[438] SABATO, Hilda. *Povo & política*: a construção de uma república. Tradução de Daniel da Silva Becker. Porto Alegre: EdiPUCRS, 2011. (Série História, 59). p. 79, grifos nossos.

[439] ANDERSON, Benedict. *Comunidades imaginadas*: reflexões sobre a origem e a difusão do nacionalismo. Tradução de Denise Bottman. São Paulo: Companhia das Letras, 2008. p. 34.

[440] SABATO, *op. cit.*, p. 81.

[441] *Ibid.*

[442] *Ibid.*, p. 83, grifos nossos.

em prol da construção nacional, estabelecida por meio das associações e da imprensa. Desse modo, para compreendermos como se deram, de modo mais específico, tais usos, também recorremos ao que propõe Elías Palti em relação às possibilidades de ter havido uma "presença subterrânea de um universo de ideias republicanas"[443], na segunda metade do século XIX, as quais teriam coexistido com as de tradição liberal. Assim, a coexistência de tais tradições teria resultado em "aporias", e ambas estiveram inscritas em contingências próprias das ordens institucionais "pós-tradicionais"[444].

Desse modo, as inter-relações entre a imprensa e as associações, no século XIX, mostram-se caras para compreendermos melhor como Ramírez prezou por tais espaços, de modo a concebê-los como canais propícios a difundir suas ideias a respeito da pacificação, da unidade e da construção político-institucional da nação oriental naquele contexto.

2.2 Do privado ao público: os usos da linguagem cristã e das metáforas da família para a construção da nação republicana[445]

Além do que analisamos anteriormente a respeito das relações entre a esfera pública, a sociabilidade e a prática associativa, percebemos que Ramírez se utilizou de elementos religiosos para compor suas propostas a respeito da nação republicana que buscou construir. Embora a intenção do intelectual tenha sido a de endossar os hábitos públicos capazes de forjar o cidadão republicano moderno da nova nação oriental, identificamos,

---

[443] PALTI, Elías José. Las polémicas en el liberalismo argentino: sobre virtud, republicanismo y lenguaje. *In*: RIVERA, José Antonio Aguilar; ROJAS, Rafael (org.). *El republicanismo en Hispanoamérica*: ensayos de historia intelectual y política. México: Fondo de Cultura Económica, 2002. p. 172. Também dialogamos diretamente com Gerardo Cateano e Javier Gallardo sobre o caso uruguaio ao longo de nossa pesquisa. CAETANO, Gerardo. Genealogías de la política uruguaya moderna: el liberalismo como "concepto fundamental" y su primacía sobre el republicanismo en el siglo XIX. *Claves*: Revista de Historia, n. 2, p. 111-143, ene./jun. 2016; GALLARDO, Javier. Las ideas republicanas en los orígenes de la democracia uruguaya. *Araucaria*: Revista Iberoamericana de Filosofía, Política y Humanidades, v. 5, n. 9, p. 3-44, 2003; Conforme veremos, Ramírez utilizou-se de postulados elaborados por diversos autores pertencentes a cada uma dessas duas tradições, tendo sido, em maior ou menor grau, os de Montesquieu, os da tradição grega e da italiana, como representantes do republicanismo, e John Stuart Mill e Adam Smith, do liberalismo, embora não tenha citado todos eles diretamente em seus escritos. Como um "meio-termo" entre eles, mobilizou, a nosso ver, algumas linguagens da teoria de Tocqueville, como a do "interesse bem compreendido", de modo a, assim como o autor francês, tentar unir a abnegação da virtude cívica com a ideia utilitarista do interesse. Realizamos esse entendimento com base em nosso diálogo com o historiador argentino Natalio Botana, ao longo deste terceiro capítulo.

[444] PALTI, *op. cit.*, p. 209.

[445] Parte das reflexões constantes neste capítulo foram publicadas anteriormente em forma de artigo. Conferir: DIANA, Elvis de Almeida. Da tradição ao moderno, do privado ao público: linguagens políticas, metáforas e mediações político-culturais em Carlos María Ramírez na construção da nação republicana uruguaia no Oitocentos. *Outros Tempos*: Pesquisa em Foco - História, v. 20, n. 36, p. 1-31, 2023. DOI 10.18817/ot.v20i36.1021.

em seus textos, os usos de uma linguagem que remetia à tradição cristã e católica. Benedict Anderson já havia tratado sobre a continuidade de elementos culturais ainda ligados às comunidades religiosas no momento da construção das nações. Para o autor estadunidense, não se tratou de uma mera substituição da estrutura religiosa pelo nacionalismo após o declínio daquelas. Na verdade, disse respeito ao sentimento nacional ter se alinhado a sistemas culturais anteriores no tempo, "e a partir dos quais ele surgiu, inclusive para combatê-los"[446]. Assim, para Anderson, o fenômeno do nacionalismo não teria se vinculado conscientemente a ideologias políticas como o liberalismo ou o marxismo, por exemplo[447].

Nesse sentido, após o lento processo de declínio do latim enquanto "língua da verdade ontológica", da ordem monárquica enquanto algo representativo da "graça cosmológica" ou "divina", e da indissociabilidade entre essa "cosmologia" e a história, foi necessário que houvesse a apreensão de outros modos de fundir o tempo, a fraternidade e o poder[448]. E isso foi possível graças ao que Anderson denominou de "capitalismo editorial", com seu "impulso vernaculizante" como responsável pela conexão maior entre os indivíduos e o seu pensar sobre as novas formas de coletividade nacional[449].

Desse modo, concordamos com Anderson sobre isso, mas fazemos isso de forma matizada: no caso de Ramírez, tais aproximações a ordens anteriores, como a cristã/católica, foram expressas com base em linguagens políticas relacionadas àquelas, mas mobilizadas e ressignificadas na esfera pública, de modo a contribuir com o debate sobre a unidade e a construção nacionais uruguaias. Além disso, o publicista oriental não visava ao lucro com a criação dos periódicos; estes tinham a finalidade de formar politicamente a opinião pública, e a renda das vendas foi revertida para a causa da educação pública empreendida por ele e os demais intelectuais, por meio da Sociedad de Amigos de la Educación Popular.

Além disso, levamos em consideração o que propõe Gerardo Caetano, em diálogo teórico com Micheline Milot, sobre como, na segunda metade do século XIX uruguaio, as expressões relativas à "fé cívica" e à "moral laica" surgiram como uma das vertentes que compuseram o que o autor denomina de

---

[446] ANDERSON, Benedict. *Comunidades imaginadas*: reflexões sobre a origem e a difusão do nacionalismo. Tradução de Denise Bottman. São Paulo: Companhia das Letras, 2008. p. 39.

[447] *Ibid.*, p. 35-39.

[448] *Ibid.*, p. 69-70.

[449] *Ibid.*

"cultura laicista" nesse país[450]. Dentro desse contexto de "modernização liberal republicana", diz Caetano, surgiram expressões que conotavam os "substitutos laicos" da Igreja, a qual já se mostrava deslocada em meio ao processo de "privatização do religioso" e na constituição do novo espaço público moderno[451].

Desse modo, entendemos que Ramírez se aproximou mais dessa linha proposta por Caetano e, nesse sentido, conforme veremos, mobilizou linguagens que, a princípio, seriam mais próprias da tradição cristã, a exemplo de "fé", "evangelho", "missão", "sacrifício", "abnegação", "catecúmeno" etc., para expressar um novo tempo e construir a nação republicana uruguaia. Tais recursos linguísticos, mobilizados pelo publicista uruguaio, além de estarem relacionados à consolidação de uma esfera pública, da sociabilidade e da prática associativa que pressuporiam a nação moderna, teriam expressado sua intenção de propor tais "substitutos laicos" como fundamento essencial para a refundação nacional oriental.

Tais usos, assim, se deram ao longo de vários escritos seus, sobre as mais diversas temáticas, sendo elas a educação, o Direito, a prática associativa e a história, elaborados dentro das associações e publicados pelos periódicos ligados a tais espaços. Também agiu dessa forma quando tratou explicitamente acerca da defesa da "fé racionalista", sobre a qual tratamos mais adiante ainda neste capítulo, e sobre a separação entre Igreja e Estado, conforme analisamos melhor no capítulo 3.

Além da recorrência à linguagem cristã, Ramírez utilizou metáforas que relacionavam a mulher, a família e a nação oriental em vários escritos, em maior ou menor grau. E, sobre tal relação entre a imagem da nação a ser construída com as mulheres e a família, dialogamos com Inés de Torres. A autora argumenta que tais vínculos simbólicos foram recursos muito utilizados na literatura uruguaia ao longo do século XIX e indicavam uma forma de representação de família de caráter patriarcal. Desse modo, a

---

[450] CAETANO, Gerardo. Laicidad, ciudadanía y política en el Uruguay contemporáneo: matrices y revisiones de una cultura laicista. *Revista Cultura & Religión*, v. 7, n. 1, p. 116-139, 30 dic. 2013b. p. 120. Disponível em: https://www.revistaculturayreligion.cl/index.php/revistaculturayreligion/article/view/370. Acesso em: 23 jun. 2022.

[451] *Ibid.*, p. 119.

nação era "imaginada"[452] como uma "grande família"[453]. Para De Torres, a nação não teria somente um caráter de romance — e, nesse ponto, a autora deixa clara sua discordância com Doris Sommer —, mas enquanto um relato propriamente dito da nação como essa "grande família"[454]. Conforme argumenta a autora uruguaia:

> A construção de um relato do nacional que funda suas raízes em um discurso do familiar patriarcal constitui uma peça--chave para a sua naturalização. No século XIX, a nação é um espaço a inventar. A família de raiz patriarcal, por sua vez, é uma noção que precede histórica e culturalmente à de nação. Unir as raízes do nacional com as do familiar patriarcal permitiu uma legitimação simbólica *tradicional* para esse artefato *moderno* que era a nação; uma legitimação ainda mais eficaz por que apresentava o âmbito do que se entendia como privado (a família) como o fundamento para uma projeção do público entendido como o estatal (o Estado-nação).[455]

Assim, o estabelecimento do âmbito público moderno — o Estado e a nação republicana — prescindia dos elementos privados tradicionais — a família. Daí que, assim como fez em relação aos usos dos elementos da tradição cristã para a criação de uma nação republicana dotada de "moral laica" e "fé cívica", Ramírez, como mostramos adiante, também mobilizou os símbolos privados, relacionados à família, para a construção do âmbito público e do Estado uruguaio.

Ainda dialogando com De Torres, concordamos com a autora no que diz respeito à utilização, por parte dos intelectuais uruguaios do século XIX — mas não só —, de elementos próprios de vertentes literárias europeias, tais como o neoclassicismo e o romantismo. Nesse sentido, a linguagem neoclássica contribuiu para se pensar o "normativo", o "dever ser", ou seja, estava ligada às expressões e às ideias relacionadas a termos morais e legais, como "Constituição", "justiça" e "concórdia", além de forne-

---

[452] No trabalho de De Torres que citamos, a autora dialoga diretamente com Benedict Anderson, ao qual a referência da "comunidade imaginada" é creditada, além de recorrer às considerações de Ángel Rama para pensar a construção de uma ordem de discurso intelectual e cultural no Uruguai do Oitocentos. DE TORRES, María Inés. *¿La nación tiene cara de mujer?: mujeres y nación en el imaginario letrado del Uruguay del siglo XIX*. Bernal: Universidad Nacional de Quilmes, 2013. p. 20. Para uma análise mais relacionada à questão da participação político-social das mulheres nos processos de construção nacional e da cidadania ao longo do tempo, além da intersecção com os debates sobre etnia e classe, ver: WALBY, Sylvia. A mulher e a nação. *In*: BALAKRISHNAN, Gopal. *Um mapa da questão nacional*. Tradução de Vera Ribeiro. Rio de Janeiro: Contraponto, 2000. p. 249-269.

[453] DE TORRES, *op. cit.*, p. 20.

[454] *Ibid.*, p. 20.

[455] *Ibid.*, grifos da autora.

cer imagens sobre os heróis nacionais[456]. Por outro lado, os componentes românticos privilegiaram o "ser", em termos de uma independência cultural, da liberdade a ser conquistada. Desse modo, segundo De Torres, "entre essas duas linguagens, o residual da retórica neoclássica e o emergente da retórica romântica, é que se gestam os relatos nacionais do século [XIX] no Rio da Prata"[457].

Nesse sentido, em Ramírez, os elementos necessários para a construção de uma organização política moderna no Uruguai do século XIX provinham, também, da tradição, surgiam do interior desta para se fazerem palatáveis ao povo e propor o Estado, a nação e a esfera pública uruguaios modernos[458]. Em outros termos, ao mobilizar tais elementos anteriores ao Estado e ao âmbito público, os quais eram mais próximos do entendimento e da vivência populares, Ramírez buscava, por meio da linguagem política cristã e das metáforas sobre a família, aproximar-se de tais setores e, assim, formar uma opinião pública a respeito do que argumentava em suas intervenções. Assim, entendemos que o intelectual oriental, assente nesses "substitutos laicos" e recursos simbólicos, realizou uma ação de mediação político-intelectual em seu momento de escrita e atuação político-intelectual em prol da construção da nação republicana moderna no Uruguai, conforme veremos. Desse modo, analisaremos, primeiramente, sua participação no Club Universitario e a criação da Sociedad de Amigos de la Educación Popular, resultante dos encontros realizados nessa associação no fim da década de 1860.

2.3 O espírito universitário, a ideia educacional e a nação: o Club Universitario e a Sociedad de Amigos de la Educación Popular (1868)

Ramírez iniciou sua atuação pública a partir de 1868, inicialmente por meio de sua breve colaboração no jornal *El Siglo*, em seguida no Club

---

[456] DE TORRES, María Inés. *¿La nación tiene cara de mujer?*: mujeres y nación en el imaginario letrado del Uruguay del siglo XIX. Bernal: Universidad Nacional de Quilmes, 2013. p. 21.

[457] *Ibid.*, inserção nossa.

[458] Sobre essa coexistência de várias ideias e temporalidades diversas, aparentemente divergentes em um mesmo contexto e suas "aporias" inerentes, consideramos, também, os trabalhos de Elías Palti a respeito do tema, em especial os seguintes: PALTI, Elías José. *El tiempo de la política*: el siglo XIX reconsiderado. Buenos Aires: Siglo XXI Editores, 2007a; PALTI, Elías José. Historia de ideas e historia de lenguajes políticas: acerca del debate en torno a los usos de los términos "pueblo" y "pueblos". *Varia Historia*, Belo Horizonte, v. 21, n. 34, p. 325-343, jul. 2005. Disponível em: https://www.scielo.br/j/vh/a/ZpL83bgMVppXjqqRtqHNMHz/?format=pdf&lang=es. Acesso em: 23 jun. 2022; PALTI, Elías José. Las polémicas en el liberalismo argentino: sobre virtud, republicanismo y lenguaje. *In*: RIVERA, José Antonio Aguilar; ROJAS, Rafael (org.). *El republicanismo en Hispanoamérica*: ensayos de historia intelectual y política. México: Fondo de Cultura Económica, 2002. p. 167-209.

Universitario.[459] Essa associação, também conhecida como Sociedad Universitaria, foi fundada por jovens intelectuais em 5 de setembro de 1868, com o apoio de muitos professores universitários da época. Conforme defende Arturo Ardao, esse espaço pode ser considerado o pioneiro no que tange à iniciativa associativa empreendida por membros do setor universitário no país, revigorando, assim, a atuação da Universidade uruguaia naquele contexto. Ainda segundo o autor, esse espaço teve esse nome até a segunda metade de 1877, quando houve a sua fusão com outros de caráter cultural, como, por exemplo, o Ateneo del Uruguay, dando origem, assim, ao Ateneu de Montevidéu, existente até hoje em dia[460].

Foi dentro desse espaço que se deu a criação de outra associação, a Sociedad de Amigos de la Educación Popular, impulsionada, principalmente, pela iniciativa de Ramírez, José Pedro Varela e Elbio Fernández. Também foi apoiada por vários outros intelectuais do período, tais como Emilio Romero, Francisco Antonio Berra e Eduardo Brito del Pino. O resultado inicial foi a formação de uma comissão de caráter provisório, da qual fizeram parte esses e outros integrantes, e que teve Fernández como presidente, e Ramírez e Varela na função de secretários[461].

Esses também foram um dos maiores colaboradores de outros periódicos e associações criados por Ramírez, tais como o Club Radical e *La Bandera Radical*, com a exceção de Fernández, que morreu poucos meses depois de criada a associação. Na ocasião da inauguração da SAEP, muitas personalidades presentes discursaram, entre elas Ramírez. Em seu discurso, tratou sobre a crença no "propósito elevado [...] capaz de reunir todas as vontades em uma aspiração comum para o bem [...]. Este propósito acreditamos encontrá-lo no que Horacio Mann chamava *a causa da educação popular*"[462]. Fazendo uma menção enfática ao intelectual e educador estadunidense oitocentista Horace Mann, que também

---

[459] MONTERO BUSTAMANTE, Raúl. Prólogo. *In*: RAMÍREZ, Carlos María. Páginas de historia. Montevideo: Ministerio de Educación y Cultura, 1978. (Colección de Clásicos Uruguayos, v. 152).

[460] ARDAO, Arturo. *Racionalismo y liberalismo en el Uruguay*. Montevideo: Ed. Universidad de la República, 1962.

[461] FUNDACIÓN DE LA SOCIEDAD DE AMIGOS DE LA EDUCACIÓN POPULAR. Acta de instalación (1868). *In*: PALOMEQUE, Agapo Luis (comp./org.). *Obras de José Pedro Varela (II)*: la primera memoria. Montevideo: Cámara de Representantes da República Oriental del Uruguay, 1990b. p. 387.

[462] RAMÍREZ, Carlos María. En la Sociedad de Amigos de la Educación Popular. *In*: BIBLIOTECA DE LA SOCIEDAD DE HOMBRES DE LETRAS DEL URUGUAY. *Carlos María Ramírez*: apuntes y discursos. Montevideo: Gaceta Comercial, 1948. p. 20, grifos do autor.

foi uma das maiores inspirações de Sarmiento[463], Ramírez exprimiu o sentido associativo da iniciativa em prol da reforma da educação popular nacional. Fazia questão de destacar o caráter associativo e coletivo para essa finalidade:

> Às vezes, sentimentos individuais, aspirações isoladas, esperam somente para se reunir em um propósito comum e conseguir os maravilhosos resultados do esforço coletivo, uma pequena iniciativa, um leve impulso, uma mão que levante a *bandeira da associação*. Filhos de uma nação que tem por lei e por ideal a democracia, trairíamos todos os nossos deveres, nossos sentimentos, nossas tradições se não direcionássemos as nossas forças – cada um na esfera de seus meios e de suas ideias – *a preparar o trabalho que há de dar a pátria o nome merecido da República,* que há de fazer da lei um culto e um ideal, uma realidade charmosa [...] Vamos buscar o futuro figurado na sorte das gerações que nascem à vida; na educação dessas milhares de crianças que vêm com a ânsia da paz a engrossar as fileiras desbastadas da guerra civil.[464]

Contra a guerra civil, era preciso, também, o "espírito de associação" e a educação popular e republicana, de modo a dar forma à pátria/nação oriental. Nesse sentido, a soberania do povo, mais uma vez, emergia no discurso político de Ramírez, e a educação como aspecto legitimador do cidadão "amigo" da pátria, fosse ele o pai/mãe que permitiu a educação de seus filhos, fosse o próprio educado pela educação pública:

> Nas democracias o povo é o pai do povo. O povo que deixa seus filhos sem educação rouba da pátria cidadãos e benfeitores; lega-lhe inimigos e carrascos. Como imensas planícies de desertos que reclamam as grandes manifestações da vida, apresentam-se a nossos olhos mil lares de crianças as quais é

---

[463] Horace Mann (1796-1859) foi secretário de Educação do estado de Massachusetts, nos EUA da primeira metade do século XIX. Defendeu uma educação livre, democrática e republicana para aquele país, relacionando, segundo Michael Steudeman, a instrução pública ao modo de governo ideal para a nação norte-americana. Ver: STEUDEMAN, Michael J. Horace Mann, the necessity of education in a Republican government. *Voices of Democracy*, n. 8, p. 1-22, 2013. Sobre a "influência" — embora tenhamos muitas críticas a esse termo — de Mann em Sarmiento, ver: STEWART, Watt; FRENCH, William Mashall. The influence of Horace Mann on the educational ideas of Domingo Faustino Sarmiento. *Hispanic American Historical Review*, v. 1, n. 20, p. 12-31, 1940.

[464] RAMÍREZ, Carlos María. En la Sociedad de Amigos de la Educación Popular. *In*: BIBLIOTECA DE LA SOCIEDAD DE HOMBRES DE LETRAS DEL URUGUAY. *Carlos María Ramírez*: apuntes y discursos. Montevideo: Gaceta Comercial, 1948. p. 19-21, grifos nossos. Também citamos esse trecho em nossa dissertação de mestrado, tendo-o destacado de modo a reconstruir o contexto político-intelectual das propostas educacionais de José Pedro Varela, mais especificamente. Ver: DIANA, Elvis de Almeida. *Educação pública e política em José Pedro Varela no Uruguai do século XIX.* Curitiba: Editora Prismas, 2018. p. 142.

> necessário conquistar para as instituições, para a civilização, para a verdade, para a luz.[465]

Era necessário, segundo Ramírez, educação que trouxesse a "luz" e a "verdade", para acolher as crianças, símbolo do futuro, enquanto aquelas que seriam cidadãs, a fim de compor as instituições livres de uma República democrática. Ramírez atribuía um sentido religioso, mais próprio da Igreja Católica, para expressar tal empreitada: a invocação à figura de Jesus Cristo e a recorrência ao processo das Cruzadas, com um sentido quase épico:

> Essas são as grandes cruzadas a que hoje se dirigem com anseio e entusiasmo os povos que amam o progresso. E, na verdade, que ao final da jornada, encontrar-se-á algo a mais que o sepulcro de Jesus Cristo: encontrar-se-á seu espírito de vida, a conquista de seu ideal, a realidade de suas visões.[466]

Aqui, percebemos explicitamente como há o uso de elementos linguísticos relacionados a aspectos culturais ligados às comunidades religiosas, embora a intenção de Ramírez fosse o oposto: a de endossar os hábitos e uma educação pública capaz de forjar o cidadão republicano moderno da nova nação oriental. Ou seja, mais uma passagem que indica alguns dos usos da linguagem e dos elementos da tradição cristã por parte do intelectual oriental. Aliás, citando o próprio Jesus Cristo.

Nesse sentido, Ramírez utilizou, assim como José Pedro Varela, o exemplo estadunidense da "República do Norte", que "caminhava à frente" e sobre a qual "povos fixam [...] seus olhares e suas esperanças"[467]. E afirmou que essa empreitada educacional, ocorrida naquele país, deveu-se à "atividade incessante, uma iniciativa prodigiosa, um entusiasmo sem limites", os quais "sustentam e alimentam a grande obra da educação popular"[468]. Ramírez acreditava que a educação pública era um dos maiores pilares para a construção e manutenção de uma República, o elemento que faria com que todas as instituições de um Estado republicano se sustentassem, animados pelo seu "fogo sacro":

> Poderes federais, legislaturas, municipalidades, associações particulares, seitas religiosas e políticas; todas as forças da

---

[465] RAMÍREZ, Carlos María. En la Sociedad de Amigos de la Educación Popular. *In*: BIBLIOTECA DE LA SOCIEDAD DE HOMBRES DE LETRAS DEL URUGUAY. *Carlos María Ramírez*: apuntes y discursos. Montevideo: Gaceta Comercial, 1948, p. 21.

[466] *Ibid.*

[467] *Ibid.*

[468] *Ibid.*, p. 22.

> sociedade, enfim, encontram-se inteiramente consagradas a manter o *fogo sacro*, que se chegasse a extinguir, extinguiria ao mesmo tempo o progresso e a vida da República.[469]

Ramírez apontou outras causas para esse "atraso": a indiferença e a ignorância em matéria pedagógica, e as "preocupações aristocráticas" reproduzidas pelo professor de educação infantil da época[470]. Assim, diante de tantos problemas, a criação da SAEP deveu-se ao sentimento de inconformidade e seria, em nosso entender, uma forma de combater a sensação de impotência diante da fragmentação da nação e da República. Nesse sentido, foi uma iniciativa que recorreu à juventude de seu tempo: "jovens de fé e de entusiasmo, pensamos em apelar, e apelamos à juventude cujo distintivo foi a todo momento a fé e o entusiasmo"[471]. Mais uma vez, mostra-se recorrente, em seus escritos, a manifestação de elementos que conotam uma virtude, uma forma de agir, códigos de ação, regulamentadas pelo zelo às formas de associação e regras de convivência entre seus membros para o alcance de um objetivo comum:

> Vamos converter nossas ideias e aspirações isoladas em um centro poderoso de reunião, sob uma direção comum, com uma regra uniforme de conduta. Seremos uma *Sociedade de Amigos da Educação Popular* e manifestaremos nosso amor por todos os meios que a nosso alcance estiverem, segundo os recursos que a associação disponibilizar, segundo os elementos que a proteção pública nos preste, pondo sempre [...] nosso desinteresse, nossa abnegação.[472]

Os termos "amor" e "abnegação", explicitados no trecho *supra*, da forma pela qual estão sendo mobilizados em um sentido relacionado à ideia da construção da nação republicana oriental, remete-nos, inevitavelmente, a linguagens políticas vinculadas aos significados de "virtude" e "República" em Montesquieu. De forma mais específica, o filósofo político francês setecentista elaborou tais pressupostos ao tratar sobre a importância da educação para a sustentação de uma República democrática, assim como podemos verificar no trecho a seguir, referente à obra *Do espírito das leis* (1747):

---

[469] RAMÍREZ, Carlos María. En la Sociedad de Amigos de la Educación Popular. *In*: BIBLIOTECA DE LA SOCIEDAD DE HOMBRES DE LETRAS DEL URUGUAY. *Carlos María Ramírez*: apuntes y discursos. Montevideo: Gaceta Comercial, 1948, p. 22, grifos nossos.

[470] *Ibid.*, p. 23.

[471] *Ibid.*, p. 24.

[472] *Ibid.*, grifos do autor.

> É no governo republicano que se precisa de todo o poder da educação. O temor dos governos despóticos nasce espontaneamente entre as ameaças e os castigos; a honra das monarquias é favorecida pelas paixões e as favorece, por sua vez; mas a virtude política é uma renúncia a si mesmo, que é sempre algo muito difícil. Podemos definir essa virtude: *o amor* às *leis e à* pátria. Este amor, que se exige que se prefira continuamente o interesse público ao seu próprio interesse, produz todas as virtudes particulares; elas consistem apenas nesta preferência. [...] Assim, tudo depende de introduzir este amor na república; e é em inspirá-lo que a educação deve estar atenta.[473]

Da mesma forma que a "renúncia a si mesmo" poderia consistir na abnegação para a tradição cristã/católica, tal renúncia ao individualismo era um essencial componente do patriotismo sustentador de uma República. Chama-nos igualmente a atenção o uso do termo "amigos" no nome da associação recém-criada, pois conota uma linguagem relacionada à fraternidade, proposta em prol da nação republicana. Esses intelectuais construíram um "esboço" de uma República maior, a qual visavam estabelecer fora daqueles espaços de sociabilidade. Ou seja, estavam exercendo sua organização e seus contornos mais precisos por meio de tais espaços, mas objetivando sua extensão para além de seus salões de debates político-culturais.

Assim, formavam uma "República de letrados", conforme Heloisa Murgel Starling denominou os espaços nos quais muitos escritores do século XVIII atuaram ao escreverem e agirem politicamente na América Portuguesa. Essa ligação era baseada no sentimento de pertencimento a uma comunidade de caráter republicano, além da vinculação aos valores da amizade (*philia*) e da vida política (*vita activa*). Em relação à ideia de amizade trazida a nós por Starling, a noção de *philia*, em termos de amizade civil originária na Grécia Antiga, não consistiu somente nas relações de proximidade ou intimidade propriamente ditas, e passou a constituir a vida pública dos indivíduos[474].

Além da intenção em utilizar esse termo no nome da nova associação, Ramírez recorreu a associações anteriores que, da mesma forma, o fizeram, como a Sociedad de Amigos del País, criada na década de 1850, de modo a

---

[473] MONTESQUIEU, Charles de Secondat, Barão de. *O espírito das leis*. Apresentação de Renato Janine Ribeiro. Tradução de Cristina Murachco. São Paulo: Martins Fontes, [1747], 1996. p. 46. Para uma análise mais atida sobre as ideias de "interesse público", da definição do conceito de republicanismo em Montesquieu e das vertentes do republicanismo francês, de modo mais amplo, ver: BIGNOTTO, Newton. A matriz francesa. *In*: BIGNOTTO, Newton (org.). *Matrizes do republicanismo*. Belo Horizonte: Editora UFMG, 2013. p. 175-230.

[474] STARLING, Heloisa Murgel. *Ser republicano no Brasil Colônia*: a história de uma tradição esquecida. São Paulo: Companhia das Letras, 2018. p. 94.

concebê-las como parâmetros de ideias e ação, conforme veremos adiante. Retornando à sua defesa da promoção do ensino público, expressou quais seriam as principais formas de divulgação dos ideais e empreendimentos acerca da educação popular, sendo elas a imprensa, as reuniões e os "empenhos pessoais"[475]. Para Ramírez, a "caridade" destinada à educação do povo deveria ser entendida, pela sociedade, como mais do que um ato de simples generosidade abstrata, e sim como um meio de se alcançar um novo patamar de sociabilidade, de bem-estar social duradouro, para que o futuro da nação fosse caracterizado pelo "sossego"[476]. Nesse sentido, a educação popular defendida pelo publicista oriental não se limitava "ao de dentro", mas estendia-se aos imigrantes:

> E quando digo povo, digo nacionais e estrangeiros: todos estão interessados na educação das crianças, no desenvolvimento de suas faculdades intelectuais, no aperfeiçoamento dos seus meios de ação. É sob o teto das *escolas comuns* onde se há de incubar e fortalecer o sentimento da nacionalidade que reúna todas as vontades e todos os corações em um mesmo propósito de civilização e progresso.[477]

Considerando que havia o "vazio de poder" do Estado uruguaio de então[478], as associações voluntárias, as leituras públicas e os comícios ocorridos e existentes nos EUA eram considerados, por Ramírez, exemplos de ação política e como opções viáveis para a promoção da educação em nível nacional. Embora não tenha mencionado os livros com os quais teve contato a respeito de tais temas, destacou suas inspirações relativas ao âmbito educacional estadunidense, reforçando a necessidade de tais meios para essa finalidade, diante da desarticulação estatal oriental daquele contexto:

---

[475] RAMÍREZ, Carlos María. En la Sociedad de Amigos de la Educación Popular. *In*: BIBLIOTECA DE LA SOCIEDAD DE HOMBRES DE LETRAS DEL URUGUAY. *Carlos María Ramírez*: apuntes y discursos. Montevideo: Gaceta Comercial, 1948. p. 24.

[476] *Ibid.*, p. 25-26.

[477] *Ibid.*, p. 26-27, grifos do autor.

[478] Conforme expressão de: BARRÁN, José Pedro. *Apogeo y crisis del Uruguay pastoril y caudillesco*: 1839-1875. Montevideo: Banda Oriental, 1990. t. 4. Sobre essa fragilidade dos aparatos estatais no Uruguai oitocentista, Barrán, em trabalho realizado a quatro mãos com Benjamín Nahum, argumenta que nenhuma instância do Estado oferecia condições de funcionamento efetivo, nem mesmo o setor educacional e o jurídico-administrativo. Tais limitações, segundo os autores, só seriam supridas com as relações de dependência pessoal locais, de caráter caudilhista. BARRÁN, José Pedro; NAHUM, Benjamín. *Historia rural del Uruguay moderno*: 1851-1885. Montevideo: EBO, 1967. t. 1.

> Tive, nesses dias, à mão alguns livros sobre educação nos Estados Unidos, e vi, por meio deles, que todas as grandes reformas que, sobre esse ponto se iniciaram lá, muito antes de ter a aprovação e a sanção dos poderes públicos, elaboraram-se e difundiram por meio das associações privadas, das leituras públicas e ainda dos comícios populares.[479]

Apesar de não mencionar especificamente as obras lidas a respeito do referido assunto, acreditamos que tais referências tenham sido, entre outras, as que escreveu Horace Mann, pois era um autor que também constituía o arcabouço intelectual de Ramírez, assim como ele mesmo já havia mencionado em outra passagem. Desse modo, a difusão da causa educacional deveria ser embasada pelos princípios e práticas de caráter quase sacerdotais, assim como outros pontos de suas propostas a respeito da nação a ser construída. Persistência, iniciativa, "grandeza de espírito", fé, entusiasmo como combustíveis para o empreendimento da educação do povo, além de serem características e elementos de sustentação de uma "grande associação" em direção ao futuro republicano da nação, em detrimento da "pequenez" do desencanto e da impotência em relação a essa missão[480].

Por meio de sua retórica, buscava constantemente reiterar elementos e valores, de modo a alcançar a todos os setores da sociedade uruguaia e ecoar por todas as partes da nação republicana: "O trabalho da Sociedade [SAEP] deve ser incessante para dilatar seus meios de ação, para *estender-se a todas as classes sociais e difundir-se por todo o território da República*"[481]. Nesse sentido: "a 'Sociedade de Amigos da Educação Popular' há de seguir a linha infinita de seu impulso, contra quais forem as forças reacionárias que pretendam detê-la em seu caminho"[482].

A iniciativa de Ramírez, Varela e Fernández encontrou respaldo junto a outros pioneiros, subscritores da nova empreitada pública[483], os quais constituíram uma Comissão Provisória. Esta foi composta, além dos

---

[479] RAMÍREZ, Carlos María. En la Sociedad de Amigos de la Educación Popular. *In*: BIBLIOTECA DE LA SOCIEDAD DE HOMBRES DE LETRAS DEL URUGUAY. *Carlos María Ramírez*: apuntes y discursos. Montevideo: Gaceta Comercial, 1948. p. 28.

[480] *Ibid.*, p. 28.

[481] *Ibid.*, p. 29, grifos nossos.

[482] *Ibid.*, aspas do autor.

[483] Com base no que podemos verificar na ata de fundação da SAEP, assinaram o referido documento de inauguração dessa associação mais de cem escritores, professores, publicistas e artistas do período, reunidos no salão de Instrução Pública do Club Universitario. FUNDACIÓN DE LA SOCIEDAD DE AMIGOS DE LA EDUCACIÓN POPULAR. Acta de instalación (1868). *In*: PALOMEQUE, Agapo Luis (comp./org.). *Obras de José Pedro Varela (II)*: la primera memoria. Montevideo: Cámara de Representantes da República Oriental del Uruguay, 1990b. p. 387.

supracitados, por José Sienra Carranza, Eduardo Brito del Pino, Eliseo Outes, Carlos Ambrosio Lerena, Francisco Antonio Berra, Jacobo Varela, Alfredo Vásquez Acevedo, Emilio Romero, Lúcio Rodríguez, entre outros, responsáveis pela administração financeira da associação e submetida à aprovação de uma Comissão Fiscal[484], visando, assim, a uma transparência entre seus membros.

Quase um mês após sua inauguração, no Club Universitario, foi criado o estatuto da SAEP na primeira reunião oficial da associação, que contou com pouco mais de cem pessoas, as quais deram continuidade ao que fora proposto por Varela, Ramírez, Fernández e outros. Desse modo, reiteraram tais objetivos no Art. 1º do estatuto da SAEP, que dizia: "A Sociedade de Amigos da Educação Popular tem por objeto propender ao avanço e desenvolvimento da educação do povo em todo o território da República"[485].

De fato, houve a criação de outras associações ligadas à SAEP pelo interior do país, algo como "sucursais" daquela inicialmente criada na capital, Montevidéu, por Ramírez, Varela e Fernández. Alguns exemplos dessa extensão, pelo território oriental, foram a inauguração da SAEP do departamento de Nueva Palmira e de Carmelo[486]. Além disso, o Estatuto não fazia distinção de condição social ou de nacionalidade como requisitos para ser sócio da associação[487], e previa uma gestão desse espaço que se pretendia democrática — cada membro teria um voto em cada reunião[488].

Os integrantes e colaboradores da SAEP atuaram tanto materialmente para a criação e construção de escolas quanto intelectualmente para essa finalidade, publicando trabalhos sobre sistemas, métodos e materiais de ensino. Dentre os trabalhos produzidos pela associação, podemos destacar

---

[484] FUNDACIÓN DE LA SOCIEDAD DE AMIGOS DE LA EDUCACIÓN POPULAR (maiúsculas no original). Acta de instalación (1868). *In*: PALOMEQUE, *op. cit.*, p. 387-388.

[485] SOCIEDAD DE AMIGOS DE LA EDUCACIÓN POPULAR (SAEP). Estatutos. Sancionados en la reunión general del 06 de octubre de 1868. *In*: PALOMEQUE, *op. cit.*, p. 391.

[486] A íntegra das atas foi publicada nos números 27 e 28 do diário *La Paz*, referentes aos dias 5 e 6 de janeiro de 1870, respectivamente, periódico então criado e dirigido por José Pedro Varela, conforme nos informa Diógenes de Giorgi *apud* GIORGI, Diógenes de. *El impulso educacional de José Pedro Varela (orígenes de la reforma escolar)*. Montevideo: Impresores A. Monteverde & Cia, 1942. p. 143-146.

[487] Conforme o Art. 4º da SAEP, que dizia: "Pode formar parte da Sociedade toda pessoa, quaisquer que sejam sua nacionalidade, posição ou fortuna". SOCIEDAD DE AMIGOS DE LA EDUCACIÓN POPULAR (SAEP), *op. cit.*,p. 391.

[488] Assim como consta em seu Art. 6º: "Cada sócio terá um voto nas reuniões gerais da Sociedade, para os fins que mais adiante se expressarão". SOCIEDAD DE AMIGOS DE LA EDUCACIÓN POPULAR (SAEP), *op. cit.*, p. 391.

os elaborados por Ramírez e Varela: *Sistemas y métodos de enseñanza* e *Edificio para la escuela*, que, por sua vez, não foi publicado, tendo permanecido na forma original manuscrita. Essas obras foram, conforme pontua Giorgi, as pioneiras no sentido pedagógico propriamente dito no país[489]. Nesse documento, constou o que, ao que tudo indica, teriam sido as bases político-pedagógicas principais para a reforma educacional impulsionada pela associação, as quais utilizaram o conceito de "sistema" de modo inspirado nos postulados teóricos elaborados por Sarmiento[490].

O ritmo intenso de criação das escolas e bibliotecas populares não foi constante, mas tais espaços públicos não deixaram de ser inaugurados. A associação havia decidido instalar a primeira escola em Las Piedras, cidade localizada no departamento de Canelones, próximo a Montevidéu. Aqui chamamos atenção para uma provável simbologia histórica desse fato. A referida escola foi batizada com o mesmo nome de uma das batalhas mais emblemáticas vencidas por José Artigas, ainda no contexto das guerras de independência em relação à Espanha, em 1811, a qual teria aberto o caminho para a independência da então Banda Oriental[491]. É como se, ao se decidirem por fundar a primeira escola nessa localidade, Ramírez e seus companheiros intencionassem uma forma material e simbólica de, também, refundar a nação republicana, assim como Artigas teria sido o precursor desse feito, ainda no período independentista.

No entanto, devido às conturbações políticas no interior do país causadas pelos eventos preliminares da *Revolución de las Lanzas* no mesmo período, a inauguração da Escola de Las Piedras teve que ser postergada, conforme nos informa um dos próprios então integrantes da SAEP no mesmo contexto, Francisco Berra[492]. Quando a situação se acalmou, foi

---

[489] GIORGI, Diógenes de. *El impulso educacional de José Pedro Varela (orígenes de la reforma escolar)*. Montevideo: Impresores A. Monteverde & Cia, 1942. p. 79.

[490] Conforme Ramírez e Varela explicitaram, discursando sobre seu *Sistemas y métodos de enseñanza* em uma reunião da SAEP, em 1869: "*Chama-se sistema*, diz Sarmiento, *o método geral de uma escola, o seu mecanismo interno, sua tática, por assim dizer, e o método propriamente dito, o modo especial, os diversos ramos que constituem a instrução*". RAMÍREZ, Carlos María; VARELA, José Pedro. SISTEMAS Y MÉTODOS DE ENSEÑANZA (maiúsculas no original). Informe de los señores don José Pedro Varela y don Carlos María Ramírez. *In*: PALOMEQUE, *op. cit.*, p. 409.

[491] Sobre este e outros eventos da independência uruguaia, ver, por exemplo: PARÍS DE ODDONE, M. Blanca. Presencia de Artigas en la Revolución del Río de la Plata (1810-1820). *In*: FREGA, Ana; ISLAS, Ariadna (org.). *Nuevas miradas en torno al artiguismo*. Montevideo, FHCE/UDELAR, 2001. p. 65-85.

[492] No entanto, Berra trouxe essas informações detalhadas 20 anos depois, em um momento em que Varela já havia falecido e no qual Ramírez já se ocupava de outras atividades político-intelectuais. BERRA, Francisco Antonio. Noticia de José Pedro Varela y su participación en la reforma escolar del Uruguay (1888). *In*: PALO-MEQUE, Agapo Luis (comp./org.). *La legislación escolar. Obras de José Pedro Varela (I). Con biografías de Manuel

possível inaugurar a primeira escola na capital, em 1869, que foi batizada com o nome do já falecido ex-presidente Elbio Fernández, a qual abriu caminho para outras inaugurações tanto em Montevidéu quanto pelo país todo, nos dois anos seguintes, com destaque para a escola do departamento de Treinta y Tres[493]. Outro ato simbólico, a nosso ver, lembrando que o nome desse departamento também remete aos heróis da Cruzada Libertadora de 1825, sobre a qual trabalhamos no capítulo 1.

A ação da SAEP também alcançou, de fato, o interior do país, conforme as aspirações de Ramírez, Varela e os demais colaboradores da associação. Ao longo da década de 1870, foram criadas escolas nos departamentos de Durazno, Florida e Paysandú, por exemplo. Nesse último departamento uruguaio, a SAEP construiu mais de dez escolas, urbanas e rurais, apesar da grande falta de comunicação entre tais regiões interioranas e Montevidéu[494]. Enfim, a SAEP foi uma associação que visou ao alcance da maior parte possível do território uruguaio, por meio da criação de escolas e bibliotecas enquanto espaços físicos públicos e de interesse público da nação republicana oriental a ser construída.

2.4 Ensaismo, mediação e unidade nacional em *La guerra civil y los partidos de la República Oriental del Uruguay* (1871)

Após voltar da guerra civil, em 1871[495], Ramírez pôs-se a escrever e publicar o seu *La guerra civil y los partidos de la República Oriental del Uruguay:*

Herrero y Espinoza e Francisco Antonio Berra. Montevideo: Editorial Salamandra; Cámara de Representantes de la República Oriental del Uruguay, 1989. p. 337-365.

[493] GIORGI, Diógenes de. *El impulso educacional de José Pedro Varela (orígenes de la reforma escolar).* Montevideo: Impresores A. Monteverde & Cia, 1942.

[494] *Ibid.*, p. 128. Em trabalho anterior, resultante de nossa dissertação de mestrado, realizamos um estudo mais aprofundado a respeito dos debates e polêmicas relativas à educação popular na segunda metade do século XIX uruguaio, focado na atuação político-intelectual do "reformador" José Pedro Varela (1845-1879), nas quais Ramírez também se envolveu, e que tangenciam parte das discussões que também realizamos neste capítulo. Ver: DIANA, Elvis de Almeida. *Educação pública e política em José Pedro Varela no Uruguai do século XIX.* Curitiba: Editora Prismas, 2018.

[495] Conforme nos informa José Rilla, Ramírez, além de desfiliar-se do *Partido Colorado* após as experiências traumáticas vividas na guerra civil, deixou de colaborar com o jornal *El Siglo* após dois anos. O motivo do distanciamento em relação a esse periódico foi o fato de que, embora os redatores e a maioria dos seus articulistas tenham sido de orientação *fusionista* e, depois, *principista*, majoritariamente ainda continuavam sob a inclinação *colorada* nos momentos que esse partido retomava certa hegemonia política. Foi quando intensificou suas críticas aos partidos ou "bandos" tradicionais por meio de seus escritos e de *La Bandera Radical*, principalmente, em 1871. RILLA, José. La tradición contra los partidos en el Uruguay. *História*, São Paulo, v. 1-2, n. 23, p. 161-196, 2004. p. 173. Disponível em: https://www.scielo.br/j/his/a/jgr5LNSX8Q5rWDPmr9PQgtN/?lang=es&format=pdf. Acesso em: 23 jun. 2022. Trataremos melhor sobre as propostas de Ramírez a respeito da "ideia radical" mais adiante.

profesión de fe que dedica a la juventud de su patria[496], escrito esse que não foi publicado pelas páginas do jornal *El Siglo*, para o qual colaborou por alguns anos, mas que foi impresso em suas dependências tipográficas e foi vendido a 50 centavos. Alguns periódicos e intelectuais da época o consideraram um "folheto". Contudo, Ramírez deixou claro, na *"Advertencia"* que prologa o texto, sua opção por publicá-lo em formato de "livreto" em vez de artigos periódicos na imprensa diária de então[497].

Ou seja, agiu de modo contrário do que fez Sarmiento, uma de suas maiores referências intelectuais, com o seu Facundo inicialmente, assim como já vimos. Nessa mesma seção, explicitou que a obra seria enviada a destinatários das duas margens do Rio da Prata e que o dinheiro resultante das vendas seria "destinado à *educação comum* da República"[498]. Desse modo, acreditamos que, na verdade, esse escrito foi mais um ensaio político-social do que um folheto ou "livreto" propriamente ditos. No entanto, para não nos estendermos na discussão sobre o ensaio na América Latina, entendemos, *grosso modo*, que o gênero, na região, serviu como modo de experimentação para além da forma disciplinada da escrita, no qual constaram as propostas acerca da nação e das identidades a serem construídas após finalizadas as independências e em meio ao advento da modernidade[499].

Nesse sentido, acreditamos ser válido destacar a seguinte passagem proferida por Ramírez, já ancião, sobre como esse seu ensaio teria sido um "divisor de águas" em sua trajetória, em termos de rompimento definitivo com os laços partidários que havia tido até o fim da década de 1860, e o início de uma atuação em prol da união/unidade nacional:

---

[496] RAMÍREZ, Carlos María. *La guerra civil y los partidos de la República Oriental del Uruguay*: profesión de fe que dedica a la juventud de su patria. Montevideo: El Siglo, 1871.

[497] *Ibid.*

[498] *Ibid.*, s/p.

[499] Com base nas indicações teórico-metodológicas dos seguintes autores, os quais se dedicam especificamente à análise sobre a ensaística na América Latina entre os séculos XIX e XX: MAÍZ, Claudio (org.). *El ensayo latinoamericano*: revisiones, balances y proyecciones de un género fundacional. Mendoza: Facultad de Filosofía y Letras, U. Cuyo, 2010; RAMAGLIA, Dante. Modernidad cultural y políticas del lenguaje en la historia del pensamiento latinoamericano. *In*: JALIF DE BERTRANOU, Clara Alicia *et al. Actas V Congreso Interoceánico de Estudios Latinoamericanos II Congreso Internacional de Filosofía y Educación en Nuestra América Latina*: movimientos intelectuales, manifiestos y proclamas. Mendoza, Argentina: Instituto de Filosofía Argentina y Americana/Facultad de Filosofía y Letras/Universidad Nacional de Cuyo, 2016. p. 261-274. RAMOS, Julio. *Desencontros da modernidade na América Latina*: literatura e política no século XIX. Tradução de Rômulo Monte Alto. Belo Horizonte: Editora UFMG, 2008; MANSILLA, H. C. F. La ensayística latinoamericana como filosofía política. *Ciencia y Cultura*, n. 38, p. 59-82, jun. 2017.

> O livreto "La Guerra Civil y los Partidos de la República Oriental del Uruguay", dado à luz em 1870[500], quando tinha eu pouco mais de vinte anos, contém as páginas que escrevi com mais intensidade de pensamento e mais calor de coração. *Nelas, ficou traçado o rumo definitivo da minha vida.*[501]

De fato, é possível notarmos que, a partir da publicação desse ensaio, a atuação político-intelectual de Ramírez voltou-se totalmente à causa *principista* e constitucionalista[502], conforme veremos melhor adiante. Tal reorientação foi norteada, principalmente, por um projeto de unidade política e de construção nacionais que ele defendeu, sem termos a intenção de cometer algum exagero, até o fim de sua vida, em maior ou menor grau.

Aqui, ao tratarmos sobre a valorização que Ramírez atribuiu ao ato de escrever e publicar suas propostas, acreditamos ser relevante dialogar com o que Julio Ramos argumenta sobre as relações entre a escrita e a modernização em Sarmiento, intelectual este que, como já vimos, foi um considerável referencial para o publicista uruguaio. Focando a atuação político-intelectual do escritor argentino, Ramos defende que o ato de escrever teve o significado de "ordenar" e "modernizar". Assim, essa ação seria "um exercício prévio e determinante dessa virtual modernização", além consistir em uma intenção de mediação entre a "civilização" e a "barbárie", ou, melhor, entre a escrita e a oralidade popular, de modo a abranger o outro e incluí-lo no projeto de construção nacional[503].

Desse modo, concordando com a análise de Ramos sobre as potenciais mediações de Sarmiento, acreditamos que Ramírez tenha realizado algo semelhante em suas propostas de união e pacificação nacionais, embora

---

[500] No ensaio que temos em mãos enquanto fonte histórica, consta que a sua publicação se deu em 1871, e não em 1870, como atestou Ramírez. RAMÍREZ, Carlos María. *La guerra civil y los partidos de la República Oriental del Uruguay*. Montevideo: Imprenta de El Siglo, 1871.

[501] Tivemos conhecimento desse trecho por meio de sua citação feita por Raúl Montero Bustamante no prólogo que escreveu para a compilação de alguns dos escritos de Ramírez, intitulado *Páginas de Historia*: MONTERO BUSTAMANTE, Raúl. Prólogo. *In*: RAMÍREZ, Carlos María. *Páginas de Historia*. Colección de Clásicos Uruguayos, vol. 152. Ministerio de Educación y Cultura. Montevideo, 1978. p. XXXIII, grifos nossos, aspas do autor. No entanto, Montero Bustamante não referenciou a fonte na qual consta o referido excerto, e não conseguimos encontrar esse e outros escritos autorreferencias em nenhuma das fontes históricas que analisamos. Além disso, apesar de já termos pesquisado nos catálogos de várias bibliotecas e arquivos, não conseguimos ter conhecimento de outras fontes sobre a trajetória de Ramírez.

[502] No capítulo 3, tratamos, de modo mais aprofundado, sobre o constitucionalismo em Ramírez.

[503] RAMOS, Julio. *Desencontros da modernidade na América Latina*: literatura e política no século XIX. Tradução de Rômulo Monte Alto. Belo Horizonte: Editora UFMG, 2008. p. 35.

não tenha tratado tão especificamente sobre o *gaucho* como fez Sarmiento. Apesar de não focar um grupo social específico, o publicista uruguaio destacou a situação político-social causada pela violência das guerras civis nas quais esses grupos mais populares participaram sob a liderança dos caudilhos partidários, "isentando-os" de responsabilidade, a nosso ver[504].

Entendemos, assim, que o ato de escrever, para Ramírez, também tem essa função mediadora no que tange à intenção de dar espaço, em suas publicações, à voz do outro, ou dos outros, ao mesmo tempo participantes e vítimas desses conflitos, fossem estes os setores rurais, fossem membros de outro grupo social. Como ex-combatente na linha de frente, Ramírez, em seus textos, escreveu não somente com base em sua própria experiência, mas intencionou realizar um esforço de alteridade[505], ao ter visto e "ouvido" o sofrimento de terceiros e expressá-lo por meio de sua pluma[506].

Percebemos todos esses elementos próprios da obra do intelectual argentino nos escritos do publicista oriental. Embora tivesse sua formação universitária e buscasse, em muitos momentos, embasamento nas teorias políticas de seu contexto ou precedentes a ele, Ramírez transitava entre os dois polos mencionados anteriormente. Recorria, de igual modo, à linguagem acadêmica mais "sisuda" e à mais espontânea, esta marcada pelas sensibilidades e "impulsos do mundo da vida"[507], além dos aspectos "sagrados" da religião católica, praticada majoritariamente pelo povo uruguaio, como já percebemos em outros momentos e ainda veremos novamente ao longo deste e dos demais capítulos.

Desse modo, assente em um civismo quase "religioso", Ramírez colocava-se como um "apóstolo" dessa causa política, reforçando o que vimos

---

[504] No capítulo 4, tratamos sobre como Ramírez repensou essa sua visão acerca do caudilho e do caudilhismo, pois, a nosso ver, o intelectual uruguaio matizou o papel de tais líderes políticos quando focou o processo de independência uruguaia, mais especificamente a atuação histórica de José Artigas, o "caudilho oriental".

[505] Ainda com base no diálogo que estabelecemos com: RAMOS, Julio. *Desencontros da modernidade na América Latina*: literatura e política no século XIX. Tradução de Rômulo Monte Alto. Belo Horizonte: Editora UFMG, 2008..

[506] Conforme buscamos mostrar ao longo deste capítulo, tal ação de mediação de Ramírez, no sentido de intermediar a "civilização e a barbárie" ao "ouvir" a voz do outro, e divulgá-la por meio da escrita pública, esteve presente não somente nesse ensaio, mas também em outros pontos de sua trajetória.

[507] Conforme a expressão utilizada por Avritzer e Costa em sua análise sobre as propostas de Habermas acerca da esfera pública. Ver: AVRITZER, Leonardo; COSTA, Sérgio. Teoria crítica, democracia e esfera pública: concepções e usos na América Latina. *In*: MAIA, Rousiley; CASTRO, Maria Ceres Pimenta Spínola. *Mídia, esfera pública e identidades coletivas*. Belo Horizonte: Editora UFMG, 2006. p. 63-90. p. 69. Para uma revisão historiográfica densa a respeito da mobilização do conceito de esfera pública de modo a pensar as realidades dos países latino-americanos ao longo da história, em consonância com as categorias de classe, gênero e etnia, ver: PICCATO, Pablo. A esfera pública na América Latina: um mapa da historiografia. *Revista Territórios & Fronteiras*, Cuiabá, v. 7, n. 1, p. 6-42, jan./jun. 2014.

155

defendendo a respeito de um valor intensificado por ele após seu retorno da guerra e que servia de substrato para a sua ação de caráter "missionário" em prol da unidade nacional. Sua forma de expressar tal princípio nos remete à expressão do "patriotismo religioso" contido na atuação do prócer José Gervásio Artigas, ainda durante a independência da Banda Oriental em relação à Espanha nos anos 1810 e apontado por Gerardo Caetano[508]. Conforme explicitou, mais uma vez:

> Sobre todas as afeições de meu espírito, senti sempre dominar o patriotismo como a fórmula mais alta dos deveres humanos [...]; ainda na idade precoce dos estudos, lancei-me ao combate dos bandos e cobri de poeira sangrenta a testa, a qual só deveria ambicionar os triunfos universitários; com a preparação do *catecúmeno*, exerci o *apostolado político*, de meus concidadãos.[509]

Tais enunciações de Ramírez também nos fazem considerar, mais uma vez, a relação que Montesquieu fazia entre virtude cívica e patriotismo como a síntese maior do que deveria ser uma República[510]. De modo complementar, algo que remetia à virtude da ação em face dos vícios estagnantes: "Os povos perdoam os erros. É a abjeção o que os povos não perdoam. *Homem de trabalho* que não consegue fazer fecundo teu suor é sempre digno de respeito; *só são desprezíveis os ociosos que não acatam a lei do esforço e a fadiga.*"[511]

Percebemos, com isso, que sua defesa era em relação a uma vida política ativa, rejeitando o ócio que, por sua vez, não levaria à reconstrução nacional uruguaia.

Desse modo, aqui fazemos uma relação entre a ideia do "homem de trabalho", que pressupunha ação pública, dotado dos valores renascentistas das repúblicas italianas dos séculos XIV e XV, e seu respectivo humanismo cívico, que surgia naquele contexto. Assim como a ideia de amizade civil grega, ou *philia*, a qual percebemos no nome da Sociedad de Amigos de la Educación Popular, a vida política — ou *vita activa* — também estava ligada aos valores republicanos e à cidadania, pois o termo

> [...] serviria para identificar a adoção, por parte do indivíduo, de uma determinada maneira de viver aberta aos

---

[508] CAETANO, Gerardo. La patria resignificada tras los "lenguajes del patriotismo". *In*: CAETANO, Gerardo (org.). *Historia conceptual*: voces y conceptos de la política oriental (1750-1870). Montevideo: EBO, 2013. p. 219.

[509] RAMÍREZ, Carlos María. *La guerra civil y los partidos de la República Oriental del Uruguay*: profesión de fe que dedica a la juventud de su patria. Montevideo: Imprenta a vapor de El Siglo, 1871. p. 5-6, grifos nossos.

[510] Conforme vimos anteriormente.

[511] RAMÍREZ, *op. cit.*, p. 6, grifos nossos.

problemas da comunidade, privilegia a sua decisão de participar do debate sobre a definição dos interesses da cidade e considera a superioridade de uma vida política sobre o advento da vida contemplativa proposta pelos valores morais do cristianismo.[512]

Em um tom de verdadeiro diagnóstico político e social da realidade uruguaia daquele momento, Ramírez ressaltou que a Pátria só devia à Guerra Civil "males sem medida": a destruição da indústria e das riquezas; a miséria e despovoação dos campos, o que distanciava capital e trabalho na região; a estagnação das cidades e dos empregos, o que gerava crimes como roubo e pilhagens; a "decadência das letras"; a "degradação dos partidos", o que fazia diminuir o tamanho dos seus próprios "próceres" históricos; a "ferocidade dos costumes", que aumentava a "barbárie" e o "horror"[513]. A nosso ver, expressava o que poderiam ser elementos recorrentes e comuns de várias guerras civis já deflagradas no Uruguai, mas também tratava sobre sua própria experiência, no conflito que ocorria naquele mesmo contexto:

> [...] eu vi bem de perto o monstro da guerra civil na República! Segui os passos de um exército e observei as pegadas que deixava o outro. Também vi as *montoneras*[514] de ambas as partes escondendo-se nos bosques ou fugindo entre as serras para propagar as ruínas e o espanto sobre as redondezas das comarcas indefesas.[515]

Enquanto um combatente, sua observação sobre o cotidiano da guerra civil era utilizada de modo a contribuir com tais apelos contra a violência e pela união. Nem a "nacionalidade" era poupada de tais hostilidades: "Deve-lhe até o martírio lento de sua *nacionalidade*, que crucificada com um braço na anarquia e outro do despotismo, bebe o fel e o vinagre dos sarcasmos insultantes com que a humilha e vilipendia o estrangeiro"[516]. Percebemos

---

[512] STARLING, Heloisa Murgel. *Ser republicano no Brasil Colônia*: a história de uma tradição esquecida. São Paulo: Companhia das Letras, 2018. p. 97.

[513] RAMÍREZ, Carlos María. *La guerra civil y los partidos de la República Oriental del Uruguay*: profesión de fe que dedica a la juventud de su patria. Montevideo: Imprenta a vapor de El Siglo, 1871. p. 8.

[514] O termo *"montonera"* diz respeito às formações militares de caráter irregular atuantes nas áreas rurais da região platina do século XIX, e, *grosso modo*, foram organizadas pelos caudilhos partidários em meio às guerras civis daquele contexto. Ver: RODRÍGUEZ, Júlio C. Las montoneras y sus caudillos. *Enciclopedia Uruguaya*. Montevideo: Editorial Arca, 1968.

[515] RAMÍREZ, *op. cit.*, p. 9, grifo nosso.

[516] RAMÍREZ, Carlos María. *La guerra civil y los partidos de la República Oriental del Uruguay*: profesión de fe que dedica a la juventud de su patria. Montevideo: Imprenta a vapor de El Siglo, 1871. p. 8, grifo nosso.

recursos linguísticos ligados, mais uma vez, ao âmbito religioso, mais especificamente ao do martírio de Cristo, o que conotava a agonia sofrida pela nação oriental. Por outro lado, também poderia significar o "sacrifício" de Cristo pela humanidade, assim como os orientais deveriam realizar pela sua pátria, ou melhor, pela nação republicana uruguaia.

Também é digno de nota o fato de que Ramírez, recorrentemente, em vez de se utilizar do termo "país", mobilizava o termo "República" como se ambos fossem uma coisa só e até se confundissem. Além disso, apontava como alguns "vícios" que estariam ligados à violência constante não condiziam com a ideia e os hábitos republicanos, de caráter coletivo e público: "A exceção de quatro ou cinco pontos [...] onde a autoridade conserva seu império, todo o território da República se encontra abandonado às *violências da força e da paixão individual*"[517]. E continuou: "A polícia, a justiça, o ensino, a administração rentista e até a sociabilidade desapareceram ou vão desaparecendo por completo"[518].

Nada mais preciso que esses trechos para nos mostrar que a realidade sobre a qual Ramírez narrou era de total desarticulação da nação oriental, a qual aspirava ser republicana, mas que não conseguia se desvencilhar dos "vícios" e dos "excessos individuais", em detrimento das práticas de civilidade e dos anseios e interesses comuns.

A "honra" e a "moral" das famílias também estavam comprometidas com a guerra. Ao tratar sobre as mulheres que ficaram sozinhas devido à ida dos respectivos maridos e filhos para as batalhas, ou à mortes deles nos conflitos, a "virtude" do lar estava ameaçada, pois as mães de família ficavam "vulneráveis" a qualquer "libidinoso" — utilizado aqui no sentido de assediador por Ramírez, a nosso ver — que rondava as residências interioranas. Ou que se aproveitavam, até mesmo, da solidão das mães de família para assediá-las e tentar induzi-las ao adultério, quase que da mesma forma que os países vizinhos, Brasil e Argentina, ainda o faziam em relação ao Uruguai no mesmo contexto e ao longo do século XIX[519], conforme já apontamos. Eram fatos que também colocavam, no entender do publicista oriental, o futuro da nação em risco moral. Enfim, a nação deveria ser inviolável em todos os âmbitos:

---

[517] *Ibid.*, p. 10, grifos nossos.

[518] *Ibid.*

[519] Sobre os exemplos de investidas estrangeiras no Uruguai ao longo do século XIX, ver: BARRÁN, José Pedro. *Apogeo y crisis del Uruguay pastoril y caudillesco*: 1839-1875. Montevideo: Banda Oriental, 1990. t. 4; CAETANO, Gerardo. Identidad nacional e imaginario colectivo en Uruguay: la síntesis perdurable del centenario. *In*: ACHUGAR, Hugo; CAETANO, Gerardo. *Identidad uruguaya*: ¿mito, crisis o afirmación? 3. ed. Montevideo: Ediciones Trilce, 1993. p. 75-96.

> As mulheres estão abandonadas e sós como uma reunião imensa de viúvas e de órfãs; abandonadas e sós entre as desordens da luta armada; *a santidade do lar* fica à mercê do primeiro libidinoso que ata seu cavalo sob a ramada das casas. *Toda uma geração nasce sob os auspícios da profanação e a libertinagem. Filhos da guerra civil, que nome, que herança, que vida oferecem ao futuro da pátria?* O *desencanto* e o *desespero* ganharam os espíritos como o sentimento popular de nossa época.[520]

A geração na qual se depositaria a força moral da continuidade da construção nacional não poderia ser fruto de "desvios morais" e/ou "abusos". No lugar da esperança de novos começos, só restava desencanto e desespero. E, como forma de manter um espaço discursivo aberto para a *voz do outro*, recorreu ao relato de uma mulher cujo nome ou local de origem não foram mencionados por ele, mas a qual questionava tal situação:

> Na presença de tantos sofrimentos que impõem aos Orientais o açoite da discórdia, uma mulher humilde exclamava com o acento da convicção mais íntima: - *Eu não sei por que as mães, em vez de fazer batizar os seus filhos, não os afogam ao nascer!* Palavras comoventes que me fizeram meditar muitos dias sobre as desgraças que inquietam os meus compatriotas.[521]

Essas palavras da mulher anônima, mencionadas por Ramírez, poderiam muito bem ter sido ditas em alguma das ocasiões do cotidiano da guerra civil vivenciadas por ele enquanto este ainda combatia no interior do país. Ao dar espaço à voz da mulher desesperada e desencantada com o futuro da nação, Ramírez buscava comover os leitores. Uma retórica que misturava os usos discursivos de linguagens que remetiam a sentimentos, de modo a contribuir para a compreensão de suas propostas de pacificação, unidade e construção nacionais. Linguagens que conotavam desamparo, angústia, desesperança, medo da violação e da humilhação, as quais foram enunciadas sob um elemento político e que consistiram em uma ação mediadora entre a oralidade popular e a escrita na esfera pública. Enfim, a oralidade popular que deveria ser publicada, divulgada, por meio da escrita.

Uma tamanha convulsionada situação que até os brasileiros se aproveitavam dela para se beneficiarem economicamente, buscando deixar evidente a ainda inexistente soberania nacional da República Oriental que diagnosticava naquele contexto:

---

[520] RAMÍREZ, Carlos María. *La guerra civil y los partidos de la República Oriental del Uruguay*: profesión de fe que dedica a la juventud de su patria. Montevideo: Imprenta a vapor de El Siglo, 1871. p. 11, grifos nossos.

[521] *Ibid.*, grifos nossos.

> Para tornar ainda mais escuros os horizontes [...], bandos
> de brasileiros armados[522] aos quais uns e outros abrem as
> portas da pátria, hoje com uma divisa e amanhã com a outra,
> recorrem por todos os lados da fronteira e prosperam com
> nossas convulsões [...].[523]

Eram momentos que moldavam, também, a sua percepção sobre o tempo e ressaltavam a incerteza trazida a respeito da permanência das instabilidades políticas das guerras civis: *"Aqui, onde nada é estável e perene, será estável e perene tanto infortúnio? Todo o futuro de minha pátria na guerra civil se encerra? A guerra civil ontem, amanhã e sempre?"*[524] Podemos perceber que Ramírez, em sua busca por algo que fosse duradouro e estável, utilizava um tom quase dramático e desesperançoso em relação ao futuro da nação, marcado por um passado político violento que ainda se fazia perceptível em seu contexto. Nesse sentido, nenhuma possibilidade contratual daquilo que concebia como justiça e organização institucional moderna, estável e "racional" não poderia se materializar, pois tudo ainda era movido pelas "paixões de partido". Indicava, desse modo, o terreno do "passado presente" em tensão com o "futuro presente", conforme os termos de Koselleck[525].

Tais paixões partidárias, por sua vez, conotavam interesses individuais, e não coletivos, distantes do bem comum que deveriam ser próprios da "nação"/"pátria" republicana projetada. Havia uma incompatibilidade clara entre a existência dos partidos, como eram naquele momento, e uma sociedade/ordenamento político-jurídico democrático e harmônicos:

> Fora de seu tempo, dos sucessos que lhes deram vida, dos
> erros que os fizeram necessários, os partidos atuais são
> inconciliáveis com os primordiais elementos da sociedade
> e do Estado. Inconciliáveis com o espírito das instituições
> democráticas. Inconciliáveis com o desenvolvimento dos

---

[522] Acreditamos ser necessário destacar as diversas investidas do Brasil nos assuntos uruguaios até parte da segunda metade do século XIX. Respaldado pelas tratativas de paz que protagonizou durante a finalização da *Guerra Grande*, a partir de 1851, o Império brasileiro passou a "tutelar" os orientais e a ter o direito de arbítrio a respeito das questões políticas desse país nas décadas seguintes. Havia, aliás, o interesse de Paulino Soares de Souza (o Visconde do Uruguai) em fazer com que o Uruguai fosse restaurado à condição de Cisplatina. Ver: BARRÁN, José Pedro. *Apogeo y crisis del Uruguay pastoril y caudillesco*: 1839-1875. Montevideo: Banda Oriental, 1990. t. 4.

[523] RAMÍREZ, Carlos María. *La guerra civil y los partidos de la República Oriental del Uruguay*: profesión de fe que dedica a la juventud de su patria. Montevideo: Imprenta a vapor de El Siglo, 1871. p. 11.

[524] *Ibid.*, p. 20.

[525] KOSELLECK, Reinhart. *Futuro passado*: contribuição à semântica dos tempos históricos. Rio de Janeiro: Contraponto; Editora PUC-Rio, 2006. p. 287.

> interesses materiais. Inconciliáveis com *as formas cultas da sociabilidade*. Inconciliáveis com *a estabilidade da ordem pública*. Inconciliáveis *com o princípio da nacionalidade*.[526]

São recorrentes os usos dos termos "sociabilidade" e "nacionalidade" de forma correlacionada, ligados tanto à ideia de harmonia político-social quanto à que remetia a estabilidade e consolidação institucionais do Estado oriental, ambas dotadas, em Ramírez, de valores cívicos e virtuosos, em detrimento das "paixões de partido", de caráter individual. Para além da "estabilidade da ordem pública", então inviabilizada pela existência dos partidos, havia, também, o relevo dado por Ramírez ao fato de que não poderia haver a associação entre "as formas cultas de sociabilidade", as quais Ramírez indicou ter concebido como elementos de civilidade, harmonia política e o "princípio da nacionalidade". Dito de outro modo, a "ordem pública", a "sociabilidade culta" e o "princípio da nacionalidade" eram componentes de uma estabilidade política responsável pela sustentação da nação, e tudo isso era avesso às práticas políticas dos partidos de então, vistas como "bárbaras" e faccionais[527].

Para reforçar suas ideias e os modos de mobilizar tais linguagens e conceitos, recorreu ao lema máximo da Revolução Francesa — e fez isso em outros momentos também, como veremos adiante. No entanto, utilizando a metáfora da família, que remetia à ideia de nação, e dos irmãos, os quais seriam os partidos, além da recorrência aos elementos religiosos, como o "altar", afirmou que tais agrupamentos políticos não seguiam tal "fórmula divina":

> O lema da democracia é o que ostenta essa República sublime cuja influência converte os supremos desastres da França em fonte de regeneração e de grandeza: LIBERDADE, IGUAL-DADE, FRATERNIDADE. [...] Como os ímpios profanam e pisoteiam o altar, os partidos de minha pátria escarneceram e destroçaram essa fórmula divina [...]. Liberdade, igualdade, fraternidade - tudo foi negado pelo partido ao partido na pátria, *assim como o irmão que nega ao irmão a mesa, a cama e o calor do fogo no lar* [...] os partidos de um país republicano apuram os refinamentos da intolerância e da força para negar entre si a menor coparticipação em todos os cargos e em todos os homens da organização política e civil. Grande

---

[526] RAMÍREZ, Carlos María. *La guerra civil y los partidos de la República Oriental del Uruguay*: profesión de fe que dedica a la juventud de su patria. Montevideo: Imprenta a vapor de El Siglo, 1871. p. 25, grifos nossos.

[527] *Ibid.*, p. 26.

satisfação e grande vitória se cada partido consegue ter fechado ao outro as portas do Poder Executivo, da Magistratura Judicial, da Municipalidade, do Júri, da carreira militar, e até das Universidades [...].[528]

Naquela conjuntura, talvez a maior questão, para Ramírez, teria sido a seguinte: "Como encontrar então, nesse horrível caos de antagonismos e de choques, a grande unidade moral que serve de fundamento ao exercício das instituições democráticas? Como encontrar O POVO?"[529] De fato, era uma pergunta difícil de ser respondida, ainda mais se levarmos em consideração que as condições de sociabilidade política, de coesão nacional e de estabilidade pública estavam muito comprometidas há tempos. Isso fica evidente quando recorremos aos números que o próprio Ramírez nos traz: em menos de 20 anos, sete conflitos civis, convulsões protagonizadas pelos partidos, que "vivem fora das instituições, fora do progresso, fora da sociabilidade"[530].

Ou seja, para Ramírez, as práticas políticas dos partidos de então remetiam a tudo o que era contrário aos elementos próprios de uma nação republicana e da modernidade política: as instituições, o progresso e a sociabilidade (que, aqui, estava relacionada com a ideia de nação). Tais percepções de Ramírez nos lembram o que afirma Koselleck sobre o conceito de "progresso" ter sido "especificamente talhado para gerir experiências modernas; ou seja, as experiências tradicionais passam a ser ultrapassadas pelas experiências novas"[531]. E, em Ramírez, "progresso", da mesma forma que as instituições e a sociabilidade, pressupunham indicadores de seu projeto de nação política moderna. Nesse sentido, para que a viabilidade da pátria, essa enquanto depositária de uma unidade política harmônica, fosse respeitada,

Não basta um mesmo solo, uma mesma língua, uma mesma religião e uma mesma raça para constituir a nacionalidade de um povo. Esse solo charmoso, que deveria ser o vínculo propício de todos os interesses pacíficos, converteu-se em fácil teatro de sanguinárias lutas. Essa língua sonora, desti-

---

[528] RAMÍREZ, Carlos María. *La guerra civil y los partidos de la República Oriental del Uruguay*: profesión de fe que dedica a la juventud de su patria. Montevideo: Imprenta a vapor de El Siglo, 1871. p. 26-27, maiúsculas no original, grifos nossos.

[529] *Ibid.*, p. 28, maiúsculas no original.

[530] *Ibid.*, p. 32.

[531] KOSELLECK, Reinhart. *Histórias de conceitos*: estudos sobre a semântica e a pragmática da linguagem política e social. Tradução de Markus Hediger. Rio de Janeiro: Contraponto, 2020. p. 170.

nada a transmitir as expressões do trato social e das letras, é o terrível emissário de ofensas e recriminações eternas. Essa religião, essa religião de paz e de clemência que ensinava Cristo, cedeu sua influência a uma religião de guerra e de extermínio que os partidos se ensinam mutuamente. E essa raça generosa que, *unida como uma só família* pudesse ter crescido em ciência e em riqueza e em poder sob os auspícios do trabalho e da paz, arruína-se, degrada-se e se extingue em heroicos sacrifícios das guerras civis criminosas, como se essa raça estivesse predestinada a morrer pelo exagero de suas mais relevantes qualidades.[532]

Era preciso, pois, uma "suprema unidade moral, indispensável à existência e à força das nacionalidades", sendo esta, ainda, uma "Unidade de sentimentos, de ideias e de glórias que recebe sua consagração e sua forma no culto sublime da pátria. Essa *unidade fundamental* é a que pode romper o antagonismo fatal dos partidos"[533]. Essa unidade tanto territorial quanto simbólica, política e moral, ainda se mostrava vulnerável à persistência dos conflitos civis internos, o que, por sua vez, ainda abria espaço para as intervenções estrangeiras. As ingerências dos "gigantes" Argentina e Brasil, além da invasão paraguaia, vista por ele como iminente naquele momento, fragilizavam ainda mais a união e a independência nacionais orientais:

Assim o estandarte de Palermo se manteve nove anos sobre o cume do Cerrito. Assim o estandarte brasileiro flamejou em nossas campinas e cidades [em 1854, 1858 e 1865, conforme as datas informadas pelo próprio Ramírez, em nota de rodapé]. Assim o estandarte paraguaio chegou a tocar nossas fronteiras! Assim, *perdendo cada dia o pudor da independência nacional*, as forças europeias descem para defender as propriedades dos súditos ao primeiro perigo de nossos cotidianos distúrbios. Onde estamos? [...] Ah! Eu posso perdoar os partidos – a ruína, o retrocesso moral, o sangue derramado torrentemente. O que não lhes perdoarei jamais é o punhal cravado no coração da nacionalidade oriental.[534]

---

[532] RAMÍREZ, Carlos María. *La guerra civil y los partidos de la República Oriental del Uruguay*: profesión de fe que dedica a la juventud de su patria. Montevideo: Imprenta a vapor de El Siglo, 1871. p. 34-35, grifos nossos.

[533] *Ibid.*, p. 35, grifos nossos.

[534] RAMÍREZ, Carlos María. *La guerra civil y los partidos de la República Oriental del Uruguay*: profesión de fe que dedica a la juventud de su patria. Montevideo: Imprenta a vapor de El Siglo, 1871. p. 36, grifos nossos, inserção nossa.

Para ele, a experiência histórica da violência política causada pelos partidos tradicionais contribuía para tais vulnerabilidades da nação oriental. Por outro lado, Ramírez, mais uma vez por meio da metáfora da família, considerava os partidos como dois irmãos brigados; e a "pátria", como a mãe "debilitada" destes, sobre o leito da qual se mostrariam arrependidos e se reconciliariam, deixando, assim, para trás todos os seus desentendimentos históricos:

> Quantas vezes no mundo os irmãos divididos e desgastados pela rivalidade e pela ofensa e pelos ódios, não esqueceram suas inimizades sacrílegas, junto ao leito de uma mãe moribunda que sentiu reviver o corpo e rejuvenescer-se a alma com esse belo espetáculo de expansão e de arrependimento! E eu tenho fé, Deus meu. Se os partidos orientais são capazes de um movimento de abnegação e de virtude, eles vão depor suas divisas e suas armas ante o leito da pátria exânime; a rodearão contritos, e cobrindo-a com as carícias da concórdia e da paz, a devolverão rápido à glória de seus mais charmosos dias![535]

Considerando esse último trecho, recorremos, mais uma vez, ao que argumenta Inés de Torres sobre esses vínculos simbólicos entre a figura da mulher, da família e da nação, os quais contribuem sobejamente para a nossa compreensão a respeito da utilização de tais recursos linguísticos por parte de Ramírez:

> Se a nação é uma grande família, como é possível que alguns membros se rebelem contra a própria instituição da qual formam parte *por nascimento*? Como é possível que não sejam capazes de resolver as diferenças entre irmãos, entre pais e filhos, entre casais? O discurso do familiar nacional apresenta, então, um freio à expressão (e ainda mais, à legitimação) dos conflitos e assimetrias de poder com as quais todo Estado-nação deve lidar para constituir-se como tal.[536]

Além disso, como podemos perceber, a utilização de linguagens que remetem a sentimentos e temporalidades diversas é constante, mescla-se com as ideias, com os elementos "racionais", mas que, a nosso ver, são enunciadas, por meio de metáforas, também como instrumentos de sensibilidade em prol de um apelo à união nacional. E nada como as referências

---

[535] *Ibid.*, p. 40.

[536] DE TORRES, María Inés. *¿La nación tiene cara de mujer?*: mujeres y nación en el imaginario letrado del Uruguay del siglo XIX. Bernal: Universidad Nacional de Quilmes, 2013. p. 20, grifos da autora.

às imagens da família, com a metáfora da mãe e da amizade entre os irmãos, amizade essa que faria "regenerar" a saúde da matriarca, ou seja, da nação, da "sociabilidade" e da "civilidade", expressadas e sustentadas pelos afetos de fraternidade. Metáforas que se aproximavam à vivência popular. Aqui, em consonância com o que defende De Torres, fazemos uma breve reflexão a respeito desse ponto em diálogo com Elías Palti. O historiador argentino trata sobre como esses recursos metafóricos e não conceituais podem ser usados de modo a preencher de sentido algo que transpassava a elaboração de conceitos racionais, por meio de elementos linguísticos, consistindo, assim, em um "exterior constitutivo" da linguagem[537].

Ainda em relação às metáforas, estamos atentos às colocações de Javier Fernández Sebastián. O historiador espanhol defende que tais recursos sempre consistiram em elementos frutíferos quando se tratou da vinculação de conceitos relacionados a âmbitos diferentes ao longo da história, principalmente em momentos de crise e de incerteza diante do futuro. Por isso, "fez-se necessário improvisar novos conceitos que permitissem apreender, mesmo que provisoriamente, uma realidade amorfa, fluida, indescritível"[538]. Nesse sentido,

> [...] dado que as metáforas apontam preferencialmente para o insólito e o desconhecido – diferentemente dos conceitos, que remetem mais às experiências ordinárias –, parece natural que, quando se trata de encapsular conceitualmente

---

[537] Nesse trabalho, Palti desenvolve um debate teórico a respeito da relação entre as ideias, os conceitos e as metáforas para a História Intelectual, perpassando alguns expoentes da que denomina "tradição alemã da História Intelectual", tais como Ernst Casirer, Werner Conze e Reinhart Koselleck, por exemplo. Assim, confronta esses autores com aqueles representantes de uma "teoria da não conceitualidade" — relativa aos mitos, metáforas e outras formas simbólicas não conceituais —, a exemplo do filósofo Hans Blumenberg, as quais, para o historiador argentino, não estão totalmente fora tampouco inteiramente dentro da linguagem, mas sim consistem nesse "exterior constitutivo", o qual Palti define do seguinte modo: "um elemento que pertence ao universo de realidade simbólica, mas que não tem um valor positivo dentro dele, e sim que destaca um ponto de fissura inerente seu, um lugar vazio que exige ser preenchido de sentido por meios figurativos, sem poder nunca consegui-lo completamente (o que faz da ambiguidade semântica de seus modos de expressão algo não contingente, que não resulta meramente das condições fáticas de sua articulação, mas que constitui sua prestação essencial)". PALTI, Elías José. Ideas, conceptos, metáforas: la tradición alemana de historia intelectual y el complejo entramado del lenguaje. *Res Publica*, n. 25, p. 227-248, 2011. p. 247. Disponível em: https://revistas.ucm.es/index.php/RPUB/article/view/47815/44748. Acesso em: 20 jun. 2021. Ainda sobre a questão das metáforas para a escrita da história em Reinhart Koselleck, com base em um diálogo teórico com outros autores, como Elías Palti, Blumenberg e Hans Ulrich Gumbrecht, conferir, também, o recente artigo de André da Silva Ramos a respeito do assunto. RAMOS, André da Silva. Reinhart Koselleck e a análise das metáforas: sobre as possibilidades para além do conceitual. *Tempo e Argumento*, Florianópolis, v. 11, n. 26, p. 431-455, jan./abr. 2019. Disponível em: encurtador.com.br/gixS5. Acesso em: 17 nov. 2022.

[538] SEBASTIÁN, Javier Fernández. *Historia conceptual en el Atlántico ibérico*: lenguajes, tiempos, revoluciones. Madrid: Fondo de Cultura Económica, 2021. p. 317.

de algum modo o que se anseia entender e não se deixa apreender nos termos correntes, aqueles que se enfrentam a tais desafios recorrem àquelas frequentemente. Obtêm, assim, ao menos, um conhecimento figurativo e provisório, que pode ou não evoluir ulteriormente para sua expressão propriamente conceitual (ou seja, para um conhecimento mais literal e estável). *Ante a impossibilidade de dar conta de um certo estado de coisas – sociais ou políticas, neste caso – com as ferramentas conceituais disponíveis, recorre-se à ajuda de um conceito trazido de outro âmbito, geralmente de um terreno mais familiar para o falante, como o é o mundo da vida.* [...] Desse ponto de vista, a metáfora seria sobretudo um meio de produção de significado – e de ação à distância sobre o mundo – em condições de incerteza.[539]

Percebemos, assim, a existência de tais recursos mobilizados por Ramírez não somente no excerto anterior, da metáfora da mãe e dos irmãos, mas também em outros, como já vimos, de modo a preencher um sentido para a sua ideia de nação que não se limitasse ao plano dos postulados teóricos da filosofia e ciência políticas de seu tempo ou anteriores a ele. Para além de habitar o imaginário cultural de então[540], isso, a nosso ver, consistiu em um ato de mediação, realizado especificamente por Ramírez, entre a linguagem douta e a linguagem popular. Entendemos dessa forma pois concebemos que o publicista oriental mobilizou tais figurações de modo a tornar suas propostas de unidade e construção nacionais acessíveis ao entendimento e vivência do "povo" uruguaio. Esses elementos se ligavam a outros valores, como o valor cívico enquanto "suprema virtude da política", responsável por abrir caminho aos "novos horizontes", à "nova vida" que a paz e a fraternidade trariam em detrimento dos "ódios" de partido[541].

Assim, para Ramírez, era necessário que o Estado fosse caracterizado por uma "administração honrada", imune às intrigas faccionais, e que se encarregasse dos serviços e reformas públicas.[542] Além disso, o "povo" deveria ser o agente da nova nação republicana e idealizada por ele, dotado

---

[539] *Ibid.*, p. 317-318, grifos nossos.

[540] Conforme defende: DE TORRES, María Inés. *¿La nación tiene cara de mujer?*: mujeres y nación en el imaginario letrado del Uruguay del siglo XIX. Bernal: Universidad Nacional de Quilmes, 2013.

[541] RAMÍREZ, Carlos María. *La guerra civil y los partidos de la República Oriental del Uruguay*: profesión de fe que dedica a la juventud de su patria. Montevideo: Imprenta a vapor de El Siglo, 1871. p. 43.

[542] *Ibid.*, p. 45.

de soberania e de razão, elementos, como já vimos, essenciais para a consolidação de uma esfera pública:

> Para o povo, uma *convenção constituinte*, onde todos, absolutamente todos os orientais *com uso da razão,* possam ser representados e representantes, onde o problema histórico do passado fique relegado como estudo dos eruditos [...], e onde as instituições, a política e a *sociabilidade* recebam uma transformação fundamental sob a influência de suas majestosas decisões e de seus soleníssimos debates em que ressoaria potente e vencedora a voz das ideias modernas pelo órgão do *novo partido,* que depois de ter dado paz à República, dar-lhe-ia independência fundada na espontânea vontade da nação e liberdade organizada sob os mais charmosos princípios do direito e futuro consolidado pelo desenvolvimento virtual da riqueza e pela prática universal da justiça. Essas duas forças – uma de *conservação* e outra de *impulso,* uma de *ordem* e outra de *progresso* – operariam a *regeneração* da República, e seu advento seria a época inicial do novo calendário da *pátria redimida* e transfigurada pela abnegação sublime de seus *filhos.*[543]

A defesa da ideia de uma convenção constituinte foi, de fato, uma constante nas propostas de Ramírez, expressa, principalmente, pelas páginas de *La Bandera Radical,* como veremos melhor adiante. Ainda nos interessa a inter-relação, feita por aquele intelectual, entre "povo", "razão", "instituições", "representação" e "política" enquanto elementos que, no fim das contas, estariam interligados entre si como forma de expressar as possibilidades de estabelecer, no âmbito público, os debates a respeito dos interesses nacionais, coletivos. Em outras palavras, advogava em prol da necessidade de os cidadãos se colocarem na esfera pública, requerer, para si, a capacidade de mudar os destinos públicos para a construção de uma nação republicana oriental, o que caracterizaria um novo tempo, uma nova temporalidade política.

E tudo isso balizado pela justa medida entre "conservação" e "impulso", "ordem" e "progresso", ou melhor, uma relação controlada, ordenada entre passado e futuro. Enfim, era preciso abandonar os "inimigos da nação"[544], estes não necessariamente encarnados somente em indivíduos ou grupos

---

[543] *Ibid.,* grifos nossos.

[544] Nesse ponto, recorremos ao que Claudia Wasserman defende sobre a convergência entre os discursos político e historiográfico, na conformação da identidade e da construção nacionais ao longo da história latino-americana, mais no que tange aos processos "incompletos" e aos "obstáculos" para alcançar tais objetivos, entre eles, os "inimigos da nação". WASSERMAN, Claudia. Percurso intelectual e historiográfico da questão nacional e identitária na América Latina: as condições de produção e o processo de repercussão do conhecimento histórico. *Anos 90,* Porto Alegre, n. 18, p. 99-123, dez. 2003.

específicos, mas expressos por linguagens que remetiam a valores negativos mais abstratos e universalizantes, tais como "deserto", "ignorância", "pobreza", "barbárie", "guerra civil"[545]. E fez isso, em nossa visão, como forma de proporcionar uma amplitude de apreensão a respeito dos apelos relativos à pacificação e à união nacionais[546].

2.5 A ideia "radical" e seus espaços de sociabilidade

2.5.1 Os "herdeiros" do fusionismo: o principismo da década de 1870

Após publicar seu ensaio sobre o qual nos dedicamos, Ramírez passou a atuar de acordo com sua propensão ao *principismo* que ganhava expressão. Este teve suas primeiras manifestações por meio de uma agrupação anterior, os *fusionistas*, formada por intelectuais pertencentes aos *blancos* e aos *colorados*. Aqueles defendiam uma pacificação do país pós-Guerra Grande (1839-1851) e rejeitavam a influência personalista dos caudilhos partidários na política uruguaia, representados por Rivera, Flores, Oribe e Lavalleja[547]. Tais divergências resultaram no que passou a ser uma das maiores tônicas da historiografia uruguaia, a divisão entre "doutores" e caudilhos", inscrita, segundo Barran, na lógica "sarmientina" das tensões entre os âmbitos urbano e rural, ou entre a "civilização" e "barbárie", a qual ultrapassou o antagonismo entre *colorados* e *blancos*[548].

O *fusionismo*, ou "política de fusão", foi caracterizado pelo lema da "paz de outubro", "nem vencidos, nem vencedores"[549], instaurada de forma atrelada ao tratado que pôs fim àquele conflito regional, no início da década

---

[545] RAMÍREZ, Carlos María. *La guerra civil y los partidos de la República Oriental del Uruguay*: profesión de fe que dedica a la juventud de su patria. Montevideo: Imprenta a vapor de El Siglo, 1871. p. 48.

[546] Aqui, estamos dialogando com as propostas de Pierre Ansart, mais no que tange aos usos de linguagens que remetam a abstração, totalidades relacionadas à ideia de "corpo" e/ou superação de limites, tais como "progresso" e "pátria", por exemplo. ANSART, Pierre. *A gestão das paixões políticas*. Tradução de Jacy Seixas. Curitiba: Ed. UFPR, 2019. p. 70. Conforme temos identificado, percebemos esses usos no caso de Ramírez dentro do recorte temporal analisado.

[547] ODDONE, Juan Antonio. *El principismo del Setenta*: una experiencia liberal en el Uruguay. Montevideo: Universidad de la República Oriental del Uruguay, 1956. No entanto, conforme vimos de forma mais breve no capítulo 1 e tratamos, de modo mais aprofundado, no capítulo 4, percebemos que Ramírez matizou a atuação de tais líderes, exceto Flores, para a formação da nação uruguaia. Fez isso ao exaltar a atuação de Rivera, Lavalleja e Oribe sob a liderança de Artigas, durante a primeira fase da independência (1811-1820), e como líderes, de fato, já no contexto da segunda fase (1825-1828).

[548] BARRÁN, José Pedro. *Apogeo y crisis del Uruguay pastoril y caudillesco*: 1839-1875. Montevideo: Ediciones de la Banda Oriental, 1990. t. 4.

[549] *Ibid.*, p. 45.

de 1850. Sua vigência esteve relacionada com a "cultura da unidade" nacional proposta e exercida naquele contexto pós-Guerra Grande, conforme pontua Caetano[550]. Foi encabeçado por figuras como Andrés Lamas, Bernardo Berro, José Maria Muñoz, Juan Carlos Gómez, entre tantos outros, os quais estiveram ligados, principalmente, a associações como a Sociedad de Amigos del País, fundada em 1852[551].

Um dos principais objetivos dos intelectuais e políticos defensores do *fusionismo*, os quais constam no programa da Sociedad de Amigos del País, era, em linhas gerais: restabelecer a autoridade e legitimidade do Estado, das leis, da ordem e da moralidade administrativa e das instituições; consolidar a pacificação definitiva do país por meio da fusão entre os dois partidos tradicionais; impulsionar as condições em prol do desenvolvimento industrial, do comércio, da agricultura e do bem-estar dos cidadãos orientais; promover a educação popular; integração territorial etc.[552] Esses elementos, pertencentes ao programa da associação mencionada anteriormente, foram publicados nas páginas de *La Bandera Radical* duas décadas depois, pela inciativa de Ramírez. Tais recuperações, a nosso ver, foram realizadas como exemplo de ensinamento político e cívico a ser seguido durante o início da década de 1870, conforme veremos adiante.

Embora o *fusionismo* tenha encontrado morada tanto nos setores letrados quanto no meio político — a exemplo das tentativas de sua implementação por parte dos governos de Gabriel Pereira (1855-1858) e Bernardo Berro (1860-1864) —, sua vigência não foi duradoura. O fuzilamento do *Paso de Quinteros*, em 1858, no qual *colorados* foram assassinados pelos *blancos*, além da destituição de Berro e Aguirre por Flores, e o posterior fuzilamento de Paysandú[553], em 1865, foram exemplos de que essa intenção de consenso e tolerância políticos não poderia ser consolidada, a qual chegou, assim, ao seu fim[554].

Apesar desse histórico de fracassos das tentativas *fusionistas*, seus principais elementos não se perderam no tempo. No fim da década de

---

[550] CAETANO, Gerardo. La cuestión del origen de los partidos: el pleito entre distintas maneras de concebir la asociación política. *In*: CAETANO, Gerardo (org.). *Historia conceptual*: voces y conceptos de la política oriental (1750-1870). Montevideo: EBO, 2013. p. 197-213.

[551] ODDONE, Juan Antonio. *El principismo del Setenta*: una experiencia liberal en el Uruguay. Montevideo: Universidad de la República Oriental del Uruguay, 1956.

[552] *Ibid.*

[553] Nesse trágico evento, foram os *blancos* as vítimas sumárias das armas *coloradas*. Ver: BARRÁN, José Pedro. *Apogeo y crisis del Uruguay pastoril y caudillesco*: 1839-1875. Montevideo: Ediciones de la Banda Oriental, 1990. t. 4.

[554] *Ibid.*

1860, por outros espaços, como o jornal *El Siglo* e o Club Universitario, tais ideais de pacificação e estabilidade política voltaram a ser manifestados por intelectuais como Ramírez e seu irmão José Pedro, e outros como Julio Herrera y Obes, José Pedro Varela, Adolfo Vaillant, José Ellauri, Carlos de Castro, Bonifácio Martínez, entre outros. Conforme Juan Antonio Oddone caracterizou tal geração:

> Ao redor do *El Siglo*, a juventude do *Club Universitario*, devota de Constant e Tocqueville, iniciada no livre pensamento racionalista pelos ensinamentos de dom Plácido Ellauri e as leituras de Francisco Bilbao, e ébria de fé romântica a respeito da democracia norte-americana que então enaltecia Laboulaye, conformará sua doutrina civilista e liberal, logo elevada à categoria de dogma em função do culto fervente dos princípios absolutos que regiam sua conduta cívica e moral.[555]

Em nossa ótica, Ramírez já havia expressado parte de alguns dos elementos que viriam a compor o *principismo* desde antes de sua participação na guerra civil e da publicação do ensaio *La guerra civil y los partidos*. Ou seja, tais manifestações se deram desde o momento em que iniciou sua breve colaboração no jornal *El Siglo* e participou da criação da SAEP, ambas as atividades ocorridas a partir de 1868[556]. Considerando esse marco, e orientado por uma matriz liberal dita eclética[557], passou a atuar nesses espaços criticando o autoritarismo do governo de Lorenzo Batlle, defendendo a educação pública laica, as leis, a "civilização" e o "progresso". Todos esses elementos, muito inspirados em Sarmiento, Bilbao e Michelet,

---

[555] ODDONE, Juan Antonio. *El principismo del Setenta*: una experiencia liberal en el Uruguay. Montevideo: Universidad de la República Oriental del Uruguay, 1956. p. 12-13, grifos do autor.

[556] MONTERO BUSTAMANTE, Raúl. Prólogo. *In*: RAMÍREZ, Carlos María. *Páginas de historia*. Montevideo: Ministerio de Educación y Cultura, 1978. (Colección de Clásicos Uruguayos, v. 152).

[557] Aqui, ao utilizarmos o termo "eclético" para adjetivar a matriz liberal fundamental de Ramírez, estamos nos apoiando nos termos de Elías Palti sobre o liberalismo rio-pratense da segunda metade do século XIX, o qual não poderia ser entendido como "puro", mas sim constituído por várias outras linguagens próprias de outros elementos ideológicos, como o humanista cívico do republicanismo, por exemplo. Originalmente, Palti argumentou sobre o ecletismo do liberalismo ao tratar sobre o caso argentino. PALTI, Elías José. Las polémicas en el liberalismo argentino: sobre virtud, republicanismo y lenguaje. *In*: RIVERA, José Antonio Aguilar; ROJAS, Rafael (org.). *El republicanismo en Hispanoamérica*: ensayos de historia intelectual y política. México: Fondo de Cultura Económica, 2002. p. 167-209. No mesmo sentido de tais tensões entre liberalismo e republicanismo no século XIX, e como a existência de elementos dessa última "ideologia" poderia superar a possível dicotomia "liberais"/"conservadores", reproduzida pela historiografia em relação aos processos políticos nos países latino-americanos do mesmo período, ver: BARRÓN, Luis. Republicanismo, liberalismo y conflicto ideológico en la primera mitad del siglo XIX en América Latina. *In*: RIVERA; ROJAS, *op. cit.*, p. 118-137. No entanto, acreditamos ser pertinente estar atentos a essa conceitualização para pensarmos, também, o caso uruguaio com base na atuação de Ramírez na segunda metade do Oitocentos.

conforme já vimos no capítulo 1, foram concebidos, por ele, como pilares de um civismo patriótico e republicano, e como formas de construção nacional diante da violência política e destruição resultantes das guerras civis históricas.

Em nossa perspectiva, esses elementos, incorporados por Ramírez apoiado em inspirações vindas "de fora", continuaram compondo o seu *principismo*, tido como uma das expressões político-intelectuais propriamente uruguaias de se pensar a construção da nação no século XIX. Esses ideais se tornaram mais nítidos em sua atuação político-intelectual a partir do início da década de 1870. Desse momento em diante, os valores, ideias e práticas descritos anteriormente somaram-se à sua proposta de unidade nacional. Assim, foram materializados nas associações e nos periódicos já mencionados e como forma de construção de uma estabilidade política e de uma esfera pública nacionais, conforme buscamos tratar melhor a partir deste capítulo 2. Tal projeto de unidade política nacional, elaborado e discutido intensamente por meio da imprensa e demais espaços de sociabilidade intelectuais, passou a se centrar, cada vez mais, na crítica aos partidos políticos tradicionais, os quais, para ele, eram os maiores causadores dos conflitos havia décadas.

Após Ramírez ter manifestado suas ideias em seu ensaio *La guerra civil y los partidos de la República Oriental del Uruguay*, criou uma associação chamada Club Radical, na qual intensificou sua orientação, já no contexto da *Revolución de las Lanzas* (1870-1872). Segundo Oddone, a iniciativa de Ramírez abriu espaço para que outros jovens intelectuais de seu contexto, tais como José Pedro Varela, Miguel Herrera y Obes, Emilio Romero e Carlos Maria de Pena, também seguissem o seu exemplo em se distanciar dos partidos tradicionais e endossar as propostas de pacificação nacional[558].

Após realizado esse panorama histórico da passagem do *fusionismo* dos anos 1850 para o *principismo* de fins das décadas de 1860 e 1870, interessa-nos analisar como Ramírez teria feito uma mediação político-intelectual entre essas duas vertentes, de modo a ressignificar determinados elementos do *fusionismo* e atualizá-los para o seu contexto, ou seja, o da década de 1870. A nosso ver, tais reelaborações, por parte do publicista oriental, foram realizadas por meio de outros espaços e associações criados por ele, tais como o Club Radical, o *Partido Radical* e o seu porta-voz, o

---

[558] ODDONE, Juan Antonio. *El principismo del Setenta*: una experiencia liberal en el Uruguay. Montevideo: Universidad de la República Oriental del Uruguay, 1956.

periódico *La Bandera Radical*. Em tais ambientes, defendeu não mais o fim e/ou uma fusão propriamente dita dos partidos, como fizeram os expoentes do *fusionismo*, mas sim uma coexistência democrática entre os *blancos* e os *colorados* em prol de um "partido novo", focado na sobrevivência, unidade e construção política da nação oriental. Esse "novo partido" deveria estar em consonância com a preservação dos ideais de "associação", "sociabilidade", "civilidade", "República", "pátria", entre outros, com base na mobilização de uma opinião pública.

2.5.2 O órgão público dos "radicais": *La Bandera Radical* e mediações político-intelectuais

Além das associações que já mencionamos e sobre as quais ainda vamos tratar, Ramírez criou e/ou participou de periódicos ao longo de sua trajetória. Desse modo, como nos debruçaremos, de início, sobre um deles, que foi a revista *La Bandera Radical*, acreditamos ser pertinente realizar uma breve discussão introdutória a respeito de como lidar com esse tipo de fonte histórica. Nesse sentido, retomamos o que pondera Sirinelli, em relação a revistas consistirem em um ambiente no qual os itinerários se cruzam em torno de um objetivo comum, assim como um "lugar de fermentação intelectual e de relação afetiva, ao mesmo tempo viveiro e espaço de sociabilidade"[559].

Por sua vez, Tânia Regina de Luca defende que é nesse ponto em que radica a necessidade de se identificar, de modo mais caro ao nosso estudo, como os artigos nos possibilitam compreender as "intenções e expectativas, além de fornecer pistas a respeito da leitura de passado e de futuro compartilhada por seus propugnadores"[560]. Ainda conforme a historiadora brasileira, tem a mesma relevância compreendermos as intenções em se publicizar algo, mais especificamente a identificação de temas mais recorrentes e as linguagens mobilizadas em função de se atingir um público específico[561].

Também consideramos o que defende a historiadora argentina Beatriz Sarlo sobre a intenção dos intelectuais em se criar uma revista dizer respeito à concepção da necessidade de intervenção imediata em sua conjuntura, ao contrário dos livros, os quais estão mais relacionados com uma intervenção

---

[559] SIRINELLI, Jean-François. Os intelectuais. *In*: REMOND, René. *Por uma história política*. Tradução de Dora Rocha. 2. ed. Rio de Janeiro: Editora FGV, 2003. p. 249.

[560] LUCA, Tânia Regina de. História dos, nos e por meio dos periódicos. *In*: PINSKY, Carla Bassanezi (org.). *Fontes históricas*. 2. ed., 1. reimp. São Paulo: Contexto, 2008. p. 140.

[561] LUCA, Tânia Regina de. História dos, nos e por meio dos periódicos. *In*: PINSKY, Carla Bassanezi (org.). *Fontes históricas*. 2. ed., 1. reimp. São Paulo: Contexto, 2008. p. 140.

em médio ou longo prazos. Conforme Sarlo, "Seu tempo é, pois, o presente [...] a sintaxe da revista rende um tributo ao momento presente justamente porque sua vontade é intervir para modificá-lo"[562].

A análise sobre as revistas também permite, segundo Roxana Patiño, que nos deparemos com o tipo de intelectual compreendido como a "'voz autorizada' (o acadêmico, o literato, o escritor-jornalista, profissional ou ocasional [que é o caso de Ramírez] etc.)"[563]. Ele intervém na esfera pública e está inscrito em um âmbito intermediário entre a atuação universitária e a jornalística propriamente ditas. Nesse sentido, dialogando com Sarlo, Patiño afirma que "'O público' é, assim, espaço de alinhamento ou conflito, no qual a revista redesenha um campo em permanente mobilidade. Se o seu espaço é a esfera pública, seu tempo, por excelência, é o presente"[564].

Além do fortalecimento dos sentimentos de pertença a um grupo e a uma causa específicos, as revistas podem consistir em canais de mediação cultural e ser uma empresa educativa, conforme defende Mabel Moraña, proposições essas que muito nos interessam em nosso livro, pois, como vimos mostrando, percebemos essas ações em Ramírez. Conforme defende a autora, como modo de mediação cultural e intelectual, mostra-se atuante na "zona de contato" entre os intelectuais e os leitores iniciantes nas temáticas debatidas, para o quais seus colaboradores elaboram e reelaboram as ideias a serem publicadas[565]. Por isso, também podem ser concebidas como uma "empresa educativa", tanto em relação ao âmbito político quanto ao pedagógico propriamente dito, pois

> [...] a mediação letrada que a revista assume está diretamente imersa na totalidade da institucionalidade social [...] a revista é uma peça fundamental *no processamento e divulgação de mensagens, na interconexão de setores sociais e na canalização de novos projetos que se veem obrigados a negociar constantemente seu lugar na esfera pública.*[566]

---

[562] SARLO, Beatriz. Intelectuales y revistas: razones de una práctica. *América*: Cahiers du CRICCAL, n. 9-10, p. 9-16, 1992. p. 9-10, grifos da autora. Disponível em: https://www.persee.fr/doc/ameri_0982-9237_1992_num_9_1_1047. Acesso em: 23 jun. 2022.

[563] PATIÑO, Roxana. América Latina: literatura e crítica em revista(s). Tradução de Cristiano Silva de Barros. *In*: SOUZA, Eneida Maria de; MARQUES, Reinaldo (org.). *Modernidades alternativas na América Latina*. Belo Horizonte: Editora UFMG, 2009. p. 461, aspas da autora e inserção nossa.

[564] *Ibid.*, grifo nosso, aspas da autora.

[565] MORAÑA, Mabel. Revistas culturales y mediación letrada en América Latina. *Outra Travessia*, p. 67-74, 2. sem. 2003. p. 68. Disponível em: https://periodicos.ufsc.br/index.php/Outra/article/view/13093. Acesso em: 23 jun. 2022.

[566] MORAÑA, Mabel. Revistas culturales y mediación letrada en América Latina. *Outra Travessia*, p. 67-74, 2. sem. 2003. p. 68, grifos nossos. Disponível em: https://periodicos.ufsc.br/index.php/Outra/article/view/13093.

Ainda dialogando com Moraña, por ter a função de conectar diferentes grupos políticos e sociais na esfera pública, as revistas buscam novos públicos, novas interpretações sobre o passado, sobre o presente e sobre o futuro, propondo novos projetos político-intelectuais. Ou seja, são meios pelos quais "circula e se recicla a tradição, ao passar pela prova de novos públicos, novas leituras, novas demandas"[567]. Nesse sentido, conforme as propostas de Moraña, as mediações político-intelectuais realizadas pelos letrados publicamente, por meio das revistas, permitem que possamos analisar o caso de Ramírez e de *La Bandera Radical* na mesma esteira do que é defendido pela autora.

Desse modo, buscamos compreender como o publicista oriental teria realizado uma mediação entre vários intelectuais, grupos sociais e outros periódicos de seu contexto, abrindo espaço, nas páginas da revista, às suas reivindicações. Ademais, objetivamos entender como esse escritor teria ressignificado o *fusionismo* da década de 1850 e o atualizado, em meio às expressões do *principismo* do qual era adepto, no início da década de 1870. E o teria feito, em nossa visão, com a intenção de não somente revisitar o passado político do país, mas também com o objetivo de pensar a reconstrução nacional de modo adaptado ao seu momento de atuação, intervindo nele e idealizando uma nova República Oriental, intencionando, assim, fundar uma temporalidade política. Assim, voltamo-nos à análise da atuação de Ramírez na referida revista.

O periódico *La Bandera Radical: revista semanal de intereses generales* foi criado por Ramírez com a finalidade de realizar uma intervenção intensa em seu presente, seu momento de atuação político-intelectual, em meio à já mencionada *Revolución de las Lanzas*, e criticar o modo de agir dos partidos tradicionais e a violência política histórica. Como o seu próprio nome já indica, teve periodicidade semanal e contou com a colaboração dos seguintes intelectuais: Gregorio Perez Gomar, Emilio Romero, Francisco Bauza, os irmãos Jacobo Adrián e José Pedro Varela, Miguel e Júlio Herrera y Obes, entre outros escritores e professores daquele contexto.

Do mesmo modo que Ramírez, quem mais publicava no periódico, outros colaboradores tinham participação intensa nas páginas dessa revista, principalmente Emilio Romero, Gregorio Perez Gomar e Miguel Herrera y Obes. Alguns números foram compostos ou totalmente com os artigos e

---

Acesso em: 23 jun. 2022.

[567] *Ibid.*

notas de Ramírez, como os números 5[568] e 6[569], ou quase em sua inteireza, a exemplo do número 7[570], o que indica intenso comprometimento do publicista nas atividades de edição, direção e publicação da revista.

Os números desse periódico foram impressos nas dependências do jornal *El Telégrafo Marítimo*, cujo responsável era Leopoldo Machado[571], conforme é possível verificar na seção *"Sueltos diversos"*, constante em vários números de *La Bandera Radical*, a qual era alocada na parte final do periódico. A mensalidade da revista era cobrada a partir da entrega do terceiro número[572]. Não era vendida em números avulsos, e eram concedidos descontos nas vendas de suas coleções[573]. Era distribuída tanto na capital Montevidéu quanto no interior do país, nos departamentos de Nueva Palmira, Colonia, Mercedes, San Carlos, Treinta y Tres, Artigas, Maldonado e Rosario, inclusive nas áreas que serviam como campos de batalha durante a *Revolución de las Lanzas*, por meio dos "agentes de campanha"[574]. Embora Ramírez não citasse os nomes de tais agentes de distribuição da revista, informava aos leitores que eles estavam ligados ao jornal *El Siglo*[575], no qual ele mesmo já havia sido colaborador no fim dos anos 1860.

Mais no que tange aos aspectos conturbados de uma distribuição em tempos de guerra civil, Ramírez fazia questão de não deixar os leitores desamparados. No subtópico *"Repartición en Campaña"* da seção *"Sueltos diversos"* do número 3, informou que, havendo algum "transtorno" na distribuição, devido ao "estado de guerra" do país, isso deveria ser comunicado pelos agentes e pelos subscritores, e a reparação ficaria a cargo da administração

---

[568] LA BANDERA RADICAL: REVISTA SEMANAL DE INTERESES GENERALES. Edición de Carlos María Ramírez *et al.* Montevideo: Telégrafo Marítimo, 26 feb. 1871. 40 números publicados entre 29 de janeiro e 29 de outubro de 1871. Año 1, n. 5, p. 153-192.

[569] LA BANDERA RADICAL: REVISTA SEMANAL DE INTERESES GENERALES. Edición de Carlos María Ramírez *et al.* Montevideo: Telégrafo Marítimo, 5 mar. 1871. Año 1, n. 6, p. 193-232.

[570] LA BANDERA RADICAL: REVISTA SEMANAL DE INTERESES GENERALES. Edición de Carlos María Ramírez *et al.* Montevideo: Telégrafo Marítimo, 12 mar. 1871. Año 1, n, 7, p. 233-272.

[571] Em nossas pesquisas, verificamos que o fundador do *Telégrafo Marítimo* foi Juan Buela, em 1850. FERNÁNDEZ Y MEDINA, Benjamin. *La imprenta y la prensa en el Uruguay: desde 1807 a 1900*. Montevideo: Imprenta de Dornaleche y Reyes, 1900. p. 58. No entanto, não conseguimos informações sobre quem exatamente foi Leopoldo Machado, o qual Ramírez aponta como o responsável por aquele jornal em 1871. Acreditamos que Machado possa ter sido um dos tipógrafos ligados àquele periódico naquela ocasião.

[572] RAMÍREZ, Carlos María. Sueltos diversos/cobranza. *La Bandera Radical*: Revista Semanal de Intereses Generales, año 1, n. 3, 12 feb. 1871. p. 112.

[573] RAMÍREZ, Carlos María. Advertencias. *La Bandera Radical*: Revista Semanal de Intereses Generales, año 1, n. 5, 26 feb. 1871. p. 191-192.

[574] *Ibid.*, p. 192.

[575] RAMÍREZ, Carlos María. Sueltos diversos/cobranza. *La Bandera Radical*: Revista Semanal de Intereses Generales, año 1, n. 3, 12 feb. 1871. p. 112.

do periódico[576]. Cada número publicado tinha em torno de 30 a 40 páginas, o que variava de um para outro.

Em termos de divisão das seções, o periódico era bem irregular. Apresentava algumas seções fixas, como *"La semana política"*, na qual constavam informações a respeito da guerra civil de então e sobre os fatos políticos do contexto; *"Gotas de tinta"*, caracterizada por avisos e comentários breves sobre os números do periódico; e *"Sueltos diversos"*, que, assim como seu nome indica, tratava sobre os mais variados assuntos tangentes ao contexto literário, político e universitário da época. No entanto, era um periódico constituído por artigos, réplicas de polêmicas e textos literários (contos, poesias, romances etc.)[577], que não necessariamente obedeciam a uma formalidade ou regularidade ligada a seções específicas. Assim, a publicação desses variados escritos dava-se de modo mais fluido ao longo dos números. Outra característica do periódico era a quase total ausência de notas de rodapé, sendo os artigos escritos em texto corrido, o que poderia indicar, em nossa visão, a intenção de se prezar por uma escrita que proporcionasse uma leitura mais ágil aos leitores, o que se mostrava condizente com as urgências daquele momento.

Ao todo, foram publicados 40 números da revista, sendo eles de 29 de janeiro a 29 de outubro de 1871. Ao fim do último número, Ramírez escreveu uma espécie de despedida aos leitores, intitulada *"A rivederci"*, na qual afirmou que estava se retirando temporariamente da vida pública por causa de outros compromissos e para tratar da saúde, sem mencionar especificamente a enfermidade da qual estava sofrendo naquele momento[578].

No primeiro número, em seu "prospecto", buscou demarcar as singularidades existentes entre temporalidades político-culturais diversas ins-

---

[576] RAMÍREZ, Carlos María. Sueltos diversos/cobranza. *La Bandera Radical*: Revista Semanal de Intereses Generales, año 1, n. 3, 12 feb. 1871. p. 112.

[577] Alguns escritores contribuíram com a elaboração de romances, os quais foram publicados em *La Bandera Radical*. Alguns deles foram o chileno Guillermo Blest Gana, com seu *El número trece*, escritor que também publicou poesias em alguns dos números, além de comentários a respeito de traduções de textos literários estrangeiros, como o que José Pedro Varela escreveu sobre Lord Byron. O próprio Ramírez também escreveu e publicou um romance inacabado, o *Los Palmares*, nas páginas de seu periódico. De qualquer modo, mesmo em textos em que não necessariamente atribuiu um caráter propriamente poético ou literário, em sentido amplo, Ramírez realizava uma imbricação com tais linguagens em seus textos políticos, por meio de uma retórica que se utilizava de alguns estilos literários. Sobre os debates a respeito das inter-relações entre periodismo e literatura, ver os trabalhos de María Cruz Seoane, Pilar Celma e Amparo Tuñón, contidos na seguinte obra: MONTESA, Salvador (org.). *Literatura y periodismo*: la prensa como espacio creativo. España: Publicaciones del Congreso de Literatura Española Contemporánea, 2003.

[578] RAMÍREZ, Carlos María. A rivederci. *La Bandera Radical*: Revista Semanal de Intereses Generales, año 1, n. 40, 29 oct. 1871. p. 631-632.

critas nas atuações de duas gerações de intelectuais, a do passado e a do seu presente. Afirmava que ele mesmo se sentia pertencente à "nova juventude", caracterizada pelos seguintes elementos: "razão", "verdade", "patriotismo" e os "sentimentos humanitários"[579]. Essa nova juventude viria a "substituir uma juventude prematuramente desgastada em uma perpétua sucessão de esforços contraditórios e estéreis, de decepções amargas e funestas"[580], pois "não tem pés de chumbo, nem cálculos covardes, a galharda e entusiasta juventude. *Reunir-se, organizar-se e ir adiante*"[581]. Aqui o entendemos como uma crítica à geração da "política de fusão" ou dos *fusionistas* da década de 1850, os quais, em sua concepção, não tiveram o êxito esperado, qual fosse, o de unidade e construção nacionais, embora não tenha citado diretamente tais agentes em seu artigo inicial:

> [...] era necessário continuar a propaganda da paz e da fraternidade, pelos quais céus e terra estão clamando! A *ideia nova* necessita de um órgão, e eu tive a honra de receber a direção deste órgão. [...] aceitei o cargo como um novo *sacrifício* que devo às minhas convicções e no qual sei que me acompanharão muitos amigos ilustrados e muitas pessoas respeitáveis.[582]

Ramírez defendia uma "política suprema", dotada de uma visão crítica da política de seu contexto e que fosse adaptada ao "*ao triunfo dos princípios, sem produzir resistências e convulsões que agravem a subversão moral e o caos em que vivemos*", em detrimento da "política de detalhe", a qual era degenerativa, de caráter personalista e individualista[583]. Buscava, também, a afirmação da independência nacional pela "[...] vontade espontânea de seus filhos, e que a purifique de todas as manchas do passado, apresentando-a com esse ato de soberana autonomia tal como compreenderam e proclamaram nossos heroicos pais de 1825."[584] Além disso, era necessário reiterar a coexistência dos partidos, em vez de extingui-los, e proporcionar uma nova temporalidade política:

---

[579] RAMÍREZ, Carlos María *et al.* Prospecto. *La Bandera Radical*: Revista Semanal de Intereses Generales, año 1, n. 1, 29 ene. 1871. p. 1.

[580] *Ibid.*

[581] *Ibid.*, p. 2, grifos nossos.

[582] *Ibid.*, grifos nossos.

[583] RAMÍREZ, Carlos María *et al.* Prospecto. *La Bandera Radical*: Revista Semanal de Intereses Generales, año 1, n. 1, 29 ene. 1871. p. 3, grifos nossos.

[584] RAMÍREZ, Carlos María *et al.* Prospecto. *La Bandera Radical*: Revista Semanal de Intereses Generales, año 1, n. 1, 29 ene. 1871. p. 3, grifos nossos.

> *La Bandera Radical* quer que a nação funda a liberdade sobre os princípios modernos, ampla, universal e garantida para todos os que habitam o nosso solo, ou que queiram vir a ele com suas famílias, de maneira que os velhos erros fiquem enterrados junto com seu símbolo decrépito, e uma era de regeneração social se abra à tranquila coexistência dos novos partidos orientais.[585]

Desse modo, Ramírez, em sua intervenção pública, por meio desse periódico, objetivava a refundação de uma temporalidade para a nação oriental, baseada em vários princípios, ideias, valores e sentimentos políticos, sobre os quais trataremos adiante. Antes disso, acreditamos ser necessário abordar o modo pelo qual o intelectual oriental concebia a imprensa, a qual via como o meio de se garantir o "interesse comum", e qual era, para ele, o papel do publicista na construção nacional.

2.5.2.1 A imprensa como garantidora do "interesse comum": a educação do povo e o papel do publicista

Como vimos no capítulo 1, Ramírez tinha, em Sarmiento, uma de suas principais referências político-intelectuais, inclusive de homem público, entendendo-o como um "atleta da imprensa"[586]. Mas foi pelas páginas de *La Bandera Radical* que o publicista uruguaio tratou, de modo mais aprofundado e apoiado em outros referenciais de seu tempo, sobre sua concepção acerca daquela e a respeito das funções do publicista na esfera pública. Como forma de expressar suas ideias sobre a imprensa enquanto uma ferramenta para a formação da opinião pública, dos interesses comuns e, consequentemente, da nação republicana, Ramírez posicionou-se a favor de sua "descentralização", asseverando sua inclinação a respeito de "harmonizar a opinião" e "unificar-se a ação pública"[587]. Desse modo, argumentava que:

> Descentralizar a imprensa é fazê-la apta para exercer vasta influência sobre todos e cada um dos interesses públicos, ao invés de fazê-la ineficaz para exercer pressão sobre aquele ponto onde concentra seus esforços. A imprensa descentralizada será mais benéfica para a liberdade e menos temível para

---

[585] *Ibid.*, p. 3-4, grifos do autor.

[586] RAMÍREZ, Carlos María. En el banquete a Sarmiento (1881). *In*: BIBLIOTECA DE LA SOCIEDAD DE HOMBRES DE LETRAS DEL URUGUAY. *Carlos María Ramírez*: apuntes y discursos. Montevideo: Gaceta Comercial, 1948. p. 45-51. p. 51.

[587] RAMÍREZ, Carlos María. La semana política/ensanche y descentralización de la prensa. *La Bandera Radical*: Revista Semanal de Intereses Generales, año 1, n. 23, 2 jul. 1871. p. 465.

a ordem; crescerá sua importância e estarão mais garantidos seus foros; será mais livre e mais respeitada que antes. Há, entretanto, certos pontos em que a imprensa toda deve se unir para reclamar justiça, para pedir a reparação do atentado.[588]

De modo relacionado à descentralização que defendia, também estava o papel pedagógico e formador da imprensa, mais especificamente como promotora da educação e dos costumes políticos do povo uruguaio. Para endossar essas "funções", Ramírez publicou, nas páginas de *La Bandera Radical*, a transcrição de um artigo intitulado "*La prensa científico-literaria*, do recém-criado periódico do Club Universitario[589]. Esse ato de mediação, que se repetiu em relação a outras publicações de terceiros, indica, a nosso ver, sua intenção em promover um diálogo, na esfera pública, entre o seu periódico e aquela associação, da qual também pertencia, conforme já vimos.

O referido artigo tem como epígrafe um trecho traduzido da obra *The nature and tendency of the free institutions*, de Frederick Grimke, publicada em 1848. Embora tenha colocado só o sobrenome desse autor e parte do título de sua obra, é possível verificarmos que tal trecho é, de fato, da autoria do supramencionado escritor, quando o conferimos na edição original do livro do intelectual estadunidense[590]. Tal trecho da obra de Grymke, citado por Ramírez, dizia o seguinte:

A difusão da ilustração nos diários, revista, folhetos e livros, sobre uma variedade de matérias que interessam ao espírito popular, distrai o povo de uma devoção demasiada extensa, a política de partido, e educa as pessoas para serem homens e cidadãos. Grimke – (Instituições Livres).[591]

Desse modo, à luz das ideias de Grimke, Ramírez buscou trazer, para a sua realidade, os ditames que reforçavam o papel pacificador e de formação cidadã da imprensa. Em outras palavras, aquela evitava que os indivíduos fossem absorvidos pelos vícios contidos nos extremismos da "política de partido", de caráter faccional, e proporcionava, por outro lado, caminhos

---

[588] *Ibid.*

[589] RAMÍREZ, Carlos María. La prensa científico-literaria. *La Bandera Radical*: Revista Semanal de Intereses Generales, año 1, n. 22, 25 jun. 1871. p. 419-421. Ramírez informou, na seção *"Gotas de tinta"*, desse mesmo número 22 (p. 428), que esse artigo foi publicado pelo periódico do Club Universitario. Portanto, *La Bandera Radical* publicou a transcrição do referido escrito.

[590] GRIMKE, Frederick. *Considerations upon the nature and tendency of free institutions.* Cincinatti; New York: H. W&Co. Publishers, 1848. Livro 3, Cap. 4, p. 304.

[591] RAMÍREZ, Carlos María. La prensa científico-literaria. *La Bandera Radical*: Revista Semanal de Intereses Generales, año 1, n. 22, 25 jun. 1871. p. 419.

para o acesso às virtudes da coletividade, inscritos na cidadania republicana. Fazendo jus à epígrafe que destacara, e tomando-a como norte para o seu artigo, Ramírez tratou sobre a situação do Uruguai de seu contexto:

> Quando Grimke dizia ao falar sobre a imprensa, que essa não deve dedicar-se meramente às opiniões políticas, expressa uma ideia que convém inculcar em nossa sociedade. Aqui, seja pelas circunstâncias pelas quais atravessou o país, desde sua constituição até nossos dias, seja pela escassa educação literária, pereceu por falta de proteção do povo.[592]

Além disso, tratou sobre a importância da imprensa política e da imprensa científico-literária para a construção da nação republicana, de modo que ambas deveriam sempre estar unidas, ser complementares para essa finalidade:

> A missão da imprensa não consiste, puramente, em ilustrar sobre as matérias que importam à comunidade política, também deve fazer com que certos conhecimentos descendam gradualmente ao espírito dos homens. Sem a imprensa política, que é um freio para governantes e governados, não pode caminhar em ordem a sociedade, por que ela verifica pacificamente as mudanças de opinião e faz com que os partidos se melhorem, censurando a imprensa de um os defeitos do outro e fazendo, portanto, que, no ânimo do povo, opere-se uma conciliação entre as ideias de ambos; mas sem a imprensa científica e literária, chamemo-la assim, o povo não pode instruir-se e adquirir certos conhecimentos que são, ao homem, de estrita necessidade.[593]

E destacou o papel do recém-criado periódico do Club Universitario nessa "missão", o que sugere, mais uma vez, a interligação que o intelectual uruguaio buscava exercer entre os espaços que frequentava naquele contexto, de modo a consolidar uma esfera pública de debate e diálogo a respeito da nação a ser construída:

> Até hoje, a imprensa política era dona da situação, agora a imprensa que, ao mesmo tempo, deleita, instrui, vem a ocupar o seu lugar. Acreditamos que o "Club Universitario" terá bom êxito em sua empresa, apesar de todas as dificuldades que, nesse país, se opõem à existência de periódicos literários. Seus sócios *têm fé e a fé é tudo*; em 1868, acreditaram que se

---

[592] *Ibid.*

[593] *Ibid.*, p. 420.

> poderia fundar e sustentar uma associação científico-literária e se manteve; hoje, acreditam que uma publicação do mesmo caráter se pode fundar e sustentar, e se manterá.[594]

Para além dos aspectos educativos e formadores da imprensa, também era preciso reforçar o papel que o publicista deveria seguir na cena pública, de modo a, "com fé", "alcançar o povo", conforme Ramírez já havia expressado em seu ensaio *La guerra civil y los partidos*... Ramírez indagou ainda sobre a função da imprensa em meio à construção nacional e, como forma de reforçar suas convicções, abriu espaço, em seguida, à transcrição de outro artigo, escrito pelo jurista e escritor argentino Pedro Goyena na *Revista Argentina*, publicado nesse outro periódico mais de um ano antes[595]. Nesse texto de Goyena, o publicista uruguaio fez uma apologia de caráter quase "sagrado" da imprensa, esta enquanto um instrumento pedagógico, com a missão de "ensinar o povo" sobre os meios para se empreender o desenvolvimento nacional:

> E como a imprensa substitui nesses países, conforme dissemos, todos os meios de ilustração que difundem a luz em outras partes, segue naturalmente que ela deve ser, entre nós, doutrinária. Sua missão não é só refletir com vivacidade as ideias e os sentimentos dominantes em cada momento da vida social. *Sua missão é ensinar o povo tudo o que lhe interessa, iluminando-lhe o caminho por onde* há de marchar *até o seu engrandecimento e prosperidade.* Assim, o diarista necessita possuir uma ilustração múltipla e variadíssima: as questões sobre a indústria, sobre a administração, sobre a organização judicial, sobre a educação pública, sobre a legislação, sobre tudo o que se compreende no mecanismo das sociedades em sua incumbência. *Quem se faz diarista, se converte em apóstolo; e não há apostolado sem doutrina.*[596]

Como podemos perceber, as proposições de Goyena acerca da imprensa e da conduta do publicista encontraram considerável admiração por parte de Ramírez, o qual as publicou, reiterando-as. Desse modo, embora não necessariamente fosse um diarista, Ramírez, ao publicar a opinião do

---

[594] RAMÍREZ, Carlos María. La prensa científico-literaria. *La Bandera Radical*: Revista Semanal de Intereses Generales, año 1, n. 22, 25 jun. 1871. p. 421, grifos nossos.

[595] RAMÍREZ, Carlos María. Misión, dificultades y deberes de la prensa. *La Bandera Radical*: Revista Semanal de Intereses Generales, año 1, n. 30, 20 ago. 1871.

[596] RAMÍREZ, Carlos María. Misión, dificultades y deberes de la prensa. *La Bandera Radical*: Revista Semanal de Intereses Generales, año 1, n. 30, 20 ago. 1871. p. 201, grifos nossos.

escritor argentino, compartilhava da ideia de que o publicista deveria ser conhecedor de uma ampla variedade de temas de interesse público, comum, de modo a tratar publicamente sobre eles. Fazendo isso, proporcionaria, ao povo, a transparência que se esperava de tais assuntos. Além disso, deveria praticar o "apostolado" dos temas comuns, em termos daqueles que se comprometiam totalmente em levar a palavra "sagrada" ao povo a ser instruído, tal como faziam os personagens bíblicos seguidores de Jesus Cristo. Mais uma vez, identificamos as linguagens próprias da tradição cristã e católica utilizadas por Ramírez, mas como "substitutos laicos"[597] para a construção da nação republicana. Prossigamos com outros trechos das impressões de Goyena endossadas por Ramírez:

> A pluma do diarista deve ser, ao mesmo tempo, uma tocha e uma arma. Deve ser uma arma porque a voz do povo não é a vida pacífica do estudante que se dedica por completo ao receber o ensino nas aulas, *mas sim uma vida ativíssima de quem tem, ao mesmo tempo, que trabalhar, ilustrar-se e defender-se do inimigo interior chamado, hoje, de anarquia, e amanhã de despotismo – do inimigo estrangeiro chamado, às vezes, de protetorado e, às vezes, conquista. A vida popular é ação e, por conseguinte, a imprensa deve ser militante. O diarista há de ensinar e há de combater.*[598]

Assim, para ter êxito em tal empreitada, o publicista (diarista) deveria saber falar com o povo, conhecendo o seu grau de cultura e, ao mesmo tempo, seus gostos e suas tendências, por meio de um modo de escrever que fosse atrativo e que tivesse respaldo pelo público. Algo que, a nosso ver, correspondia a outro ato de mediação político-intelectual e cultural que Ramírez buscava seguir em suas práticas na esfera pública:

> Ademais da grande dificuldade de manter a paixão sob controle para que não lhe ofusque, o diarista tem que resolver outra questão prática de suma importância, se não quer esterilizar sua propaganda, predicando em deserto. Essa questão consiste em conhecer não somente o grau de cultura do povo para o qual escreve, mas também seu gosto e suas tendências. [...] Esses não conseguiram tudo ainda, *quando lograram tratar sobre as questões inspirando-se na verdade e na*

---

[597] Com base em nosso diálogo teórico com: GAETANO, G. Laicidad, ciudadanía y política en el Uruguay contemporáneo: matrices y revisiones de una cultura laicista. *Revista Cultura & Religión*, v. 7, n. 1, 30 dic. 2013b. p. 120.

[598] RAMÍREZ, *op. cit.*, p. 201, grifos nossos.

> *justiça, transportando as ideias ao tom e baixando-as ao nível em que são perceptíveis para o maior número.* Não basta que exponham com clareza ideias morais ou úteis; *é necessário que saiba fazê-las atrativas; é necessário não só fazer que convençam, mas também que persuadam.* E, sobretudo, dirigindo-se a um público como o nosso, tão movediço, tão inconstante, tão pouco reflexivo, *faz-se indispensável que os diaristas dediquem a comunicar, ao seu estilo, essas qualidades de rapidez, de brilho, de animação, sem as quais bocejará sempre e dormirá logo um leitor bonaerense.*[599]

Era preciso reelaborar as ideias, enquanto elementos mais teóricos e elitistas, a respeito do que se intencionava divulgar, de modo que fossem acessíveis às características culturais e educacionais do público leitor, do povo em geral. Aqui, percebemos que Goyena não tratava do "povo" como algo que remetesse somente aos seus próprios pares da Universidade, mas ao povo de modo amplo, a nosso ver, o que, ao que tudo indica, era endossado por Ramírez, haja vista sua intenção em "alcançar o povo".

Nesse sentido, Goyena defendia que o critério do "público" estava sujeito ao aperfeiçoamento, então era imprescindível que o publicista se adaptasse a isso. Assim, aquele que "gritasse" e "insultasse" publicamente, por meio das páginas dos periódicos, já não era mais bem-vindo, e sim aquele que tinha uma ideia bem explicada, ou seja, o que bem argumentava, de modo acessível e compreensível, na esfera pública. Isso poderia ir ao encontro da formação da opinião pública que se intencionava consolidar, em prol da nação a ser construída:

> O critério do público se aperfeiçoa, felizmente. Em outro momento, julgava-se que o melhor diarista era o mais incisivo, o mais insultante, o mais *bravo*, e os leitores declaravam insípido todo diário que não jorrasse o suor e o sangue de uma polêmica pessoal [...]. Hoje, os declamadores e os valentões da imprensa saíram de moda. O público reconhece que são os ignorantes aqueles que recorrem aos gritos e grosserias por falta de ideias, e recorda que esses destemperos lhes custaram caro em mais de uma ocasião. Se algum escritor se excede e recorre à

---

[599] RAMÍREZ, Carlos María. Misión, dificultades y deberes de la prensa. *La Bandera Radical*: Revista Semanal de Intereses Generales, año 1, n. 30, 20 ago. 1871. p. 203, grifos nossos.

provocação, o público, pelo menos a sua melhor parte, o leva a mal [...].[600]

O publicista uruguaio também dá relevo ao papel da imprensa como "uma das mais verídicas manifestações da *opinião pública*"[601], afirmando que não existia, naquele momento, nenhum periódico que ainda defendia a "a bandeira negra da guerra, a bandeira sinistra dos ódios"[602]. Aqui, acreditamos ser pertinente matizar o que Ramírez demonstrava conceber enquanto "opinião pública", em termos do que esse conceito significava para ele, ao mobilizá-lo em suas intervenções.

Elías Palti tratou sobre as mobilizações do referido conceito ao longo da segunda metade do século XIX, mais especificamente sobre os usos deles dentro das polêmicas travadas entre Bartolomé Mitre e Vicente Fidel López na esfera pública argentina, argumentando haver dois tipos principais ainda em considerável tensão naquele contexto. Um deles era o "modelo jurídico", que tinha na expressão "tribunal da opinião" a linguagem política à qual se relacionava e era um elemento remanescente da ordem colonial, dotado de caráter neutro, e "que, após avaliar a evidência disponível e contrastar os distintos argumentos, acessa a 'verdade do caso'"[603].

Palti argumenta que essa vertente do conceito foi se consolidando aos poucos na Argentina[604], ao longo da primeira metade do Oitocentos, "enquanto um juiz supremo das ações do governo"[605]. Ainda conforme Palti, dois fatos foram decisivos para a consolidação desse significado. O primeiro deles foi a ação política dos opositores de Rosas por meio da imprensa, enquanto

---

[600] RAMÍREZ, Carlos María. Misión, dificultades y deberes de la prensa. *La Bandera Radical*: Revista Semanal de Intereses Generales, año 1, n. 30, 20 ago. 1871. p. 203, grifo do autor.

[601] RAMÍREZ, Carlos María. La santa propaganda de la paz. *La Bandera Radical*: Revista Semanal de Intereses Generales, año 1, n. 9, 26 mar. 1871. p. 313, grifos nossos. Esse artigo não tem autoria, o que nos leva a pressupor que tenha sido escrito pelo próprio Ramírez. Além disso, na seção "Sueltos diversos" (p. 354), Ramírez informou que, a partir desse número 9, todas as questões deveriam ser dirigidas a Julio Lefevre, da prensa do *El Siglo*, o qual provavelmente era o diretor tipográfico deste periódico, e que todos os agentes da campanha e "favorecedores" ficariam, a partir de então, notificados sobre isso.

[602] *Ibid.*

[603] PALTI, Elías José. Las polémicas en el liberalismo argentino: sobre virtud, republicanismo y lenguaje. *In*: RIVERA, José Antonio Aguilar; ROJAS, Rafael (org.). *El republicanismo en Hispanoamérica*: ensayos de historia intelectual y política. México: Fondo de Cultura Económica, 2002. p. 174, aspas do autor.

[604] Palti, em outro trabalho, também trata sobre como o "modelo jurídico" foi mobilizado por autores de outros países, como o mexicano Ignácio Ramírez em seu periódico *Don Simplício*, por exemplo, na década de 1840. PALTI, Elías José. *El tiempo de la política*: el siglo XIX reconsiderado. Buenos Aires: Siglo XXI Editores, 2007a. p. 186-188.

[605] PALTI, Elías José. Las polémicas en el liberalismo argentino: sobre virtud, republicanismo y lenguaje. *In*: RIVERA, José Antonio Aguilar; ROJAS, Rafael (org.). *El republicanismo en Hispanoamérica*: ensayos de historia intelectual y política. México: Fondo de Cultura Económica, 2002. p. 175.

estavam no exílio, na intenção de estabelecer uma unidade política[606]. O segundo motivo esteve relacionado ao que Palti denominou de "modelo proselitista" ou "político" da opinião pública, a qual se diferenciou da vertente anterior por um ponto essencial: a "performatividade da palavra", ou seja, a concepção de que as palavras teriam caráter de ação política. Desse modo,

> O periodismo aparecerá, assim, como um modo de *discutir* e, ao mesmo tempo, de *fazer* política. E isso infunde, também, uma nova percepção em relação à performatividade da palavra no sentido de sua "criatividade": a imprensa periódica não só buscava *representar a* opinião pública, mas também tinha a missão de constituí-la como tal.[607]

Segundo Palti, esse último viés, de caráter faccional, foi inicialmente expresso por Mitre também na década de 1870, quando o mencionado publicista demonstrou conceber a imprensa como uma "bandeira" que, além de "representar" as tropas, "*reunia materialmente* os exércitos nos campos de batalha"[608]. Desse modo, para Palti, o mesmo ocorreria no âmbito político:

> O mesmo ocorre com a imprensa no terreno das batalhas políticas. A imprensa não representa uma opinião pública pré-constituída, mas sim a constitui como tal com sua própria prédica; cumpre um papel fundamental na *definição das identidades coletivas*, permitindo aos sujeitos identificar-se como membros de determinada comunidade de interesses e valores. [...] Essa deixa de ser "juiz" para converter-se em uma sorte de "campo da intervenção", um espaço agonal para a definição das subjetividades políticas e sociais. O mesmo vem a expor, assim, uma questão de certa forma anterior à relativa aos mecanismos de formação de uma "opinião pública", que é a dos modos de articulação do sujeito da mesma (o "povo").[609]

Aqui, não podemos deixar de realizar paralelos com Ramírez. Acreditamos ser relevante retomar um dos trechos que destacamos anteriormente, no qual ele endossou as ideias de Pedro Goyena a respeito de a imprensa ser uma "arma" a serviço da educação e do esclarecimento do povo, na

---

[606] *Ibid.*

[607] *Ibid.*, p. 177, grifos do autor.

[608] *Ibid.*, grifos do autor.

[609] PALTI, Elías José. Las polémicas en el liberalismo argentino: sobre virtud, republicanismo y lenguaje. *In*: RIVERA, José Antonio Aguilar; ROJAS, Rafael (org.). *El republicanismo en Hispanoamérica*: ensayos de historia intelectual y política. México: Fondo de Cultura Económica, 2002. p. 178, grifos e aspas do autor.

empreitada de construir os cidadãos da nação republicana. Além disso, é notório o título que o publicista oriental deu ao seu periódico no mesmo contexto, o qual conta com o termo "bandeira", como já sabemos. Embora tivesse travado uma "batalha" contra o modo de fazer política dos partidos de então, e as guerras civis decorrentes disso, Ramírez, como temos visto, não se aliava nem ao *Partido Blanco*, nem ao *Partido Colorado*. Aliás, desfiliou-se deste último após sua participação na guerra civil, como já tratamos. No entanto, entendemos que sua "bandeira" não deixava de indicar um campo de batalha, de fato, mas contra o faccionalismo dos partidos uruguaios, a qual tinha um caráter mais comunitário, de defesa da unidade política, no sentido de um "unanimismo"[610].

Ao mesmo tempo, expressava, implicitamente, que sua concepção de opinião pública ainda continha alguns elementos próprios do "modelo jurídico" desse conceito, pois, em alguns momentos, negava ser "uma questão política", dando, assim, um sentido de neutralidade ao termo. Da mesma forma, reiterava que a opinião do povo, formada pela imprensa, seria orientada pela "razão" em busca da "verdade", teria um viés "humanitário", colocava-se em prol de um interesse comum, a união nacional, em vez de privilegiar algum dos partidos, os quais, segundo ele, ainda promoviam as guerras. A imprensa, para Ramírez, seria um "parlamentar", ou seja, algo como um ator político, convencionalmente relacionado à política partidária propriamente dita, eleito pelo sufrágio, mas que, ao mesmo tempo, não se vinculava a um possível faccionalismo:

> Hoje, a imprensa é o grande parlamentar que se apresenta entre os implacáveis bandos da luta. Nunca os periodistas compreenderam com mais nobreza sua missão. Não é uma

---

[610] Segundo François-Xavier Guerra, a ideia de uma opinião pública "unanimista" consistiu, na América hispânica, em um elemento de caráter tradicional, próprio do regime colonial, no qual se preconizava o imaginário de tipo "orgânico", do "corpo político", que rejeitava tudo aquilo que representasse a ameaça de sectarismo e de dissolução dessa unidade político-social, tais como os "partidos", "bandos" e/ou "facções", de modo geral. GUERRA, François-Xavier. *Modernidad e independencias*: ensayos sobre las revoluciones hispánicas. Madrid: Editorial MAPFRE, 1992. p. 361. No entanto, Guerra entende essa característica como uma das permanências da tradição em meio a um momento em que a modernidade já estava em curso, no século XIX hispano-americano, concepção essa que é criticada por Elías Palti, autor que argumenta sobre a possibilidade de o "unanimismo" ser entendido tanto como tradicional quanto moderno, a depender dos modos pelos quais o conceito, ou as linguagens políticas relacionadas a ele, eram utilizados pelos atores em cada um dos contextos na América Latina oitocentista. Para Palti, os usos das linguagens referentes ao "unanimismo" envolveram, também, outros conceitos e termos, tais como "razão" e "vontade geral", e estiveram inscritos nas imbricações e tensões entre os dois "modelos" de opinião pública existentes no século XIX, quais fossem, o "jurídico" e o "político". Para mais informações sobre esse debate, ver: PALTI, Elías José. *El tiempo de la política*: el siglo XIX reconsiderado. Buenos Aires: Siglo XXI Editores, 2007a. p. 171-178.

> questão política; é uma questão de humanidade a que se oferece, hoje, à nossa vista. Devemos combater a guerra, como se combate uma epidemia. Devemos trabalhar pela pacificação do país, como se trabalha pela salubrificação de um povo. Todas as divergências se calam *ante o propósito cristão de deter a morte* que, com seu cortejo de ruínas, passa por todo o território nacional.[611]

Assim, a imprensa, atuando de modo uniforme, unida, seria uma forte aliada para o estabelecimento da paz e da consolidação da esfera pública política, por meio da qual seria possível afastar as "paixões do bando", as "ambições do caudilho"[612]. Seria, então, viável reivindicar a estabilidade política, o "respeito mútuo", a "transação honrável" e a coexistência pacífica e democrática dos partidos[613]. Enfim, a imprensa, para Ramírez, consistia em um meio de "salubrificar o povo", revigorar os seus costumes, pacificar e reconstruir, humanitariamente, a nação oriental mediante seu "propósito cristão" de evitar as mortes causadas pelas guerras civis, estas protagonizadas pelo faccionalismo dos partidos.

Nesse sentido, considerando tais mobilizações linguísticas, por parte de Ramírez, a respeito de suas concepções sobre os conceitos de "opinião pública" e "imprensa", percebemos duas temporalidades distintas, implícitas em seus escritos: uma que ainda remontaria ao "modelo jurídico", que nega ser "político", mas, ao mesmo tempo, utilizava-se de elementos próprios do "modelo proselitista", em termos de usos de linguagens que remetiam ao âmbito político-institucional.

2.5.2.2 A recepção do folheto *La guerra civil y los partidos de la República Oriental del Uruguay* pelas páginas de *La Bandera Radical*

Ainda em seu primeiro número, *La Bandera Radical* teve uma seção dedicada à recepção que o ensaio *La guerra civil y los partidos de la República Oriental del Uruguay*, publicado antes da criação da revista, obteve nos dois lados do Prata, pois, lembremos, as ideias que motivaram a criação do

---

[611] RAMÍREZ, Carlos María. La santa propaganda de la paz. *La Bandera Radical*: Revista Semanal de Intereses Generales, año 1, n. 9, 26 mar. 1871. p. 313, grifos nossos.

[612] *Ibid.*, p. 314.

[613] *Ibid.*

periódico foram, inicialmente, expressas no referido escrito[614]. Nessa seção, Ramírez publicou trechos de cartas de escritores uruguaios que, naquele momento, estavam em Buenos Aires, tais como Gregorio Perez Gomar (um dos colaboradores da revista, aliás) e Angel Floro Costa, seu ex-professor na universidade, como já indicamos no capítulo 1.

Nela, também é possível percebermos a publicação de trechos de artigos levados ao público pela imprensa da capital argentina e de representantes religiosos tanto protestantes quanto católicos. De modo geral, as impressões sobre o ensaio de Ramírez foram consideravelmente positivas e comungavam das ideias de união e construção nacionais propostas por ele. Nas impressões publicadas, Ramírez e seu ensaio são concebidos, pela *Revista Económica del 22*[615], como "um ato de civismo no cidadão", "um programa sério, prático, de realização imediata [...] do *novo partido*"[616].

Os jornais e outros periódicos de Buenos Aires também endossavam as ideias propostas por Ramírez em seu manuscrito. O *El Nacional*, por exemplo, exaltou o surgimento do "novo partido", constituído por todos aqueles que prezavam pela *"tranquilidade e a felicidade da pátria. [...] e essa mesma ideia desenvolvida com o brilho de uma palavra ardente, rápida e poderosa serve de base da profissão de fé de Carlos M. Ramírez"*[617].

Por sua vez, o *La Tribuna*, também da capital argentina, reforçou a boa recepção que os outros periódicos já haviam expressado, afirmando ter o ensaio de Ramírez o caráter de "programa de salvador para a República Oriental, [...] o único programa que hoje poderia conter a fúria com que se despedaçam homens chamados a viver unidos ao pé da bandeira da fraternidade"[618]. Da mesma forma que o *La Tribuna*, o periódico *La Prensa* afirmou que as ideias de Ramírez eram as "[...] únicas dignas em relação ao que se possa chamar de um *partido novo* [grifo de Ramírez], regenerador e civilizado, que permanecesse unido e aos poucos a tarefa imortal de buscar a unidade e a grandeza da pátria [...]".[619]

---

[614] RAMÍREZ, Carlos María. Adhesiones y correspondencias. *La Bandera Radical*: Revista Semanal de Intereses Generales, año 1, n. 1, 29 ene. 1871.

[615] Não encontramos informações a respeito desse periódico.

[616] REVISTA ECONÓMICA DEL 22. *In*: RAMÍREZ, *op. cit.*, p. 5-6, grifos do autor.

[617] EL NACIONAL DEL 19. Un grito del alma. *In*: RAMÍREZ, *op. cit.*, p. 7, grifos nossos.

[618] LA TRIBUNA. El folleto del Carlos María Ramírez. *In*: RAMÍREZ, Carlos María. Adhesiones y correspondencias. *La Bandera Radical*: Revista Semanal de Intereses Generales, año 1, n. 1, 29 ene. 1871. p. 8.

[619] LA PRENSA DEL 20. La guerra civil y los partidos. Folleto del Dr. Carlos María Ramírez, n. 270. *In*: RAMÍREZ, *op. cit.*, p. 11, inserção nossa.

Além desses periódicos, outros veículos e escritores estrangeiros independentes expressaram suas impressões a respeito da circulação e das ideias contidas tanto no ensaio de Ramírez quanto em *La Bandera Radical*. Isso expressou, a nosso ver, uma solidariedade tanto nacional quanto internacional em prol da unidade e da pacificação nacionais da República Oriental. Sobre essas manifestações, o publicista oriental mencionou o apoio recebido por dois novos periódicos criados, o *Unidad Italiana* e o *Deber Cívico*, os quais, ao que tudo indica, compartilharam das ideias publicizadas por Ramírez em *La Bandera Radical*, tendo eles já iniciado as suas atividades saudando esse intelectual e seu periódico[620]. Já um dos escritores independentes foi o poeta e pastor espanhol P. de Lasala[621], quem afirmou que o texto de Ramírez circulou

> [...] entre toda a ilustrada população estrangeira em Montevidéu, que, presente no exílio feliz de sua propaganda de *paz e fraternidade* [grifos de Ramírez], o progresso moral e material, a prosperidade, o honroso crédito exterior de um país tão charmoso, fecundo e digníssimo de melhor sorte, como é a República Oriental do Uruguai.[622]

Da mesma forma, mas na *"Sección poética"* do número 13, Ramírez publicou as poesias escritas por Lasala e outros dois poetas espanhóis de então, Eduardo Perié e Juan de Cominges, declamadas em uma conferência literária realizada poucos dias antes, todas com um teor solidário à causa "patriótica" com a qual Ramírez estava comprometido[623].

Na seção *"Sueltos diversos"* do número 10, Ramírez fez um agradecimento sobre a recepção e tradução do ensaio *La Guerra Civil* aqui no Brasil, mais especificamente na cidade de Pelotas, por Aristides Epaminondas de Arruda no jornal rio-grandense *Echo do Sul*. O intelectual uruguaio também afirmou o seguinte: "Essa demonstração do colega rio-grandense prova que, defendendo cada um

---

[620] RAMÍREZ, Carlos María. Gotas de tinta. *La Bandera Radical*: Revista Semanal de Intereses Generales, año 1, n. 15,7 mayo 1871. p. 126-127.

[621] Ramírez cita-o exatamente desse modo, sem dar mais detalhes a respeito de seu nome completo. Embora tenhamos pesquisado sobre esse poeta e clérigo espanhol, não conseguimos encontrar muitas informações sobre ele.

[622] RAMÍREZ, Carlos María. Adhesiones y correspondencias. *La Bandera Radical*: Revista Semanal de Intereses Generales, año 1, n. 1, 29 ene. 1871. p. 15, inserção nossa.

[623] RAMÍREZ, Carlos María. Sección poética. *La Bandera Radical*: Revista Semanal de Intereses Generales, año 1, n. 13, 23 abr. 1871. p. 27-32.

o seu direito, não há ofensa nem agravo para ninguém e que, no campo neutro dos princípios, todos podemos abraçar-nos como companheiros de causa."[624]

Como pudemos perceber, a recepção do ensaio de Ramírez pelos vários periódicos e intelectuais tanto dentro como fora do Uruguai foi majoritariamente positiva, além de ter sido endossada por eles, o que proporcionou uma rede de solidariedade interna e externa à causa da construção nacional uruguaia proposta pelo publicista oriental. De qualquer modo, tais manifestações, de modo geral, indicam que as propostas do publicista oriental não passaram desapercebidas naquele contexto, muito pelo contrário: mobilizaram a opinião pública em prol do repensar e do refundar a nação republicana oriental.

2.5.2.3. A Sociedad de Amigos del País (1852) como referência histórica para o Club Radical

Como mencionamos, um dos nossos objetivos, neste capítulo, é tratar sobre como Ramírez também praticou uma mediação político-intelectual no tempo, reelaborando alguns elementos que compuseram o ideário dos *fusionistas* da década de 1850, de modo que essa reformulação fosse cabível para o seu contexto de atuação. Assim, retornamos ao primeiro número de *La Bandera Radical*, no qual Ramírez começou a expressar tais intenções de ressignificação. Ao que tudo indica, consistia em uma espécie de manifesto, por meio do qual é possível percebermos as primeiras discussões e intenções iniciais que Ramírez e os demais colaboradores do periódico já realizavam em prol dessa nova associação, a qual tinha como finalidade a "propaganda de salvação do país" e cujo projeto seria "explicado oralmente em uma reunião popular"[625].

A explicação sobre a criação do clube deveria ser pública, mediante uma reunião popular, para que houvesse o entendimento sobre a proposta de inauguração dessa associação, além de angariar o apoio a ela. Consistia, assim, na ênfase em associar-se, reunir-se em um público[626]. Retomando uma linguagem e uma estrutura similares aos moldes adotados por Eche-

---

[624] RAMÍREZ, Carlos María. Sueltos diversos. *La Bandera Radical*: Revista Semanal de Intereses Generales, año 1, n. 10, 2 abr. 1871. p. 393.

[625] RAMÍREZ, Carlos María *et al*. Club Radical: bases provisorias. *La Bandera Radical*: Revista Semanal de Intereses Generales, año 1, n. 1, 29 ene. 1871. p. 15.

[626] Retomando, aqui, parte do que propõe Habermas acerca dos princípios da formação de uma esfera pública política, conforme já discutimos. HABERMAS, Jürgen. *Mudança estrutural da esfera pública*: investigações quanto a uma categoria da sociedade burguesa. Tradução de Flávio R. Kothe. Rio de Janeiro: Tempo Brasileiro, 2003. p. 42.

verría, Alberdi e Gutiérrez em sua *Creencia*, de mais de 40 anos antes[627], Ramírez e os demais agremiados elaboraram o texto do programa do Club Radical de modo que o termo "associação" iniciasse a grande maioria dos parágrafos. A nosso ver, foi uma forma de enfatizar os valores e práticas a respeito da sociabilidade associativa que buscavam, unindo o exercício da associação pacífica e "civilizada" entre os seus membros e objetivando expandir essa iniciativa a uma comunidade de âmbito mais amplo, nacional e pública. Vejamos:

> A associação não pretende, por si só, formar um novo partido que dirija os destinos do país, mas sim simplesmente um *clube de propaganda* que, tendendo para esse fim, comece por acalmar as paixões desencadeadas na guerra civil e levantar as ideias a uma pacífica esfera de grandes reformas políticas e sociais que tenham por base o exercício mais amplo da soberania popular.[628]

Também nos chama atenção os termos "clube de propaganda", intenção essa que unia dois meios que compunham formas de construção da esfera pública: o clube, enquanto uma associação propriamente dita, e a "propaganda", no sentido relacionado à publicidade, ou seja, à imprensa. De qualquer modo, as motivações da publicação dessas intenções iniciais não estavam centradas em uma transitoriedade, como parecia ter ocorrido até então, mas sim na "solução fundamental das questões permanentes", que proporcionasse um futuro de estabilidade e legalidade político-institucionais e, assim, a indicação do significado primordial de "radical"[629]. Além da "soberania", da repetição do termo "associação" e dos elementos que remetiam à esfera pública, era preciso reiterar a concretização da Independência da República: "A associação ou *Clube Radical* defende a Independência da República Oriental do Uruguai, fundada na espontânea vontade do povo e condena toda prescrição ou convenção que a faça derivar da vontade de outras nações."[630]

Como não era uma manifestação que surgia sem lastros e ideais históricos, buscou, até mesmo, reforçar suas maiores inspirações político-intelectuais, quais fossem, os elementos mais conhecidos da Revolução

---

[627] PRADO, Maria Lígia Coelho. *América Latina no século XIX*: tramas, telas e textos. 2. ed., 1. reimp. São Paulo: EDUSP, 2014.

[628] RAMÍREZ, Carlos María et al. Club Radical: bases provisorias. *La Bandera Radical*: Revista Semanal de Intereses Generales, año 1, n. 1, 29 ene. 1871. p. 15-16, grifos do autor.

[629] *Ibid.*, grifos do autor.

[630] RAMÍREZ, Carlos María *et al*. Club Radical: bases provisorias. *La Bandera Radical*: Revista Semanal de Intereses Generales, año 1, n. 1, 29 ene. 1871. p. 15-16, grifos do autor.

Francesa: liberdade, igualdade e fraternidade. A intenção de tais usos era combater as arbitrariedades e o autoritarismo do então governo de Lorenzo Batlle. Mas, de modo mais amplo, também denunciar toda a violência histórica já ocorrida no país até então, que, além das guerras civis, teria ocasionado perseguições, execuções sumárias, restrição ao direito de reunião e associação, a intolerância política[631].

Reiteravam a atuação do Club Radical em prol da pacificação nacional e contra a guerra civil, esta enquanto raiz de todos os *"extravios e de excessos, como uma escola de caudilhismo e corrupção"*[632]. Enfim, buscavam superar as experiências políticas traumáticas e a aplicação de seu "programa" no presente e no futuro da República: "A associação, ou *Clube Radical*, relega ao tranquilo juízo da história todas as tradições do passado, e só fia seu poder e seu prestígio à honrada aplicação de seu programa no presente e no futuro da República".[633] Também advogava em prol de que todos os habitantes, independentemente da nacionalidade, deveriam ser concebidos como construtores da pacificação e "regeneração" do país, buscando o empenho e o "juramento" coletivo para a concretização desse projeto[634].

Em 31 de janeiro de 1871, Ramírez e seus companheiros fundaram efetivamente o Club Radical e sancionaram suas "Bases fundamentais", as quais foram publicadas no número 3 de *La Bandera Radical*. Embora tenham sido assinadas somente por Ramírez, tais manifestações se deram com base em desejo e ação conjuntos; e, justamente por isso, temos, aqui, mais um exemplo do forte cunho associativo praticado por Ramírez e os demais intelectuais. O termo *"Radical"* que o clube adotou foi explicado da seguinte forma em seu Art. 2:

> ART. 2º. A associação adota a denominação de *Radical*, acreditando significar, dessa maneira, todo o alcance e toda a verdade de seus propósitos ao elevar-se com majestade sobre os interesses transitórios que engendram as divisões acidentais dos bandos para buscar a solução fundamental das questões permanentes cuja apreciação possa delinear, no futuro, verdadeiros partidos de princípios que lutem sempre no terreno *pacífico e legal*.[635]

---

[631] *Ibid.*

[632] *Ibid.*, p. 16-17, grifos do autor.

[633] *Ibid.*, p. 17, grifos do autor.

[634] *Ibid.*, grifos do autor.

[635] RAMÍREZ, Carlos María. CLUB RADICAL. BASES FUNDAMENTALES. Sancionadas en la noche de 31 de enero de 1871 (maiúsculas no original). *La Bandera Radical*: Revista Semanal de Intereses Generales, año 1, n. 3, 12 feb. 1871. p. 84, grifos nossos.

A "radicalidade", desse modo, estava relacionada à moderação das leis e da paz, as quais remetiam, por sua vez, à possibilidade de estabilidade política definitiva, e não aos "excessos" da "revolução". De modo geral, os demais artigos trataram basicamente dos seguintes pontos: a favor do sufrágio amplo; a reivindicação da "independência nacional"; a defesa de que toda autonomia da nação provinha da "soberania do povo"; os valores pautados nos ideais da "democracia moderna", quais fossem, a liberdade, a igualdade e a fraternidade, lema máximo da Revolução Francesa e que era recorrentemente mobilizado por Ramírez e seus companheiros, conforme já indicamos; pela condenação da violência proporcionada pelas guerras civis e contra as consequências dessas, as quais consistiam, na visão deles, em "fonte de extravios e de excessos, como uma escola de caudilhismo e corrupção"[636].

Perceba o(a) leitor(a) que não estamos simplesmente repetindo algo do qual já tratamos. Podemos verificar que essas bases fundamentais, publicadas no referido número 3 de *La Bandera Radical*, já haviam sido antecipadas em artigo prévio, contido no número 1 desse periódico, em uma escrita mais fluida e informal. No entanto, esse ato de repetir o conteúdo, mesmo que em formatos diferentes, e publicizá-lo consistiria, a nosso ver, em algo digno de nota: uma tentativa de reafirmar a transparência pública ao oficializar esse programa conforme seu desenvolvimento gradual. Nesse sentido, para Ramírez e os demais membros e colaboradores do Club Radical e de *La Bandera Radical*, isso ia ao encontro de suas propostas em reconstruir uma legalidade institucional e a "verdade racional" ante a opinião pública.

Em outro artigo, Ramírez tratou sobre a publicação do também *principista* Agustín de Vedia realizada no periódico *La Revolución*, em que este fez considerações sobre o ensaio *La guerra civil y los partidos*. Comentando as impressões de Vedia sobre seu ensaio, o redator de *La Bandera Radical* destacou as convergências de opinião que aquele escritor tinha em relação às suas propostas, mais especificamente no que tangia à condenação à destruição causada pelas guerras civis e à tradição violenta dos *blancos* e *colorados*. Conforme as impressões de Vedia, comentadas por Ramírez, todos esses elementos históricos convergiram e ainda convergiam, naquele contexto, para a perpetuação do "vasto deserto" causado pelas guerras civis[637], pontos esses sobre os quais os dois publicistas estavam de total acordo.

No entanto, diferentemente das impressões totalmente positivas manifestadas por outros periódicos e escritores sobre os quais tratamos

---

[636] *Ibid.*, p. 85.

[637] VEDIA, Agustin de *apud* RAMÍREZ, Carlos María. La idea radical y la idea revolucionária. *La Bandera Radical*: Revista Semanal de Intereses Generales, año 1, n. 2, 5 feb. 1871. p. 44.

anteriormente, Vedia matizou criticamente as propostas contidas em *La Guerra Civil*. O interlocutor de Ramírez argumentou que a ideia de fundir os partidos consistia em "ilusões quiméricas" de "uma imaginação sonhadora"[638], criticando, até mesmo, o uso do termo "fusão" por ele[639]. Esses comentários do professor universitário e publicista sobre as impressões de Vedia a respeito de seu ensaio são consideráveis, haja vista que reforçam uma identidade de grupo em relação ao projeto de país que defendiam. Desse modo, Ramírez reiterou que pouco importava a forma pela qual ele mesmo e os demais colaboradores de *La Bandera Radical* eram denominados publicamente, se *fusionistas*, se por outros adjetivos[640].

Carlos Ramírez trouxe à tona uma passagem do texto de Vedia em que este exaltara os acontecimentos da histórica defesa — ou o Cerco — de Paysandú. Tal evento foi marcado pela resistência dos *blancos* às investidas do *colorado* Venâncio Flores, do Império do Brasil e da Argentina contra o governo constitucional de Bernardo Berro e Anastasio Aguirre, entre 1864 e 1865, já no contexto da Guerra do Paraguai[641], ou seja, seis anos antes desse debate público. Como forma de contrapor a menção feita por Vedia ao referido evento histórico, Ramírez relembrou outro acontecimento da história do país, a Defesa de Montevidéu, empreendida pelos *colorados* ainda durante a Guerra Grande, conforme já tratamos no capítulo 1[642]. Sobre os dois fatos, Ramírez argumentou o seguinte:

---

[638] *Ibid.*

[639] *Ibid.*

[640] RAMÍREZ, *op. cit.*, p. 44.

[641] O governo constitucional do *blanco* Bernardo Berro (1860-1864) não agradava aos interesses da Argentina e do Império do Brasil no que tangia especificamente ao Paraguai, devido à sua aproximação com a administração de Solano López. Desse modo, Flores, que já liderava sua sublevação contra o governo central constitucional de Berro, teve apoio de Brasil e Argentina para a tomada do poder uruguaio. No entanto, antes de isso se concretizar, houve a resistência, por parte dos *blancos*, ao cerco da cidade interiorana de Paysandú e empreendido pelas tropas de Flores e do Brasil. Liderados por Leandro Gómez, os *blancos* sucumbiram à superioridade bélica dos adversários e, mesmo tendo se rendido, foram todos fuzilados, tornando-se um evento-mártir para o partido *blanco*. Para além dos fatos puramente históricos, esse acontecimento extrapolou a condição de simples guerra civil, e passou a ter o significado de uma "segunda guerra de independência", haja vista a intervenção brasileira. Sobre isso, ver: BARRÁN, José Pedro. *Apogeo y crisis del Uruguay pastoril y caudillesco*: 1839-1875. Montevideo: Ediciones de la Banda Oriental, 1990. t. 4. Antes de simpatizar com as ideias *principistas*, Vedia, segundo afirmou Ramírez em seu artigo, havia militado pelo *Partido Blanco*. Assim, apesar da condenação de Vedia à violência política histórica, Ramírez concebeu que a menção daquele aos referidos eventos de Paysandú ainda poderia estar carregada desses resquícios partidários. RAMÍREZ, Carlos María. La idea radical y la idea revolucionária. *La Bandera Radical*: Revista Semanal de Intereses Generales, año 1, n. 2, 5 feb. 1871.

[642] RAMÍREZ, Carlos María. La idea radical y la idea revolucionária. *La Bandera Radical*: Revista Semanal de Intereses Generales, año 1, n. 2, 5 feb. 1871. p. 44.

> Montevidéu e Paysandú não são tradições políticas, são tradições *guerreiras* [...]. E completaremos nosso pensamento com franqueza: Montevidéu e Paysandú não são tradições *de partido*, mas sim tradições do *país*, tradições eminentemente *nacionais*.[643]

Em outros termos, Ramírez reiterava, retórica e publicamente, que os símbolos históricos tão exaltados por cada partido, relacionados *à* capital ou ao interior do país, não se restringiam a cada um deles, mas sim faziam parte da construção histórica da nação uruguaia como um todo, e deveriam ser instrumentos de uma unidade nacional. Desse modo, Ramírez reiterou que ele e seus companheiros eram "radicais"[644] e reforçou essa identidade política defendendo a diferença fundamental entre a "ideia radical" e a "ideia revolucionária":

> A ideia radical quer que os dois partidos se submetam a um princípio superior, o princípio da soberania do povo, e esqueçam suas querelas históricas nas questões palpitantes da convenção constituinte, que deve enterrar todos os erros do passado junto com seu símbolo decrépito. [...] A ideia radical é uma grande bandeira de paz e de fraternidade, à cuja sombra pode agrupar-se em tempo mais ou menos próximo um verdadeiro partido de princípios, de ordem e progresso, que afiance o futuro da pátria sobre estes dois pilares majestosos: *independência e liberdade*.[645]

A ideia radical também estava relacionada, para além da moderação e de forma mais implícita, à consolidação de uma "fraternidade" em termos de uma "comunidade" de caráter nacional, à coletividade do "povo" oriental, em detrimento de todo e qualquer personalismo ou individualismo que ele enxergava como próprios dos partidos. Desse modo, para Ramírez, a questão dos partidos de seu presente estava relacionada não mais com sua extinção, como defendiam os expoentes do *fusionismo*, mas sim com a sua transformação em "partidos de paz", convertendo-se seus partidários em "homens garantidos pela lei" no combate ao personalismo caudilhista e à intervenção estrangeira[646].

---

[643] *Ibid.*, p. 46, grifos do autor.

[644] *Ibid.*, p. 44.

[645] *Ibid.*, p. 48, grifos do autor.

[646] RAMÍREZ, Carlos María. La idea radical y la idea revolucionária. *La Bandera Radical*: Revista Semanal de Intereses Generales, año 1, n. 2, 5 feb. 1871. p. 50, grifos do autor.

No mesmo número, Jácobo Adrián Varela, irmão de José Pedro Varela, endossou a posição pública de Ramírez em relação ao assunto discutido, além de reproduzir a crítica positiva que seu ensaio tivera naquele contexto[647]. Além disso, reforçou a reserva feita por Ramírez ao *fusionismo* ainda presente no jornal *El Siglo*. Jácobo Varela argumentou que a tônica do grupo político-intelectual que compunha *La Bandera Radical* era, realmente, "radical", pelo fato de não haver a intenção de se fundir com ninguém, mas sim a de reiterar a coexistência partidária e democrática. Afirmou, ainda, que, ao contrário da "fusão", era preciso estabelecer uma nova política, a qual fosse diferente do *fusionismo* da década de 1850, mas sem perder de vista seus pontos positivos, assim como propusera inicialmente Ramírez:

> Nossos atuais partidos são a expressão mais bem acabada do fusionismo, *fusão imoral* dos elementos mais heterogêneos que é dado supor, e é por isso precisamente que se deslocam e se perdem. [...] não para que os partidos desapareçam, mas sim para dar aos partidos, no terreno da luta, uma bandeira e uma fisionomia marcada.[648]

Essas colocações de Jácobo Varela, assim como podemos perceber nos escritos de outros colaboradores de *La Bandera Radical*, mostraram-se consideravelmente alinhadas ao que acreditamos ter sido uma das principais metas de Ramírez, que foi a defesa da coexistência democrática dos partidos como forma de unidade e civilidade políticas. Ao mesmo tempo, entendemos que essa comunhão de ideias consistiu no que vimos defendendo: a capacidade de mediação político-intelectual de Ramírez, não somente entre a sociedade e Estado, mas também em ressignificar o antigo *fusionismo*, de modo a evitar a eliminação dos partidos políticos e construir um ambiente de coparticipação "civilizada" em prol da nação. Da mesma forma que também aglutinava esses outros intelectuais, seus interlocutores, em torno dessa causa. E Jácobo Varela, assim como Ramírez fez a todo o momento, reiterou que essa coexistência partidária deveria ser alicerçada na razão, na justiça, na lei e no "partido bom", por meio da imprensa, das reuniões, dos clubes e das assembleias[649].

---

[647] VARELA, Jácobo Adrián. El Club Radical y la fusión. *La Bandera Radical*: Revista Semanal de Intereses Generales, año 1, n. 2, 5 feb. 1871. p. 57.

[648] *Ibid.*, p. 59, grifos do autor.

[649] VARELA, Jácobo Adrián. El Club Radical y la fusión. *La Bandera Radical*: Revista Semanal de Intereses Generales, año 1, n. 2, 5 feb. 1871. p. 62, grifos do autor.

Desse modo, no número seguinte, Ramírez retomou o programa da associação Sociedad de los Amigos del País[650], a qual já mencionamos — de cunho *fusionista* e criada em 1852, um ano após o fim da Guerra Grande. É válido destacarmos que um dos subscritores do programa dessa Sociedad foi o general Melchor Pacheco y Obes[651], político e publicista, cuja atuação consistiu em uma das maiores referências "cívicas" de Ramírez, conforme ele mesmo indicou e assim como mostramos no capítulo 1.

Como sugerido no título de seu artigo, tal associação e seu respectivo programa representaram o antecessor político-intelectual do "radicalismo", propostos pelo redator de *La Bandera Radical* e os demais colaboradores. Vale destacar que, na seção *"Sueltos diversos"*, ao fim da edição, Ramírez reiterou a importância desse programa, afirmando que "nessas fontes puras deve a juventude beber a verdade histórica dos antigos partidos"[652]. Especifica-mente em seu artigo sobre o programa da Sociedad, Ramírez não somente mencionou o programa da associação *fusionista* da década de 1850, mas o transcreveu inteiramente como modo de reiterar as suas propostas. É notável a predominância, nesse programa, dos termos "princípio da associação"[653], assim como na já mencionada *Creencia* de Echeverría, Alberdi e Gutiérrez, de décadas antes, elementos esses muito mobilizados por Ramírez também a partir do fim dos anos 1860.

Optamos por evitar transcrever, em sua totalidade, o programa de 1852 publicado por Ramírez em *La Bandera Radical*. No entanto, são dignas de destaque algumas passagens em que constam linguagens políticas compar-tilhadas por Ramírez 20 anos após a sua publicação. Uma delas é a seguinte:

> [...] no empenho de reunir a todos os bons orientais na obra da felicidade da pátria, [...] tratando de lançar as bases de uma associação, que forte por seu número, *pela santidade de seus fins e a publicidade de seus compromissos*, apresse-se a época do bem da República [...].[654]

---

[650] De acordo com o que consta no fim dessa transcrição publicada por Ramírez, assinaram o documento mais de 70 escritores e políticos da década de 1850, entre eles, José M. Muñoz, Eduardo Acevedo e Juan Carlos Gómez, por exemplo. RAMÍREZ, Carlos María. El antecedente histórico de la idea radical (Documento de 1852). *La Bandera Radical*: Revista Semanal de Intereses Generales, año 1, n. 4, 19 feb. 1871. p. 145.

[651] *Ibid.*

[652] RAMÍREZ, Carlos María. Sueltos diversos. *La Bandera Radical*: Revista Semanal de Intereses Generales, año 1, n. 4, 19 feb. 1871. p. 152.

[653] RAMÍREZ, Carlos María. El antecedente histórico de la idea radical (Documento de 1852), *a Bandera Radical*: Revista Semanal de Intereses Generales, año 1, n. 4, 19 feb. 1871. p. 143.

[654] RAMÍREZ, Carlos María. El antecedente histórico de la idea radical (Documento de 1852), *a Bandera Radical*: Revista Semanal de Intereses Generales, año 1, n. 4, 19 feb. 1871. p. 143, grifos nossos.

É notória, ainda, a mobilização de linguagens políticas relacionadas ao já mencionado termo "associação", como "publicidade", e "felicidade da pátria"/"bem da República" — no sentido da viabilidade e da unidade nacionais —, e todas elas foram retomadas constantemente por Ramírez e os "radicais" na década de 1870. As reivindicações foram as mesmas entre os intelectuais de cada um dos momentos históricos já mencionados, e podemos notar isso pela citação feita por Ramírez de outros pontos do programa da Sociedad de Amigos del País, de 1852, tais como: "império da lei"; "Constituição"; "paz"; "moralidade do governo"; "pureza na administração"; o "progresso da República" etc.[655]

Enfim, por ter se tratado de um "programa", de fato, tal documento tinha o caráter de um projeto, que manifestava levar a cabo os seguintes pontos: desenvolvimento da indústria; imigração estrangeira; a "educação moral, intelectual e material do povo"[656]; desenvolvimento do comércio e da agricultura; integração territorial e meios de comunicação; ou seja, tudo o que privilegiasse a "opulência da nação"[657]. Enfim, elementos de um projeto que Ramírez retomou e voltou a defender em seu contexto de atuação. A única nuance dessa "recuperação" histórica foi a de que, em vez de propor a "fusão" dos partidos tradicionais, como fizeram os *fusionistas* ainda na década de 1850, o publicista defendeu a coparticipação política de ambos, sem, no entanto, extingui-los, conforme já indicamos.

Dessa forma, foi também neste ponto que contribuiu para uma mediação político-intelectual, por meio da ressignificação de tal proposta para o seu contexto de atuação e mediante a imprensa e as associações enquanto meios de intervenção e pressão pública em relação ao Estado. Em outras palavras, a transcrição do programa da Sociedad de Amigos del País, de 1852, nas páginas de *La Bandera Radical* do início dos anos 1870, indica-nos a intencionalidade de Ramírez em endossar as propostas político-intelectuais pretéritas referentes à unidade nacional, mas reelaborando-as[658]. Além disso, entendemos que tal retomada, por parte de Ramírez, apresentava uma dupla natureza, de inspiração político-intelectual. Por um lado, em termos

---

[655] *Ibid.*, p. 143-144.

[656] *Ibid.*

[657] *Ibid.*, p. 144-145.

[658] Aqui, dialogamos diretamente com as proposições teóricas de Quentin Skinner a respeito das intencionalidades de um autor ao escrever dentro de um contexto linguístico específico, ou seja, o que ele estava "fazendo" e com quais outros autores ele dialogava e polemizava naquele determinado momento histórico. Ver: SKINNER, Quentin. *As fundações do pensamento político moderno*. São Paulo: Companhia das Letras, 1996. p. 13; SKINNER, Quentin. *Visões da política*: sobre os métodos históricos. Lisboa: Algés; DIFEL, 2005. p. 127-144.

regionais, havia a presença de parte do que já havia proposto Sarmiento, em seu *Facundo*, e Echeverría, em sua *Creencia*, ambos escritos sobre a Argentina e na década de 1840, conforme já indicamos no capítulo 1. Por outro, em termos nacionais, a dos próprios *fusionistas*, conforme já analisado.

E, ao se aprofundar em sua impressão a respeito dos ensinamentos do programa da Sociedad de los Amigos del País de quase 20 anos antes, Ramírez justificou a recorrência ao passado não como forma de se igualar àquilo que realizavam os *colorados* e *blancos*, no sentido de construir "lendas" em detrimento da "razão". Na verdade, conforme sua preocupação em deixar isso claro, o motivo de tal ato foi o de não ignorar as "raízes" históricas da "ideia radical" em meio a outros períodos críticos do passado uruguaio[659]. Enfim, de modo a não passar a impressão de ser a sua proposta a "pioneira" em relação à defesa da pacificação e da "regeneração" nacionais[660]. Acreditamos que suas preocupações estejam bem resumidas no seguinte trecho: "Por nossa parte, se exumamos os pergaminhos da história, é para mostrar neles a tradição das santas heresias que devem conduzir-nos ao reinado da soberana razão"[661].

No programa dos Amigos del País, seria possível apreender uma "profunda unidade moral", a qual teria perdido força com a volta das guerras civis a partir da segunda metade da década de 1850[662]. De uma forma consideravelmente idealizada sobre os *fusionistas*, ao menos no trecho a seguir, Ramírez trouxe à luz os mais relevantes princípios e valores daqueles precursores, os quais lhe serviram de inspiração em prol da "ideia radical":

> Cheios de abnegação e de civismo, aqueles homens tomam sobre si o *empenho de reunir a todos os bons orientais na obra da felicidade da pátria*, porque, para eles, não existia a mancha do pecado original, nem o inferno político das penas perduráveis, nem a maldição de Deus sobre uma raça inteira. Com imparcialidade austera, aqueles homens declararam *que consideram um mal para* o país o modo com que os partidos fizeram sentir *até agora sua vida pública*, porque, para eles,

---

[659] RAMÍREZ, Carlos María. Lo que nos enseña el programa de los amigos del país. *La Bandera Radical*: Revista Semanal de Intereses Generales, año 1, n. 5, 26 feb. 1871. p. 153.

[660] *Ibid.*

[661] *Ibid.*, p. 155.

[662] *Ibid.*, p. 156.

> não existia essa infalível igreja que se levantou depois e onde é preciso adorar ídolos falsos e sangrentos [...].[663]

O exemplo histórico retomado expressava, mais uma vez, algo similar a um "apostolado", no sentido propriamente sagrado do termo, animado pela "abnegação" do "civismo". Como podemos perceber, Ramírez buscou mostrar como a ação daqueles *fusionistas* estava relacionada com o afastamento do "pecado original" da guerra civil e do "inferno político", elementos da referida "igreja sangrenta" dos "ódios" partidários. Desse modo, visando ao estabelecimento de intenções "reformistas", "civilizadoras" e pacíficas, Ramírez defendeu que os "Amigos do País", movidos pelo objetivo de combater os "obstáculos à união dos bons orientais", dedicaram-se a valorizar a História e a "opinião" como "juízes" do "erro político" e dos "extravios individuais"[664]. Assim, a ação de caráter igualitário daqueles *fusionistas* da década de 1850, segundo a concepção de Ramírez, convocava a

> [...] vencer a dificuldade da tarefa a todos os cidadãos que entendessem como eles o interesse da pátria ou que, animados pelo mesmo patriotismo, se encontrassem na atitude de melhorar seu programa, por que, para eles, os antecedentes de família ou a solidariedade de origem não era o que determinava a opinião pública dos cidadãos, nem se considerava ninguém excluído de contribuir à formação e ao melhoramento da ideia na qual ia fundar-se para sempre a regeneração da República Oriental do Uruguai.[665]

Após realizar tais elogios à ideia de 1852, Ramírez indagou-se sobre os motivos de esta não ter prosperado, de fato. Conforme sua concepção, no contexto em que fora proposta, a política de "fusão" ainda era "prematura", por ter sido "heroica" e "elevada" demais para aquele momento, tendo se antecipado à sua época, ao mesmo tempo que, em sua visão, esta foi a sua "maior glória"[666]. Ou seja, a "hora" para o seu sucesso era o seu próprio momento presente de atuação e intervenção públicas.

Alegou não ser possível, de fato, uma proposta de tal magnitude ter tido sucesso por meio da ação de uma geração "exclusiva", e esta, a de 1852,

---

[663] RAMÍREZ, Carlos María. Lo que nos enseña el programa de los amigos del país. *La Bandera Radical*: Revista Semanal de Intereses Generales, año 1, n. 5, 26 feb. 1871. p. 156-157, grifos do autor.

[664] *Ibid.*, p. 157.

[665] *Ibid.*, grifos do autor.

[666] RAMÍREZ, Carlos María. Lo que nos enseña el programa de los amigos del país. *La Bandera Radical*: Revista Semanal de Intereses Generales, año 1, n. 5, 26 feb. 1871. p. 157-158.

teria servido de "pedestal" para a de seu presente, na "marcha" em prol da finalidade tão almejada[667]. Aqui, destacamos o termo "marcha", no sentido de "caminhar", indicar um "movimento" temporal que proporcionaria ir em direção ao "progresso". Ou seja, a possibilidade de a nação não mais permanecer "estagnada" nas guerras civis, as quais tanto "atrasavam" a consolidação da República Oriental. Desse modo, "Esta é a marcha providencial que leva a ideia dos *Amigos do País,* tentativa frustrada que se reproduz, hoje, na ideia de *La Bandera Radical*"[668].

> A visível e notória degeneração dos partidos distancia toda possibilidade de que chegue a impor-se longo tempo, *e a opinião pública se ilustrou o bastante para uniformizar-se* na condenação de todos os fatos atentatórios e violentos que desonraram a luta horrível dos bandos. Por outro lado, [...] *aperfeiçoam-se as ideias acerca da organização política e social.*[669]

Considerando o excerto *supra*, podemos apreender que Ramírez expressou a concepção de que o próprio passar do tempo também teria contribuído para uma maior possibilidade de êxito em seu contexto, da proposta iniciada pelos *fusionistas*, ainda na década de 1850. No entanto, o publicista uruguaio fez as seguintes ressalvas:

> O erro de 1852 foi crer que a inquietude natural dos partidos ia se acalmar simplesmente com o desenvolvimento dos interesses materiais e morais, confiados à ação tranquila do progresso, substituindo as questões de política pelas questões de administração.[670]

Ou seja, para o redator de *La Bandera Radical*, a geração de 1852 deveria ter prezado por uma maior ação política e pública em prol de tais iniciativas de unidade e construção nacionais. Desse modo, Ramírez reiterou que era necessária uma intervenção em seu contexto para que o mesmo não ocorresse, e defendeu a "ideia radical" e a da Convenção Nacional como formas dessa intervenção e dessa ampliação democráticas:

> Hoje a ideia da regeneração aparece unida ao pensamento de uma grande convenção extraordinária que reassuma a pleni-

---

[667] *Ibid.*, p. 158. Como vimos parcialmente no capítulo 1 e conforme veremos melhor no capítulo 4, o elemento da continuidade histórica mostrou-se muito presente nos escritos de Ramírez, estes, a nosso ver, muito inspirados nas propostas político-intelectuais de Jules Michelet.

[668] *Ibid.*, p. 158, grifos do autor.

[669] *Ibid.*, p. 159, grifos nossos.

[670] *Ibid.*

tude da soberania e abra um amplo canal às aspirações dos partidos atuais e transforme esses elementos descompostos com o apurativo das grandes ideias liberais e das grandes reformas democráticas.[671]

Fazia-o, pois, utilizando-se de um elemento político próprio do passado, ligado mais especificamente à organização dos setores populares, atuantes na Revolução Francesa em sua reivindicação e estabelecimento da Convenção Nacional naquele processo histórico[672]. A recorrência a esse evento histórico se mostrou relativamente constante em seus artigos publicados em *La Bandera Radical*, conforme veremos adiante.

Assim, a "radicalidade" da coexistência partidária e democrática estava relacionada com a necessidade da Convenção, de um grande diálogo público, de amplitude nacional e que tivesse a finalidade de ampliar a esfera pública de modo a "regenerar", reconstruir a nação republicana oriental. E a ideia radical poderia até perder força, da mesma forma que as de 1852, mas, de qualquer modo, já difundiria o princípio e o objetivo fundamentais no "coração do povo": o do "edifício da nacionalidade oriental" em detrimento dos "caudilhos opressores", dos "bandos sanguinários" e das "guerras civis desastrosas"[673].

2.5.2.4. Por uma nova temporalidade política: soberania do povo, a Convenção Nacional e o governo permanente

Ramírez criticou a falta de poder por parte do Estado e reiterou que só a soberania do povo seria capaz de dispor da legitimidade necessária para refundar o país e as instituições com base no direito, retomando os principais elementos da Constituição de 1830. Para ele, a Carta Magna uruguaia vigente já caracterizava "letra morta", sem efeito nenhum em termos de controle político e social[674]. Só a soberania do povo seria capaz de construir uma "Constituição harmonizada", baseada no direito político,

---

[671] RAMÍREZ, Carlos María. Lo que nos enseña el programa de los amigos del país. *La Bandera Radical*: Revista Semanal de Intereses Generales, año 1, n. 5, 26 feb. 1871. p. 159, grifos nossos.

[672] No referido processo histórico, a Convenção Nacional era reconhecida como o meio público de deliberação coletiva, na qual se reivindicava uma nova Constituição para a França e contra o absolutismo monárquico. Sobre isso, ver: GALLO, Max. *Revolução Francesa*. Tradução de Julia da Rosa Simões. Porto Alegre: L&PM, 2012. v. 1.; VOVELLE, Michel. *A Revolução Francesa explicada à minha neta*. Tradução de Fernando Santos. São Paulo: Editora UNESP, 2007.

[673] RAMÍREZ, *op. cit.*, p. 159.

[674] RAMÍREZ, Carlos María. Bases generales de pacificación. *La Bandera Radical*: Revista Semanal de Intereses Generales, año 1, n. 4, 19 feb. 1871. p. 120.

dotada de autonomia, e não tutelada pelo Brasil. Assim, só uma Convenção Nacional faria esse consenso "contratual" ser firmado[675].

Defender a Convenção Nacional enquanto um meio de soberania popular era defender a Independência oriental, mantendo-a. Uma "grande assembleia popular", formada pelos membros das camadas mais baixas da sociedade, como os pobres, os ignorantes (no sentido de "iletrados", "analfabetos", provavelmente) e os soldados (baixas patentes do Exército). Enfim, uma grande reunião, em âmbito nacional e público, que teria a capacidade de resgatar as bases da cidadania e sustentada pela "razão" de todos os orientais:

> *Todos estariam representados nessa grande assembleia popular.* Os deserdados da cidadania, – os que guerrearam, os que morrem, mas que não podem, segundo a lei antiga, tomar parte na vida política do Estado, recuperarão sua dignidade e seu voto. Só a soberania pode pôr limites à soberania. Sua primeira manifestação não tem mais limite que a razão natural e o direito primitivo. Todos os orientais com uso da razão terão seu voto. Votará o pobre, o ignorante e o soldado, que são a maioria da nação e que antes não tinham os meios de trabalhar para emancipar-se da servidão e da miséria.[676]

É importante ressaltar que, pela Constituição de 1830, somente tinham direito de voto aqueles que tinham posses e os alfabetizados[677]. Nesse sentido, essa afirmação *supra* de Ramírez poderia ser entendida para além do simples discurso, pois ele e os demais intelectuais também se dedicaram à causa educacional como meio de formar o novo cidadão da República, conforme já vimos. Dessa maneira, podemos conceber que havia uma conexão intrínseca entre linguagem e ação, por meio da qual se visava à construção do "novo cidadão soberano" e "racional", com base na educação, na lei e no direito públicos.

Assim, o sufrágio conquistado por meio dessas bases também consistia na "civilização", no estabelecimento de uma comunidade harmônica e de iguais perante a lei enquanto meios de construção e consolidação da "Nação Oriental". Representaria, também, um "novo começo", a percepção de uma nova temporalidade política para a República:

---

[675] *Ibid.*

[676] *Ibid.*

[677] Conforme capítulos 1 ao 3, constantes na seção 2 da Constituição uruguaia de 1830. Ver: URUGUAY. *Constitución de la República Oriental del Uruguay*. Montevideo: Imprenta del Comercio del Plata, 1829. p. 6-8.

> Todos serão eleitores e todos serão elegíveis, porque só o sufrágio pode pôr limites ao sufrágio. [...] Todas as classes da sociedade terão seu delegado augusto na assembleia *que fixará para sempre os destinos da Nação Oriental. [...] para regenerar-se com a liberdade, com a virtude, com a abnegação patriótica, com o trabalho moral das ideias, com a solene consagração dos princípios.*[678]

É digno de nota que o termo "regeneração", mobilizado recorrentemente por Ramírez, conforme vimos identificando em nossa análise, também indica uma aproximação semântica associada às ideias de reformular, reconciliar, reformar, dar um novo vigor ao povo oriental. E tudo isso estaria, em nossa perspectiva, baseado em valores e princípios novos, como a "virtude", a "abnegação patriótica", o "trabalho moral das ideias", conotando, dessa forma, compromisso, dever com a construção e o "novo tempo" da Nação republicana a ser consolidada. Ramírez reiterava a necessidade da instauração de uma Convenção Nacional, sendo esta "a única solução legítima de todos os problemas sociais e políticos que agitam a República Oriental", e o governo de Batlle não era compatível com essa proposta[679].

Acreditamos que a reiteração, por parte de Ramírez, sobre a necessidade de uma "grande assembleia popular" só contribui para reforçar o que vimos defendendo em nosso trabalho. Aqui, "convenção", no sentido de acordo, de pacto, da busca de um consenso político harmônico, tem uma carga semântica que nos permite concebê-lo em dois sentidos, complementares entre si. Um deles, mais explícito, diz respeito ao nível mais amplo, mais abrangente, em termos da construção da comunidade nacional. O outro, enquanto uma "prévia" desse significado mais amplo. Ou seja, por meio de sua ação igualitária e fraterna, realizada dentro do próprio periódico *La Bandera Radical* e nos demais periódicos e associações, Ramírez e os demais intelectuais exerciam o delineamento, uma "experimentação" da nação republicana definitiva que almejavam em âmbito maior. Assim, tais "experimentos" e a prática da nação foram materializados pela formação e manutenção dos clubes e associações, que davam as bases para o próprio periódico e que foram impulsionados por Ramírez, em seus atos de mediação entre seus pares, o Estado e o público leitor.

Esse esboço da nação, por meio de tais espaços e relações político-sociais, precisava ser reforçado pelos usos da linguagem e da prática

---

[678] RAMÍREZ, Carlos María. Bases generales de pacificación. *La Bandera Radical*: Revista Semanal de Intereses Generales, año 1, n. 4, 19 feb. 1871. p. 121, grifos nossos.

[679] *Ibid.*

políticas constantes da "fraternidade", da "liberdade política", da "igualdade", da "solidariedade", da autonomia/autogestão, da unidade e da "civilidade" exercida por e entre eles em tais ambientes. Além disso, estas precisavam ser reafirmadas e divulgadas o máximo possível via imprensa. É com essa premissa que a pressão pública foi feita por Ramírez e os demais intelectuais "radicais" contra Lorenzo Batlle, considerando-o incapaz de estabelecer a paz política e de proporcionar um clima mais democrático e popular no país. E o publicista oriental concluiu o artigo da seguinte forma: "Busquemo-la [a paz] com os meios incruentos da *soberania do povo*, e teremos, então, a verdade de uma *paz estável e duradoura* sobre os charmosos *horizontes de um povo que vive, que se dignifica e que progride*".[680]

Em nossa visão, o significado do conceito de "soberania" proposto por Ramírez conotava praticamente o mesmo sentido defendido após a *Guerra Grande* pelos *fusionistas*, qual fosse, o de "autodeterminação de um povo", conforme pontua Ana Ribeiro a respeito especificamente desse grupo político dos anos 1850 e 1860[681]. Nesse sentido, assim como o *fusionista* Andrés Lamas defendia na década de 1850, mais no que tange ao fato de o personalismo político de cada partido ter sido um entrave para essa soberania[682], Ramírez e os "radicais" de 20 anos depois manifestaram, em nossa perspectiva, defender o mesmo. Para além disso, acreditamos que também tinha a carga semântica relativa à defesa da autoconsciência política desse povo, por meio do exercício dos seus direitos cidadãos, à unidade/união nacional e à estabilidade política, o que consistiria na atribuição de um elemento novo ao conceito.

Considerando, ainda, o que coloca Hilda Sabato a respeito das relações entre a soberania do povo e as bases do regime republicano, naquele contexto, semanticamente falando, "a república implicava a soberania do povo, de um povo que cada vez mais se concebia como uma comunidade de cidadãos autônomos, livres e iguais entre si, detentores de direitos e de certas obrigações"[683]. Nesse caminho, o sentido de "soberania" está, aqui, relacionado também aos elementos internos, da construção e consolidação da sociedade civil e da nação republicana, expressos pela atuação dos

---

[680] RAMÍREZ, Carlos María. Bases generales de pacificación. *La Bandera Radical*: Revista Semanal de Intereses Generales, año 1, n. 4, 19 feb. 1871. p. 123, grifos nossos, inserção nossa.

[681] RIBEIRO, Ana. El largo camino de un concepto migratorio: soberanía. *In*: CAETANO, Gerardo (org.). *Historia conceptual*: voces y conceptos de la política oriental (1750-1870). Montevideo: EBO, 2013. p. 146.

[682] *Ibid.*

[683] SABATO, Hilda. *Povo & política*: a construção de uma república. Tradução de Daniel da Silva Becker. Porto Alegre: EdiPUCRS, 2011. (Série História, 59). p. 92.

intelectuais dentro das associações e da imprensa, na constituição de uma esfera pública nacional. Assim, inferimos que a "soberania do povo", a qual seria visualizada nos "charmosos horizontes do povo" e, assim, proporcionaria a estabilidade duradoura, poderia ser considerada, ademais, mais uma linguagem política vinculada à proposição, por parte de Ramírez, de uma nova temporalidade para a nação republicana oriental[684].

Mencionando novamente Montesquieu, Ramírez afirmou que a "virtude" era o fundamento de uma República e, no mesmo sentido, que a "paz" e a "fraternidade" seriam os princípios centrais a embasarem a criação de uma Convenção Nacional, de modo a alcançar e ampliar a soberania popular, das instituições republicanas, da "civilização" etc.[685] No entanto, "paz" não tinha, em sua ótica, o mesmo significado que "quietude dos sepulcros", e "fraternidade" não estaria relacionada a uma unidade despótica, de inexistência de divergências. Tais termos, na verdade, serviam para a sustentação de um dinamismo, no sentido de "agitação" e "movimento", baseado na "ideia" e na "unidade moral" da legalidade, da solidariedade, da harmonia e da concórdia de todas as instituições e dos agentes que compunham o Estado[686].

Valendo-se de uma intervenção pública constante, vista por Ramírez como necessária em seu presente, era preciso estabelecer esse afastamento, no tempo, entre uma experiência política indesejável — da violência política — e o início de outra, a qual propiciaria a "regeneração" nacional, em prol de um nova República Oriental. No entanto, a recuperação de um outro passado continuava sendo realizada pelo publicista oriental. Nesse sentido, resgatou o que ele considerava a primeira tentativa de uma Convenção Nacional no Uruguai pós-Constituição de 1830, ainda nos anos 1850, expressa pelos "homens de altas visões"[687], sendo estes muito provavelmente os *fusionistas*, embora não os tenha mencionado explicitamente.

Tal recorrência a esse evento precursor foi acompanhada da indicação, por parte do publicista uruguaio, mais uma vez a respeito de seus fracassos

---

[684] Como tratamos no capítulo 3, Ramírez voltou a se dedicar sobre o tema da soberania em suas Conferências de Direito Constitucional, ao realizar uma discussão teórica densa baseada em vários filósofos políticos que se debruçaram sobre esse conceito, tais como Jean-Jacques Rousseau e Thomas Hobbes, por exemplo.

[685] RAMÍREZ, Carlos María. La Convención Nacional. SUS CONDICIONES, SUS ANTECEDENTES, SUS ALCANCES (maiúsculas no original). *La Bandera Radical*: Revista Semanal de Intereses Generales, año 1, n. 6, 5 mar. 1871. p. 195.

[686] *Ibid.*, p. 194-195.

[687] RAMÍREZ, Carlos María. La Convención Nacional. SUS CONDICIONES, SUS ANTECEDENTES, SUS ALCANCES (maiúsculas no original). *La Bandera Radical*: Revista Semanal de Intereses Generales, año 1, n. 6, 5 mar. 1871. p. 199.

históricos, que, segundo sua visão, puderam ser verificados mediante o ressurgimento dos conflitos armados entre os partidos tradicionais. Assim, reafirmou que a ideia da Convenção ressurgia, enfatizando a ampliação da cidadania, e da soberania do povo. Era preciso alcançar "os deserdados da cidadania e da representação"[688], ou seja, a todos, reiterando, de uma outra forma, a expressão "alcançar o povo". Ou seja, o que já havia explicitado em seu ensaio *La guerra civil y los partidos*, conforme temos analisado neste livro.

Como também vimos buscando sustentar, tais repetições não se davam sem uma intencionalidade. Consistiam em reforçar, no plano retórico e linguístico, a proposta da consolidação de uma estabilidade política da nação republicana, de modo a manter, assim, uma racionalidade em meio ao caos mediante uma escrita pública. Enfim, um ato modernizante. Desse modo, Ramírez tratou sobre a tendência ao "movimento", em uma nação democrática e moderna, reiterando qual deveria ser o papel dos publicistas nessa empreitada:

> Os publicistas reconhecem que, nos povos, há uma tendência natural ao movimento, à atividade, à inquietude, e encontram no desenvolvimento da vida municipal e da associação voluntária um regime que dá formas cultas e moderadas a esse ímpeto, criando, *nessa vida média, o intermediário entre o isolamento da vida privada e as comoções da vida política.*[689]

Desse modo, para Ramírez, os publicistas, como ele próprio, deveriam ter o papel de "moderadores", em termos de equilíbrio, ou seja, de mediadores entre o "isolamento" da vida privada e as "comoções da vida política", tendo associado esse termo, em nossa perspectiva, ao conceito de "público". E, para além dos ambientes editoriais, os meios inerentes à sua atuação davam-se dentro das associações voluntárias e da "vida municipal", referindo-se às menores unidades de governo de um país. Acreditamos que essas ideias e propostas reforçam nossa hipótese por meio da qual defendemos que tanto os periódicos quanto as associações criadas por Ramírez, e/ou das quais participou, teriam consistido em um esboço, uma miniatura[690], da nação republicana que almejava construir e da esfera pública que buscava

---

[688] *Ibid.*

[689] *Ibid.*, p. 201, grifos do autor.

[690] Conforme vimos defendendo com base em nosso diálogo com a expressão de Heloisa Starling, em sua análise da formação da nação republicana estadunidense, e conforme já reiteramos em outros pontos deste livro. De qualquer modo, ver: STARLING, Heloisa Murgel. A matriz norte-americana. *In*: BIGNOTTO, Newton (org.). *Matrizes do republicanismo.* Belo Horizonte: Editora UFMG, 2013. p. 231-314.

consolidar e ampliar. Esses "intermediários" representavam os anseios e reivindicações da sociedade e, também, o "equilíbrio" político necessário para que a República Oriental pudesse não somente manter-se viável como se "regenerar"[691].

Era necessário criar e consolidar um espaço, mesmo que abstrato, que tivesse o caráter de intermediário entre o público e o privado, no qual fosse possível decantar e docilizar as paixões em prol dos interesses comuns e da convivência harmônica, visando à "regeneração" da nação republicana oriental. Nesse sentido, concebeu a Convenção Nacional como mais um elemento dessa ampliação que almejava para a esfera pública uruguaia. Também como a única forma de retomar a "plenitude da soberania nacional", em termos de autonomia do povo, como meio de acesso a um novo "horizonte vasto de regeneração social"[692].

Aqui, podemos inferir que os termos "Convenção Nacional", que representaria a concórdia, a harmonia e o equilíbrio políticos para a nação, e "horizonte vasto de regeneração social" seriam linguagens políticas que conotariam a ideia de um "futuro presente"[693], uma nova temporalidade política que se aproximava, em sua percepção. Com base em um "espaço de experiências" que ainda se mostrava sensível, Ramírez mobilizava linguagens políticas capazes de expressar um novo futuro, um outro "horizonte de expectativas"[694], caracterizado pela legalidade e pelas relações contratuais na política, as quais seriam o cerne da construção da nação e da esfera pública uruguaias.

Desse modo, para além dos referenciais intelectuais e processos do passado aos quais Ramírez recorreu, ele não se limitou ao tempo pretérito. Suas propostas para a nação estavam direcionadas a um novo futuro, de "regeneração", ou seja, de revigoramento nacional. Esse revigoramento, de modo geral, caracterizava-se por outra forma de relação com a coisa pública, com as instituições do Estado e da sociedade. Era baseado em alguns sentimentos e valores, como a civilidade, a virtude republicana —

---

[691] RAMÍREZ, Carlos María. La Convención Nacional. SUS CONDICIONES, SUS ANTECEDENTES, SUS ALCANCES (maiúsculas no original). *La Bandera Radical*: Revista Semanal de Intereses Generales, año 1, n. 6, 5 mar. 1871. p. 201, grifos do autor.

[692] RAMÍREZ, Carlos María. El gran pensamiento de la Convención Nacional. *La Bandera Radical*: Revista Semanal de Intereses Generales, año 1, n. 16, 14 mayo 1871. p. 169.

[693] KOSELLECK, Reinhart. *Futuro passado*: contribuição à semântica dos tempos históricos. Rio de Janeiro: Contraponto; Editora PUC-Rio, 2006. p. 287.

[694] *Ibid.*

especificamente ao modo de Montesquieu, conforme já destacamos —, a fraternidade e a solidariedade políticas, o espírito de associação etc. Em nível maior, todos esses elementos pressupunham essa "regeneração" no sentido de reformas a serem levadas a cabo.

Assim, poderiam ser ampliados na esteira de uma Convenção, a "grande assembleia", por meio da qual seria possível alcançar a paz e iniciar a refundação da República Oriental do Uruguai, calcada na estabilidade política, por meio "das ideias modernas, das grandes reformas políticas e sociais que estão operando a transformação do mundo"[695]. Dessa forma, era preciso converter os cidadãos orientais em "apóstolos pacíficos de um evangelho político", e a Convenção Nacional era o único caminho apropriado para isso[696].

Só um "Governo de transação" seria capaz de embasar a instituição de um governo provisório, no qual os partidos pudessem coexistir visando à Convenção Nacional, a refundação da República e a convivência democrática, o que seria alcançado por meio de seus principais espaços e canais de ação, em sua visão. Tais espaços eram a "imprensa diária, os Clubes, os comícios, corporações municipais e nas grandes Assembleias do Estado", prezando, assim, pela "fraternidade" e de modo a preservar e ampliar a esfera pública e a consolidação nacionais e institucionais[697]. Desse modo, por meio de tais ações, era necessário sempre se ter em mente que,

---

[695] RAMÍREZ, Carlos María. El gran pensamiento de la Convención Nacional. *La Bandera Radical*: Revista Semanal de Intereses Generales, año 1, n. 16, 14 mayo 1871. p. 170, grifos e inserção nossos. Nesse mesmo número 16, na seção *"Gotas de tinta"* (p. 180), há a informação sobre os trabalhos a respeito da criação das escolas no interior do país (em Arroyo Seco e em Treinta y Tres) pela SAEP. Entendemos que a intenção foi divulgar tais ações, já que os "serviços" da SAEP ainda eram bem "desconhecidos" por parte do público, conforme o próprio Ramírez explicitou nesse número. Outro ponto de relevo neste informe, em nossa visão, foi o destaque para a data que Ramírez e os demais sócios da SAEP estipularam visando à inauguração da escola de Treinta y Tres: "25 de Maio", com "M" maiúsculo, o que conotava, a nosso ver, o significado histórico desse dia, o da *Revolución de Mayo*. Para um panorama histórico amplo sobre no que consistiu tais eventos platinos em nível mais regional e o processo de formação nacional argentina, ver: MYERS, Jorge. A revolução de independência no Rio da Prata e as origens da nacionalidade argentina (1806-1825). *In*: PAMPLONA, Marco A.; MÄDER, Maria Elisa (org.). *Revoluções de independências e nacionalismos nas Américas*: Região do Prata e Chile. São Paulo: Paz e Terra, 2007. p. 69-130. A nosso ver, a intenção de Ramírez foi a de unir os símbolos históricos referentes tanto à história oriental, os Trinta e Três Orientais, quanto à história regional, ou seja, o processo independentista das localidades da região do Rio da Prata como um todo. Quanto à materialidade do referido número, Ramírez informou que ele finalizava o quinto mês do periódico, tendo esse exemplar 12 páginas a mais do que o convencional, o que totalizou 51.

[696] RAMÍREZ, Carlos María. La Convención Nacional. SUS CONDICIONES, SUS ANTECEDENTES, SUS ALCANCES (maiúsculas no original). *La Bandera Radical*: Revista Semanal de Intereses Generales, año 1, n. 6, 5 mar. 1871. p. 204.

[697] RAMÍREZ, Carlos María. Guerra a la guerra. *La Bandera Radical*: Revista Semanal de Intereses Generales, año 1, n. 7, 12 mar. 1871. p. 236.

> Antes que colorados e blancos, *orientais*; antes do partido, *a pátria*; antes da dominação pessoal, o *reinado impessoal da justiça*. Elevemos nosso espírito a essa *sublimidade moral*, e a eleição de meios será facilmente resolvida com a *guia imparcial do bom sentido*.[698]

Assim, os membros de cada partido — *colorado* (então no poder) e *blanco* (chamado por Ramírez de "partido da revolução", por ter iniciado o conflito civil em curso naquele contexto) — deveriam escolher os "melhores elementos"[699] de cada uma daquelas agremiações políticas. Esses escolhidos — deveriam ser cinco, no total — seguiriam o princípio da "igualdade política" e nomeariam, entre si, o presidente de caráter interino do país, de modo a levar adiante a Convenção Nacional[700]. Era um passo intermediário até o objetivo final, que, para Ramírez, deveria ser a soberania do povo, a qual seria a única forma de estabelecer um "governo permanente", de fato, e base legítima da constitucionalidade a ser seguida[701].

E as ideias a respeito da Convenção Nacional ecoaram na esfera e na opinião públicas do país. Ramírez deu atenção à repercussão e ao endosso relativos à "grande assembleia" enquanto sinônimo de "Convenção Nacional", e ao governo misto, propostos por ele em *La Bandera Radical*, divulgados pelo periódico *Regeneración*, do departamento de Melo, interior do país, e de orientação *blanca*. O publicista oriental afirmou que essas ideias eram "de todos os que sentem em seu peito a abnegação do patriotismo e o amor das instituições democráticas"[702], e publicou a transcrição do artigo do referido periódico interiorano. No mês seguinte, Ramírez voltou a dar espaço ao mesmo periódico e sobre como este intensificara a difusão, por meio de suas páginas, da defesa da ideia da Convenção Nacional e do governo misto[703].

Desse modo, percebemos que as intervenções públicas de Ramírez, mais especificamente acerca da criação de uma Convenção Nacional, dos governos provisório e permanente por meio de *La Bandera Radical*, encontraram respaldo e reconhecimento da opinião pública, tendo elas sido endossadas por outros periódicos. Isso, a nosso ver, teria contri-

---

[698] *Ibid.*, grifos nossos.

[699] *Ibid.*, p. 237

[700] *Ibid.*

[701] *Ibid.*, p. 238.

[702] RAMÍREZ, Carlos María. Como caminan las ideas. *La Bandera Radical*: Revista Semanal de Intereses Generales, año 1, n. 11, 9 abr. 1871. p. 425.

[703] RAMÍREZ, Carlos María. Las bases indeclinables de la paz. *La Bandera Radical*: Revista Semanal de Intereses Generales, año 1, n. 16, 14 mayo 1871. p. 150-151.

buído para ampliar a esfera pública política de debate sobre a construção da nação republicana oriental, no início da década de 1870. Além disso, o compartilhamento das ideias mais gerais a respeito de unidade e construção nacionais continuou a ser difundido por outros periódicos, associações e setores sociais uruguaios, tanto capitalinos quanto interioranos, do mesmo contexto. Alguns exemplos desses foram o jornal *El Siglo, La Tribuna, El Independiente* e, principalmente, a Asociación Rural del Uruguay, conforme veremos adiante.

2.5.2.5 Comunhão de ideias e mediações em prol da nação oriental na esfera pública

Os atos de mediação realizados por Ramírez não se encerraram nos exemplos anteriormente mencionados, pois suas propostas encontraram respaldo em outros periódicos, escritores e setores da sociedade uruguaia, os quais também reivindicavam a construção da nação e a ampliação da esfera pública. A nosso ver, Ramírez relatou que, naquele contexto, "germinam, por todas as partes, aspirações isoladas de regeneração e de justiça [...] no espírito das massas"[704]. Elencou ainda o que, em nossa visão, poderia ser entendido como alguns resultados da publicidade de suas propostas, ao listar periódicos que, ao que tudo indica, eram, inicialmente, mais ligados aos *colorados*, como o *El Siglo*, o *La Tribuna* e o *El Independiente*, e que foram paulatinamente aderindo a tais propostas de pacificação e de unidade nacionais[705].

Destacando as mudanças políticas em curso, mais especificamente dentro do *Partido Colorado*, Ramírez abriu espaço, em *La Bandera Radical*, para a publicação de um artigo intitulado *"La paz y la guerra"*, anteriormente levado ao público por *El Independiente*[706], da região de Fray Bentos, interior do país. De modo geral, o artigo do veículo midiático interiorano defendia o fim da guerra civil, a qual era responsável, em sua ótica, "pela ruína e perdição da República"[707]. Esse periódico também afirmou, compartilhando das reivindicações de Ramírez e dos demais colaboradores de *La Bandera Radical*, que

---

[704] RAMÍREZ, Carlos María. Sueltos diversos/Albores. *La Bandera Radical*: Revista Semanal de Intereses Generales, año 1, n. 7, 12 mar. 1871. p. 266.

[705] *Ibid.*, p. 266-267.

[706] Ramírez não mencionou o nome do autor do referido artigo.

[707] EL INDEPENDIENTE. La paz y la guerra *apud* RAMÍREZ, Carlos María. Sueltos diversos/Albores. *La Bandera Radical*: Revista Semanal de Intereses Generales, año 1, n. 7, 12 mar. 1871. p. 267.

A opinião pública se manifesta unânime em pedir que se dê uma solução ao conflito político que pôs de novo as armas nas mãos dos velhos partidos. [...] *para reconciliar, sob a bandeira do sufrágio universal aos filhos de uma mesma* mãe, carregaria com uma imensa responsabilidade ante o país [...].[708]

Percebemos, mais uma vez, a metáfora da família no excerto *supra*, o que indica que os recursos linguísticos e simbólicos mobilizados inicialmente por Ramírez foram retomados por outros agentes na esfera pública, de modo a reivindicar a unidade nacional uruguaia. Para além da atenção dada à recepção e à divulgação de suas propostas pelos periódicos supramencionados, Ramírez destacou e publicou a letra de um canto que ele afirmou ser de caráter popular, porém informou ser de um autor desconhecido, o qual tratava sobre a união nacional de todos os cidadãos, de forma mais ampla. De qualquer modo, a edição que fez de tal texto, publicando-o em *La Bandera Radical*, explicitou sua intenção em utilizá-lo para robustecer seus argumentos em prol da construção da nação republicana oriental. Eis o conteúdo do referido canto, o qual citamos em seu todo por acreditarmos ser muito relevante para nossa análise:

> Es posible, ciudadanos,
> Que nos quieran dividir
> Y que nos quieran concluir
> ¡Con nuestros propios paisanos!
> Pues siendo todos hermanos
> Por que hay esta desunión;
> O no habrá en nosotros razón
> Que nos pueda convencer
> De que debemos tener
> ¿Patriotismo y corazón?
> Que desgracia y cataclismo
> Del país onde hemos nacido,
> Que lo hemos de ver perdido
> Por nuestro delito mismo;
> Dejemos el despotismo;
> Tengamos tranquilidad,
> Que ya basta de arruinar
> A nuestra patria querida;
> Ya basta de perder vidas;
> ¡Vamos a vivir en paz!
>
> ¡Compañeros! Es un duelo

---

[708] *Ibid.*, grifos nossos.

El mirar entre nosotros
Con la sangre de unos y otros
¡Regar nuestro propio suelo!
Que terrible desconsuelo
No precaver elecciones;
No se rieran las naciones
De nuestra fatalidad
Al ver tanta terquedad
¡En nuestras torpes cuestiones!

Al fin echando en el olvido
Y corriendo un velo a todo
Lográramos de este modo
El ver el país constituido;
Que si vivimos unidos
Teniendo tranquilidad
Nuestra patria se alzará
Sobre sus glorias ufana,
Y en la sangre americana
Brillará la libertad![709]

É digno de nota a publicação da letra desse canto, pois, mais uma vez, podemos perceber que Ramírez realizou o exercício de mediação político-intelectual entre a prática douta da escrita e a oralidade popular, e sua publicização, almejando, assim, alcançar o coração e a mente do povo oriental. Acreditamos ser pertinente relembrar que o publicista uruguaio realizou esse ato de modo similar ao que fez Sarmiento em seu *Facundo*, dialogando aqui, mais uma vez, com o que argumenta Julio Ramos sobre o intelectual argentino oitocentista[710]. Também conforme Ramírez já havia feito em seu ensaio *La guerra civil y los partidos* a respeito das situações da guerra civil presenciadas ou vivenciadas por ele mesmo e por outros setores sociais. Afirmando ter ouvido um combatente da guerra civil de então cantá-lo, muito provavelmente em alguma ocasião do conflito do qual participou meses antes, Ramírez argumentou, por meio das páginas de *La Bandera Radical*:

> Sempre que *à nossa presença se entonou um desses cantos populares, que muito conhecem os nossos gaúchos, emprestamos um ouvido atento, com a convicção de que escutamos a batida de um coração que se confunde com o coração do povo.*

---

[709] Mais uma vez, mantivemos a versão original do texto citado, de modo a não comprometer sua forma. RAMÍREZ, Carlos María. Sueltos diversos/El canto popular de la fraternidad. *La Bandera Radical*: Revista Semanal de Intereses Generales, año 1, n. 7, 12 mar. 1871. p. 271-272.

[710] RAMOS, Julio. *Desencontros da modernidade na América Latina*: literatura e política no século XIX. Tradução de Rômulo Monte Alto. Belo Horizonte: Editora UFMG, 2008.

Dos mais triviais desses cantos, pode-se sempre coletar uma ideia, um sentimento, uma modalidade do espírito popular em circunstâncias dadas. Assim, [...] *escutamos* dos lábios de um amigo o canto da fraternidade anônimo, *simples e espontâneo como todos os cantos populares!* O amigo que, com a voz emocionada o entonava, tinha uma divisa de guerra no chapéu, uma divisa pela qual acabava de brigar e pela qual voltava de novo à batalha; mas, no fundo do seu coração, havia um sentimento de paz e de concórdia que vibrava com o canto da fraternidade. *Não será essa a imagem real das massas que lutam e morrem na luta atual dos partidos?* Não terá mais força que a divisa de guerra, imposta pelas explorações do caudilho, o canto da fraternidade *que brota espontaneamente de sua alma?*[711]

Dessa forma, Ramírez, literalmente, *ouvia* o outro, e convertia essa escuta em escrita para que outros e outras pudessem ter acesso a ela, reunindo, assim, todos os orientais na esfera pública política em prol da construção nacional, mesmo que "virtualmente"[712]. Intencionava, por meio da "publicidade", levar o "programa de regeneração política" ao "alcance do mais humilde entendimento e do menos ilustrado patriotismo"[713]. Ou seja, ter recorrido à publicação da letra desse canto popular significava, a nosso ver, distanciar-se da linguagem douta a respeito do patriotismo e dos termos teóricos mais rígidos sobre este para, desse modo, apelar ao sentimento mais simples e espontâneo a ser incutido na mente e no coração do povo oriental. Enfim, outro ato de mediação político-cultural, em nossa perspectiva.

Nesse sentido, além dos postulados teóricos de Montesquieu — mencionados em vários escritos e momentos de sua atuação, conforme já vimos e ainda veremos —, utilizava-se de excertos de outros filósofos políticos, tais como *Considerações sobre o governo representativo* (*Representative government*, 1861), de John Stuart Mill[714]. O seu objetivo era tratar sobre a nacionalidade,

---

[711] RAMÍREZ, Carlos María. Sueltos diversos/El canto popular de la fraternidad. *La Bandera Radical*: Revista Semanal de Intereses Generales, año 1, n. 7, 12 mar. 1871. p. 271, grifos nossos.

[712] Aqui, mais uma vez, dialogamos com Claudio Maíz a respeito de as publicações nas revistas consistirem, ao mesmo tempo, em um aspecto material e em redes de sociabilidade estabelecidas entre os intelectuais. Além disso, eram reuniões virtuais dos escritores com os seus leitores na esfera pública, de modo geral. Ver: MAÍZ, Claudio. Las re(d)vistas latinoamericanas y las tramas culturales: redes de difusión en el romanticismo y el modernismo. *In*: COSTA, Adriane Vidal; MAÍZ, Claudio (org.). *Nas tramas da "cidade letrada"*: sociabilidade dos intelectuais latino-americanos e as redes transnacionais. Belo Horizonte: Fino Traço, 2018. p. 149.

[713] RAMÍREZ, *op. cit.*, p. 271.

[714] Assim como podemos perceber nas proposições de Stuart Mill sobre as relações intrínsecas entre a viabilidade do governo representativo e a existência das referidas simpatias comuns enquanto embasamento da nação. Ver: MILL, John Stuart. *Representative government* (1861). Canadá: Catoche Books, 2001. p. 181-187.

sua relação com o governo representativo e as "simpatias comuns". Aqui, acreditamos ser possível perceber os usos dessa teoria de Mill, trazida por Ramírez, para a realidade uruguaia, de modo que a linguagem política utilizada por ele conotasse o apelo aos sentimentos patrióticos, o que nos remete, até mesmo, à "camaradagem" da comunidade nacional proposta por Anderson[715]. Assim, utilizando-se dos conceitos de Mill, um pensador liberal inglês contemporâneo seu, Ramírez buscava pensar a consolidação dos sentimentos nacionais e a sustentação das instituições republicanas que almejava para o Uruguai do início da década de 1870:

> Essa definição da nacionalidade, buscada fora das exterioridades aparentes, no sentimento que a caracteriza, poderia mostrar aos orientais todo o abismo que abrem em seu próprio país ao dividir-se em campos irreconciliáveis, *separados por antipatias que não existem entre eles e outros homens, antipatias que os levam a operar em desacordo com uma má vontade que não* têm *para fazê-lo com outros*, a não querer viver *sob o mesmo governo, nem a querer que esse governo seja exercido por eles mesmos ou por uma fração deles, com exclusão do estrangeiro.* [...] Com diferentes formas, o fato vem a ser o mesmo, porque se relaxa o sentimento nacional, degrada-se o caráter cívico e as situações se estabelecem sobre a falsa base de uma prevaricação gravíssima.[716]

Aqui, um diálogo nosso com Pierre Ansart faz-se necessário. Conforme o historiador francês propõe, tais linguagens vinculadas aos sentimentos políticos, embora não meramente "irracionais", são utilizadas pelos seus mobilizadores de modo a criar uma relação de escuta, simpatia, conivência e/ou compreensão sobre o projeto defendido, com o objetivo de reiterar tanto "simpatias" quanto "antipatias"[717]. Desse modo, almejando aflorar os sentimentos comuns, as "simpatias comuns" em prol da construção nacional, Ramírez reforçou a necessidade de se alcançar a todos os setores da sociedade, sendo a opinião geral fundamental para a construção da soberania ampla. Era necessário, em sua visão, ligar os diversos setores sociais, interconectando, na esfera pública, todos os seus representantes, fossem estes associações voluntárias, fossem periódicos, grupos ou atores políti-

---

[715] ANDERSON, Benedict. *Comunidades imaginadas*: reflexões sobre a origem e a difusão do nacionalismo. Tradução de Denise Bottman. São Paulo: Companhia das Letras, 2008.

[716] RAMÍREZ, Carlos María. La paz impuesta y la paz voluntaria. *La Bandera Radical*: Revista Semanal de Intereses Generales, año 1, n. 8, 19 mar. 1871. p. 288-289, grifos do autor.

[717] ANSART, Pierre. *A gestão das paixões políticas*. Tradução de Jacy Seixas. Curitiba: Ed. UFPR, 2019. p. 23.

co-intelectuais diversos, em prol de um interesse comum e da autonomia da nação oriental:

> A opinião dos interesses materiais e morais – a opinião dos *estancieiros, dos capitalistas, dos comerciantes, dos trabalhado-res; a opinião dos professores de escola e de todas as profissões liberais; – a opinião das mães e de todos os corações honrados* – essa *opinião pacífica*, esmagada e fundida sob a usurpação violenta dos partidos de guerra, é a que deve levantar-*se, organizar-se e proclamar a paz em nome da soberania nacional,* que não está representada pelos que persistem em matar-se por que levam uma cinta de cor diferente no chapéu, *mas sim pelos quais querem viver tranquilamente no trabalho, na civilização, no progresso.*[718]

Como podemos notar, Ramírez não somente buscou reforçar os laços com os intelectuais com que sempre teve mais afinidade ao longo de sua trajetória, mas também com os líderes de outros setores sociais não tão próximos e dos quais fazia parte. Isso reforça, a nosso ver, o papel de mediação político-intelectual que exerceu em seu contexto de atuação. Tal conduta se mostra nítida, em nossa ótica, com a publicação da carta de Domingo Ordoñana, estancieiro do departamento de Soriano e entusiasta da criação de uma associação que representasse os interesses dos setores rurais uruguaios, enviada a Lucio Rodríguez, então gerente de Imigração. Ramírez considerava que a carta de Ordoñana vinha a atender "fielmente às aspirações de nosso espírito, e poderíamos tomá-la por programa, assim como deveria tomá-la o país inteiro"[719]. Era preciso ouvir "a voz da campanha", expressão essa que, até mesmo, nomeia o artigo de Ramírez no qual constam trechos da referida carta de Ordoñana[720].

De fato, em sua carta, Ordoñana manifestou muita preocupação com toda a destruição causada pela guerra civil em curso, principalmente em relação aos estancieiros e trabalhadores da área rural, os quais, segundo ele, constituíam a parte do país que mais sofrera e ainda sofria com todos os conflitos civis nacionais históricos. Demonstrando a convergência de

---

[718] RAMÍREZ, Carlos María. La paz impuesta y la paz voluntaria. *La Bandera Radical*: Revista Semanal de Intereses Generales, año 1, n. 8, 19 mar. 1871. p. 292, grifos nossos.

[719] RAMÍREZ, Carlos María. La voz de la campaña. *La Bandera Radical*: Revista Semanal de Intereses Generales, año 1, n. 8, 19 mar. 1871. p. 298.

[720] RAMÍREZ, Carlos María. La voz de la campaña. *La Bandera Radical*: Revista Semanal de Intereses Generales, año 1, n. 8, 19 mar. 1871. p. 298.

pensamento e reivindicações com os de Ramírez e dos demais colaboradores de *La Bandera Radical*, Ordoñana afirmou:

> Vir a esse último caso sem lutar, sem defender-nos, sem mostrar nossas fileiras, não seria destes tempos. *Reunirmos, alinhar nossas ideias, falar, escrever, produzir gritos de reclamação, isso seria destes tempos; e seria destes tempos também o trabalhar pela paz* [...].[721]

Nesse sentido, percebemos que, enquanto editor e diretor do órgão público dos "radicais", Ramírez preocupou-se em dar voz a setores sociais alijados do centro do debate político daquele contexto, intencionando construir e consolidar uma união/unidade e a "regeneração" da nação oriental, tanto discursivamente quanto na prática. Assim, seria possível alcançar a paz valendo-se de um "convênio"[722], o que nos lembra a sua própria proposta a respeito da Convenção Nacional. O intelectual uruguaio também elencou outros periódicos que compartilharam das ideias expostas por ele em seu folheto *La guerra civil y los partidos* e em *La Bandera Radical*, e sobre a pacificação do país, de modo geral. Esses veículos não haviam se posicionado tão favorável e abertamente quando da publicação das "adesões" ao seu ensaio, contidas no primeiro número de *La Bandera Radical*. Tais periódicos foram os seguintes: *Ferro-Carril; La Tarde; Tribuna*; os já mencionados *El Siglo* e *Independiente*; e a que denominou de "imprensa da campanha", provavelmente se referindo à imprensa do interior do país, sem, no entanto, especificá-la, mas equiparando os esforços e relevância desta aos "da imprensa de Montevidéu"[723].

Para além disso, Ramírez, mais uma vez, abriu espaço, em *La Bandera Radical*, para a publicação de uma reivindicação de pacificação e unidade nacionais provinda do interior do país. Dessa vez, publicou o manifesto de um periódico, cujo nome também não mencionou, próprio da cidade de Mercedes, capital do departamento de Soriano, ou seja, da mesma região do estancieiro Domingo Ordoñana. O referido manifesto, da mesma forma que Ramírez em seus escritos e em *La Bandera Radical*, defendeu a "reconstrução nacional", o "império das instituições" e a "nacionalidade"[724]. Seus redatores

---

[721] Carta de Domingo Ordoñana a Lucio Rodríguez (Gerente de Imigração) *apud* RAMÍREZ, *op. cit.*, p. 298, grifos nossos.

[722] *Ibid.*, p. 299.

[723] RAMÍREZ, Carlos María. La santa propaganda de la paz. *La Bandera Radical*: Revista Semanal de Intereses Generales, año 1, n. 9, 26 mar. 1871. p. 315.

[724] RAMÍREZ, Carlos María. La santa propaganda de la paz. *La Bandera Radical*: Revista Semanal de Intereses Generales, año 1, n. 9, 26 mar. 1871. p. 316.

e colaboradores — tampouco especificados — eram "colorados puros"[725], como Ramírez também já havia sido. No entanto, como o que estava em jogo era a "salvação do país", o referido periódico anônimo afirmava que seus colaboradores eram

> [...] tudo, menos inimigos da pátria; nunca nos cegou nem nos cegarão as afeições de partido, adiando o bem-estar e a felicidade dela; queremos vê-la *consolidada*, forte e feliz pelo robusto *braço de seus filhos*, e não desejamos olhá-la despedaçada, ensanguentada e envelhecida por eles.[726]

Dentro dessa interconexão dos periódicos e associações na esfera pública, o objetivo, reforçado por Ramírez, era consolidar a nação republicana mediante sua pacificação e construção baseadas na unidade e civilidade políticas. Da mesma forma que esse publicista em *La Bandera Radical*, o periódico de Mercedes — cujo nome, igualmente, não é mencionado por aquele intelectual, mas que o denominou de "colega de Mercedes" — ansiava pela paz política e pressionou o governo central de Batlle a dar fim à guerra civil. O periódico do interior defendia o término do conflito mediante a observação e o respeito dos "interesses gerais do povo" com base na "razão e patriotismo", e "sob o império da Constituição e das Leis"[727].

Em outro número, Ramírez publicou um trecho da resposta do gerente de Imigração Lucio Rodríguez a Domingo Ordoñana, no qual indicou a "falta de autoridades" e que "a terra é boa, mas não há governo"[728] no país. Nesse sentido, o diretor de *La Bandera Radical* somou seu apoio à criação de uma Sociedade Rural em solo oriental, endossando a sua fundação de modo que os "interesses da campanha" fossem defendidos, pois, desse modo, os ruralistas salvar-se-iam e, consequentemente, salvariam o "país com eles"[729].

Nas duas ocasiões em que cedeu espaço para a publicação das reivindicações e manifestações de Ordoñana, contrárias à destruição no interior causada pelas guerras civis e favoráveis à defesa da criação de uma Sociedade Rural, Ramírez intencionou, a nosso ver, mediar, politicamente, uma

---

[725] *Ibid.*

[726] EL PROGRAMA (Periódico de Mercedes) *apud* RAMÍREZ, Carlos María. La santa propaganda de la paz, *op. cit.*, p. 317, grifos nossos.

[727] *Ibid.*

[728] Carta de Lúcio Rodríguez (Gerente de Imigração) ao Departamento de Cerro Largo *apud* RAMÍREZ, Carlos María. La Sociedad Rural. *La Bandera Radical*: Revista Semanal de Intereses Generales, año 1, n. 9, 26 mar. 1871. p. 322.

[729] RAMÍREZ, Carlos María. La Sociedad Rural. *La Bandera Radical*: Revista Semanal de Intereses Generales, año 1, n. 9, 26 mar. 1871. p. 323-324, grifos do autor.

aproximação, uma união entre a cidade e o campo. Ou melhor, mediar tais âmbitos de modo a se construir a unidade nacional. Em outros termos, uma mediação entre a "civilização" e a "barbárie", aos moldes de Sarmiento em seu *Facundo*, conforme defendeu Ramos[730].

No entanto, em nossa visão, Ramírez realizou uma inflexão conceitual em relação a este ponto: o sentido de "barbárie", reproduzido e relacionado, negativamente, havia décadas com a área rural, foi esvaziado por ele[731]. Assim, passou a atribuir, de modo solidário e empático, uma característica também positiva a esse polo da referida dicotomia, com características humanizadas, "civilizatórias" e de cooperação com a área urbana: "O primeiro passo da Sociedade Rural seria patentear os sofrimentos, as humilhações, os atentados de que a campanha é vítima, pela luta criminosa dos partidos. Aqui, na privilegiada cidade, não se conhece a guerra civil da campanha"[732].

Nesse sentido, do mesmo modo que fez em seu ensaio *La guerra civil y los partidos*, mostrou-se aberto a ouvir o "grito de socorro" da campanha, a ecoá-lo por meio das páginas de *La Bandera Radical* e a fazer a cidade (capital) reconhecê-lo. Isso, a nosso ver, teria contribuído para o endosso de seu projeto de nação, baseado na defesa da pacificação, da unidade, da "regeneração" e da estabilidade política nacionais. Além disso, em nossa perspectiva, consistiu em mais um elemento de mediação político-intelectual e cultural consistente realizada por Ramírez naquele contexto. Segundo o publicista, era preciso que a capital compreendesse as reivindicações do interior, estas também relacionadas ao desejo de pacificação e desenvolvimento nacionais, o que, em sua visão, convergiria para o alcance do "progresso" da "nação" oriental como um todo. Assim, buscou elencar os problemas de cada parte do país, da cidade (capital) e da área rural (ou interior como um todo), demonstrando como, apesar de tudo, a cidade ainda era mais privilegiada que o campo:

> Aqui [na capital] os negócios andam mal; o dinheiro está escasso; o mal-estar se faz sentir; mas, pelo menos, a propriedade está segura, está segura a vida, *está segura a honra da família. Lá* [no campo], *tudo é paralisação, transtorno, ruína, e a propriedade é patrimônio comum dos exércitos, e a vida está*

---

[730] RAMOS, Julio. *Desencontros da modernidade na América Latina*: literatura e política no século XIX. Tradução de Rômulo Monte Alto. Belo Horizonte: Editora UFMG, 2008.

[731] Conforme perceberemos no capítulo 4, Ramírez deu continuidade a essa inflexão conceitual do termo "barbárie", ao tratar sobre a atuação histórica do "caudilho" Artigas, no agrupamento do povo oriental durante a primeira fase do processo de independência.

[732] RAMÍREZ, *op. cit.*, p. 324, grifos do autor.

constantemente ameaçada, e a honra da família... ao cair da noite, uma despedida recai sobre a população, onde um grupo de mulheres chora pelo chefe de família que acaba de ser conduzido ao acampamento, por que era colorado ou era blanco ou tinha confusa a papelada de estrangeiro [de imigrante, provavelmente].[733]

Mais uma vez, percebemos a recorrência às imagens e à metáfora da família, e das esposas e mães que choravam a partida e morte dos respectivos maridos e filhos para e na guerra civil. Desse modo, assim como uma "grande família", de fato, capital e interior, cidade e campo, deveriam reconciliar-se, unir-se em prol da construção e da unidade nacionais. Os exemplos dados, em sua reivindicação, buscavam retratar a realidade vivida no interior do país, atuar sobre o sentimento dos leitores e apelar a eles em relação àquela experiência compartilhada, marcada pela precariedade da vivência e pelas instabilidades políticas. Ramírez recorria constantemente à utilização de linguagens que conotavam sentimentos como tristeza, desamparo, angústia, de modo a combater outros, como as "vertiginosas paixões"[734] e os "ódios" históricos entre os partidos, as quais também eram de caráter político. E fazia-o na tentativa de consolidar a estabilidade, a união/unidade, a pacificação e a "regeneração" da nação republicana:

> Isso é o que a *Sociedade Rural* deve preconizar muito alto, e assim verão nossos partidos que nem todo o país se vê preso em suas vertiginosas paixões, e assim verá o estrangeiro, de onde tantos elementos esperamos, que há na República Oriental um núcleo de interesses honrados e progressistas que podem servir de base a uma regeneração política e social de transcendência.[735]

Aqui, acreditamos que caiba, mais uma vez, uma reflexão sobre a mobilização desses termos que remetiam aos sentimentos políticos. Dialogando novamente com Pierre Ansart, concordamos com o autor no que tange ao argumento de que as afetividades políticas se relacionam aos tipos de vínculos sociais e aos modos de constituição das identidades de grupo. Nesse sentido, ainda conforme defende o historiador francês, concebemos que os intelectuais e os "jornalistas de opinião" seriam alguns dos principais

---

[733] RAMÍREZ, Carlos María. La Sociedad Rural. *La Bandera Radical*: Revista Semanal de Intereses Generales, año 1, n. 9, 26 mar. 1871. p. 324, inserções e grifos nossos

[734] *Ibid.*, p. 325.

[735] RAMÍREZ, Carlos María. La Sociedad Rural. *La Bandera Radical*: Revista Semanal de Intereses Generales, año 1, n. 9, 26 mar. 1871. p. 325, grifos do autor.

"produtores de bens simbólicos emocionais", por meio de seus discursos e escritos[736]. Segundo Ansart, seria via linguagem, constituída pelas palavras e figuras de estilo, que os mencionados atores difundiriam suas reivindicações e solicitações de apoio baseados nas sensibilidades políticas[737]. De qualquer modo, enquanto um "jornalista de ideias", ou "publicista político", como o entendemos desde o início deste livro, com base em termos de Jorge Myers[738], Ramírez também poderia ser concebido como um desses "produtores de bens simbólicos emocionais" que Ansart propõe, considerando suas ressignificações político-intelectuais na esfera pública.

Levando em conta os "interesses honrados e progressistas" enquanto algo relacionado ao conceito de "progresso", constantes no excerto destacado na página anterior, Ramírez entendia a possibilidade de "transcender" a situação caótica de seu presente, por meio da união de tais recursos discursivos mais abstratos e imprecisos. Sobre esse ponto, recorremos, mais uma vez, a Ansart. Os usos de tais palavras, como "progresso" — e "transcendência", como também faz Ramírez —, indicariam a intenção em propor a superação dos limites existentes, as quais, em muitos casos, estão relacionadas ao corpo ou a práticas corporais, como "pátria" e "vida", por exemplo, que, por sua vez, têm a capacidade de suscitar imagens de convencimento[739]. E, ao analisarmos as mobilizações de Ramírez, acrescentamos um termo linguístico aos que Ansart elenca, que é "regeneração".

Ou seja, apesar de intervir em seu presente, a resolução para os problemas do país, de acordo com o que conota o discurso do publicista oriental, estaria inscrita no futuro, no qual, por sua vez, seria possível um "aprimoramento" até de caráter propriamente "espiritual". E essa "regeneração", no sentido de algo "purificador" ou "redentor", só se concluiria com a incorporação do interior, isto é, da campanha, da área rural, de modo a romper com uma dicotomia rígida entre "tradição" e "modernidade", e realizar uma mediação entre elas para a unidade nacional. Desse modo, Ramírez fez questão de reiterar a importância dessa parte do país para a estabilidade e a unidade nacionais, não privilegiando somente a cidade (capital), e incluindo-a em suas propostas, ao invés de excluí-la ou hostilizá-la, assim como grande parte dos setores "doutorais" haviam feito antes:

---

[736] ANSART, Pierre. *A gestão das paixões políticas*. Tradução de Jacy Seixas. Curitiba: Ed. UFPR, 2019. p. 19.

[737] *Ibid.*, p. 16-20.

[738] MYERS, Jorge. Los intelectuales latinoamericanos desde la colonia hasta inicio del siglo XX. *In*: ALTAMIRANO, Carlos (dir.). *Historia de los intelectuales en América Latina*. Buenos Aires: Katz, 2008. v. 1, p. 29-50.

[739] ANSART, *op. cit.*, p. 70.

> Eles representam os mais consideráveis e vitais interesses; são a maioria do povo e devem *reconhecer-se o elemento verdadeiramente nacional da República*, por que são os filhos arraigados da terra que possuem, que cultivam e que fertilizam; e, entretanto, esses interesses são os mais prejudicados e explorados; essa maioria não tem ação nem voto na contenda; esse elemento nacional desaparece sob a pressão das oligarquias de bando.[740]

E, de fato, as reivindicações em prol de uma associação que representasse o interior surtiram efeito. Em outubro de 1871, foi criada a Asociación Rural del Uruguay, pela iniciativa do já mencionado "ilustrado" agrônomo Domingo Ordoñana[741]. E Ramírez tratou sobre sua inauguração e sua relevância para a "regeneração da República", para a justiça e para a união/unidade da nação:

> [...] a *Associação Rural do Uruguai* é um dos mais poderosos agentes da regeneração da República, e devemos saudá-la com júbilo todos os que não encontramos possibilidade de salvação, senão na unificação dos esforços que podem cooperar para o triunfo da verdade e o bem da justiça e da civilização.[742]

Assim, buscando consumar essa união simbólica das associações urbanas e rurais, e a complementaridade de suas ações práticas em prol da nação oriental, Ramírez investiu, também, na reafirmação do papel dos espaços político-intelectuais que ajudara a criar. Entre eles, mencionou o Club Universitario, concebido pelo diretor de *La Bandera Radical* como o "cérebro e o coração da pátria"[743], e a SAEP, e ambos, em sua visão, também realizavam um papel tão considerável quanto o que faria a recém-criada Asociación Rural[744].

---

[740] RAMÍREZ, Carlos María. La Sociedad Rural. *La Bandera Radical*: Revista Semanal de Intereses Generales, año 1, n. 9, 26 mar. 1871. p. 326, grifos nossos.

[741] Conforme nos informa Gerardo Caetano, a criação da Asociación Rural, impulsionada por Ordoñana e pelos "estancieiros empresários" — em sua maioria, imigrantes —, foi uma das primeiras expressões de uma modernização capitalista ocorrida no Uruguai. Esses produtores rurais atuaram política e economicamente por meio dessa nova associação, de modo a enfrentar os chamados "estancieiros caudilhos", tendo reivindicado a consolidação do Estado enquanto garantidor, entre outros pontos, da ordem e da promoção de uma agricultura com características modernas, de modo que se superasse a destruição dos campos proporcionada ao longo de décadas de guerra civil. Ver: CAETANO, Gerardo. *Historia mínima de Uruguay*. Ciudad de México: El Colegio de México: 2020. *E-book*. Primeira edição impressa em 2019.

[742] RAMÍREZ, Carlos María. Consideraciones sobre la Asociación Rural del Uruguay. *La Bandera Radical*: Revista Semanal de Intereses Generales, año 1, n. 37, 8 oct. 1871. p. 487-488, grifos do autor.

[743] RAMÍREZ, Carlos María. Gotas de tinta. *La Bandera Radical*: Revista Semanal de Intereses Generales, año 1, n. 30, 20 ago. 1871. p. 231.

[744] RAMÍREZ, Consideraciones sobre la Asociación Rural del Uruguay, *op. cit.*, p. 488.

Essas manifestações de Ramírez constam no discurso que fez na ocasião de sua saída da presidência do Club Universitario, publicado inicialmente no periódico *Universitario*, do Club Universitario, e cuja transcrição também foi a público na seção *"Gotas de tinta"* do mesmo número 30 de *La Bandera Radical*. Nesse discurso, Ramírez reiterou que a referida associação foi e ainda era

> [...] um templo levantado não somente às *ciências e* às *letras, mas também à fraternidade e à concórdia*, aos mais nobres sentimentos da alma, às forças mais benéficas da sociedade. Aqui se respiram um puro ambiente; não cabem, aqui, mais lides que as fecundas lides da inteligência e do estudo; *não podem aqui existir mais rivalidades que a nobre rivalidade da ilustração e do saber*.[745]

A nosso ver, essa manifestação corrobora o que vimos defendendo a respeito de como tais associações, para Ramírez e aqueles intelectuais, representaram, em forma de "esboço" ou como "miniatura", a nação que buscavam construir. Ou seja, uma comunidade nacional pautada nas letras, na educação, na cultura, e sustentada por valores fraternos e igualitários, resultantes do exercício da sociabilidade. Elementos esses que eram praticados dentro e fora de tais espaços, por meio de sua publicação nos periódicos oriundos e relacionados a elas, os quais se mostravam em considerável interconexão com outros órgãos e espaços na esfera pública, conforme temos analisado.

No entanto, Ramírez destacou que a Asociación Rural tinha algo a mais que aquelas outras associações. Segundo Ramírez, a criação da referida associação estaria relacionada à preservação e ao desenvolvimento da propriedade privada e do trabalho no campo, tão destruídos e paralisados pelas guerras civis, e à defesa do "interesse bem entendido":

> Em sua modesta esfera, o *Clube Universitario* e a *Sociedade de Amigos da Educação Popular* concorrem ao mesmo objeto e são as instituições iniciadoras dessa obra; mas a *Associação Rural do Uruguai* tem uma vantagem essencialíssima. [...] Na *Associação Rural do Uruguai*, o patriotismo está estreitamente ligado ao interesse bem entendido [...] e, por sua própria virtude, a *Associação Rural* será logo o centro de todos os proprietários ou estancieiros que tenham seus indicadores, não somente para apreciar os bens que o país reportará com a criação dessa nova força civilizadora, mas também para

---

[745] RAMÍREZ, Gotas de tinta, *op. cit.*, p. 230, grifos nossos.

compreender as vantagens que seu próprio campo, seus próprios rebanhos e seus próprios plantios podem, mais cedo ou mais tarde, receber de uma *Sociedade* que zele pela conservação e desenvolvimento de todos esses interesses produtores. Não é possível supor que as paixões políticas sejam um obstáculo para a realização desse propósito.[746]

Aqui, destacamos uma linguagem política que nos remete à matriz liberal e republicana de Alexis de Tocqueville, do qual Ramírez era leitor[747]. Referimo-nos mais especificamente aos termos "interesse bem entendido", que Ramírez mobilizou, o que nos direciona, por sua vez, ao conceito de "interesse bem compreendido", contido na obra *A democracia na América* (1835). Conforme Tocqueville havia expressado ainda no início do século XIX, mais especificamente a respeito dos costumes político-sociais estadunidenses daquele contexto, o "interesse bem compreendido", *grosso modo*, seria uma forma eficaz de se lidar com o individualismo. Acreditamos ser pertinente e relevante confrontar os postulados do filósofo francês com os recursos retóricos de Ramírez *supra*, de modo a percebermos melhor tais semelhanças político-intelectuais, mesmo que estabelecidas com quase quatro décadas de diferença. Conforme o autor francês oitocentista explicitou:

> O interesse bem compreendido é uma doutrina pouco elevada, mas clara e segura. Não procura alcançar grandes objetivos, mas atinge sem grandes esforços aos que visa. Como está ao alcance de todas as inteligências, todos a captam facilmente e a retêm sem problemas. Acomodando-se maravilhosamente às fraquezas dos homens, obtém com facilidade um grande império, e não lhe é difícil conservá-lo, porque ela volta o interesse pessoal contra ele mesmo e *vale-se, para dirigir as paixões, do aguilhão que as estimula*. A doutrina do interesse

---

[746] RAMÍREZ, Carlos María. Consideraciones sobre la Asociación Rural del Uruguay. *La Bandera Radical*: Revista Semanal de Intereses Generales, año 1, n. 37, 8 oct. 1871. p. 488, grifos do autor.

[747] É um fato relativamente conhecido, por parte da historiografia uruguaia especializada na história política da segunda metade do século XIX no país, que Tocqueville, assim como outros filósofos políticos liberais e republicanos, teria inspirado os *principistas*. Alguns desses autores foram, por exemplo, Juan Antonio Oddone, ainda na década de 1950, e, bem mais recentemente, Javier Gallardo e Wilson González Demuro. Ver: ODDONE, Juan Antonio. *El principismo del Setenta*: una experiencia liberal en el Uruguay. Montevideo: Universidad de la República Oriental del Uruguay, 1956; DEMURO, Wilson González. El concepto de libertad: un acercamiento a su evolución, desde el fin de la época colonial a la primera modernización estatal uruguaya. *In*: CAETANO, Gerardo (org.). *Historia conceptual*: voces y conceptos de la política oriental (1750-1870). Montevideo: EBO, 2013. p. 175-194; GALLARDO, Javier. Las ideas republicanas en los orígenes de la democracia uruguaya. *Araucaria*: Revista Iberoamericana de Filosofía, Política y Humanidades, v. 5, n. 9, p. 3-44, 2003. No entanto, percebemos que, mesmo mencionando algumas manifestações político-intelectuais de Ramírez em meio ao demais *principistas*, nenhum desses autores tratou especificamente sobre a questão do "interesse bem compreendido" presente na obra do intelectual oriental, conforme fazemos, de modo mais atido, em nosso livro.

bem compreendido não produz grandes devoções, *mas sugere todos os dias pequenos sacrifícios*; ela sozinha não seria capaz de fazer virtuoso um homem, *mas forma uma multidão de cidadãos* regrados, *temperantes, moderados, previdentes, senhores de si; e, se não leva diretamente à virtude pela vontade, aproxima insensivelmente dela pelos hábitos.*[748]

Desse modo, tal conceito de Tocqueville estaria sendo mobilizado, implicitamente, por Ramírez na intenção de atribuir àquele um significado que fosse apreensível para a sua realidade política e cultural e, também, para o povo uruguaio. Tal sentido seria o da convergência político-social em prol da pacificação, unidade e construção da nação republicana oriental, baseado na teoria sobre a democracia do filósofo francês. Sobre esse ponto, e conforme podemos perceber no excerto *supra*, estamos diante de uma tensão moral entre a virtude e o interesse, ou mesmo a "conciliação entre igualdade e liberdade"[749], também presentes na intervenção de Ramírez, em nosso entender.

Mais especificamente sobre essa tensão presente no pensamento de Tocqueville, Natalio Botana ressalta que o "interesse bem compreendido" poderia ser pensado enquanto um ponto intermediário, inscrito em uma relação intelectual complexa entre duas tradições políticas. Essas tradições seriam o republicanismo representado por Rousseau e Montesquieu, de um lado, e o liberalismo, na figura de Adam Smith, de outro, mas que também envolveria alguns postulados de Guizot e Cousin, considerados "ecléticos"[750].

---

[748] TOCQUEVILLE, Alexis de. *A democracia na América*. Tradução de Eduardo Brandão. São Paulo: Martins Fontes, 2000. Livro 2, p. 149, grifos do autor.

[749] Conforme a análise de Marcelo Gantus Jasmin sobre o pensamento de Tocqueville. Ver: JASMIN, Marcelo Gantus. Interesse bem compreendido e virtude em A democracia na América. *In*: BIGNOTTO, Newton (org.). *Pensar a república*. Belo Horizonte: EdUFMG, 2000. p. 71.

[750] BOTANA, Natalio. *La tradición republicana*: Alberdi, Sarmiento y las ideas políticas de su tiempo. Buenos Aires: Edhasa, 2013. p. 151, grifos do autor. Também citamos os seguintes trabalhos, de pesquisadores que se dedicam à análise desse conceito específico em Tocqueville: JASMIN, Marcelo Gantus. Interesse bem compreendido e virtude em A democracia na América. *In*: BIGNOTTO, Newton (org.). *Pensar a república*. Belo Horizonte: EdUFMG, 2000. p. 71-85; LIMA, Sérgio Cruz de Castro. Liberdade e interesse bem compreendido no pensamento político de Alexis de Tocqueville. *Mosaico*, v. 7, n. 10, p. 40-55, 2016; NICOLETE, Roberta K. *Quando a política caminha na escuridão*: um estudo sobre interesse e virtude n'A democracia na América de Tocqueville. 2012. Dissertação (Mestrado) – Universidade de São Paulo, 2012; NICOLETE, Roberta K. Soromenho. Da doutrina do interesse bem compreendido n'A democracia na América. *Araucaria*: Revista Iberoamericana de Filosofía, Política, Humanidades y Relaciones Internacionales, año 21, n. 42, p. 449-474, 2. sem. 2019. Disponível em: https://revistascientificas.us.es/index.php/araucaria/article/view/10800/9497. Acesso em: 23 jun. 2022; ROHLING, Marcos. A igualdade e a liberdade em Tocqueville: contribuições para o desenvolvimento da virtude cívica liberal e a tarefa político-pedagógica da democracia. *Em Tese*, Florianópolis, v. 12, n. 1, p. 80-107, jan./jul. 2015. Disponível em: https://periodicos.ufsc.br/index.php/emtese/article/view/1806-5023.2015v12n1p80/29696. Acesso em: 23 jun. 2022.

Desse modo, na perspectiva de Ramírez, essa reelaboração pressupunha uma convocação não somente dos setores sociais citadinos (capitalinos), mas também dos grupos sociais do interior, da área rural do país, pois, sem estes, não haveria uma união e unidade efetivas. Nesse sentido, a repercussão de suas ideias nos periódicos e associações de Montevidéu e do interior remetia a uma recepção positiva, de forma mais geral, de suas propostas e, assim, uma considerável "compreensão" a respeito dos interesses nacionais que tanto buscava. Dessa forma, o publicista oriental seguia reiterando que a criação da Asociación Rural contribuiria para os "interesses comuns"[751], "os verdadeiros interesses do país"[752]. Além disso, proporcionaria à República "legisladores e magistrados com a inteligência fiel de sua missão", visando, enfim, ao "bem da República", de modo a não fechar os "grandes horizontes" da civilização, do progresso, do ideal e do futuro[753].

No último número de *La Bandera Radical*, Ramírez cedeu algumas páginas desse periódico em prol da publicação da transcrição de todo o discurso feito por Ordoñana no momento de fundação da Asociación Rural. O estancieiro tratou sobre a instauração da "ideia rural", a propagação do "espírito de associação" pelo país e sua relação com a moralidade[754]. Além disso, assim como Ramírez fazia recorrentemente, o ruralista utilizou a metáfora da família para se referir à tão almejada coesão do campo e, consequentemente, para expressar a necessidade de união e unidade nacionais. Isso, em nosso entender, poderia, mais uma vez, indicar uma possível circulação dessas linguagens políticas sobre a nação, mobilizadas por Carlos Ramírez e compartilhadas por outros atores e grupos na esfera pública política uruguaia de então. Conforme Ordoñana expressou,

> Não há verdadeiro progresso, efetivo progresso, sem a constituição da família; [...] a população, sim, vem crescendo a saltos, como as indústrias mecânicas de nossos tempos; vem por agregações, mas sem elementos constitutivos de família, que podem trazer com o tempo a degradação ou a absorção do que deve sustentar-se *tipicamente* como caráter nacional.[755]

---

[751] RAMÍREZ, Carlos María. Consideraciones sobre la Asociación Rural del Uruguay. *La Bandera Radical*: Revista Semanal de Intereses Generales, año 1, n. 37, 8 oct. 1871. p. 488.

[752] *Ibid.*, p. 489.

[753] *Ibid.*

[754] RAMÍREZ, Carlos María. Discurso por el Sr. Domingo Ordoñana en la instalación de la Asociación Rural del Uruguay. *La Bandera Radical*: Revista Semanal de Intereses Generales, año 1, n. 40, 29 oct. 1871. p. 602.

[755] *Ibid.*, p. 602-603, grifos de Carlos María Ramírez.

Atentemo-nos para o grifo feito por Ramírez no termo "tipicamente", seguido da expressão "caráter nacional". Era urgente estabelecer algo próprio, consolidar não somente uma identidade nacional própria, mas também construir a nação oriental com base em elementos que lhe conferissem, enquanto uma República Oriental do Uruguai de fato, uma organização política estável. E, pelo que podemos perceber, o uso da metáfora da família para se referir à união nacional era um recurso necessário, pois preenchia espaços que, em alguns momentos, não era possível suprir com significados totalmente racionais e/ou conceituais acadêmicos[756]. E Ramírez mostrou certo sucesso nessas mobilizações, ao que tudo indica. Enfim, essa associação recém-criada era pautada pela "razão e o bom sentido", pelos "interesses ordenadamente morais, sisudamente práticos do país", espelhada na "escola de onde saíam os Washington [...], os Sarmiento"[757].

Uma vez finalizada a publicação dos números de *La Bandera Radical*, a cena política passou por uma reformulação. Em 1872, não foi possível realizar as eleições gerais previstas, devido às convulsões relacionadas ao referido conflito civil ainda em curso. Batlle foi substituído, no cargo máximo do Estado uruguaio, pelo então presidente do Senado, Tomás Gomensoro, o qual iniciou as tratativas para o encerramento do conflito, ações essas que se materializaram por meio da que ficou conhecida historicamente como a Paz de Abril. Desse modo, Gomensoro concedeu maior espaço aos *blancos* no governo, os quais passaram a ocupar cargos nos Poderes Legislativo e Executivo — no âmbito dos departamentos. Esse novo cenário político contribuiu para que houvesse uma paz relativamente durável[758], inscrita na chamada política de coparticipação, a qual os partidos de então passaram a exercer na esfera pública[759], conforme já indicamos.

---

[756] Conforme já discutimos com base nas considerações teóricas do historiador argentino Elías Palti, sobre as quais tratamos na nota 537.

[757] RAMÍREZ, *op. cit.*, p. 606-607.

[758] Por outro lado, a dicotomia doutores e caudilhos permanecia, e estes últimos passaram a ser conhecidos como *candomberos*, representados pelos líderes partidários *colorados* e os ainda *blancos*, em termos tradicionais. Nesse contexto, mas em 1873, deram-se, também, os preparativos para as novas eleições a presidente do país. Apesar de suas subdivisões associativas, os *principistas* (*blancos* e *colorados* "doutores") uniram-se em torno de um mesmo candidato, José Maria Muñoz. Já os caudilhos de cada partido, os já referidos *candomberos* daquele momento, alinharam-se em torno do atual presidente interino, Gomensoro. No entanto, como nos informa Barrán, circunstâncias políticas, mobilizadas por boa parte dos caudilhos partidários, impediram que os votos fossem para Muñoz, investindo, assim, um terceiro político no cargo de presidente, José Ellauri, mais inclinado aos ideais dos *principistas* e filho de um dos constituintes de 1830 de mesmo nome. Ellauri, como já mencionamos no capítulo 1, fora destituído pelo Exército, em 1875, o que deu início à ditadura militar uruguaia que se encerraria somente mais de dez anos depois. BARRÁN, José Pedro. *Apogeo y crisis del Uruguay pastoril y caudillesco: 1839-1875*. Montevideo: Banda Oriental, 1990. t. 4.

[759] Ver: BARRÁN, *op. cit.*; ODDONE, Juan Antonio. *El principismo del Setenta*: una experiencia liberal en el Uruguay. Montevideo: Universidad de la República Oriental del Uruguay, 1956.

Como forma de comemorarem o fim de *La Revolución de las Lanzas* e a Paz de Abril, Ramírez, José Pedro Varela e outros vários intelectuais (por volta de 300), como nos informa Jorge Bralich[760], reuniram-se no Club Universitario, em torno do *Banquete de la Juventud*, organizado por uma comissão também composta por aqueles dois. Além dos discursos de Ramírez e Varela, o evento contou com as falas de Daniel Muñoz, Julio Herrera y Obes, Pablo de María e Jácobo Adrián Varela, irmão de José Pedro. Nesse sentido, destacamos o seguinte trecho do discurso de Ramírez, que representa, a nosso ver, uma nítida percepção de um presente ainda marcado pela tensão entre passado e futuro "presentes"[761], entre as angústias das experiências negativas da guerra civil e a esperança de dias melhores para a nação republicana:

> Débeis paixões do passado, vagas intuições do futuro, tradicionais recordações, embriagadoras utopias, estremecimentos nervosos que deixou a luta, sentimentais impulsos que a reconciliação inspira, pequenos receios, expansões magnânimas, variedade indestrutível do espírito, sintomas geniais de uma época, tudo se move e palpita em nossas almas, sem romper a santa unidade do pensamento que congrega a juventude de todos os pontos do horizonte político, a solenizar as alegrias patrióticas nesse grande banquete fraternal. Enfim, senhores, enfim, digo com orgulho, somos *uma* juventude... Esperemos... amanhã seremos *um* povo.[762]

Para Ramírez, havia a possibilidade do início de um novo tempo, uma nova temporalidade política para a nação uruguaia, com a consolidação de um "povo" aberto aos elementos de uma "religião desconhecida", que prezava pelo "culto sagrado da pátria", que tinha como norte "o dogma da democracia moderna"[763]. E, mais uma vez, é possível identificarmos os usos das linguagens da tradição cristã para expressar o novo moderno, com base em seus "substitutos laicos".

---

[760] Ver: BRALICH, Jorge. *José Pedro Varela*: sociedad burguesa y reforma educacional. Montevideo: Nuevo Mundo, 1989.

[761] Em mais um diálogo nosso com Koselleck acerca das tensões entre tais temporalidades. KOSELLECK, Reinhart. *Futuro passado*: contribuição à semântica dos tempos históricos. Rio de Janeiro: Contraponto; Editora PUC-Rio, 2006.

[762] LA PAZ. EL BANQUETE DE LA JUVENTUD. DISCURSO DE CARLOS MARÍA RAMÍREZ (maiúsculas no original), 16 de abril de 1872. *In*: PALOMEQUE, Ágapo Luis (comp./org.). *Obras de José Pedro Varela (V)*: segunda parte. Montevideo: Cámara de Representantes de la República Oriental del Uruguay, 2000b. p. 160, grifos do autor. Conforme nos informa o editor e compilador dessas fontes históricas, Ágapo Luis Palomeque, em nota de rodapé, os discursos de Ramírez e dos demais intelectuais mencionados foram editados e publicados por José Pedro Varela, em forma de folhetim, no diário *La Paz*, periódico criado e dirigido por esse intelectual no início dos anos 1870. Os discursos foram a público entre os dias 16 e 21 de abril de 1872, conforme ainda nos inteira Palomeque.

[763] *Ibid.*

Após o fim da *Revolución de las Lanzas*, firmado pela já referida Paz de Abril, houve, também, o surgimento de outras associações, além do Club Radical de Ramírez e Varela, inspirados pelo *principismo* de então. Teve início uma reorganização política baseada na criação de outros espaços de mesma orientação, tais como o Club Nacional[764], ligado aos setores "doutorais" *blancos* representados por Agustin de Vedia e Francisco Lavandeira. Ainda foi inaugurado o Club Libertad, liderado por Julio Herrera y Obes e o irmão de Ramírez, José Pedro, ainda mais ligados aos *colorados*[765].

No que tange mais especificamente ao Club Radical, suas bases fundamentais, pensadas e estabelecidas por Ramírez e os demais colaboradores de *La Bandera Radical* um ano antes, foram continuadas até mesmo após o término da Guerra Grande, em 1872, em um contexto em que certo consenso político parecia estar se iniciando.

Desse modo, foi publicada, no mesmo ano de 1872, outra manifestação pública dessa associação. Consistiu em um manifesto e um programa reformulados, sob as assinaturas de Ramírez, Varela e dezenas de outros intelectuais[766], e a maioria destes últimos também colaborou ativamente para o periódico dirigido pelo professor de Direito Constitucional. No entanto, manteve o cerne das intenções iniciais.

Tais anseios mantidos foram o intento da "regeneração" da República Oriental e a rejeição da extinção dos partidos caracterizada pela sua "fusão", de modo a reiterá-las, o que também demarcava mais ainda as diferenças com os *fusionistas* da década de 1850. Consequentemente, advogaram em prol da defesa da coparticipação política entre *blancos* e *colorados* e sua coexistência no âmbito público e político. Conforme consta nos documentos

---

[764] MANIFESTACIÓN DE PRINCIPIOS Y PROPÓSITOS DEL CLUB NACIONAL (07 de julho de 1872) (maiúsculas no original). *In*: PALOMEQUE, *op. cit.*, p. 184-186. Foi nesse momento, aliás, que o *Partido Blanco* mudou seu nome para *Partido Nacional*, permanecendo com esta denominação até os dias atuais. Ver: BARRÁN, José Pedro. *Apogeo y crisis del Uruguay pastoril y caudillesco*: 1839-1875. Montevideo: Banda Oriental, 1990. t. 4.

[765] Palomeque informa-nos que esse manifesto e programa foi publicado pelo jornal *El Siglo*, reduto dos *principistas colorados* naquele contexto, no dia 30 de maio de 1872. PROGRAMA DEL CLUB LIBERTAD (maiúsculas no original). *In*: PALOMEQUE, Ágapo Luis (comp./org.). *Obras de José Pedro Varela (V)*: segunda parte. Montevideo: Cámara de Representantes da República Oriental del Uruguay, 2000b. p. 187. Consultamos as informações sobre seus principais membros em: BARRÁN, José Pedro. *Apogeo y crisis del Uruguay pastoril y caudillesco*: 1839-1875. Montevideo: Ediciones de la Banda Oriental, 1990. t. 4.

[766] RAMÍREZ, Carlos María; VARELA, José Pedro *et al.* MANIFESTO Y PROGRAMA DEL CLUB RADICAL (maiúsculas no original). *In*: PALOMEQUE, Ágapo Luis (comp./org.). *Obras de José Pedro Varela (V)*: segunda parte. Montevideo: Cámara de Representantes da República Oriental del Uruguay, 2000b.

de 1872 — manifesto e programa, publicados juntos no periódico *La Paz*[767] —, havia a percepção temporal acerca da abertura de novos horizontes políticos para a nação oriental:

> [...] devemos firmemente crer que nos toca assistir a *uma grande era de patrióticas e regeneradoras esperanças.* [...] *uma nova era de reparação se abre para a república.* Artigo 1º. – O Clube Radical é uma associação nova e independente que não *reconhece solidariedade alguma com os partidos do passado.* Artigo 3º. O Clube Radical *condena e rechaça a fusão de partidos ou elementos pessoais de ideias* e aspirações distintas das suas próprias, fundando sua força moral no presente e suas esperanças de força material para o futuro *na estreita uniformidade dos princípios que formam o vínculo inquebrantável da associação.*[768]

De qualquer modo, acreditamos ser possível considerar que a atuação político-intelectual de Ramírez, por meio das intervenções públicas realizadas pelo e no periódico *La Bandera Radical*, teria contribuído para esse novo ambiente político, da coparticipação dos partidos políticos, haja vista que uma de suas maiores propostas se centrava justamente nesse ponto. Como vimos defendendo, a proposta do publicista acerca da coexistência democrática entre os partidos tradicionais foi expressa pelas mediações e ressignificações político-intelectuais que fez à luz das ideias *fusionistas* da década de 1850. Além disso, a coexistência, para ele, consistiu em um elemento essencial para a sobrevivência e viabilidade da nação uruguaia, desde que fosse exercida mantendo-se os pontos positivos do *fusionismo* e ajustando-se os erros daquela tendência precedente.

2.6 A ideia "racional", a defesa da cultura e seus espaços de sociabilidade

2.6.1 Liberdade religiosa e a expressão pública da ideia racional: o Club Racionalista (1872-73) e a *Profesión de fe racionalista* (1872)

Conforme vimos de modo mais parcial no capítulo 1, pelas ponderações de Caetano e Geymonat, o processo de secularização uruguaia teria consistido na "fratura" entre público e privado, cisão essa que desembocou

---

[767] Conforme nos informa Ágapo Luis Palomeque, comentador da referida fonte que analisamos nesse trecho, esses documentos foram escritos no dia 30 de maio de 1872 e publicados no periódico *La Paz*, sob a direção de José Pedro Varela, três dias depois de sua elaboração, em 2 de junho daquele ano. Ou seja, pouco mais de um mês após o término da *Revolución de las Lanzas*. RAMÍREZ; VARELA, *op. cit.*, p. 176.

[768] *Ibid.*, p. 176-180, grifos nossos.

em uma "transferência" dos aspectos sagrados do âmbito religioso ao político[769]. Isso, por sua vez, contribuiu para a formação de uma dita "religião civil" no país da década de 1860 em diante[770], a qual, pelo que analisamos, também teria sido praticada por Ramírez.

Sobre esse processo, conforme argumenta José Pedro Barran, a secularização do país enquanto "um dos sintomas culturais mais precisos da modernização" foi fomentada não somente pelo Estado uruguaio, mas também pelos vários setores da sociedade, de uma forma ou de outra[771]. Alguns marcos oficiais desse processo, acreditamos ser relevante relembrar, tornaram-se emblemáticos, tais como: a secularização dos cemitérios, em 1861, sobre o qual já tratamos no capítulo 1; o Decreto-Lei de Educação Comum, de 1877, proposto e implementado por José Pedro Varela quando foi inspetor de Educação; e da promulgação de leis como a do Registro Civil (1879) e a do Matrimônio (1885)[772].

No entanto, Barran também destaca a relevância de algumas manifestações expressas por parte da sociedade, embora sem tanta visibilidade quanto os atos estatais já elencados. Mas não menos importantes. Dentre tais atos vindos "de baixo" e ressaltados pelo historiador uruguaio, está o manifesto *Profesión de fe racionalista*, do Club Racionalista, subscrito por Ramírez e vários outros intelectuais em 1872, grupo que o autor considera como a "juventude universitária mais representativa" de então[773]. Esse ato, conforme a concepção de Barran, teria ainda contribuído para a incipiente secularização uruguaia ou, nas palavras do autor, para a "descatolicização" do país platino[774].

Por sua vez, Gerardo Caetano, em trabalho mais recente e em diálogo teórico com Micheline Milot, defende que as principais características que constituíram o "modelo clássico", segundo os próprios termos do autor, da laicidade uruguaia seriam uma complementaridade entre três matrizes principais:

> [...] o modelo clássico de laicidade da história uruguaia seria uma mescla dos protótipos "separatista" (enquanto afirma-

---

[769] CAETANO, Gerardo; GEYMONAT, Roger. *La secularización uruguaya (1859-1919)*. Montevideo: Ediciones Santillana; Taurus, 1997. p. 38.

[770] *Ibid.*

[771] BARRÁN, José Pedro. *Iglesia Católica y burguesía en el Uruguay de la modernización (1860-1900)*. Montevideo: Departamento de Publicaciones de la Facultad de Humanidades y Ciencias, 1988. p. 5.

[772] *Ibid.*

[773] BARRÁN, José Pedro. *Iglesia Católica y burguesía en el Uruguay de la modernización (1860-1900)*. Montevideo: Departamento de Publicaciones de la Facultad de Humanidades y Ciencias, 1988. p. 6.

[774] *Ibid.*

ção de uma privatização do religioso em contraposição a uma esfera pública dominada pelo Estado), "anticlerical" (enquanto utilização privilegiada do anticlericalismo como instrumento de laicização) e *"de fé cívica" (desde sua associação com os valores de uma "moral laica" entendida como fundamento da sociedade política).*[775]

Considerando as proposições *supra* de Caetano, entendemos que os motivos da criação do Club Racionalista e as intervenções públicas dessa associação estiveram mais relacionados com o terceiro item colocado pelo historiador uruguaio, do qual, a nosso ver, Ramírez teria compartilhado consideravelmente, conforme já indicamos no início deste capítulo. Embora haja, em menor nível, a presença dos outros dois aspectos do processo da secularização uruguaia na obra e atuação do publicista oriental, concebemos que o "protótipo" relacionado às expressões de uma "fé cívica" e "moral laica" seja o mais perceptível nos discursos, escritos e práticas desse intelectual, em nossa perspectiva.

Além disso, recorremos ao que argumenta Annick Lempèriére a respeito de o conceito de "secularização", propriamente dito, ser ainda ausente nos debates político-intelectuais da segunda metade do século XIX latino-americano. Nesse sentido, segundo a autora, em seu lugar, havia a utilização de termos mais difusos, como "razão"/"luzes", "sociabilidade", "educação pública", "associação", "imprensa" e "civilização", os quais estiveram estreitamente relacionados entre si ao reivindicarem o afastamento entre a Igreja e os Estados nacionais em consolidação[776].

Nesse sentido, como o próprio nome da referida associação e seu respectivo manifesto indicam, ambos estiveram inscritos nas intervenções que exaltaram o racionalismo daquele contexto. Conforme nos informa Arturo Ardao, enquanto um conjunto de manifestações da chamada "escola deísta da religião natural", o racionalismo uruguaio pode ser compreendido em três momentos principais[777]. O primeiro deles, em meados dos anos 1860, por meio das intervenções de *La Revista Literaria*, dirigida por José Pedro Varela. O segundo, no início dos anos 1870, com o Club Racionalista,

---

[775] GAETANO, G. Laicidad, ciudadanía y política en el Uruguay contemporáneo: matrices y revisiones de una cultura laicista. *Revista Cultura & Religión*, v. 7, n. 1, 30 dic. 2013b. p. 120, grifos nossos, aspas do autor.

[776] LEMPÈRIÉRE, Annick. Los hombres de letras hispanomericanos y el proceso de secularización. *In*: ALTAMIRANO, Carlos (dir.). *Historia de los intelectuales en América Latina*. Buenos Aires: Katz, 2008. v. 1, p. 242-266.

[777] ARDAO, Arturo. *Racionalismo y liberalismo en el Uruguay*. Montevideo: Ed. Universidad de la República, 1962. p. 283. Trataremos sobre a atuação de Ramírez nesse periódico mais adiante.

encabeçado por Justino Jiménez de Aréchaga, Carlos Maria de Pena e Pablo de Maria. Por fim, o Ateneo, a partir de 1878, associação essa que se originou da transformação sofrida pelo Club Universitario[778] e que inspirou a criação e atuação do diário *La Razón* no mesmo ano[779].

Acreditamos ser válido deixar claro que Ramírez não fez parte de *La Revista Literária*; tampouco ficou conhecido como um dos principais criadores do Club Racionalista, nem do diário *La Razón*, mas, de qualquer modo, também participou ativamente destes dois últimos. A respeito do *La Razón*, publicou artigos e foi redator desse periódico no início da década de 1880[780]. Em relação ao Club Racionalista, assinou o principal manifesto público dessa associação, a *Profesión de fe racionalista*, em 9 de julho de 1872. Tal documento foi elaborado de modo a demarcar a criação do Club Racionalista, associação que coexistiu com o Club Universitario até junho de 1873[781].

Conforme pondera Ardao, a existência conjunta das duas associações, mesmo que em um curto ciclo, "marca a maturidade e a imposição da escola racionalista, que chegou a ser, na década de 70 [1870] – sob a égide filosófica da metafísica espiritualista do ecletismo – o espírito dominante da universidade"[782]. Embora fossem duas instituições diferentes, a existência do Club Racionalista esteve ligada, de modo intrínseco, à do Club Universitario. Conforme ainda pontua Ardao, com base nas atas dessa última associação,

> O *Club Racionalista* surge, atua e desaparece como uma célula do *Club Universitario*, aglutinando o elemento racionalista desse, que era o dono da maioria. Utiliza como sede o seu local, e como órgão de expressão o seu periódico [o El Club Universitario].[783]

A associação foi composta por alguns dos mesmos sócios do Club Universitario, como o próprio Ramírez. Sua *Profesión de fe*, mencionada anteriormente, foi assinada por vários intelectuais, sendo eles o próprio Ramírez e seus irmãos, José Pedro e Gonzalo, além de Justino Jiménez de Aréchaga (presidente), Carlos Maria de Pena (secretário), Alberto Nin,

---

[778] Essa associação se fundiu com outros espaços de caráter cultural ao longo da década de 1870, já no contexto da ditadura militar de Lorenzo Latorre (1876-1880), resultando, assim, *no Ateneo*. Ver: ARDAO, *op. cit.*

[779] *Ibid.*

[780] MONTERO BUSTAMANTE, Raúl. Prólogo. *In*: RAMÍREZ, Carlos María. *Páginas de historia*. Montevideo: Ministerio de Educación y Cultura, 1978. (Colección de Clásicos Uruguayos, v. 152).

[781] ARDAO, *op. cit.*

[782] ARDAO, Arturo. *Racionalismo y liberalismo en el Uruguay*. Montevideo: Ed. Universidad de la República, 1962. p. 236.

[783] *Ibid.*, p. 246, grifos do autor, inserção nossa.

Gregório Perez Gomar, Pablo de María, Eduardo Acevedo Díaz, entre outros. Seu conteúdo versava, principalmente, a concordância a respeito da existência de um único Deus, "luz de todas as luzes"[784], criador do Universo, atribuidor da razão a todos os homens, a qual "ilumina a todo o homem que vem a este mundo"[785]. Além disso, expressavam o seguinte:

> Julgamos como negatória da consciência humana, como contrária às revelações da razão, como sacrílega, como blasfematória, como ímpia [...] toda doutrina que faça de Deus – soberano bem e soberana perfeição – um ser mutável, volúvel, sujeito a erro e a arrependimento; capaz de ódio, de ira e de vingança.[786]

Para Ramírez e os demais associados e signatários do manifesto, existia a intenção de expressar, na esfera pública, um princípio político das liberdades de expressão e religiosa, mas baseado em um argumento teológico que fosse perene, tais como Thomas Jefferson e James Madison expressaram no fim do século XVIII, nos EUA[787]. Sobre isso, André Berten destaca uma particularidade dessa tradição estadunidense no que tange à intersecção entre religião e política, a qual, em seus expoentes históricos já mencionados, consistiria na inter-relação dos conceitos de igualdade e liberdade, mais especificamente na ideia de "igual liberdade"[788]. Desse modo, Berten argumenta que esse vínculo entre tais elementos teria consistido em uma contraposição aos princípios revolucionários franceses, quase do mesmo contexto de Madison e Jefferson. Segundo o autor, o fato de os franceses terem tido como lema máximo da Revolução de 1789 a liberdade, a igualdade e a fraternidade teria indicado "que eles trataram a religião no quadro de uma reflexão sobre os direitos religiosos como direitos iguais à liberdade de consciência"[789].

Desse modo, embora Ramírez e os demais subscritores do manifesto não tenham mencionado explicitamente nenhuma referência intelectual em

---

[784] ARÉCHAGA, Justino Jiménez; RAMÍREZ, Carlos María *et al. Profesión de fe racionalista* (9 de julio de 1872). *In*: PALOMEQUE, Agapo Luis (comp./org.). *Obras de José Pedro Varela:* la primera memoria. Montevideo: Cámara de Representantes de la República Oriental del Uruguay, 1990a. v. 2, p. 429.

[785] *Ibid.*, p. 429.

[786] *Ibid.*

[787] BERTEN, André. Secularização e liberdade religiosa: pode o modelo americano ser universalizado? *In*: ARAÚJO, Luiz Bernardo Leite; MARTÍNEZ, Marcela Borges; PEREIRA, Taís Silva (org.). *Esfera pública e secularismo*: ensaios de filosofia política. Rio de Janeiro: EdUERJ, 2012. p. 27-49.

[788] *Ibid.*, p. 46-47.

[789] *Ibid.*, p. 47.

sua *Profesión de fe*, o teor linguístico mobilizado remete-nos aos elementos colocados por André Berten a respeito do caso estadunidense setecentista. Enfim, em referência direta à Igreja Católica, expressava seu antagonismo a toda doutrina que:

> [...] exija ao homem a abdicação de sua razão em mãos de uma casta, de um sacerdócio, de uma Igreja designada por Deus para instruir-lhe; ou ante a absurda divindade de um livro que, como o Evangelho, pretende-se ditado pelo mesmo Deus.[790]

Aqui, acreditamos ser essencial relembrar que, naquele contexto, o catolicismo ainda era a religião oficial do Estado uruguaio, designada pela Constituição de 1830[791], o que indica uma crítica direta não somente à Igreja Católica em si, mas também à permanência de tal imbricação institucional político-religiosa. Nesse sentido, podemos compreender tais críticas como uma expressão pública pela ampliação da esfera pública oriental e sustentada por uma "moral laica", de fato.

Além desses elementos defendidos, advogavam em prol do direito da liberdade de pensamento e consciência, ademais da autonomia a respeito da saúde do próprio corpo, da inviolabilidade da dignidade pessoal, do desenvolvimento do espírito, do cultivo da sensibilidade fraternal e do amor, em contraposição ao egoísmo, aos ódios e à vingança[792]. Talvez um dos pontos mais notáveis desse manifesto seja o que trata sobre a valorização das leis e do "dever", este enquanto meio para se alcançar a "soberana perfeição" humana, em detrimento de qualquer doutrina que negue ao homem esse elemento:

> [...] e professamos como único meio [...] para acercarmos a soberana perfeição, o *dever: lei* universal das ações humanas, obrigatória a todo homem, em todo tempo e em todo o lugar; *lei que manda a submissão da vontade* à *voz da razão* [...] *lei que* manda no homem em todas as circunstâncias da vida, que opere o bem só pelo bem, por ser a expressão da essência mesma de Deus, não por temor ao castigo, não por espera

---

[790] ARÉCHAGA, Justino Jiménez; RAMÍREZ, Carlos María *et al*. Profesión de fe racionalista (9 de julio de 1872). *In*: PALOMEQUE, Agapo Luis (comp./org.). *Obras de José Pedro Varela*: la primera memoria. Montevideo: Cámara de Representantes de la República Oriental del Uruguay, 1990a. v. 2, p. 429.

[791] Conforme a Seção 1, capítulo III, inciso V da Constituição de 1830. URUGUAY. *Constitución de la República Oriental del Uruguay*. Montevideo: Imprenta del Comercio del Plata, 1829. p. 5.

[792] ARÉCHAGA, Justino Jiménez; RAMÍREZ, Carlos María *et al*. Profesión de fe racionalista (9 de julio de 1872). *In*: PALOMEQUE, Agapo Luis (comp./org.). *Obras de José Pedro Varela*: la primera memoria. Montevideo: Cámara de Representantes de la República Oriental del Uruguay, 1990a. v. 2, p. 430.

de prêmio e de recompensa, não por interesse, nem por uti-
lidade; *lei* que manda o amor à *verdade,* à *justiça,* à realização
do belo; à *castidade,* à *caridade,* à *piedade universal*; o *sacrifício*
e a própria *abnegação* pelo bem da humanidade, *da pátria,*
da *família,* do próximo; *lei* que manda o amor entranhável
a todos os seres humanos, o respeito à sua liberdade, à sua
dignidade, *seja qual for a sua condição*, pobres ou ricos, incultos
ou cultos, amigos ou inimigos, bons ou maus.[793]

Desse modo, percebemos que, no excerto *supra*, há a relação estreita entre razão, liberdade e igualdade, as quais constituiriam o substrato de uma "fé racionalista", uma tentativa de conciliar fé e razão e que, por sua vez, estava totalmente relacionada com a nação a ser construída, a nosso ver. Havia o entrelaçamento das ideias de "lei", "dever", "abnegação", "justiça", "pátria", com aqueles próprios da "harmonia divina", o que poderia desvelar um significado de algo próximo a uma "religião civil" enquanto um "civismo sagrado" ou "fé cívica", conforme já indicamos mediante nosso diálogo com Caetano[794].

Nesse sentido, acreditamos que o termo "fé racionalista" estaria relacionado com a "fé cívica"; "civil", por sua vez, poderia indicar tanto "civilidade" política quanto "fé pública" e até mesmo uma forma de conciliar os elementos doutos da "razão" com as características da vivência cotidiana da religião popular. Assim, poderia, também, indicar mais um exemplo de mediação político-intelectual e cultural realizado por Ramírez, de modo conjunto aos demais intelectuais.

Tais elementos, contidos nos excertos *supra*, também nos remetem ao que argumenta Charles Taylor a respeito de um "modelo deísta" de secularismo, o qual teria concorrido para a definição do que o autor denominou de "religião boa", a qual pressuporia uma "moralidade aceitável" ou "racional", e antagônica a todo "fervor" ou "fanatismo"[795]. Além disso, a associação realizada por Ramírez e os demais signatários, entre "lei", enquanto algo próprio do Estado e que preconizava princípios de igualdade, e bem comum era um elemento mobilizado como extensão do racionalismo moderno e em contraposição aos ditames tradicionais da

---

[793] *Ibid.*, grifos nossos.

[794] GAETANO, G. Laicidad, ciudadanía y política en el Uruguay contemporáneo: matrices y revisiones de una cultura laicista. *Revista Cultura & Religión*, v. 7, n. 1, p. 116-139, 30 dic. 2013b.

[795] TAYLOR, Charles. O que significa secularismo? *In*: ARAÚJO, Luiz Bernardo Leite; MARTÍNEZ, Marcela Borges; PEREIRA, Taís Silva (org.). *Esfera pública e secularismo*: ensaios de filosofia política. Rio de Janeiro: EdUERJ, 2012. p. 163.

Igreja Católica. No entanto, expressos por meio da complementaridade destas com linguagens relacionadas a elementos próprios e provindos do interior da tradição cristã, de modo a propor os seus "substitutos laicos" e modernos, assim como fez em outros momentos. Embora não tenham proposto, de modo explícito, uma total separação entre os âmbitos da Igreja e do Estado, nesse documento em específico[796], havia uma tensão implícita entre eles, a nosso ver.

2.6.2 Defesa da cultura e da sociabilidade político-intelectual: o Ateneo del Uruguay (1883)

Como já mencionamos, o Ateneo foi criado no ano de 1878, resultado das transformações pelas quais passou o Club Universitario, e seus sócios, além de Ramírez, foram inúmeros, muitos remanescentes dessa última associação. Considerando os sumários dos *Anales* de suas reuniões, nos quais constam as publicações dos textos lidos e debatidos por aqueles escritores, podemos citar alguns desses intelectuais. Entre eles, estavam: Luis Melian Lafinur; Francisco Antonio Berra (um dos antigos colaboradores de *La Bandera Radical*); Alejandro Magariños Cervantes (o qual já acompanhava Ramírez nas ações públicas desde os tempos da Universidade); Justino Jiménez de Aréchaga (um dos criadores do Club Racionalista, de 1872); Anacleto Dufort y Álvarez; Prudencio Vázquez y Vega (sendo estes dois últimos alguns dos encabeçadores do diário *La Razón*)[797].

Mais no que tange à participação de Ramírez nesse espaço, destacamos um dos seus textos publicados nos *Anales* dessa associação. Esse artigo de Ramírez foi um dos poucos a que tivemos acesso a respeito de sua atuação nessa associação, ainda mais especificamente para alguns dos propósitos deste capítulo 2: o de analisar a prática associativa e atuação pública de Ramírez em consonância com o seu projeto de nação. Nele, o publicista atribuiu um teor de rememoração não tanto sobre sua trajetória propriamente dita, mas sim a respeito dos avanços das associações e da imprensa pelo país, de forma diretamente proporcional ao desenvolvimento nacional oriental.

---

[796] Ramírez, no entanto, manifestou sua defesa de separação entre tais âmbitos nas suas Conferências de Direito Constitucional, as quais são o centro de nossa análise no capítulo seguinte.

[797] Tivemos acesso a algumas dessas informações, a respeito dos vínculos associativos de cada um desses intelectuais, por meio da obra de Arturo Ardao. Ver: ARDAO, Arturo. *Racionalismo y liberalismo en el Uruguay*. Montevideo: Ed. Universidad de la República, 1962.

Inicialmente, Ramírez fez uma defesa das conferências literárias empreendidas desde a década de 1870, pelo então Club Universitario, de modo a defender não somente o "desfrutar" puramente literário inscrito nessas atividades, mas também com a finalidade de pensar o avanço intelectual e a construção da nação como um todo. Destacou, de uma forma geral, o papel das associações voluntárias para esse objetivo e todo o "progresso" alcançado por elas, por meio da ação dos intelectuais, para a dita finalidade em comparação com os primórdios do país. Ressaltou, ainda, a atuação do Ateneo del Uruguay, antigo Club Universitario, nesse empreendimento, como "o mais antigo e o mais forte de nossos centros literários, que todos consideram e respeitam como um *organismo indispensável e glorioso da sociabilidade oriental*"[798]. E continuou: "É imitado o exemplo em todas as demais cidades e em todas as vilas da República, – que demonstram, dessa maneira, sua nobre emulação pela cultura dos costumes e o desenvolvimento do espírito".[799]

Ramírez considerava o Ateneo e as outras associações como "embriões", os quais teriam dado "origem"[800] à construção paulatina da nação, apesar de todas as dificuldades enfrentadas ao longo do caminho. Retomou, na história, como era o país no início do século XIX, destacando o seu aspecto puramente rural, "primitivo" e "selvagem", "habitado por homens que não superavam o nível intelectual e moral daquela mesma época"[801]. Diferentemente do momento em que escrevia, na década de 1880, na qual, para ele, já era possível perceber avanços pelo país, proporcionados pelas associações, embora ainda não devidamente concluídos:

> Hoje, uma série de vilas e cidades, mais ou menos prósperas, articulam para as funções solidárias da civilização, todo o território nacional. Especializam-se e se regularizam as indústrias em todas as áreas do país [...] eu percorri, ao Norte do Rio Negro, [...] uma extensa área

---

[798] RAMÍREZ, Carlos María. Reminiscencias. Leído en la conferencia literario-musical dada por el Ateneo del Uruguay, el 25 de setiembre, en celebración del décimo-quarto aniversario de su fundación. Por el Doctor Don Carlos María Ramírez. *In*: ANALES DEL ATENEO DEL URUGUAY. Publicación mensual. Montevideo: Imprenta y encuadernación de Ríos y Becchi, 1883. t. 4, p. 460, grifos nossos.

[799] RAMÍREZ, Carlos María. Reminiscencias. Leído en la conferencia literario-musical dada por el Ateneo del Uruguay, el 25 de setiembre, en celebración del décimo-quarto aniversario de su fundación. Por el Doctor Don Carlos María Ramírez. *In*: ANALES DEL ATENEO DEL URUGUAY. Publicación mensual. Montevideo: Imprenta y encuadernación de Ríos y Becchi, 1883. t. 4, p. 460, grifos nossos.

[800] *Ibid.*, p. 463.

[801] *Ibid.*, p. 464.

de estabelecimentos rurais onde encontrei charmosos edifícios com tapetes, acortinados, bibliotecas e mãos delicadas que mesclavam os acordes do piano ao canto do torcaz e do tordo silvestres, ocultos na espessura do bosque primitivo próximo.[802]

Assim como o *flâneur*, proposto por Walter Benjamin, enquanto um intelectual que observa as mudanças temporais e materiais trazidas pela modernidade[803], Ramírez expressava-se por meio de uma linguagem que mesclava seu relato da experiência vivida com aspectos poéticos sobre o desenvolvimento paulatino da nação republicana oriental. Podemos perceber, pelo exposto anteriormente, que esse "progresso civilizatório", nos mais variados âmbitos, estava totalmente relacionado com a atuação e o aumento das diversas associações político-culturais voluntárias.

Desse modo, o publicista buscava colocar-se como um observador, o qual teria testemunhado tais avanços como um modo de assegurar a veracidade dos fatos e endossar, assim, a prática associativa em prol do "progresso" e do recomeço da nação uruguaia. Da mesma forma que em outras ocasiões, conforme já vimos, não deixou de exaltar o papel da imprensa nessa empreitada, além de seu desenvolvimento de modo geral, enquanto um meio responsável por fomentar a circulação das ideias, dos conhecimentos e do robustecimento da comunicação entre as várias partes e setores sociais do país:

Dirigindo o olhar a outra classe de manifestações sociais, [...] faz meio século que a sublime invenção de Guttemberg nos alimentava em toda a República com uma só folha periódica do tamanho da mão de um homem, e que hoje grandes e

---

[802] *Ibid.*

[803] Dialogamos com Benjamin mais especificamente quando o autor relaciona o *flâneur* aos atos de colportagem, no sentido daqueles indivíduos que, em suas "passagens" pelos mais diversos locais, observavam as modificações tecnológicas, urbanísticas e culturais que acompanharam o advento da modernidade. O filósofo e crítico literário alemão, embora tenha tratado sobre esse fenômeno na Europa dos séculos XIX e XX, afirmou que, a princípio, a *flânerie* teria surgido, inicialmente, nos interiores para, somente do fim do Oitocentos para o Novecentos, ser concebido como algo próprio ao observador na área urbana. Ver: BENJAMIN, Walter. *Passagens*. Tradução de Irene Aron e Cleonice Paes Barreto. Belo Horizonte; São Paulo: Editora UFMG; Imprensa Oficial do Estado de São Paulo, 2009. p. 463-464. No caso de Ramírez, no Uruguai do século XIX, percebemos que ele também poderia ser entendido como esse *flâneur* conforme essa manifestação, tendo observado tais mudanças tanto no interior quanto na capital uruguaios de então. Para um debate inspirado em tais indicações do livro de Benjamin anteriormente citado, trazidas para a realidade latino-americana, ver os trabalhos contidos na seguinte obra: SOUZA, Eneida Maria de; MARQUES, Reinaldo (org.). *Modernidades alternativas na América Latina*. Belo Horizonte: Editora UFMG, 2009.

numerosas folhas diárias fazem circular, por todos os âmbitos de nosso território, notícias de todas as partes do mundo, noções científicas, ensaios literários, apreciações políticas, polêmicas vivazes, aromas inextinguíveis de luz [...].[804]

De modo a reforçar a construção de uma esfera pública e, também, dos espaços públicos necessários para que a nação oriental pudesse alcançar a estabilidade política e institucional, Ramírez ressaltou o aumento das escolas populares criadas, com base nas inciativas das quais fez parte, empreendidas por meio do já antigo Club Universitario e da Sociedad de Amigos de Educación Popular. Valendo-se de outra metáfora que mobilizara, mas, desta vez, inspirada em suas leituras darwinianas, entendeu que as escolas públicas realizariam a mesma função do verme, que, nas terras marginais do sepulcro, transformam a putrefação da morte em vida nova, em recomeço:

A princípios do século, só havia uma escola comum na República, e trinta anos depois, e até mais, nada ou quase nada havíamos adiantado nesse ramo. Hoje, 688 escolas, urbanas e rurais, educam a mais de 42.000 seres humanos, e ainda não estamos contentes! *Que obra colossal realizada por meios tão modestos!* Assim como a crosta de onde se dão as movimentações sociais, a missão da escola é como o trabalho lento e obscuro e discreto, com que, segundo os últimos estudos de Darwin, na borda do sepulcro, elabora o verme a substância da terra vegetal, alimentando, assim, a tocha da vida sobre toda a superfície terrestre [...] a escola guarda o segredo da felicidade dos povos [...].[805]

Considerando que, no contexto em que Ramírez escreveu esse artigo, as guerras civis já haviam se tornado bem menos frequentes, conforme já indicamos, a morte poderia estar relacionada, metafórica e implicitamente, a outros dois referenciais. O primeiro deles seria, a nosso ver, a ainda vigente atuação "fanática" e "irracional" da Igreja Católica de então, que matava a "razão". O outro consistiria na repressão à liberdade de expressão e pensamento, exercida pela ditadura militar, em curso no país desde 1876. Ou

---

[804] RAMÍREZ, Carlos María. Reminiscencias. Leído en la conferencia literario-musical dada por el Ateneo del Uruguay, el 25 de setiembre, en celebración del décimo-quarto aniversario de su fundación. Por el Doctor Don Carlos María Ramírez. *In*: ANALES DEL ATENEO DEL URUGUAY. Publicación mensual. Montevideo: Imprenta y encuadernación de Ríos y Becchi, 1883. t. 4, p. 464-465.

[805] RAMÍREZ, Carlos María. Reminiscencias. Leído en la conferencia literario-musical dada por el Ateneo del Uruguay, el 25 de setiembre, en celebración del décimo-quarto aniversario de su fundación. Por el Doctor Don Carlos María Ramírez. *In*: ANALES DEL ATENEO DEL URUGUAY. Publicación mensual. Montevideo: Imprenta y encuadernación de Ríos y Becchi, 1883. t. 4, p. 465, grifos nossos.

seja, uma crítica velada a duas instituições que, por muito tempo, tiveram domínio sobre as decisões de caráter coletivo e teriam, em seu entendimento, sido entraves à formação de uma esfera devidamente pública.

De qualquer modo, todos esses destaques feitos a respeito das associações voluntárias, da imprensa e das escolas públicas que ajudou a criar pelo país expressaram, a nosso ver, o que constituía seu projeto de uma nova nação republicana. E tal projeto consistia, ainda, na ampliação da esfera pública, na qual se pudesse debater livremente sobre a construção nacional e formar a opinião em prol do "progresso" e da "civilização" da "nova" República Oriental do Uruguai.

Mas ainda era necessário, para Ramírez, levar ao público propostas de uma nova Constituição nacional, capaz de ajustar algumas imperfeições constantes na de 1830. Foi, desse modo, que tornou pública, também por meio das páginas de *La Bandera Radical*, grande parte das lições da disciplina de Direito Constitucional que havia ministrado na Universidade até o início da década de 1870. É sobre essa publicização do Direito que nos dedicaremos no capítulo 3.

CAPÍTULO 3

RAMÍREZ, O "JURISTA": O PROJETO DE UM NOVO ORDENAMENTO CONSTITUCIONAL E REPUBLICANO NACIONAL

Neste terceiro capítulo, analisamos as linguagens político-jurídicas presentes em Ramírez, por meio de seu empenho na publicização do Direito em seu contexto e atuação. Desse modo, entendemos que, ao tornar públicas, também por meio das páginas de *La Bandera Radical* (1871), as aulas de Direito Constitucional que, inicialmente, havia ministrado na Universidad de la República, Ramírez objetivou, também, realizar mais uma mediação político-intelectual. De modo mais específico, buscou, mediante tal ação e tais usos linguísticos, levar as ideias e os ensinamentos jurídicos para além das dependências da Universidade, um espaço estatal, e fazê-los mais acessíveis à opinião pública da sociedade uruguaia de então, estabelecendo, assim, um ato pedagógico e educativo mais amplo, via imprensa[806].

De qualquer modo, para aquele publicista e jurista, em nossa perspectiva, era preciso reformar alguns pontos da Constituição de 1830, ampliando o acesso aos pressupostos do Direito Constitucional, de modo a propor novos elementos político-sociais visando à construção nacional. E, consequentemente, fazer com que os cidadãos orientais se convencessem das necessidades da referida proposta, tornassem-se conscientes delas, de modo a reivindicar ao Estado e à Igreja tais mudanças no que tangia à ampliação da esfera pública uruguaia.

E, nesse sentido, acreditamos ser pertinente traçarmos um breve panorama sobre as principais disciplinas que compuseram tanto os estudos preparatórios da UDELAR quanto o curso de Direito propriamente dito dessa

---

[806] Afirmamos isso, mais uma vez, com base em nosso diálogo com Mabel Morăna, autora que defende a ideia de que a imprensa, em especial as revistas, teve e tem um papel de mediação e de "empresa educativa" na esfera pública, tanto devido ao seu caráter pedagógico propriamente dito quanto em relação ao âmbito político, conforme já tratamos no capítulo 2. Ver: MORAÑA, Mabel. Revistas culturales y mediación letrada en América Latina. *Outra Travessia*, p. 67-74, 2. sem. 2003. p. 68. Disponível em: https://periodicos.ufsc.br/index.php/Outra/article/view/13093. Acesso em: 23 jun. 2022. Sobre a discussão teórico-metodológica que realizamos a respeito da mediação cultural e da atuação do intelectual enquanto um mediador na esfera pública, ver a introdução de nosso livro, a qual elaboramos com base nas indicações teórico-metodológicas mais abrangentes de Jean-François Sirinelli, Ângela de Castro Gomes e Patrícia Hansen.

instituição universitária. Consideramos isso relevante para compreendermos como elas foram sustentáculos de uma Universidade reconhecida pela constituição de uma consciência "cívica" e liberal no Uruguai oitocentista, instituição na qual Ramírez se formou e, em seguida, lecionou[807].

Desse modo, os princípios constitucionais propostos por Ramírez foram reiterados com base em seu diálogo com outras disciplinas componentes dos Estudos Preparatórios e do curso de Direito de então, tais como a Economia Política, o Direito de Gentes[808] e outras contribuições filosóficas diversas às quais ele recorreu, conforme veremos melhor adiante. A respeito da primeira matéria que mencionamos, a Economia Política, tratamos, ainda no capítulo 1, como o próprio Ramírez havia exaltado a contribuição dessa disciplina para a sua formação liberal e para as mudanças ocorridas na UDELAR de então a partir de sua criação. Além disso, mostramos como os conteúdos ministrados nela teriam contribuído, de modo geral, a sua formação político-intelectual.

Retomando brevemente esse ponto, tal cátedra foi inaugurada, na UDELAR, no início dos anos 1860 por Carlos de Castro, o qual também foi professor de Direito Administrativo de Ramírez nessa instituição. Tal disciplina, conforme mostramos, para além de ser composta por elementos de caráter estritamente econômico, constituía-se de outros conteúdos diversos, mais alinhados à sociologia, ao direito, à política, à moral e à filosofia[809]. Além disso, foi a que iniciou uma metodização dos ensinamentos acadêmicos acerca da organização político-institucional do Estado e do Direito Público no Uruguai[810]. Nesse sentido, como já vimos igualmente no capítulo 1, Pedro Bustamante, quando ministrou essa mesma disciplina, havia

---

[807] ODDONE, Juan; ODDONE, Blanca París. *Historia de la Universidad de la República:* la Universidad vieja, 1849-1885. 2. ed. Montevideo: Ediciones Universitárias, [1963] 2010, t. 1, p. 6.

[808] Assim como introduzimos sobre essa disciplina na nota 397 do capítulo 1, o Direito de Gentes foi uma subárea do Direito que se ocupou do que consistia uma nação e sua relação com outras nações e Estados, algo como o que seria o Direito Internacional hoje em dia. Teve como um de seus maiores pensadores o jurista e filósofo suíço Emer de Vattel, leitor de Montesquieu, com o seu tratado *O direito das gentes.* Tal escrito é considerado, por Vicente Marotta Rangel, uma obra pertencente não somente ao Direito, mas localizada na interseção entre a filosofia, a teoria geral do Estado, a Ciência Política e as relações internacionais. RANGEL, Vicente Marotta. Prefácio à edição brasileira. *In:* VATTEL, Emer de. *O direito das gentes.* Prefácio e tradução de Vicente Marotta Rangel. Brasília: Editora Universidade de Brasília; Instituto de Pesquisa de Relações Internacionais, 2004. p. XLVII. De qualquer modo, ver também: VIOLA, Francesco. Derecho de gentes antiguo y contemporáneo. Tradução de Isabel Trujillo. *Persona y Derecho,* n. 51, p. 165-189, 2004; MELLO, Celso D. de Albuquerque. *Curso de direito internacional público.* V. 1, 12. ed. rev. e aum. Rio de Janeiro: Renovar, 2000.

[809] MONTERO BUSTAMANTE, Raúl. Prólogo. *In:* RAMÍREZ, Carlos María. *Páginas de historia.* Montevideo: Ministerio de Educación y Cultura, 1978. (Colección de Clásicos Uruguayos, v. 152).

[810] GROS ESPIELL, Héctor. Prólogo. *In:* RAMÍREZ, Carlos María. *Conferencias de Derecho Constitucional (1871).* Montevideo: Ministerio de Instrucción Pública y Previsión Social, 1966. p. VII-XXXI; ODDONE; ODDONE, *op. cit.*

adotado preceitos próprios da área do Direito, articulando esses princípios político-sociais de modo a realizar uma complementaridade eles. Assim, essa elaboração e reelaboração da disciplina por Carlos de Castro e Pedro Bustamante teria inspirado consideravelmente, política e filosoficamente, a geração a qual Ramírez pertenceu[811].

Por sua vez, ao que tudo indica, os pressupostos do Direito de Gentes teriam sido lidos e mobilizados, no Uruguai, por Gregório Perez Gomar, também ex-professor de Ramírez na UDELAR. Em seu curso de Direito de Gentes, ministrado nessa Universidade, Gomar mencionou as doutrinas do filósofo suíço Emer de Vattel, além de outros vários autores, como Grocio e Von Martens, por exemplo[812]. Alejandro Magariños Cervantes, um dos colaboradores de *La Bandera Radical* e da SAEP, ministrou essa matéria e seus principais postulados no curso de Direito, igualmente entre os anos 1860 e 1870, e, também, foi professor de Ramírez[813], conforme tratamos no capítulo 1.

Como vimos no capítulo 2, Gomar compartilhou, da mesma forma que Cervantes, alguns espaços político-intelectuais com o publicista orien-tal, tais como o ambiente editorial da já mencionada *La Bandera Radical*, periódico por meio do qual Ramírez publicou suas Conferências de Direito Constitucional, em 1871. Ramírez não mencionou diretamente nem o nome de Gomar, nem o de Cervantes como inspirações político-intelec-tuais para a elaboração de suas aulas. Apesar disso, acreditamos que tais contatos estabelecidos entre eles no curso e, também, sua atuação conjunta na esfera pública muito provavelmente teriam contribuído tanto para essa troca intelectual quanto para a interdisciplinaridade proposta por Ramírez em suas conferências publicadas.

Por fim, mas igualmente relevante, a Filosofia compunha os chamados Estudos Preparatórios da UDELAR, apresentava um caráter eclético, pois era composta pelo pensamento de autores ligados a diversas escolas filo-sóficas e teve como um de seus principais catedráticos Plácido Ellauri, na

---

[811] MONTERO BUSTAMANTE, Raúl. Prólogo. *In*: RAMÍREZ, Carlos María. *Páginas de historia*. Montevideo: Ministerio de Educación y Cultura, 1978. (Colección de Clásicos Uruguayos, v. 152). p. XXII-XXIII.

[812] Sobre isso, ver: ODDONE, Juan; ODDONE, Blanca París. *Historia de la Universidad de la República:* la Universidad vieja, 1849-1885. 2. ed. Montevideo: Ediciones Universitárias, [1963] 2010, t. 1.; GOMAR, Gregorio Pérez. *Curso elemental de Derecho de Gentes*. Precedido por una introducción sobre el Derecho Natural. Montevideo: Imprenta tipográfica a vapor, 1864 [1967]. t. 1.

[813] MONTERO BUSTAMANTE, *op. cit.*

década de 1860[814]. Conforme já mencionamos no capítulo 1, com base nas informações fornecidas por Raúl Montero Bustamante, Ellauri também foi professor de Ramírez na Universidade. Nesse sentido, foi por meio dessas aulas que o publicista oriental teria aderido ao "espiritualismo integral" e eclético lecionado pelo referido catedrático, e, também, elaborado suas propostas político-jurídicas com base em parte delas[815].

Em linhas gerais, segundo Arturo Ardao, o "espiritualismo eclético" ou "ecletismo" é considerado uma das filosofias pioneiras da Universidade uruguaia. Ainda segundo o autor, teve seu início na França com Victor Cousin, e foi concebido como um "meio-termo" entre os ideais iluministas e o tradicionalismo católico, além de ter sido composto, também, por elementos filosóficos do idealismo alemão, de Friedrich Schelling e Georg Hegel, e do cartesianismo francês. Sua principal diretriz foi a defesa da compatibilidade entre o empirismo e o racionalismo, de modo que se conciliassem os componentes de várias correntes filosóficas distintas. Foi difundido para vários países da América Latina. No Uruguai, após a Guerra Grande, além desses elementos fundamentais já mencionados, o ecletismo foi marcado por uma coexistência de outras vertentes filosóficas, algumas próprias ainda da época colonial, como o escolasticismo, até as mais predominantes na primeira metade do século XIX, a exemplo do romantismo e do sansimonismo. Tal complementaridade constituiu o "ecletismo" uruguaio e teria embasado a criação e a primeira fase da UDELAR, então Universidade de Montevideo, estabelecida entre o ano de sua criação até por volta da década de 1880. Essa corrente foi iniciada na Universidade por José Luis de la Peña e, depois, continuada por Ellauri a partir do início dos anos 1850, da qual foi catedrático por mais de 30 anos[816].

Assim, pelo que temos compreendido até o momento, essa disciplina, assim como as já mencionadas, também teria contribuído consideravelmente

---

[814] ODDONE, Juan; ODDONE, Blanca París. *Historia de la Universidad de la República:* la Universidad vieja, 1849-1885. 2. ed. Montevideo: Ediciones Universitárias, [1963] 2010, t. 1.

[815] MONTERO BUSTAMANTE, Raúl. Prólogo. *In*: RAMÍREZ, Carlos María. *Páginas de historia*. Montevideo: Ministerio de Educación y Cultura, 1978. (Colección de Clásicos Uruguayos, v. 152).

[816] ARDAO, Arturo. *Espiritualismo y positivismo en el Uruguay*. 2. ed. Montevideo: Universidad de la República, 1968. p. 15-24. Tratamos sobre o "espiritualismo eclético" em nossa dissertação de mestrado, mais especificamente no contexto da polêmica travada entre Ramírez e José Pedro Varela a respeito dos parâmetros político-intelectuais, filosóficos e educacionais vigentes na Universidade uruguaia da década de 1870. De um lado, havia o já mencionado espiritualismo, defendido por Ramírez. De outro lado, o positivismo, o qual estava sendo concebido, por Varela e outros intelectuais de então, como a nova ideia a ser implementada na instituição. Ver: DIANA, Elvis de Almeida. *Educação pública e política em José Pedro Varela no Uruguai do século XIX*. Curitiba: Editora Prismas, 2018. Ainda sobre essa polêmica entre Ramírez e Varela, ver: ACLAND, Alicia; CATENACCIO, Roberto; NALERIO, Martha. *Positivismo y proceso curricular en el Uruguay del siglo XIX (ensayo)*. Montevideo: Ideas, 1992.

para a formação político-intelectual de Ramírez. E, de modo mais específico, teria auxiliado a constituir o "ecletismo" do publicista e jurista uruguaio, o qual identificamos por meio da análise das discussões políticas e jurídico--filosóficas que realizou em suas conferências de Direito Constitucional — e não somente —, conforme veremos mais adiante ainda neste capítulo.

Assim, segundo Juan Antonio Oddone e Blanca París de Oddone, a UDELAR, que se formava sob tais bases de pensamento, teve papel consideravelmente relevante no processo de projeção e construção nacional uruguaia, abrangentemente falando, e,

> Em sua perspectiva esquemática, é a Universidade espiritualista e liberal, promovedora de uma consciência cívica e de uma nova definição política, que enfrenta o militarismo e o clericalismo, e aspira a construir um país diferente a partir da superação de velhas estruturas mentais de raiz colonial. É a Universidade de Herrera y Obes, de Fermín Ferreira, de Pedro Bustamante e dos Ramírez, Jiménez de Aréchaga, Magariños Cervantes, Lavandeira e De Pena.[817]

Conforme vimos nos capítulos anteriores, esses intelectuais, também atuantes na UDELAR e elencados anteriormente por Blanca París de Oddone e Juan Antonio Oddone, pertenceram às mesmas associações e, de modo nem tão constante, à maioria dos periódicos com os quais Ramírez colaborou. Isso pressupõe, a nosso ver, uma considerável ação conjunta na esfera pública uruguaia de então entre todos esses publicistas e professores.

Além disso, constitui nosso objetivo, neste quarto capítulo, a análise a respeito dos significados dos conceitos de "Direito", "Constituição", "liberdade", "democracia", "República", "federalismo", entre outros, para a construção nacional oriental. Desse modo, também será essencial a identificação de linguagens e termos políticos que, em seus escritos, indicavam ser adjacentes àqueles, tais como: direito de reunião; direito de associação/sociabilidade; liberdade religiosa e de pensamento; Estado; soberania do povo/soberania nacional; entre outros que certamente surgirão ao longo de nossa análise. A nosso ver, Ramírez, em suas propostas de reformulação constitucional, visou à elaboração das bases político-intelectuais e sociais de uma Constituição que fosse "ideal" para a pacificação, a reconstrução e a consolidação da esfera pública nacionais. No entanto, assim como vimos no capítulo 1, Ramírez utilizou-se de linguagens e ideias tanto próprias dos

---

[817] ODDONE, Juan; ODDONE, Blanca París. *Historia de la Universidad de la República:* la Universidad vieja, 1849-1885. 2. ed. Montevideo: Ediciones Universitárias, [1963] 2010, t. 1. p. 6.

"liberalismos" quanto dos "republicanismos" para pensar esse tipo de Constituição, conforme veremos melhor ao longo deste capítulo 3.

Por fim, tratamos sobre como o constitucionalismo de Ramírez persistiu no tempo, ou seja, como ele retomou algumas propostas de suas conferências de 1871 quase uma década mais tarde, na criação do Partido Constitucional e do periódico *El Plata*, porta-voz de suas ideias político-jurídicas. Além disso, ainda como manifestação dessa certa permanência temporal, abordamos sobre como suas conferências retornaram para dentro da Universidade, por meio de uma compilação feita pelos juristas da UDELAR, em 1897, como material do curso de Direito da instituição. Nessa reedição, foram anexados outros textos baseados, a nosso ver, em suas próprias indicações político-intelectuais anteriores — dentre os quais destacamos parte do capítulo escrito por Feliciano Viera, que tratou sobre o direito de reunião e de associação tão defendido por Ramírez, no início dos anos 1870, como um meio e expressão de coesão político-social na esfera pública e de reconstrução nacional e republicana.

3.1 Os significados do Direito e das ideias constitucionais na América Latina e no Uruguai pós-independência

Ao lidarmos com o objetivo proposto neste capítulo, concebemos uma história do Direito que não privilegie tanto as instituições estatais propriamente ditas, mas também — e até principalmente — a jurisprudência, ou seja, a atuação, ou atividade, dos juristas ao longo do tempo. Essa perspectiva contribui para que voltemos nossas atenções, segundo Jaime Fenochio, às ideias e ao pensamento de tais atores históricos na conformação das sociedades e coletividades humanas, visando construir ou ampliar os modos de resolução de problemas e de pacificação em tais comunidades[818]. Além disso, isso nos auxilia a compreender que nem sempre o Direito foi pensado ou aplicado com base na ação dos juristas a serviço do Estado, pressupondo, dessa forma, uma margem de liberdade na ação desses atores ao também pensar as instituições políticas[819]. Ainda conforme o autor, para se trabalhar com uma história dita "jurídica", é necessário que haja o diálogo com outras disciplinas, tais como a História Política, a História das

---

[818] ARENAL FENOCHIO, Jaime de. *Historia mínima del derecho en Occidente*. México, D. E.: El Colegio de México, 2016; Sextil Online, 2017. *E-book*. s/p.

[819] *Ibid.*

Ideias (ou filosófica) e a História Conceitual[820], interlocuções essas que já realizamos desde o início deste livro.

No que tange especificamente às mudanças que o direito sofreu da passagem do século XVIII para o XIX, o Direito Natural, resultante da Revolução Francesa, passou a ser um dos elementos mais representativos de uma reorganização, de caráter jurídico, da modernidade nascente, ligado ao jusnaturalismo moderno e em contraposição aos cânones do Antigo Regime. Nesse sentido, entre o fim do século XVIII e início do XIX em diante, o reconhecimento jurídico do poder deixa de radicar no monarca para, assim, inscrever-se no povo, o novo soberano[821].

Ainda neste capítulo, buscamos realizar uma História Intelectual do Direito, conforme nos propõe Frédéric Audren[822]. Esse autor advoga em prol de uma vertente que não se limita a uma História dos intelectuais do direito ou das ideias jurídicas em si mesmas, mas sim "uma história das *práticas intelectuais* a partir das quais o direito é produzido, mobilizado ou mesmo aplicado"[823]. Ainda conforme Audren, tais práticas intelectuais, sejam por parte dos próprios profissionais jurídicos, sejam dos demais cidadãos, permitem lidar com interesses, valores e formas de ação, exercidos nos mais diversos espaços, como Universidade, bibliotecas, editoras, tribunais etc., e suas fontes variadas[824]. Dessa forma, até mesmo em suas propostas de caráter doutrinal, esses atores, ligados à área da jurisprudência, podem ser considerados "mediadores ativos" nesse processo de reconstrução da nação[825].

De início, ao tratarmos sobre os juristas enquanto intelectuais, e mais especificamente na América Latina, acreditamos ser pertinente e necessário termos em mente as ressalvas, feitas por Rogelio Pérez Perdomo, a respeito de não ser possível conceituar "intelectual" o profissional do direito devido somente a essa condição técnica[826]. No entanto, o autor proporciona-nos

---

[820] ARENAL FENOCHIO, Jaime de. *Historia mínima del derecho en Occidente*. México, D. E.: El Colegio de México, 2016; Sextil Online, 2017. *E-book*.

[821] *Ibid.*

[822] AUDREN, Frédéric. Introduction: l'histoire intellectuelle du droit ou la fin du "Grand partage". *Clio@ Themis*: Revue Electronique d'Histoire du Droit, n. 9, p. 1-4, 2015. Disponível em: https://publications-prairial.fr/cliothemis/index.php?id=1511. Acesso em: 23 jun. 2022.

[823] *Ibid.*, p. 1, grifos do autor.

[824] *Ibid.*

[825] *Ibid.*, p. 2.

[826] PÉREZ PERDOMO, Rogelio. Los juristas como intelectuales y el nacimiento de los estados nacionales en América Latina. *In*: ALTAMIRANO, Carlos (dir.). *Historia de los intelectuales en América Latina*. Buenos Aires: Katz, 2008. v. 1, p. 168. Ainda sobre a atuação político-intelectual de juristas na América Latina, mais especificamente

elementos para pensar os juristas como intelectuais de uma forma mais ampliada, conforme ele mesmo explicita:

> Entre os juristas, reservaríamos a categoria de intelectual, ou, talvez, mais apropriadamente, a de acadêmico ou scholar, a aquelas pessoas que pensam sobre o direito e escrevem sobre ele, que geralmente se desempenham como professores universitários e que, frequentemente também escrevem ensaios ou artigos de opinião sobre temas consideravelmente gerais.[827]

Nesse sentido, compartilhamos das ponderações de Pérez Perdomo para pensarmos especificamente a atuação político-intelectual e jurídica de Ramírez no Uruguai do século XIX, pois, como já mencionamos, esse publicista foi, de fato, um professor universitário que, além de ministrar suas aulas na Universidade, buscou refletir publicamente sobre o direito. Embora estejamos cientes da existência de uma linguagem específica e técnica da área, a qual contribui para lhe conformar um campo próprio, principalmente por parte e de dentro do Estado[828], procuramos, neste capítulo, matizar essa questão. Em nossa pespectiva, ao tratarmos sobre as propostas constitucionais de Ramírez, é preciso sempre considerar que nossas fontes dizem respeito à atuação de um intelectual não ligado ao Estado naquele momento (1871). Além disso, por ter sido um professor e publicista que, a nosso ver, buscou se utilizar de uma linguagem mais acessível visando à formação da opinião pública "leiga", Ramírez extrapolou o âmbito universitário propriamente dito e, consequentemente, estatal.

Assim, quando consideramos o profissional do Direito enquanto intelectual que pensa tal área de modo mais amplo, e não tão normativo, inevitavelmente recorremos ao que afirma Habermas a respeito da área

---

de brasileiros e argentinos na região, mas na primeira metade do século XX, ver: SILVEIRA, Mariana de Moraes. *Desloca(liza)r o direito*: intercâmbios, projetos partilhados e ações públicas de juristas (Argentina e Brasil, 1917-1943). 2018. Tese (Doutorado em História Social) – Universidade de São Paulo, 2018.

[827] PÉREZ PERDOMO, Rogelio. Los juristas como intelectuales y el nacimiento de los estados nacionales en América Latina. *In:* ALTAMIRANO, Carlos (dir.). *Historia de los intelectuales en América Latina*. Vol. 1. Buenos Aires: Katz, 2008. p. 168.

[828] Sobre tais discussões sobre o campo do direito, ver: COSTA, Wilma Peres. História e direito: em busca dos continentes submersos. Comentário ao texto de Annick Lempériere. *Almanack*, Guarulhos, n. 15, p. 44-58, 2017. Para uma análise mais sistemática e sociológica a respeito da teoria dos "campos", mais especificamente das regras sociais que legitimam o reconhecimento e/ou a exclusão de atores dentro de determinados espaços de saber, poder e dominação simbólica inconscientes, dentre eles o do Direito, ver os trabalhos de Pierre Bourdieu, principalmente os seguintes: BOURDIEU, Pierre. *O poder simbólico*. Tradução de Fernando Tomaz. Lisboa; Rio de Janeiro: Difel; Ed. Bertrand Brasil, 1989. Ver também: BOURDIEU, Pierre. *Meditações pascalianas*. Tradução de Sérgio Miceli. Rio de Janeiro: Bertrand Brasil, 2001; BOURDIEU, Pierre. *A economia das trocas simbólicas*. Introdução, organização e seleção de Sérgio Miceli. São Paulo: Perspectiva, 2007.

jurídica com base na substituição de uma razão por outra, ou seja, na ênfase na "razão comunicativa", e não tanto na "razão prática"[829]. Esse caminho teórico proposto por Habermas e sustentado pela sua teoria do agir comunicativo consistiria em uma forma de amenizar as "tensões" existentes entre a facticidade e a validade relativas ao conhecimento jurídico expresso na esfera pública[830]. Desse modo, segundo o filósofo alemão, o Direito consistiria em uma mediação social, visando-se ao entendimento entre os atores político-sociais:

> A razão comunicativa distingue-se da razão prática por não estar adscrita a nenhum ator nem a um macrossujeito sociopolítico. O que torna a razão comunicativa possível é o *médium* linguístico, através do qual as interações se interligam e as formas de vida se estruturam. Tal racionalidade está inscrita no telos linguístico do entendimento, formando uma *ensemble* de condições possibilitadoras e, ao mesmo tempo, limitadora. Qualquer um que se utilize de uma linguagem natural, a fim de entender-se com um destinatário sobre algo no mundo, vê-se forçado a adotar um enfoque performativo e a aceitar determinados pressupostos. Entre outras coisas, ele tem que tomar como ponto de partida que os participantes perseguem sem reservas seus pontos ilocucionários, ligam seu consenso ao reconhecimento intersubjetivo de pretensões de validade criticáveis, revelando a disposição de aceitar obrigatoriedades relevantes para as consequências da interação e que resultam de um consenso. E o que está embutido na base da validade da fala também se comunica às formas de vida reproduzidas pela via do agir comunicativo. A racionalidade comunicativa manifesta-se num contexto descentrado de condições que impregnam e formam estruturas transcendentalmente possibilitadoras [...].[831]

Da mesma forma, não perderemos de vista, como já mencionamos, os significados dos termos e ideias político-jurídicas[832] utilizados por Ramírez

---

[829] HABERMAS, Jürgen. *Direito e democracia*: entre facticidade e validade. Tradução de Flávio Beno Siebeneichler. Rio de Janeiro: Tempo Brasileiro, 1997. v. 1, p. 17-19.

[830] *Ibid.*, p. 25.

[831] *Ibid.*, p. 20, grifos do autor.

[832] Aqui, dialogamos especificamente com o que argumenta Michael Stolleis, em entrevista a Gustavo Castagna Machado, sobre o Direito Público — mais especificamente o Direito Constitucional — estar "devidamente ligado à política. O Direito Público é, em si mesmo, um assunto 'político'". STOLLEIS, Michael. Entrevista com Michael Stolleis: os caminhos da história do direito. *Cadernos do Programa de Pós-Graduação Direito/UFGRS*, v. 9, n. 2, p. 1-19, 2014. p. 9, aspas do autor. Disponível em: https://seer.ufrgs.br/index.php/ppgdir/article/view/52795/32848.

em prol da construção nacional e, também, sua devida historicidade[833]. De modo atrelado às indicações anteriores, ainda recorremos ao chamado "giro jurídico" em parte da historiografia da História Intelectual latino-americana. Sobre essa renovação, Wilma Peres Costa argumenta que tal abordagem expressa uma considerável interdisciplinaridade entre a História Política e a História Intelectual do Direito, por meio de suas "zonas de fronteira"[834]. Além disso, segundo a autora:

> Nos termos em que aqui se coloca – como uma ramificação da nova história política e da história intelectual – aquilo que aqui se designa como "giro jurídico" situa-se em um campo que poderíamos talvez designar como o de uma nova inter-disciplinaridade, caracterizada pelo esforço de apropriação pelos historiadores de linguagens e conceitos cunhados em campos especializados (no caso o Direito e a História do Direito) e sua utilização para iluminar caminhos que vem [sic] sendo trilhados pela História Política na construção do "objeto-estado" como problema historiográfico.[835]

Sobre a ideia de Constituição ou constitucionalismo, há os autores que trabalharam por um viés mais "jurídico-positivista", mais normativo, propriamente dito, dentro de um âmbito em que o texto constitucional fosse

---

Acesso em: 23 jun. 2022. Também a respeito de uma discussão acerca do Direito, em especial o Público, em relação ao Direito Privado, ver: MARX, Karl. *Crítica da filosofia do direito de Hegel*. Tradução de Rubens Enderle e Leonardo de Deus. 2. ed. rev. São Paulo: Boitempo, 2010.

[833] Da mesma forma, temos em mente a questão hermenêutica que envolve não só a análise de tais termos, linguagens e conceitos na História, mas a própria hermenêutica do Direito, no sentido de que tais usos e expressões foram entendidas de formas variadas, não estáticas, em cada espaço e em cada temporalidade. Sobre esse assunto, ver: NERHOT, Patrick. No princípio era o direito... In: BOUTIER, Jean; JULIA, Dominique (org.). *Passados recompostos*: campos e canteiros da história. Tradução de Marcella Mortara e Anamaria Skinner. Rio de Janeiro: Editoria UFRJ; Editora FGV, 1998. p. 91-103. Ainda sobre esse debate, ver: GARRIGA, Carlos. ¿La cuestión es saber quien manda? Historia política, historia del derecho y "punto de vista". PolHis, año 5, n. 10, p. 89-100, 2. Sem. 2012. Disponível em: http://historiapolitica.com/datos/boletin/Polhis10_GARRIGA. pdf. Acesso em: 23 jun. 2022; GARRIGA, Carlos. ¿De qué hablamos los historiadores del derecho cuando hablamos de derecho? *Revista Direito Mackenzie*, v. 14, n. 1, p. 1-24, 2020. Disponível em: http://www.mpsp. mp.br/portal/page/portal/documentacao_e_divulgacao/doc_biblioteca/bibli_servicos_produtos/bibli_bole-tim/bibli_bol_2006/Rev-Dir-Mackenzie_v.14_n.01.pdf. Acesso em: 23 jun. 2022. Sobre a possibilidade de trabalho conjunto entre o historiador e o jurista, das contribuições do primeiro para os cursos de Direito e da desconstrução de uma "dogmática jurídica" decorrente dessa relação, ver: GROSSI, Paolo. O ponto e a linha: história do direito e direito positivo na formação do jurista de nosso tempo. *Revista Sequência*, n. 51, p. 31-45, dez. 2015. Disponível em: https://periodicos.ufsc.br/index.php/sequencia/article/view/15170/13796. Acesso em: 23 jun. 2022.

[834] COSTA, Wilma Peres. História e direito: em busca dos continentes submersos. Comentário ao texto de Annick Lempérière. *Almanack*, Guarulhos, n. 15, p. 44-58, 2017. p. 45.

[835] *Ibid.*, aspas da autora.

252

compreendido sob um caráter mais sistemático[836]. Nessa linha, o direito constitucional teria surgido na esteira do Iluminismo e após a Revolução Francesa, contribuindo, desse modo, com a construção dos Estados nacionais, materializado em um texto escrito por meio do qual se manifestou a vontade popular a respeito do poder e do governo de cada país. Por outro lado, também há um viés que buscou e busca tratar sobre o conceito de modo mais ampliado e sobre seus usos, para antes até do que os processos já mencionados, enquanto uma necessidade de se controlar o poder público contra atos autoritários ao longo do tempo[837].

De qualquer forma, o que parece ser um consenso, na historiografia sobre o tema, é que os termos "Constituição" ou "constitucionalismo" remetam, em seu sentido amplo, à ideia de "contrato" ou "pacto", embora muitos autores foquem mais em seu sentido institucional do que o intelectual propriamente dito[838]. Além disso, consideramos o que argumenta Elías Palti a respeito do que seria uma constituição em termos linguísticos: "Uma constituição é, de fato, indissociável do linguístico, não só pelo fato óbvio de que se expressa por meio de palavras, mas porque supõe, ao mesmo tempo, *uma intervenção sobre a linguagem*"[839].

A essa ideia de intervenção linguística, colocada por Palti, pode ser acrescentada, a nosso ver, a proposição de Koselleck acerca de que a constituição, ou a "história constitucional", seria um "produto" da modernidade[840]. Neste sentido, para o historiador alemão, apesar da pluralidade de significados históricos que o conceito tenha tido ao longo do tempo e nos mais variados locais, uma ideia mais "elástica" de Constituição seria a seguinte:

> [...] instituições e modos de organização de comunidades de ação social na medida em que se procura regulamentá-las juridicamente para permitir o agir político. A isso se liga, por

---

[836] VELASCO, Francisco Quijano. *Las repúblicas de la monarquía*: pensamiento constitucionalista y republicano en Nueva España, 1550-1610. México: Universidad Nacional Autónoma de México/Instituto de Investigaciones Históricas, 2017. p. 24.

[837] VELASCO, Francisco Quijano. *Las repúblicas de la monarquía*: pensamiento constitucionalista y republicano en Nueva España, 1550-1610. México: Universidad Nacional Autónoma de México/Instituto de Investigaciones Históricas, 2017. p. 25. Aqui, como uma das referências dessa linha historiográfica, Velasco cita o reconhecido trabalho de Quentin Skinner sobre o pensamento político expresso entre os séculos XIV e XVII. Ver: SKINNER, Quentin. *As fundações do pensamento político moderno*. São Paulo: Companhia das Letras, 1996.

[838] VELASCO, *op. cit.*, p. 29.

[839] PALTI, Elías José. *El tiempo de la política*: el siglo XIX reconsiderado. Buenos Aires: Siglo XXI Editores, 2007a. p. 69, grifos nossos.

[840] KOSELLECK, Reinhart. *Histórias de conceitos*: estudos sobre a semântica e a pragmática da linguagem política e social. Tradução de Markus Hediger. Rio de Janeiro: Contraponto, 2020. p. 381.

exemplo, a existência de uma esfera pública [*Offentlichkeit*], ainda que mínima [...].[841]

Assim, podemos inferir, com base em nosso diálogo com Palti, Koselleck e Habermas, que o uso do termo esteja, de alguma forma, vinculado a essa intervenção sobre a linguagem política, de modo a estabelecer uma comunicação entre diferentes atores políticos na esfera pública a respeito do interesse comum. Entendemos, pois, que esse caminho teórico também nos auxilie a pensar sobre as motivações de Ramírez em publicar suas aulas de Direito Constitucional, além, evidentemente, de mobilizar recorrentemente o termo "Constituição" em seu contexto de atuação político-intelectual.

A partir de agora, dediquemo-nos mais especificamente ao tema na América Latina. De alguns anos para cá, a ausência de trabalhos que caracterizou parte da História Intelectual sobre o constitucionalismo na América Hispânica, entre o fim do século XVIII e a primeira metade do século XIX, começou a ser suprida, conforme afirma José Antonio Aguilar Rivera[842]. O autor denomina esse período de "momento constitucional", mais especificamente entre 1787 a 1830, marcado pela experiência da independência estadunidense até o estabelecimento das primeiras Constituições dos países latino-americanos. Rivera questiona-se sobre qual teria sido a "importância" do experimento hispano-americano tanto para o constitucionalismo quanto para o liberalismo de então, ainda mais considerando o foco dos historiadores que se dedicam ao século XIX sobre o "triunfo teórico" do liberalismo e seu "fracasso real" naquele contexto[843].

Além disso, o autor inscreve o constitucionalismo latino-americano na tensão entre as tradições republicana e a liberal, tratando sobre suas inspirações intelectuais históricas, suas diferenças e as formas que tais expoentes foram inseridos na região ao longo do tempo. Conforme explicita Rivera:

> Enquanto o republicanismo e o liberalismo tiveram, provavelmente, mais coincidências das quais comumente se admitem, diferem-se [...] em um aspecto crítico: o modelo republicano propunha amplos poderes de emergência, enquanto que o liberal os excluiu da constituição. Maquiavel e Rousseau seguiram o modelo romano. [...] propuseram a inclusão de instituições que cumprissem a mesma função que a ditadura

---

[841] KOSELLECK, Reinhart. *Histórias de conceitos*: estudos sobre a semântica e a pragmática da linguagem política e social. Tradução de Markus Hediger. Rio de Janeiro: Contraponto, 2020. p. 379, grifo e inserção do autor.

[842] RIVERA, José Antonio Aguilar. *En pos de la quimera*: reflexiones sobre el experimento constitucional atlántico. México: Fondo de Cultura Económica, 2000.

[843] *Ibid.*, p. 17.

em Roma. Montesquieu, pelo contrário, culpou essa magistratura pela queda de Roma e, consequentemente, rechaçou os poderes de emergência. A exclusão liberal foi reforçada e teorizada por Benjamin Constant no século XIX. Se nos Estados Unidos os fundadores se inspiraram na Antiguidade Clássica, certamente não o muito fizeram em suas instituições. Nem os federalistas, nem os antifederalistas propuseram, nos debates sobre a ratificação da Constituição Federal, poderes amplos de emergência. Madison acreditava que Roma tinha um executivo tão débil – por ser colegiado – que devia recorrer aos ditadores em momentos de perigo. E a ditadura, pensava, era um expediente arriscado ao extremo. Nisso, como em muitas outras coisas, os federalistas seguiam muito mais Montesquieu que Maquiavel. Para Montesquieu, as repúblicas clássicas haviam ido para sempre. E sua partida não era de lamentar-se. Entretanto, no século XIX, o republicanismo e o liberalismo se chocaram na América Hispânica. Duas noções distintas de autoridade se enfrentaram no processo de construção nacional.[844]

Esse "choque" entre o liberalismo e o republicanismo, de fato, foi considerável no que tange aos processos políticos de construção nacionais latino-americanos ao longo do século XIX, em maior ou menor grau[845]. Ainda sobre as discussões a respeito de uma justa-medida republicana e constitucional acerca do poder político a ser estabelecido institucionalmente, Gabriel Negretto afirma o seguinte a respeito daqueles dois "ismos" presentes nos debates político-intelectuais latino-americanos do século XIX:

> [...] o republicanismo liberal na América Latina teve a difícil tarefa de canalizar, por vias legais, o uso do poder político quando era inexistente ou muito precária a autoridade do Estado. Como o expressaram numerosos líderes políticos e

---

[844] RIVERA, José Antonio Aguilar. *En pos de la quimera*: reflexiones sobre el experimento constitucional atlántico. México: Fondo de Cultura Económica, 2000. p. 55.

[845] Sobre tais tensões político-intelectuais e conceituais entre republicanismo e liberalismo, mais especificamente na primeira metade do século XIX latino-americano, ver: BARRÓN, Luis. Republicanismo, liberalismo y conflicto ideológico en la primera mitad del siglo XIX en América Latina. *In*: RIVERA, José Antonio Aguilar; ROJAS Rafael (org.). *El republicanismo en hispanoamerica*: ensayos de historia intelectual y política. México: Fondo de Cultura Económica, 2002. p. 118-137. A respeito desses conflitos na segunda metade do Oitocentos, tanto em outros países como no Uruguai, ver: PALTI, Elías José. Las polémicas en el liberalismo argentino: sobre virtud, republicanismo y lenguaje. *In*: RIVERA; ROJAS, *op. cit.*, p. 167-209; CAETANO, Gerardo. Genealogías de la política uruguaya moderna: el liberalismo como "concepto fundamental" y su primacía sobre el republicanismo en el siglo XIX. *Claves*: Revista de Historia, n. 2, p. 111-143, ene./jun. 2016; GALLARDO, Javier. Las ideas republicanas en los orígenes de la democracia uruguaya. *Araucaria*: Revista Iberoamericana de Filosofía, Política y Humanidades, v. 5, n. 9, p. 3-44, 2003.

intelectuais da época, o dilema central do constitucionalismo latino-americano era como sair da anarquia sem cair, ao mesmo tempo, na tirania, como fortalecer o governo sem abrir a porta da arbitrariedade. Desde esse ponto de vista, as diferenças entre os pais da Constituição estadunidense e nossos constitucionalistas não reside tanto em sua ideologia quanto no contexto histórico-político que ambos devem ter enfrentado. Em última instância, a preocupação dos liberais latino-americanos por fortalecer o Estado não foi tão distinta da preocupação que tiveram os liberais pós-revolucionários na França, como Constant e Guizot, os quais buscaram desesperadamente um equilíbrio entre soberania popular e liberdade política, por um lado, e autoridade, por outro.[846]

Mais especificamente na região do Rio da Prata, houve algumas singularidades. As localidades próprias de tal região não experimentaram o processo constitucional oriundo de Cádiz[847], na Espanha, tendo sido, na verdade e como sabemos, por uma série de eventos marcados pelas batalhas da revolução de independência, os quais envolveram tanto Buenos Aires quanto os demais locais da região. Desse modo, houve uma tensão considerável entre os conceitos de "constituição" com os de "nação", "revolução" e "soberania", por exemplo[848], desde as manifestações de Mariano Moreno, durante a crise do sistema colonial, em 1810. Por meio de sua *Gazeta de Buenos Ayres*, expressou tais propostas, caracterizadas pela ideia rousseauniana de uma "soberania indivisível", unitária, fundadora da "vontade geral", a qual foi confrontada por outra, mais no sentido plural "federalista" de "soberania", de várias soberanias, distribuídas pelos diversos *pueblos* — futuras províncias argentinas[849].

De qualquer modo, apesar da polissemia própria da História de cada conceito, e das polêmicas político-intelectuais que lhe foram inerentes na região que viria a ser a Argentina, o termo "Constituição" recebeu maior destaque com o projeto do publicista e jurista argentino Juan Bautista

---

[846] NEGRETTO, Gabriel L. Repensando el republicanismo liberal en América Latina. Alberdi y la Constitución argentina de 1853. *In*: RIVERA, José Antonio Aguilar; ROJAS Rafael (org.). *El republicanismo en Hispanoamérica*: ensayos de historia intelectual y política. México: Fondo de Cultura Económica, 2002. p. 210-243.

[847] A Constituição de Cádiz, promulgada em 1812, foi caracterizada pelo contexto da ascensão do constitucionalismo liberal na Europa pós-Revolução Francesa, e consistiu em um marco para a afirmação dos direitos fundamentais, da soberania e como forma de lidar com as questões relacionadas às disputas dinásticas em torno da unidade política na Espanha do início do Oitocentos. Ver: DALLARI, Dalmo de Abreu. A Constituição de Cádiz: valor histórico e atual. *Revista de Estudios Brasileños*, v. 1, n. 1, p. 81-96, 2014.

[848] GOLDMAN, Noemi. Constitución. Argentina – Río de la Plata. *In*: SEBÁSTIAN, Javier Fernández (dir.). *Diccionario político y social iberoamericano*. Madrid: Fundación Carolina; Sociedad Estatal de Conmemoraciones Culturales; Centro de Estudios Políticos y Constitucionales, 2009. p. 325.

[849] *Ibid.*, p. 326.

Alberdi, no início dos anos 1850. Esse intelectual, de visão liberal considerada mais "conservadora"[850], é concebido como o que lançou as "bases" — literalmente, devido ao seu *Bases y puntos de la Constitución argentina* — da Constituição que se tornou vigente e estável desde então em seu país, segundo Natalio Botana[851]. Caracterizado por um ideário de caráter "eclético", Alberdi inspirou-se no pensamento de diversos filósofos e juristas, de várias temporalidades e países, tais como Montesquieu, Cousin, Guizot, Madison, Rossi, Story etc.[852] Essa vertente eclética de Alberdi, destacada por Botana, assemelha-se consideravelmente ao modo pelo qual Ramírez também pensou o constitucionalismo no Uruguai alguns anos mais tarde, a nosso ver.

De modo bem resumido, a Constituição argentina, para Alberdi, deveria conciliar o todo, a "nação", com as partes, as províncias, de modo que a liberdade destas fosse assegurada, assim como a autoridade da União[853]:

> Alberdi usou esses instrumentos conceituais à vontade, de acordo com variadas oportunidades. Sua Constituição, tal como a pensou para fundamentá-la ou justificá-la, foi, antes de tudo, uma combinação de princípios e uma forma mista. Na esfera política [...] era uma república aristocrática, zelosa do exercício da liberdade política; desde a perspectiva do passado; na constituição ressoava o pacto histórico entre duas legitimidades incompletas cuja ambição de fundar uma ordem exclusiva, federal ou unitária, havia fracassado; e, por fim, desde o ponto de vista da formação civil da sociedade, a Constituição

---

[850] A questão da dicotomia entre "liberais" e "conservadores", reproduzida por parte da historiografia latino-americana, é criticada por autor que aponta que, entre tais polos existiria uma considerável complexidade caracterizada pela tensão entre o republicanismo e o liberalismo na América Latina do século XIX, a qual seria responsável por matizar profundamente tais denominações políticas do período. Ver: BARRÓN, Luis. Republicanismo, liberalismo y conflicto ideológico en la primera mitad del siglo XIX en América Latina. *In*: RIVERA, José Antonio Aguilar; ROJAS Rafael (org.). *El republicanismo en hispanoamerica*: ensayos de historia intelectual y política. México: Fondo de Cultura Económica, 2002. p. 118-137.

[851] Mas, claro, não sem polêmicas e disputas político-intelectuais sobre tal assunto. Talvez a mais conhecida seja o debate público travado entre Sarmiento e Alberdi naquele país, a respeito das possibilidades relativas ao que esses intelectuais denominaram de "República verdadeira", "República forte" e a "República possível". Sobre a referida polêmica, ver: BOTANA, Natalio. *La tradición republicana*: Alberdi, Sarmiento y las ideas políticas de su tiempo. Buenos Aires: Edhasa, 2013. p. 298-301.

[852] *Ibid.*

[853] Esse seria outro ponto de aproximação de Alberdi com o que propôs Ramírez décadas mais tarde, conforme veremos adiante.

oferecia, ao indivíduo e à sua família, a promessa de uma vida democrática.[854]

Em relação ao Uruguai, parece ser um consenso que o processo de formação constitucional do país teve início com a atuação e as propostas de Artigas, ainda durante a primeira fase da independência da Banda Oriental, em 1811, com base no documento intitulado *Instrucciones del año XIII* (1813)[855]. Alguns autores da área do Direito, como Antonio Wolkmer, Efendy Bravo e Lucas Fagundes, até mesmo consideram-no propiciador de uma experiência singular na América Latina, tendo expressado uma "originalidade" e "autenticidade" dentro do pensamento de cunho constitucional regional de então[856]. Além disso, Gerardo Caetano e Ana Ribeiro concebem que tal documento foi inspirado em outros referenciais da época, mas também serviu de inspiração a outros posteriores[857].

Tanto nas *Instrucciones* quanto em outros textos da época, Artigas e os artiguistas buscaram reafirmar as bases igualitárias de uma nova Constituição após a independência em relação à Espanha, tendo intencionado estabelecer o que Roberto Gargarella denominou de "modelo" constitucional de caráter "coletivista", mais radical e popular[858]. Apesar de nossas reservas referentes ao termo "modelo" para o fazer da História Intelectual — conforme recomenda Palti[859] —, acreditamos que tais colocações de Gargarella sejam válidas para pensarmos essa proposta de Constituição artiguista, em detrimento de outros experimentos da época, tais como o "conservador" ou o "liberal"[860].

---

[854] BOTANA, Natalio. *La tradición republicana*: Alberdi, Sarmiento y las ideas políticas de su tiempo. Buenos Aires: Edhasa, 2013. p. 298-301. p. 290.

[855] Como tratamos no capítulo 4, em nossa análise sobre a recuperação histórica de Artigas por parte de Ramírez, esse publicista cedeu espaço a vários capítulos das *Instrucciones* de Artigas em seu livro *Juicio crítico del bosquejo histórico de la República Oriental del Uruguay por el Dr. Francisco Antonio Berra*, o qual consistiu em uma resposta ao antiartiguismo ainda reproduzido por este outro intelectual, nos anos 1880.

[856] WOLKMER, Antonio Carlos; BRAVO, Efendy Emiliano Maldonado; FAGUNDES, Lucas Machado. Historicidade crítica do constitucionalismo latino-americano e caribenho. *Revista Direito e Práxis*, v. 8, n. 4, p. 2.843-2.881, 2017. p. 2.869. Disponível em: https://www.scielo.br/j/rdp/a/xMcbGxqpwk8QfxnvCxXgv3r/abstract/?lang=pt. Acesso em: 23 jun. 2022.

[857] CAETANO, Gerardo; RIBEIRO, Ana. Contextos y conceptos en torno a las Instrucciones del año XIII. In: CAETANO, Gerardo; RIBEIRO, Ana (coord.). *Las Instrucciones del año XIII*: 200 años después. Montevideo: Planeta, 2013 *apud* WOLKMER; BRAVO; FAGUNDES, *op. cit.*

[858] GARGARELLA, R. El constitucionalismo en Sudamérica (1810-1860). *Precedente*: Revista Jurídica, n. -, p. 51-82, 16 dic. 2006.

[859] Conforme a discussão teórico-metodológica que desenvolvemos na introdução deste livro. Para mais elementos dos pressupostos colocados por Palti, ver: PALTI, Elías José. *El tiempo de la política*: el siglo XIX reconsiderado. Buenos Aires: Siglo XXI Editores, 2007a.

[860] GARGARELLA, *op. cit.*

Em relação aos dois últimos, Gargarella argumenta que o "conservador" poderia ser entendido, *grosso modo*, como o que propiciava o poder nas mãos de poucos, mais elitista e autoritário, como os que estiveram em vigência em vários países da primeira metade do XIX, como Argentina, Chile e Equador, por exemplo[861]. No que tange ao "liberal", ou "individualista", defendia-se o foco na neutralidade do Estado em relação à religião e à separação dos poderes, visando, assim, ao freio de um poder em relação aos demais — inspirados, conforme entendemos e ao que tudo indica, em Montesquieu. Enfim, foi pensado com a finalidade de se evitar a opressão entre grupos políticos antagônicos, majoritários e minoritários[862].

Retornemos à vertente constitucional "coletivista". De modo geral, o referido "modelo" teve certa repercussão na época das independências, mas foi efêmero e não representou um parâmetro jurídico consolidado na América Latina após esse período, embora tenham tido uma considerável presença simbólica na região, segundo Gargarella[863]. Foi caracterizado, principalmente, pela ideia de que o bem-estar da comunidade deveria sobressair ao do indivíduo, de modo que alguns termos e conceitos específicos rousseaunianos estiveram mais presentes, tais como "soberania do povo", "vontade geral", "igualdade", "contrato social", "princípios universais" etc.[864] Para Gargarella,

> Para identificar o constitucionalismo coletivista, pode-se dizer que o seu objetivo fundamental costumou ser o de conseguir uma comunidade autogovernada. Em tal sentido, foi comum identificar uma posição como essa com a noção – de ressonância rousseauniana –, segundo a qual a "voz do povo" é "a voz de Deus". Para o coletivismo, o bem-estar da comunidade deve ser o principal objetivo de todo governo. Mais ainda, tende-se a assumir aqui que é a própria comunidade que deve definir quais são, especificamente, tais objetivos e quais os meios para alcançá-los. Assumindo o valor do autogoverno coletivo, o coletivismo mostrou habitualmente uma grande preocupação tanto pela organização institucional da sociedade, como –fundamentalmente – pelo "tipo" de cidadãos que formam parte dessa sociedade: más instituições ou maus cidadãos (cidadãos "não virtuosos")

---

[861] GARGARELLA, R. El constitucionalismo en Sudamérica (1810-1860). *Precedente*: Revista Jurídica, n. -, p. 51-82, 16 dic. 2006.

[862] *Ibid.*, p. 71-73.

[863] *Ibid.*

[864] *Ibid.*, p. 61.

> constituem, ambos, ameaças ao ideal do autogoverno. [...] Uma sociedade autogovernada requer indivíduos dotados de certas qualidades de caráter, certas disposições morais [...]. Para "assegurar" que os cidadãos se identificassem com os demais membros da sociedade, o Estado deveria "cultivar" um certo tipo de cidadão (o cidadão virtuoso). A tais fins, o Estado deveria estabelecer uma sorte de hierarquia entre diferentes ideais do bem, no topo da qual se encontraria aquele modelo de vida e aquelas qualidades de caráter mais favoráveis ao bem-estar geral.[865]

No que tange às virtudes a serem "cultivadas" nos cidadãos, o "coletivismo" prezou, ainda segundo Gargarella, pelo patriotismo, a coragem, a solidariedade, a austeridade, a frugalidade, entre outros, vistas, naquele momento, como "fundacionais" da vida em comunidade de iguais[866]. Por outro lado, não eram desejáveis os vícios, concebidos como ameaçadores das sociedades "coletivistas", a exemplo da "covardia" e do "egoísmo"[867]. Nesse sentido, Gargarella destaca as *Instrucciones* de Artigas e a Constituição proposta pelo prócer como alinhados a esse "coletivismo", nos quais, *grosso modo*, estavam presentes não somente um igualitarismo perante a lei. Somavam-se a tal princípio a ideia de uma "regeneração" moral cidadã rio-pratense, o fomento e a difusão de materiais culturais e de leitura, além da defesa da imprensa como meio educativo e responsável pela divulgação de ideias novas[868]. Enfim, segundo Gargarella, não se conheceram outras expressões tão desenvolvidas quanto o "modelo coletivista" artiguista[869].

No entanto, algo próximo do referido viés constitucional foi identificado em alguns outros países latino-americanos de meados do século XIX, mesmo que sem nenhuma relação direta entre eles. De forma mais difusa e reformulada pelas inspirações republicanas e socialistas europeias pós-1848, tais propostas de um igualitarismo "radical" foram percebidas no Chile, por meio das intervenções político-intelectuais de Santiago Arcos e Francisco Bilbao, este que foi uma das referências de Ramírez, conforme já vimos. Também, mas com

---

[865] GARGARELLA, R. El constitucionalismo en Sudamérica (1810-1860). *Precedente*: Revista Jurídica, n. -, p. 51-82, 16 dic. 2006. p. 61-62, aspas do autor.

[866] *Ibid.*, p. 62.

[867] *Ibid.*

[868] *Ibid.*, p. 66. Mais especificamente sobre tais elementos de uma regeneração cidadã no projeto artiguista, ver também: FREGA, Ana. La virtud y el poder: la soberanía particular de los pueblos en el proyecto artiguista. *In*: GOLDMAN, Noemí; SALVATORE, Ricardo (comp.). *Caudillismos rioplatenses*: nuevas miradas a un viejo problema. Buenos Aires: Eudeba, 2005. p. 101-133.

[869] GARGARELLA, *op. cit.*, p. 67.

CARLOS MARÍA RAMÍREZ E A CONSTRUÇÃO DE UMA NOVA REPÚBLICA ORIENTAL DO URUGUAI:
ENTRE A "NAÇÃO IDEAL" E A "NAÇÃO REAL" (1868-1898)

ressalvas feitas por Gargarella, na então região de Nova Granada, dentro da Sociedade Democrática, composta por artesãos e liderada por Ambrósio López no mesmo contexto. No entanto, nenhuma se concretizou institucionalmente, em termos de governo, como o foi, mesmo que de modo bem breve, a experiência artiguista do período independentista rio-pratense[870].

Além dos elementos político-conceituais e linguísticos referentes ao constitucionalismo, acreditamos ser necessário recorrer ao caráter sócio-histórico e jurídico de nação. Acreditamos que esse viés também contribui para compreendermos outros elementos do pensamento de Ramírez em relação à construção constitucional da República Oriental. Para isso, é de suma importância trazermos para essa discussão a preocupação do historiador francês Gérard Noiriel acerca da essência do "elo social" que uniria os indivíduos de uma mesma coletividade nacional estatizada[871]. Em contraposição à vertente weberiana, a qual se debruça sobre as relações de "comando"/"obediência" e que pressupõem um caráter puramente coercitivo do Estado-nação, Noiriel parte da sociologia durkeimiana para argumentar que são a "cidadania" e a "solidariedade" os fatores essenciais de coesão da "nação moderna"[872].

Ainda segundo Noiriel, "um Estado apenas se torna verdadeiramente 'nacional' a partir do momento em que respeita o princípio da 'soberania do povo'. Aqui o acento não é colocado na dominação, mas na solidariedade"[873]. Tais ideias de "solidariedade" e "cidadania" estão ligadas à formulação das leis, estas elaboradas pelos cidadãos conjuntamente, de modo a proteger a sua comunidade em face dos perigos ou instabilidades. Tais leis, criadas coletivamente, proporcionariam a igualdade entre todos os cidadãos, ao contrário do Estado monárquico dito pré-nacional, caracterizado pela diferenciação natural entre o rei e os seus súditos, baseada, por sua vez, no "direito divino". Essa "horizontalidade", marcada pela igualdade jurídica do Estado-nação moderno, caracterizaria a cidadania e, consequentemente, proporcionaria o caráter sociológico da "solidariedade" entre os indivíduos pertencentes a uma comunidade nacional estatizada, segundo Noiriel[874]. Valemo-nos de tais pressupostos de Noiriel para tratarmos sobre a defesa da sociabilidade como instrumento para a cidadania em uma ordenação

---

[870] GARGARELLA, R. El constitucionalismo en Sudamérica (1810-1860). *Precedente*: Revista Jurídica, n. -, p. 51-82, 16 dic. 2006.

[871] NOIRIEL, Gérard. Repensar o Estado-nação: elementos para uma análise sócio-histórica. *Revista Ler História*, Lisboa, n. 41, p. 39-54, 2001.

[872] *Ibid.*

[873] *Ibid.*, p. 41.

[874] NOIRIEL, *op. cit.*

político-constitucional e, consequentemente, para a reconstrução nacional uruguaia nos escritos e atuação de Ramírez, conforme veremos adiante.

Por fim, complementando as contribuições de Rogelio Pérez Perdomo, que permitem entendermos o jurista enquanto um intelectual[875], recorremos às indicações de Fabiano Engelmann e Luciana Penna a respeito das possibilidades de concebermos, mais especificamente, o constitucionalista também nessa categoria. Esses últimos autores tratam sobre a emergência desse "especialista", o professor de Direito Constitucional, dentro das Faculdades de Direito, e sua relevância para a sustentação do regime republicano na França do fim do século XIX[876]. Nesse sentido, consideramos ser necessário explanar, aqui, o que entendemos por um intelectual que chamamos de constitucionalista, com base nas proposições de Engelmann e Penna, mas trazendo-as para a atuação de Ramírez no Uruguai do Oitocentos:

> A categoria de constitucionalista é assim uma definição central para a presente discussão, tomada aqui como a posição social que legitima um agente ou conjunto de agentes a definir os contornos jurídicos da vida social e política, mobilizando para isso a noção de "Constituição". "Interpretar a Constituição" é, neste sentido, um ato político. Ele se inscreve nas lutas políticas de um período determinado e usa a figura da "Constituição" como referência normativa na mobilização doutrinária de múltiplos saberes, em que define o mundo, ora pela legitimação, ora pela contestação da ordem política.[877]

No entanto, embora concordemos com grande parte das indicações de Engelmann e Penna, mais especificamente a respeito da mobilização, por parte de um agente, do termo "Constituição" no debate público, acreditamos ser pertinente matizar brevemente o trecho *supra*. Conforme já colocamos, concebemos as proposições constitucionais de Ramírez para além do aspecto puramente doutrinário ou normativo convencionalmente próprios do Direito, e sim de modo mais ampliado, sob uma "razão comu-

---

[875] Conforme discutimos no início deste capítulo. De qualquer modo, ver: PÉREZ PERDOMO, Rogelio. Los juristas como intelectuales y el nacimiento de los estados nacionales en América Latina. *In*: ALTAMIRANO, Carlos (dir.). *Historia de los intelectuales en América Latina*. Buenos Aires: Katz, 2008. v. 1, p. 168-183.

[876] SACRISTE, Guillaume. *La republique des constitutionnalistes*: professeurs de droit et légitimation de l'État en France (1870-1914). Paris: Presses de SciencesPo, 2011 apud ENGELMANN, Fabiano; PENNA, Luciana Rodrigues. Constitucionalismo e batalhas políticas na Argentina: elementos para uma história social. *Estudos Históricos*, Rio de Janeiro, v. 29, n. 58, p. 505-524, maio/ago. 2016. p. 509. Disponível em: https://www.scielo.br/j/eh/a/WgyVhkgYysVFqY74685RLwk/?lang=pt. Acesso em: 23 jun. 2022.

[877] ENGELMANN; PENNA, *op. cit.*, p. 510, aspas dos autores. Para outros panoramas a respeito do constitucionalismo e da história constitucional, ver: KOERNER, Andrei. Sobre a história constitucional. *Estudos Históricos*, Rio de Janeiro, v. 29, n. 58, p. 525-540, maio/ago. 2016.

nicativa", conforme propõe Habermas[878]. Reiterando, isto nos permitirá compreender as motivações de Ramírez em tornar públicas suas aulas de Direito Constitucional por meio do seu periódico *La Bandera Radical* e, consequentemente, as mediações político-intelectuais contidas nesse ato em prol da reconstrução da nação.

3.2 Tornar público o Direito: retomar/reformar (os bons "princípios") (d)a Constituição de 1830

3.2.1 Uma nova "ordem" nacional para a República "Oriental": as *Conferencias de Derecho Constitucional* (1871)

Após promulgada a Constituição de 1830, não houve, segundo Héctor Gros Espiell, uma dedicação apropriada ao estudo e à divulgação do Direto Constitucional até a publicação das Conferências de Ramírez, em 1871. Antes disso, foram elaborados somente breves comentários, na imprensa, por parte dos próprios constituintes uruguaios da primeira metade do Oitocentos e poucos trabalhos de cunho estritamente pedagógico. No entanto, conforme já havíamos indicado no capítulo 1 e em parte deste capítulo 3, a educação universitária e o pensamento político-intelectual do jurista uruguaio foram formados também com base nas aulas de Economia Política na Universidad de la República. Disciplina com "fronteiras não bem determinadas"[879], cuja cátedra fora inaugurada, no início dos anos 1860, por Carlos de Castro, e seguida por Pedro Bustamante e Francisco Lavandeira, caracterizada pela mescla de lições sobre sociologia, política e moral[880].

No entanto, tal componente do curso de Direito não era suficiente para um estudo mais detido sobre as questões constitucionais uruguaias e em geral. Dessa forma, foi criada uma cátedra própria para essa área, por meio da Lei de Pressuposto de 1870, em grande parte devido à reivindicação de Pedro Bustamante, então reitor da Universidade e também professor de Economia Política da instituição. Assim, Ramírez, então recém-egresso do curso de Direito, foi designado para assumir as aulas de Direito Constitucional no ano de 1871, em razão de reconhecimento pelo seu conhecimento

---

[878] HABERMAS, Jürgen. *Direito e democracia*: entre facticidade e validade. Tradução de Flávio Beno Siebeneichler. Rio de Janeiro: Tempo Brasileiro, 1997. v. 1.

[879] GROS ESPIELL, Héctor. Prólogo. *In*: RAMÍREZ, Carlos María. *Conferencias de Derecho Constitucional (1871)*. Montevideo: Ministerio de Instrucción Pública y Previsión Social, 1966. p. IX.

[880] *Ibid.*

adquirido e pela atuação pública e "cívica" por meio do jornal *El Siglo*, no fim dos anos 1860[881].

No que tange mais especificamente às conferências de Ramírez enquanto expressão de sua atuação nas aulas do curso de Direito, Héctor Gros Espiell afirmou o seguinte:

> Praticamente todas as páginas estão impregnadas de um entusiasmo liberal, de uma radical posição anticatólica e antidogmática – que não exclui, no desenvolvimento do curso, diversas invocações a Deus – de uma crença sincera na bondade do ser humano e de uma defesa férrea, constante e invariável da liberdade do homem frente ao poder do Estado.[882]

Héctor Gros Espiell rejeita qualquer possibilidade de que tais *Conferencias* de Ramírez não teriam sido tangenciadas pelo contexto político-social no qual foram escritas, ensinadas e publicadas. Conforme ainda argumenta o autor, o pensamento e a atuação de Ramírez foram norteados por uma orientação político-intelectual que mesclava um "liberalismo individualista" com o "principismo político-partidário", uma complementaridade que buscava reagir ao seu desencantamento sobre os partidos de então. Ainda segundo Gros Espiell, a análise que Ramírez empreendeu em suas lições publicadas em *La Bandera Radical* tiveram um caráter mais de "luta" do que de "ciência" política ou jurídica propriamente ditas:

> As conferências de Ramírez, nas quais se intentou um ensino filosófico do Direito Constitucional, não foram uma análise jurídica dos textos positivos, nem um estudo científico de ciência política, mas sim um enfoque político-filosófico, uma exposição dos fundamentos do Estado e da sociedade e da organização constitucional liberal, para provocar a "aversão aos tiranos" e a adesão racional e espontânea de seus alunos à sua própria ideologia política. Criar esse fervor pela liberdade é, para Ramírez, a missão do direito constitucional. [...] É que, para Ramírez, o direto constitucional não é tanto uma ciência

---

[881] GROS ESPIELL, Héctor. Prólogo. *In*: RAMÍREZ, Carlos María. *Conferencias de Derecho Constitucional (1871)*. Montevideo: Ministerio de Instrucción Pública y Previsión Social, 1966.; ODDONE, Juan; ODDONE, Blanca París. *Historia de la Universidad de la República*: la Universidad vieja, 1849-1885. 2. ed. Montevideo: Ediciones Universitárias, [1963] 2010, t. 1.

[882] GROS ESPIELL, *op. cit.*, p. XV. Em trabalho mais recente, Gros Espiell dedicou-se aos caminhos da historiografia uruguaia acerca do constitucionalismo no país. Ver: GROS ESPIELL, Héctor. El Derecho Constitucional y la historiografía uruguaya. *Revista de Derecho de la Universidad de Montevideo*, año 5, n. 10, p. 29-52, 2006. Disponível em: http://revistaderecho.um.edu.uy/wp-content/uploads/2012/10/DERECHO-10.pdf. Acesso em: 11 out. 2021.

à análise concreta da realidade institucional ou política como uma assinatura dirigida a estudar, abstratamente, as bases da sociedade, a razão e o fundamento do poder político e dos direitos individuais. Mais que uma ciência, repetimos, é uma luta, um instrumento de afirmação ideológica, uma arma para a defesa da liberdade.[883]

A nosso ver, tais considerações de Gros Espiell reforçam nosso argumento de que, ao levar para fora dos limites da Universidade suas conferências sobre o Direito Constitucional, Ramírez teve uma intenção política, qual fosse, a de projetar a nação republicana uruguaia e ampliar a esfera pública no país. Assim, por meio dessas aulas públicas, realizou mais um ato de mediação político-intelectual de modo a também tornar público o Direito Público, ou melhor, Constitucional, o qual tinha, entre suas premissas, reger política e socialmente a todos os cidadãos orientais. Nesse sentido, o que, inicialmente, tinha o caráter de mais uma disciplina de um novo curso, circunscrito a um espaço estatal — mas não acessível a todos —, passou a ser divulgado à sociedade de modo a formar, pedagogicamente, a opinião pública a respeito da organização política e social ideal que a República Oriental do Uruguai deveria ter, em sua visão.

De qualquer modo, entre as improvisações e exprimentações de algo que era novo — haja vista que "tudo estava por fazer-se" politicamente no Oitocentos latino-americano, dialogando aqui com Elías Palti[884] —, Ramírez reiterou que as conferências seriam públicas, por meio das páginas do periódico que criou e dirigiu:

> O catedrático desta aula, na última sessão do Conselho Universitário, fez presente a dificuldade invencível em que se encontrava para adotar um programa de ensino. Nos livros europeus – direito monárquico; nos livros norte-americanos – direito federal; os livros sul-americanos, deficientes uns, e inadequados outros. O catedrático pediu que se constasse na ata sua convicção de que essa falta de programa criaria muitas dificuldades nos primeiros momentos das aulas, vendo-se ele obrigado a improvisar conferências que sirvam para fixar os pontos primordiais da ciência. Essas conferências, que serão provavelmente semanais, verão a luz pública em *La Bandera Radical*. A inauguração da cátedra terá lugar em 1º de Abril.[885]

---

[883] GROS ESPIELL, Héctor. Prólogo. *In*: RAMÍREZ, Carlos María. *Conferencias de Derecho Constitucional (1871)*. Montevideo: Ministerio de Instrucción Pública y Previsión Social, 1966. p. XVII, aspas do autor.

[884] PALTI, Elías José. *El tiempo de la política*: el siglo XIX reconsiderado. Buenos Aires: Siglo XXI Editores, 2007a. p. 13.

[885] RAMÍREZ, Carlos María. Sueltos diversos/Cátedra de Derecho Constitucional. *La Bandera Radical*: Revista Semanal de Intereses Generales, año 1, n. 9, 26 mar. 1871. p. 353, grifos do autor.

Chamamos atenção para os termos "luz pública", utilizada por ele enquanto uma linguagem política. Aqui, em nosso entender, Ramírez deixava claro que tornar públicas suas aulas, por meio da extrapolação dos limites universitários e da divulgação delas, significava também tirar o conhecimento a respeito do constitucionalismo da "escuridão". O ato de trazer tais aulas a público era "iluminar" o caminho em direção à nação republicana tão idealizada e almejada por ele. Tornar suas lições constitucionais acessíveis — se não a todos, mas, ao menos, ao maior número *possível de cidadãos orientais* — era ampliar a esfera pública, dar transparência à organização nacional que buscava, tornando-a devidamente translúcida à opinião pública.

Feitas essas considerações, passaremos a tratar, adiante, mais especificamente sobre o conteúdo de tais aulas, impressas e publicadas, e seus maiores referenciais político-intelectuais que lhe serviram de base.

3.2.2 Um "estado da ciência", interdisciplinaridade e o federalismo que faltava

Como indicamos anteriormente, Ramírez tornou públicas as aulas da disciplina de Direito Constitucional que ministrou na Universidade, de modo a levar o Direito e os elementos que ensinava nas aulas, objetivando que a opinião pública pudesse ter acesso a eles, mesmo que a alfabetização, no Uruguai, ainda não fosse tão considerável naquele momento. Como também *já vimos no capítulo 2*, em nossa concepção, Ramírez e os demais intelectuais não perderam de vista a questão do letramento, tanto é que se uniram em torno do Club Universitario e da SAEP para levarem adiante a educação pública, por meio da construção de escolas e bibliotecas populares na capital e no interior do país. Assim, era necessário ampliar a esfera pública nacional, fosse mediante o impulsionamento de tais obras educacionais, fosse pela publicização dos princípios político-jurídicos a respeito de uma reformulação constitucional. Tudo isso em prol de uma nova República Oriental do Uruguai.

Retornemos nossa atenção *às* aulas da referida disciplina universitária, publicadas por Ramírez em *La Bandera Radical*. Conforme pondera Gros Espiell, em prólogo escrito à edição que contém a compilação das *Conferencias* de Ramírez, tais aulas consistiram em um "primeiro ensaio" do ensino de Direito Constitucional no Uruguai[886]. O autor também afirma que as análises

---

[886] GROS ESPIELL, Héctor. Prólogo. *In*: RAMÍREZ, Carlos María. *Conferencias de Derecho Constitucional (1871)*. Montevideo: Ministerio de Instrucción Pública y Previsión Social, 1966. p. XXVIII.

jurídicas de Ramírez continuaram mesmo após sua saída da Universidade, quando o ex-professor de Direito Constitucional passou a tratar, de modo mais detido, sobre a reescrita da História nacional, por meio das polêmicas que travou em relação *à* recuperação da imagem histórica de José Artigas[887].

Na conferência inaugural, tratou das primeiras experiências republicanas (ou tentativas delas) na Europa, em detrimento da tradição monárquica. Exaltou a Revolução Francesa, mas não perdeu de vista seus excessos ou "comoventes desastres"[888], muito provavelmente se referindo aos atos violentos levados a cabo pelos jacobinos e ao Período do Terror, ocorrido já no início dos anos 1790 sob a liderança de Robespierre[889]. No entanto, ressaltou que os mais expressivos viriam do outro lado do Atlântico, com o exemplo da América do Norte (EUA), iniciando, assim, a conferência seguinte. Iniciou essa segunda aula publicada citando um trecho do livro *El evangelio americano*, de um de seus maiores referenciais político-intelectuais, o chileno Francisco Bilbao, o qual nomeou de "o grande filósofo da América do Sul", e o "patriarca da República racionalista"[890].

Ramírez utilizou tais termos de modo a destacar as contradições da "civilização europeia" apontadas pelo intelectual chileno, que, por sua vez, por meio de uma linguagem que expressava uma ironia ácida, tratou sobre tais questões em sua obra mencionada pelo publicista oriental. Acreditamos ser pertinente destacar um excerto de tal citação, feita por Ramírez, da referida obra de Bilbao:

> "Que bela civilização aquela que conduz na estrada de ferro a escravidão e a vergonha! – Que progresso em comunicar uma infâmia, um atentado, uma ordem de metralhar um povo por meio do telégrafo elétrico. *Que confort!* Alojar multidões de imbecis ou de rebanhos humanos em palácios fabricados pelo trabalho do pobre, mas em honra do déspota. – Que ilustração! Ter escolas, colégios, liceus, universidades, onde se aprende o servilismo religioso e político, com toda a retórica

---

[887] GROS ESPIELL, Héctor. Prólogo. *In*: RAMÍREZ, Carlos María. *Conferencias de Derecho Constitucional (1871)*. Montevideo: Ministerio de Instrucción Pública y Previsión Social, 1966. p. XII. Dedicamo-nos a essa atuação de Ramírez, relativa à reescrita da história nacional uruguaia, no quinto capítulo de nosso livro.

[888] RAMÍREZ, Carlos María. Conferencias de Derecho Constitucional. Primera Conferencia. Consideraciones generales sobre la naturaleza y el actual estado de la ciencia – Europa. *La Bandera Radical*: Revista Semanal de Intereses Generales, año 1, n. 12, 16 abr. 1871. p. 454.

[889] Assim como as reservas que Ramírez já havia expressado sobre tais medidas jacobinas em outros pontos de sua trajetória, conforme tratamos no capítulo 2.

[890] RAMÍREZ, *op. cit.*, p. 69.

de gregos e romanos. – Que magnificência! Esses teatros suntuosos, escolas de prostituição! – Que amor à arte! Esses palácios, esses templos, essas bastilhas, essas fortificações para enganar e enterrar os homens! – Que adianto! Esses caminhos, essas pontes, esses aquedutos, esses campos lavrados, esses pântanos dissecados, esses bosques alinhados e penteados [...] para que pastoreie satisfeita a multidão envelhecida do povo soberano, convertida em canalha humana, para aplaudir no circo, para pagar pelo crime, para servir nos exércitos, para escravizar aos seus irmãos, para contribuir à glória, prosperidade e civilização dos impérios! [...] E civilização se chama a indiferença pela coisa pública [...] E é civilização europeia [...] a doutrina da tutelagem dos povos, da curatela da liberdade, da pupilagem da soberania, da infância da autonomia, da suspensão do direito, da postergação da justiça!"[891]

Mais uma vez, percebemos que Ramírez, assim como havíamos visto no capítulo 1, tinha em Bilbao — assim como em Sarmiento — um de seus maiores referenciais político-intelectuais explícitos, cujos trabalhos e ideias sempre eram mobilizados pelo jurista uruguaio em contextos diversos. E fazia-o tanto para tratar sobre a ideia de liberdade individual quanto sobre as de interesse público, conforme percebemos no trecho *supra*. Isso também nos remete ao fato de que, embora Bilbao não tratasse especificamente sobre elementos doutrinários a respeito do Direito Constitucional, Ramírez recorria aos escritos do intelectual chileno de modo a endossar a sua concordância com os elementos racionalistas e republicanos propostos pelo autor do *Evangelio*.

A terceira conferência não foi publicada, conforme consta em nota de rodapé que inicia a quarta aula publicada[892]. Nesta última, que foi a público no número 17 de *La Bandera Radical*, Ramírez explicou o seu método docente, afirmando que optou por não comentar artigo por artigo da Constituição vigente — a de 1830 —, pois isto poderia levar à ideia de que as leis seriam possuidoras de verdades imutáveis. Assim, preferiu analisar os princípios

---

[891] RAMÍREZ, Carlos María. Conferencias de Derecho Constitucional. Primera Conferencia. Consideraciones generales sobre la naturaleza y el actual estado de la ciencia – Europa. *La Bandera Radical*: Revista Semanal de Intereses Generales, año 1, n. 12, 16 abr. 1871. p. 69-70, grifos e aspas do autor. É possível identificarmos esses trechos escritos por Bilbao, destacados e utilizados por Ramírez, em: BILBAO, Francisco. *El evangelio americano*. Buenos Aires: Imp. de la Soc. Tip. Bonaerense, 1864. p. 143-145, grifos do autor.

[892] Conforme consta na referida nota de rodapé da primeira página do número 17 de *La Bandera Radical*: "A terceira conferência versou sobre a América do Sul – ao catedrático da aula, isto é, ao Diretor desta Revista, foi-lhe escasso o tempo para apresentar suas ideias por escrito. Essa terceira conferência se publicará mais tarde". RAMÍREZ, Carlos María. Conferencias de Derecho Constitucional. Cuarta Conferencia. Relaciones del Derecho Constitucional con otras ciencias. *La Bandera Radical*: Revista Semanal de Intereses Generales, año 1, n. 17, 21 mayo 1871. p. 181. No entanto, essa terceira conferência não chegou a vir a público, nem a sexta aula.

constitucionais de modo mais amplo, em diálogo com outras áreas do conhecimento, visando, assim, à expansão e ao aprimoramento da Carta Magna[893]. Desse modo, mais uma vez, mencionou Frederick Grimke[894] para tratar a respeito do que entendia sobre o Direito Constitucional:

> [...] creio, como Grimke, que o direito constitucional *não é somente a ciência do que é, mas sim do que deve ser e, em adição a estas duas causas, do que deve fazer-se que seja.* Limitar-se cegamente ao estudo de um código fundamental é supor que se chegou à última expressão da verdade, que as instituições são imutáveis e que os povos não progridem [...].[895]

Assim, devido ao fato de que tudo mudava com o passar do tempo, via como necessárias as reformas constitucionais e, nesse sentido, destacou a necessidade de reformar a então vigente Constituição uruguaia, a de 1830, o que nos remete a uma percepção, por parte de Ramírez, a respeito das temporalidades. Conforme entendia, seria impensável supor que os costumes e a sociedade nunca se modificavam, e argumentou em prol de tais alterações na Carta Magna que regia o âmbito político e social do país:

> Em quarenta anos que levamos de vida [...] constitucional, absurdo seria supor que não houvessem mudado nossos *costumes, nossas circunstâncias e nossa situação,* de maneira que não se faz mais que interpretar a vontade dos constituintes ao pretender que essa mudança sirva de base à transformação de nossas instituições.[896]

Na visão do jurista oriental, a Constituição, da forma em que se dispunha em 1871, parecia ser somente conveniente aos partidos tradicionais, pois estes a usavam somente como um instrumento simbólico, uma "bandeira de combate" nas guerras civis e, provavelmente, como pretexto para legitimar seus levantes contra os governos do outro ao longo do tempo:

> O estudo há de mostrar-nos quão cheia de imperfeições, de deficiências e erros está a Constituição de 1830, que, apesar de não ter imperado um só dia com verdade e proveito, os partidos políticos se empenham em manter como

---

[893] RAMÍREZ, Carlos María. Conferencias de Derecho Constitucional. Cuarta Conferencia. Relaciones del Derecho Constitucional con otras ciencias. *La Bandera Radical*: Revista Semanal de Intereses Generales, año 1, n. 17, 21 mayo 1871. p. 183.

[894] Conforme mostramos no capítulo 2, Ramírez já havia recorrido às ideias de Grimke para tratar sobre o papel pedagógico da imprensa na formação do povo e da nação.

[895] RAMÍREZ, *op. cit.*, p. 183, grifos do autor.

[896] *Ibid.*, p. 184, grifos do autor.

um símbolo inviolável, talvez porque lhes parece boa como bandeira de combate, sem ser-lhes incômoda como norma prática de ação.[897]

Buscando uma alternativa a tais práticas políticas, caracterizadas pelos usos, por parte dos *blancos* e *colorados*, da Constituição como instrumento próprio a depender do contexto, era preciso propor modificações de seu texto que privilegiassem o interesse público da nação. Nesse sentido, a intenção de Ramírez foi a de ministrar aulas de Direito Constitucional que fossem fundamentadas pelas teorias "mais liberais", "mais republicanas" e mais "democráticas" de que ele tinha conhecimento até então, em prol do patriotismo e do progresso orientais[898]. O que não deixava de também ter um cunho político, mas, conforme expressou, ampliado para além das contendas puramente partidárias, no sentido de se abranger o bem comum da nação. Tampouco se preocupava com definições ou com um rigor científico extremo sobre o que deveria ser o Direito Constitucional, mas sim com este enquanto um "resultado da síntese" de teorias mais pertinentes, tais como outras disciplinas do curso, a exemplo do Direito Administrativo e Civil, além da Filosofia e da História. Para ele, os "princípios gerais" do Direito Constitucional deveriam ser "os estudos" e as inclinações políticas" dos alunos[899].

No entanto, o então professor de Direito Constitucional também se pautava pelo "exemplo" de intelectuais e eventos próprios de outro país das Américas: os EUA. Era recorrente a exaltação, por parte do intelectual uruguaio, *à* experiência estadunidense, desde os motivos que levaram *à* independência do país até as guerras civis *lá ocorridas*[900], enquanto um impeditivo para a unidade nacional norte-americana. Assim, destacou que a Constituição firmada em 1789, por meio do "pensamento da União", havia proporcionado "equilíbrio e harmonia entre os infinitos elementos do grande todo"[901]. Recorreu, mais uma vez, a Tocqueville, o qual concebia como o "sucessor de Montesquieu" e o responsável por escrever a obra na qual estava a "exposição sistemática" das "liberdades e instituições primor-

---

[897] RAMÍREZ, Carlos María. Conferencias de Derecho Constitucional. Cuarta Conferencia. Relaciones del Derecho Constitucional con otras ciencias. *La Bandera Radical*: Revista Semanal de Intereses Generales, año 1, n. 17, 21 mayo 1871. p. 185.

[898] *Ibid.*

[899] *Ibid.*, p. 186.

[900] RAMÍREZ, Carlos María. Conferencias de Derecho Constitucional. Segunda Conferencia. Consideraciones generales sobre la naturaleza y el actual estado de la ciencia – La América del Norte. *La Bandera Radical*: Revista Semanal de Intereses Generales, año 1, n. 14, 30 abr. 1871. p. 75.

[901] *Ibid.*, p. 76.

diais" estadunidenses[902]. Tal obra era *A democracia na América*, livro que Ramírez tinha como "um dos belos monumentos do engenho humano nas letras do século XIX"[903]. Desse modo, o maior exemplo vinha da região Norte das Américas, mais especificamente da experiência constitucional estadunidense, que foi "imitada" pelos sul-americanos, com destaque para os sucessos constitucionais na Argentina das décadas de 1850 e 1860:

> O povo, que na América do Sul imitou as instituições federais da União [dos EUA], irá buscar nessas fontes o fracasso de suas questões políticas e o fundamento de seus atos públicos. Os comentaristas norte-americanos, conduzidos aos solenes debates no Congresso e citados a cada passo nas mensagens do Governo Nacional, podem considerar-se já como parte integrante da Constituição Argentina.[904]

No entanto, para ele, o mesmo não poderia ser afirmado a respeito da situação de outros países latino-americanos, inclusive o seu próprio Uruguai, os quais não teriam tanta facilidade em se adaptar ao "modelo" estadunidense, que tanto usava como "exemplo" político institucional e elogiava:

> Os povos, que como a República Oriental, por suas condições especiais, dificilmente se amoldariam à organização federal dentro de seu próprio seio, tem vedado, ao menos como estudo de proveito prático, todo esse tesouro de sabedoria constitucional. O que nos fica sempre aberto é o livro em que se encontram compiladas as trinta e tantas constituições particulares dos Estados da União, como sagrados livros que os povos foram depositando para formar a Bíblia da liberdade, da democracia e da República.[905]

Prosseguindo com a apologia à realidade constitucional dos EUA, o professor de Direito ressaltou o que via como avanços alcançados na "República do Norte". Por meio de uma estrutura retórica formada por recursos linguísticos parecidos com os que Bilbao havia utilizado em seu *Evangelio*, mais especificamente no trecho citado pelo próprio Ramírez anteriormente, o publicista oriental afirmou o seguinte a respeito dos EUA de seu tempo:

---

[902] RAMÍREZ, Carlos María. Conferencias de Derecho Constitucional. Segunda Conferencia. Consideraciones generales sobre la naturaleza y el actual estado de la ciencia – La América del Norte. *La Bandera Radical*: Revista Semanal de Intereses Generales, año 1, n. 14, 30 abr. 1871. p. 77.

[903] *Ibid.*

[904] *Ibid.*, inserção nossa.

[905] *Ibid.*, p. 77-78.

Aí estão à nossa vista... quereis ver seus comentários? São esses bosques desmontados, essas planícies cultivadas, esses rios por todas as partes explorados, esses pântanos convertidos em cidades opulentas, essa vasta rede de telégrafos, de estradas de ferro e canais, destinada à transmissão da palavra, à troca dos produtos e ao transporte dos homens, como essa rede de escolas, de colégios e de universidades, destinada à transmissão dos conhecimentos, a troca das ideias e a comunhão dos espíritos; esses homens fortes, trabalhadores, livres, religiosos e morais; esses povos empreendedores, inquietos e pacíficos; esse continente, enfim, que ontem era um deserto, e hoje é o assento de um Império poderoso ao qual pouco lhe falta para ser a primeira nação do mundo em população, em agricultura, em indústria, em comércio, em navegação, em riqueza, em instrução, em ciência, em artes, em moralidade, em liberdade, em civilização e em progresso![906]

Percebemos que, para exaltar o progresso alcançado pelos EUA proporcionado pela estabilidade política trazida pelo seu modelo constitucional, Ramírez elencou vários dos mesmos pontos que compunham as atividades econômicas, culturais e sociais que Bilbao havia listado a respeito da "civilização europeia", mais especificamente as monarquias existentes nesse continente. No entanto, não o fez visando criticar ou apontar possíveis contradições existentes nos EUA, mas sim com a intenção idealizada de destacar tudo o que concebia de positivo naquele jovem país republicano.

De qualquer modo, acreditamos ser pertinente matizar criticamente tais comentários de Ramírez a respeito dos EUA de então. Ao que tudo indica, o publicista oriental, um defensor da igualdade e da liberdade, conforme já vimos no capítulo 2, não mencionou vários problemas lá existentes, tais como a escravidão, recém-extinta pós-Guerra de Secessão, a segregação racial e os massacres indígenas nos eventos da expansão, ou marcha, para o Oeste[907]. Além disso, via o povo norte-americano como "pacífico", quando, na verdade, o país já havia se envolvido em várias guerras, tanto internas quanto externas, desde o fim do século XVIII até a mais próxima de seu

---

[906] RAMÍREZ, Carlos María. Conferencias de Derecho Constitucional. Segunda Conferencia. Consideraciones generales sobre la naturaleza y el actual estado de la ciencia – La América del Norte. *La Bandera Radical*: Revista Semanal de Intereses Generales, año 1, n. 14, 30 abr. 1871. p. 78.

[907] Sobre tais eventos e processos históricos dos EUA no século XIX, ver: JUNQUEIRA, Mary Anne. *Estados Unidos*: Estado nacional e narrativa da nação (1776-1900). 2. ed. rev. e ampl. São Paulo: Editora da Universidade de São Paulo, 2018.

contexto, a já citada Guerra Civil (1861-1865), cujas consequências de sua conclusão levaram ao assassinato do então presidente Abraham Lincoln[908].

Apesar de tais silêncios de Ramírez a respeito das questões político-sociais estadunidenses mencionadas, o jurista uruguaio era um grande admirador do federalismo e da federação, adotados institucional e constitucionalmente pelos EUA. Apesar das diferenças históricas existentes sobre os termos "federal"/"federalismo" e "confederação" no debate político-constitucional estadunidense do fim do século XVIII[909], ao que tudo indica, Ramírez compartilhou dos significados mobilizados pelos intelectuais argentinos quase do seu mesmo contexto. Entre tais expoentes "federalistas" rio-pratenses de meados do século XIX, estavam os portenhos Alberdi e Sarmiento, os quais, segundo vários autores, contribuíram sobremaneira para o processo de consolidação política do Estado argentino, em meio às discussões e à promulgação da Constituição de 1853 implementada naquele país[910].

No que tange mais especificamente às ideias de Alberdi a respeito do federalismo, dialogamos com José Carlos Chiaramonte sobre o tema para, em seguida, compreendermos melhor como Ramírez manifestou suas posições a respeito dessa descentralização do poder em uma República. Segundo o historiador argentino, Alberdi esteve diante de um desafio caracterizado pela busca da justa medida entre a aplicação da soberania das províncias com a questão da construção do Estado, ainda mais devido ao fato de que as referidas províncias reivindicavam uma "conformação nacional"[911]. Somado a isso, ao mesmo tempo, objetivou evitar a "dissolução" total da nação argentina, entendida como "preexistente", ante a possibilidade da autonomia provincial[912].

Retornemos às intervenções públicas de Ramírez a respeito do federalismo. Referenciando o nome de Alberdi uma única vez em todas as suas

---

[908] JUNQUEIRA, Mary Anne. *Estados Unidos*: Estado nacional e narrativa da nação (1776-1900). 2. ed. rev. e ampl. São Paulo: Editora da Universidade de São Paulo, 2018.

[909] Conforme propõe: CHIARAMONTE, José Carlos. Províncias ou estados? As origens do federalismo platino. *Cadernos do Programa de Pós-graduação em Direito PPGDir/UFRGS*, Porto Alegre, v. 17, n. 1, p. 73-114, 2016.

[910] Sobre esse assunto, ver: CHIARAMONTE, *op. cit.*; CHIARAMONTE, José Carlos. Alberdi y el sentido de su federalismo. *PolHis*, año 9, n. 17, p. 8-21, ene./jun. 2016; BOTANA, Natalio. *La tradición republicana*: Alberdi, Sarmiento y las ideas políticas de su tiempo. Buenos Aires: Edhasa, 2013; NEGRETTO, Gabriel L. Repensando el republicanismo liberal en América Latina. Alberdi y la Constitución argentina de 1853. *In*: RIVERA, José Antonio Aguilar; ROJAS, Rafael (org.). *El republicanismo en Hispanoamérica*: ensayos de historia intelectual y política. México: Fondo de Cultura Económica, 2002. p. 210-243.

[911] CHIARAMONTE, *op. cit.*, p. 14.

[912] *Ibid.*

Conferencias, Ramírez tratou, de forma diluída entre elas, das relações entre o Direito Administrativo e o Constitucional, áreas vistas por ele como complementares[913]. Aqui, o jurista oriental fez tal menção ao intelectual argentino ao tratar sobre a necessidade dos variados níveis de poder dentro de uma República, como os ministérios e tribunais, proporcionada pelas elaborações constitucionais e visando a uma descentralização político-administrativa[914]. Desse modo, "não se contentam as constituições em se fixar a criação dos poderes e os vínculos que esses reconhecem entre si: detalham suas hierarquias diversas e determinam o modo de estender sua influência a todos os pontos da organização social"[915].

De qualquer modo, mesmo tendo mencionado o publicista argentino somente em uma passagem de suas aulas publicadas, podemos perceber o compartilhamento de ideias em relação ao federalismo. Sobre tal organização política, o jurista oriental afirmou que seria possível estabelecer um equilíbrio entre a liberdade ou soberania dos Estados com a da União:

> [...] o ideal flutua entre os polos dessas duas soberanias sobrepostas e heterogeneamente combinadas. A soberania dos Estados pode estender seu raio de ação sem produzir o desequilíbrio do sistema, porque pressupõe sempre o centro moderador da soberania da União, e a soberania da União pode robustecer sua força centralizadora porque pressupõe sempre a ação independente da soberania dos Estados. [...] O povo, que não podendo amoldar-se a toda a organização federal, imite somente a organização da soberania dos Estados, cairá, sem dúvida alguma, na anarquia, como se imitasse somente a organização da soberania da União iria [...] ao despotismo, porque em ambos os casos haveria quebrado o equilíbrio do sistema, sacrificando a unidade à variedade ou a variedade à unidade, produzindo a dissolução com a aniquilação da força [...], fazendo impossível sua nacionalidade ou sua liberdade.[916]

---

[913] RAMÍREZ, Carlos María. Conferencias de Derecho Constitucional. Cuarta Conferencia. Relaciones del Derecho Constitucional con otras ciencias. *La Bandera Radical*: Revista Semanal de Intereses Generales, año 1, n. 17, 21 mayo 1871. p. 192-193.

[914] *Ibid.*

[915] *Ibid.*, p. 193.

[916] RAMÍREZ, Carlos María. Conferencias de Derecho Constitucional. Segunda Conferencia. Consideraciones generales sobre la naturaleza y el actual estado de la ciencia – La América del Norte. *La Bandera Radical*: Revista Semanal de Intereses Generales, año 1, n. 14, 30 abr. 1871. p. 79.

Por outro lado, a respeito do federalismo artiguista, embora Ramírez não tenha mencionado o nome do próprio Artigas, em suas conferências, podemos perceber algumas semelhanças com o que pensava o prócer da independência em relação à Espanha no que tange a essa temática. O "herói" histórico, por meio de suas *Instrucciones de 1813*, buscou estabelecer as bases para o federalismo que defendia, em termos de soberania e autonomia para as províncias que então comporiam a Província Oriental[917]. No entanto, mesmo que haja a semelhança com o projeto constitucional de Artigas da primeira fase da independência uruguaia, nesse ponto específico sobre a defesa do federalismo, acreditamos não ser possível definir as propostas do professor da UDELAR como "coletivista"[918]. As propostas de Ramírez, de fato, continham elementos a respeito da virtude cidadã republicana e a própria apologia da já referida descentralização política, mas, pelo que podemos perceber, mesclava-se consideravelmente com elementos liberais, como as expressões sobre as "liberdades"[919], como ainda veremos.

Assim como Artigas e Alberdi, que também se inspiraram nas ideias federalistas estadunidenses[920], Ramírez buscou propor uma autonomia para os departamentos uruguaios, o que não constava na Constituição de 1830, conforme pudemos perceber. Em outra ocasião em que tratou da relação entre o Direito Constitucional e o Direito Administrativo, explicou como deveria ser o vínculo entre o bom funcionamento de um governo e a organização social de um país, também por meio de uma linguagem política "organicista"[921]. Ou seja, a relação entre o centralismo, a "saúde do corpo" para o "equilíbrio das forças vitais":

---

[917] CHIARAMONTE, José Carlos. Províncias ou estados? As origens do federalismo platino. *Cadernos do Programa de Pós-graduação em Direito PPGDir/UFRGS*, Porto Alegre, v. 17, n. 1, p. 73-114, 2016.

[918] De acordo com a denominação de Roberto Gargarella ao modelo constitucional artiguista, conforme já vimos. De qualquer modo, novamente ver: GARGARELLA, R. El constitucionalismo en Sudamérica (1810-1860). *Precedente*: Revista Jurídica, n. -, p. 51-82, 16 dic. 2006.

[919] Javier Gallardo já havia identificado a coexistência de elementos liberais e republicanos nos escritos de outros intelectuais *principistas*, inclusive em parte das *Conferencias* de Ramírez. No entanto, seu estudo não enfatiza a trajetória propriamente dita desse intelectual, abrangendo, na verdade, as ideias mobilizadas por vários outros escritores uruguaios da segunda metade do século XIX. Além disso, Gallardo não se aprofunda na análise especificamente sobre o federalismo proposto por Ramírez, que é o que buscamos fazer neste capítulo 3, nem sobre outros pontos da atuação do professor da UDELAR que abordamos em nosso livro. Ver: GALLARDO, Javier. Las ideas republicanas en los orígenes de la democracia uruguaya. *Araucaria*: Revista Iberoamericana de Filosofía, Política y Humanidades, v. 5, n. 9, p. 3-44, 2003.

[920] *Ibid.*

[921] Conforme nosso diálogo com: PALTI, Elías José. *El tiempo de la política*: el siglo XIX reconsiderado. Buenos Aires: Siglo XXI Editores, 2007a.

> Preciso, agora, expor a razão das relações entre o direito constitucional e o direito administrativo [...]? [...] os grandes exemplos da história nos servirão frequentemente para corroborá-la. [...] O indivíduo, com todos os seus direitos *em potência*, e o povo, com toda a sua soberania *delegada*, não podem menos de sentir-se débeis e flexíveis ante essa organização que, por todas as partes os rodeia, domina-os e os corrompe. "Com a boa centralização, dizia Lammenais aos políticos franceses, tens a apologia no centro e a paralisia nas extremidades." E bem, senhores, vós sabeis que a liberdade, quero dizer o bom governo dos povos, necessita como a boa saúde do corpo, o equilíbrio das forças vitais.[922]

Sobre as mesmas relações, buscou dar um exemplo "prático", utilizando os conceitos de "soberania do povo", "movimento", "energia" etc. enquanto linguagens que expressavam um ataque ao centralismo, fosse ele adotado em uma monarquia, fosse em uma República:

> Praticamente falando, o princípio gerador de todos os direitos do homem e da soberania do povo, é a força da personalidade individual, sua atividade, seu movimento, sua energia, seu espírito de resistência e seu espírito de iniciativa. Uma administração que *queira e possa* fazê-lo, ao diminuir e abater a personalidade do indivíduo, é o inimigo mais declarado e mais temível que pode levantar-se contra os direitos do homem e a soberania do povo, porque ataca esses direitos e essa soberania, na mesma fonte de sua vida, nos elementos constitutivos de sua força. Pelo contrário, uma administração moderada, sabiamente dividida, sabiamente calculada para fomentar o exercício das faculdades pessoais, para estimular o desenvolvimento das atitudes nativas, para fortificar o princípio da individualidade humana e suas agregações naturais, é a escola mais eficaz e mais completa na qual o povo pode adquirir a consciência ativa das imunidades cujo gozo constitui o gozo da inteira posse e realização de seus destinos.[923]

Mas essas linguagens e esses conceitos políticos também nos remetem, mais uma vez, às imagens das práticas corporais, de cunho "organicista", conforme vimos no capítulo 2, valendo-nos de nosso diálogo com Pierre

---

[922] RAMÍREZ, Carlos María. Conferencias de Derecho Constitucional. Cuarta Conferencia. Relaciones del Derecho Constitucional con otras ciencias. *La Bandera Radical*: Revista Semanal de Intereses Generales, año 1, n. 17, 21 mayo 1871. p. 193, grifos e aspas do autor.

[923] *Ibid.*, 193-194, grifos do autor.

Ansart[924] e Elias Palti[925]. Por outro lado, conduz nossa compreensão para a possibilidade de tais termos igualmente conotarem uma percepção temporal em direção ao futuro, ao "progresso", própria da modernidade, com as proposições de Koselleck[926].

De qualquer modo, estamos diante de uma tensão entre temporalidades marcadas por linguagens políticas relacionadas a dois tipos de estruturação do poder: as que remetiam ao centralismo, de caráter mais monárquico, unitário e "organicista", e as mais ligadas ao liberalismo, caracterizadas por um "atomismo" e autonomia das partes. E os usos linguísticos feitos por Ramírez são complexos. Por um lado, quando buscava defender a "boa saúde do corpo", referia-se ao todo unitário da União, mobilizando alguns componentes próprios do centralismo da "tradição" monárquica. No entanto, por outro lado, também entendia como fundamental que as partes tivessem suas próprias liberdades, sua autonomia, ou seja, componentes político-intelectuais convencionalmente relacionados ao advento da modernidade do fim do século XVIII em diante[927].

E a sua defesa acerca da adoção do federalismo pela Constituição de 1830 estava ligada, a nosso ver, com tais usos linguísticos e tensões entre as referidas temporalidades. Como um defensor dessa forma de organização política ao molde estadunidense, tratou da descentralização em detrimento desse ainda centralismo oriental, discorrendo sobre o modo de organização institucional dos níveis de poder no Uruguai. Conforme concebia, o desenho institucional da República Oriental assemelhava-se a uma hierarquia rígida, "simples e uniforme" como a militar, mas, por isso, prejudicial à liberdade das partes desse todo:

> [...] nossa hierarquia administrativa é simples e uniforme como uma hierarquia militar, e isso é precisamente o que fazendo-a muito apta para a disciplina, a faz ao mesmo tempo, muito inapta para o espírito da liberdade. O Poder Executivo elege

---

[924] ANSART, Pierre. *A gestão das paixões políticas*. Tradução de Jacy Seixas. Curitiba: Ed. UFPR, 2019. p. 70.

[925] PALTI, Elías J. *El tiempo de la política*: el siglo XIX reconsiderado. 1ª ed. Buenos Aires: Siglo XXI Editores, 2007. p. 171-178.

[926] KOSELLECK, Reinhart. *Histórias de conceitos*: estudos sobre a semântica e a pragmática da linguagem política e social. Tradução de Markus Hediger. Rio de Janeiro: Contraponto, 2020.

[927] Para uma discussão mais aprofundada a respeito das tensões e da coexistência temporais entre esses componentes da tradição e da modernidade, além de como os elementos linguísticos e conceituais "modernos" podem irromper de dentro da própria tradição, ver: PALTI, Elías José. *El tiempo de la política*: el siglo XIX reconsiderado. Buenos Aires: Siglo XXI Editores, 2007a.

os Chefes Políticos dos Departamentos[928] e os Chefes Políticos elegem os seus tenentes, hoje chamados Comissários.[929] [...] As Juntas Econômicas não gozam de existência própria; a Constituição teve o bom cuidado de dizer que *são cargos puramente consultivos*, e fixou a formação de seus regulamentos ao Poder Executivo. Mais adiante, chegou a estabelecer-se a teoria de que se o povo as elege, pode o Poder Executivo destituí-las. Assim, o último refúgio da descentralização se desvanece, e a ordem administrativa não se diferencia em nada da ordem de um quartel... ou de um convento... Bem sabeis, senhores, que o militarismo e o monarquismo são, entre todas as instituições inventadas até hoje, as que anulam e destroem o ressorte da liberdade, da independência, da personalidade humana.[930]

Desse modo, para Ramírez, era necessário defender a "a prática civilizadora e progressista da vida municipal e da vida departamental independentes!"[931], enfatizando, mais uma vez, a defesa implícita do federalismo e da autonomia dos departamentos e dos municípios em detrimento do despotismo, ideias inscritas numa lógica contrária ao centralismo monarquista. No entanto, o jurista oriental não se limitou a tratar sobre a autonomia dos entes internos uruguaios, mas também a respeito da soberania nacional que os Estados-nacionais deveriam ter uns em relação aos outros. Estabeleceu uma relação considerável entre o Direito Constitucional e o até então denominado Direito de Gentes[932], suas interfaces com o respeito à autonomia e à soberania entre as nações e sua crítica à aristocracia e à monarquia enquanto formas de governo responsáveis pela desigualdade e exploração entre os povos:

Ao meu juízo, esse fenômeno se explica plenamente pelos restos de organização monárquica e feudal, que o cataclisma da revolução francesa não alcançou desterrar do velho mundo. Como não compreender que a aristocracia, a aristocracia que é a desigualdade, o privilégio e o antagonismo entre as diversas classes de um Estado, produz necessariamente

---

[928] Lembremos que os chefes políticos departamentais, no Uruguai, seriam equivalentes, *grosso modo*, aos atuais governadores estaduais ou de província, a depender, evidentemente, de cada país.

[929] Trazendo para os dias de hoje, os comissários corresponderiam aos secretários estaduais.

[930] RAMÍREZ, Carlos María. Conferencias de Derecho Constitucional. Cuarta Conferencia. Relaciones del Derecho Constitucional con otras ciencias. *La Bandera Radical*: Revista Semanal de Intereses Generales, año 1, n. 17, 21 mayo 1871. p. 194, grifos do autor.

[931] *Ibid.*, p. 195.

[932] Algo como o Direito Internacional atual e conforme já indicamos no início deste capítulo 3, com base em nosso diálogo com a bibliografia pertinente.

> a rivalidade, a hostilidade e a injustiça entre os diversos Estados de um continente? Porque vivem como irmãos no gozo dos iguais direitos e de iguais bens os filhos de um mesmo povo, onde encontrarão os povos o princípio que os determine a reconhecer essa igualdade nos estranhos? E como não compreender, também, que a monarquia, que é a usurpação do poder, o desconhecimento da soberania no interior de um Estado, conduz inevitavelmente à conquista, que é a usurpação do poder, o desconhecimento da soberania em outro Estado. Porque se um povo não elevou à consciência dos atributos de sua personalidade, onde encontrará a base do respeito aos atributos da personalidade de outro povo?[933]

Sobre essas relações entre as disciplinas do Direito Constitucional e do Direito de Gentes, Maria Medianeira Padoin defende que este último não somente se constituiu em base teórica para a relação entre as nações no plano internacional, mas também em fundamento do federalismo na região do Rio da Prata. Tratando mais especificamente sobre a Revolução Farroupilha e as fontes político-intelectuais de Bento Gonçalves — em especial, o jurista e filósofo suíço Emer de Vattel —, em meio ao referido processo histórico, a autora argumenta que tal disciplina do Direito esteve relacionada com a defesa da autonomia provincial e com o federalismo. Ainda segundo Padoin, Bento Gonçalves teria realizado uma reapropriação das ideias jurídicas de Vattel, de modo a inseri-las na realidade brasileira da primeira metade do Oitocentos[934].

Nesse sentido, em uma referência implícita ao Império do Brasil — devido às interferências que ainda empreendia no Estado uruguaio de então —, a nosso ver, Ramírez concebeu que havia uma total incompatibilidade entre monarquia com o Direito de Gentes e a "verdadeira democracia":

> Nas nações onde a aristocracia e a monarquia imperam, a rigor de lógica, o direito de gentes deve encontrar-se separado de seus princípios naturais, e ser, por conseguinte, inadequado para determinar as relações dos povos onde a verdadeira democracia levantou seu estandarte. Chamo verdadeira democracia o governo do povo pelo povo na consagração completa dos direitos do homem [...].[935]

---

[933] RAMÍREZ, Carlos María. Conferencias de Derecho Constitucional. Quinta Conferencia. Relaciones del Derecho Constitucional con otras ciencias (continuación). *La Bandera Radical*: Revista Semanal de Intereses Generales, año 1, n. 19, 4 jun. 1871. p. 263-264.

[934] PADOIN, Maria Medianeira. O "direito natural e das gentes" e o federalismo no processo de independência na América. *Anos 90*, Porto Alegre, v. 20, n. 37, p. 115-136, jul. 2013.

[935] RAMÍREZ, 1871, *op. cit.*, p. 264.

Defende, assim como exemplificado pela afirmação sobre a existência da virtude e a respeito da organização federal e republicana dos EUA, a formação e ação de uma classe média[936], que, por meio da "igualdade" e da "liberdade", fosse capaz de, literalmente, mediar a relação entre os "opulentos" (ricos) e os trabalhadores em prol da ordem pública e institucional[937]. Desse modo, para o jurista oriental, o "equilíbrio" e a descentralização políticos seriam alcançados, e, consequentemente, também a soberania do todo e das partes decorrente desse processo.

3.2.3 A sociabilidade do indivíduo e os princípios da "simpatia" e "associação"

Outro ponto muito recorrente nas conferências de Ramírez foi sua intenção em explicar a necessidade, e a "naturalidade", do estado social e da sociabilidade do homem, elementos dos quais, em sua visão, os críticos de Rousseau (em seu *Contrato Social*, a respeito da ideia do homem isolado) não trataram[938]. Mais uma vez, utilizou o princípio da "simpatia" como norte dessa necessidade e naturalidade, e, também, como fenômeno para a organização social do indivíduo[939]. Esse ponto nos remete ao que já tratamos em nosso capítulo 2, a respeito desse termo inicialmente mobilizado por Stuart Mill em sua obra *Representative government*, o qual Ramírez também mencionou pelas páginas de *La Bandera Radical*. No entanto, a mobilização dessa linguagem política foi feita, por parte do professor da UDELAR, em outros escritos do periódico, os quais julgamos mais informais e caracterizados pela união entre a teoria política e uma linguagem mais sentimental, visando ser mais acessível aos leitores.

Nesse sentido, recorremos, mais uma vez, ao que afirma Pilar González Bernaldo a respeito do conceito de sociabilidade. A historiadora argentina entende a sociabilidade sob duas vertentes que se interconectam de forma frutífera: da "história das mentalidades", que concebe a sociabilidade como

---

[936] Quando defendeu a necessidade da formação de uma "classe média", Ramírez não se utilizou de referenciais político-intelectuais específicos das áreas da economia ou da sociologia para argumentar em prol dessa ideia. Tampouco especificou o que entendia necessariamente por "classe".

[937] RAMÍREZ, Carlos María. Conferencias de Derecho Constitucional. Quinta Conferencia. Relaciones del Derecho Constitucional con otras ciencias (continuación). *La Bandera Radical*: Revista Semanal de Intereses Generales, año 1, n. 19, 4 jun. 1871. p. 269-270.

[938] RAMÍREZ, Carlos María. Conferencias de Derecho Constitucional. Séptima conferencia. Organización social – Origen del estado de sociedad. *La Bandera Radical*: Revista Semanal de Intereses Generales, año 1, n. 22, 25 jun. 1871. p. 389-395.

[939] *Ibid.*, p. 393.

uma "característica da vida coletiva"; por outro lado, a sociabilidade também estaria ligada a um viés mais filosófico, legatário do pensamento dito iluminista, o qual a enxerga como "virtude do homem em sociedade, uma virtude pública, republicana. Dessa segunda acepção, nasce a ideia da relação que, para esses homens, existia entre a sociabilidade e a definição da comunidade política de pertença"[940].

Essa vertente mais filosófica foi mobilizada por intelectuais latino--americanos oitocentistas como Sarmiento, por exemplo, que, por meio de tais princípios, expressaram os "novos valores e códigos de conduta que definem a pertença à coletividade"[941]. De modo mais específico, como tais pressupostos estariam ligados "com o processo de construção de uma nova nação"[942]. Como já vimos no capítulo 1, Ramírez teve esse intelectual argentino como sua inspiração de "ilustrado" e homem público.

E, aqui, ao tratar mais especificamente sobre o Direito Constitucional em termos de doutrinas político-filosóficas e sociológicas nas aulas de tal disciplina, percebemos que Ramírez não perdeu de vista aquela linguagem que se intencionou ser mais acessível, a fim de sensibilizar tanto os seus alunos universitários quanto os leitores de *La Bandera Radical*:

> Tal é o princípio verdadeiro da sociedade. Tudo o que é, ao mesmo tempo, natural e moral é necessário, e o estado social não se exime dessa lei. Diferentemente de algumas paixões morais, as quais deve incitar-se o homem, como, por exemplo, a caridade quando impõe algum sacrifício, a simpatia é constante, durável, eterna em seu coração; não é o entusiasmo de um momento, e isso constitui a garantia de que o estado social se formou e se mantém necessariamente, independentemente de uma convenção [...] de certo que nunca produzirão os que preconizam e a invocam.[943]

Sobre o termo "simpatia" utilizado por Ramírez, tomado "emprestado" de Stuart Mill, reiteramos: o publicista oriental não o utilizava de forma despretensiosa, mas sim enquanto uma forma de reforçar, por meio do uso

---

[940] GONZÁLEZ BERNALDO, Pilar. Pedagogía societaria y aprendizaje de la nación en el Río de la Plata. *In*: ANNINO, Antonio; XAVIER GUERRA, François (org.). *Inventando la nación*: Iberoamérica, siglo XIX. México: Fondo de Cultura Económica, 2003. p. 567.

[941] *Ibid.*, p. 568.

[942] *Ibid.*

[943] RAMÍREZ, Carlos María. Conferencias de Derecho Constitucional. Séptima conferencia. Organización social – Origen del estado de sociedad. *La Bandera Radical*: Revista Semanal de Intereses Generales, año 1, n. 22, 25 jun. 1871. p. 394.

de uma linguagem que conotava um sentimento, a sua proposta de unidade nacional. Essa união, reforçamos, seria sustentada por uma sociabilidade harmônica, "natural", do indivíduo em sociedade. Desse modo, entendemos que o ato de publicá-las extrapolava o conteúdo propriamente jurídico e acadêmico, e buscava alcançar as paixões políticas tanto de seus alunos quanto do público em geral, em relação à defesa de uma ordem constitucional e sociabilidade renovadas. Assim, também recorreu, tanto explícita quanto implicitamente, a outros filósofos políticos "clássicos" para embasar seus argumentos, tais como Thomas Hobbes, seu "estado de guerra", e à dicotomia "simpatia"/ "antipatia":

> Toda guerra tem, por causa, uma diferença de raça, de religião, de governo ou de costumes. Os combatentes não veem, no campo inimigo, senão indivíduos diferentes deles mesmos e não homens semelhantes seus. Desde já o fato da guerra se explica por si mesmo. A simpatia repousa sobre o sentimento da identidade de uma natureza com a de meus semelhantes; naturalmente cessa ou decresce se a observação ou a preocupação me revela uma diferença. O homem se ama a si mesmo antes de tudo – é o princípio de sua conservação; o amor de si mesmo produz o amor do próximo. Mas quando o homem descobre ou supõe em outro paixões que devem prejudicar o livre desenvolvimento de sua natureza, o amor de si mesmo prevalece, a simpatia cessa e o estado de guerra é iminente.[944]

Desse modo, se era uma necessidade do homem viver em sociedade e não havia a possibilidade de algo diferente disso, então o "princípio da associação" também seria, para Ramírez, natural do indivíduo[945]. E isso nos remete, inevitavelmente, à menção feita por ele, em outros momentos, ao "princípio da associação", inspirado nos ditos do manifesto *Creencia*, elaborado pelos expoentes da Geração de 37, conforme já vimos no capítulo 1. O que depreendemos de mais essa passagem na qual menciona tais ideias é a intenção de reiterar, em termos sociológicos e filosóficos, o papel das associações para a vida coletiva, para a sustentação do Estado nacional-republicano. Assim, o jurista uruguaio buscou, na relação entre os fins e os meios, proposta por Montesquieu, uma das bases teóricas para isso:

---

[944] RAMÍREZ, Carlos María. Conferencias de Derecho Constitucional. Séptima conferencia. Organización social – Origen del estado de sociedad. *La Bandera Radical*: Revista Semanal de Intereses Generales, año 1, n. 22, 25 jun. 1871. p. 394-395.

[945] RAMÍREZ, Carlos María. Conferencias de Derecho Constitucional. Octava conferencia. Nociones generales sobre el individuo y el Estado. *La Bandera Radical*: Revista Semanal de Intereses Generales, año 1, n. 24, 9 jul. 1871. p. 481.

> Esta relação entre o fim e os meios constitui a lei imutável dos seres, como o compreendia Montesquieu quando dizia que as leis são as relações necessárias que derivam da natureza das coisas, desde que na natureza das coisas não pode encontrar-se algo que não seja um fim ou um meio de realizar esse fim.[946]

Essa relação entre os fins e os meios expressava, para Ramírez, que o homem agia em prol de leis, as quais regeriam suas ações de modo ativo, assim como os átomos nas Ciências Físicas, as quais, em sua visão, poderiam ser comparadas às Ciências Morais e Políticas, base do Direito Constitucional para ele:

> Tal é o princípio que serve de base a todas as ciências físicas; na natureza material, não se reconhece que haja um átomo sem destino ou sem função. Sem sujeição à lei alguma; não cabe o inútil na suprema ordenação do Universo. Rege o mesmo princípio as ciências morais e políticas, com a diferença, entretanto, de que os seres materiais, não tendo a consciência de seus fins, nem o discernimento de seus meios, cumprem cegamente as leis de sua natureza, enquanto o homem, que é um ser inteligente e livre, que pode conhecer seus fins e eleger os meios de realizá-lo, assume a responsabilidade de seu destino, sendo o mesmo o encarregado de cumprir sua lei. Está aqui o caráter especial de todos os feitos morais. Essa diferença é essencial.[947]

Utilizando-se do paradigma[948] racional das ciências exatas de então, regidas por "leis naturais" previsíveis, Ramírez entendia que, em termos de organização político-social, deveria ocorrer o mesmo. Tais usos linguísticos nos remetem ao que argumenta Elías Palti em relação às tensões estabelecidas entre o liberalismo iluminista (atomista) e o neoescolasticismo (organicista), quanto às mudanças conceituais e intelectuais contidas entre tais termos ao longo do tempo. Isso, segundo o autor, indicaria a coexistência de temporalidades diversas:

> A *lei natural* que agora se invocará já não será, pois, aquela genérica humana do neoescolasticismo (que também compar-

---

[946] RAMÍREZ, Carlos María. Conferencias de Derecho Constitucional. Octava conferencia. Nociones generales sobre el individuo y el Estado. *La Bandera Radical*: Revista Semanal de Intereses Generales, año 1, n. 24, 9 jul. 1871.

[947] *Ibid.*

[948] Aqui, utilizamos o conceito de paradigma segundo o que propôs Thomas Kuhn: "Considero 'paradigmas' as realizações científicas universalmente reconhecidas que, durante algum tempo, fornecem problemas e soluções modelares para uma comunidade de praticantes de uma ciência. Quando esta peça do meu quebra-cabeça encaixou no seu lugar, um esboço preliminar deste ensaio emergiu rapidamente" KUHN, Thomas. *A estrutura das revoluções científicas*. 5. ed. São Paulo: Perspectiva, 1998. p. 13, aspas do autor.

tilhava o primeiro liberalismo, fazendo autocontraditório o postulado da preexistência da nação), mas sim remeterá àquele *plano de formação* específico a cada organismo particular.[949]

Desse modo, assim como não haveria a possibilidade de os átomos, em Física, estarem dispostos sem uma lei que os regesse e evitasse a aleatoriedade que levaria ao caos, o mesmo servia para o indivíduo em sociedade, ainda mais um indivíduo dotado de consciência de seus atos. Nesse sentido, o "inútil" não tinha espaço nessa lógica político-social, o que nos faz recordar da defesa do "homem de trabalho", sobre o qual tratamos no capítulo 2 e que, a nosso ver, estaria relacionado com o sentido de trabalho público, político e coletivo. Tais elementos, colocados por Ramírez, inevitavelmente nos remetem às diferenças de caráter antropológico entre o liberalismo e o republicanismo colocadas por Gerardo Caetano em diálogo com Oscar Sarlo:

> Em relação aos seus pressupostos antropológicos, os liberais concebem a sociedade como um agregado de indivíduos, o qual dá lugar a uma concepção "atomista" ou "individualista". Enquanto isso, para os republicanos, o fenômeno social é visto fundamentalmente como "povo", mas não entendendo este como uma simples reunião de pessoas congregadas de forma aleatória e arbitrária, *mas sim como um corpo ordenado e regulado sob as garantias das leis, com um objetivo comum de utilidade pública.*[950]

A sugestão teórica de Sarlo e Caetano a respeito da diferença mencionada anteriormente entre os valores próprios de liberais e republicanos conduz-nos a considerar que as propostas de Ramírez contidas em suas Conferências de Direito Constitucional publicadas se aproximam de uma conduta republicana a respeito do tipo de sociabilidade política que defendia. Embora contivesse linguagens políticas próprias de vertentes liberais, seu objetivo era o de reiterar uma finalidade que prezasse o viés republicano das formas de organização político-social. E não somente enquanto um sistema de governo propriamente dito, mas também nos costumes e práti-

---

[949] PALTI, Elías José. *El tiempo de la política*: el siglo XIX reconsiderado. Buenos Aires: Siglo XXI Editores, 2007a. p. 156, grifos do autor.

[950] SARLO, Oscar. Derechos, deberes y garantías en la Constitución uruguaya: un análisis de filosofía política y epistemología del derecho. *In*: VAZQUEZ, María Cristina (ed.). *Estudios jurídicos en homenaje al profesor Juan Pablo Cajarville Peluffo*. Montevideo: Fundación de Cultura Universitaria, 2011. p. 1.069-1.099 apud CAETANO, Gerardo. El "impulso republicano" del Uruguay del 900: la reforma política del "primer batllismo" (1890-1930). *Varia Historia*, Belo Horizonte, v. 37, n. 73, p. 217-250, jan./abr. 2021. p. 220-221, grifos nossos, aspas do autor. Disponível em: https://www.scielo.br/j/vh/a/r4WhkbJKfPx4FSXp7FWVf8M/?format=pdf&lang=es. Acesso em: 23 jun. 2022.

cas a serem exercidos em relação aos demais indivíduos que compunham a nação oriental e sustentados por princípios constitucionais.

Além disso, considerando tais ideias do jurista oriental, se o homem vivia necessariamente em sociedade, então a sociedade não deveria contradizer a natureza do indivíduo, sendo aquela, dessa forma, o estado responsável pela garantia da conservação da essência humana:

> Se o homem vive necessariamente em sociedade, devemos deduzir que a sociedade é o estado necessário para a conservação e desenvolvimento da natureza humana, que os fins não podem ser distintos dos fins individuais e que, descobrindo as leis da natureza humana, descobriremos as leis da sociedade.[951]

Como uma via de mão dupla, a sociedade também não poderia destruir ou comprometer a liberdade do indivíduo de nenhuma forma, o que explicita mais o argumento na defesa dos direitos individuais: "a sociedade tampouco pode ter, como fim, destruir nem contrariar a liberdade, mas sim conservá-la e desenvolvê-la em harmonia com a lei universal da criação"[952]. Desse modo, o que percebemos, nesse tópico, é que Ramírez intencionou realizar essa interdisciplinaridade entre o Direito Constitucional com outras áreas do curso que ministrava, tais como Direito de Gentes e Direito Administrativo, de modo a expressar publicamente as interfaces que proporcionavam a relação entre o todo e as partes da nação. Nesse sentido, a relação entre a ideia do Estado enquanto União; e das partes como departamentos uruguaios, inscritas na mobilização do conceito de federalismo, além das relações entre o indivíduo e a sociedade, constituía a síntese de tais pressupostos na esfera pública. Em outras palavras, fundamentou, por diversos referenciais político-intelectuais, as discussões que propôs publicamente a respeito da centralização e da descentralização do poder na reconstrução nacional e em prol da ideia de uma nova Constituição.

3.2.4 Liberdade civil, o conceito de Estado e o "bom governo"

No que tange à questão dos direitos individuais, na relação entre indivíduo e o todo social, Ramírez realizou um caminho consideravelmente

---

[951] RAMÍREZ, Carlos María. Conferencias de Derecho Constitucional. Octava conferencia. Nociones generales sobre el individuo y el Estado. *La Bandera Radical*: Revista Semanal de Intereses Generales, año 1, n. 24, 9 jul. 1871. p. 483.

[952] *Ibid.*, p. 484.

lógico, argumento por argumento, até chegar à conclusão de que todo o anterior resultaria nas definições de "direitos individuais" e "liberdade civil", ambos inscritos no Direito Constitucional. Ou seja, enquanto componentes essenciais dessa área jurídico-política:

> [...] estas diversas direções que tomam as faculdades humanas, em cumprimento dos destinos humanos, – esses diversos fins que põem em movimento a atividade do homem, são o que a ciência constitucional chama DIREITOS INDIVIDUAIS, e o gozo assegurado desses direitos é o que a ciência constitucional chama de LIBERDADE CIVIL. Os direitos individuais constituem, pois, um atributo primordial da personalidade humana, o mais sagrado patrimônio dos indivíduos; logo, o homem não pode [...] buscar a sociedade para abdicar desse atributo, para dilapidar esse patrimônio; a sociedade não pode ser senão um estado, no qual o homem obtenha a mais ampla consagração de seus atributos, a mais segura posse de seus patrimônios, e a liberdade civil é, assim, o primeiro dos fins sociais, como o indivíduo o primeiro dos elementos da organização social.[953]

Sobre tal relação político-sociológica entre o todo e as partes, indivíduo e sociedade, o publicista e professor de Direito fez um esforço de síntese e simplificação a respeito de tais elementos mais filosóficos e teóricos, de modo que seus alunos os compreendessem. Mas, a nosso ver, não realizou esse ato pedagógico pensando somente em seus discentes. Fê-lo também para que os leitores, da área jurídica ou não, cultos ou não, tivessem contato com tais argumentos jurídico-políticos da forma mais acessível possível. Um ato de mediação político-intelectual, em nossa perspectiva. Como ele mesmo defendeu, esse estudo e essa divulgação foram feitos "tão sucintamente como o permite a generalização das noções que me proponho a estabelecer", até de modo "improvisado", tendo-os, possivelmente, deixado uma impressão de "imperfeição inerente a essas improvisadas conferências"[954].

Mas, retornando ao exercício da "razão pública" a qual Ramírez intencionou praticar por meio da publicação de suas conferências, o jurista afirmou que a liberdade do indivíduo, ou o "direito individual", teria um limite, e que, após esse limite, havia a necessidade de se recorrer ao "direito

---

[953] RAMÍREZ, Carlos María. Conferencias de Derecho Constitucional. Octava conferencia. Nociones generales sobre el individuo y el Estado. *La Bandera Radical*: Revista Semanal de Intereses Generales, año 1, n. 24, 9 jul. 1871. p. 485, maiúsculas no original.

[954] *Ibid.*

social", ou seja, à autoridade do Poder Público. Esta era vista por ele como fator de moderação e "mediação" entre todos os indivíduos, o que evitaria uma "servidão recíproca" para os fortes e uma "servidão sem compensação" para os débeis na sociedade[955].

Além disso, seria responsável por fazer valer o respeito mútuo dos indivíduos no "uso de suas faculdades e o cumprimento de seus próprios fins, mas também fazer respeitar o uso das faculdades e cumprimento dos fins que lhe correspondam como autoridade ou poder público"[956]. Desse modo, pela intermediação do Poder Público e sua inerente autoridade legitimada, nasceriam os interesses comuns e coletivos, uma estabilidade político-social, ou seja, o "Estado" e a "Ordem", de fato, assegurados pelo Direito Constitucional:

> Vivendo a agregação de indivíduos sob uma mesma regra social, nasce irresistivelmente uma classe de interesses gerais e comuns, cuja proteção e fomento são frequentemente indispensáveis ao cumprimento dos fins individuais e sociais. [...] quando o esforço dos indivíduos se encontra impotente para satisfazer essas exigências da sociedade, – pode satisfazê-las, dentro de suas funções que lhe pertencem, a autoridade ou o poder público – a força coletiva que representa, em sua mais alta expressão, a harmonia desses fins individuais e sociais. Nesse novo círculo de atribuições, requer-se indispensavelmente que o esforço individual não seja capaz de exercitá-las por si só [...]. Assim, [...] a autoridade é um elemento tão indispensável como o indivíduo no seio da organização social. Incontrastável, eterna, universal, nasce e se perpetua na vida de toda a sociedade que subsiste sobre a face da terra. Essa permanência da autoridade com os diversos gêneros de relações fixas que produz, é o que a ciência constitucional chama de ESTADO, e o cumprimento da missão do Estado, como encarregado da harmonia recíproca entre o que conhecemos por direitos individuais e o que conhecemos por direito social, na ciência constitucional, chama-se ORDEM.[957]

Pelo que podemos perceber, Ramírez concebia a ideia, ou o conceito, de Estado como o fim último da relação harmônica entre o indivíduo e a

---

[955] RAMÍREZ, Carlos María. Conferencias de Derecho Constitucional. Octava conferencia. Nociones generales sobre el individuo y el Estado. *La Bandera Radical*: Revista Semanal de Intereses Generales, año 1, n. 24, 9 jul. 1871. p. 486.

[956] *Ibid.*, p. 487.

[957] *Ibid.*, p. 487-488, maiúsculas no original.

sociedade, além de ser o garantidor, por lei, da ordem pública mediante a autoridade legítima. Acreditamos que aqui caibam algumas considerações sobre a concepção desse termo em Ramírez. Ao que tudo indica, o autor utilizou, em suas conferências, o referido conceito enquanto uma complementaridade de significados históricos: o primeiro, relacionado à ideia de Estado enquanto instituição política, mobilizado durante o período de independência da Banda Oriental em relação à Espanha; o segundo, enquanto um pacto constitucional, já após estabelecida, de fato, a Constituição de 1830 e no período posterior a este processo[958].

Incluía, nessa associação, a ideia da "ordem", no sentido associado, a nosso ver, à estabilidade político-institucional que a nação republicana deveria ter na relação entre todos os indivíduos que a compusessem jurídica e constitucionalmente. Desse modo, na já referida complementaridade, o jurista oriental concebia uma harmonia entre o indivíduo e o Estado enquanto elementos que, se bem articulados, poderiam concorrer para o bem comum da nação. Em outras palavras, propunha uma intermediação entre a parte e o todo na conformação de uma organização política e social, em termos constitucionais e republicanos:

> O estudo da natureza humana nos deu os elementos constitutivos da sociedade – *o indivíduo e o Estado*, que não devem apresentar-se aos nossos olhos como entidades essencialmente inimigas, mas ao contrário, como forças igualmente necessárias ao bem-estar individual e à prosperidade comum. Sua finalidade nos demonstra a evidência de seu consórcio. O que é a ordem senão a liberdade coletiva da sociedade? O que é a liberdade senão a ordem realizada em cada um dos membros da sociedade?[959]

No entanto, Ramírez evidenciou um problema complexo de resolução não somente próprio de seu contexto e país: saber os limites da comunidade.

---

[958] Aqui, dialogamos com a análise histórica do conceito de Estado realizado por Ariadna Islas Buscasso no Uruguai, no período que compreende meados do século XVIII e termina no início do último quarto do XIX, mais especificamente entre 1750-1870. Ver: BUSCASSO, Ariadna Islas. Entre pactos: notas sobre el concepto de Estado entre la nación española y la república oriental (1750-1870). *In*: CAETANO, Gerardo (org.). *Historia conceptual*: voces y conceptos de la política oriental (1750-1870). Montevideo: EBO, 2013. p. 73-91. Ou seja, o recorte estabelecido pela historiadora uruguaia encerra-se praticamente no início do recorte temporal que propomos em nosso trabalho.

[959] RAMÍREZ, Carlos María. Conferencias de Derecho Constitucional. Octava conferencia. Nociones generales sobre el individuo y el Estado. *La Bandera Radical*: Revista Semanal de Intereses Generales, año 1, n. 24, 9 jul. 1871. p. 488, grifos do autor. Javier Gallardo também já havia chamado atenção para essa relação e tensão entre o indivíduo e o Estado em Ramírez, mas de modo não aprofundado. Ver: GALLARDO, Javier. Las ideas republicanas en los orígenes de la democracia uruguaya. *Araucaria*: Revista Iberoamericana de Filosofía, Política y Humanidades, v. 5, n. 9, p. 3-44, 2003. p. 14.

Ou seja, quais seriam as demarcações da liberdade e da ordem (por parte do Estado), de modo a se evitar, por um lado, o "despotismo" (a ditadura) e, por outro, a anarquia. Em relação a esse ponto, recorremos ao que argumenta Wilson González Demuro em relação às mudanças do conceito de liberdade no Uruguai do Oitocentos[960].

O autor argumenta que, após a independência do Uruguai em relação ao Império do Brasil pós-Guerra da Cisplatina, o conceito de liberdade esteve associado aos temores dos setores "doutorais" a respeito das "tradições licenciosas", as quais consistiam na possibilidade iminente de levantes caudilhistas contra o governo central estabelecido[961]. Assim, caudilhos políticos como Fructuoso Rivera, por exemplo, concebiam a liberdade enquanto possibilidade de burlar a Constituição recém-estabelecida, de modo a realizar tais investidas contra o poder da União[962].

Desse modo, percebemos que a ideia de liberdade em Ramírez, vinculada ao conceito de Estado nos escritos desse autor, consistia em prezar pela possibilidade de evitar tais "práticas licenciosas", as quais marcaram parte do século XIX uruguaio. Enfim, mostrava-se como algo caro a ele a indagação sobre formas de se estabelecer um equilíbrio capaz de proporcionar o "bom governo" em uma República, ou seja, o equilíbrio constitucional para que não houvesse risco dos extremos, visando, assim, à estabilidade política do Estado nacional:

> De fato, sempre que se sacrifica o indivíduo ao Estado, a liberdade à ordem, produz-se o *despotismo*, e sempre que se sacrifica o Estado ao indivíduo, a ordem à liberdade, produz-se a *anarquia*. – Despotismo e anarquia não são mais que distintas faces da completa subversão das leis que regem naturalmente as sociedades humanas. [...] Avançando no estudo dessas questões tão árduas, veremos, senhores, como a ciência constitucional aspira a organizar a sociedade, fundando a liberdade e a ordem, sem a reação violenta das revoluções, nem das ditaduras.[963]

---

[960] DEMURO, Wilson González. El concepto de libertad: un acercamiento a su evolución, desde el fin de la época colonial a la primera modernización estatal uruguaya. *In*: CAETANO, Gerardo (org.). *Historia conceptual*: voces y conceptos de la política oriental (1750-1870). Montevideo: EBO, 2013. p. 175-194.

[961] *Ibid.*, p. 183.

[962] *Ibid.*

[963] RAMÍREZ, Carlos María. Conferencias de Derecho Constitucional. Octava conferencia. Nociones generales sobre el individuo y el Estado. *La Bandera Radical*: Revista Semanal de Intereses Generales, año 1, n. 24, 9 jul. 1871. p. 489, grifos do autor.

Como podemos perceber, tais preocupações do constitucionalista uruguaio se assemelhavam às ideias contidas nas propostas que Alberdi havia expressado quase duas décadas antes na Argentina, assim como outros filósofos anteriores também haviam feito em outros países ao longo da história[964]. Retomando o que foi ensinado — e publicado — na conferência anterior, Ramírez iniciou a nona lição acrescentando o seguinte à concepção de "Estado" que havia começado a expressar anteriormente, entendendo-o como o "representante da unidade social" e garantidor desta:

> Com razão se disse que o Estado é o representante da unidade social; tendo, por missão orgânica, fazer com que os indivíduos se respeitem reciprocamente no uso de suas faculdades e no cumprimento de seus fins próprios, ao mesmo tempo em que fazer respeitar o uso das faculdades e o cumprimento dos fins que lhe correspondem como autoridade ou poder público [...] o Estado é a personalidade moral que mantém a vigência dos princípios da organização social a salvo das flutuações e oscilações em que a ação parcial dos cidadãos e a constante renovação dos homens coloca às sociedades políticas.[965]

Assim, para que a estabilidade política da nação republicana fosse mantida, era necessário que se pensasse e exercitasse, jurídica e politicamente, a inter-relação entre liberdade civil, a concepção de Estado proposta por ele — caracterizada pela conciliação entre indivíduo, a sociedade e o Poder Público, visando ao bem comum — e o ideal republicano do "bom governo". Esses elementos também permitiriam, para Ramírez, alcançar os pilares de uma ordem constitucional que sustentasse a nação uruguaia e proporcionasse novos horizontes políticos a ela.

3.2.5 O Direito Constitucional, o poder e a questão da soberania

Mas, afinal, se toda sociedade tem um poder, onde estaria esse poder? Na soberania do povo, conforme defendia Ramírez. Mas não de qualquer modo. Sobre tal conceito e sua história, Ramírez contrapôs vários filósofos políticos ao longo do tempo, desembocando, principalmente, no antagonismo entre os que sustentavam o monarca enquanto soberano até a reviravolta

---

[964] Sobre tais expressões político-intelectuais a respeito do "bom governo" republicano em Alberdi e em outros autores, ver: BOTANA, Natalio. *La tradición republicana*: Alberdi, Sarmiento y las ideas políticas de su tiempo. Buenos Aires: Edhasa, 2013.

[965] RAMÍREZ, Carlos María. Conferencias de Derecho Constitucional. Novena conferencia. La soberanía del pueblo. *La Bandera Radical*: Revista Semanal de Intereses Generales, año 1, n. 26, 23 jul. 1871. p. 54.

teórica estabelecida por Rousseau, no século XVIII. No entanto, o publicista e jurista oriental não era adepto a tudo o que propunha o pensador genebrino setecentista. Desse modo, afirmou, até mesmo, que tal conceito foi entendido pelo autor de *O contrato social* de forma a "convertê-lo nessa máquina de demolição e de transtornos", referindo-se aos "excessos" da Revolução Francesa, originários, segundo ele, das propostas do iluminista suíço[966].

Ramírez também o entendia como "o teórico da democracia terrorista", conforme expressou em algumas passagens de suas conferências publicadas, pois, ao que tudo indica, o intelectual uruguaio demonstrava conceber que as ideias do filósofo político suíço teriam necessariamente resultado na violência dos jacobinos durante a Revolução Francesa[967]. Por outro lado, o jurista uruguaio respeitava o pensamento rousseauniano. Aliás, dedicou boa parte de suas Conferências aos elementos teóricos de Rousseau, comentando-os em suas aulas, em um exercício intelectual caracterizado ora pelo endosso de alguns elementos, ora pela sua rejeição ao pensar a "soberania do povo". Desse modo, a "vontade geral" elaborada e defendida por Rousseau, assim como a soberania radicada no monarca, não era conveniente ou positiva na concepção do professor da Universidade de la República:

> Essa suprema direção da vontade geral é o que Rousseau chama de a soberania do povo, e já sabemos quais são as terríveis consequências que, desse sedutor paradoxo, soube deduzir o filósofo que a Revolução francesa invocava nos maiores extravios de sua carreira sangrenta e destruidora. A conclusão de Rousseau é a mesma conclusão de Hobbes. Para esse, a alienação total do indivíduo se faz em um homem; para aquele, essa alienação total se faz no povo. Hobbes legitimou a tirania dos reis, e Rousseau, a tirania das multidões.[968]

Discordando enfaticamente de Hobbes e do seu "direito da força"[969], Ramírez acreditava que o estado natural do homem não era a guerra enquanto regra, mas sim a paz, sendo a "autoridade" ou o "poder social" — o Direito

---

[966] RAMÍREZ, Carlos María. Conferencias de Derecho Constitucional. Novena conferencia. La soberanía del pueblo. *La Bandera Radical*: Revista Semanal de Intereses Generales, año 1, n. 26, 23 jul. 1871. p. 59.

[967] *Ibid.*

[968] *Ibid.*, p. 60.

[969] *Ibid.*, p. 99-101. Existem inúmeros trabalhos acerca do pensamento de Hobbes e da ideia do "estado de guerra" e da soberania, na qual estaria inscrita o que Ramírez denominou de "direito da força". No entanto, indicamos somente algumas dessas referências: DUTRA, Delamar José Volpato. A autoridade da lei e a força do direito: a natureza dos vínculos obrigacionais segundo Hobbes. *Philosophica*, Lisboa, n. 43, p. 7-31, 2014; SANTOS, Murilo Angeli dos. *O conceito de justiça em Thomas Hobbes e suas consequências jusfilosóficas*. Dissertação (Mestrado em Filosofia) – Universidade São Judas Tadeu, 2007; MIRANDA, Marcella. A teoria da soberania de Thomas Hobbes. *Revista 7 Mares*, n. 3, p. 128-144, out. 2013.

social — necessário para a manutenção desse estado pacífico entre os indivíduos. Nesse sentido, a ideia de soberania, em Ramírez, caracterizava-se pela rejeição aos elementos eclesiásticos e autoritários presentes na obra do filósofo inglês seiscentista[970]:

> O natural é o estado de paz; o que flui das necessidades humanas, é o estado de sociedade. As forças individuais buscam irresistivelmente esse estado, e não há razão lógica para o estabelecimento de um poder brutal cuja missão seja consecução precisa daquilo que está pela força das coisas ordenado. Essas forças individuais, livres e inteligentes como são, buscam em sociedade o gozo tranquilo de suas faculdades, o cumprimento regular de seu destino, e para assegurar a realização desses objetos, a autoridade, ou o poder social é necessário. Assim determinada sua origem, vê-se que o poder social, longe de seu o absoluto como supunha Hobbes, é essencialmente limitado, e sendo essencialmente limitado, não podem as forças individuais abdicá-lo por completo e sem retroversão possível em pessoa nem organização determinada, porque se o fizessem, despojar-se-iam dos meios indispensáveis para manter seus limites, e ficariam à mercê de uma força superior que, em vez de dar-lhes proteção, poderia aniquilá-las ao seu bel-prazer. Abdicar à soberania, é abdicar à liberdade que tem nela sua imprescindível salvaguarda, e a liberdade não se abdica, como não se abdica a natureza humana.[971]

Dessa forma, rejeitava, também, toda doutrina jurídico-político-filosófica que fosse simpática à ideia de que a soberania, o poder, residisse em um único indivíduo, atribuída a ele por Deus — o "direito divino" —, por meio do "embuste da consagração divina"[972], e a soberania radicaria, na verdade, na sociedade como um todo. Desse modo, percebemos, aqui, uma menção implícita à teoria política de Jacques Bossuet e Jean Bodin[973]. Desse modo, afastou qualquer possibilidade de o "direito divino", defendido por quem

---

[970] Assim como a respeito de outros teóricos mencionados por Ramírez em seus escritos, não nos deteremos no pensamento de Hobbes. Para uma leitura sobre o ideário desse filósofo político, ver o seu conhecido: HOBBES, Thomas. *Leviatã ou matéria, forma e poder de um Estado eclesiástico e civil*. Organização de Richard Tuck. Tradução de João Paulo Monteiro, Maria Beatriz Nizza da Silva, Claudia Berliner. São Paulo: Martins Fontes, 2003 (Clássicos Cambridge de Filosofia Política). Ver, também, as referências que indicamos na nota 969.

[971] RAMÍREZ, Carlos María. Conferencias de Derecho Constitucional. Novena conferencia. La soberanía del pueblo (conclusión). *La Bandera Radical*: Revista Semanal de Intereses Generales, año 1, n. 27, 30 jul. 1871. p. 100.

[972] *Ibid.*, 101.

[973] Para um estudo mais aprofundado a respeito da chamada "teoria do direito divino" nesses dois autores e em outros filósofos do período medieval e moderno, ver: LOPES, Marcos Antonio. O direito divino dos reis: para uma história da linguagem política no antigo regime. *Síntese Nova Fase*, v. 19. n. 57, p. 223-248, 1992.

fosse, ser inserido nas discussões político-filosóficas acerca da reconstrução e da reformulação constitucionais de uma nação republicana moderna:

> O transcurso do tempo não pode imobilizar a soberania em mãos dos que, por qualquer acidente, chegaram a exercê-la alguma vez. Se dirá que o transcurso do tempo é o selo da consagração divina? Essa intervenção de Deus no desenvolvimento dos negócios humanos é uma concepção teológica e sobrenatural que não pode introduzir-se seriamente em discussões filosóficas. Longe de ter relação direta entre a necessidade do Governo, como vínculo estável da organização social, e a não participação da vontade humana no estabelecimento do governo, deve-se mais dizer que, posto que o Governo é necessário à sociedade, corresponde à sociedade o estabelecimento do Governo. A família não pode subsistir sem autoridade paterna; mas não é qualquer um que pode revogar as funções dessa autoridade indispensável. A sociedade é, também, uma agregação de famílias, que não pode subsistir sem autoridade suprema, e é igualmente absurdo supor que qualquer um possa, com validade, chamar a si o exército dessa autoridade suprema. Pode-se dizer [...] que, sendo a sociedade um organismo divino, a existência de um poder como tudo o que é essencialmente necessário à existência de uma sociedade é instituição divina como a nova sociedade; mas Deus, razão primeira e fonte originária de todo poder, não comunicou a soberania de uma maneira permanente nem a uma pessoa, nem a uma família, nem a uma casa; não prescreveu aos homens nenhuma forma social particular; cada nação encontra em si mesmo o direito de organizar-se do modo mais conveniente para alcançar seus fins legítimos; a soberania vive, pois, no seio da sociedade que se forma; é a condição essencial de suas existências. [...] Não se prescreve a liberdade humana, logo não se prescreve a soberania social.[974]

É digno de nota, em nossa visão, que Ramírez, mais uma vez, recorreu à utilização da metáfora da família para tratar sobre esse tema, buscando amenizar a sua complexidade em prol da compreensão por parte da opinião pública. No entanto, diferentemente do que fez nas passagens que analisamos no capítulo 2, aqui se valeu de tal recurso linguístico para abordar sobre a organização social e a autoridade que deveria regê-la, tal como a autoridade

---

[974] RAMÍREZ, Carlos María. Conferencias de Derecho Constitucional. Novena conferencia. La soberanía del pueblo (conclusión). *La Bandera Radical*: Revista Semanal de Intereses Generales, año 1, n. 27, 30 jul. 1871. p. 101.

paterna de uma família comum. Assim, argumentou que a sociedade seria um "conjunto de famílias", as quais necessitavam de uma autoridade em nível maior que a do "pai de família".

Percebemos, desse modo, que a referida metáfora era usada, pelo publicista e professor de direito, como uma forma de tornar mais acessível o entendimento sobre um tema mais complexo, que era a constituição do Estado nacional, da distribuição do poder e da autoridade dentro da e em relação à sociedade. Assim, em nossa concepção, buscava, ao mesmo tempo, utilizar-se de conceitos políticos mais teóricos, mas também de elementos próprios da vivência comum da sociedade, de modo que tanto os seus alunos quanto o povo em geral compreendessem e se convencessem de suas propostas.

Retornemos às ideias políticas que Ramírez mobilizou em suas conferências. Se nem o "direito da força" de Hobbes, nem o direito divino de Bossuet seriam adequados para pensar e se estabelecer a soberania do povo — ou soberania social —, era preciso recorrer a filósofos cujos pensamentos poderiam ser mais aceitos ou "adaptados" à ideia da autonomia popular. Assim, entendia que Rousseau foi um desses filósofos, o qual concebera tanto a "imprescritibilidade" quanto a "inalienabilidade" da soberania, e esses foram elementos que o fizeram se aproximar do literato genebrino, ao que tudo indica. No entanto, sem defender suas ideias de modo acrítico, também apontou os "vícios" deste pensamento, segundo sua concepção:

> Refutando a teoria do direito da força, vimos que a soberania era *inalienável*; refutando a teoria do direito divino, vemos que a soberania é *imprescritível*; Jean-Jacques Rousseau sustentava, também, esses princípios; nunca a usurpação da soberania teve mais enérgico inimigo; nunca a soberania do povo teve mais entusiasta defensor. Qual é o vício que descobrimos, então, no sistema de Jean-Jacques Rousseau? Sabemos que o paradoxal filósofo, por ódio ao estado social em que a Europa de fins do século XVIII se encontrava, consagrou seu talento a ponderar as maravilhas do estado selvagem: como para invalidar peremptoriamente o título tradicional que a aristocracia, o rei e o clero invocavam em suas usurpações, fez de um pacto voluntário e arbitrário o fundamento de todo o edifício social; e como, para poder destruir com um golpe as iniquidades que os falsos soberanos haviam acumulado sobre a cabeça dos povos, deu ao verdadeiro soberano um poder tão ilimitado e absoluto como o poder que haviam exercido os reis. Aí está o vício fundamental da teoria de

> Jean-Jacques Rousseau. A alienação total do indivíduo não pode fazer-se sem a mutilação da natureza humana, sem evidente contradição com seu destino, nem na vontade de um, nem na vontade muitos, nem na vontade de todos.[975]

Desse modo, o discurso político de Ramírez dotou a questão sobre a soberania de um caráter mais liberal do que o "radicalismo" rousseauniano propunha, ao mesmo tempo que mostrou se distanciar das doutrinas político-filosóficas que prestigiavam o poder absoluto dos reis ou nas mãos de um único mandatário. Aqui, percebemos uma oscilação político-intelectual presente no constitucionalismo de Ramírez: transitava, concomitantemente, entre os pressupostos mais republicanos e coletivistas, como os de Rousseau, Bilbao e de Artigas, por exemplo, e, por outro lado, os mais liberais, "moderados", propostos por Montesquieu, Tocqueville e Benjamin Constant. Sobre esse ponto, mostramos, nos capítulos 2 e 3, como Ramírez se apropriou de componentes do pensamento desses e outros autores em relação a aspectos político-filosóficos mais gerais. No entanto, no que tange à ideia da soberania mais especificamente, ou do poder do povo, retomou tais expoentes de modo matizado e até complementar, sintético, para a argumentar sobre no que consistia sua ideia constitucional.

Nesse sentido, tais fontes intelectuais eram utilizadas a depender de cada contexto, alguns mais que outros em certos momentos, mas sempre de modo a fundamentar suas propostas em relação ao que defendia em seu projeto de nação republicana oriental. A respeito da soberania e de modo a evitar os excessos da vontade geral "absoluta" das multidões, recorreu a Constant visando estabelecer uma contraposição em relação às ideias "radicais" de Rousseau:

> Em uma sociedade fundada sobre a soberania do povo, diz Benjamin Constant, é certo que não corresponde a nenhum indivíduo, à nenhuma classe, a submissão dos demais à sua vontade particular; mas é falso que a sociedade inteira possua sobre seus membros uma soberania sem limites. O assentimento da maioria de nenhum modo basta, em todos os casos, para legitimar seus atos; existem alguns que não podem por nada sancionar-se; quando uma autoridade qualquer comete atos semelhantes, importa pouco de que fonte emana; importa pouco que se chame indivíduo ou nação; ainda que fosse a

---

[975] RAMÍREZ, Carlos María. Conferencias de Derecho Constitucional. Novena conferencia. La soberanía del pueblo (conclusión). *La Bandera Radical*: Revista Semanal de Intereses Generales, año 1, n. 27, 30 jul. 1871. p. 101-102, grifos do autor.

nação inteira, menos o cidadão que oprime, nem por isso seria mais legítima. Em vão Rousseau pretende tranquilizar-nos sobre o abandono absoluto do ser individual em proveito do ser abstrato que forma a soberania. Quando o povo soberano quer usar o poder que tem, ou seja, quando é necessário proceder a uma organização prática da autoridade, como não pode materialmente exercê-la por si mesmo, delega-a aos indivíduos que destaca, e resulta, então, que quando um se dá a todos, é falso que não se dê a ninguém; muito pelo contrário, um se dá aos que obram em nome de todos. [...] Não é certo que os associados adquiram os mesmos direitos que cedem; não ganham todos o equivalente ao que perdem, e o resultado do que sacrificam é, ou pode ser, o estabelecimento de uma força que lhes tira o que têm.[976]

Para além de Constant, Ramírez recorreu — mais uma vez — à ideia da "simpatia" de Stuart Mill para complementar e endossar as críticas de Constant a Rousseau. Desse modo, os "liberalismos", presentes em seus textos públicos, mostraram-se mais nítidos ao tratar sobre sua concepção de "soberania" e "moderação" política. Nesse sentido, o jurista oriental retomou a referida ideia de Mill para embasar sua concepção da formação da sociedade em relação ao poder:

A sociedade se forma irresistivelmente pela simpatia que se desenvolve entre os homens, como consequência da identidade de sua natureza, e sempre que essa identidade não existe, em vez de ter uma tendência para a sociedade, há uma tendência manifesta ou latente para a guerra. Assim, pois, a formação das sociedades está determinada por todas as circunstâncias que influem sobre a simpatia que une os indivíduos entre si.[977]

A condição primordial da ocorrência da simpatia seria, para ele, a interação social, a sociabilidade harmônica entre os homens. Sobre esse ponto, percebemos que havia uma continuidade, por meio do uso de tal teoria político-filosófica, daquilo que recorrentemente manifestava a respeito da ideia da associação entre os indivíduos em prol de algo maior, da comunidade. E, como já vimos no capítulo 2, esse "princípio da associação", da sociabilidade, foi muito defendido e praticado por Ramírez por intermédio dos espaços que criou e manteve do fim da década de 1860 em diante,

---

[976] RAMÍREZ, Carlos María. Conferencias de Derecho Constitucional. Novena conferencia. La soberanía del pueblo (conclusión). *La Bandera Radical*: Revista Semanal de Intereses Generales, año 1, n. 27, 30 jul. 1871. p. 102.

[977] *Ibid.*, p. 103.

princípios e valores políticos esses que o autor oriental também trouxe para suas discussões constitucionais. Assim, haveria a possibilidade da unidade de "raça", "religião", "território" e de "costumes", conjunção essa que, por sua vez, contribuiria essencialmente à formação da nacionalidade e das nações:

> *A condição primordial para que a simpatia possa desenvolver-se é que os homens se ponham em contato*, e, por isso, da configuração do território, depende em primeiro lugar: a existência das sociedades. Dado que os homens se encontram sobre um mesmo solo, contribuem, antes de tudo, *para estimular sua associação*; a unidade da raça; a unidade de religião e a unidade de costumes, com os diversos acidentes e as várias modificações que o curso dos acontecimentos humanos se encarrega de regularizar definitivamente. Assim é como as diversas sociedades vão tomando seu *caráter próprio, em virtude de leis e movimentos naturais, até constituir um conjunto social independente*, que toma o nome de *nacionalidade*. É em cada um desses conjuntos sociais independentes, em cada uma dessas nações, que os princípios universais e eternos do direito têm que aplicar-se segundo as relações e necessidades dos seres que estão submetidos ao seu império.[978]

E concluiu seu raciocínio de modo que esse processo social da formação do poder, por meio da "simpatia" entre os indivíduos, desembocasse necessariamente na fonte de toda a emanação desse mesmo poder e autoridade, ou seja, a Nação e o povo. Ou melhor, a "soberania da Nação" e a "soberania do povo", os quais, em sua concepção, seriam termos equivalentes entre si dentro do Direito Constitucional, diante dos indícios que percebemos nas fontes. Dessa forma, inscrita em sua refutação do "direito de força" e do "direito divino", essa "fórmula" que propunha seria uma mescla entre a garantia das liberdades do indivíduo e a autoridade maior, a do Estado, do Direito social, que, da mesma forma, assegurasse tais direitos. Mas, por outro lado, tais salvaguardas político-jurídicas não pressupunham a absorção do indivíduo pela "massa" anônima ou pela coletividade:

> A quem corresponde, pois, a faculdade de fundar a autoridade, o poder do poder [...]? Desde que a autoridade emana da necessidade de assegurar o respeito dos direitos individuais, a faculdade de fundar a autoridade, o poder do poder, pertence

---

[978] RAMÍREZ, Carlos María. Conferencias de Derecho Constitucional. Novena conferencia. La soberanía del pueblo (conclusión). *La Bandera Radical*: Revista Semanal de Intereses Generales, año 1, n. 27, 30 jul. 1871. p. 103-104, grifos nossos.

ao mesmo sujeito dos direitos individuais, mas como esse sujeito não é um homem, nem uma classe de homens, mas sim todos os homens, o conjunto social, a nação, em uma palavra, resulta que a soberania não pertence a um homem, nem a uma classe de homens, mas sim ao conjunto social, à Nação, ao povo. *Soberania nacional e soberania do povo são expressões sinônimas na ciência do direito constitucional.*[979]

Desse modo, Ramírez recorreu, mais uma vez, às proposições teóricas de Benjamin Constant de modo a encontrar uma base filosófica — e prática, em sua visão — que auxiliasse na busca por uma forma concreta de limitar a soberania do povo, conter os "excessos" e evitar o risco do despotismo popular, individual ou das assembleias. Logo, ainda com base nas indicações de Constant, endossou que essa limitação deveria ocorrer por meio de dois componentes essenciais. Por um lado, pela "opinião", garantidora das "verdades reconhecidas". Por outro, pela "distribuição e balança de poderes", o que nos remete a um diálogo implícito com Montesquieu e sua teoria dos contrapesos e freios relativos ao poder:

Os atentados mais monstruosos do despotismo de um só, foram, com frequência, devidos à doutrina do poder ilimitado de todos. A limitação da soberania é verdadeira e é possível. Será garantida, primeiro, pela força que garante todas as verdades reconhecidas pela opinião; em segundo lugar, o será de uma maneira mais precisa, pela distribuição e pela balança dos poderes. Mas começa por reconhecer essa limitação saudável; sem essa prévia precaução, tudo é inútil. Limitando a soberania do povo em justos limites, nada tereis que temer; tirais o despotismo, seja dos indivíduos, seja das assembleias, a sanção aparente que crê derivar de um assentimento que invoca, posto que provais que esse assentimento, dando-o por real, nada pode sancionar em realidade. O povo não tem direito de ferir um só inocente, nem a tratar como culpável a um acusado sem provas legais. Logo, não pode delegar semelhante direito a ninguém. O povo não tem o direito de atentar contra a liberdade de opinião, à liberdade religiosa, às salvaguardas judiciais, às formas protetoras. Nenhum déspota, nenhuma assembleia podem, pois, exercer um direito semelhante, dizendo que o povo o deu. Todo despotismo é, pois, ilegal; nada pode sancioná-lo; nem ainda a vontade

---

[979] RAMÍREZ, Carlos María. Conferencias de Derecho Constitucional. Novena conferencia. La soberanía del pueblo (conclusión). *La Bandera Radical*: Revista Semanal de Intereses Generales, año 1, n. 27, 30 jul. 1871. p. 104, grifos nossos.

popular que alegue [...] em nome da soberania do povo, um poder que não está comprometido nessa soberania, e não somente é a transferência irregular do poder que existe, mas sim a criação de um poder que não deve existir. – *B. Constant (Vide o primeiro capítulo dos Princípios de política e a nota A dessa mesma obra).*[980]

Como podemos perceber, Ramírez recorreu, de modo complementar, a elementos próprios das propostas teóricas de autores diferentes, com a finalidade de elaborar um caminho político-intelectual para os seus princípios constitucionais a respeito do tema da soberania, contidas nas aulas que publicou. Desse modo, seu "ecletismo" torna-se expresso para nós diante dos desafios da construção da nação em seu contexto de atuação. Mas ainda era preciso reformular outros pontos da Constituição oriental.

3.2.6 A Constituição oriental e os direitos individuais

Ramírez estabeleceu densa discussão teórica, dialogando com autores como Hamilton, Blackstone, Rossi, Constant, entre outros, a respeito das concepções sobre os "direitos individuais"[981]. No entanto, o que nos interessa, para o argumento de nosso livro, são as limitações da Constituição de 1830, apontadas pelo intelectual uruguaio, tanto relativas a este como outros pontos que ainda veremos. O jurista oriental recorreu à atuação de um dos então membros da Constituinte de 1829, José Ellauri, pai do escritor e político homónimo que foi eleito presidente uruguaio dois anos após escritas e publicadas as conferências, em 1873, conforme indicamos no capítulo 2. Ramírez afirmou o seguinte, inicialmente:

Agora, em relação à Constituição oriental, desde cedo percebemos que se omitiu, nela, a declaração de direitos e princípios que, como o disse antes, forma o peristilo do edifício constitucional em quase todos os Estados civilizados do mundo.[982]

---

[980] RAMÍREZ, Carlos María. Conferencias de Derecho Constitucional. Novena conferencia. La soberanía del pueblo (conclusión). *La Bandera Radical*: Revista Semanal de Intereses Generales, año 1, n. 27, 30 jul. 1871. p. 107, grifos do autor.

[981] RAMÍREZ, Carlos María. Conferencias de Derecho Constitucional. X. Los derechos individuales. *La Bandera Radical*: Revista Semanal de Intereses Generales, año 1, n. 29, 13 ago. 1871. p. 161-171.

[982] RAMÍREZ, Carlos María. Conferencias de Derecho Constitucional. XI. Los derechos individuales (continuación). *La Bandera Radical*: Revista Semanal de Intereses Generales, año 1, n. 30, 20 ago. 1871. p. 211.

Ao destacar tal "omissão", na Carta Magna promulgada em 1830, Ramírez inseriu, em suas lições constitucionais, um trecho do discurso de Ellauri, realizado na sessão do dia 6 de maio de 1829, durante o já referido processo de elaboração constitucional:

> [...] o Dr. D. José Ellauri dizia ante a Constituinte, na sessão de 6 de Maio de 1829: "[...] direi que a Comissão, ao redigir o Projeto em discussão, propôs-se a expressar nele tudo o que essencialmente deve conter uma boa Constituição, a saber: 1.º *A declaração dos direitos que se reservam os Cidad*ãos, destacando o modo e condições de sua associação; 2.º Designar a espécie de Governo que elegem os associados; 3.º e último, consertar a distribuição dos Poderes políticos, destacar seus limites e extensão, marcar suas órbitas para que não se choquem ao passo que operem com independência, e dizer a forma na qual se quer que sejam exercidos. – A Comissão apurou suas curtas ideias *no desempenho desses importantes objetos, contratando-os com todo o zelo e eficácia de que foi capaz*".[983]

Nesse sentido, questionou se tais ideias e proposições acerca dos direitos do homem enquanto uma inspiração da Revolução Francesa haviam sido, de fato, incorporadas na Carta Magna de 1830, o que, em sua visão, poderia ter contribuído para a organização e para as condições de "associação" dos cidadãos orientais dentro da esfera pública. De fato, foram, como podemos perceber no Art. 17, inciso 3, da Carta Magna de 1830, o qual prezava pela proteção dos direitos "individuais", "tranquilidade" e "segurança" da República oriental[984].

No entanto, conforme entendia, isso não teria sido seguido na prática devido às inspirações conservadoras europeias daquele contexto pretérito, relacionadas às investidas contrarrevolucionárias das monarquias daquele continente às aspirações político-intelectuais resultantes da Revolução Francesa. Além do fato de que, como já vimos nos capítulos anteriores, as guerras civis uruguaias também foram um exemplo disso, em toda sua complexidade. Assim, em sua visão, ao que tudo indica, a elaboração da primeira Carta Magna do Uruguai independente até incorporou a declaração dos direitos, proposta

---

[983] RAMÍREZ, Carlos María. Conferencias de Derecho Constitucional. XI. Los derechos individuales (continuación). *La Bandera Radical*: Revista Semanal de Intereses Generales, año 1, n. 30, 20 ago. 1871. p. 211-212, grifos e aspas do autor.

[984] Conforme o texto original do referido artigo: "XVII. [...] 3. Expedir leis relativas à independência, segurança, tranquilidade e decoro da República; proteção de todos os direitos individuais e fomento da ilustração, agricultura, indústria, comércio exterior e interior". URUGUAY. *Constitución de la República Oriental del Uruguay (1830)*. Montevideo: Biblioteca Pública de Montevideo, 1847. p. 10.

inicialmente no contexto de tal processo histórico francês do fim do século XVIII. Mas, por outro lado, na prática, a sociedade uruguaia teria seguido essa tendência à rejeição a tudo o que teria vindo no corolário revolucionário:

> E bem – o que se fez da declaração dos direitos, "que se reservam os cidadãos, destacando o modo e as condições de sua associação"? Nossa Constituição foi elaborada sob a influência das ideias que predominaram depois de a Europa ter vencido a Revolução francesa. As declarações de direitos caíam envoltas no anátema lançado aos excessos e extravios da Revolução. Recorreu-se à conquista, mas se lhe deu outra forma. Desde 1830 em diante, depois de ter caído novamente os Bourbons, foi que as declarações de direitos começaram a difundir-se pelas Nações da Europa. Nessa parte, nossa Constituição não é inferior nem superior a todas as Constituições da época.[985]

Assim, reconheceu que a Constituição de 1830, no papel, de fato trouxe as bases necessárias para que houvesse condições mais propícias à construção e à consolidação da sociabilidade e da associação nacionais orientais, em termos constitutivos da Nação enquanto tal. No entanto, em sua perspectiva, houve uma descontinuidade entre a teoria e a prática, o que teria contribuído para o abismo entre o "país legal" — ou ideal — e o "país real": "O caminho estava aberto; não é culpa dos constituintes se não soubemos nem praticar a liberdade que nos legaram, nem alcançar a que nos convidavam a consagrar no futuro"[986].

Desse modo, percebemos que Ramírez reconhecia os esforços dos constituintes de 1830 no que tange mais especificamente à declaração dos direitos constante na Carta Magna. No entanto, a realidade política e das guerras civis, com todos os vícios apontados por ele, impediu que tais preconizações oficiais fossem seguidas no âmbito público, pelos orientais, enquanto atos que ele via como imprescindíveis para o exercício da cidadania no país platino. Logo, tal experiência constitucional, relacionada ao ponto mencionado anteriormente, expressava mais um exemplo de uma incompletude histórica contida no processo de consolidação da nação oriental. Em outras palavras, indicou outro momento em que o intelectual uruguaio manifestou sua inquietação a respeito de mais um elemento próprio desse

---

[985] RAMÍREZ, Carlos María. Conferencias de Derecho Constitucional. XI. Los derechos individuales (continuación). *La Bandera Radical*: Revista Semanal de Intereses Generales, año 1, n. 30, 20 ago. 1871. p. 212, grifos do autor.
[986] *Ibid.*, p. 213.

processo de construção nacional "inacabado"[987], algo que deveria ser revisto urgentemente, em sua visão.

3.2.7 A separação era necessária: a liberdade religiosa/de consciência e o Estado

Outro ponto da Constituição uruguaia que, para Ramírez, deveria ser revisto quanto antes era o da questão religiosa, mais especificamente o da liberdade religiosa e as possibilidades de separação entre a Igreja e o Estado. Para o jurista, a liberdade religiosa seria um direito composto por três elementos principais: liberdade de fé (crença), de culto e de propaganda (ensino):

> A fé, o culto e a propaganda são os três elementos da liberdade religiosa; só quando o homem é livre, completamente livre na fé, no culto, e na propaganda é que se pode dizer que chegou a essa preciosa conquista da civilização moderna [...]. Ao dizer que o homem deve ser livre em sua fé, em seu culto e em sua propaganda, dizemos implicitamente que suas crenças manifestadas e confessadas não deve ser motivo para nenhuma classe de incapacidade civil, nem de capacidade política.[988]

E um paralelo com a Constituição de 1830, a qual preconizava desde então que a religião oficial do Estado era a católica, não deixaria de ser feito por ele. Aqui, o autor mostra como, nesse ponto, a referida Carta Magna uruguaia, em vigência havia décadas, reproduzia publicamente a exclusão e impedia a cidadania:

> A liberdade religiosa não figura entre os direitos individuais que Constituintes asseguravam aos habitantes da República Oriental, e nada deve surpreender-nos quando ainda hoje mesmo algumas das nações europeias mantêm os rigores da intolerância que tantas lágrimas custaram ao mundo [...]. O art. 5º. da Constituição declara que a "Religião do Estado é a Católica, Apostólica Romana" e guarda um silêncio absoluto sobre o exercício das outras religiões.[989]

---

[987] Aqui, dialogamos, mais uma vez, com Claudia Wasserman, quando a autora pondera sobre a percepção dos intelectuais latino-americanos oitocentistas acerca dos processos político-sociais "incompletos" ao longo do tempo na região. WASSERMAN, Claudia. Percurso intelectual e historiográfico da questão nacional e identitária na América Latina: as condições de produção e o processo de repercussão do conhecimento histórico. *Anos 90*, Porto Alegre, n. 18, p. 99-123, dez. 2003.Sobre isso, conferir nota número 544 deste livro.

[988] RAMÍREZ, Carlos María. Conferencias de Derecho Constitucional. XII. La libertad religiosa. *La Bandera Radical*: Revista Semanal de Intereses Generales, año 1, n. 31, 27 ago. 1871. p. 254-255.

[989] RAMÍREZ, Carlos María. Conferencias de Derecho Constitucional. XII. La libertad religiosa. *La Bandera Radical*: Revista Semanal de Intereses Generales, año 1, n. 31, 27 ago. 1871. p. 256.

Desse modo, o objeto de suas análises constitucionais era um problema complexo a ser solucionado, pois a lei vigente concedia à Igreja Católica o direito à crença e às manifestações, ou seja, fazer o oposto seria ir contra a Constituição, o que, por sua vez, também iria contra a liberdade religiosa. Somado a isso, destacou como os constituintes de 1830, os mais "liberais", também lidaram com os embates[990] em torno do tema da religião com o da liberdade de propaganda (ensino), o que resultou em um dilema considerável, presente até o seu contexto:

> Os Constituintes rejeitaram essa pretensão também, mas a rejeitaram argumentando com a lei de imprensa, por eles mesmos sancionada, e nessa lei se considera *como delitos contra a sociedade os ataques aos dogmas da religião católica*. Isso quer dizer que se os Constituintes abriram as portas à tolerância de cultos, pensaram fechá-la à liberdade de propaganda, esse complemento indispensável à liberdade de consciência. Eu, judeu, eu, protestante em suas diversas seitas, eu, racionalista em suas diversas escolas, posso ver meus dogmas atacados, caluniados, pulverizados pelo sofisma, pela ignorância e pela perversidade, mas não tenho o direito de defender-me, não tenho o direito de justificar minhas crenças, não tenho o direito de consagrar minhas forças ao triunfo do que creio verdade com a mais intensa fé de minha alma porque se o fizesse, atacaria os dogmas da Religião privilegiada, e seria castigado como delinquente contra a sociedade! Necessitamos saber: é contra a disposição expressa da lei sancionada pelos Constituintes, que a liberdade de propaganda religiosa subsiste na República Oriental do Uruguai. Aqui se apresenta o caso perguntar com razão: o que é melhor – violar a lei para que se restabeleça o direito ou cumpri-la para que o direito violado busque a reforma da lei? Da minha parte, sempre serei decidido partidário que as leis se cumpram mesmo que

---

[990] Ramírez, aliás, inseriu, na publicação dessa 12ª conferência, os debates político-filosóficos dos constituintes de 1829, ocorridos nas sessões dos dias 8 e 13 de maio, e no dia 12 de agosto do mesmo ano. O jurista uruguaio denominou tais representantes com o pronome de tratamento "Sr." e, em seguida, utilizou somente os respectivos sobrenomes deles: "Sr. Ellauri", provavelmente o já mencionado José Ellauri; Sr. Chucarro (Alejandro Chucarro); Sr. Barreiro, entre parênteses "Manuel"; Sr. Gadea (Lázaro Gadea); Sr. Masini (Ramón Masini); Sr. Blanco (houve dois constituintes de sobrenome Blanco em 1830, Juan e Silvestre, e Ramírez não especificou sobre qual deles se tratava em seus escritos), entre outros. RAMÍREZ, *op. cit.*, p. 257-262. Para mais informações sobre o processo Constituinte uruguaio após a Guerra da Cisplatina, além de suas manifestações na imprensa oriental de então, ver: VILLA, Oscar Jorge; MENDIVE, Gerardo. *La prensa y los constituyentes en el Uruguay de 1830*: fundamentos técnicos, económicos y sociales. Montevideo: Impresora Cordón; Biblioteca Nacional, 1980/1981. Foi por meio dessa última referência bibliográfica que tivemos acesso aos primeiros nomes dos constituintes de 1830 mencionados por Ramírez, os quais colocamos entre parênteses *supra*.

sejam más (sempre que não sejam inconstitucionais, porque deixam, então, de serem leis) e que se cumpram com rigor, para que a intensidade dos males apresse o dia da reparação e da justiça.[991]

Na 12ª conferência, publicada no número 32 de *La Bandera Radical*, de 3 de setembro de 1871, Ramírez retomou o significado de Estado que estabeleceu cinco números antes, e indicou o caminho que seguiria, qual fosse, o de conceber a relação do Estado com *as Igrejas*, entendendo-a necessariamente dessa forma, no plural[992]. Esse sentido de pluralidade teria consistido, a nosso ver, em algo para além do conteúdo das aulas universitárias em si mesmas. Foi não somente um modo de expressar seu pensamento constitucional mais abrangente a respeito da questão, mas também a intenção de criticar publicamente o monopólio excludente, concedido pelos Constituintes de 1830, à religião católica como a oficial do Estado uruguaio:

> Dissemos, na *Conferência sétima*, que o Estado é a pessoa moral formada pela permanência necessária da autoridade nas sociedades humanas, com os diversos interesses que cria e desenvolvimentos que toma no curso normal de sua existência; e definiremos uma Igreja como a associação organizada dos homens dotados das mesmas crenças e a uma mesma disciplina religiosa, porque nós, buscando a verdade sob o ponto exclusivo do direito, não podemos reservar a qualificação de *Igreja* a somente uma das comunhões que se chamam exclusivas possuidoras da revelação divina; por isso, essa conferência não fala *das relações do Estado e da Igreja*, como se diz geralmente, mas sim *das relações do Estado e as Igrejas*, que assim deve dizer-se para colocar com verdade e com altura a questão.[993]

A referida intervenção para além das salas de aula, referente a mais esse ponto sobre o qual reivindicava uma reformulação constitucional, foi resultado da intencionalidade de buscar, mais uma vez, mediar os anseios da sociedade em relação ao Estado e à Igreja Católica de então, em nossa perspectiva. Em outras palavras, defendemos que tal ato consistiu em mais

---

[991] RAMÍREZ, Carlos María. Conferencias de Derecho Constitucional. XII. La libertad religiosa. *La Bandera Radical*: Revista Semanal de Intereses Generales, año 1, n. 31, 27 ago. 1871. p. 256-257, grifos do autor.

[992] RAMÍREZ, Carlos María. Conferencias de Derecho Constitucional. XIII. RELACIONES DEL ESTADO Y LAS IGLESIAS. El sistema de la Religión de Estado (maiúsculas no original). *La Bandera Radical*: Revista Semanal de Intereses Generales, año 1, n. 32, 3 set. 1871. p. 276.

[993] *Ibid.*, p. 277, grifos do autor.

CARLOS MARÍA RAMÍREZ E A CONSTRUÇÃO DE UMA NOVA REPÚBLICA ORIENTAL DO URUGUAI:
ENTRE A "NAÇÃO IDEAL" E A "NAÇÃO REAL" (1868-1898)

um exemplo de mediação político-intelectual em prol da consolidação de uma esfera pública mais abrangente e inclusiva. Daí a necessidade vista, por parte de Ramírez, em definir o que concebia como "Estado" e como "Igreja", de modo a deixar muito bem explícita sua concepção sobre cada uma dessas instituições dentro de uma organização político-social constitucional e republicana.

Além dessas percepções, acreditamos ser válido destacar outro ponto contido no trecho *supra*. Ao propor uma nova forma de se nomear a questão da relação entre Estado e Igreja — ou melhor, *Igrejas*, em sua pluralidade e diversidade —, Ramírez intencionou estabelecer uma mudança político-linguística e conceitual a respeito daquilo que "se dizia geralmente" a respeito do tema. Em outros termos, consistiu em um ato que buscou inovar linguística e conceitualmente a pauta sobre as relações entre o Poder Público e as instituições religiosas, algo que então fora proposto publicamente, conforme o jurista oriental argumentou. Nesse sentido, tais propostas de pluralizar as instituições religiosas e, consequentemente, iniciar uma forma de se presumir sua diversidade em relação ao Estado uruguaio também representaram uma forma de se projetar a ampliação da esfera pública naquele país, a nosso ver.

Argumentando, pois, em prol da "necessidade" do homem em ter uma religião para amenização do "desalento" do mundo e para o revigorar da "esperança" e da "paz"[994], Ramírez defendeu que também era necessário o "direito de discutir" e o direito de "ensinar" as religiões[995]. Desse modo,

> Crer e rezar, rezar publicamente, não é ainda toda a liberdade. É necessário, também, o direito de discutir, o direito de ensinar. Em primeiro lugar, minha crença pode ser negada, injuriada; é uma necessidade para mim demonstrá-la. Reduzir-me ao silêncio ante uma injúria, ou só ante uma negação, é impor-me uma pena tão mais dura quanto mais ardente seja minha fé. Eu sou pai; tenho fé; a devo ao meu filho. Sou crente, devo ao meu Deus proclamar e propagar minha crença. Será preciso que envie meus filhos a beber na mesma fonte das ciências humanas e a impiedade religiosa? Que guarde silêncio quando minha fé seja caluniada, quando meu Deus seja blasfemado? Que enterre em meu coração o mais puro e mais inflamado de meus sentimentos, que comprima o

---

[994] RAMÍREZ, Carlos María. Conferencias de Derecho Constitucional. XII. La libertad religiosa. *La Bandera Radical*: Revista Semanal de Intereses Generales, año 1, n. 31, 27 ago. 1871. p. 252.

[995] *Ibid.*, p. 253.

> impulso de meu espírito, que o obrigue a esquecer sua fé ou a calá-la? Que veja, ao meu lado, o erro triunfante, a moral perturbada, aos homens, meus semelhantes, filhos do mesmo Deus, privados da sua parte de herança na casa paterna? Do mesmo modo que minha propriedade seria violada se a lei me permitisse gozar dela e não me permitisse difundi-la, a liberdade de minha fé fica violada, minha consciência oprimida se se põe o selo do silêncio em meus lábios, se se condena a verdade a morrer afogada em meu peito.[996]

Nesse sentido, Ramírez argumentava que a necessidade de expressar as crenças e ideias era diretamente proporcional à intensidade delas, sendo, assim, fundamental a sua divulgação de modo equânime[997]. Do contrário, no que se referia à imposição do silêncio em relação à própria fé, o jurista oriental concebia tais fatos como não condizentes com o direito constitucional: "A obrigação do silêncio, em matéria de fé religiosa, é de tal maneira contra o direito e a natureza, que parece um atentado à verdade"[998]. Assim, Ramírez estabeleceu a diferença entre três "sistemas" de relações entre o Estado e as Igrejas (no plural): 1) o da religião dominante (ou exclusiva do Estado); 2) o da proteção e regulamentação de várias religiões pelo Estado; 3) o da separação total e completa entre o Estado e as Igrejas (o qual defendeu)[999]. Sobre o primeiro sistema, Ramírez afirmou que:

> [...] deve-se entender por religião de Estado aquele que se estabelece uma Igreja oficial que o Estado protege diretamente e com a qual entra em condições de dependência mútua. Se se proíbe a organização de outras Igrejas, essa religião de Estado é *exclusiva*; se se admitem ou se toleram todas, essa mesma religião de Estado só pode chamar-se *dominante*.[1000]

Ramírez considerava esse primeiro sistema, o adotado pela Constituição uruguaia de 1830, uma "forma rigorosa e tirânica – a Igreja única e opressora, levantada sobre todas as crenças religiosas da sociedade"[1001].

---

[996] RAMÍREZ, Carlos María. Conferencias de Derecho Constitucional. XII. La libertad religiosa. *La Bandera Radical*: Revista Semanal de Intereses Generales, año 1, n. 31, 27 ago. 1871. p. 253.

[997] *Ibid.*, p. 254.

[998] *Ibid.*

[999] RAMÍREZ, Carlos María. Conferencias de Derecho Constitucional. XIII. RELACIONES DEL ESTADO Y LAS IGLESIAS. El sistema de la Religión de Estado (maiúsculas no original). *La Bandera Radical*: Revista Semanal de Intereses Generales, año 1, n. 32, 3 set. 1871. p. 277.

[1000] *Ibid.*, p. 278, grifos do autor.

[1001] RAMÍREZ, Carlos María. Conferencias de Derecho Constitucional. XIII. RELACIONES DEL ESTADO Y LAS IGLESIAS. El sistema de la Religión de Estado (maiúsculas no original). *La Bandera Radical*: Revista Semanal

Desse modo, tal modelo seria a maior violação e o desrespeito à liberdade religiosa em sua concepção, pois, além de privilegiar uma única religião, carecia de base racional para se manter, conforme podemos perceber em suas intervenções públicas ao questionar tais ditames:

> [...] é uma tirania inútil, porque a ciência da religião está na fé, e sem a fé todas as cerimônias externas são atos de hipocrisia criminosa e vergonhosa. Pretendem, pelas ações exteriores, estabelecer seu governo sobre as crenças íntimas? Então é a mais terrível das tiranias, porque ataca todos os direitos em sua base fundamental, em sua essência, na liberdade interior do homem. Uma vez mais, que direito, que princípio, que conveniência real invocam essas instituições ou essas leis? Estabelece-se uma *exclusiva* religião de Estado, porque essa religião é a dos legisladores de um povo? E bem: esses legisladores, esses homens, estavam em seu direito ao ter e professar uma religião qualquer; mas os governados, também como homens, estão em seu direito ao ter e professar outra religião distinta. [...] O convencimento e a razão decidirão, mas a imposição, mas a força, mas o terror, nada têm que resolver no santuário de nossas crenças íntimas.[1002]

O uso, por parte de Ramírez, da argumentação e da razão públicas para questionar questões de interesse público mantinha-se também em relação ao tema das relações entre a sociedade, o Estado e as Igrejas. Além disso, o que nos chama atenção, dentro da refutação de Ramírez a respeito desse primeiro sistema, é a menção que fez ao intelectual católico argentino, e contemporâneo seu, José Manuel Estrada, de inspiração ultramontana[1003] e que defendeu a separação completa entre o Estado e a Igreja, visando à manutenção da liberdade religiosa na Argentina dentro do governo de Sarmiento (1868-1874)[1004]:

---

de Intereses Generales, año 1, n. 32, 3 set. 1871. p. 282.

[1002] *Ibid.*, p. 279-280, grifo do autor.

[1003] Sobre o ultramontanismo, tendência ultraconservadora da Igreja Católica de então: "Esta visão foi em grande parte construída pelo movimento católico ultramontano (acima das montanhas), que entendia a necessidade de retorno aos fundamentos políticos e sociais presentes na Idade Média. Daí a proposta de que os poderes terrenos deveriam estar subordinados ao Papa e ao direito canônico. Em muitos países, essa corrente do catolicismo teve papel significativo na luta contra o estabelecimento do Estado laico". SILVA, Luiz Gustavo Teixeira da. Laicidade do Estado no Uruguai: considerações a partir do debate parlamentar sobre o aborto (1985-2016). *Religião e Sociedade*, Rio de Janeiro, n. 38, v. 2, p. 53-84, 2018. p. 82, nota 6. Disponível em: https://www.scielo.br/j/rs/a/88ZXnzC3nTKfBnFpfmFpFwQ/?lang=pt. Acesso em: 23 jun. 2022.

[1004] CASTELFRANCO, Diego. De la "Iglesia libre en el Estado libre" a la amenaza del "Estado ateo": José Manuel Estrada y su trayectoria intelectual. *In*: DI STEFANO, Roberto; SILVA, Ana Rosa Cloclet da (org.). *Catolicismos en*

> [...] disse um jovem e consciencioso escritor argentino, sendo inerente à soberania o poder religioso, segue-se indubitávelmente que operem com igual legitimidade e com força igualmente obrigatória os governos que se confessam cristãos, os que apoiam seu império no Alcorão, ou os que, por meio de qualquer credo desmoralizador e bárbaro, estraguem as gerações e despedacem os povos. O direito de soberania implica a obrigação de parte do indivíduo de submeter-se às consequências do uso desse direito. A consciência humana deve dobrar-se aos dogmas oficiais. Essa é a irresponsabilidade do homem reagravada com a indiferença lógica, com a afirmação implícita da identidade de todas as ideias, do verdadeiro e do falso, do bom e do mau: a certeza no absurdo." (*La Iglesia y el Estado – Revista Argentina. Entrega* 38).[1005]

Em relação a algumas das ideias de Estrada sobre esse tema, recorremos ao seguinte trecho, do mesmo artigo *"La Iglesia y el Estado"*, citado pelo jurista oriental, no qual explicitou suas inclinações a respeito do assunto, mas de modo matizado. O destacável, em nossa ótica, é que o conservador Estrada, além de propor a separação entre Estado e Igreja para a manutenção da liberdade religiosa, fê-lo para fortalecer a atuação da Igreja Católica naquele contexto, ou seja, expressou tal ideia não sob uma neutralidade, mas ao contrário: devido à sua crença em específico, conforme aponta Diego Castelfranco[1006]. Nesse sentido, o que Estrada propunha era um tipo de "equalização da Igreja Católica ante à liberdade religiosa" dentro da realidade argentina do mesmo contexto de início dos anos 1870[1007]. Assim, conforme argumentou Ramírez,

> O Estado é a força social organizada para estabelecer a harmonia de ação entre todas as forças individuais, mas o Estado rompe essa harmonia quando protege o desenvolvimento de algumas com prejuízo visível das outras. A Religião declarada, ensinada e sustentada pelo Estado

---

perspectiva histórica: Brasil e Argentina en diálogo. Santa Rosa: IEHSOLP Ediciones, 2020. p. 83-111.

[1005] RAMÍREZ, Carlos María. Conferencias de Derecho Constitucional. XIII. RELACIONES DEL ESTADO Y LAS IGLESIAS. El sistema de la Religión de Estado (maiúsculas no original). *La Bandera Radical*: Revista Semanal de Intereses Generales, año 1, n. 32, 3 set. 1871. p. 282, grifos do autor.

[1006] CASTELFRANCO, *op. cit.*, p. 83-111.

[1007] ESTRADA, José Manuel. Iglesia libre en Estado libre. *Revista Argentina*, 1871. p. 235 *apud* CASTELFRANCO, Diego. De la "Iglesia libre en el Estado libre" a la amenaza del "Estado ateo": José Manuel Estrada y su trayectoria intelectual. *In*: DI STEFANO, Roberto; SILVA, Ana Rosa Cloclet da (org.). *Catolicismos en perspectiva histórica*: Brasil e Argentina en diálogo. Santa Rosa: IEHSOLP Ediciones, 2020. p. 95.

tem em seu apoio as forças individuais que lhe são adeptas, além daquela parte da força social que se põe ao seu serviço. Outras forças individuais podem, também, organizar sua Igreja, mas a luta entre a verdade professada por alguns e por outros, fez-se completamente desigual; as condições do direito estão violadas; o Estado, que deveria garantir a todos a livre expressão e propagação das crenças, afilia-se entre os devotos de uma Igreja determinada e em vez de mediador, de juiz imparcial, de árbitro justiceiro da luta, apresenta-se com as armas na mão e opera como um dos combatentes, o combatente mais temível, porque não é uma força individual, mas sim uma força coletiva que dispõe, de certo, modo de todas as forças individuais.[1008]

Desse modo, conforme expressava publicamente, Ramírez tinha uma interpretação acerca do Estado caracterizada pela ideia desse como "mediador", dotado de neutralidade em termos jurídicos, conciliador, e não fomentador das hostilidades que provinham das diferenças religiosas. Nesse sentido, o publicista oriental propunha algo novo: defendia que o Estado uruguaio, visto por ele até então como um ator político, passasse a ter características imparciais, impessoais, assim como um juiz em um tribunal público fundamentado pela "razão" e a "verdade"[1009]. O que também consistia em uma inovação político-linguística, a nosso ver, mas que remontava às linguagens políticas pretéritas, semelhantes àquelas ligadas à ideia do "tribunal da opinião", próprias da época colonial[1010]. No entanto, os usos, por parte de Ramírez, dessas linguagens convencionalmente tidas como próprias da "tradição colonial"[1011] não representavam a volta ao passado, mas sim a busca por um futuro, pela modernidade do Estado e das renovadas relações político-sociais inerentes a tal temporalidade, em nossa visão.

Sobre o segundo sistema elencado por Ramírez, o intelectual uruguaio também expressou suas reservas. Para ele, mesmo que houvesse a intenção em tolerar todas as Igrejas, de proporcionar a "liberdade" a elas,

---

[1008] RAMÍREZ, Carlos María. Conferencias de Derecho Constitucional. XIII. RELACIONES DEL ESTADO Y LAS IGLESIAS. El sistema de la Religión de Estado (maiúsculas no original). *La Bandera Radical*: Revista Semanal de Intereses Generales, año 1, n. 32, 3 set. 1871. p. 283.

[1009] Dialogando com as proposições de Elías Palti sobre o caso argentino do mesmo contexto. Ver: PALTI, Elías José. Las polémicas en el liberalismo argentino: sobre virtud, republicanismo y lenguaje. *In*: RIVERA, José Antonio Aguilar; ROJAS, Rafael (org.). *El republicanismo en Hispanoamérica*: ensayos de historia intelectual y política. México: Fondo de Cultura Económica, 2002. p. 174.

[1010] *Ibid.*

[1011] *Ibid.*

ainda assim alguma dessas crenças seria a mais beneficiada pelo "braço secular" do Estado:

> Em segundo lugar, por mais que a religião de Estado traga indispensavelmente essa subversão nas condições essenciais ao desenvolvimento dos dogmas religiosos, sempre a liberdade de consciência sofre com ela algumas restrições capitais. Desde que o braço secular se faz instrumento de uma Igreja, ainda que pretenda deixar em liberdade as demais, tem que prestar-lhe aquela *mais eficaz e decidida proteção*, que alguns dos Constituintes queria estabelecer de uma maneira perceptiva no artigo 5º do código fundamental, e nessa eficaz e decidida proteção está sempre inscrito algum ataque direto à liberdade das crenças despojadas de uma sanção oficial. Aqui, na República Oriental do Uruguai, já vimos que atacar os dogmas da Religião do Estado era atacar a sociedade e delinquir.[1012]

Conforme o professor da UDELAR defendeu, da mesma forma, a liberdade de consciência, ou de crença, estaria comprometida com esse tipo de relação entre Estado e Igrejas. E com um elemento que, em sua visão, agravava a questão, o da impossibilidade de se criticar a então "Religião do Estado", ou seja, a católica. Assim, mesmo com as tentativas de "reformas liberais" estabelecidas no Código Civil uruguaio de então, ainda havia o entrave colocado pela permanência dessa relação direta e oficial entre a instituição católica e o Poder Público, ou seja, a lei barrando a própria lei, em sua concepção:

> As religiões positivas acompanham o homem em todos os atos importantes da vida: no nascimento, no matrimônio, na morte, sempre há uma Igreja para intervir com suas cerimônias e com seus preceitos. Quando o Estado abraça uma religião oficial, os atos importantes da vida ficam mais ou menos submetidos à jurisdição de uma Igreja determinada. Nesse sentido, nosso código civil realizou algumas reformas liberais, mas encontrando na Religião de Estado essa pedra funerária [...]. É assim como os registros do Estado civil não foram arrancados por completo das mãos do sacerdócio católico; é assim como o matrimônio não foi inteiramente separado da jurisdição eclesiática; é assim, também, como na

---

[1012] RAMÍREZ, Carlos María. Conferencias de Derecho Constitucional. XIII. RELACIONES DEL ESTADO Y LAS IGLESIAS. El sistema de la Religión de Estado (maiúsculas no original). *La Bandera Radical*: Revista Semanal de Intereses Generales, año 1, n. 32, 3 set. 1871. p. 284, grifos do autor.

esfera administrativa a terra comum onde devem descansar os mortos, não foi, todavia, livrada dos conflitos que, frequentemente, ocasionaram o fanatismo religioso. Os direitos civis sofrem, assim, a influência da Religião do Estado, e os direitos políticos não deixam igualmente de serem tangenciados. Não se fulmina a exclusão absoluta, porque os atentados violentos são uma exceção muito rara em nossos tempos, mas se chega a esse mesmo resultado pela imposição de condições inaceitáveis para toda a consciencia escrupulosa.[1013]

Ramírez, desse modo, criticou duramente tais preconizações, então ainda constantes na Constituição vigente, que, para ele, consistiam em um entrave para a participação política e cidadã em relação à ocupação de cargos públicos — inclusive o de presidente do país — e da área jurídica, mesmo que fossem privados, como a advocacia:

Vemos, em nosso país, que, para exercer as altas funções públicas, exige-se o juramento sobre o livro da religião oficial, e até para o exercício de algumas profissões liberais, como a advocacia, impõem nossas leis um juramento desse gênero. O que se pretende por esses meios? Distanciar os dissidentes da religião estabelecida ou forçá-los a uma impostura hipócrita? Em qualquer um dos dois casos se ataca a liberdade de consciência: com a violência em um e com a corrupção no outro. Essas leis seguem o espírito da Constituição e não podem naturalmente desaparecer senão quando desapareça a religião de Estado; mas mesmo que se quisesse mitigar, extraconstitucionalmente, as consequências rigorosas do princípio, não se poderia destruir o estabelecido de uma maneira terminante nos artigos da Constituição. A fórmula de juramento, fixada pelo artigo 76[1014], exclui da presidência todo aquele que não seja católico apostólico romano.[1015]

[1013] RAMÍREZ, Carlos María. Conferencias de Derecho Constitucional. XIII. RELACIONES DEL ESTADO Y LAS IGLESIAS. El sistema de la Religión de Estado (maiúsculas no original). *La Bandera Radical*: Revista Semanal de Intereses Generales, año 1, n. 32, 3 set. 1871. p. 284-285.

[1014] Conforme está explícito no referido documento jurídico histórico: "LXXVI. O Presidente eleito, antes de entrar a desempenhar o cargo, prestará, em mãos do Presidente do Senado e na presença das Câmaras reunidas, o seguinte juramento: 1. 'Eu (N) juro por Deus N. S. e estes Santos Evangelhos, que desempenharei devidamente o cargo de presidente a mim confiado; que protegerei a Religião do Estado; conservarei a integridade e independência da República; observarei e farei observar fielmente a Constituição'". URUGUAY. *Constición de la República Oriental del Uruguay (1830)*. Montevideo: Biblioteca Pública de Montevideo, 1847. p. 32, aspas do autor.

[1015] RAMÍREZ, Carlos María. Conferencias de Derecho Constitucional. XIII. RELACIONES DEL ESTADO Y LAS IGLESIAS. El sistema de la Religión de Estado (maiúsculas no original). *La Bandera Radical*: Revista Semanal de Intereses Generales, año 1, n. 32, 3 set. 1871. p. 285.

Em um argumento de mão dupla, visando, de acordo com o que nos é apresentado discursivamente, ao convencimento dos setores religiosos, Ramírez buscou demonstrar como a própria Igreja, sendo vinculada diretamente ao Estado, era, desse modo, uma "escrava" deste, estando subordinada aos ditames estatais. Assim, percebemos que tal hipótese iniciava um caminho lógico de argumentação baseado nos princípios e valores da "liberdade", de modo a convencer os membros dos setores católicos, ou seja, da então "Religião de Estado", a respeito dessa dominação que o Estado uruguaio exercia sobre a instituição. Nesse sentido, defendia a tese, de caráter instrumental naquele contexto, a nosso ver, de que a Igreja Católica mais se prejudicava do que se beneficiava com tal relação próxima ao Estado:

> Desde o momento em que uma religião se faz religião de Estado, também se faz religião governada, religião escrava. O Estado vende a proteção das leis pela submissão da Igreja. É um gênero especial de simonia. A religião oficial é, necessariamente, uma parte da administração pública. Os templos não lhe pertencem em propriedade, nem tem independência neles. O Estado os lhes emprestam e se reserva as atribuições da vigilância suprema. Tampouco a eleição do sacerdócio, esse santo magistério das religiões positivas, pertencem-lhe exclusivamente. O Estado nomeia o chefe da Igreja Nacional e intervém diretamente na provisão de todos os benefícios eclesiásticos. Isso é o que se chama *exercer o patronato*, que o artigo 81 da Constituição encomenda ao Presidente da República. Os sacerdotes da Igreja Católica vêm a ser, assim, verdadeiros funcionários públicos. O Estado é quem lhes discerne nas funções e quem numera seus serviços, seja diretamente como Chefe da Igreja, seja fixando os deveres que regulam os preços dos ofícios divinos. É ou não a religião do Estado uma Igreja verdadeiramente governada, uma Igreja verdadeiramente escrava?[1016]

Sobre a questão do exercício do patronato, constante no trecho *supra*, o intelectual católico argentino José Manuel Estrada também tratou sobre o mesmo ponto em seu artigo citado por Ramírez nessa sua 13ª conferência, o qual já mencionamos, tendo o escritor portenho defendido a "revogação

---

[1016] RAMÍREZ, Carlos María. Conferencias de Derecho Constitucional. XIII. RELACIONES DEL ESTADO Y LAS IGLESIAS. El sistema de la Religión de Estado (maiúsculas no original). *La Bandera Radical*: Revista Semanal de Intereses Generales, año 1, n. 32, 3 set. 1871. p. 285-286, grifos do autor.

do direito de patronato" em suas propostas[1017]. Percebemos, mais uma vez, um diálogo direto de Ramírez com mais um intelectual rio-pratense, assim como o já havia feito, implícita ou explicitamente, em relação a Sarmiento, Alberdi, Echeverría e outros, do seu momento de escrita ou não.

Ramírez, em mais um recurso retórico e argumentativo, baseado no princípio da razão pública que lhe era muito caro, também relacionou a ação do Estado sobre a Igreja nos moldes de uma dominação não somente em termos de intervenção de poder nos cargos eclesiásticos, mas no direito de consciência dogmático interno dos sacerdotes. Desse modo, mencionando o Art. 81 da Constituição de 1830 — sobre o direito do Estado em regular o estabelecimento das bulas e dos pontifícios da Igreja Católica —, o publicista oriental argumentou que tal ato consistia em uma deliberada demonstração de controle da consciência religiosa da referida instituição[1018]. Por meio da exposição de princípios constitucionais e filosóficos, buscou o convencimento dos membros da Igreja Católica sobre tais "abusos" por parte do Estado, "abrindo-lhes os olhos" para tais atos. E concluiu seu raciocínio sobre esse ponto do seguinte modo:

> Ou se salva o direito da religião de Estado, destruindo o direito das religiões dissidentes, ou se salva o direito das religiões dissidentes, destruindo o direito da religião de Estado. Quando se abraça a tentativa absurda de conciliar esses direitos encontrados, não se faz mais que descontentar a todos, criando uma causa permanente de conflitos e distúrbios públicos. Se o sistema da Religião de Estado *exclusiva* é opressão absoluta para todas as Igrejas dissidentes, o sistema da Religião de Estado *dominante* é opressão mais ou menos mitigada para as Igrejas dissidentes e para a religião oficial ao mesmo tempo. Em nome de todas elas, a justiça e a razão protestam contra esse regime de quase todas as Repúblicas Hispano-Americanas.[1019]

Assim, para Ramírez, quando o Estado se punha a proteger todas as religiões, ocorria o mesmo quando se defendia que a Constituição deveria

---

[1017] ESTRADA, José Manuel. Iglesia libre en Estado libre. *Revista Argentina*, 1871. p. 235 *apud* CASTELFRANCO, Diego. De la "Iglesia libre en el Estado libre" a la amenaza del "Estado ateo": José Manuel Estrada y su trayectoria intelectual. *In*: DI STEFANO, Roberto; SILVA, Ana Rosa Cloclet da (org.). *Catolicismos en perspectiva histórica*: Brasil e Argentina en diálogo. Santa Rosa: IEHSOLP Ediciones, 2020. p. 95.

[1018] RAMÍREZ, *op. cit.*, p. 286.

[1019] RAMÍREZ, Carlos María. Conferencias de Derecho Constitucional. XIII. RELACIONES DEL ESTADO Y LAS IGLESIAS. El sistema de la Religión de Estado (maiúsculas no original). *La Bandera Radical*: Revista Semanal de Intereses Generales, año 1, n. 32, 3 set. 1871. p. 286, grifos do autor.

salvaguardar somente uma delas. Ou seja, tanto a única religião protegida pelo aparato estatal quanto todas poderiam, da mesma forma, ser entendidas como partes da administração pública e ser subordinadas a ela:

> Desde cedo, a proteção aos diversos cultos tem, para os cultos protegidos, iguais inconvenientes que a proteção a um só culto. Essas várias Igrejas se fazem repartições da administração pública, tornam-se funcionários seus ministros e seus templos, são um mero domínio do Estado. O Estado maneja as Igrejas pelo Pressuposto: dá-lhes dinheiro para satisfazer suas necessidades primordiais, mas não o dá gratuitamente, mas sim mediante uma retribuição, e essa retribuição é o direito de exame, de inspeção, de vigilância, estendido e aplicado até onde o julga conveniente o poder público.[1020]

Ramírez, por meio das conferências, explicitou suas inspirações político-intelectuais também com base nas ideias do escritor republicano francês Jules Simon (1814-1896), tendo-o citado em vários momentos. Simon participou dos eventos revolucionários de 1848 na França, além de ter composto o governo de Thiers, no início da Terceira República[1021], no mesmo momento em que Ramírez realizava suas intervenções públicas no Uruguai. O publicista francês tratou sobre os mais variados assuntos em seus textos, tais como a liberdade de pensamento e de consciência, a liberdade civil e política, a laicidade de cunho tolerante, entre outros temas constitucionais[1022]. Nesse sentido, percebemos que o intelectual uruguaio recorreu, no início dos anos 1870, aos usos dos elementos teóricos elaborados por Simon desde meados do século XIX, inclusive no seguinte trecho, o qual é um excerto da obra *Liberté de conscience* (1857)[1023], de autoria do republicano francês:

> [...] disse Jules Simon (*Liberté de conscience pag. 18*): [Ramírez não inseriu aspas] pode contar-se com uma repartição estri-

---

[1020] RAMÍREZ, Carlos María. Conferencias de Derecho Constitucional XIII. RELACIONES DEL ESTADO Y LAS IGLESIAS. Protección de varios cultos – Independencia recíproca del Estado y las Iglesias (maiúsculas no original). *La Bandera Radical*: Revista Semanal de Intereses Generales, año 1, n. 33, 10 set. 1871. p. 315.

[1021] Ver: BIBLIOTÈQUE DE L'INSTITUT DE FRANCE. Jules Simon (1814-1896). Philosophie, laicité et liberté. Disponível em: https://www.bibliotheque-institutdefrance.fr/sites/default/files/jules_simon_catalogue_dexpo. pdf. Acesso em: 25 ago. 2021.

[1022] BIBLIOTÈQUE DE L'INSTITUT DE FRANCE. Jules Simon (1814-1896). Philosophie, laicité et liberté. Disponível em: https://www.bibliotheque-institutdefrance.fr/sites/default/files/jules_simon_catalogue_dexpo. pdf. Acesso em: 25 ago. 2021.

[1023] SIMON, Jules. *La liberté de conscience*. Paris: Librairie de L. Hachette et Cia., 1857.

tamente proporcional e com uma justiça sempre igual? Os membros do Governo não pertencerão a uma comunidade particular? Ainda supondo que os chefes de Estado sejam sempre imparciais e íntegros, – como poderiam ter uma balança igual entre uma maioria e uma minoria? – entre Igrejas, cujas necessidades e exigências são consideráveis, e outras que não pedem, por assim dizer, a permissão de viver? A estatística, em semelhante matéria, é muito difícil de estabelecer; está sujeita a erros pela natureza mesma das coisas. Assim, a injustiça não é só possível, não é só provável; é, de certo modo, necessária, e nem a imparcialidade, nem o talento dos que governam bastam para resguardar dela os seus administrados." [aspas incluídas por Ramírez somente nesse final de citação].[1024]

Compartilhando das proposições de Simon a respeito de o Estado se colocar na função de fiscalizador dos cultos devido à destinação de verbas às Igrejas, Ramírez destacou outra passagem da já referida obra do escritor francês, por meio da qual embasou seus argumentos para a realidade uruguaia. Fê-lo mais especificamente no sentido de alertar para os perigos de tal relação existente na proteção do Estado às Igrejas, pois a fiscalização ficaria a cargo dos próprios legisladores, cuja religião muito provavelmente seria a privilegiada entre as demais:

A obrigação de pagar cria, para o Estado, o direito de fiscalizar. O Estado, pois, graças ao pressuposto, decidirá se um culto é um culto ou uma comédia; se uma religião é realmente uma religião; se os profetas, se os sacerdotes são outra coisa que charlatães ou impostores. Será necessário que uma religião nova obtenha sua patente de autoridade admnistrativa e faça reconhecer seus direitos por um comissário de política. Eis aí, pois, por essa necessidade de uma autorização prévia, destruída ou gravemente comprometida a liberdade de cultos, e o Estado transformado em teólogo todo poderoso – o Estado, que por seu princípio, é indiferente a todas as religiões positivas.[1025]

[1024] RAMÍREZ, Carlos María. Conferencias de Derecho Constitucional XIII. RELACIONES DEL ESTADO Y LAS IGLESIAS. Protección de varios cultos – Independencia recíproca del Estado y las Iglesias (maiúsculas no original). *La Bandera Radical*: Revista Semanal de Intereses Generales, año 1, n. 33, 10 set. 1871. p. 316, grifos do autor, inserções nossas.

[1025] RAMÍREZ, Carlos María. Conferencias de Derecho Constitucional XIII. RELACIONES DEL ESTADO Y LAS IGLESIAS. Protección de varios cultos – Independencia recíproca del Estado y las Iglesias (maiúsculas no original). *La Bandera Radical*: Revista Semanal de Intereses Generales, año 1, n. 33, 10 set. 1871. p. 316-317.

Depois de tratar sobre todos os "sistemas" anteriores, dos quais discordava totalmente, Ramírez finalmente passou a discorrer sobre aquele com o qual concordava e defendia: o sustentado pela independência entre Estado e Igrejas, já iniciado por sua defesa a respeito da separação "moderada" entre os dois âmbitos. Tais intervenções do publicista oriental não mencionaram necessariamente o termo "secularização". Nesse sentido, acreditamos que essa nossa percepção esteja de acordo com a análise de Annick Lempèriére a respeito da ausência da mobilização do referido conceito na segunda metade do Oitocentos latino-americano[1026], conforme já vimos no terceiro capítulo de nosso trabalho. Assim, sobre o terceiro sistema, Ramírez afirmou:

> O terceiro sistema é o da independência recíproca, ou separação completa das Igrejas e do Estado; todas as Igrejas ficam completamente livres para organizar-se e governar-se a si mesmas; o Estado completamente desligado de toda obrigação excepcional relativa a uma Igreja e a respeito de todas elas. Esse sistema é o que menos explicações requer para sua compreensão, porque é o mais simples, o mais adequado à natureza das coisas, o mais conforme às ideias que temos da religião dos homens e do poder público dos povos.[1027]

Nessa forma de organização pública do direito de crenças, a liberdade religiosa, conforme sua concepção, estaria totalmente assegurada mediante a neutralidade do Estado em relação às instituições religiosas diversas, tudo em consonância com sua acepção de Direito Constitucional. Além disso, a defesa de tal "modelo" consistiria em mais um exemplo em que Ramírez buscou conciliar tanto elementos mais liberais quanto mais republicanos na conformação de uma esfera pública a ser consolidada no Uruguai:

> Todas as objeções e dificuldades desaparecem ante essa organização simples e clara, como tudo o que se ajusta aos verdadeiros princípios do direito. As forças individuais ficam completamente livres e a força social, como laço de união entre todas elas, sem confundir-se realmente com nenhuma. O Estado não adota uma religião determinada, nem protege indiferentemente a várias; assegura o exercício de todas,

---

[1026] LEMPÈRIÉRE, Annick. Los hombres de letras hispanomericanos y el proceso de secularización. *In*: ALTAMIRANO, Carlos (dir.). *Historia de los intelectuales en América Latina*. Buenos Aires: Katz, 2008. v. 1, p. 242-266.

[1027] RAMÍREZ, Carlos María. Conferencias de Derecho Constitucional. XIII. RELACIONES DEL ESTADO Y LAS IGLESIAS. El sistema de la Religión de Estado (maiúsculas no original). *La Bandera Radical*: Revista Semanal de Intereses Generales, año 1, n. 32, 3 set. 1871. p. 278.

impedindo que a liberdade de um ataque a liberdade de outra ou que qualquer uma delas se emancipe dos deveres sociais.[1028]

De modo a dar continuidade às suas argumentações públicas a respeito dessa proposta de separação entre Estado e Igreja, Ramírez fez questão de refutar as críticas feitas a esse "sistema", cujos elaboradores recorriam, *grosso modo*, à hipótese de que se formariam "Estados dentro do Estado"[1029] e, consequentemente, um terreno fértil para a Igreja Católica. O exemplo dessa religião, para essa finalidade, era usualmente colocado, no debate público, devido a sua influência, predominância e poder históricos, o que, aliás, poderia comprometer a existência das "sociedades modernas"[1030]. No entanto, segundo a visão do professor de Direito Constitucional, era algo que também não se sustentava, pois, tendo o Estado "uma independência igual, não pode sofrer invasão em seu domínio próprio, como não pode invadir o domínio estranho"[1031].

Na direção oposta, também havia as críticas sustentadas pelo receio de que as Igrejas acabariam, minguariam, caso essa independência entre o Estado e aquelas fosse estabelecida, de fato. E, da mesma forma, Ramírez pôs-se a refutá-las, assim como o fez em relação às que acreditavam no oposto. Conforme sua concepção, a "fé verdadeira", espontânea, nunca teria fim, diferentemente da que fosse imposta de algum modo aos indivíduos[1032]. Portanto, para Ramírez:

> A experiência é decisiva a este respeito. O povo, onde mais radicada existe a independência recíproca do Estado e as Igrejas, é, também, o povo onde a ordem religiosa se revela com mais espontaneidade, com mais vigor, com mais fecundidade de propaganda.[1033]

Para dar mais autoridade a seus argumentos em relação a essa última categoria de críticas à independência entre Estado e Igreja, Ramírez

---

[1028] RAMÍREZ, Carlos María. Conferencias de Derecho Constitucional XIII. RELACIONES DEL ESTADO Y LAS IGLESIAS. Protección de varios cultos – Independencia recíproca del Estado y las Iglesias (maiúsculas no original). *La Bandera Radical*: Revista Semanal de Intereses Generales, año 1, n. 33, 10 set. 1871. p. 317.

[1029] *Ibid.*, p. 318.

[1030] *Ibid.*

[1031] *Ibid.*, p. 319.

[1032] *Ibid.*, p. 321.

[1033] RAMÍREZ, Carlos María. Conferencias de Derecho Constitucional XIII. RELACIONES DEL ESTADO Y LAS IGLESIAS. Protección de varios cultos – Independencia recíproca del Estado y las Iglesias (maiúsculas no original). *La Bandera Radical*: Revista Semanal de Intereses Generales, año 1, n. 33, 10 set. 1871. p. 322.

recorreu, mais uma vez, ao exemplo dos EUA[1034]. Mas, desta vez, valendo-se das análises político-sociais e informações fornecidas por Frederick Grimke[1035], de quem também se mostrou ter sido um assíduo leitor, conforme já vimos no capítulo 2. Desse modo, destacou que, naquele país, as Igrejas nunca tinham sido vinculadas ao Estado, o que não fez com que elas sucumbissem a tal separação. Pelo contrário: o crescimento dessa instituição, verificado pelo aumento da quantidade de espaços ligados a ela ao longo do século XIX, foi "obra dos próprios esforços da Igreja, obra da espontânea caridade dos fiéis"[1036].

Na sequência de tais argumentos, explicitou o diálogo político-intelectual com outro jurista e escritor latino-americano de seu contexto, o colombiano Florentino González. Desse letrado oitocentista, Ramírez "tomou emprestadas" as análises feitas por aquele constitucionalista, em relação aos "Estados Unidos de Colômbia"[1037], mostrando que foram os próprios setores católicos colombianos os propositores de tal separação e manutenção da liberdade religiosa. Assim como igualmente havia defendido o intelectual católico José Manuel Estrada na Argentina, no mesmo contexto[1038]:

> Nos Estados Unidos de Colômbia, diz o doutor D. Florentino González, distinto cidadão desse país, o clero católico contribuiu poderosamente para que se aprovasse a disposição constitucional que, em 1853, declarou livre a profissão pública ou privada de qualquer religião ou culto, separou a Igreja Católica do Estado e revogou todas as leis que tinham relação com esse estabelecimento. Quando o Ditador Mos-

---

[1034] Aqui, dialogamos diretamente com o que afirma José Murilo de Carvalho a respeito da recorrência, por parte dos escritores brasileiros do século XIX, aos nomes e às obras de escritores estrangeiros como forma retórica de atribuir uma autoridade às suas próprias argumentações públicas nos debates dos quais participaram. Ver: CARVALHO, José Murilo de. História intelectual no Brasil: a retórica como chave de leitura. *Topoi*, Rio de Janeiro, n. 1, p. 123-152, 2000. Nesse sentido, concebemos que Ramírez agiu da mesma forma em outros vários momentos, ao recorrer, de forma retórica, aos nomes e às ideias de autores estrangeiros a fim de convencer seus interlocutores e embasar seus argumentos públicos, conforme ainda veremos.

[1035] RAMÍREZ, *op. cit.*, p. 322.

[1036] *Ibid.*, p. 322-323

[1037] *Ibid.*, p. 323.

[1038] Ver: CASTELFRANCO, Diego. De la "Iglesia libre en el Estado libre" a la amenaza del "Estado ateo": José Manuel Estrada y su trayectoria intelectual. *In*: DI STEFANO, Roberto; SILVA, Ana Rosa Cloclet da (org.). *Catolicismos en perspectiva histórica*: Brasil e Argentina en diálogo. Santa Rosa: IEHSOLP Ediciones, 2020. p. 83-111.

quera[1039] restabeleceu, em 1861, o patronato, o clero resistiu a tal medida e o país apoiou sua resistência de tal modo, que, enfim, em 1867, teve que se restabelecer por completo a liberdade religiosa que existia anteriormente, com a qual terminaram os distúrbios a que havia dado lugar o restabelecimento do patronato." (*Derecho Constitucional, Sec. IV*) [aspas inseridas por Ramírez somente no fim da citação da obra de González].[1040]

Assim como Ramírez, Florentino González era leitor de Grimke e Stuart Mill, duas das referências que o jurista oriental mais mobilizava em seus escritos públicos para tratar dos princípios republicanos e liberais acerca do que entendia sobre Direito Constitucional[1041]. Além disso, o jurista colombiano foi um defensor do federalismo, do mesmo modo que Ramírez[1042]. Tais usos, mais uma vez, indicam-nos que Ramírez buscou, nos mais diversos autores de seu contexto, as ideias e os argumentos para tratar sobre esses e outros temas de interesse público, inclusive a questão da separação do Estado e das Igrejas. Desse modo, podemos conceber que o publicista uruguaio esteve aberto aos elementos teóricos que mais "serviam" para a reiteração e defesa pública de seu projeto de reformulação da Constituição uruguaia no que tange a esse último tópico.

Nesse sentido, esse processo de separação entre Estado e Igreja, em si mesmo, não seria o motivador de um "perigo moral" resultante dessa mudança, haja vista, segundo a concepção de Ramírez, que as crenças referentes a qualquer religião poderiam, de algum modo, tangenciar as instituições sem a intervenção de autoridades públicas. Dessa forma, seu argumento foi o de que as religiões não dependiam de nenhuma ação estatal que favorecesse essa interconexão oficialmente, de qualquer agente do Estado, para subsistirem:

[1039] Acreditamos que, muito provavelmente, tanto González quanto Ramírez se referiram ao então presidente colombiano, o general Tomás Cipriano Mosquéra, o qual ocupou o cargo político máximo daquele país por várias vezes, entre os anos de 1845 e 1867, tendo oscilado politicamente entre os setores conservadores e os liberais. Para mais informações sobre a história política colombiana, ver: DEAS, Malcolm. Venezuela, Colombia y Ecuador. *In*: BETHELL, Leslie (org.). *Historia de América Latina*. Barcelona: Editorial Crítica, 1991. t. 6, p. 175-201.

[1040] RAMÍREZ, Carlos María. Conferencias de Derecho Constitucional XIII. RELACIONES DEL ESTADO Y LAS IGLESIAS. Protección de varios cultos – Independencia recíproca del Estado y las Iglesias (maiúsculas no original). *La Bandera Radical*: Revista Semanal de Intereses Generales, año 1, n. 33, 10 set. 1871. p. 323, grifos do autor, inserção nossa.

[1041] Sobre o pensamento e atuação de Florentino González no século XIX, ver: TAMAYO ARBOLEDA, Fernando León. Autoritarismo y liberalismo: una mirada a partir de la obra de Florentino González a la ideología liberal en Colombia en el siglo XIX. *Estudios Políticos. (Universidad de Antioquia)*, n. 51, p. 106-127, 2017.

[1042] *Ibid.*

> Não há o perigo moral que se pretende ver na separação da Igreja e do Estado; essa separação não importa, de maneira alguma, dizer que o verdadeiro espírito religioso jamais penetre na norma das funções públicas; não importa, de maneira alguma, estabelecer o divórcio entre as instituições e as ideias teológicas. As funções do Estado ficam completamente abertas aos sectários de todas as crenças religiosas, e no desempenho dessas funções, em sua esfera legítima, em suas atribuições naturais, cada qual aplicará o espírito e a norma de sua profunda fé. Se o evangelho encerra a última palavra da moral e do direito, destinada a centralizar as inteligências dispersas nas divagações das utopias estéreis, o evangelho se infiltrará, sem dúvida, em todas as fases da legislação sem necessidade de que os representantes do Estado o proclamem e defendam como um livro divino, dando lugar ao que os representantes de amanhã o anatematizem e persigam como uma impostura sacrílega. Longe de que essas religiões necessitem da aliança estreita do Estado para subsistir sobre a terra, só podem elas subsistir com estabilidade e brilho, arrebatando a essência de sua organização e de seus dogmas, ao fluxo instável das tempestades civis.[1043]

E, mais uma vez, recorreu aos postulados enunciados por Tocqueville para embasar suas proposições a respeito do tema da independência entre Igreja e Estado. Aqui, percebemos que foi a primeira vez que Ramírez se utilizou dos elementos teóricos tocquevilleanos para tratar sobre a autonomia entre os dois âmbitos entre si. Embora o intelectual uruguaio não tenha mencionado explicitamente o trecho da obra do filósofo político francês da qual se utilizou em seus argumentos, conseguimos identificar que tais ideias estão contidas no Livro 1 de *A democracia na América* (1835). Mais especificamente na seção em que Tocqueville tratou sobre as "leis e costumes" que "influenciavam" a "manutenção da república democrática nos Estados Unidos"[1044], os quais se mostraram propícios para a separação entre a Igreja e o Estado na "República do Norte":

> "[...] unindo-se a religião às diferentes autoridades políticas, não seria possível senão contrair uma aliança onerosa. Não tem necessidade do arrimo delas para viver, e pode morrer servindo-as. O perigo que acabo de destacar existe em todos

---

[1043] RAMÍREZ, Carlos María. Conferencias de Derecho Constitucional XIII. RELACIONES DEL ESTADO Y LAS IGLESIAS. Protección de varios cultos – Independencia recíproca del Estado y las Iglesias. (maiúsculas no original). *La Bandera Radical*: Revista Semanal de Intereses Generales, año 1, n. 33, 10 set. 1871. p. 323-324.

[1044] Ver: TOCQUEVILLE, Alexis de. *A democracia na América*. Tradução de Eduardo Brandão. 2. ed. São Paulo: Martins Fontes, 2005. Livro 1, p. 337-338.

os tempos, mas nem sempre é tão visível. Há séculos em que os governos parecem imortais e outros em que se diria que a existência da sociedade é mais frágil que a de um homem. *Certas constituições mantêm os cidadãos em uma espécie de sono letárgico, e outras os entregam a uma agitação febril.* Quando os governos parecem tão fortes e as leis tão estáveis, os homens não advertem os riscos que pode correr a religião irmanando-se com o poder. *Quando os governos se mostram tão débeis e as leis tão variáveis, o perigo chama todos os olhares, mas, então, costuma-se haver tempo de retirar-se dele [...]. À medida que uma nação toma um estado social democrático, e se veem inclinar as sociedades em direção à república, faz-se mais perigoso unir a religião à autoridade;* porque se aproximam os tempos em que a autoridade vai passar de mão em mão, em que as teorias políticas se sucederão umas às outras, e em que os homens, as leis e, ainda, as constituições desaparecerão ou se modificarão a cada dia, e isso não por espaço de certo tempo, mas sim sem cessar. *A agitação e a instabilidade são próprias das repúblicas democráticas, do mesmo modo que a imobilidade e o sono formam a lei das monarquias absolutas.*[1045][...] [sem aspas, pois a citação de Tocqueville continua].[1046]

Aqui, o intelectual oriental procurou se fundamentar, mais uma vez, nos escritos do filósofo político francês de modo a endossar o que projetava para a sua realidade nacional, a respeito da hipótese de que somente em um Estado democrático e estável de direito seria possível amenizar as ameaças *da interdependência entre* Estado e Igreja. Para isso, seria necessária uma Constituição bem pensada e consolidada, na teoria e na prática, de modo a proporcionar tal "fórmula" harmônica do poder na esfera pública. Além disso, destacamos os trechos no excerto *supra* a fim de tratar sobre um ponto que consideramos fundamental para compreendermos alguns significados de "Constituição" nas propostas de Ramírez. Para o jurista oriental, *à luz de* suas leituras de Tocqueville, uma República, e os costumes decorrentes desse sistema de governo, caracterizar-se-ia pela estabilidade política em meio à "agitação democrática", ao passo que a monarquia e seus valores consistiriam em um "modelo" oposto, marcado pela "imobilidade".

[1045] Esse trecho específico também está contido no já referido livro 1 d'*A democracia na América*, de Tocqueville. Ver: TOCQUEVILLE, *op. cit.*, p. 350-351.

[1046] RAMÍREZ, Carlos María. Conferencias de Derecho Constitucional XIII. RELACIONES DEL ESTADO Y LAS IGLESIAS. Protección de varios cultos – Independencia recíproca del Estado y las Iglesias. (maiúsculas no original). *La Bandera Radical*: Revista Semanal de Intereses Generales, año 1, n. 33, 10 set. 1871. p. 324, grifos nossos, inserções nossas.

Em outros termos, a República, com leis e costumes próprios, sustentadores de um governo estável, seria o regime propício ao estabelecimento de mudanças no tempo, para a reformulação dos direitos dos cidad*ãos conforme mudanças da socie*dade, ou seja, indicava a modernidade em aberto[1047]. E, como podemos perceber, o intelectual oriental buscou mobilizar, de modo instrumental, tais ideias do filósofo político francês, visando *à* reformulação constitucional que almejava, a qual proporcionaria, também, a separação entre a Igreja e o Estado uruguaios. Assim, a nação republicana que projetou possuiria mais um elemento que a fizesse ser considerada como tal.

Como *já percebemos* pelas intervenções públicas de Ramírez, seu objetivo foi o de prezar pela liberdade religiosa de modo que não houvesse um privilégio, concedido pelo Estado uruguaio, a alguma delas em relação *às* demais, de modo que não houvesse exclusão de nenhuma crença e de nenhum pensamento no âmbito público. Desse modo, ao que tudo indica, a sociedade estadunidense também se mostrava como um referencial a tais anseios que defendia para o contexto político-cultural uruguaio, expressa pelos preceitos colocados por juristas dos EUA. Um deles foi Joseph Story (1779-1845), do qual Ramírez compartilhou tais ideias. Story, em seus comentários a respeito

---

[1047] Nesse ponto, dialogamos diretamente com os autores que tratam sobre as relações entre a História Intelectual, a História Conceitual, as tensões entre diversas temporalidades e da coexistência de elementos, em tese, mais ligados à tradição e aos mais próximos da modernidade política ao longo do século XIX tanto na Europa quanto na América Latina, quais sejam: KOSELLECK, Reinhart. *Histórias de conceitos*: estudos sobre a semântica e a pragmática da linguagem política e social. Tradução de Markus Hediger. Rio de Janeiro: Contraponto, 2020; GUERRA, François-Xavier. *Modernidad e independencias*: ensayos sobre las revoluciones hispánicas. Madrid: Editorial MAPFRE, 1992; PALTI, Elías José. *El tiempo de la política*: el siglo XIX reconsiderado. Buenos Aires: Siglo XXI Editores, 2007a; PALTI, Elías José. Historia de ideas e historia de lenguajes políticas: acerca del debate en torno a los usos de los términos "pueblo" y "pueblos". *Varia Historia*, Belo Horizonte, v. 21, n. 34, p. 325-343, jul. 2005. Disponível em: https://www.scielo.br/j/vh/a/ZpL83bgMVppXjqqRtqHNMHz/?format=pdf&lang=es. Acesso em: 23 jun. 2022; PALTI, Elías José. Las polémicas en el liberalismo argentino: sobre virtud, republicanismo y lenguaje. *In*: RIVERA, José Antonio Aguilar; ROJAS, Rafael (org.). *El republicanismo en Hispanoamérica*: ensayos de historia intelectual y política. México: Fondo de Cultura Económica, 2002. p. 167-209. Mais especificamente sobre a relação e as tensões entre os conceitos de republicanismo, de liberalismo e os usos desses termos para a formação da política uruguaia moderna, dialogamos diretamente com o que tratam Gerardo Caetano e Javier Gallardo em seus respectivos trabalhos: CAETANO, Gerardo. Genealogías de la política uruguaya moderna: el liberalismo como "concepto fundamental" y su primacía sobre el republicanismo en el siglo XIX. *Claves*: Revista de Historia, n. 2, p. 111-143, ene./jun. 2016; GALLARDO, Javier. Las ideas republicanas en los orígenes de la democracia uruguaya. *Araucaria*: Revista Iberoamericana de Filosofía, Política y Humanidades, v. 5, n. 9, p. 3-44, 2003. Nesse sentido, entendemos, em diálogo com o que propõe Elías Palti, que, em História Intelectual, não é possível conceber a tradição e a modernidade como "modelos" ou conjuntos de ideias e elementos temporais totalmente opostos entre si. Assim, estamos alinhados às críticas de Palti às ideias de "modernidade" e de "temporalidade" existentes tanto em Reinhart Koselleck quanto em François-Xavier Guerra. Sobre esse ponto, ver: PALTI, Elías José. Koselleck y la idea de *Sattelzeit*: un debate sobre modernidad y temporalidad. *Ayer*, n. 53 (I), p. 63-74, 2004; PALTI, Elías José. Temporalidade e refutabilidade dos conceitos políticos. *Revista da Faculdade de Direito da UFRGS*, Porto Alegre, n. 35, p. 4-23, dez. 2016. Disponível em: https://seer.ufrgs.br/index.php/revfacdir/article/view/70284/39717. Acesso em: 23 jun. 2022.

da Constituição estadunidense[1048], também tratou sobre a nocividade da dependência entre Estado e Igreja dentro de uma nação que intencionasse ser democrática, e a favor da participação político-institucional dos membros representantes das diversas religiões[1049]. Da mesma forma, eram indicações teóricas que prezavam pela inviabilização das perseguições religiosas dentro de uma sociedade que se propusesse democrática e republicana[1050].

Story também foi uma referência para Ramírez devido *à* sua defesa das emendas constitucionais. Essa possibilidade era bem-vista por Ramírez, uma vez que sua intenção era "reformar" pontos da Constituição uruguaia de 1830, principalmente no que tangia *à* desconstrução das relações entre Estado e Igreja, ainda preconizados pela Carta Magna Oriental. Assim, tomando como referência os exemplos de alguns estados da "República do Norte", muitos dos quais se mantiveram sob a égide dessa inter-relação entre a religião e o Estado, Ramírez argumentou, ainda com base em Story, que tal dependência foi se desfazendo com o tempo:

> Por isso, diz Story, que *os exemplos da história nacional* ilustravam aos legisladores da União e, assim, nas vinculadas ações e reações do progresso, a experiência dos Estados produziu a célebre emenda da Constituição federal, e a emenda da Constituição federal serviu de modelo a todas as Constituições locais. Hoje, nos Estados Unidos, a separação do Estado e das Igrejas impera desde o golfo mexicano até o estreito de Behring, e desde o Oceano Atlântico até o Oceano Pacífico.[1051]

E, de modo alinhado ao que vimos analisando, o projeto de reconstrução nacional e constitucional de Ramírez, cada vez mais, embasava-se em referenciais externos, ora franceses, ora latino-americanos, mas principalmente os estadunidenses. Outro exemplo disso foi sua menção *à* Constituição do estado norte-americano do Maine, tendo o jurista oriental

---

[1048] Essa obra de Story é composta por três tomos. Não conseguimos ter contato com o volume citado por Ramírez, mas tivemos acesso à seguinte tradução para o espanhol do mencionado pelo intelectual uruguaio, realizada pelo jurista e publicista argentino Nicolás Calvo, em 1864, e reeditada em 1888: STORY, Joseph. *Comentario sobre la Constitución federal de los Estados Unidos (1830)*. Traducción de Nicolás Calvo. Buenos Aires: Imprenta La Universidad, 1888. t. 1, p. 572-574.

[1049] *Ibid.*

[1050] *Ibid.*

[1051] RAMÍREZ, Carlos María. Conferencias de Derecho Constitucional XIII. RELACIONES DEL ESTADO Y LAS IGLESIAS. Protección de varios cultos – Independencia recíproca del Estado y las Iglesias (maiúsculas no original). *La Bandera Radical*: Revista Semanal de Intereses Generales, año 1, n. 33, 10 set. 1871. p. 327, grifos do autor.

destacado, nas páginas de *La Bandera Radical,* ainda em suas *Conferencias de Derecho Constitucional,* o seguinte trecho:

> [...] há mais de meio século que, nas Constituições da maior parte dos Estados Norte-americanos, existem artigos seme-lhantes ao que tomamos da Constiuição de *Maine*: "Todos os homens têm o direito natural e inalienável de adorar a Deus Todo Poderoso de acordo com os ditados de sua pró-pria consiência, e ninguém será perseguido, molestado nem restringido em sua pessoa, liberdade ou estado, por adorar a Deus no modo e forma mais agradável aos ditados de sua própria consciência, nem por seus princípios ou sentimen-tos religiosos, contanto que não perturbe a paz pública ou atrapalhe aos outros em seu culto, – e todas as pessoas que permaneçam pacificamente como bons membros do Estado estarão igualmente sob a proteção das leis, e não se estabele-cerá, pela lei, nenhuma subordinação ou preferência de uma seita ou religião sobre outra, nem se exigirá um juramento reli-gioso como condição para exercer postos públicos ou cargos desse Estado, e todas as sociedades religiosas terão sempre o *exclusivo* direito de eleger seus Ministros e de obrigar-se com eles para sua sustentação e manutenção". Queiram os céus que algum dia toque a algum de nós proclamar e defender preceitos tão charmosos na Assembleia que tome sobre si a obra da reconstrução da pátria![1052]

Nesse sentido, como podemos perceber, para pensar e reconstruir política e juridicamente a nação, mais especificamente por meio dos princí-pios constitucionais relativos *à* separação entre a Igreja e o Estado, Ramírez, mais uma vez, não deixou de considerar os elementos teóricos e político--culturais provindos de outros países, fossem eles latino-americanos, fossem dos Estados Unidos ou da Europa (França). Assim, percebemos que todas as possibilidades político-intelectuais, dos mais variados vieses, poderiam ser válidas para esse fim, desde que bem "ajustadas" entre si em relação *à* realidade uruguaia, estando elas, assim, também no seu devido "lugar"[1053].

[1052] RAMÍREZ, Carlos María. Conferencias de Derecho Constitucional XIII. RELACIONES DEL ESTADO Y LAS IGLESIAS. Protección de varios cultos – Independencia recíproca del Estado y las Iglesias (maiúsculas no original). *La Bandera Radical*: Revista Semanal de Intereses Generales, año 1, n. 33, 10 set. 1871. p. 328, grifos e aspas do autor.

[1053] Aqui, fazemos referência aos debates teóricos sobre se as ideias estão ou não em seus "lugares", principal-mente na América Latina. Desse modo, retomamos as indicações de Carlos Altamirano, Elías Palti e Adriane Vidal Costa, as quais destacamos ainda na introdução de nossa tese e que seguimos para tratar da circulação e ressignificação das ideias em variados contextos político-culturais e intelectuais ao longo da história. Sobre esse debate, ver: ALTAMIRANO, Carlos. *Para un programa de historia intelectual y otros ensayos.* Buenos Aires: Siglo XXI Editores, 2005; PALTI, Elías José. *El tiempo de la política:* el siglo XIX reconsiderado. Buenos Aires: Siglo

As críticas de Ramírez à relação entre Estado e Igreja, e suas consequências decorrentes de tal retroalimentação, não passaram desapercebidas pelos setores católicos. No número 33 de *La Bandera Radical*, Ramírez abriu espaço para a manifestação do periódico *El Mensajero del Pueblo* acerca das intervenções, feitas por ele, na 12ª conferência[1054]. No referido artigo de resposta, o autor, cujo nome não é mencionado por Ramírez, afirmou que os argumentos do professor de Direito Constitucional tinham uma "base falsa"[1055]. Além disso, com tais propostas, a "paz desapareceria do seio das famílias, estabelecendo-se nelas a mais espantosa anarquia, a guerra mais desastrosa, a guerra sustentada pela diversidade e oposição de crenças e de moral"[1056].

Valendo-se do seu direito ainda constitucional, o *Mensajero del Pueblo* também defendeu que tais ideias sobre a liberdade religiosa divulgadas por Ramírez em *La Bandera Radical* violariam, por sua vez, as liberdades da Igreja Católica, esta estabelecida desde 1830 como a religião oficial do Estado uruguaio: "As teorias assentadas no discurso que nos ocupa são [...] um ataque injusto e atentatório contra os direitos inquestionáveis da *única e verdadeira religião, a Católica, Apostólica Romana*"[1057]. Ao referido artigo do periódico católico, Ramírez respondeu da seguinte forma:

> Este artigo, longe de contrariar-nos, foi de grande utilidade para nossas discussões de classe; suas apreciações nos serviram de exemplo para comprovar o perigo da doutrina que faz do direito a faculdade de fazer o que o dever prescreve, o dever em ação, a moral em prática. Em nome dessa doutrina, o *Mensajero del Pueblo* condena a liberdade religiosa, essa conquista da civilização moderna, e [...] justifica todos os crimes da Inquisição, essa desonra da civilização que terminou e que não voltará jamais. As conferências posteriores que o *Mensajero del Pueblo* refutou, definindo a nossa ideia, bastam para a impugnação do artigo transcrito; em nossa doutrina,

---

XXI Editores, 2007a; PALTI, Elías J.; COSTA, Adriane Vidal. Prefácio: os lugares das ideias na América Latina. *In*: PALTI, Elías J.; COSTA, Adriane Vidal (org.). *História intelectual e circulação de ideias na América Latina nos séculos XIX e XX*. Belo Horizonte: Fino Traço, 2021. p. 5-11.

[1054] Essa 12ª conferência, alvo da crítica do periódico católico, foi publicada no seguinte número de *La Bandera Radical*: RAMÍREZ, Carlos María. Conferencias de Derecho Constitucional. XII. RELACIONES DEL ESTADO Y LAS IGLESIAS. El sistema de la Religión de Estado (maiúsculas no original). *La Bandera Radical*: Revista Semanal de Intereses Generales, año 1, n. 32, 3 set. 1871. p. 276-286.

[1055] RAMÍREZ, Carlos María. El catolicismo y la libertad religiosa. *La Bandera Radical*: Revista Semanal de Intereses Generales, año 1, n. 33, 10 set. 1871. p. 329.

[1056] *Ibid.*, p. 331.

[1057] *Ibid.*, p. 331-332.

> não há a mínima intenção de ferir o direito da religião católica; queremos para ela o que queremos para todas: completa posse de seus destinos, independência, liberdade; não queremos para ela o que não queremos para nenhuma nem para nós mesmos: o apoio da força que deve estar a serviço da liberdade de todos, nem o apoio do dinheiro, que deve destinar-se à manutenção exclusiva da força.[1058]

O pensamento de José Manuel Estrada mostrou-se, mais uma vez, uma ferramenta teórica e discursiva válida para Ramírez dentro do debate sobre a relação entre Estado e Igreja que levou a cabo *na* e *pela* esfera pública uruguaia. Conforme vimos percebendo em vários momentos, o publicista oriental entendia que o nome de Estrada consistia em um elemento de autoridade retórica no que dizia respeito à questão religiosa de seu contexto, tão discutida pelo escritor argentino. Desse modo, o professor de Direito Constitucional enxergava-o como o "mais enérgico e erudito defensor do catolicismo no Rio da Prata, a vigorosa inteligência que pode servir de *contrapeso* à influência da propaganda racionalista de Bilbao"[1059].

Ao destacarmos o termo "contrapeso", no excerto anterior, buscamos indicar uma forma de analisar tal expressão utilizada por Ramírez. Assim como propunha em relação à pacificação e à reconstrução nacionais, caracterizada pelo fim das guerras civis entre os partidos tradicionais e pela busca da estabilidade, da "moderação" política, Ramírez também o fazia em relação à questão religiosa. Em outros termos, o que argumentamos é que o jurista oriental procurava, igualmente no plano político-intelectual, encontrar o "equilíbrio" por meio dos usos das ideias de publicistas representantes de vertentes teóricas distantes em seus pressupostos, no que tangia aos temas relativos ao Estado, ao republicanismo e ao catolicismo.

Por outro lado, reiteramos: é provável que a recorrência ao nome de Estrada tenha sido feita de modo intencionalmente instrumental por parte de Ramírez, no sentido de aquele, mesmo tendo sido um conservador católico, ter defendido a separação entre Estado e Igreja na Argentina. Assim, as menções de Ramírez ao nome do publicista portenho podem ser entendidas como formas conscientes na obtenção de sucesso em propor

---

[1058] RAMÍREZ, Carlos María. El catolicismo y la libertad religiosa. *La Bandera Radical*: Revista Semanal de Intereses Generales, año 1, n. 33, 10 set. 1871. p. 332, grifos do autor.

[1059] *Ibid.*, p. 333, grifo nosso.

suas ideias a respeito da liberdade religiosa, de que elas podiam ser "ouvidas" e, talvez, relativamente aceitas pelas ordens católicas de então. Nesse sentido, recorrendo, mais uma vez, às ideias de Estrada — desta vez, a um silogismo, utilizado pelo intelectual argentino, para tratar sobre a questão religiosa em seu país —, Ramírez afirmou:

> [...] preferimos contestar o *Mensajero del Pueblo* com o testemunho de um *de seus irmãos na fé* [...]. Fala o Sr. Estrada, em um capítulo de seu opúsculo sobre a Igreja e o Estado, cremos que o *Mensajero* o escutará sem prevenção e sem escrúpulos de consciência: "O raciocínio dos católicos que se opõem à reforma *abolição da religião de Estado* (sic) é conversível no seguinte silogismo:
> – A Religião é necessária para a organização das sociedades e a solidez dos direitos comuns;
> – O estabelecimento legal da verdadeira Igreja é necessário para consolidar a influência da religião;
> – Logo, deve-se conservar a legislação que reconhece uma Igreja estabelecida. Das premissas desse silogismo, uma é certa, a maior; outra é falsa, a menor; e, portanto, é falsa a consequência, sendo regra de lógica que a consequência segue a pior condição das premissas. [...] E ao rechaçar a segunda premissa do raciocínio que discuto, devo declarar, sob minha fé de cristão, que rechaço, também, a doutrina formulada neste programa revolucionário: "SEPARAÇÃO ABSOLUTA DA IGREJA E DO ESTADO". A sociedade não é, nem deve, nem pode ser ateia. A sociedade é religiosa. A sociedade moderna é cristã [Ramírez utilizou as aspas exatamente como consta neste trecho].[1060]

Como podemos perceber, a transcrição de mais esse trecho, por parte de Ramírez, dos escritos de Estrada indicava que o intelectual uruguaio compartilhava das ideias do publicista católico argentino no que tangia ao tema das relações entre Igreja e Estado. Ambos concordavam com a necessidade da separação dos dois âmbitos de modo que a liberdade religiosa pudesse existir. No entanto, como podemos perceber, Ramírez também endossava a ideia de Estrada a respeito de uma separação que não fosse "absoluta", pois, tanto para o uruguaio quanto para o argentino, a sociedade não poderia ser "ateia", o que, a nosso ver, explicita os limites de seu laicismo. Isso, conforme a leitura de Diego Castelfranco a respeito dos escritos de Estrada, devia-se ao

---

[1060] RAMÍREZ, Carlos María. El catolicismo y la libertad religiosa. *La Bandera Radical*: Revista Semanal de Intereses Generales, año 1, n. 33, 10 set. 1871. p. 333-334, grifos do autor, inserção nossa, maiúsculas no original.

fato de que o publicista argentino entendia que um Estado "ateu" incorreria no "utilitarismo" exacerbado, gerador de "enganos e corrupção"[1061]. Ao que tudo indica, acreditamos que Ramírez, por ter publicado a transcrição de forma não matizada de tais escritos de Estrada, provavelmente foi adepto da ideia de a separação não dever ser "absoluta", concordando, assim, com essa crítica do intelectual argentino aos riscos do "utilitarismo".

Nesse sentido, esse "meio-termo" também poderia ser entendido como um modo de suas propostas de separação entre Estado e Igreja não guardarem um caráter "radical" para o seu contexto e, assim, buscar uma mediação com a própria Igreja Católica em relação a esse tema, prezando por algo maior, ou seja, pela liberdade religiosa e a ampliação da esfera pública. Embora a concepção laicista de Ramírez estivesse mais ligada às ideias de "moral laica" e de "fé cívica", como mostramos no capítulo 2, também podemos identificar que seu secularismo foi composto por essa proposta de cunho "separatista" a respeito dos âmbitos estatal e da Igreja, o que consistia na primazia de uma esfera pública sobre o âmbito privado. Ambos os referidos tipos de laicismo compuseram a "cultura laicista" uruguaia iniciada no século XIX, conforme defende Gerardo Caetano[1062].

3.2.8 O Direito Constitucional e as liberdades de pensamento e de imprensa

Após ter feito suas considerações a respeito da liberdade de consciência e referentes *às* relações entre o Estado e a Igreja Católica (e *às* demais religiões), Ramírez passou a tratar sobre a liberdade de pensamento. A definição dada pelo intelectual uruguaio a tal liberdade foi a seguinte: "manifestações da liberdade humana no desenvolvimento da atividade intelectual [...] a liberdade de pensamento, ou melhor dizendo, a *liberdade da palavra falada* e da *palavra escrita*"[1063]. Ao introduzir o tema, Ramírez expressou, mais uma vez, algo que, a nosso ver, também vai ao encontro do que vimos defen-

---

[1061] CASTELFRANCO, Diego. De la "Iglesia libre en el Estado libre" a la amenaza del "Estado ateo": José Manuel Estrada y su trayectoria intelectual. *In*: DI STEFANO, Roberto; SILVA, Ana Rosa Cloclet da (org.). *Catolicismos en perspectiva histórica*: Brasil e Argentina en diálogo. Santa Rosa: IEHSOLP Ediciones, 2020. p. 95.

[1062] CAETANO, Gerardo. Laicidad, ciudadanía y política en el Uruguay contemporáneo: matrices y revisiones de una cultura laicista. *Revista Cultura & Religión*, v. 7, n. 1, p. 116-139, 30 dic. 2013b. p. 120. Disponível em: https://www.revistaculturayreligion.cl/index.php/revistaculturayreligion/article/view/370. Acesso em: 23 jun. 2022.

[1063] RAMÍREZ, Carlos María. Conferencias de Derecho Constitucional XIV. LA LIBERTAD DEL PENSAMIENTO. El régimen preventivo y el régimen penal (maiúsculas no original). *La Bandera Radical*: Revista Semanal de Intereses Generales, año 1, n. 35, 24 set. 1871. p. 413, grifos do autor.

328

dendo em nossa pesquisa: a função de mediador cultural que o publicista deveria ter na esfera pública, seja na acepção relativa ao jornalista político, seja do profissional do Direito Público. Assim, tal atividade seria praticada em prol dos "interesses do país", das "instituições livres" e como "garantia política dos cidad*ãos*":

> Creio poder afirmar que sobre nenhuma matéria se escreveu tanto como sobre essa e que nenhum outro princípio social arrancou jamais tantos acentos de eloquência, ao engenho dos publicistas modernos. Afortunadamente, a parte generalizadora e artística, por assim dizer, da doutrina da liberdade do pensamento se vulgarizou muito com a propaganda da imprensa que, ao defender essa causa, defendeu junto com a de seus mais vitais interesses, a dos mais vitais interesses do país. Meu trabalho se reduzirá a certo estabelecimento de princípios e certo exame legal, que costumam descuidar-se nas elucubrações do debate diário. Desde cedo, devo observar, e essa observação é importante, que a liberdade do pensamento pode encarar-se sob dois aspectos bem distintos: como um direito natural, imprescritível, inalienável da natureza humana – ou como uma garantia política dos cidadãos, um elemento que se chama *instituições livres*, experiência indispensável de determinadas formas de governo.[1064]

Ramírez reconhecia a liberdade de pensamento como sustentáculo da democracia e dos direitos populares, conforme reiterava. No entanto, também argumentava que tal princípio seria maior do que o âmbito político, ou seja, seria algo próprio da "alma humana", acima das variadas formas de governo:

> É geral que se encare a liberdade do pensamento sob o segundo aspecto. Essa liberdade, é certo, em suas aplicações à organização e à marcha do Poder Social, é a melhor e mais poderosa salvaguarda de todos os direitos populares, o mais incontrastável muro aos embates da arbitrariedade e da usurpação; também é certo que sem essa liberdade assegurada, as instituições carecem de apoio e de força, de estabilidade e de progresso; é certo, enfim, que não se compreende uma forma de governo baseada no princípio da soberania do povo e na conseguinte responsabilidade dos funcionários públicos, sem a manutenção da liberdade que pode marcar o curso dessa soberania e designar eficazmente os casos dessa responsa-

---

[1064] *Ibid.*, p. 413-414, grifos do autor.

bilidade. Mas o rol que a liberdade do pensamento assume na conexão de suas aplicações com o jogo da organização política não deve servir de base às apreciações sobre sua natureza e seus grandes fundamentos filosóficos. A liberdade do pensamento é, sem dúvida, uma sublime garantia política, mas é, também, e antes de tudo, um direito essencial da alma humana, um atributo pessoal independente do mecanismo político e superior às formas constitutivas de governo.[1065]

Utilizando-se, mais uma vez, de uma retórica que mesclava elementos ligados ao sentimental com o racional, Ramírez buscou relacionar Deus com a razão, mais especificamente no que tangia *à* palavra falada, *à* palavra escrita e *à* palavra impressa — fosse esta publicada pela imprensa, fosse em formato de livro. Assim, as ideias e os sentimentos vinham ao homem por meio da palavra dada a ele por Deus; e, sendo da "natureza" do indivíduo a sociabilidade e a comunicação com outros indivíduos, a palavra deveria ser divulgada para que os demais pudessem ter igualmente contato com ela:

A sociedade está devidamente obrigada a respeitar o pensamento humano, mas esse pensamento, longe de ser uma força retraída ou apática, é uma grande força reveladora e expansiva, que morre de tristeza e de debilidade no espírito, enquanto na comunicação eterna se reveste de esplendor e de grandeza, fortifica-se e se depura. Por sua natureza e por sua essência, o pensamento reclama outros pensamentos que lhe escutem e até outros pensamentos que o contradigam. O homem é eminentemente sociável, e antes e mais ainda que o produto de suas faculdades físicas, necessita trocar com seus semelhantes o produto de suas faculdades intelectuais e morais – suas ideias e sentimentos. Para satisfazer essa primordial necessidade de sua natureza, Deus deu ao homem a palavra, e a palavra se condensou na escrita, e a escrita se estendeu pelo mundo com a prensa. A palavra falada, a palavra escrita, a palavra impressa não são senão manifestações do pensamento humano, que é igualmente sagrado em todas elas. Falar, escrever, publicar pela imprensa, o que a razão me dita e o coração me inspira; vejo, nos instrumentos aprefeiçoados da difusão das ideias, um complemento indispensável e legítimo de minhas próprias faculdades essenciais; tenho

---

[1065] RAMÍREZ, Carlos María. Conferencias de Derecho Constitucional XIV. LA LIBERTAD DEL PENSA-MIENTO. El régimen preventivo y el régimen penal (maiúsculas no original). *La Bandera Radical*: Revista Semanal de Intereses Generales, año 1, n. 35, 24 set. 1871. p. 414.

> o direito de pedir a liberdade do pensamento pela palavra, pela escrita e pela prensa.[1066]

Assim, quando relacionadas com o poder, as palavras faladas e escritas teriam uma "vantagem" em relação *à* palavra impressa, *à* palavra divulgada publicamente, pois aquelas duas primeiras, restritas ao âmbito privado e interior do indivíduo, estariam inicialmente imunes aos atos "arbitrários", a *não ser que* se tornassem devidamente públicas. Daí que o pensamento, em si mesmo, seria dotado da mais completa liberdade, pois seria inviolável por natureza própria[1067]. No entanto, a prensa tipográfica consistiria, para Ramírez, em um "poderoso auxiliar do pensamento humano", contra o qual a repressão do poder poderia voltar-se em forma de "medidas preventivas" levadas a cabo por parte das autoridades. Ou seja, a "censura" propriamente dita[1068]:

> O que significa a censura? Que o poder examine minhas ideias antes de conceder-me a permissão de expressá-las; que seu pensamento vem a substituir meu pensamento; que seu capricho irresponsável se coloca no lugar de minha liberdade e de minha responsabilidade. E em virtude de que princípio há de verificar-se tudo isso? Porque as simples opiniões do Poder dominarão as opiniões individuais? Necessitaremos, aqui, reproduzir, contra o que pode se chamar a opinião de Estado, nossas argumentações contra a religião de Estado? Nem em nome da maioria, nem em nome do Poder Público pode destruir-se o exercício livre das faculdades do homem. Ao fazê-lo, sai a maioria de seu direito e o Poder Público viola o princípio essencial de sua missão.[1069]

Pela Constituição uruguaia de 1830, teoricamente, a liberdade de pensamento e de imprensa estavam asseguradas em seu Art. 141[1070], o qual foi mencionado por Ramírez em suas conferências[1071]. No entanto,

---

[1066] RAMÍREZ, Carlos María. Conferencias de Derecho Constitucional XIV. LA LIBERTAD DEL PENSA-MIENTO. El régimen preventivo y el régimen penal (maiúsculas no original). *La Bandera Radical*: Revista Semanal de Intereses Generales, año 1, n. 35, 24 set. 1871. p. 416.

[1067] *Ibid.*, p. 417-418.

[1068] *Ibid.*, p. 419.

[1069] *Ibid.*

[1070] Conforme explicita o referido artigo em sua íntegra: "CXLI. É inteiramente livre a comunicação dos pensamentos por palavras e escritos privados, ou publicados pela imprensa em toda matéria, sem necessidade de prévia censura; ficando responsável o autor, e em seu caso o impressor pelos abusos que cometerem de acordo com a lei". URUGUAY. *Constitución de la República Oriental del Uruguay (1830)*. Montevideo: Biblioteca Pública de Montevideo, 1847. p. 55.

[1071] RAMÍREZ, Carlos María. Conferencias de Derecho Constitucional XIV. LA LIBERTAD DEL PENSA-MIENTO. El régimen preventivo y el régimen penal (maiúsculas no original). *La Bandera Radical*: Revista Semanal

para o publicista de *La Bandera Radical*, havia outras formas de "censura disfarçada", quais fossem: a solicitação de autorização ao Estado para a abertura de periódicos e, no caso da França — ao qual o constitucionalista uruguaio recorreu —, a cobrança de "fiança pecuniária" para evitar possíveis *"delitos"*[1072].

No entanto, a questão da publicação sob anonimato exigiu maiores matizes por parte do professor de Direito Constitucional. Mencionando uma lei nacional de 1854[1073], a qual versava sobre a obrigatoriedade de subscrição de todos os artigos publicados na imprensa, por parte dos autores, Ramírez reconhecia a necessidade da responsabilização pelo que se levava a público, de modo conciliado ao direito da liberdade de expressão. Porém, também entendia como abusivo exigir tal obrigatoriedade de assinar todos os textos públicos, pois os articulistas poderiam ter os mais variados motivos para omitirem seus respectivos nomes. Desse modo, destacou a outra parte do já referido Art. 141 da primeira Carta Magna uruguaia, o qual sugeriria, em sua concepção, uma "solução intermediária" para a questão[1074]. Mas tal "solução" gerava ressalvas suas a respeito, pois poderia também envolver não somente o autor das publicações como o impressor, em caso de cometimento dos *"delitos"*[1075].

Por outro lado, havia a questão do que Ramírez denominou de "sistema repressivo", o qual estava relacionado, segundo sua ótica, *à* divulgação do pensamento pela imprensa. Assim, de modo a se contrapor aos "partidários da liberdade ilimitada" ou da "liberdade irresponsável", os quais não especificou, o jurista oriental afirmou o seguinte:

> Os partidários da liberdade ilimitada, ou propriamente falando, da liberdade irresponsável, fundamentam-se em dois argumentos principais: Que as ideias não são culpáveis, que só são culpáveis os atos; que ainda supondo culpáveis as ideias, é impossível castigar essa classe de delitos, porque a flexibilidade e a habilidade da linguagem podem burlar facilmente a mais zelosa ação da justiça. Não podemos entrar em uma extensa refutação dessa teoria, que o bom senso rechaçou em todas as partes. As ideias não são culpáveis,

---

de Intereses Generales, año 1, n. 35, 24 set. 1871. p. 419.

[1072] *Ibid.*

[1073] Essa lei, ainda segundo Ramírez, tinha sido revogada em 1869. RAMÍREZ, *op. cit.*, p. 420.

[1074] *Ibid.*, p. 421.

[1075] *Ibid.*.

> sem dúvida, mas sua manifestação, sua difusão pode sê-lo. A emissão do pensamento não é o pensamento mesmo; a emissão é um ato de nossas faculdades intelectuais que, como os atos de nossas faculdades físicas, encontram seu limite nos direitos de outro e nos direitos do Estado. A emissão do pensamento não é uma coisa inofensiva, conhecemos o poderio da imprensa, e conhecendo seu poderio, reconhecemos a possibilidade de suas culpas, porque os homens não se fazem infalíveis ao tomar a pluma e ao pôr a imprensa em movimento. Com o pensamento pode-se transtornar as bases de um Estado; com o pensamento, pode-se atordoar um homem.[1076]

Desse modo, Ramírez expressou sua defesa de que a "emissão do pensamento", por meio da imprensa — detentora de um "poderio" considerável —, *não era algo "inofensivo"*, pois tais "atos de pensamento" poderiam, até mesmo, "transtornar as bases de um Estado [...] atordoar um homem"[1077]. Ou seja, ao que tudo indica, o publicista sempre teve a ciência de que palavras eram atos políticos propriamente ditos. Percebemos que isso foi notório em sua trajetória político-intelectual mediante sua atuação pública, porquanto exerceu tal concepção na prática, valendo-se da publicação de seus escritos nos periódicos com os quais colaborou[1078]. No entanto, ao mesmo tempo, também reconhecia que, se tal expressão do pensamento não fosse feita com prudência e responsabilidade públicas, poderia levar a excessos.

Assim, pelo que percebemos, Ramírez estaria, por meio de suas *Conferencias de Derecho Constitucional*, tratando, implicitamente, sobre uma ideia de opinião pública, qual seja, a que Elías Palti denominou de "proselitista", enquanto uma arma no campo das batalhas políticas[1079], assim como *já vimos no capítulo 2*. Nesse sentido, entendemos que o professor

---

[1076] RAMÍREZ, Carlos María. Conferencias de Derecho Constitucional XIV. LA LIBERTAD DEL PENSAMIENTO. El régimen preventivo y el régimen penal (maiúsculas no original). *La Bandera Radical*: Revista Semanal de Intereses Generales, año 1, n. 35, 24 set. 1871. p. 422.

[1077] *Ibid.*

[1078] Aqui, afirmamos tais pressupostos com base no diálogo teórico que estabelecemos com Quentin Skinner conforme a sua leitura do filósofo da linguagem John Austin a respeito dos "atos de fala", ou seja, a consideração da inter-relação entre o enunciado em si mesmo e a compreensão de seu significado quando vinculada com a própria ação de enunciá-lo. Ver: SKINNER, Quentin. Significado y comprensión en la historia de las ideas. Tradução de Horacio Pons. *Prismas*: Revista de Historia Intelectual, n. 4, p. 149-191, 2000. p. 185. Disponível em: https://ridaa.unq.edu.ar/bitstream/handle/20.500.11807/2628/Prismas04_argumentos04.pdf?sequence=1&isAllowed=y. Acesso em: 23 jun. 2022.

[1079] PALTI, Elías José. Las polémicas en el liberalismo argentino: sobre virtud, republicanismo y lenguaje. *In*: RIVERA, José Antonio Aguilar; ROJAS, Rafael (org.). *El republicanismo en Hispanoamérica*: ensayos de historia intelectual y política. México: Fondo de Cultura Económica, 2002. p. 167-209.

da UDELAR buscou propor, implícita e juridicamente, um "meio-termo", uma mediação entre tal "modelo político" de opinião pública com o tipo "jurídico", este de caráter mais neutro, de busca pela verdade assim como em um tribunal, de fato[1080]. Desse modo, a questão principal para se chegar à "fórmula ideal" constitucional a respeito da liberdade de pensamento e da imprensa era a seguinte:

> O senso comum nos dita essas verdades e o argumento indicado apenas pode ter alcance para contrariar um regime de excesso na fixação dos delitos da imprensa. O mesmo pode dizer-se do outro argumento formulado. Não se nega a maior dificuldade que existe em castigar os delitos da imprensa, não é tampouco novidade que a justiça humana seja essencialmente limitada. A questão se reduz a estabelecer o meio que assegure melhor a repressão sem pôr a liberdade em perigo. A emissão do pensamento pode ser culpável ante o direito individual e social; logo, encerra ao máximo uma dificuldade de legislação o propósito de reprimir e castigar os delitos de imprensa.[1081]

Seria, pois, necessária essa justa medida entre a liberdade de pensamento, de imprensa e, também, a responsabilidade na esfera pública para que a estabilidade política do Estado nacional se consolidasse. Do contrário, a liberdade ilimitada, nesse terreno, levaria ao caos social. A imprensa, enquanto um instrumento dos governos e sociedades republicanos democráticos, deveria estar dessa forma condicionada, senão o despotismo e a barbárie prevaleceriam. Sobre isso, Ramírez utilizou-se, mais uma vez, dos postulados do jurista estadunidense Joseph Story, destacando excertos de outras partes da obra desse autor estadunidense oitocentista, o qual já percebemos ter sido um dos maiores referenciais político-intelectuais e jurídicos do publicista oriental daquele momento. Tal trecho dizia respeito aos limites do direito de expressão na esfera pública, e a observância de tais princípios também condicionaria a viabilidade de uma nação republicana. Aqui, tomamos a liberdade de citá-lo em sua extensão, de modo a compreendermos tais usos:

> Vejamos o que diz Story sobre a liberdade da imprensa nos Estados Unidos: "O Congresso não pode fazer nenhuma lei

---

[1080] *Ibid.*, p. 174.

[1081] RAMÍREZ, Carlos María. Conferencias de Derecho Constitucional XIV. LA LIBERTAD DEL PENSAMIENTO. El régimen preventivo y el régimen penal (maiúsculas no original). *La Bandera Radical*: Revista Semanal de Intereses Generales, año 1, n. 35, 24 set. 1871. p. 422.

que restrinja a liberdade da palavra ou da imprensa. Sustentar que essa disposição garanta a todo cidadão o direito absoluto de dizer, de escrever ou de imprimir o que lhe agrada, sem nenhuma responsabilidade pública ou privada, é uma pretensão tão estranha, que nem pode seriamente discutir-se. Tanto valeria dizer que cada cidadão tem o direito de difamar o Congresso, e de comprometer a reputação, a tranquilidade e a segurança dos cidadãos. Um homem poderia, assim, por malícia ou vingança, acusar outro homem dos mais odiosos crimes; sublevar a indignação de todos os cidadãos espalhando as mais vis calúnias; turbar e destruir a paz das famílias; incitar as rebeliões, os distúrbios e as traições contra o Governo. Com semelhante estado de coisas, uma sociedade civil não poderia existir por muito tempo. Se veriam logo os homens obrigados a recorrer às vinganças pessoais para obter as reparações que não encontrariam na lei. Os assassinatos e os atos de crueldade se sucederiam, como os vemos nas sociedades bárbaras [...] [a citação de Story continua].[1082]

Sem uma regulação jurídica a respeito das expressões de caráter político público, só restaria a barbárie, conforme alertou Story, consequência essa que não condizia com o projeto de reconstrução nacional almejado por Ramírez. E Ramírez voltou a tratar sobre a possibilidade das emendas *à* Constituição, *tão defendidas pelo jurista estadunidense*[1083], como um meio concreto de "reformar", ou melhor, reformular a Carta Magna uruguaia vigente desde 1830. Enfim, era um modo de sustentar a República:

[...] todo cidadão terá o direito de dizer, de escrever, de imprimir sua opinião sobre toda matéria, qualquer que seja ela, sob as únicas restrições de não ferir ninguém em seus direitos, seus bens ou sua reputação, de não turbar a tranquilidade pública e de não lançar abaixo o Governo. [...] Com essas sábias restrições, a liberdade da imprensa não é somente um direito em si mesmo, mas também um privilégio muito importante para os governos livres. Sem essas restrições, do contrário, seria o flagelo da República, afirmando o despotismo sob a forma mais terrível (*Comentário*

[1082] RAMÍREZ, Carlos María. Conferencias de Derecho Constitucional XIV. LA LIBERTAD DEL PENSAMIENTO. El régimen preventivo y el régimen penal (maiúsculas no original). *La Bandera Radical*: Revista Semanal de Intereses Generales, año 1, n. 35, 24 set. 1871. p. 424, inserção nossa.

[1083] *Ibid.*

sobre a Constituição Federal dos Estados Unidos – Livro III, cap. XIIX [sic].) [Ramírez não finalizou com aspas a citação direta de Story][1084].

Após mobilizar tais menções a Story para embasar seus argumentos públicos, Ramírez sugeriu que continuaria a tratar sobre os desdobramentos da matéria da liberdade de imprensa no que tangenciava principalmente aos seus abusos e os tribunais competentes para julgar tais excessos[1085]. No entanto, ao longo dos cinco números finais de *La Bandera Radical*, tais colocações não foram publicadas no periódico, e não verificamos nenhuma errata ou nota a respeito dessa ausência. De qualquer modo, a ideia constitucional de Ramírez persistiu no tempo, sendo mobilizada novamente na década seguinte, em um outro contexto político, social e intelectual. É sobre isso que trataremos a seguir.

3.3 A persistência do constitucionalismo no tempo: outras manifestações dos princípios político-constitucionais na imprensa e na UDELAR (décadas de 1880-1890)

3.3.1 O Partido Constitucional e o seu espaço difusor: o periódico El Plata

Passados quase dez anos desde a publicação das *Conferencias de Derecho Constitucional*, por meio das páginas de *La Bandera Radical*, a trajetória de Ramírez foi marcada pela atuação do autor em outros cargos e periódicos e por situações políticas dramáticas causadas pelas conturbações da ditadura militar então vigente[1086]. A respeito dos periódicos dos quais esteve *à* frente e/ou colaborou, Ramírez contribuiu com o *La Razón*, entre o fim da década de 1870 até 1898, ano de sua morte, e com o *El Plata*, porta-voz do

---

[1084] RAMÍREZ, Carlos María. Conferencias de Derecho Constitucional XIV. LA LIBERTAD DEL PENSA-MIENTO. El régimen preventivo y el régimen penal (maiúsculas no original). *La Bandera Radical*: Revista Semanal de Intereses Generales, año 1, n. 35, 24 set. 1871. p. 424-425, grifos do autor, inserção nossa.

[1085] *Ibid.*, p. 425.

[1086] Após ter publicado suas aulas em *La Bandera Radical*, Ramírez traçou os seguintes pontos em sua trajetória político-intelectual: renunciou ao exercício do magistério na Universidade devido a problemas de saúde; ocupou o cargo de diplomata no Rio de Janeiro, em 1873, incumbido pelo governo *principista* de José Ellauri (1873-1875); colaborou com o diário *La Razón* a partir de 1878, por meio do qual criticou duramente a ditadura militar iniciada em 1876 e, devido a essa oposição, foi obrigado a buscar asilo na embaixada brasileira em Montevidéu por um tempo. MONTERO BUSTAMANTE, Raúl. Prólogo. *In*: RAMÍREZ, Carlos María. *Páginas de historia*. Montevideo: Ministerio de Educación y Cultura, 1978. (Colección de Clásicos Uruguayos, v. 152). GROS ESPIELL, Héctor. Prólogo. *In*: RAMÍREZ, Carlos María. *Conferencias de Derecho Constitucional (1871)*. Montevideo: Ministerio de Instrucción Pública y Previsión Social, 1966. p. VII-XXXI.

336

CARLOS MARÍA RAMÍREZ E A CONSTRUÇÃO DE UMA NOVA REPÚBLICA ORIENTAL DO URUGUAI:
ENTRE A "NAÇÃO IDEAL" E A "NAÇÃO REAL" (1868-1898)

Partido Constitucional, este *último fun*dado por ele e outros intelectuais em 1881. Alguns desses letrados que o acompanharam nessa nova empreitada foram José Sienra y Carranza, Juan Carlos Blanco, Miguel Herrera y Obes, Luis Melián Lafinur, Pablo de Maria e, mais uma vez, Alejandro Magariños Cervantes[1087]. Além disso, o ex-professor da UDELAR ocupou alguns cargos políticos após terminado o militarismo, já durante o "civilismo". Exerceu, assim, as funções de deputado e senador, além da de ministro da Fazenda do governo de seu amigo de infância e companheiro de atuação nas décadas de 1860 e 1870, Julio Herrera y Obes (1890-1894)[1088].

A ditadura militar iniciada com o governo de Lorenzo Latorre, em 1876, reprimiu a liberdade de imprensa e foi a causa do exílio político não somente de Ramírez, mas de vários outros publicistas daquele momento. Muitos dos *principistas* de então se viram obrigados a deixar os ambientes editoriais e os cargos de professor na Universidade, e encontraram lugar de atuação dentro das associações voluntárias, sendo uma das principais o Ateneo[1089], espaço sobre o qual já tratamos no capítulo 2. Mais especificamente a respeito da permanência, no tempo, da "ideia constitucional", Ramírez, com outros juristas e escritores de seu contexto, fundou a agremiação política *Partido Constitucional*, no início da década de 1880, já durante o governo militar de Máximo Santos (1882-1886)[1090].

Desse modo, em um momento em que as liberdades civis se restringiam devido ao militarismo e ainda marcado pelos resquícios do antagonismo entre os partidos tradicionais — apesar da política de "coparticipação" pós-*Revolución de las Lanzas* —, houve, mais uma vez, uma reorganização dos setores letrados em prol do constitucionalismo. Conforme Carlos Real de Azúa afirma, esse constitucionalismo da década de 1880 foi constituído por intelectuais, membros da Faculdade de Direito[1091], os quais participaram desse movimento de modo "intermitente"[1092] e movidos pelas desilusões com o sistema partidário uruguaio:

[1087] FERRETJANS, Daniel Álvarez. *Historia de la prensa en el Uruguay*: desde la Estrella del Sur a internet. Montevideo: Fin de Siglo, 2006.

[1088] MONTERO BUSTAMANTE, *op. cit.*

[1089] *Ibid.*

[1090] *Ibid.*

[1091] DELIO MACHADO, L. M. El partido constitucional y la Facultad de Derecho. *Revista de la Facultad de Derecho*, n. 24, p. 99-124, 19 dic. 2005.

[1092] REAL DE AZÚA, Carlos. *Escritos*. Montevideo: Arca, 1987. p. 189 *apud* DELIO MACHADO, *op. cit.*, p. 110.

> Todo um partido, inclusive, o Constitucionalismo desde 1870, mas sobretudo desde 1881, formar-se-á com esses desiludidos, alguns desiludidos que, no caso, provinham dos dois bandos: Arrascaeta, velho oribista; Blanco, Ramírez, antigos colorados. Mas com os constitucionalistas irrompe na vida nacional o que permaneceu até nossos dias: já não é o mau o partido, mas sim a antítese passional e beligerante dos dois partidos históricos, o partido sem ideias, posto que são as ideias, os princípios, as instituições os que qualificam os partidos, os que habilitam seu desenvolvimento histórico construtivo. As paixões, os homens, a arbitrariedade são os inimigos para esse curioso unilateralismo que racionaliza e intelectualiza a vida histórica. O Partido Constitucional é o resultado de tal postura e não deixa de ser revelador que uma estrutura eminentemente formal como a constituição é, seja erigida, em excelência, presidente de um novo estilo político. A essa atitude respondeu, de certo modo, uma outra paralela.[1093]

No mesmo ano de 1880, pela iniciativa de Ramírez e José Sienra Carranza, foi fundado o diário *El Plata*, o porta-voz da ideia constitucional legatária do *principismo* do início dos anos 1870. No mesmo contexto, e de modo a somar forças contra a repressão militar então vigente, surgiram outros periódicos, dirigidos por publicistas que também haviam atuado com Ramírez dez anos antes, tais como o *El Heraldo*, de Julio Herrera y Obes, e o *La Democracia*, de Agustin de Vedia[1094]. Como *já vimos no capítulo 2*, o *colorado* Herrera y Obes, o *blanco* Vedia — o qual se tornou *nacionalista*, após a mudança de nome do *Partido Blanco* para *Partido Nacional* — e outros tantos intelectuais, embora nunca tenham deixado seus respectivos partidos de origem, também compartilharam do *principismo*. Desse modo, segundo as informações de Daniel Ferretjans, esses publicistas partidários passaram a comungar das reivindicações constitucionalistas da década de 1880[1095].

Retornemos especificamente *à* inauguração de *El Plata* por Ramírez e Carranza. Benjamín Fernández y Medina teceu alguns comentários consideráveis a respeito de mais esse periódico criado e mantido, mesmo que brevemente, pelo professor de Direito Constitucional oriental:

> Em 1880, Carlos María Ramírez fundou *El Plata*, um dos melhores diários modernos do país. Nesse diário, renovou

---

[1093] *Ibid.*

[1094] FERRETJANS, Daniel Álvarez. *Historia de la prensa en el Uruguay*: desde la Estrella del Sur a internet. Montevideo: Fin de Siglo, 2006. p. 233.

[1095] *Ibid.*

Ramírez, com êxito superior, o das outras tentativas, a propaganda pela fusão dos partidos, e dessa propaganda nasceu o partido chamado Constitucional, ao qual se filiaram a maior parte dos primeiros homens de pensamento.[1096]

No dia 1º de setembro de 1880, foi a público o seu primeiro número, contendo os principais itens e princípios do programa do Partido Constitucional, intitulado *Que importa un programa del Partido Constitucional*, lançado quatro meses antes[1097]. Nesse programa, Ramírez, Carranza e os demais colaboradores do periódico acusaram o governo de Pedro Varela (1875-1876) e do primeiro governo do período militarista, de Lorenzo Latorre (1876-1880), de terem minado os avanços democráticos da política de coparticipação entre os partidos, logrados com a Paz de Abril de 1872[1098]. Ainda em seu primeiro número[1099], Ramírez expressou explicitamente o seguinte:

> [*El Plata*] vem a lutar pela união de todos os elementos honestos no propósito da reorganização do país, sob a base séria e sincera, do império das instituições. Fixa a mente no futuro, não entrará, de modo algum, a discussão dos partidos do passado. Porá, sob os olhos do povo, os dolorosos ensinamentos de uma recente experiência, para evidenciar os funestos resultados da arbitrariedade e a necessidade absoluta do reinado das leis para o bem-estar da nação. Sem empenhar-se em legitimar o ilegítimo, concorrerá na esfera de ação ao comum esforço dos bons cidadãos a fim de que o povo se encontre oportunamente preparado para o restabelecimento da legalidade, pelas vias pacíficas do sufrágio e do direito.[1100]

A existência desse periódico foi intensa, mas breve, tendo em vista a repressão da ditadura de então à liberdade de imprensa e as reivindicações

---

[1096] FERNÁNDEZ Y MEDINA, Benjamin. *La imprenta y la prensa en el Uruguay*: desde 1807 a 1900. Montevideo: Imprenta de Dornaleche y Reyes, 1900. p. 47.

[1097] FERRETJANS, Daniel Álvarez. *Historia de la prensa en el Uruguay*: desde la Estrella del Sur a internet. Montevideo: Fin de Siglo, 2006. p. 234.

[1098] *Ibid.*

[1099] Nossa intenção era a de, por meio de uma viagem de pesquisa ao Uruguai prevista desde o início do doutorado, coletar e analisar alguns números do diário *El Plata*. No entanto, as restrições da pandemia de COVID-19 não permitiram tais atividades, e o único trecho desse periódico a que tivemos acesso foi o que consta no já referido trabalho de: FERRETJANS, *op. cit.*, p. 234.

[1100] FERRETJANS, Daniel Álvarez. *Historia de la prensa en el Uruguay*: desde la Estrella del Sur a internet. Montevideo: Fin de Siglo, 2006 p. 234, inserção do autor. Esse trecho foi citado por Daniel Álvarez Ferretjans, mas a referência feita pelo autor não condiz com tal excerto. Verificamos a obra que o autor menciona como referência bibliográfica na qual estaria essa passagem — o livro de Juan Pivel Devoto sobre Francisco Bauzá. No entanto, não encontramos nela o referido trecho. Acreditamos que pode ter sido um erro de citação por parte de Ferretjans.

por uma esfera pública mais ampla e consolidada. Conforme colocam tanto Daniel Ferretjans[1101] quanto Raúl Montero Bustamante[1102], o espaço onde ficava a redação de *El Plata*, nas dependências do escritório de advocacia de Ramírez[1103], foi invadido pelos militares e fechado temporariamente. Isso obrigou Ramírez, sua esposa e seus filhos a buscarem asilo político na embaixada do Brasil no Uruguai[1104]. Apesar das dificuldades na manutenção do periódico em meio àqueles tempos turbulentos, o *El Plata* funcionou até o ano seguinte, em 1881, quando foi fechado definitivamente[1105].

Após o fim das atividades desse diário, começaram as mobilizações para a eleição dos membros do já referido Partido Constitucional, que também ficou conhecido inicialmente como o partido "das instituições"[1106], da qual participaram mais de 600 pessoas[1107]. Os diários *El Siglo* e o já mencionado *El Plata* cobriram os acontecimentos, publicando, até mesmo, os discursos de vários dos presentes[1108], o que, a nosso ver, caracterizou uma considerável rede de solidariedade político-intelectual em torno da causa constitucionalista. Sobre a eleição das autoridades do *Partido Constitucional*, Luis Delio Machado, com base na análise do jornal *El Siglo* do dia 23 de março de 1881, informa-nos que:

> A Comissão Provisória encarregada das eleições, para designar as autoridades se encontrava integrada por: Luis Eduardo Piñeyro, Constancio C. Vigil, A. Dufort y Álvarez, Carlos E. Barros, Daniel Muñoz. Todos os seus integrantes, homens de direito com exceção de Vigil, ainda que esse integrasse o staff de membros do Ateneu montevideano. Do escrutínio resultante surge eleita a Comissão Diretiva do Partido Constitucional, a qual estaria integrada por Domingo Aramburú, Miguel Herrera y Obes, Enrique Pereda, Aureliano Rodríguez Larreta, Eduardo Brito del Pino, Juan Carlos Blanco, Joaquín Suárez, José Sienra y

---

[1101] *Ibid.,*. p. 235.

[1102] MONTERO BUSTAMANTE, Raúl. Prólogo. *In*: RAMÍREZ, Carlos María. *Páginas de historia*. Montevideo: Ministerio de Educación y Cultura, 1978. (Colección de Clásicos Uruguayos, v. 152). p. XXXV.

[1103] FERRETJANS, *op. cit.*, p. 235.

[1104] *Ibid*. Ver também: MONTERO BUSTAMANTE, *op. cit.*

[1105] FERRETJANS, *op. cit.*, p. 235.

[1106] *Ibid.*

[1107] DELIO MACHADO, L. M. El partido constitucional y la Facultad de Derecho. *Revista de la Facultad de Derecho*, n. 24, p. 99-124, 19 dic. 2005.

[1108] *Ibid.*

Carranza, Enrique Arrascaeta, José Pedro Ramírez, Amaro Sierra, Luis Melián Lafinur.[1109]

Também com base nas informações de Delio Machado, acreditamos ser pertinente elucidar que vários estudantes da Faculdade de Direito da década de 1880, tais como Samuel Blixen e J. F. Arias, por exemplo, buscaram defender, em suas monografias de conclusão do curso, essa "tradição" iniciada por Ramírez mais de dez anos antes[1110]. No entanto, a atuação desse partido foi controversa, devido *às* singularidades e aos percalços daquele contexto. Inicialmente fundado sobre bases pacíficas, seus membros viram-se envolvidos com as necessidades da organização de um levante armado contra o governo militar de Máximo Santos, inclusive Carlos María Ramírez, no conflito que ficou conhecido como *Revolución del Quebracho*. Ainda em nosso diálogo com Delio Machado, a atuação dos constitucionalistas em tal guerra civil foi "comprometidíssima", em prol da restauração dos princípios democráticos e constitucionais[1111]. Alguns dos mais atuantes na organização das ações desse levante foram José Pedro Ramírez, irmão de Carlos Ramírez, além de Domingo Aramburú, Juan Carlos Blanco, entre outros[1112].

Sobre o referido conflito, há um relato do próprio Ramírez, no qual esse intelectual, aliás, tratou sobre mais uma experiência vivida por ele na guerra civil em meio aos seus horrores, com os seus irmãos José Pedro, Gonzalo e Octávio, e os demais companheiros de causa:

> Éramos oito os que saímos juntos daquela horrível *via crucis*, onde havíamos visto, durante cinco horas, despedaçar-se e desfazer-se o Exército Revolucionário. [...] muitos voltavam ao seu posto, mas não demorei a perceber que havia grande desproporção entre os que iam na frente e os que voltavam para trás. Ao meu redor, formavam-se grandes pelotões. [...] Marchávamos vendo cair as granadas diante de nós [...]. Às quatro da tarde, estávamos irremissivelmente perdidos. Dentro do beco, nossos 900 infantes que se agitavam em espantoso desconcerto, alguns furiosos, outros atordoados, ofegantes e desesperados todos. [...] Coletivamente, víamos já consumado o desastre da Revolução. Individualmente, abrigávamos poucas esperanças de contar o conto![1113]

[1109] EL SIGLO, 23 mar. 1881 *apud* DELIO MACHADO, *op. cit.*, p. 111.

[1110] DELIO MACHADO, L. M. El partido constitucional y la Facultad de Derecho. *Revista de la Facultad de Derecho*, n. 24, p. 99-124, 19 dic. 2005. p. 112-114.

[1111] *Ibid.*, p. 116.

[1112] *Ibid.*

[1113] RAMÍREZ, Carlos María. Los fugitivos del Quebracho (1886). *In*: RAMÍREZ, Carlos María. *Páginas de historia*. Montevideo: Ministerio de Educación y Cultura, 1978. p. 135-167. (Colección de Clásicos Uruguayos, v. 152).

Apesar do fracasso da *Revolución del Quebracho*, a *ação do jurista e* dos demais constitucionalistas orientais, em prol da defesa dos direitos constitucionais e contra a ditadura militar, não foi em vão, e contribuiu para a volta *à* democracia uruguaia, ao "civilismo", a partir de 1887. Muitos dos membros do Partido Constitucional, tendo sido os mais atuantes o próprio irmão de Ramírez, José Pedro, além de Juan Carlos Blanco e Aureliano Larreta, compuseram o que ficou conhecido como o *Ministerio de la Conciliación*, responsável pelas tratativas, com o governo militar de Santos, dessa transição democrática[1114].

Na realidade, Santos viu a necessidade desse diálogo com os constitucionalistas de modo a postergar sua ocupação do cargo na Presidência e o militarismo até que se concluísse, de fato, tal transição. José Pedro Ramírez e os demais constitucionalistas passaram a estar, então, em uma posição mais favorável para exigir uma contrapartida política e puderam pleitear algumas garantias democráticas, como a total liberdade de imprensa, eleições presidenciais livres em 1887 e as mudanças dos dirigentes das Chefaturas Políticas[1115] dos departamentos uruguaios[1116]. Acreditamos também ser digno de nota o que afirma Raúl Montero Bustamante sobre a participação de Carlos Ramírez nesse processo, tendo colaborado ativamente para os sucessos políticos desse ministério, os quais, "em boa parte, foram obra sua [de Carlos María Ramírez]"[1117].

Com a eleição do *colorado Júlio Herrera Y Obes (1890-1894)*, a qual reinaugurou o período democrático no país, o "civilismo", voltou a ser adotada a "política de partido" pelo novo presidente, o qual também passou a exercer a sua "influência diretriz". Tal "influência" não constava na Constituição de 1830, ainda vigente, e foi caracterizada pela possibilidade de o presidente revogar as liberdades de imprensa e eleitoral, ou seja, uma intervenção política direta do Executivo nacional naqueles âmbitos[1118]. Assim, segundo informa-nos Montero Bustamante, Carlos María Ramírez tornou-se um

---

[1114] DELIO MACHADO, L. M. El partido constitucional y la Facultad de Derecho. *Revista de la Facultad de Derecho*, n. 24, p. 99-124, 19 dic. 2005.

[1115] Algo como a troca dos governadores dos estados uruguaios, fazendo aqui uma analogia bem geral com a realidade política e federativa brasileira atual.

[1116] MÉNDEZ VIVES, E. El Uruguay de la modernización. 1876-1904. Montevideo: Ediciones de la Banda Oriental, 1975. (Serie Histórica Uruguaya, n. 5). p. 37 *apud* DELIO MACHADO, *op. cit.*, p. 117.

[1117] MONTERO BUSTAMANTE, Raúl. Prólogo. *In*: RAMÍREZ, Carlos María. *Páginas de historia*. Montevideo: Ministerio de Educación y Cultura, 1978. (Colección de Clásicos Uruguayos, v. 152). p. IX, inserção nossa.

[1118] DELIO MACHADO, L. M. El partido constitucional y la Facultad de Derecho. *Revista de la Facultad de Derecho*, n. 24, p. 99-124, 19 dic. 2005. p. 117.

considerável crítico do governo de Herrera y Obes, embora o autor não tenha explicitado o motivo de tal antagonismo[1119].

Por isso, cabe-nos conjecturar que, muito provavelmente, tal postura política de Ramírez teria se dado devido às medidas antidemocráticas, defendidas por seu amigo de juventude e agora presidente da República, sobre as quais já tratamos anteriormente. Apesar das desavenças políticas entre os dois, o então mandatário da nação solicitou que o ex-professor de Direito Constitucional analisasse um projeto seu para amenizar a crise econômica e financeira que assolava o Uruguai do início dos anos 1890 e, também, para que assumisse o cargo de ministro da Fazenda em seu governo. E foi com muita hesitação que Ramírez aceitou as duas incumbências[1120]. Com base em nossa hipótese sobre tal desconforto do fundador do *El Plata*, entendemos ser pertinente recordar que ele estava novamente diante de parte de algumas das práticas que tanto havia combatido nos 20 anos anteriores.

Voltemos nossas atenções ao Partido Constitucional. Apesar das descontinuidades pelas quais passou, essa nova agremiação, e seu constitucionalismo, em maior ou menor grau, guarda certa expressão no meio político, seja dentro do Executivo, seja como representante no congresso, até o fim do século XIX. Isso ocorreu não somente no governo de Julio Herrera y Obes (1890-1894), mas também nos de Idiarte Borda (1894-1897) e Lindolfo Cuestas (1897-1900)[1121]. Ou seja, sua relativa, mas existente, presença no âmbito político praticamente entrelaçou-se com o fim da vida de Carlos María Ramírez, um dos seus maiores impulsionadores, em 1898. Ainda sobre essas marcas temporais do Partido Constitucional na cena político-institucional do Oitocentos, Fernández y Medina afirmou o seguinte:

> Esse partido, ainda depois de ter sofrido contrastes e desintegrações, conservou um núcleo seleto de cidadãos em suas fileiras, e teve e tem influência considerável na opinião e especialmente na imprensa, na qual pertencem dois dos principais diários da atualidade [Fernández y Medina escreveu essa obra em 1900], *El Siglo* e *La Razón*.[1122]

[1119] MONTERO BUSTAMANTE, Raúl. Prólogo. *In*: RAMÍREZ, Carlos María. *Páginas de historia*. Montevideo: Ministerio de Educación y Cultura, 1978. (Colección de Clásicos Uruguayos, v. 152). p. XLIII-XLVIII.

[1120] *Ibid.*

[1121] Sobre tais expressões do constitucionalismo nos governos do "civilismo" uruguaio, do fim do século XIX, ver: DELIO MACHADO, *op. cit.*

[1122] FERNÁNDEZ Y MEDINA, Benjamin. *La imprenta y la prensa en el Uruguay*: desde 1807 a 1900. Montevideo: Imprenta de Dornaleche y Reyes, 1900. p. 47.

Desse modo, como pudemos perceber, o constitucionalismo, proposto por Ramírez no início dos anos 1870 como forma de modificar alguns pontos da Constituição de 1830 e propor a ampliação da esfera pública política, teve uma relativa continuidade no tempo, de modo que inspirou outras iniciativas e contribuiu para o cenário político uruguaio do fim do século XIX. Alguns desses pontos remanescentes que pudemos identificar, por meio de nosso diálogo com nossas fontes históricas e com a bibliografia pertinente, foi a defesa do princípio constitucional da liberdade de expressão, tão comprometida nos governos militares a partir de 1876. Além disso, esses princípios defendidos por Ramírez, desde o início dos anos 1870, retornaram para a Universidade na década de 1890. É sobre isso que trataremos a seguir.

3.3.2 O constitucionalismo dos periódicos para a Universidade novamente: a segunda edição das *Conferencias de Derecho Constitucional* (1897)

Em 1897, ou seja, 26 anos depois da publicação das *Conferencias* em formato de artigos na imprensa, por meio de *La Bandera Radical*, tais escritos foram editados em forma de livro, a pedido dos alunos do curso de Direito Constitucional da Universidade. Pelo que podemos verificar, essa edição, publicada um ano antes da morte de Ramírez, manteve o conteúdo original — até a 14ª conferência. No entanto, traz um apêndice não escrito por Ramírez, tendo sido essa seção elaborada tanto pelo editor dessa segunda edição, Justino Cubiló[1123], quanto por outros juristas da UDELAR da segunda metade da década de 1890, Feliciano Viera e G. Moratorio y Palomeque. O apêndice é composto por seis capítulos, quase todos escritos pelo seu editor, J. Cubiló, com exceção dos Capítulos III e IV, que foram elaborados por Feliciano Viera[1124] e G. Moratorio y Palomeque. Tais capítulos trataram

---

[1123] Em 1897, Justino Cubiló era o então titular da cátedra de Direito Constitucional da UDELAR, tendo substituído o antigo professor dessa disciplina Justino Jiménez de Aréchaga. Ver: ODDONE, Juan; ODDONE, Blanca París. *Historia de la Universidad de la República:* la Universidad del militarismo a la crisis, 1885-1958. 2. ed. Montevideo: Universidad de la República/Departamento de Publicaciones, 2010 [1971]. t. 2, p. 286. Acreditamos ser válido recordar que Aréchaga foi o presidente do Club Racionalista e, assim como Ramírez, um dos signatários de seu manifesto, a *Profesión de fe racionalista*, em 1872, conforme vimos no capítulo 2.

[1124] No contexto sobre o qual tratamos em nossa tese, Feliciano Viera era recém-ingresso do curso de Direito da UDELAR, tendo se formado no ano anterior à publicação da segunda edição das *Conferencias de Derecho Constitucional*, em 1896. FERNANDEZ SALDAÑA, José M. *Diccionario uruguayo de biografías (1810-1940)*. Montevideo: Editorial Amerindia, 1945. p. 1.323. Já no início do século XX, Viera, filiado ao *Partido Colorado* e integrante das fileiras *batllistas* deste, sucedeu a José Batlle y Ordóñez na Presidência do país. Ao contrário do que se esperava, Viera não deu prosseguimento às profundas reformas progressistas iniciadas por Batlle y Ordóñez em 1903,

sobre os seguintes temas: Capítulo I, "A liberdade de ensino"; Capítulo II, "A liberdade de trabalho"; Capítulo III, "A liberdade de reunião e associação"; Capítulo IV, "A liberdade pessoal"; Capítulo V, "O direito de petição"; Capítulo VI, "A igualdade"[1125]. Todo esse conteúdo extra foi anexado *às Conferencias* de Ramírez, com a sua devida anuência[1126].

Aqui, neste tópico, não temos a intenção de realizar uma análise detida de cada um dos itens que compõem o referido apêndice da segunda edição das *Conferencias*, mas sim tratar especificamente sobre o Capítulo III, a respeito da liberdade de associação e reunião, escrito por Feliciano Viera. Em nossa perspectiva, mesmo que tal capítulo não tenha sido elaborado por Ramírez, ele esteve em total consonância com o que as propostas político-intelectuais que o autor já havia levado a(o) público mais de 20 anos antes em *La Bandera Radical*, o que consistiu em um endosso de tais ideias por parte de Viera. Nesse sentido, nosso argumento é o de que a defesa da sociabilidade e do "princípio de associação" feita por Ramírez no início da década de 1870, por meio das *Conferencias*, teria encontrado respaldo e contribuído para reforçar a apologia a respeito desse tema décadas mais tarde, por outros autores. Assim, a nosso ver, a ideia de sociabilidade em Ramírez, em seus termos jurídicos e enquanto fator de coesão político-social para a sustentação republicana e nacional, teria reforçado um dos pilares do constitucionalismo proposto por ele. Além disso, tais ideias foram reiteradas após o seu contexto de enunciação, por meio de outros atores político-intelectuais.

Por outro lado, também entendemos que a elaboração de tal capítulo transpassou o conteúdo jurídico do Direito Constitucional propriamente dito, tendo sido carregado de um teor político-intelectual referente *à* defesa da sociabilidade e da associação entre os indivíduos, de modo a se alcançarem conquistas coletivas e duradouras. Enfim, da mesma forma como Ramírez tinha feito, em uma inter-relação entre o pioneirismo no ensino universitário do Direito Constitucional e a sua proposta de reformulação da

---

o que teria contribuído para o início do que Carlos Real de Azúa denominou de "freio conservador" após o "impulso reformista" batllista. Ver: REAL DE AZÚA, Carlos. *El impulso y su freno*: tres décadas de batllismo y las raíces de la crisis uruguaya. Ediciones de la Banda Oriental, 1964; SOUZA, Marcos Alves de. *A cultura política do "batllismo" no Uruguai (1903-1958)*. São Paulo: Annablume; FAPESP, 2003.

[1125] RAMÍREZ, Carlos María. *Conferencias de Derecho Constitucional*. Dictadas por el Catedrático de la asignatura para el curso inaugural de la misma en la Universidad de Montevideo el año 1871. Edición de Justo Cubiló. 2. ed. Montevideo: Imprenta y Litografía "La Razón", 1897. p. 319-544.

[1126] GROS ESPIELL, Héctor. Prólogo. *In*: RAMÍREZ, Carlos María. *Conferencias de Derecho Constitucional (1871)*. Montevideo: Ministerio de Instrucción Pública y Previsión Social, 1966. p. VII-XXXI; CUBILÓ, Justo. Prólogo. *In*: RAMÍREZ; CUBILÓ, *op. cit.*

Constituição de 1830 a respeito desse e outros assuntos. Passemos, então, a alguns pontos do referido capítulo escrito por Viera.

Compartilhando da ideia de que a "soberania radica no povo"[1127], muito defendida por Ramírez décadas antes, Viera reiterou que tal princípio estava relacionado *à* capacidade dos setores populares em "organizar os Poderes que hão de constituir o Estado"[1128]. Nesse sentido, o direito de reunião e associação era a base fundamental para que se alcançasse tal organização político-social nacional:

> Se os princípios da democracia não hão de ser somente um ideal, se eles hão de levar-se à prática na vida dos povos, se esses hão de ter participação na política e na administração, os Poderes constitutivos do Estado só hão de ser a expressão genuína do sufrágio popular. E a esse resultado se chega unicamente por meio do exercício do direito de reunião e associação. Reunindo-se, associando-se, é como os cidadãos podem concordar ideias e unir esforços que deem por resultado o triunfo dos que, unidos pelo mesmo credo, ou agrupados por identidade de aspirações, querem levar à representação dos Poderes homens que realizem o ideal de governo ansiado pela comunidade de cujo seio saíram.[1129]

Como o direito *à* reunião e *à* associação, enquanto manifestações da sociabilidade, eram sustentados em última instância pela liberdade, era desse modo que aqueles deveriam ser concebidos, fosse no âmbito individual, fosse coletivo[1130], o que mais uma vez aproximava implicitamente as ideias de Viera com as de Ramírez nesse quesito. Da mesma forma, tais direitos seriam a expressão político-social de algo que seria natural ao homem, que era a "tendência instintiva" da sociabilidade propriamente dita, conforme Ramírez também havia defendido décadas antes:

> Há, no homem, uma tendência instintiva de buscar a companhia de seus semelhantes, como uma consequência lógica

---

[1127] VIERA, Feliciano. CAPÍTULO III. LA LIBERTAD DE REUNIÓN Y DE ASOCIACIÓN POR EL DOCTOR FELICIANO VIERA. (maiúsculas no original). *In*: RAMÍREZ, Carlos María. *Conferencias de Derecho Constitucional*. Dictadas por el Catedrático de la asignatura para el curso inaugural de la misma en la Universidad de Montevideo el año 1871. Edición de Justo Cubiló. 2. ed. Montevideo: Imprenta y Litografía "La Razón", 1897. p. 392.

[1128] *Ibid.*, p. 393.

[1129] *Ibid.*

[1130] VIERA, Feliciano. CAPÍTULO III. LA LIBERTAD DE REUNIÓN Y DE ASOCIACIÓN POR EL DOCTOR FELICIANO VIERA. (maiúsculas no original). *In*: RAMÍREZ, Carlos María. *Conferencias de Derecho Constitucional*. Dictadas por el Catedrático de la asignatura para el curso inaugural de la misma en la Universidad de Montevideo el año 1871. Edición de Justo Cubiló. 2. ed. Montevideo: Imprenta y Litografía "La Razón", 1897.

> dessa imperiosa necessidade que sente de comunicar os pensamentos, as alegrias, os pesares que o dominam; e essa tendência aumenta com mais intensidade conforme o desenvolvimento a que tenham chegado as faculdades intelectuais, porque com ela cresce o raio no qual o homem desenvolve suas múltiplas atividades.[1131]

Tais atividades, vistas como as finalidades inerentes ao direito de reunião e associação — ou melhor, da sociabilidade em geral —, foram destacadas por Viera, quais fossem, as relativas à religião, ao ensino, ao trabalho e à propaganda[1132]. Para além disso, o que também nos chama atenção foi o uso do termo "simpatia"[1133], elaborado por Stuart Mill para tratar sobre tais princípios da sociabilidade como pilar da organização político-social, uma linguagem político-intelectual que Ramírez utilizou em suas *Conferencias* de 1871. Nesse sentido, percebemos que Viera demonstrou, implicitamente, não somente endossar as propostas constitucionais pretéritas de Ramírez como um todo, mas compartilhou de várias das mesmas linguagens políticas do ex-professor de Direito Constitucional. Linguagens essas próprias do vocabulário político-intelectual de alguns filósofos políticos, tais como Stuart Mill, com o qual Ramírez dialogou décadas antes para tratar sobre o já referido "princípio da simpatia" como base fundamental da sociabilidade política, conforme já analisamos.

Outro ponto que não esteve presente tão explicitamente nas conferências de Ramírez da década de 1870, mas que foi abordado por Viera mais de duas décadas depois, foi o direito de associação por parte dos trabalhadores, mais especificamente. Entendemos ser válido e pertinente pensar que, por mais que o ex-professor da UDELAR não tenha mencionado tão abertamente as associações de trabalhadores em suas *Conferencias*, acreditamos que a sua defesa incisiva e constante a respeito das associações tenha aberto caminho para essa possibilidade. Conforme afirmou Viera, em 1897:

> São comuns, em nossos dias, as coalizões de trabalhadores, buscando, com os exercícios das liberdades de reunir-se e associar-se, os meios de acrescentar sua força na luta dura que continuamente sustentam por seu melhoramento. O trabalhador, explorado pelas grandes empresas, vendo reduzir seus salários e aumentar suas horas de trabalho, sem esperanças de

---

[1131] *Ibid.*, p. 394.

[1132] *Ibid.*, p. 397.

[1133] *Ibid.*, p. 395.

> melhora pecuniária nem social, sem condições para criar-se uma família, sob pena de estar sob permanente ameaça da miséria e seus horrores, levanta-se cansado sempre, às vezes irritado, das injustiças dos homens, e em nome da dignidade humana, que se sente rebaixada por essa fria e consciente exploração que o capital impõe ao proletário, pede com evidente justiça que se tenha respeito por seus foros e não se chegue a nivelá-lo com uma simples máquina cujo trabalho pode o dono explorar sem considerações até onde vá sua avidez pelo dinheiro. O que seria dessa classe que admira por seu valor, por seus sacrifícios constantes em meio a penúrias incontáveis, pela luta desesperada que sustenta para viver, se lhe impedisse de reunir-se ou associar-se para proteger-se mutuamente, para deliberar racional, acertadamente, em assunto tão sério como é o de seu destino?[1134]

Desse modo, como podemos verificar no capítulo escrito por Viera a respeito do tema em 1897, acreditamos não ser um exagero afirmar que as ideias sobre os princípios de "sociabilidade", "associação" e de "simpatia", defendidos por Ramírez, inspiraram novas propostas político-intelectuais e constitucionais.

Além disso, como vimos ao longo deste quarto capítulo, a publicação, por parte de Ramírez, das aulas de Direito Constitucional ministradas por ele na Universidade consistiu em um ato de mediação político-intelectual visando *à* reconstrução nacional oriental e *à* ampliação da esfera pública no Uruguai, em nossa concepção. Desse modo, suas propostas acerca da reformulação de alguns pontos da então vigente Constituição de 1830 tiveram destaque para se pensar uma outra República Oriental do Uruguai que fosse ideal. Mais especificamente, a respeito dos seguintes itens: os princípios de sociabilidade, reunião e associação; a defesa do federalismo, ausente na Carta Magna em vigor; a liberdade religiosa; a sua concepção de Estado e de sua argumentação em prol da devida separação deste em relação *à* Igreja Católica, ainda tida como a religião institucionalizada; e a reafirmação dos valores republicanos e cívicos.

Como vimos, tais reivindicações não se limitaram *às* aulas de Direito Constitucional propriamente ditas, mas também foram expressas por meio de diversos espaços, partidos e ambientes editoriais, em variados contextos

---

[1134] VIERA, Feliciano. CAPÍTULO III. LA LIBERTAD DE REUNIÓN Y DE ASOCIACIÓN POR EL DOCTOR FELICIANO VIERA. (maiúsculas no original). *In*: RAMÍREZ, Carlos María. *Conferencias de Derecho Constitucional*. Dictadas por el Catedrático de la asignatura para el curso inaugural de la misma en la Universidad de Montevideo el año 1871. Edición de Justo Cubiló. 2. ed. Montevideo: Imprenta y Litografía "La Razón", 1897, p. 401-402.

CARLOS MARÍA RAMÍREZ E A CONSTRUÇÃO DE UMA NOVA REPÚBLICA ORIENTAL DO URUGUAI:
ENTRE A "NAÇÃO IDEAL" E A "NAÇÃO REAL" (1868-1898)

históricos. Ou seja, Ramírez tornou públicas tais propostas relativas à "ideia constitucional" desde o início da década de 1870 até o fim dos anos 1890, a qual resistiu a governos civis e ditaduras militares, o que, por sua vez, nos leva a conceber uma certa permanência no tempo de tais propostas político-jurídicas. Enfim, mais uma vez, por meio dos "liberalismos" e dos "republicanismos" que o inspiraram, a elaboração e publicação de suas aulas sobre o Direito Constitucional foi uma forma de reivindicar a defesa da cidadania, da estabilidade política e democrática, e de se construir a nação republicana que tanto almejava. No entanto, ainda havia um ponto a ser debatido para essa reconstrução: a reescrita do passado do país, caracterizada principalmente pela ressignificação da figura do "prócer" da independência em relação à Espanha, José Artigas. É sobre isso que trataremos no quinto capítulo de nosso livro.

CAPÍTULO 4

RAMÍREZ E A REESCRITA DA HISTÓRIA NACIONAL URUGUAIA

Neste quarto capítulo, analisamos a participação de Ramírez no debate político-intelectual travado sobre a reescrita da história nacional, principalmente a respeito da atuação daquele que passou a ser considerado um dos maiores heróis da história do Uruguai, José Gervasio Artigas[1135]. Tais ressignificações se deram em um contexto no qual se reivindicava uma coesão política e social interna para, de certa forma, lidar com as tentativas de interferência ainda existentes por parte dos países vizinhos, Argentina e Brasil[1136].

Nesse sentido, nosso foco é compreender como Ramírez se dedicou a "fazer justiça" à imagem histórica do prócer e combater o antiartiguismo existente desde o período do processo independentista[1137], de modo a reelaborar e, principalmente, a tornar público o passado do país ainda em disputa, durante o fim da década de 1870 e os anos 1880. Considerado, hoje,

---

[1135] José Gervasio Artigas (1764-1850) era de uma família de estancieiros, ligada ao comércio de couros. Militar de carreira, compôs as tropas reais de vigilância e controle da área rural na região da então Banda Oriental. Foi inspirado pela corrente dita iluminista e pelos movimentos revolucionários do século XVIII. Além de ter lutado contra os espanhóis pela emancipação da Banda Oriental, envolveu-se nas contendas com os portugueses, os portenhos e a elite montevideana entre 1811 e 1820. Foi derrotado e exilado no Paraguai, onde morreu em 1850. FREGA, Ana. *La virtud y el poder: la soberanía particular de los pueblos en el proyecto artiguista*. *In*: GOLDMAN, Noemí; SALVATORE, Ricardo (comp.). *Caudillismos rioplatenses*: nuevas miradas a un viejo problema. Buenos Aires: Eudeba, 2005. p. 101-133; CAETANO, Gerardo. *Historia mínima de Uruguay*. Ciudad de México: El Colegio de México: 2020. *E-book*. Primeira edição impressa em 2019.

[1136] Conforme já haviam apontado Carlos Demasi, Gerardo Caetano e outros autores, com os quais dialogamos diretamente ao longo deste capítulo. Ver: DEMASI, Carlos. *La figura de Artigas en la construcción del primer imaginario nacional (1875-1900)*. *In*: FREGA, Ana; ISLAS, Ariadna. *Nuevas miradas en torno al artiguismo*. Montevideo: Facultad de Humanidades y Ciencias de la Educación de la UDELAR, 2001. p. 341-351; ISLAS, Ariadna. *Ciudadano Artigas: notas a propósito de la construcción de la cidadania en Uruguay, 1888-1897*. *In*: FREGA; ISLAS, *op. cit.*, p. 353-366; CAETANO, Gerardo. *Identidad nacional e imaginario colectivo en Uruguay: la síntesis perdurable del centenario*. *In*: ACHUGAR, Hugo; CAETANO, Gerardo. *Identidad uruguaya*: ¿mito, crisis o afirmación? 3. ed. Montevideo: Ediciones Trilce, 1993. p. 75-96; FUÃO, Juarez José Rodrigues. *A construção da memória*: os monumentos a Bento Gonçalves e José Artigas. 2009. Tese (Doutorado em História) – Universidade do Vale do Rio dos Sinos, 2009a; FUÃO, Juarez José Rodrigues. Carlos María Ramírez sai em defesa de José Artigas: da crítica à (re)construção do herói oriental. *Estudos Ibero-Americanos*, v. 35, n. 2, p. 37-58, jul./dez. 2009b; LAURINO, Carolina González. *La construcción de la identidad uruguaya*. Montevideo: Ediciones Santillana, 2001.

[1137] Para uma retomada sobre as principais características do processo de independência uruguaia, ver nota número 7, localizada na introdução deste livro.

o herói máximo da independência do país platino, Artigas, após o processo de independência (1811- 1825/28), passou a ser concebido como o causador da "desordem" por parte de alguns setores conservadores e liberais da sociedade uruguaia, o que deu origem ao referido antiartiguismo, reproduzido, de modo mais contundente, até o início da década de 1880. Esse é o período que a historiografia uruguaia considera como o da reescrita da história nacional do país, contexto no qual vários intelectuais passaram a mobilizar e discutir a "história pátria" para a referida finalidade[1138].

Desse modo, as principais fontes históricas que utilizamos são as seguintes: 1) o *Juicio crítico del bosquejo histórico de la República Oriental del Uruguay por el Dr. Francisco A. Berra* (1881/1882), ensaio escrito e publicado por Ramírez em resposta à obra intitulada *Bosquejo histórico de la República Oriental del Uruguay*, de autoria de Francisco Berra, um dos escritores que ainda reproduziam o antiartiguismo; 2) as polêmicas político-intelectuais que Ramírez travou, por meio das páginas de *La Razón*, com os publicistas argentinos do periódico *El Sud-América*, de Buenos Aires, em 1884, as quais foram compiladas em formato de livro, intitulado *Artigas*, publicado, inicialmente, em 1884, e reeditado em 1897[1139].

Assim, dialogando, a todo momento, cóm a bibliografia específica e as fontes sobre esse contexto, nosso objetivo principal, neste capítulo, será analisar o "lugar" de Ramírez nesse "revisionismo" e compreender quais foram as linguagens, os conceitos, as ideias e as práticas que ele mobilizou para ressignificar e tornar pública a imagem histórica de Artigas. Ramírez, diferentemente dos reprodutores do antiartiguismo, atribuiu ao prócer um significado republicano, institucional e inclusivo, visando tanto à construção, à unidade e à coesão nacionais quanto à formação dos novos cidadãos orientais, e contribuiu, assim, para a já referida reelaboração da história nacional uruguaia.

No que tange especificamente às manifestações de Ramírez, acreditamos ser necessário reiterar que outros autores já se debruçaram sobre tal temática em parte da atuação desse publicista. Um desses autores é Juarez Fuão, que, embora não foque a trajetória político-intelectual de Ramírez, parte de um viés mais ligado aos estudos sobre a memória histórica para

---

[1138] Os autores que mencionamos na nota número 1136 são alguns dos que mais trataram sobre tal temática.

[1139] Essas duas fontes já foram utilizadas pela maioria dos historiadores que mencionamos na nota de número 1136. No entanto, em nosso livro, propomos uma visão que, embora dialogue diretamente com todos os referidos autores, busca avançar em relação a tais análises com o aporte teórico-metodológico que vimos seguindo como fio condutor desde o início de nosso trabalho, o qual se baseia na complementaridade entre a História dos Intelectuais, a História Intelectual e a História Conceitual e com foco na conformação/ampliação de uma esfera pública no Uruguai segundo a trajetória político-intelectual de Ramírez. Desenvolvemos melhor tais argumentos adiante.

analisar os escritos do intelectual uruguaio quanto à história dos feitos de Artigas. No entanto, Fuão não se dedicou somente aos textos de Ramírez, tendo se debruçado, também, sobre algumas obras de outros vários autores brasileiros e uruguaios atuantes entre o fim do século XIX e o início do XX[1140].

Tomás Sansón Corbo também tratou sobre os mesmos escritos de Ramírez que utilizamos, mas de modo mais alinhado à análise da história da historiografia rio-pratense propriamente dita. Desse modo, o historiador uruguaio dedicou-se à circulação das ideias para a produção do conhecimento histórico no Uruguai e na Argentina do período, por meio das publicações de vários escritores de tais países ao longo de todo o Oitocentos[1141].

Justamente pela existência de tais análises sobre esses escritos de Ramírez relativos a Artigas, é inevitável que dialoguemos diretamente com esses e outros autores e que, também, concordemos e nos aproximemos de grande parte das análises já realizadas sobre tais fontes, as quais são as mesmas que utilizamos neste capítulo. No entanto, reiteramos que o caminho que seguimos para analisar as propostas públicas de Ramírez a respeito da figura de Artigas é guiado pelo norte da História Intelectual, da História dos Intelectuais e da História Conceitual, complementaridade essa que vimos mobilizando desde o início de nosso livro.

Assim, esse aporte será realizado em consonância com o objetivo de compreender como se deram os usos públicos da linguagem para a formação de uma esfera pública nacional, na tentativa de tornar pública a ressignifica-ção da história do país e de seus símbolos, principalmente os referentes ao processo de independência oriental. Embora o diálogo direto e constante com os referidos autores seja essencial para o nosso trabalho, buscamos, evi-dentemente, não repetir o que já foi produzido sobre o tema. Nesse sentido, acreditamos que essa escolha teórico-metodológica seja capaz de, no limite, proporcionar novas discussões e possíveis reinterpretações a respeito das concepções de Ramírez sobre Artigas e a reescrita da história nacional uru-guaia, em sua intenção de defender a unidade da nação republicana oriental.

Assim, entendemos que o intelectual uruguaio foi orientado pela complementaridade entre duas concepções sobre a história, as quais teriam balizado sua defesa de Artigas e que, em nossa perspectiva, não foram tão exploradas pelos autores que também se dedicaram sobre essa temática

---

[1140] Ver: FUÃO, Juarez José Rodrigues. *A construção da memória*: os monumentos a Bento Gonçalves e José Artigas. 2009. Tese (Doutorado em História) – Universidade do Vale do Rio dos Sinos, 2009a.

[1141] SANSÓN CORBO, Tomás. *El espacio historiográfico rioplatense y sus dinámicas*: siglo XIX. La Plata: Publica-ciones del Archivo Histórico de la Provincia de Buenos Aires, 2011b.

específica. Uma delas foi uma abordagem micheletiana, caracterizada pela continuidade, pela unidade e pela síntese dos eventos do passado, de modo interligado, no desenvolvimento histórico e aliado à sensibilidade ligada ao homem na história[1142]. E, em menor grau, também expressou um viés kantiano, o qual igualmente prezava pela unidade, mas buscava pensar, *grosso modo*, a tensão entre a concórdia (a sociabilidade) e a discórdia (a insociabilidade) como impulsionadores da história, ao mesmo tempo que visava à conformação de uma organização política e social "ideal" e racional[1143]. Veremos melhor sobre tais pontos adiante.

Essas duas inspirações político-intelectuais corroboraram, em nossa perspectiva, que Ramírez reiterasse uma complementaridade histórica entre as atuações de Artigas, no início do processo de independência, nos anos 1810, e os feitos dos Trinta e Três Orientais, de 1825 em diante. Isso, a nosso ver, teria consistido em uma proposição político-intelectual que poderia ser entendida como um elemento renovador das visões não somente sobre Artigas, mas do passado nacional como um todo e como tentativa de oposição ao antiartiguismo histórico. De certo modo, em nossa visão, a interconexão das ações históricas, realizadas nesses dois eventos do passado nacional, pode ser concebida como "vestígios da experiência" histórica uruguaia, os quais, por meio dos acúmulos contidos em suas respectivas singularidades, contribuíram para a continuidade e a constituição do todo histórico[1144] do processo de independência uruguaia no tempo.

[1142] Afirmamos isso conforme os comentários de Hervé Martin a respeito da ideia de história em Michelet. Ver: MARTIN, Hervé. Michelet e a apreensão "total" do passado. *In*: BOURDÉ, Guy; MARTIN, Hervé (org. em colaboração com Pascal Balmand). *As escolas históricas*. Tradução de Fernando Scheibe. Belo Horizonte: Autêntica Editora, 2018. p. 143-163. (Coleção História e Historiografia). Tratamos sobre esse ponto, de modo mais aprofundado, mais adiante.

[1143] Embora Ramírez não tenha citado explicitamente Kant em seus escritos sobre Artigas e a história uruguaia, notamos que o intelectual oriental recorreu ao nome do filósofo alemão setecentista em outros textos seus, como, por exemplo, em sua Quinta Conferência de Direito Constitucional, publicada em *La Bandera Radical*, na qual tratou sobre a soberania e a "paz perpétua" possíveis somente no sistema republicano. RAMÍREZ, Carlos María. Conferencias de Derecho Constitucional. Quinta Conferencia. Relaciones del Derecho Constitucional con otras ciencias. *La Bandera Radical*: Revista Semanal de Intereses Generales, año 1, n. 19, 4 jun. 1871. p. 264-265. E, também, na Décima Segunda Conferência, quando sua atenção estava focada em discutir a "liberdade religiosa". RAMÍREZ, Carlos María. Conferencias de Derecho Constitucional. XII. La libertad religiosa. *La Bandera Radical*: Revista Semanal de Intereses Generales, año 1, n. 31, 27 ago. 1871. p. 250. Assim, em nossa visão, também teria inspirado a concepção de história de Ramírez. Sobre a filosofia da história de Immanuel Kant, ver: BOURDÉ, Guy. As filosofias da história. *In*: BOURDÉ, Guy; MARTIN, Hervé (org. em colaboração com Pascal Balmand). *As escolas históricas*. Tradução de Fernando Scheibe. Belo Horizonte: Autêntica Editora, 2018. (Coleção História e Historiografia). Ainda: BARROS, José d'Assunção. *Teoria da história*. 4. ed. Petrópolis: Vozes, 2014. v. 2. Veremos melhor sobre esse ponto do pensamento de Kant em Ramírez mais adiante.

[1144] Aqui, dialogamos diretamente com as indicações teórico-metodológicas de Reinhart Koselleck quando trata sobre os "estratos do tempo". Ver: KOSELLECK, Reinhart. *Estratos do tempo*: estudos sobre história. Tradução de Markus Hediger. Rio de Janeiro: Contraponto; PUC-Rio, 2014. p. 20.

CARLOS MARÍA RAMÍREZ E A CONSTRUÇÃO DE UMA NOVA REPÚBLICA ORIENTAL DO URUGUAI:
ENTRE A "NAÇÃO IDEAL" E A "NAÇÃO REAL" (1868-1898)

Além disso, Ramírez, em seu esforço de "redimir" Artigas, o "caudilho oriental", o intelectual uruguaio também matizou e valorizou o papel do caudilhismo e das camadas populares rurais no processo revolucionário de independência uruguaia[1145]. Assim, defendeu a relevância desses líderes político-sociais, em especial Artigas, na preparação para as "tarefas difíceis", para a unidade das massas em prol da "grande causa"[1146] da emancipação. Isso, feito por meio da reconstituição da história nacional, teria sido mais uma forma de expressar a inclusão dos setores populares e rurais em seu projeto de unidade e construção da nação em seu momento de escrita e atuação, ou seja, na segunda metade do século XIX. Assim como já havia feito em outros pontos de suas intervenções públicas, mas, em tais ocasiões, somente com os elementos próprios de seu presente[1147]. Essa postura político-intelectual representou mais um ponto de discordância com Sarmiento[1148], pois, embora o intelectual argentino tenha sido um de seus maiores referenciais político-intelectuais, como vimos no capítulo 1, o publicista uruguaio não seguiu as visões pejorativas do autor de *Facundo* a respeito de tais grupos sociais.

Ademais, acreditamos que a análise sobre a concepção de Ramírez acerca do passado uruguaio também contribui para compreendermos os significados do conceito de História que estavam sendo mobilizados naquele contexto, com base, principalmente, nas linguagens político-intelectuais mobilizadas por ele em relação aos demais escritores do período. Nesse sentido, tais inspirações micheletiana e kantiana sobre a história teriam sustentado as ressignificações que fez de Artigas em relação aos demais heróis nacionais uruguaios e, consequentemente, consistiram em "lances" político-linguísticos, em um diálogo com John Pocock, empreendidos por Ramírez, dentro do "jogo linguístico" de então[1149]. Isso, em nossa visão, teria

---

[1145] Assim como já havíamos nos posicionado no capítulo 1, nossa análise, neste capítulo 4, vai ao encontro das renovadas visões historiográficas a respeito da formação da cidadania, da violência e da institucionalização do Estado-Nação no século XIX latino-americano, estabelecidas de modo mais complexo do que a visão liberal e "sarmientina" defendeu. Sobre isso, ver nota número 174.

[1146] Ainda segundo a visão kantiana sobre a história, ver: BOURDÉ, *op. cit.*, p. 95. Acreditamos que esses elementos também estiveram presentes nos escritos de Ramírez, conforme veremos.

[1147] Tratamos sobre alguns desses exemplos de esforço de Ramírez em conciliar campo e cidade no capítulo 2 de nosso livro. Um deles foi quando o intelectual abriu espaço, no periódico *La Bandera Radical*, às reivindicações do líder rural Domingo Ordoñana, no início dos anos 1870. Somente a título de recordação, na ocasião, Ramírez reiterou a criação de uma Associação Rural, proposta por Ordoñana, como parte necessária de um desenvolvimento nacional comum, espaço esse que foi, de fato, criado posteriormente a tais intervenções públicas.

[1148] Como veremos adiante, Sarmiento também foi um antiartiguista convicto. Dessa forma, a discordância de Ramírez em relação ao intelectual argentino acerca desse ponto reforça, consequentemente, outro elemento de distanciamento entre os dois escritores.

[1149] POCOCK, John. *Linguagens do ideário político*. Tradução de Fábio Fernandez. São Paulo: EDUSP, 2003.

contribuído para as mudanças de concepção acerca do passado nacional uruguaio e para a construção de um imaginário nacional naquele país dali em diante, em diálogo direto com o que também argumentaram outros autores[1150]. Enfim, tudo isso para que a nação oriental pudesse alcançar a unidade e a estabilidade políticas tão almejadas havia décadas e o alcance de uma nova República Oriental do Uruguai.

No entanto, antes de tratarmos, de forma mais atida, sobre tais escritos de Ramírez, acreditamos ser válido entender como o processo de independência uruguaia consistiu tanto em um problema não somente historiográfico quanto político nas manifestações públicas de Ramírez e outros intelectuais de seu momento de escrita e atuação. Ou seja, como ele foi abordado, por Ramírez, em consonância com o contexto político-intelectual e social do fim do Oitocentos naquele país, ainda em meio ao processo de consolidação do Estado nacional.

4.1 Em busca do "libertador" Artigas: a (re)construção de um imaginário nacional "oriental" (1875-1900)

4.1.1 Os combates à "calúnia histórica": Artigas, de "bandido" e "desordeiro" a *jefe republicano de los orientales*

Mesmo após o estabelecimento das independências dos países latino-americanos, em sua maioria ainda na primeira metade do século XIX[1151], alguns discursos e imagens elaborados posteriormente a tais eventos não deixaram

---

[1150] Principalmente Carlos Demasi e Juarez Fuão. Ver: DEMASI, Carlos. La figura de Artigas en la construcción del primer imaginario nacional (1875-1900). *In*: FREGA, Ana; ISLAS, Ariadna. *Nuevas miradas en torno al artiguismo*. Montevideo: Facultad de Humanidades y Ciencias de la Educación de la UDELAR, 2001. p. 341-351; FUÃO, Juarez José Rodrigues. *A construção da memória*: os monumentos a Bento Gonçalves e José Artigas. 2009. Tese (Doutorado em História) – Universidade do Vale do Rio dos Sinos, 2009a; FUÃO, Juarez José Rodrigues. Carlos María Ramírez sai em defesa de José Artigas: da crítica à (re)construção do herói oriental. *Estudos Ibero-Americanos*, v. 35, n. 2, p. 37-58, jul./dez. 2009b. Ver, também, os trabalhos que mencionamos na nota de número 1136 e os demais capítulos que compõem a obra organizada por Ana Frega e Ariadna Islas, a qual citamos nesta nota 1150.

[1151] Como é sabido, a bibliografia sobre o processo das independências hispano-americanas é vasta. De qualquer modo, embora não seja nosso objetivo, neste capítulo, tratar sobre as emancipações propriamente ditas dos países latino-americanos e seus respectivos processos e especificidades de formação político-linguísticos, conceituais, sociais e culturais, indicamos alguns trabalhos de autores dedicados a esses temas, em especial: GUERRA, François-Xavier. *Modernidad e independencias*: ensayos sobre las revoluciones hispánicas. Madrid: Editorial MAPFRE, 1992; TERNAVASIO, Marcela. *Los juegos de la política*: las independencias hispanoamericanas frente a la contrar-revolución. Buenos Aires: Siglo Veintiuno Editores, 2021; PIMENTA, João Paulo G. A independência do Brasil como uma revolução: história e atualidade de um tema clássico. *História da Historiografia*, Outro Preto, n. 3, p. 53-82, set. 2009; CHIARAMONTE, José Carlos. Conceptos y lenguajes políticos en el mundo iberoamericano, 1750-1850. *Revista de Estudios Políticos*, Madrid, n. 140, p. 11-31, abr./jun. 2008; Ver, ainda, outros trabalhos de José Carlos Chiaramonte, os quais também citamos na nota número 1337 deste capítulo 4.

de recuperar elementos históricos próprios dos processos de emancipação. Mobilizados em contextos ulteriores por letrados, políticos e artistas oitocentistas, tais narrativas, *grosso modo*, consistiram na tentativa de pensar e construir a nação que ainda estava em vias de ser consolidada, mesmo após a promulgação das primeiras constituições republicanas independentes[1152]. Assim, tais narrativas sobre o passado da nação consistiram em construções discursivas a respeito de memórias e imagens nacionais, responsáveis pela formação de uma identidade em detrimento de outras, enunciadas por indivíduos que buscaram legitimar uma posição e uma história próprias[1153].

Nesse sentido, consideramos que os intelectuais latino-americanos oitocentistas tiveram papel fundamental nesse processo, e a atuação de historiadores, literatos, publicistas, juristas, pintores, de dentro dos aparatos governamentais ou não, foi notável para a construção desse civismo[1154]. Além disso, contribuíram para a elaboração do que Stuart Hall chamou de "narrativas de nação", estas constituídas por "imagens, [...] eventos históricos, símbolos [...] nacionais que [...] *representam* as experiências partilhadas, as perdas, os triunfos e os desastres que dão sentido à nação"[1155].

Em relação ao Uruguai, não foi diferente. Para além de uma reescrita da história propriamente dita, o processo de independência desse país não se limitou ao início do século XIX, tendo se estendido, até mesmo, à segunda metade do Oitocentos. Conforme defende o ensaísta e filósofo uruguaio Arturo Ardao, consistiu em um "problema" de caráter permanente, que foi debatido por vários escritores de fins daquela centúria. Apresenta dois vieses, embora interconectados entre si: 1) histórico, no sentido de interpretação a respeito dos eventos e personalidades que teriam resultado na emancipação; e 2) político, enquanto um "diagnóstico" a respeito do presente e do futuro de nosso país vizinho, mais especificamente sobre as possibilidades de manutenção de sua independência[1156]. De acordo com as palavras de Ardao:

[1152] PRADO, Maria Lígia Coelho. O artista entre a história, a política e a pintura: retratando a independência no século XIX. *e-l@tina*: Revista Electrónica de Estudios Latinoamericanos, Buenos Aires, v. 7, n. 25, p. 13-27, out./dez. 2008.

[1153] ACHUGAR, Hugo. *Planetas sem boca*: escritos efêmeros sobre arte, cultura e literatura. Tradução de Lyslei Nascimento. Belo Horizonte: Editora UFMG, 2006.

[1154] ALTAMIRANO, Carlos. Introducción general. *In*: ALTAMIRANO, Carlos (dir.). *Historia de los intelectuales en América Latina*. Buenos Aires: Katz, 2008. v. 1, p. 9-27; MYERS, Jorge. Los intelectuales latinoamericanos desde la colonia hasta inicio del siglo XX. *In*: ALTAMIRANO, *op. cit.*, p. 29-50. Ver, também, os demais capítulos contidos nessa mesma obra organizada por Altamirano.

[1155] HALL, Stuart. *A identidade cultural na pós-modernidade*. Tradução de Tomás Tadeu da Silva e Guacira Lopes Louro. Rio de Janeiro: Lamparina, 2015. p. 31, grifo do autor.

[1156] ARDAO, Arturo. *Etapas de la inteligencia uruguaya*. Montevideo: UDELAR; Atenas, 1971. p. 175-176.

> Nossa independência, vista como problema, o foi em dois sentidos. Um histórico, enquanto interpretação do passado: do processo que conduziu a ela, de suas figuras e episódios essenciais, especialmente – ainda que não unicamente – da personalidade de Artigas e o significado do 25 de agosto. Outro político, enquanto diagnóstico do presente e previsão do futuro: possibilidade ou capacidade do país para manter sua lograda condição de independente. Esses dois sentidos configuram, na verdade, dois problemas. Não são separáveis um do outro; suas respectivas abordagens andaram, por muitas vezes, misturadas. Mas são, sim, discerníveis, e à medida que o tempo passa, cada vez mais autônomos. Assim, por exemplo, para o problema histórico seguirá sendo sempre válida a fórmula: entre o Brasil e a Argentina; enquanto que para o problema político – político na acepção de política suprapartidária, ou política nacional, ou ainda política internacional – essa fórmula, válida ao longo do século XIX, perdeu vigência atualmente, sem que o problema em si tenha desaparecido.[1157]

De modo relacionado às colocações de Ardao, estão, em nossa visão, as informações que nos traz José Pedro Barran acerca das intervenções estrangeiras sofridas pelo Uruguai ao longo do século XIX. E isso se mostra considerável, pois algumas delas ocorreram com a colaboração dos próprios partidos tradicionais uruguaios, os *blancos* e os *colorados*, nos contextos das guerras civis internas oitocentistas[1158]. Segundo Barran, ao longo do século XIX, o país platino sofreu intervenções de outros países, mesmo pouco depois do fim do seu processo de emancipação e da implementação da primeira Constituição republicana independente. Tais interferências foram levadas a cabo, de um modo ou de outro, por países europeus como Inglaterra e França, ou pelos seus próprios vizinhos, o Brasil e a Argentina[1159].

Alguns desses episódios foram a Guerra Grande (1839-1851), a "Revolução de Flores" (1863-1865), no contexto da Guerra do Paraguai (1864-1870), e a *Revolución de las Lanzas* (1870-1872), por exemplo, conforme já vimos nos capítulos anteriores. Além desses conflitos civis, parte do último terço do século XIX uruguaio foi marcado por ditaduras militares, as quais,

---

[1157] ARDAO, Arturo. *Etapas de la inteligencia uruguaya*. Montevideo: UDELAR; Atenas, 1971.

[1158] Somente relembrando que os *colorados* tinham Fructuoso Rivera como seu líder histórico; e os *blancos*, por sua vez, reverenciavam as figuras de Juan Antonio Lavalleja e Manuel Oribe como seus fundadores. CAETANO, Gerardo; RILLA, José. El sistema de partidos: raíces y permanencias. *Cuadernos del CLAEH*, Montevideo, n. 31, p. 81-98, 1984; BARRÁN, José Pedro. *Apogeo y crisis del Uruguay pastoril y caudillesco*: 1839-1875. Montevideo: Banda Oriental, 1990. t. 4. No entanto, todos eles foram militares subordinados a Artigas na época da primeira fase de independência e, como já colocamos, passaram a ser os líderes da Cruzada Libertadora de 1825, durante a segunda fase da emancipação.

[1159] BARRÁN, *op. cit.*

por um lado, utilizaram-se da violência e do cerceamento das liberdades de expressão[1160], e, por outro, também fomentaram homenagens públicas a nomes da independência do país[1161].

Entre os escritores da segunda metade do século XIX envolvidos com esse "problema" da independência, destacado por Ardao[1162], estava Carlos María Ramírez (1848-1898). Embora este escritor tenha contribuído para a construção da tese independentista que se tornou "clássica"[1163] acerca dos eventos e personalidades do referido processo histórico do país, não o fez de uma forma que manifestasse um nacionalismo "cego", como argumenta Tomás Sansón Corbo[1164]. Além disso, Ramírez debruçou-se sobre o "problema" persistente da emancipação, colocado por Ardao[1165], no período delimitado entre os anos 1870 e 1880, no qual houve um movimento para se eleger um passado comum, que fosse mais inclusivo do que excludente[1166]. Ou seja, a atuação de Ramírez ocorreu em um contexto no qual passou a ser dada maior atenção à inserção de vários elementos históricos dentro do mesmo imaginário nacional, com o intuito de superar as divergências partidárias existentes desde a primeira metade do Oitocentos[1167].

[1160] CAETANO, Gerardo. *Historia mínima de Uruguay*. Ciudad de México: El Colegio de México: 2020. *E-book*. Primeira edição impressa em 2019.

[1161] SANSÓN CORBO, Tomás. *El espacio historiográfico rioplatense y sus dinámicas*: siglo XIX. La Plata: Publicaciones del Archivo Histórico de la Provincia de Buenos Aires, 2011b.

[1162] ARDAO, Arturo. *Etapas de la inteligencia uruguaya*. Montevideo: UDELAR; Atenas, 1971.

[1163] Sansón Corbo também analisou como parte da historiografia uruguaia, composta por autores do fim do século XIX, como Francisco Bauzá, e de início e meados do XX, a exemplo de Pablo Blanco Acevedo e Juan Pivel Devoto, respectivamente, teria identificado elementos políticos, sociais, econômicos e geográficos próprios do período colonial como sendo fundamentais para o desenvolvimento de uma veia autonomista e emancipatória, o qual foi o argumento-base do surgimento da referida tese independentista "clássica". Ver: SANSÓN CORBO, Tomás. La historiografía colonial y los fundamentos de la tesis independentista clásica en Uruguay. *Anuario del Instituto de Historia Argentina*, n. 12, p. 1-26, 2012. Disponível em: http://sedici.unlp.edu.ar/handle/10915/33819. Acesso em: 23 jun. 2022.

[1164] SANSÓN CORBO, Tomás. Historiografía y nación: una polémica entre Francisco Berra y Carlos María Ramírez. *Anuario del Instituto de Historia Argentina*, año 6, p. 1-24, 2006. p. 11. Disponível em: http://sedici.unlp. edu.ar/handle/10915/12398. Acesso em: 23 jun. 2022. ... embora Ramírez tenha expressado, de forma explícita, sentimentos patrióticos bem aflorados em alguns momentos, conforme veremos melhor adiante. De qualquer modo, a respeito dos debates sobre a nação e os nacionalismos, de modo mais geral, ver os trabalhos contidos na seguinte obra: BALAKRISHNAN, Gopal. *Um mapa da questão nacional*. Tradução de Vera Ribeiro. Rio de Janeiro: Contraponto, 2000. Ver também: GONZÁLEZ, Jorge Enrique. Introducción. *In*: GONZÁLEZ, Jorge Enrique (ed.). *Nación y nacionalismo en América Latina*. Bogotá: Universidad Nacional de Colombia/Facultad de Ciencias Humanas; Centro de Estudios Sociales (CES); Consejo Latinoamericano de Ciencias Sociales (CLACSO), 2007. p. 7-27.

[1165] ARDAO, *op. cit.*

[1166] DEMASI, Carlos. La figura de Artigas en la construcción del primer imaginario nacional (1875-1900). *In*: FREGA, Ana; ISLAS, Ariadna. *Nuevas miradas en torno al artiguismo*. Montevideo: Facultad de Humanidades y Ciencias de la Educación de la UDELAR, 2001. p. 343-344.

[1167] DEMASI, Carlos. La figura de Artigas en la construcción del primer imaginario nacional (1875-1900). *In*: FREGA, Ana; ISLAS, Ariadna. *Nuevas miradas en torno al artiguismo*. Montevideo: Facultad de Humanidades y Ciencias de la Educación de la UDELAR, 2001. p. 343-344.

Nesse sentido, em nossa visão, Ramírez, foi um intelectual que buscou mais incluir e conciliar símbolos, eventos e personalidades diversos da História uruguaia, principalmente aqueles próprios do processo de independência do país, embora Artigas tenha ocupado um espaço considerável em parte da produção político-intelectual de Ramírez. Essa sua atuação foi, a nosso ver, um modo de propor e construir, tanto no plano histórico quanto no político, uma unidade nacional ampla, visando a uma concretização em todos esses âmbitos. Ainda mais se levarmos em consideração o seu próprio contexto de produção intelectual, marcado tanto por guerras civis entre os dois partidos de então, os *blancos* e os *colorados*, quanto por ditaduras militares entre as décadas de 1870 e 1880, como já colocamos.

Segundo a historiografia, o projeto revolucionário artiguista de independência, marcado por uma veia radical e popular, foi caracterizado pelas seguintes medidas: o estabelecimento da educação pública, mais especificamente visando à criação do "homem novo", o qual exerceria as virtudes cívicas e da revolução almejada; o confisco dos bens e repartição das terras dos "maus europeus e piores americanos", medida esta que ficou conhecida como *Reglamento de Tierras* (1815); as chamadas *Instrucciones* de 1813, que consistiram em uma reafirmação de independência em relação à Espanha e de defesa da soberania da Província Oriental — adjetivo que substituiu o antigo nome "Banda Oriental"[1168]. Isso tudo gerou a reação de setores conservadores de Montevidéu, de Buenos Aires e da Coroa Portuguesa, então estabelecida no Rio de Janeiro, levando, assim, à queda do governo artiguista[1169].

Assim, a imagem de Artigas, ressignificada por Ramírez no fim do século XIX, esteve, de modo mais geral e ao longo da história uruguaia, ligada aos conceitos de "revolução", "democracia/jacobinismo", "independência", "desordem" etc. Além disso, as menções a esse herói representaram como cada um desses termos estava sendo concebido de acordo com as mudanças proporcionadas pelos processos históricos de independência em relação à Espanha, aos portugueses e ao Império do Brasil, durante os anos 1810 e 1820[1170]. No entanto, as propostas e medidas tomadas por Artigas, no contexto da primeira fase da emancipação oriental (1811-1820), despertaram uma reação conservadora conjunta ao seu projeto revolucionário, levada a cabo não somente

---

[1168] CAETANO, Gerardo. *Historia mínima de Uruguay*. Ciudad de México: El Colegio de México: 2020. *E-book*. Primeira edição impressa em 2019. p. 38-39.

[1169] *Ibid.*

[1170] CAWEN, Inés Cuadro. "Entre clasicismo, jacobinismo y representatividad": variaciones del concepto político "democracia" en el territorio de la Banda Oriental del Uruguay (1770-1870). *In*: CAETANO, Gerardo (org.). *Historia conceptual*: voces y conceptos de la política oriental (1750-1870). Montevideo: EBO, 2013. p. 155-174.

pela própria Coroa Espanhola, mas também pela monarquia portuguesa e pelas elites orientais montevideanas[1171], conforme já mencionamos.

Essa reação teria iniciado o antiartiguismo histórico, o qual foi reproduzido por vários escritores, publicistas e políticos argentinos e uruguaios oitocentistas até o início do último terço do século XIX. Tais visões negativas sobre Artigas estiveram inscritas no que se passou a considerar a "lenda negra artiguista"[1172], a qual consistiu na depreciação da imagem do libertador desde a primeira fase da independência uruguaia, em 1811, até a década de 1880, e que concebeu o prócer como "bandoleiro", "contrabandista" e "assassino", principalmente[1173].

Segundo Juarez Fuão, essa lenda teria se iniciado com os escritos dos adversários políticos históricos de Artigas, como Dom Pedro Cavia, ainda na década de 1810[1174]. Por sua vez, Ana Frega, autora que analisou alguns desses discursos antiartiguistas do mesmo período, afirma que o outro inimigo de Artigas foi o montevideano Nicolás Herrera, o qual, em carta enviada ao ministro português em 1815, afirmou que o libertador, e a revolução comandada por ele, teve o objetivo de

> "[...] dividir entre si os brancos" – espanhóis europeus e *criollos* – e abriu um espaço para que o "ódio do populacho e a canalha" se manifestasse "com fúria contra as cabeças de quantos até ali se viram como superiores". Por essa razão, entendia que a coroa portuguesa tinha "um direito indisputável para empregar seu poder na pacificação do Rio da Prata".[1175]

[1171] FREGA, Ana. Las caras opuestas de la revolución: aproximación a sus significados desde la crisis de la monarquía española a la construcción del Estado-nación. *In*: CAETANO, *op. cit.*, p. 51-72.

[1172] Segundo a expressão criada por Juan E. Pivel Devoto, na década de 1950. Ver: PIVEL DEVOTO, Juan E. De la leyenda negra al culto artiguista. *Marcha*, 23 jun. 1950/2 feb. 1951 *apud* FREGA, Ana. La virtud y el poder: la soberanía particular de los pueblos en el proyecto artiguista. *In*: GOLDMAN, Noemí; SALVATORE, Ricardo (comp.). *Caudillismos rioplatenses*: nuevas miradas a un viejo problema. Buenos Aires: Eudeba, 2005. p. 101-133. Juarez Fuão, aliás, afirma que Ramírez "pode ser considerado um dos principais precursores no processo de deslegitimação da antiga *leyenda negra* imputada ao personagem [Artigas]". FUÃO, Juarez José Rodrigues. *A construção da memória*: os monumentos a Bento Gonçalves e José Artigas. 2009. Tese (Doutorado em História) – Universidade do Vale do Rio dos Sinos, 2009a. p. 120, grifos do autor, inserção nossa; FUÃO, Juarez José Rodrigues. Carlos María Ramírez sai em defesa de José Artigas: da crítica à (re)construção do herói oriental. *Estudos Ibero-Americanos*, v. 35, n. 2, p. 37-58, jul./dez. 2009b. p. 40, grifos do autor, inserção nossa.

[1173] FUÃO, Juarez José Rodrigues. Carlos María Ramírez sai em defesa de José Artigas: da crítica à (re)construção do herói oriental. *Estudos Ibero-Americanos*, v. 35, n. 2, p. 37-58, jul./dez. 2009b.

[1174] FUÃO, Juarez José Rodrigues. *A construção da memória*: os monumentos a Bento Gonçalves e José Artigas. 2009. Tese (Doutorado em História) – Universidade do Vale do Rio dos Sinos, 2009a; FUÃO, Juarez José Rodrigues. Carlos María Ramírez sai em defesa de José Artigas: da crítica à (re)construção do herói oriental. *Estudos Ibero-Americanos*, v. 35, n. 2, p. 37-58, jul./dez. 2009b.

[1175] HERRERA, Nicolás, 1815, p. 10-16 *apud* FREGA, Ana. Las caras opuestas de la revolución: aproximación a sus significados desde la crisis de la monarquía española a la construcción del Estado-nación. *In*: CAETANO,

Um dos motivos de tal oposição a Artigas, apontados por Inés Cuadro Cawen, consistiram na relação direta entre as ideias de "igualdade" e de "democracia", tanto no viés político quanto no âmbito social, pois seu exército era formado também por muitos indígenas, negros escravizados e homens pobres livres da área rural[1176]. Nesse sentido, Cawen, em diálogo com outros autores que estudaram especificamente o período artiguista, trata sobre a associação imagética, discursiva e conceitual entre a figura de Artigas, suas tropas e o "jacobinismo", em referência às práticas do período mais radical da Revolução Francesa[1177].

Como veremos mais adiante, Ramírez, ao ressignificar a figura de Artigas, de modo interligado aos líderes da segunda fase do processo de independência oriental — Rivera, Lavalleja e Oribe —, buscou, de certa forma, recuperar esse sentido igualitário contido no conceito de democracia artiguista. E ele o teria feito valendo-se de sua intenção em conciliar setores que, até então, pareciam inconciliáveis, quais fossem: os pertencentes ao campo e à cidade. No entanto, procurou desvincular dele as conotações de cunho "jacobino", tendência política da qual foi crítico devido aos "excessos" violentos que enxergou em tais práticas exercidas ainda na Revolução Francesa, e não a respeito das camadas populares que o compuseram, conforme já vimos nos capítulos 3 e 4.

Conforme também vimos, os próprios líderes e demais integrantes da Cruzada Libertadora de 1825 procuraram se distanciar do artiguismo, visando a uma possibilidade política mais moderada, conforme pontua Caetano[1178]. Ao longo das décadas seguintes à conclusão do processo emancipatório e da promulgação da primeira Constituição republicana da vida independente do país, ainda houve manifestações negativas, ou o silêncio, concernentes a Artigas. Além de todos esses relatos anteriores, acreditamos ser pertinente mencionar a manifestação de alguns membros do *patriciado*[1179], os chamados "doutores" da área urbana de Montevidéu, em 1827, ou seja, logo após firmada

---

op. cit., p. 59, aspas da autora.

[1176] CAWEN, Inés Cuadro. "Entre clasicismo, jacobinismo y representatividad": variaciones del concepto político "democracia" en el territorio de la Banda Oriental del Uruguay (1770-1870). *In*: CAETANO, Gerardo (org.). *Historia conceptual*: voces y conceptos de la política oriental (1750-1870). Montevideo: EBO, 2013. p. 159.

[1177] *Ibid.*, p. 161.

[1178] CAETANO, Gerardo. *Historia mínima de Uruguay*. Ciudad de México: El Colegio de México: 2020. *E-book*. Primeira edição impressa em 2019. Esse é um dos pontos que Ramírez mobilizou para justamente argumentar que não houve, de fato, uma ruptura entre os expoentes de cada uma das fases da emancipação oriental, de modo a defender essa unidade e essa continuidade históricas que deveriam contribuir para a coesão nacional do país. Veremos melhor sobre esse ponto mais adiante.

[1179] O *patriciado* uruguaio foi o grupo constituído pelos descendentes dos funcionários civis e militares do antigo Vice-Reinado. Para mais informações, ver: REAL DE AZÚA, Carlos. *El patriciado uruguayo*. Montevideo: Imprenta Letras, 1961.

a independência do país platino e no contexto de elaboração da primeira Constituição do país. Tais personalidades não esconderam sua satisfação com o "novo momento" da República uruguaia ainda em fase de construção de suas instituições, a qual teria se libertado da "anarquia" e da "tirania doméstica", o que faria com que, daquele momento em diante, seria possível, de fato, "constituir o país e fechar para sempre a revolução..."[1180]

Conforme nos esclarece Barran, com base nas informações de Ariosto González, alguns daqueles membros defensores de tais ideias eram Joaquin Suárez, Juan Giró e Gabriel Pereira, os quais foram presidentes nas décadas de 1840, 1850 e 1860, respectivamente, e que, ao que tudo indica, tais impressões sobre Artigas teriam continuado no momento mesmo em que ocuparam o cargo público máximo do país[1181]. Além disso, memórias de viajantes que passaram pela região, assim como textos de caráter histórico produzidos por intelectuais argentinos e uruguaios posteriores ao período emancipatório, a exemplo de Fidel López, Mitre[1182], Sarmiento e o já mencionado Berra, também teriam contribuído para a permanência dessa lenda[1183].

Como podemos perceber, as visões negativas a respeito de Artigas continuaram sendo reproduzidas, mesmo após sua morte, ocorrida em 1850, no Paraguai, país no qual estava exilado desde sua derrota ainda na primeira fase da independência uruguaia, ou *Revolución Oriental*. No entanto, isso começou a

---

[1180] GONZÁLEZ, Ariosto et al. *El centenario de la independencia nacional.* Montevideo: Biblioteca La Nueva Era, 1921. p. 58-62 *apud* BARRÁN, José Pedro. La independencia y el miedo a la revolución social en 1825. *Revista de la Biblioteca Nacional*, n. 24, 1986. p. 72.

[1181] *Ibid.*

[1182] Justamente pela falta de apoio estatal e pela dificuldade de acesso aos materiais, fossem eles fontes, fossem bibliografia, devido ao fato de os arquivos públicos ainda estarem em fase inicial, no Uruguai e na Argentina, os intelectuais desses países recorreram a uma comunicação direta e à troca de materiais de cunho privado para a escrita de seus textos sobre a história regional e de suas respectivas nações. Um dos maiores exemplos foi a ligação estabelecida entre o uruguaio Andrés Lamas e Mitre, os quais trataram sobre obras próprias e de outros escritores argentinos e uruguaios em suas cartas trocadas. Sobre isso, ver: SANSÓN CORBO, Tomás. *El espacio historiográfico rioplatense y sus dinámicas: siglo XIX.* La Plata: Publicaciones del Archivo Histórico de la Provincia de Buenos Aires, 2011b. Sobre o processo de consolidação institucional dos institutos históricos e geográficos, e uma comparação entre alguns intelectuais "historiadores" brasileiros, argentinos e uruguaios do mesmo período, ver: DEVOTO, Fernando J. La construcción del relato de los orígenes en Argentina, Brasil y Uruguay: las historias nacionales de Varnhagen, Mitre y Bauzá. *In*: ALTAMIRANO, Carlos (dir.). *Historia de los intelectuales en América Latina.* Buenos Aires: Katz, 2008. v. 1, p. 269-289. José Alves de Freitas Neto tratou, de modo mais específico, sobre a obra historiográfica e política de Mitre na década de 1880, e sua característica ligada ao rigor e à história como "prova" ou "comprovação", o que, segundo o autor, teria o diferenciado dos demais expoentes da chamada Geração de 1837, a exemplo de Sarmiento, Alberdi, Echeverría, entre outros intelectuais conhecidos, e, também, consistido em um patrimônio historiográfico argentino. Sobre esse assunto, ver: FREITAS NETO, José Alves de. Mitre e a edificação de um patrimônio historiográfico argentino. *História da Historiografia*, Ouro Preto, n. 7, p. 78-93, nov./dez. 2011. Disponível em: https://www.historiadahistoriografia.com.br/revista/article/view/292/202. Acesso em: 23 jun. 2022.

[1183] FUÃO, Juarez José Rodrigues. Carlos María Ramírez sai em defesa de José Artigas: da crítica à (re)construção do herói oriental. *Estudos Ibero-Americanos*, v. 35, n. 2, p. 37-58, jul./dez. 2009b.; SANSÓN CORBO, *op. cit.*

mudar no último terço do século XIX, momento em que se passou a reivindicar positivamente sua figura histórica[1184]. E o contexto político-intelectual de então auxilia-nos consideravelmente a compreender tais usos ressignificados.

Conforme argumenta Caetano, em um período de "indefinição das fronteiras", não havia ideais e imaginários de nação definidos e consolidados naquele país[1185], conforme já havíamos tratado no início de nosso livro. Daí a necessidade de se valorizar a "orientalidade" e reiterar a autoridade do país diante de seus "gigantes" vizinhos, Brasil e Argentina[1186]. Ainda mais se considerarmos que esses dois países intervieram diretamente no Uruguai, mesmo após a independência oriental, fosse por meio de conflitos diretos, fosse por alianças com os partidos locais, até a segunda metade do Oitocentos, o que intensificou a condição histórica de estar "entre" seus dois países vizinhos[1187].

Assim, diante da "urgência" em criar as imagens históricas sobre a nação, alguns escritores, como Francisco Bauzá, Eduardo Acevedo Díaz, Juan Zorrilla de San Martín, Clemente Fregeiro e o próprio Ramírez[1188], se colocaram nessa tarefa, de modo a evitar que o Estado oriental independente se dissolvesse[1189]. Nesse sentido, entre os "sonhos" e "frustrações" a respeito da independência[1190], essa defesa da "ordem" e da "viabilidade" nacionais[1191] ecoou, também, na atuação político-intelectual de Ramírez várias décadas

---

[1184] Juan E. Pivel Devoto foi um dos autores que realizaram uma análise sobre tal mudança de perspectiva a respeito da figura histórica de Artigas por meio de vários artigos publicados no semanário *Marcha*, ainda no início da década de 1950, os quais foram intitulados "De la leyenda negra al culto artiguista". Ver: PIVEL DEVOTO, Juan E. De la leyenda negra al culto artiguista. *Marcha*, 23 jun. 1950/2 feb. 1951 *apud* FREGA, Ana. La virtud y el poder: la soberanía particular de los pueblos en el proyecto artiguista. *In*: GOLDMAN, Noemí; SALVATORE, Ricardo (comp.). *Caudillismos rioplatenses*: nuevas miradas a un viejo problema. Buenos Aires: Eudeba, 2005. p. 101-133.

[1185] CAETANO, Gerardo. Identidad nacional y imaginario colectivo en Uruguay: la síntesis perdurable del centenario. *In*: ACHUGAR, Hugo; CAETANO, Gerardo. *Identidad uruguaya*: ¿mito, crisis o afirmación? 3. ed. Montevideo: Ediciones Trilce, 1993. p. 82.

[1186] BARRÁN, José Pedro; NAHUM, Benjamín. *Historia rural del Uruguay moderno (1886-1894)*. Montevideo: EBO, 1968. t. 2. *apud* CAETANO, *op. cit.*, p. 83.

[1187] ARDAO, Arturo. *Etapas de la inteligencia uruguaya*. Montevideo: UDELAR; Atenas, 1971. p. 176.

[1188] FREGA, Ana. La virtud y el poder: la soberanía particular de los pueblos en el proyecto artiguista. *In*: GOLDMAN, Noemí; SALVATORE, Ricardo (comp.). *Caudillismos rioplatenses*: nuevas miradas a un viejo problema. Buenos Aires: Eudeba, 2005.

[1189] ROCCA, Pablo. Los destinos de la nación: el imaginario nacionalista en la escritura de Juan Zorrilla de San Martín, Eduardo Acevedo Díaz y su época. *In*: ACHUGAR, Hugo; MORAÑA, Mabel (org.). *Uruguay*: imaginarios culturales. Desde las huellas indígenas a la modernidad. Montevideo: Trilce, 2000.

[1190] PRADO, Maria Lígia Coelho. *América Latina no século XIX*: tramas, telas e textos. 2. ed., 1. reimp. São Paulo: EDUSP, 2014. p. 73.

[1191] RIBEIRO, Ana. Orden y desorden: salud y enfermedad social en tempos de heroísmos fundacionales. *In*: CAETANO, Gerardo (org.). *Historia conceptual*: voces y conceptos de la política oriental (1750-1870). Montevideo: EBO, 2013. p. 123-124.

após a emancipação do país e a criação da primeira Constituição, no mesmo contexto de escrita dos demais intelectuais mencionados.

Assim, entre o fim da década de 1870 e início dos anos 1880, o debate público, no Uruguai, também foi caracterizado por alguns pontos que conduziram tais recuperações da imagem do libertador da Banda Oriental em relação à Espanha, fosse no plano interno, fosse no externo, segundo Carlos Demasi. Conforme pontua o autor, no primeiro caso, a política de coparticipação dos partidos, estabelecida a partir da Paz de Abril (1872) pós-*Revolución de las Lanzas*, abriu caminho para a possibilidade de certo consenso e trégua relativos às guerras civis endêmicas. Lembremos que Ramírez também foi um dos maiores propositores da referida coexistência democrática do início dos anos 1870, por meio de textos diversos e das páginas de *La Bandera Radical*, tendo se envolvido consideravelmente nesse debate. Em relação ao segundo âmbito, ainda havia, em maior ou menor grau, as tentativas de intervenção das potências imperialistas e dos seus vizinhos, Brasil e Argentina, em relação aos países menores, como o Uruguai, conforme já mencionamos. Desse modo, as últimas três décadas do Oitocentos uruguaio foram marcadas por um processo político e cultural que Demasi denominou de flexibilização das "fronteiras partidárias" e, simultaneamente, a nacionalização das "fronteiras estatais/nacionais"[1192].

Nesse sentido, tal contexto político-intelectual contribuiu para um revisionismo histórico complexo, com considerável apoio social, que, inicialmente, não focou necessariamente Artigas, mas sim elegeu diversos símbolos potenciais para compor tal imaginário nacional, conforme ainda defende Demasi. Algumas de tais manifestações revisionistas se deram tanto pelos escritos públicos dos intelectuais quanto pela arte, na pintura, e até mesmo por parte do poder público na figura de alguns dos governos militares do início dos anos 1880. Entre tais manifestações, podemos mencionar a repercussão do quadro de Juan Manuel Blanes, que ficou conhecido como o "pintor da pátria", sobre o evento histórico do desembarque dos Trinta e Três Orientais durante a Cruzada Libertadora de 1825, elaborado no ano de 1878[1193].

[1192] DEMASI, Carlos. La figura de Artigas en la construcción del primer imaginario nacional (1875-1900). *In*: FREGA, Ana; ISLAS, Ariadna. *Nuevas miradas en torno al artiguismo*. Montevideo: Facultad de Humanidades y Ciencias de la Educación de la UDELAR, 2001. p. 345.

[1193] *Ibid.*

Recordemos que Ramírez também se utilizou consideravelmente desse evento em seus escritos e discursos publicados naquele mesmo momento, ao tratar sobre a inauguração do monumento histórico em homenagem aos mesmos Trinta e Três Orientais no departamento de Florida, um ano após o quadro de Blanes ter ido a público. O referido monumento foi de caráter escultórico, feito em homenagem à Declaração e aos eventos da independência diante do Império do Brasil, ocorridos a partir de 1825 na mesma região do departamento de Florida, obra cuja autoria foi do artista Juan Ferrari[1194].

Foi nesse exato momento, o fim da década de 1870, que a independência uruguaia se colocou, pela primeira vez, ao mesmo tempo como um problema histórico e político para os intelectuais orientais. Por um lado, escritores como Juan Carlos Gómez e Ángel Floro Costa negavam o 25 de agosto como a data oficial da declaração da emancipação e defendiam a anexação do território uruguaio à Argentina. De outro lado, estavam os que não só reforçavam a manutenção desse dia como rejeitavam a união aos argentinos. No segundo grupo, além do próprio Ramírez, podemos mencionar seu irmão, José Pedro, além de Juan Zorrilla de San Martín e Francisco Bauzá[1195]. Além de tudo isso, foram fomentadas comemorações oficiais levadas a cabo pelo governo central uruguaio, tais como o funeral público de Artigas na Catedral de Montevidéu, empreendidas pelo governo militar de Máximo Santos (1882-1886)[1196]. Desse modo, conforme pondera Demasi:

> Assim, criava-se o contexto para a conformação de uma identidade própria, que resolvesse as antigas divisões entre os habitantes do país e construísse uma visão aceitável da história. É nesse marco que se inscreve a construção de todo um imaginário nacional referente basicamente à elaboração de um passado comum, que cumprisse uma função inclusiva e não excludente: além do projeto de edificação de monumentos a Joaquín Suárez e a Artigas, contam-se, também, as homenagens a Leandro Gómez e aos "mártires de Quinteros", e a decisão de erigir uma estátua a Garibaldi.[1197]

[1194] ACEVEDO, Eduardo. *Anales históricos del Uruguay*. Montevideo: Barreiro y Ramos, 1934. t. 4.

[1195] ARDAO, Arturo. *Etapas de la inteligencia uruguaya*. Montevideo: UDELAR; Atenas, 1971. p. 176-177.

[1196] SANSÓN CORBO, Tomás. *El espacio historiográfico rioplatense y sus dinámicas*: siglo XIX. La Plata: Publicaciones del Archivo Histórico de la Provincia de Buenos Aires, 2011b.

[1197] DEMASI, Carlos. La figura de Artigas en la construcción del primer imaginario nacional (1875-1900). *In*: FREGA, Ana; ISLAS, Ariadna. *Nuevas miradas en torno al artiguismo*. Montevideo: Facultad de Humanidades y Ciencias de la Educación de la UDELAR, 2001. p. 343-344, aspas do autor.

Desse modo, foi um contexto balizado pela intensificação do processo de construção dos "heróis nacionais", marcada pela busca por um "modelo social" e um "guia de conduta"[1198]. De modo geral, na região do Rio da Prata, passou-se a realizar um esforço, tanto estatal[1199] quanto por parte de setores sociais, a respeito da intenção de se construir uma sustentação racional para as instituições políticas. O intuito foi o de se estabelecer uma coesão e unidade político-social tanto no Uruguai quanto na Argentina do mesmo período, conforme pontua Tomás Sansón Corbo[1200]. E, para essa finalidade, os historiadores tiveram papel essencial em tal empreitada, embora o conhecimento histórico fosse uma área ainda incipiente durante o último terço do século XIX e o campo historiográfico, no sentido bourdiesiano, ainda não ser algo consolidado, também segundo Sansón Corbo[1201].

Mais especificamente em relação ao Uruguai, apesar de terem sido cogitados os possíveis "heróis" a serem lembrados na história do país, o processo caminhou para uma convergência em se atentar à atuação histórica de Artigas. Desse modo, tal movimento revisionista mais amplo veio atribuir ao libertador de 1811 uma outra faceta: com base nos escritos públicos e na arte, o prócer deixava de ser o "bandido", o "assassino" ou o "desordeiro", e passava a ser o viabilizador e/ou "precursor" da "nacionalidade oriental". Assim, ainda segundo Fuão, a intelectualidade uruguaia passava a "glorificar" Artigas e descredibilizar a antiga "lenda negra artiguista", buscando esvaziar seu caráter pejorativo e, consequentemente, associando-a aos "inimigos" da nação uruguaia[1202].

[1198] *Ibid.*, p. 345.

[1199] Alguns dos exemplos desses esforços do Estado se encontraram na implementação de sistemas escolares que prezavam por uma educação pública nacionalista, baseada no aprendizado dos mitos de origem de cada nação, além do processo de secularização e dos intentos de se pôr fim ao caudilhismo ainda presente nos países do Rio da Prata, tudo em meio ao início da modernização capitalista. SANSÓN CORBO, *op. cit.*

[1200] SANSÓN CORBO, *op. cit.*

[1201] Para Sansón Corbo, esse foi o "período fundacional" das historiografias uruguaia e argentina. Conforme pontua o próprio autor: "Constituiu, em si mesmo, uma etapa de realização e de transição em relação a: a) forjaram nela (e tiveram sua consumação) os movimentos e anseios largamente gestados por espontâneos produtores do pretérito que elaboraram as primeiras crônicas pratenses [...]; e b) definiram-se os referentes arquetípicos e os mitemas fundacionais (por parte de autores como Bartolomé Mitre, Vicente Fidel López, Francisco Bauzá e Carlos María Ramírez), verdadeiros axiomas nacionalistas nos quais beberiam os historiadores que, posteriormente, articulariam as histórias oficiais dos Estados-nação argentino e uruguaio". SANSÓN CORBO, Tomás. *El espacio historiográfico rioplatense y sus dinámicas:* siglo XIX. La Plata: Publicaciones del Archivo Histórico de la Provincia de Buenos Aires, 2011b. p. 10-11.

[1202] FUÃO, Juarez José Rodrigues. *A construção da memória:* os monumentos a Bento Gonçalves e José Artigas. 2009. Tese (Doutorado em História) – Universidade do Vale do Rio dos Sinos, 2009a. p. 84-85, grifos do autor.

Nesse sentido, mais especificamente do início dos anos 1880 em diante, vários intelectuais focaram Artigas, mas tiveram objetivos diferentes em suas recuperações acerca da imagem histórica do prócer nacional. Francisco Bauzá[1203], em sua *Historia de la dominación española en el Uruguay*, uma obra de três tomos, já não reproduziu o antiartiguismo, mas problematizou algumas questões ligadas ao prócer, além de não ter focado concretizar somente o destino da "nação", mas de outros territórios regionais também[1204].

Segundo Fuão, Bauzá passou a tratar sobre a atuação de Artigas somente no último tomo, no qual propõe uma visão em que o meio no qual o prócer nasceu, cresceu e se formou teria moldado sua forma de agir posteriormente. Além disso, segundo o autor, ao invés de reproduzir a visão da historiografia argentina que concebia Artigas como "desordeiro" ou relacionado à "anarquia", Bauzá entendeu-o como um ator histórico que respeitou as autoridades e a "ordem" estabelecida, na qualidade de então subordinado ao exército monárquico. Ainda conforme Fuão, Bauzá também o concebeu como um seguidor das leis e um indivíduo dotado de valores republicanos, possuidor da "qualidade altruística de se relacionar com a sociedade. Agiria sem nada exigir em troca, pela simples intenção de auxiliar o povo em sua luta pela liberdade e sobrevivência"[1205].

Outro autor que se destacou nesse revigoramento de Artigas foi Clemente Fregeiro, visto, pela historiografia, como o mais hagiográfico no sentido de ter atribuído um caráter bíblico e sagrado aos feitos de Artigas, ao ter escrito um artigo intitulado *"Éxodo del pueblo oriental"*. Nesse texto, Fregeiro dedicou-se à emigração das tropas e das famílias seguidoras de Artigas na derrota sofrida por eles após uma de suas tentativas em tomar a capital Montevidéu, ainda no contexto das guerras de independência. Desse modo, este escritor buscou atribuir um sentido bíblico e épico a tal evento, em uma alusão à liderança de Moisés nos eventos de libertação e fuga dos hebreus do Egito[1206].

[1203] Francisco Bauzá (1849-1899) atuou principalmente como professor, jurista e publicista durante a segunda metade do século XIX. Foi membro do *Partido Colorado*, colaborou com os periódicos *El Nacional* e *Debate* e, também, dedicou-se aos estudos históricos relativos ao passado da nação uruguaia. FUÃO, *op. cit.*

[1204] DEMASI, Carlos. La figura de Artigas en la construcción del primer imaginario nacional (1875-1900). *In*: FREGA, Ana; ISLAS, Ariadna. *Nuevas miradas en torno al artiguismo*. Montevideo: Facultad de Humanidades y Ciencias de la Educación de la UDELAR, 2001. p. 346.

[1205] FUÃO, Juarez José Rodrigues. *A construção da memória*: os monumentos a Bento Gonçalves e José Artigas. 2009. Tese (Doutorado em História) – Universidade do Vale do Rio dos Sinos, 2009a. p. 118.

[1206] DEMASI, Carlos. La figura de Artigas en la construcción del primer imaginario nacional (1875-1900). *In*: FREGA, Ana; ISLAS, Ariadna. *Nuevas miradas en torno al artiguismo*. Montevideo: Facultad de Humanidades y Ciencias de la Educación de la UDELAR, 2001. p. 341-351.

CARLOS MARÍA RAMÍREZ E A CONSTRUÇÃO DE UMA NOVA REPÚBLICA ORIENTAL DO URUGUAI:
ENTRE A "NAÇÃO IDEAL" E A "NAÇÃO REAL" (1868-1898)

Por seu turno, conforme reiteramos, Ramírez, atento às manifestações desses e outros intelectuais de então, não focou somente a figura de Artigas. Ele também destacou, com a mesma relevância histórica e política, o desembarque dos Trinta e Três Orientais durante a Cruzada Libertadora de 1825 e seus eventos posteriores, as batalhas de Rincón e Sarandí, seus líderes (Oribe, Lavalleja e Rivera) e o general Melchor Pacheco y Obes, um daqueles "cruzados heróis", de acordo com o que já vimos no capítulo 1. Todos esses elementos foram mencionados por Ramírez mediante os significados e ressignificações atribuídos por ele a esses eventos e nomes, próprios tanto da primeira (1811-1820) quanto da segunda fase (1825-1828) do processo de independência uruguaia.

Embora tenha dado atenção aos elementos e personalidades dos dois momentos do processo de emancipação uruguaia, neste capítulo nos dedicamos à ressignificação de Artigas realizada por Ramírez em meio aos debates político-intelectuais a respeito do prócer e da reescrita da história nacional do país, conforme já colocamos. No entanto, também destacamos os momentos em que o intelectual uruguaio procurou exaltar as ações dos Trinta e Três, em 1825, ligando-as às ações de Artigas em 1811, como elementos de uma continuidade, síntese e unidade históricas, na linha teórica proposta por Michelet e Kant[1207].

Assim, Ramírez, um "ex-antiartiguista", mudou sua concepção sobre o libertador e passou a defendê-lo publicamente[1208]. Isso, para além de atribuir um significado republicano a Artigas visando propor um novo "modelo" de cidadão a ser construído, conforme alguns outros autores já trataram[1209],

---

[1207] Conforme já indicamos no início deste capítulo 4 e trataremos melhor no tópico seguinte.

[1208] Segundo o próprio Ramírez, devido a suas raízes familiares (foi neto de um opositor de Artigas), ele teria se desprendido de tal reprodução antiartiguista para revisar criticamente a atuação histórica do prócer. RAMÍREZ, Carlos María. *Juicio crítico del bosquejo histórico de la República Oriental del Uruguay por el Dr. D. Francisco A. Berra.* Buenos Aires: Imprenta del "Porvenir", 1882. p. 23-24; RAMÍREZ, Carlos María. Introducción. *In*: RAMÍREZ, Carlos María. *Artigas*: debate entre "El Sud-América" de Buenos Aires e "La Razón" de Montevideo. Montevideo: Editorial de la Librería Nacional de A. Barreiro y Ramos, 1884. p. V. Trataremos melhor sobre essa mudança de postura de Ramírez mais adiante.

[1209] DEMASI, Carlos. La figura de Artigas en la construcción del primer imaginario nacional (1875-1900). *In*: FREGA, Ana; ISLAS, Ariadna. *Nuevas miradas en torno al artiguismo.* Montevideo: Facultad de Humanidades y Ciencias de la Educación de la UDELAR, 2001. p. 341-351; ISLAS, Ariadna. Ciudadano Artigas: notas a propósito de la construcción de la ciudadanía en Uruguay, 1888-1897. *In*: FREGA; ISLAS, *op. cit.*, p. 353-366; FUÃO, Juarez José Rodrigues. *A construção da memória*: os monumentos a Bento Gonçalves e José Artigas. 2009. Tese (Doutorado em História) – Universidade do Vale do Rio dos Sinos, 2009a; FUÃO, Juarez José Rodrigues. Carlos María Ramírez sai em defesa de José Artigas: da crítica à (re)construção do herói oriental. *Estudos Ibero-Americanos*, v. 35, n. 2, p. 37-58, jul./dez. 2009b.

também foi, em nossa visão, uma intenção de fomentar e ampliar a esfera e o debate públicos sobre a reformulação da história nacional.

Desse modo, em nossa perspectiva, Ramírez via essa reconstrução da imagem de Artigas objetivando tratar sobre mais um elemento necessário para a reconstrução e coesão nacionais, quais sejam a reformulação geral da esfera pública, da educação pública e dos princípios político-jurídicos e constitucionais, principalmente o federalismo e a soberania. E esse envolvimento de Ramírez, nos debates sobre a história uruguaia, também consistiu em uma intenção de mediação político-cultural, pois, conforme veremos, havia o objetivo de não apenas trazer os eventos pretéritos a público, mas *ao* público, ao povo oriental que se buscava formar por meio da reelaboração da atuação de Artigas, ligada aos demais heróis.

4.2 Ramírez e seu *Juicio crítico del bosquejo histórico de la República Oriental del Uruguay* (1881/1882)

4.2.1 Entre Michelet e Kant: unidade, continuidade, totalidade e sociabilidade na concepção de História de Ramírez

Embora consideremos as análises a respeito das transformações do conceito de "História" ao longo do tempo, seja na Europa, seja nas Américas, não realizamos, aqui, um panorama detido sobre tais alterações linguísticas e semânticas do referido termo. Considerando que tal análise tenha como pressuposto a apreensão dos diversos significados conceituais em um período longo, isso foge dos objetivos que estabelecemos para nosso livro. No entanto, o que nos que interessa, inicialmente, é que o conceito de História passou a ter um sentido unívoco, em detrimento da concepção plural própria da ideia de *magistra vitae* (ou "mestra da vida", dos exemplos a serem seguidos por meio de várias histórias), deixando, assim, de apresentar um cunho formal. Essa mudança, *grosso modo*, teria ocorrido de meados do século XVIII em diante, e sofrido, em cada contexto e locais específicos, diversas mudanças de significados ao longo do tempo, além de ter sido uma expressão do advento da modernidade e de seus modos de apreensão[1210].

[1210] Para análises a respeito desse tema na Europa, mais especificamente na Alemanha, ver: KOSELLECK, Reinhart. *Futuro passado*: contribuição à semântica dos tempos históricos. Rio de Janeiro: Contraponto; Editora PUC-Rio, 2006; KOSELLECK, Reinhart. *Histórias de conceitos*: estudos sobre a semântica e a pragmática da linguagem política e social. Tradução de Markus Hediger. Rio de Janeiro: Contraponto, 2020. Sobre o

Nesse sentido, considerando tal mudança geral, acreditamos que Ramírez também tenha expressado esse conceito unívoco de História em seus escritos sobre Artigas e os demais elementos do processo de independência oriental, o que convergiria com a ideia de unidade e coesão político-sociais que já defendia desde o fim da década de 1860. Ramírez escreveu sua resposta a Berra quando estava em Buenos Aires, no fim de 1881, mas que foi publicada somente em 1882. Conforme o próprio intelectual oriental deixou claro em seu livro, a intenção inicial era de publicar tal escrito em formato de artigos na imprensa, mais especificamente pelas páginas do diário *El Plata*, do qual foi um dos criadores com outros "constitucionalistas" no ano de 1880. No entanto, devido ao fechamento do periódico por parte dos militares a mando do então ditador Máximo Santos, sobre o qual tratamos no capítulo 3, optou pela sua publicação no formato livresco[1211].

Um dos pontos iniciais da crítica de Ramírez radicou naquilo que, ao que tudo indica, ele entendia como História, ainda em um momento em que o campo historiográfico estava se iniciando no Uruguai[1212]. Dentro da edificação desse novo campo, havia as tensões entre a intenção de se dotar de objetividade científica tal discurso sobre a história em detrimento dos valores políticos e subjetivos, segundo Carolina González Laurino[1213]. Ainda de acordo com a autora,

> As urgências da construção nacional demandam do historiador uma atitude didática. O passado, objeto de estudo na nova ciência, transforma-se, assim, em encenação das lutas e debates do presente, delimita o cenário e instrui os leitores

---

estudo do termo na Espanha, em Portugal e nos países hispano-americanos entre os séculos XVIII e XIX, ver: ZERMEÑO PADILLA, Guillermo. Historia, experiencia y modernidad en Iberoamérica, 1750-1850. *In*: SEBÁSTIAN, Javier Fernández (dir.). *Diccionario político y social iberoamericano*. Madrid: Fundación Carolina; Sociedad Estatal de Conmemoraciones Culturales; Centro de Estudios Políticos y Constitucionales, 2009. p. 551-579; WASSERMAN, Fabio. Historia – Río de la Plata. *In*: SEBÁSTIAN, *op. cit.*, p. 580-592. Acerca dessa temática relacionada ao Brasil do Setecentos e do Oitocentos, ver: PIMENTA, João Paulo G.; ARAÚJO, Valdei Lopes. História. *In*: FERES JÚNIOR, João (org.). *Léxico da história dos conceitos políticos do Brasil*. Belo Horizonte: EdUFMG, 2014. p. 103-120.

[1211] RAMÍREZ, Carlos María. *Juicio crítico del bosquejo histórico de la República Oriental del Uruguay por el Dr. Francisco A. Berra*. Buenos Aires: Imprenta del Porvenir, 1882.

[1212] SANSÓN CORBO, Tomás. *El espacio historiográfico rioplatense y sus dinámicas*: siglo XIX. La Plata: Publicaciones del Archivo Histórico de la Provincia de Buenos Aires, 2011b.

[1213] LAURINO, Carolina González. *La construcción de la identidad uruguaya*. Montevideo: Ediciones Santillana; Taurus, 2001.

> sobre as atitudes políticas que deveriam adotar no juízo de instituições, condutas e pessoas.[1214]

No entanto, apesar de Laurino e, de certa forma, Sansón Corbo conceberem Ramírez e outros escritores daquele momento como historiadores propriamente ditos, acreditamos ser necessário ter cautela em relação a tal afirmação sobre o autor do *Juicio crítico*, pois ele, a nosso ver, não estava discutindo uma sistematização do campo da História naquele momento. Apesar de Ramírez ter se preocupado com algumas questões relativas a como se escrever a história nacional, o intelectual uruguaio não demonstrava uma preocupação puramente relacionada à constituição de uma disciplina historiográfica propriamente dita. Desse modo, apesar de haver uma intenção de resolver um problema histórico a respeito do passado uruguaio — ou melhor, sobre a independência oriental —, reiteramos, mais uma vez em diálogo com Ardao, que, nos textos daqueles escritores, havia uma considerável imbricação entre o campo historiográfico e o político[1215].

Nesse sentido, no que tange às inspirações político-intelectuais de Ramírez em relação à escrita sobre o passado em seu contexto, ou ao menos sobre o modo que esse intelectual concebia a história, Sansón Corbo argumenta que o escritor esteve mais alinhado à corrente "erudita", a qual havia se iniciado ainda na primeira metade do Oitocentos. Tal viés trouxe expoentes nos dois lados do Rio da Prata, caracterizou-se pelo rigor na análise das fontes históricas e rivalizou com a "tendência filosofante", da qual Berra teria feito parte. Esse último viés era baseado na relativização dos documentos, na busca pelas causas dos acontecimentos e não hesitava em atribuir juízos de valor ou condenar seus adversários, o que o diferenciava da chamada "tendência erudita"[1216].

Por um lado, os iniciadores da vertente "erudita" foram Pedro de Angelis, na Argentina; e Andrés Lamas, no Uruguai; os quais foram sucedidos pelo argentino Bartolomé Mitre e pelos uruguaios Francisco Bauzá e o próprio Ramírez, por exemplo, mediante a inspiração do romantismo de Michelet. Essa referência intelectual do historiador francês teria contribuído para uma "preceptiva metodológica" na produção sobre o conhecimento

---

[1214] *Ibid.*, p. 134.

[1215] ARDAO, Arturo. *Etapas de la inteligencia uruguaya*. Montevideo: UDELAR; Atenas, 1971. p. 175-176.

[1216] SANSÓN CORBO, Tomás. *El espacio historiográfico rioplatense y sus dinámicas*: siglo XIX. La Plata: Publicaciones del Archivo Histórico de la Provincia de Buenos Aires, 2011b. p. 35.

histórico elaborado por Ramírez e os demais "eruditos" de seu período, caracterizada pela "busca, seleção e crítica de documentos"[1217]. Já em relação aos intelectuais da "tendência filosofante", alguns representantes desse viés foram os "volterianos" Alejandro Magariños Cervantes, ex-professor de Ramírez na Universidade; e o argentino José Manuel Estrada, também inspirados por outros historiadores franceses e ingleses, tais como François Guizot e Henry Thomas Buckle, por exemplo[1218].

Nesse sentido, Ramírez, buscando uma justa medida entre uma objetividade/racionalidade e a subjetividade/sensibilidade em seus escritos, mas também orientado por uma concepção político-institucional em sua leitura da obra de Berra, afirmou o seguinte:

> Não surge de tão laboriosa e intermitente gestação uma obra simples, simétrica e bela como o dogmatismo dessas teses filosóficas *que se chamam constituições*, mas sim um organismo complicado e confuso, muitas vezes disforme, mas com vida poderosa nos costumes e cujas imperfeições vão gradualmente se reparando sem comprometer por transições violentas a existência do conjunto. [...] mas não parece, francamente, que possam aplicar-se essas doutrinas políticas à formação dos livros, mesmo que versem sobre história e, portanto, sobre as Instituições que constituem uma das mais importantes fases do desenvolvimento histórico.[1219]

Desse modo, Ramírez entendia que a História deveria ter uma unidade racional, assim como as Constituições dos Estados nacionais, mas também necessitava ser dotada de pulsação de vida, de uma animação, mesmo que esta, inicialmente, se dispusesse de modo fragmentado e singularizado, "aos pedacinhos":

> Um livro é suscetível de retoques e reformas parciais, mas deve sempre obedecer a uma ideia primordial, a *um plano sistemático que lhe* dê uni*dade, filosofia e verdadeira vida,* porque as concepções isoladas e os estudos de detalhe, seja qual for sua importância, *jamais poderão formar a trama orgânica e animada* que se chama um livro. É a ideia primordial, o plano sistemático, o que dá fisionomia moral à obra, traça o círculo de seus elementos naturais e determina o estilo

---

[1217] *Ibid.*, p. 37.

[1218] *Ibid.*

[1219] RAMÍREZ, Carlos María. *Juicio crítico del bosquejo histórico de la República Oriental del Uruguay por el Dr. Francisco A. Berra*. Buenos Aires: Imprenta del Porvenir, 1882. p. 5-6.

em que deve modelar-se. Essa ideia, esse plano, não pode se dar por entregas, nem ser objeto de transformações sucessivas, sem grave risco de engendrar um pequeno monstro de formas inadequadas e materiais incoerentes. São aplicáveis essas considerações aos livros históricos com maior razão talvez para outro gênero de composições literárias. Na vida real, a história se faz aos pedacinhos, e as crônicas que os recolhem têm um valor inestimável; mas, na literatura, só se logra *ressuscitar o passado com os fatos da ação exterior, com os personagens que neles intervêm* e os variados agentes íntimos que determinam suas conexões recíprocas, *quando o historiador se eleva a uma concepção sintética e dominante*, da qual fluem com lógica rigorosa, ainda que, recorrentemente latente, as proporções das formas e a filosofia de sua narrativa.[1220]

Esse trecho anterior nos coloca diante da complexidade da concepção de Ramírez sobre a sua escrita da História, indicando pontos e características epistemológicas de vertentes historiográficas divergentes no século XIX e, também, da filosofia da história do século XVIII, para além das já mencionadas tendências "erudita" e "filosofante". Por um lado, alguns dos elementos que destacamos no texto nos remetem à inspiração de viés mais iluminista/positivista, a qual é baseada em um rigor lógico, organicista e sistemático do projeto racional, que buscava dar uma unidade mais generalizadora e sintética ao desenvolvimento histórico e que não incorresse em mudanças ao longo do percurso[1221].

Por outro lado, também é possível apreendermos alguns componentes ligados ao romantismo/historicismo, o qual era indicado pelas particularidades (a "história em pedacinhos") e, como o próprio Ramírez indicou em outras passagens de seu texto, no rigor e na crítica às fontes históricas. Além desse último elemento, outro ponto romântico/historicista presente

---

[1220] *Ibid.*, 1882, p. 6.

[1221] Para um panorama sobre o viés iluminista/positivista da história e seus principais expoentes, ver: BARROS, José d'Assunção. *Teoria da história*. 4. ed. Petrópolis: Vozes, 2014. v. 2. No entanto, segundo Gertrude Himmelfarb, apesar de ser convencionalmente associado somente às transformações filosóficas e intelectuais ocorridas na França do século XVIII, tal fenômeno não foi constituído por uma única vertente, tendo esse movimento alguns vieses diferentes entre si, a depender dos países nos quais foram expressos e praticados em meio às percepções do advento da modernidade. Embora tenham comungado de algumas características em comum, como o apreço pelos elementos razão, liberdade, ciência, indústria, bem-estar e justiça, na França, por exemplo, teria predominado a "ideologia da razão"; já na Inglaterra, teria sobressaído a "sociologia da virtude", caracterizada pelas "virtudes sociais", como a simpatia, a compaixão e a benevolência, capazes de unir os indivíduos; nos Estados Unidos, foi a "liberdade política" o fator mais notório defendido como princípio fundamental da modernidade. Ver: HIMMELFARB, Gertrude. *Os caminhos para a modernidade*: os iluminismos britânico, francês e americano. Tradução de Gabriel Ferreira da Silva. São Paulo: É Realizações, 2011. p. 23-41.

em Ramírez se relaciona com a ênfase que atribuiu à ideia de "nação"[1222], o que, a nosso ver, consistiu no principal elemento expresso pelo intelectual uruguaio em sua trajetória político-intelectual, como vimos argumentando desde o início de nossa tese.

Retornemos à crítica de Ramírez ao escrito de Berra. A obra de Berra tinha caráter indefinido para o autor do *Juicio crítico*. Ficava em uma linha tênue entre um "livro didático", com a "simplicidade quase infantil de seu estilo", e uma obra de filosofia histórica, de um "menino precoce e metódico", a qual, em alguns momentos, contava "com as formas externas da lógica e o bom juízo de uma razão madura"[1223]. Simpatizante que era de Michelet e de um método que privilegiasse a análise dos eventos singulares inscritos no todo dos processos históricos, Ramírez não concordava com o modo pelo qual Berra conduziu os postulados de seu livro sobre a história nacional. Listando alguns acontecimentos do passado oriental de modo relacionado ao de Brasil, Argentina e Espanha, Ramírez continuou suas reservas ao *Bosquejo*:

> Essas reminiscências, ao acaso acumuladas, podem dar uma ideia aproximada das dificuldades com que tropeça o historiador desse *pedaço de terra, o* qual, sendo um rincão do mundo, foi, em algumas vezes, o mundo inteiro! Para a simples cronologia dos fatos, há que atender ao movimento de um vastíssimo quadro em que esses fatos figuram já como simples efeitos, já como causas eficientes; e sua filosofia histórica só poderá formar-se aplicando o critério filosófico, com grandes vistas de conjunto, à síntese definitiva daquele quadro. Venceu essas imensas dificuldades o *Bosquejo* de que me ocupo? Tenho a mais alta estima pelo talento e o caráter do Dr. Berra. [...] Mas a inteligência do autor do *Bosquejo* é uma inteligência exclusivamente analítica, de catálogos e compartimentos, que pode dar excelentes resultados nas tarefas do legista ou do pedagogo, mas dificilmente se adapta às instituições vivazes e criadoras do verdadeiro historiador.[1224]

Somada a tal apreciação do todo, do "conjunto", para além dos fatos isolados e "compartimentados" cronologicamente — embora também os con-

---

[1222] Barros também trata sobre os principais elementos do romantismo/historicismo, seus representantes e a ideia de nação presente nessa vertente. Ver: BARROS, *op. cit.*.

[1223] RAMÍREZ, Carlos María. *Juicio crítico del bosquejo histórico de la República Oriental del Uruguay por el Dr. Francisco A. Berra*. Buenos Aires: Imprenta del Porvenir, 1882. p. 7.

[1224] RAMÍREZ, Carlos María. *Juicio crítico del bosquejo histórico de la República Oriental del Uruguay por el Dr. Francisco A. Berra*. Buenos Aires: Imprenta del Porvenir, 1882. p. 9-10, grifos do autor.

siderasse —, notamos, em Ramírez, a abordagem que prezava por um método sintético de se entender e escrever a história. Assim, para ele, o historiador deveria ser aquele que estimasse, também, os "nervos" e os "músculos"[1225] dos personagens históricos, o que nos remete a linguagens ligadas ao "corpo" e aos sentimentos na História[1226], ou melhor, uma história que fosse "encarnada", sem perder o seu lado racional. Assim, para o intelectual uruguaio:

> *Faltam, em sua narrativa, os* músculos e os nervos que animam a reprodução do *passado;* e falta, sobretudo, essa filosofia superior que a condensa em fórmulas gerais de profundo ensino. Em vez de apreciar os sucessos e *os personagens no conjunto da ação, no mesmo meio em que se agitam, com o critério que resulta das ideias, paixões e necessidades de cada época,* entende cada evento separadamente, em uma ordem mental admirável; e elabora, para cada personagem, um expediente para fracassar sua causa *segundo o efeito retroativo das ideias morais e políticas que ocupam atualmente os compartimentos da inteligência do juiz.* Esse critério formalista explica muitos erros do Bosquejo [...].[1227]

Na esteira do seu entendimento a respeito de uma recuperação "animada" do passado, Ramírez reiterava a presença dos indivíduos em tais eventos históricos de modo conciliado não somente com suas ideias, mas também com seus sentimentos e necessidades contextuais. Tais elementos nos remete à compreensão de que o intelectual oriental pressupunha um modo de se escrever a história que fosse desprovido de julgamentos morais e políticos, e que buscasse mais compreender as complexidades dos indivíduos e dos processos históricos em vez de condená-los de antemão, valendo-se de convicções políticas e subjetivas do presente do historiador.

Desse modo, como podemos perceber pelas manifestações anteriores de Ramírez, a sua concepção de História radicava em um método dotado de um caráter totalizante, que unisse o racional com o sentimental na crítica aos modos fragmentários e dispersos de se escrever o passado nacional. Embora tenha mencionado explicitamente o nome do historiador francês Jules Michelet uma única vez ao longo dos seus escritos sobre a história de Artigas[1228], percebemos

---

[1225] *Ibid.*, p. 10.

[1226] Aqui, mais uma vez, retomamos as indicações propostas por Pierre Ansart a respeito das linguagens políticas que remetiam a sentimentos relacionados às práticas corporais, conforme já discutimos nos capítulos 3 e 4. Ver: ANSART, Pierre. *A gestão das paixões políticas.* Tradução de Jacy Seixas. Curitiba: Ed. UFPR, 2019.

[1227] RAMÍREZ, Carlos María. *Juicio crítico del bosquejo histórico de la República Oriental del Uruguay por el Dr. Francisco A. Berra.* Buenos Aires: Imprenta del Porvenir, 1882. p. 10, grifos nossos.

[1228] Para além das referências feitas ao nome de Michelet realizadas por Ramírez em outros textos que analisamos no capítulo 1, aqui, o nome do historiador francês aparece somente na página 27 da edição do *Juicio crítico* a que tivemos acesso.

CARLOS MARÍA RAMÍREZ E A CONSTRUÇÃO DE UMA NOVA REPÚBLICA ORIENTAL DO URUGUAI: ENTRE A "NAÇÃO IDEAL" E A "NAÇÃO REAL" (1868-1898)

que, aqui, Ramírez recorreu, mesmo que de modo implícito, aos postulados político-intelectuais do referido escritor em outras várias passagens.

Assim, acreditamos ser pertinente e necessário destacar este ponto de nossa análise em relação aos demais trabalhos realizados sobre as polêmicas entre Ramírez e Berra, acerca da figura de Artigas, quais sejam, os de Juarez Fuão[1229] e Tomás Sansón Corbo[1230], principalmente. Percebemos que nenhum desses historiadores deu maior atenção às inspirações político-intelectuais específicas de Ramírez no debate público estabelecido com Berra, talvez até justamente por não fazer parte dos objetivos nem constituir os fundamentos teóricos mobilizados por cada um deles. De qualquer modo, acreditamos ser esse um dos pontos que proporcionam uma contribuição, de nossa parte, ao que já foi produzido até o presente momento sobre tal polêmica e, principalmente, sobre uma possível reconstituição do arcabouço e da atuação político-intelectuais de Ramírez em seu contexto de escrita. Apesar de algumas ausências percebidas por nós nesses trabalhos, reconhecemos que Sansón Corbo identificou e sintetizou, de modo considerável, a concepção sobre o conhecimento histórico do publicista e ex-professor da UDELAR, principalmente no que tange à postura historiográfica de Berra contida em seu *Bosquejo*:

> Há uma clara concepção sobre o conhecimento histórico que se perfila consideravelmente nas críticas [de Ramírez] ao *Bosquejo*...: a) para investigar, é necessário um plano sustentado por uma teoria e uma metodologia; b) o acontecer se desenvolve de maneira cronológica e com sucessos aparentemente fragmentados c) o cronista se refere a eles da forma que os percebe, mas corresponde ao historiador realizar uma síntese totalizadora e expor os resultados seguindo uma "lógica rigorosa"; d) a tarefa do historiador é "ressuscitar o passado", fazê-lo presente por meio da reconstrução literária, única forma de acessar os personagens e acontecimentos.[1231]

[1229] FUÃO, Juarez José Rodrigues. *A construção da memória*: os monumentos a Bento Gonçalves e José Artigas. 2009. Tese (Doutorado em História) – Universidade do Vale do Rio dos Sinos, 2009a; FUÃO, Juarez José Rodrigues. Carlos María Ramírez sai em defesa de José Artigas: da crítica à (re)construção do herói oriental. *Estudos Ibero-Americanos*, v. 35, n. 2, p. 37-58, jul./dez. 2009b.

[1230] SANSÓN CORBO, Tomás. *El espacio historiográfico rioplatense y sus dinámicas*: siglo XIX. La Plata: Publicaciones del Archivo Histórico de la Provincia de Buenos Aires, 2011b.

[1231] SANSÓN CORBO, Tomás. *El espacio historiográfico rioplatense y sus dinámicas*: siglo XIX. La Plata: Publicaciones del Archivo Histórico de la Provincia de Buenos Aires, 2011b. p. 116, grifos e aspas do autor, inserção nossa.

Desse modo, identificamos a presença de elementos característicos do pensamento do historiador francês Jules Michelet nos escritos de Ramírez sobre a História e, mais especificamente, sobre Artigas. Nesse ponto, percebemos que os referenciais político-intelectuais de Ramírez, inspirados em Michelet, situaram-se no "caminho do meio" entre os outros dois paradigmas historiográficos vigentes no mesmo contexto: o historicismo[1232], de caráter mais particularizante e subjetivo; e o positivismo[1233], universalizante e objetivo. Essa última vertente, considerada a "herdeira" do Iluminismo, convencionalmente se caracterizou pela já mencionada objetividade científica/neutralidade, pela equivalência de métodos entre as Ciências Naturais e Ciências Humanas e pela defesa de uma universalidade e de leis gerais na História. Por outro lado, o historicismo teria se derivado do romantismo alemão do século XVIII e foi marcado pela relatividade, uma diferenciação dos métodos entre as ciências da natureza e as humanidades e pela possibilidade de o historiador ter subjetividade[1234].

Já em relação a Michelet, não há um consenso historiográfico a respeito de uma filiação desse intelectual a uma "escola histórica" específica, como a iluminista/positivista ou a romântica/historicista, embora seu nome tenha sido vinculado, algumas vezes, a essa última corrente, mesmo que o próprio Michelet tenha recusado isso em sua época. Aliás, o historiador positivista inglês Hippolyte Taine, em uma resenha que escreveu à obra *História da França*, de Michelet, teceu críticas à postura historiográfica deste último mais no que tange à falta de cientificidade na sua abordagem histórica[1235].

Essas indefinições a respeito do historiador francês nos conduzem, também, a reconhecer tais elementos nos escritos de Ramírez, em maior ou menor grau. Nesse sentido, pelo fato de o intelectual oriental ter buscado tanto uma unidade dos fatos e elementos históricos em seu todo quanto ter

---

[1232] Foi representado por vários intelectuais oitocentistas, como Leopold Von Ranke, Friedrich Savigny, Gustav Droysen e Wilhelm Dilthey. No século XX, outros historiadores, como Reinhart Koselleck, além de filósofos como Hans-Georg Gadamer e o francês Paul Ricoeur, também foram considerados continuadores dessa tendência, resguardadas suas singularidades teóricas. Para mais informações sobre o historicismo, ver: BARROS, José d'Assunção. *Teoria da história*. 4. ed. Petrópolis: Vozes, 2014. v. 2.

[1233] Encabeçado, principalmente, por Auguste Comte, na filosofia, e seguido por Thomas Buckle, Hyppolite Taine e Ernst Renan na historiografia do período. BARROS, *op. cit.*

[1234] BARROS, José d'Assunção. *Teoria da história*. 4. ed. Petrópolis: Vozes, 2014. v. 2.

[1235] Sobre esse tema, ver: TEIXEIRA, Maria Juliana Gambogi. Jules Michelet: um historiador às voltas com a crítica literária. *Cadernos Literários*, v. 23, n. 1, p. 83-98, 2015. Disponível em: https://periodicos.furg.br/cadliter/article/view/5488/5894. Acesso em: 23 jun. 2022. Ver também: TEIXEIRA, Maria Juliana Gambogi. Michelet, teórico do romance. *ALEA*, Rio de Janeiro, v. 19/3, p. 618-635, set./dez. 2017. Disponível em: https://www.scielo.br/j/alea/a/gGRfCDpPsKWc9yfCwHcn8Kc/?format=pdf&lang=pt. Acesso em: 23 jun. 2022.

conciliado a racionalidade objetiva com as sensibilidades, percebemos que o "micheletiano" uruguaio fez jus, mais uma vez, à sua autopercepção como "eclético" em sua escrita da história. Assim, acreditamos que os seguintes comentários de Hervé Martin acerca da postura intelectual e historiográfica de Michelet contribuem para que identifiquemos e compreendamos melhor tais traços presentes na escrita da História de Ramírez:

> Michelet constitui uma referência obrigatória, ritual, para os praticantes da "Nova História", já que se dedicou à "ressurreição do passado integral". Faz-se dele o porta-voz de uma história *outra, diferente*, apta a fazer falar os "silêncios" e conferindo um grande espaço às pulsões irracionais. [...] Michelet afirma aí [no *Prefácio* à *história da França*] sua ambição, operante desde o início de sua carreira, de ser o ressuscitador da totalidade nacional em gestação através dos séculos. [...] A partir de 1842, situa-se na corrente da pequena burguesia liberal e anticlerical; influenciado pelos ideais de 1789, adere às aspirações revolucionárias de 1848. [...] A transposição dos valores cristãos parece evidente. É a iluminação mística, "em que tudo se simplifica pela chama".[1236]

Com base nesses comentários de Martin sobre as principais características intelectuais de Michelet, podemos compreender melhor tais usos, por parte de Ramírez, de expressões e linguagens que remetiam ao ato de "ressuscitar o passado" para se escrever a história nacional. Tributária de uma ideia relacionada ao cristianismo, a utilização da "ressurreição" e dos termos correlatos, também presentes nos vários escritos de Ramírez, leva-nos a apreender a referida transposição micheletiana dos valores cristãos, destacada anteriormente por Hervé Martin, para o debate político-social e público uruguaio da segunda metade do século XIX.

Esse último ponto e, também, a utilização do termo "chama" na obra de Michelet conduzem-nos às passagens, ao longo de vários escritos de Ramírez, em que o publicista oriental teria se apropriado de tais referenciais político-intelectuais propostos pelo escritor francês. Aliás, conforme já colocamos no capítulo 2, seria possível estabelecer uma relação entre a "chama" de Michelet e o termo "tocha" utilizado por Ramírez em alguns textos de *La Bandera Radical*, e entender tais usos como a expressão de uma

---

[1236] MARTIN, Hervé. Michelet e a apreensão "total" do passado. *In*: BOURDÉ, Guy; MARTIN, Hervé (org. em colaboração com Pascal Balmand). *As escolas históricas*. Tradução de Fernando Scheibe. Belo Horizonte: Autêntica Editora, 2018. (Coleção História e Historiografia). p. 143-145, grifos e aspas do autor, inserção nossa.

linguagem política por parte do escritor uruguaio em seu contexto político-intelectual. Martin enumera, especificamente, as seguintes características da escrita da História de Michelet, e como ele se diferenciava dos demais historiadores de sua época, o que poderia sugerir uma especificidade das ideias do intelectual francês:

> [...] Michelet quer *se distinguir radicalmente da prática histórica dominante*. [...] Aos ilustres representantes da história liberal, Augustin Thierry, Guizot, Minet, Thiers e outros, Michelet censura como certo número de fraquezas. Em primeiro lugar, os limites de sua informação. [...] Segunda crítica a seus eminentes confrades: eles não têm o senso das totalidades históricas. [...] Privilegiam o político (§2) às expensas de outras instâncias da realidade. Têm unicamente pontos de vistas fracionados, que os levam a fracionar objetos de estudo (a raça, as instituições, etc.) sem apreender as inter-relações entre os diferentes domínios (§5). Assim, perde-se de vista a "harmonia superior" [...]. "Pouco material demais, pouco espiritual demais" (§22 e 23), essa história negligencia o substrato material das sociedades assim como as elaborações da "alma nacional". Terceira: essa "nobre plêiade" é vítima de preconceitos ideológicos. Assim se dá com o "admirável" Thierry, preso à teoria da "perpetuidade das raças" (§14), retomada de certos historiadores do século XVIII [...].[1237]

Como pudemos notar até aqui, a questão nacional, para Ramírez, era essencial em sua trajetória político-intelectual, elemento esse também muito presente na produção de Michelet. Além disso, assim como perceptível no escritor francês, e diferentemente de Sarmiento e outros historiadores liberais oitocentistas, Ramírez não deu ênfase à questão da "raça" e a certos determinismos inerentes a tal orientação. Ainda, sobre os "preconceitos ideológicos" combatidos por Michelet, o intelectual oriental indicou ter seguido esse pressuposto metódico em sua reconstituição histórica de Artigas, mais especificamente contida em suas críticas ferrenhas aos juízos de valor e à falta de imparcialidade de Berra apontados por ele. Ainda sobre as inspirações mais ou menos implícitas de Michelet na escrita da história de Ramírez, recorremos mais uma vez aos comentários de Martin, especificamente sobre a "ambição

---

[1237] MARTIN, Hervé. Michelet e a apreensão "total" do passado. *In*: BOURDÉ, Guy; MARTIN, Hervé (org. em colaboração com Pascal Balmand). *As escolas históricas*. Tradução de Fernando Scheibe. Belo Horizonte: Autêntica Editora, 2018. (Coleção História e Historiografia). p. 145-146, grifos e aspas do autor.

totalizante", "unitária", de "harmonia superior" e da metáfora do corpo e da "vida integral" contida na obra do historiador francês oitocentista:

> *A ambição totalizante* do historiador é aqui afirmada mais claramente do que nunca. A "totalidade vivida" que Michelet quer reconstruir se situa num nível mais profundo que o "global" dos historiadores atuais. Trata-se da captura de uma *unidade viva* e não apenas de instâncias interconectadas. Todos os patamares de realidade normalmente separados não subsumidos numa *harmonia superior* (§5). [...] O historiador chega ao Um, não divino mas nacional. A metáfora, muito tradicional, do organismo (§6) explicita a noção de harmonia superior. A vida implica a solidariedade dos órgãos, sua influência mútua, etc. A ambição do historiador consiste, portanto, em *reencontrar a vida histórica* (§7) através de dois procedimentos complementares: a) *segui-la por todos os seus caminhos*, o que implica uma vasta informação, um trabalho minucioso de reconstituição; b) *restabelecer a ação recíproca dessas forças diversas num poderoso movimento*, e aí vemos aflorar uma filosofia vitalista, haurida a Vico e a certos filósofos alemães, segundo a qual há um princípio vital em ação na história da humanidade.[1238]

Nesse sentido, à luz das ideias de Michelet, a "harmonia superior", em Ramírez, era estabelecida no decorrer do tempo e dos feitos dos heróis, o que sustentaria a nação oriental em seu presente e futuro. Além das aproximações que já identificamos entre os textos de Ramírez e parte da obra de Michelet, outros também nos chamam atenção, mais especificamente a ideia do "movimento" proporcionado pela existência e interação das diversas "forças vitais" ao longo da história. A nosso ver, isso poderia consistir em uma expressão da modernidade presente nessa concepção de história de Ramírez, assim como já pudemos perceber em outras publicações suas, as quais analisamos nos capítulos anteriores. Além disso, ainda segundo Martin, seria possível a identificação do "problema histórico" na obra de Michelet, o qual, a nosso ver, aproxima-se do que propõe Ramírez não somente em seus escritos sobre a história uruguaia:

> Assim podemos identificar com maior precisão o *problema histórico* de Michelet (§9), ou seja, a *ressurreição da vida integral* [...]. Semelhante projeto tem a ver com uma paixão, com uma vontade de abarcar a matéria histórica viva, e também com

---

[1238] MARTIN, Hervé. Michelet e a apreensão "total" do passado. *In*: BOURDÉ, Guy; MARTIN, Hervé (org. em colaboração com Pascal Balmand). *As escolas históricas*. Tradução de Fernando Scheibe. Belo Horizonte: Autêntica Editora, 2018. (Coleção História e Historiografia). p. 146-147, grifos do autor.

certa relação mantida com os mortos, mais do que com uma escolha racional. Para compreender a história assim por dentro é preciso chegar a uma outra esfera da percepção do passado, em que a narrativa histórica deixa de ser um quebra-cabeça inerte e se torna vida e movimento, Michelet nos fornece um substituto laico de ressurreição dos mortos: "Esse movimento imenso se pôs em marcha sob meus olhos" (§11). E aponta as características dessa vida verdadeira que ele faz renascer (§12): não é nem um calor de laboratório, nem movimentos convulsivos artificialmente impostos a um cadáver (o galvanismo), mas acima de tudo um lento crescimento, uma continuidade. [...] os atores de Michelet "marcham" meio que "no ar", nos espaços nebulosos da mística republicana, como essa França que é "filha de sua liberdade" (§20). Essa última expressão nos conduz ao *trabalho de si sobre si* (§18) de toda sociedade que, segundo Michelet, constitui o próprio movimento da história, de que ele tem uma percepção essencialmente dinâmica.[1239]

Aqui, percebemos as semelhanças contidas nos escritos de Ramírez a respeito de como se escrever a história, mais especificamente em relação à metáfora da vida, do corpo e do movimento, ainda mais se retomarmos o seguinte trecho, o qual consta em excerto que destacamos anteriormente: "Faltam, em sua narrativa [a de Berra], os *músculos e os nervos que animam a reprodução do passado*"[1240]. Além disso, a questão do trabalho em Michelet, o que representaria o dinamismo do movimento e que consiste em uma linguagem política conotativa do republicanismo, também é perceptível em Ramírez, assim como já vimos principalmente no capítulo 2 de nosso livro e, agora, identificamos em sua escrita da história.

Da mesma forma, a "marcha" proposta por Michelet pressupõe tal movimento corporal da História em direção a algo ou a algum lugar, e, desse modo, inevitavelmente também retomamos aqui a concepção de Ramírez sobre o processo de independência uruguaio. Conforme tratamos nos capítulos anteriores, Ramírez concebia a atuação de Artigas, em 1811, como feitos "precursores" da nacionalidade oriental, a qual teve o seu devido desfecho na segunda metade da década de 1820, com os Trinta e Três Orientais durante a Cruzada Libertadora e a emancipação em relação ao Brasil. Em outros termos, da mesma forma que Michelet, Ramírez entendia a história

---

[1239] *Ibid.*, p. 147, grifos e aspas do autor.

[1240] RAMÍREZ, Carlos María. *Juicio crítico del bosquejo histórico de la República Oriental del Uruguay por el Dr. Francisco A. Berra*. Buenos Aires: Imprenta del Porvenir, 1882. p. 10, grifos nossos, inserção nossa.

enquanto uma área marcada pela "continuidade" ou o "lento crescimento" dos acontecimentos, interligados entre si, na "ressurreição do passado".

Assim, isso não indicaria, a nosso ver, uma expressão de "progresso" estritamente iluminista ou positivista, de caráter mecânico[1241], mas sim um "progresso" histórico matizado, de inspiração micheletiana, situado entre os elementos do já mencionado Iluminismo/positivismo e os do romantismo/historicismo. Nesse sentido, além desses pontos, Martin destaca outras características da obra do historiador francês, as quais percebemos como presentes de forma mais ou menos notável nos escritos de Ramírez:

> Ele evoca também *o grande trabalho das nações* (§17), algo como um parto contínuo de sua própria personalidade, o que permite relativizar o fatalismo racial. É uma operação de mistura e moagem, em que todos os elementos originais são fundidos para dar origem a um organismo original. Trata-se de um fato moral, de uma conscientização progressiva e não apenas de progressos justapostos. [...] o pensamento de Michelet está ligado ao que se poderia chamar de "vitalismo evolucionista", em que o princípio vital usurpa os atributos de Deus. *Assim segue a vida histórica*, na base da fusão e do amálgama, culminando na elaboração de personalidades nacionais diferenciadas.[1242]

A defesa da "fusão", da "mistura", do "amálgama" progressivos e sucessivos, baseados em aspectos morais, e não em um "progresso" mecânico, seria um fator também presente em Ramírez, não somente em seus escritos sobre a história nacional, mas em suas variadas publicações ao longo do tempo, abrangentemente falando. A título de recordação, tal defesa de algo que fosse "harmônico" estava presente desde sua argumentação em prol do "partido da nação", no contexto em que pediu o fim das guerras civis entre os partidos tradicionais, assim como vimos com ênfase no capítulo 2. Além disso, assim como a filosofia da história proposta por Immanuel Kant, no século XVIII, Ramírez buscava, de modo implícito, propor que os atos históricos de Artigas consistiram em uma tentativa de "unir", "agrupar"[1243],

---

[1241] Para uma análise sobre o conceito de "progresso" como expressão do advento da modernidade e das "novas experiências", ver: KOSELLECK, Reinhart. *Histórias de conceitos*: estudos sobre a semântica e a pragmática da linguagem política e social. Tradução de Markus Hediger. Rio de Janeiro: Contraponto, 2020. p. 170.

[1242] MARTIN, Hervé. Michelet e a apreensão "total" do passado. *In*: BOURDÉ, Guy; MARTIN, Hervé (org. em colaboração com Pascal Balmand). *As escolas históricas*. Tradução de Fernando Scheibe. Belo Horizonte: Autêntica Editora, 2018. (Coleção História e Historiografia). p. 147-148, grifos e aspas do autor.

[1243] Esse ponto, a nosso ver, também consistiu em outro elemento de discordância de Ramírez em relação à dicotomia sarmientina da "civilização" e "barbárie", pois ia de encontro com a vinculação direta, feita pelo intelectual "em organismo de província" os povos[1244] da região da então Banda Oriental[1245]. Uma característica historiográfica que remetia, também, à "história totalizante" das "origens nacionais" de Michelet, conforme já vimos.

Embora Ramírez não tenha citado Kant explicitamente em seus escritos sobre Artigas e a história uruguaia, notamos que o intelectual oriental recorreu ao nome do filósofo alemão setecentista em textos anteriores seus: em sua *5ª Conferência de Direito Constitucional*, publicada em *La Bandera Radical*, na qual tratou sobre a soberania e a "paz perpétua" possíveis somente no sistema "justo" e "ideal" republicano; e na *12ª Conferência*, quando sua atenção estava focada em discutir a ideia geral de "liberdade", no capítulo sobre a "liberdade religiosa". Apesar dessas escassas citações, acreditamos que tais elementos nos indicam que as propostas teóricas de Kant também constituíram a concepção de história de Ramírez e estiveram presentes, mesmo que implicitamente, em seus escritos sobre os feitos históricos de Artigas e os demais heróis do passado uruguaio. Assim, acreditamos ser necessária uma breve explanação sobre alguns pontos do pensamento do filósofo iluminista em Ramírez.

Nesse sentido, para Kant, não necessariamente em termos de uma teoria da história, mas sim como uma filosofia da história[1246], esta deveria

---

argentino, entre a "barbárie" e os elementos da área rural, como os caudilhos e a população de tais localidades do campo, os quais Sarmiento classificava como desprovidos de capacidade social e política. Trataremos melhor sobre esse ponto mais adiante.

[1244] Embora entendamos que Ramírez, em seu momento de escrita, concebesse e defendesse a ideia de que o "povo" oriental devesse apresentar um caráter unitário, não perdemos de vista as considerações que Elías Palti realiza sobre a diferenciação entre os conceitos de "povo" e "povos" e suas linguagens políticas correlatas no momento dos processos revolucionários das independências hispano-americanas e em meio às tensões entre tradição e modernidade. Em sua crítica a François-Xavier Guerra, Palti argumenta que não há uma justaposição entre o conceito tradicional e colonial de "povos", no plural, que formariam os vice-reinos hispano-americanos, e o de "povo", no singular, que remeteria à unificação de uma comunidade nacional ligado ao advento da modernidade. Assim, focando a atuação de Mariano Moreno em Buenos Aires dos anos 1810, Palti argumenta que os escritos do revolucionário portenho indicariam uma reformulação de tal dicotomia tradição-modernidade, ao expressar que o novo conceito de "nação", ligado aos termos "povo" e "povos", irromperia das próprias convenções linguísticas e conceituais tradicionais e coloniais. Assim, os textos públicos de Moreno poderiam ser tomados como "ponto de partida para observar o complicado processo de recomposição semântica que pressupôs a afirmação de um conceito moderno de nação". PALTI, Elías José. Historia de ideas e historia de lenguajes políticas: acerca del debate en torno a los usos de los términos "pueblo" y "pueblos". *Varia Historia*, Belo Horizonte, v. 21, n. 34, p. 325-343, jul. 2005. p. 337. Disponível em: https://www.scielo.br/j/vh/a/ZpL83bgMVppXjqqRtqHNMHz/?format=pdf&lang=es. Acesso em: 23 jun. 2022.

[1245] RAMÍREZ, Carlos María. *Juicio crítico del bosquejo histórico de la República Oriental del Uruguay por el Dr. Francisco A. Berra.* Buenos Aires: Imprenta del Porvenir, 1882. p. 100.

[1246] José d'Assunção Barros faz uma distinção entre as filosofias da história e as teorias da história. Segundo o autor, as primeiras diziam respeito aos postulados que cada pensador teria proposto para se conceber o curso da história, mas segundo um cunho mais especulativo, não necessariamente preocupado com um método da produção do conhecimento histórico. Alguns exemplos de tais filósofos da história mencionados por Barros

ser pensada com base em dois elementos principais: a universalidade e a racionalidade. Para o pensador iluminista alemão setecentista, era necessário que o filósofo da história, ou o historiador, apreendesse a lógica que sustentava o curso dos acontecimentos no tempo, evitando-se, assim, os fatores aleatórios e desprovidos de ordenação racional[1247].

Além disso, constituía tal pensamento a existência de elementos que contribuíam para o caminhar da história, tais como a tensão entre a "discórdia" e a "concórdia", estabelecida na interação entre os homens, visando-se à Razão, a qual seria capaz de contribuir para a felicidade humana. Dessa forma, todas as ações humanas no tempo teriam um sentido, um propósito definido, e seriam regidas por leis gerais, um "fio condutor", assim como na natureza e suas ciências próprias[1248]. Ainda sobre a concepção de história em Kant, recorremos a uma citação relativamente extensa de Guy Bourdé, a qual, porém, nos proporciona reflexões relevantes para analisar a concepção de história nacional de Ramírez:

> Nessas condições, o homem deve viver em sociedade. [...] o antagonismo entre a sociabilidade e a insociabilidade é o meio de que a natureza se serve para levar a cabo o desenvolvimento de todas as disposições da humanidade. A discórdia no nível da espécie não é verdadeiramente negativa, surge antes como um fato de progresso. O destino do homem não é a felicidade a qualquer preço. Dessa perspectiva, a hostilidade entre os indivíduos os obriga a sair de um estado de beatitude mais ou menos primitivo e a se engajar na realização de tarefas difíceis, mas grandiosas. O problema essencial a que a razão será confrontada na história é a realização de uma sociedade civil "que administre o direito de maneira universal". Kant observa: "Podemos considerar a história da espécie humana,

---

são, além de Kant, Hegel, Hume e Voltaire, por exemplo, ainda no século XVIII. Já no que tange às teorias da história, Barros afirma que seus expoentes estariam preocupados com os modos de se ver a história, mas também com a conciliação desta com o método científico da escrita historiográfica. Alguns dos seus primeiros representantes, segundo Barros, foram os historiadores positivistas Taine, Henry Buckle e Ernst Renan, por um lado, e os historicistas Leopold Von Ranke e Gustav Droysen, por outro. Desse modo, Barros ainda afirma que foi na transição entre as filosofias da história para as teorias da história, do fim do século XVIII a meados do XIX, que radicaria o surgimento da figura do historiador moderno. Ver: BARROS, José d'Assunção. *Teoria da história*. 4. ed. Petrópolis: Vozes, 2014. v. 2.

[1247] BARROS, *op. cit.*

[1248] BARROS, José d'Assunção. *Teoria da história*. 4. ed. Petrópolis: Vozes, 2014. v. 2. p. 77-81. Sobre esse aspecto do pensamento de Kant, podemos relacionar tais postulados do filósofo iluminista com o que propunha Ramírez em algumas de suas lições sobre o Direito Constitucional, mais especificamente sobre a razão e o sentido existente em todas as ações humanas para a organização e a ordenação sociais dentro de um Estado democrático de direito e na construção da nação republicana, conforme vimos no capítulo 3.

grosso modo, como a realização de um plano oculto da natureza para produzir uma constituição política perfeita" (proposição 8). Trata-se, portanto, de edificar uma organização civil tal que as leis possam regular os antagonismos e instituir as liberdades. Ora, esse empreendimento complexo esbarra em dois obstáculos. O primeiro é a questão da autoridade. Posta a dualidade da natureza humana, dividida entre a aspiração ao bem e a atração pelo mal, é preciso impor aos homens "um senhor que derrube as vontades particulares", necessariamente egoístas. Contudo, esse senhor, que, por sua vez, também é um homem, deve se comportar como um chefe justo, que respeite os outros homens. Logo se vê, não é fácil descobrir um indivíduo provido de qualidades tão excepcionais.[1249]

Com base nas ponderações de Bourdé sobre a filosofia da história de Kant, podemos perceber que a obra político-intelectual de Ramírez, produzida ao longo de sua trajetória, também teria sido orientada por tais elementos relacionados aos pressupostos do pensador alemão, mesmo que de forma mais implícita. Mais especificamente, acerca da necessidade de o indivíduo se dispor a contribuir para uma sociabilidade em prol de algo maior, de "tarefas difíceis", ao se desvincular de sua condição "primitiva" em prol de uma sociedade civil capaz de construir uma organização política ideal e racional, baseada em uma constituição. Aqui, podemos relacioná-lo com o que Ramírez pressupunha acerca do processo de independência oriental. Nesse sentido, considerava o caudilhismo de Artigas como algo "primitivo", mas próprio de seu tempo e necessário para iniciar a "tarefa difícil" da revolução de independência e da desagregação da ordem colonial espanhola no início do século XIX. Desse modo, era necessário, por um lado, decompor o centralismo da Coroa Espanhola para, depois, unificar as partes em torno do federalismo que as proporcionaria a autonomia devida[1250].

Acreditamos, ainda, que outro ponto de destaque seja a questão da necessidade da sociabilidade política na construção de uma Constituição ideal e racional, que fosse capaz de proporcionar a "autoridade justa" em sua relação com o tempo. Assim, é inevitável que associemos tal pressuposto

---

[1249] BOURDÉ, Guy. As filosofias da história. *In*: BOURDÉ, Guy; MARTIN, Hervé (org. em colaboração com Pascal Balmand). *As escolas históricas*. Tradução de Fernando Scheibe. Belo Horizonte: Autêntica Editora, 2018. (Coleção História e Historiografia). p. 95.

[1250] RAMÍREZ, Carlos María. *Artigas*: debate entre "El Sud-América" de Buenos Aires e "La Razón" de Montevideo. Montevideo: Editorial de la Librería Nacional de A. Barreiro y Ramos, 1884. p. 76. Veremos melhor sobre esse ponto mais adiante.

teórico e filosófico kantiano com o que Ramírez já havia proposto em suas aulas de Direito Constitucional, publicadas por *La Bandera Radical* mais de dez anos antes, conforme tratamos no capítulo 2. E tudo indica que Ramírez repetiu tais postulados em seus escritos sobre Artigas e a história nacional, pois, em vários momentos, fez referência às tentativas do libertador de 1811 de agrupar as províncias e o "disperso" povo oriental[1251], ao federalismo e à soberania propostos pelo prócer, tendo destacado a ausência desses elementos no processo Constituinte de 1828-1830[1252].

De qualquer modo, não consideramos exagerado considerar, também, que Ramírez tratou sobre Artigas e a história nacional oriental no momento considerado como o de transição entre as "filosofias da história" e a conformação das "teorias da história", cuja síntese de tais paradigmas teria sido o surgimento do historiador moderno, científico[1253]. Assim, esse "novo historiador" teria se apropriado das bases difusas, mas próprias de várias áreas distintas. Sobre tal processo, Barros afirma o seguinte:

> Referimo-nos ao confronto entre estas duas espadas de metais distintos que são empunhadas pelos "filósofos da história" e pelos "historiadores profissionais" – estes últimos aparecendo como herdeiros, na sua metodologia de tratamento documental, dos antigos filólogos e teólogos, mas já remodelando neste mesmo embate o seu perfil de futuros "teóricos da história". O "historiador novo" – este historiador de novo tipo que doravante responderá pela dita "historiografia científica" – formou-se, ele mesmo, de muitos elementos esparsos, que antes não tinham compromissos uns com os outros. Dos filólogos, retirou a sua paciente e meticulosa crítica documental; dos teólogos, retirou o seu tempo linear, a seta renitente que aponta para o futuro; dos juristas, retirou a sua obsessiva preocupação com a verdade, ou pelo menos a preocupação em trazer uma intensidade ainda maior à sua tradicional "intenção de verdade"; dos "filósofos da história" extraiu o seu desejo de refletir em profundidade sobre as coisas, e também [sic] a sua erudição.[1254]

[1251] RAMÍREZ, Carlos María. *Juicio crítico del bosquejo histórico de la República Oriental del Uruguay por el Dr. Francisco A. Berra.* Buenos Aires: Imprenta del Porvenir, 1882. p. 100.

[1252] RAMÍREZ, *op. cit.,* p. 76. Do mesmo modo, trataremos melhor sobre tais questões posteriormente.

[1253] Dialogando, aqui, com o que propõe José d'Assunção Barros acerca dessa transição entre as "filosofias da história" e as "teorias da história", conforme já pontuamos na nota número 1246 neste mesmo capítulo 4.

[1254] BARROS, José d'Assunção. *Teoria da história.* 4. ed. Petrópolis: Vozes, 2014. v. 2, p. 14-15, aspas do autor, inserção nossa.

Tal afirmação de Barros, a nosso ver, estaria alinhada ao que vimos analisando sobre a atuação mais abrangente de Ramírez ao longo do tempo: essa característica político-intelectual diversificada, composta por elementos de variadas tradições intelectuais, mas utilizados conforme suas intenções contextuais e em prol da construção nacional uruguaia. Ramírez buscava, em nossa visão, mobilizá-las de maneira que tais ideias e linguagens se dispusessem complexamente, de forma não contraditória, nem mecânica, mas que pudessem se conciliar sob os elementos intelectuais que ele selecionava para embasar seus argumentos, a respeito de cada temática debatida nos diversos pontos de sua trajetória.

Assim, buscando atribuir a si mesmo uma imparcialidade ao analisar a atuação histórica de Artigas, Ramírez afirmou o seguinte: "Estando a lealdade do Dr. Berra acima de qualquer suspeita, é de força maior supor que o amor nacional deve sempre iluminar as investigações históricas para que sejam verdadeiramente imparciais!"[1255] Ainda sobre esse tema, prosseguiu justificando sua posição de "neutralidade" em relação à história de Artigas, utilizando-se, até mesmo, de informações e de raízes familiares próprias para reiterar sua orientação teórico-metodológica na produção do conhecimento histórico sobre o libertador de 1811. Além disso, destacou suas intenções iniciais buscando se inserir no debate sobre o tema, em meio às já existentes manifestações de outros intelectuais contemporâneos a ele:

> Não pertenço à seita dos idólatras do General Artigas. Neto de um dos personagens de segunda linha no patriciado portenho de 1810[1256], [...] estou ligado, por minhas tradições de família, aos inimigos do soberbo caudilho; mas o amor

---

[1255] RAMÍREZ, Carlos María. *Juicio crítico del bosquejo histórico de la República Oriental del Uruguay por el Dr. Francisco A. Berra.* Buenos Aires: Imprenta del Porvenir, 1882. p. 18-19.

[1256] Ramírez não mencionou o nome de seu avô ao longo de seus escritos. No entanto, por meio das informações que nos fornece Fernández Saldaña, tudo indica que esse seu parente citado seria Julian Alvarez (1788-1843), revolucionário atuante pelo Diretório de Buenos Aires, nos anos 1810, e constituinte da primeira Constituição uruguaia, de 1830. FERNANDEZ SALDAÑA, José M. ALVAREZ, JULIAN (maiúsculas no original). *In*: FERNANDEZ SALDAÑA, José M. *Diccionario uruguayo de biografias (1810-1940).* Montevideo: Editorial Amerindia, 1945. p. 52-54. Ver também: MONTERO BUSTAMANTE, Raúl. Prólogo. *In*: RAMÍREZ, Carlos María. *Páginas de historia.* Montevideo: Ministerio de Educación y Cultura, 1978. (Colección de Clásicos Uruguayos, v. 152). Por ter participado do processo de independência ao lado do Diretório de Buenos Aires, conforme as informações de Fernández Saldaña, é mais compreensível a rivalidade de Alvarez com Artigas, pois o federalismo proposto pelo prócer não agradou aos portenhos e, por isso, houve o rompimento entre ambas as partes. Sobre tais divergências entre Artigas e o Diretório de Buenos Aires, ver: FREGA, Ana. La virtud y el poder: la soberanía particular de los pueblos en el proyecto artiguista. *In*: GOLDMAN, Noemí; SALVATORE, Ricardo (comp.). *Caudillismos rioplatenses: nuevas miradas a un viejo problema.* Buenos Aires: Eudeba, 2005. p. 101-133.

ao meu país e uma tendência ingênita a revisar severamente os legados da tradição me permitem encarar com imparcialidade essa estranha personalidade histórica que se levanta como uma esfinge misteriosa nas sendas obscuras da Revolução. Todos os historiadores argentinos, portenhos, melhor dizendo, detiveram-se diante dela para maldizê-la e apedrejá-la. Em contraposição, três escritores orientais (De María, Bauzá e Pereira)[1257] lhe arrojaram incenso a mãos cheias, em páginas de caráter puramente apologético. Sei que, nesses momentos, esse problema histórico preocupa vivamente, entre os velhos, D. Andrés Lamas e a D. Juan Carlos Gómez, entre os jovens, Eduardo Acedo Díaz e Clemente L. Fregeiro. Da minha parte, não formei ainda uma opinião definitiva; dedico-me com afinco a estudar os fatos, para dar base ao meu juízo; e é, por conseguinte, *só no terreno de certos fatos culminantes, com sua filosofia relativa,* que examinarei a obra do Dr. Berra, nos seguintes capítulos deste opúsculo.[1258]

Tal excerto, também analisado por outros historiadores, como Fuão, Sansón Corbo e Laurino — nos trabalhos desses autores com os quais vimos dialogando ao longo de nosso livro —, mostra-se digno de destaque para compreendermos especificamente as mudanças de orientação na atuação político-intelectual de Ramírez, as quais são dotadas de considerável complexidade. Sansón Corbo, aliás, realiza algumas reflexões mais detidas especificamente sobre esse ponto:

O autor [Ramírez] era descendente de um lutador da independência, inimigo dos caudilhos. Nele – assim como em outros uruguaios a exemplo de seu irmão José Pedro –, produziu-se uma metamorfose muito particular: pelo bem da pátria, superaram ódios pessoais, reticências ideológicas e prejuízos de partido. *Trata-se de uma interessantíssima mutação que se nota com toda a clareza em Ramírez* e, também, em Francisco Bauzá (filho de Rufino Bauzá[1259]). Como atitude, resulta

---

[1257] Aqui, Ramírez fez referência a Isidoro de María, Francisco Bauzá e Antônio Pereira, os quais, assim como ele, também se dispuseram a reescrever, entre meados dos anos 1860 e início dos 1880, a história uruguaia, mais especificamente sobre os feitos e atuação de Artigas na época do processo de independência oriental. Ver: SANSÓN CORBO, Tomás. *El espacio historiográfico rioplatense y sus dinámicas:* siglo XIX. La Plata: Publicaciones del Archivo Histórico de la Provincia de Buenos Aires, 2011b.

[1258] RAMÍREZ, Carlos María. *Juicio crítico del bosquejo histórico de la República Oriental del Uruguay por el Dr. Francisco A. Berra.* Buenos Aires: Imprenta del Porvenir, 1882. p. 23-24, grifos nossos.

[1259] Rufino José Bauzá foi um dos militares que lutaram nas batalhas da independência da Banda Oriental sob as ordens de Artigas, no início do Oitocentos. No entanto, após uma série de fatores, que incluíram desde intrigas por parte dos portenhos até a desorganização militar das tropas de Otorgués, Rufino Bauzá deixou de

difícil de explicar, pois incidiram fatores como o tempo transcorrido e, *fundamentalmente, os interesses e mentalidades de cada geração.*[1260]

Contrariando a conduta política de parte de sua família e, mais amplamente, do setor social do qual pertencia, o "patriciado", Ramírez teria sido um dos representantes das mudanças pelas quais alguns dos membros de sua geração teriam passado em relação especificamente à concepção da história de Artigas e sobre o que o prócer representava. Nesse sentido, com base nas palavras anteriores de Sansón Corbo, entendemos que essa mudança de conduta de Ramírez poderia ser pensada também como outro ponto de reorientação em sua trajetória político-intelectual, balizada, em maior ou menor grau, pelos novos interesses políticos e sociais de sua geração.

E, aqui, reiteramos que entendemos o termo "geração" não somente como um grupo de indivíduos classificados simplesmente pela sua faixa etária, mas sim sob elementos políticos, intelectuais, sociais e culturais comuns de pertença, os quais são compartilhados por vários indivíduos em relação às experiências próprias de seus contextos de atuação, conforme os conceitos de Sirinelli[1261]. Ainda sobre tais modificações na atuação de Ramírez e os demais intelectuais de seu contexto a respeito da história nacional, Sansón Corbo afirma que:

> Os pais e avós de Bauzá e Ramírez estavam submetidos às misérias, glórias e tensões próprias da guerra; como homens "civilizados", rechaçavam a "anarquia" encarnada em Artigas. Estavam, ademais, animados pelas correntes de pensamento de cunho oitocentista que conjugavam, na América, os mais altos ideais com complexas realidades gestadas durante o colonialismo. Os descendentes se encontravam, em certa medida, em uma luta similar, fundar uma pátria, mas de contornos distintos, uma província do antigo conglomerado das Províncias Unidas.

---

apoiar Artigas, desertando-se dos batalhões do libertador de 1811, e juntou-se às investidas portuguesas. Ver: FERNANDEZ SALDAÑA, José M. BAUZÁ, RUFINO José (maiúsculas no original). *In*: FERNANDEZ SALDAÑA, José M. *Diccionario uruguayo de biografías (1810-1940)*. Montevideo: Editorial Amerindia, 1945. p. 155-159.

[1260] SANSÓN CORBO, Tomás. *El espacio historiográfico rioplatense y sus dinámicas*: siglo XIX. La Plata: Publicaciones del Archivo Histórico de la Provincia de Buenos Aires, 2011b. p. 113, grifos nossos, inserção nossa.

[1261] Conferir a discussão teórico-metodológica que realizamos na introdução de nosso livro. Ver também: SIRINELLI, Jean-François. Os intelectuais. *In*: REMOND, René. *Por uma história política*. Tradução de Dora Rocha. 2. ed. Rio de Janeiro: Editora FGV, 2003. p. 231-262; SIRINELLI, Jean-François. A geração. *In*: FERREIRA, Marieta de Morais Ferreira; AMADO, Janaína (coord.). *Usos & abusos da história oral*. Rio de Janeiro: Editora da Fundação Getulio Vargas, 1996. p. 131-137.

Eram impulsionados pelo ideal romântico que os conduzia a "nacionalizar" esse rincão do universo que habitavam.[1262]

Nessa "revisão severa da tradição" a que se propunha Ramírez[1263], mostram-se perceptíveis alguns dos principais elementos da vertente "erudita" ou "romântica", segundo Sansón Corbo, os quais formariam um binômio inerente a tal viés epistemológico acerca da História nacional:

> Surge aqui o binômio romântico que impulsionou, entre outros fatores, o desenvolvimento da disciplina (desde os *Monumentae* até as variadas coleções documentadas publicadas por Lamas): pátria e erudição, ou melhor, erudição para construir a pátria. A História estava ao serviço da nobre e impostergável tarefa de descobrir, definir e consolidar os mitos fundacionais, mesmo que fossem contra tradições familiares de cunho patrício.[1264]

Nesse sentido, Ramírez objetivou escrever a história bem aos moldes do que buscou praticar em boa parte de sua trajetória jurídico-política, e o conhecimento histórico deveria ser balizado por elementos parecidos aos de um "tribunal" que fosse "justo" e não ocultasse a "verdade". Mas, ao que tudo indica, esse "tribunal", entendido pelo intelectual uruguaio, era diferente daquele de cunho positivista/ "filosofante" concebido por Berra:

> A história seria um tribunal bem injusto e bem odioso se escudrinhasse com afã tudo o que afeta a conduta ou a fisionomia dos homens, e passa-se por alto tudo o que lhes faz honra, ou atenua e compensa suas faltas e extravios. Procedendo assim, não seria a história; seria a simples projeção dos juízos parciais e exclusivos que pronunciam os contemporâneos na exaltação da luta.[1265]

Ao mesmo tempo, com base em algumas passagens do livro de Berra, Ramírez denunciou a "imparcialidade"[1266] que identificava no *Bosquejo* em

---

[1262] SANSÓN CORBO, Tomás. *El espacio historiográfico rioplatense y sus dinámicas*: siglo XIX. La Plata: Publicaciones del Archivo Histórico de la Provincia de Buenos Aires, 2011b. p. 113, aspas do autor.

[1263] RAMÍREZ, Carlos María. *Juicio crítico del bosquejo histórico de la República Oriental del Uruguay por el Dr. Francisco A. Berra*. Buenos Aires: Imprenta del Porvenir, 1882. p. 23.

[1264] SANSÓN CORBO, Tomás. *El espacio historiográfico rioplatense y sus dinámicas*: siglo XIX. La Plata: Publicaciones del Archivo Histórico de la Provincia de Buenos Aires, 2011b. p. 114, grifo do autor.

[1265] RAMÍREZ, Carlos María. *Juicio crítico del bosquejo histórico de la República Oriental del Uruguay por el Dr. Francisco A. Berra*. Buenos Aires: Imprenta del Porvenir, 1882. p. 31.

[1266] Aqui, Ramírez, em tom irônico, questionou a imparcialidade que Berra afirmava guardar em sua análise da História uruguaia e, principalmente, dos feitos de Artigas, sugerindo que esta era dotada de um oportunismo, conforme o excerto *supra*. No entanto, a questão da "imparcialidade" em História sempre foi um assunto digno de muitos debates, sobre os quais não convém tratarmos aqui, até por esse ponto não constituir o objeto central

relação aos feitos históricos de Artigas, tendo concebido tal postura político-intelectual como "injusta" ao produzir o conhecimento histórico sobre o passado nacional uruguaio, a qual incorria em "falsificações" da História"[1267]:

> Está aí retratada a imparcialidade do *Bosquejo* com relação a Artigas. Se um fato favorece a esse, passa-se por alto ou lhe desvirtua com uma fórmula duvidosa, ainda que seja de notoriedade histórica, reconhecida por todos. Se um fato o prejudica ou o denigre, então é virtualmente verdadeiro, ainda que somente se apoie em um testemunho isolado.[1268]

Tais pontos a respeito da busca pela "verdade" e sobre a "parcialidade"/"imparcialidade" na produção do conhecimento histórico, destacados por Ramírez em relação à obra de Berra, remete-nos a outras questões mais abrangentes, em consonância com suas referências intelectuais implícitas. Aqui, estamos diante da tensão entre a objetividade e a subjetividade; e, no que tange ao que é possível "buscar" na História, como afirma José D'assunção Barros, levada a cabo principalmente dentro da mudança do paradigma de pensamento sobre a referida área ocorrida no século XIX[1269]. Desse modo, ainda segundo Barros, tais elementos estariam mais ligados à linha de pensamento iluminista de cunho revolucionário do século XVIII, em contraposição à parcialidade "obscurantista" do conhecimento que servia à sustentação e à legitimação da dominação por parte do Absolutismo e da Igreja daquele período[1270].

Utilizando-se de uma retórica que buscava enaltecer essa "neutralidade revolucionária", a qual teoricamente seria mais própria da vertente iluminista,

---

de nosso livro. De qualquer modo, recorremos às seguintes palavras de José d'Assunção Barros sobre os elementos mais gerais a respeito dessa temática e relacionados aos pressupostos iluministas acerca do pensamento crítico: "Naturalmente que a ideia de uma 'imparcialidade absoluta' será sempre um problema. O iluminista, contudo, via a si mesmo como um homem desprovido dos 'preconceitos' que seriam tão típicos da Igreja, dos partidários da Monarquia Absoluta, dos defensores dos privilégios da Aristocracia, ou mesmo do povo mais humilde, por estar sujeito à ignorância que lhe impunham aqueles que o dominavam. O Homem Ilustrado, livre de preconceitos e dotado de pensamento crítico, estará apto a enxergar as coisas como elas são, sendo esta a ideia que será retomada mais tarde pelo Positivismo". BARROS, José d'Assunção. *Teoria da história*. 4. ed. Petrópolis: Vozes, 2014. v. 2, p. 66, aspas do autor. Acreditamos nunca ser demais relembrar que o Iluminismo era uma das correntes filosóficas que mais se destacavam no arcabouço intelectual de Ramírez, mas o positivismo, como um desdobramento do iluminismo, não, apesar de o intelectual uruguaio defender, em muitos de seus escritos, a ciência, as leis de caráter generalizante e a objetividade.

[1267] RAMÍREZ, *op. cit.*, p. 36.

[1268] RAMÍREZ, Carlos María. *Juicio crítico del bosquejo histórico de la República Oriental del Uruguay por el Dr. Francisco A. Berra*. Buenos Aires: Imprenta del Porvenir, 1882. p. 33, grifo do autor.

[1269] BARROS, José d'Assunção. *Teoria da história*. 4. ed. Petrópolis: Vozes, 2014. v. 2, p. 53.

[1270] *Ibid.*, p. 87-88.

Ramírez intentava propor um modo de conceber e reescrever a história nacional sob esse parâmetro que pressupunha tal mudança acerca da figura do revolucionário e prócer Artigas. Além disso, conforme já argumentamos, Ramírez buscou compatibilizar, de forma mais ou menos implícita, elementos teóricos micheletianos e kantianos para repensar os feitos de Artigas, mas de modo interligado aos dos outros atores históricos próprios da segunda fase da emancipação oriental. Da parte de Michelet, Ramírez tomou "emprestadas" as ideias de "continuidade", de análise de "conjunto", da síntese, da "harmonia suprema" e da conciliação entre razão e sensibilidade na compreensão do contexto histórico a ser estudado. Da parte de Kant, a nosso ver, o intelectual oriental enfatizou a questão da necessidade da sociabilidade na conformação de uma Constituição que fosse ideal e racional na gestão da autoridade, e que fosse justa e universal ao longo do tempo.

Assim, a seguir, veremos como tais linguagens políticas e conceitos foram utilizados por Ramírez, em seus escritos, no debate em que se envolveu a respeito da atuação de Artigas durante o processo de independência oriental.

4.2.2 Artigas unido aos Trinta e Três Orientais: o conceito de "barbárie" ressignificado, e a unidade histórica e nacional uruguaia

De início, acreditamos ser pertinente retomar o que Gerardo Caetano ressalta a respeito de Artigas não ter necessariamente projetado uma independência de caráter propriamente "nacional". Como colocamos no capítulo 1, valendo-nos das considerações do já mencionado historiador uruguaio, as ideias do libertador de 1811 diziam respeito à construção de uma confederação que abrangesse todas as então Províncias Unidas do Rio da Prata e não se limitavam à constituição de um "Estado Oriental"[1271]. Nesse sentido, ainda no início da primeira fase do processo independentista da Banda Oriental, Artigas encabeçou tal confederação[1272], nomeada *Liga Federal*, a qual contava, para além da Banda Oriental, com as províncias que formariam parte da

---

[1271] CAETANO, Gerardo. *Historia mínima de Uruguay.* Ciudad de México: El Colegio de México: 2020. *E-book.* Primeira edição impressa em 2019.

[1272] Acreditamos ser pertinente destacar o alerta que o historiador José Carlos Chiaramonte faz sobre os usos dos conceitos "confederação" e "federalismo" e suas linguagens políticas adjacentes, utilizados no contexto das independências hispano-americanas. Segundo Chiaramonte, "confederação" expressava mais uma união das então províncias coloniais para fazer frente à ordem monárquica espanhola no contexto das guerras independentistas até, de fato, haver a constituição de um "Estado federal", o qual seria a união dos Estados devidamente soberanos. Ver: CHIARAMONTE, José Carlos. Conceptos y lenguajes políticos en el mundo iberoamericano, 1750-1850. *Revista de Estudios Políticos*, Madrid, n. 140, p. 11-31, abr./jun. 2008.

Argentina posteriormente, sendo elas as de Santa Fe, Entre Ríos, Misiones, Corrientes e Córdoba[1273]. E Ramírez realmente considerou que Artigas não fora o "fundador" da nacionalidade "oriental", mas sim o seu "precursor" ou, ao menos, aquele que a "tornou possível"[1274], assim como também destacamos.

Ainda no que tange ao prócer de 1811, o intelectual uruguaio, do mesmo modo que outros escritores de seu tempo, como Clemente Fregeiro, buscou realizar uma revisão histórica intencionando combater as concepções que objetivavam, segundo ele, "deslustrar" a figura daquele herói e, consequentemente, o passado do país[1275]. Outro autor contemporâneo a Ramírez, mas que ainda reproduzia essa rejeição a Artigas, foi o supramencionado Berra, em seu livro *Bosquejo de la historia de la República Oriental del Uruguay* (1866)[1276]. Um dos pontos criticados por Ramírez sobre a obra de Berra foi o fato de este escritor ter nascido em Buenos Aires, o que teria contribuído para sua visão pejorativa a respeito de Artigas. Sobre isso, Sansón Corbo informa-nos que:

> Um dos primeiros argumentos utilizados [por Ramírez] para atacar Berra foi sua nacionalidade: somente um "portenho" poderia incorrer em desvios contra a "história pátria". Não se trata simplesmente de uma crítica mordaz relativa a um certo condicionamento genético de cunho bonaerense, mas sim que aponta a sua visão maniqueísta que constitui um obstáculo para a correta investigação e exposição da história oriental. Parece postular que só um oriental poderia escrever a história oriental..., com certeza muito discutível, mas coerente com a época e explicável no contexto de enunciação.[1277]

Desse modo, em tais polêmicas travadas publicamente, tanto Ramírez quanto seus pares contemporâneos buscaram "uruguaizar" Artigas, de

---

[1273] RIBEIRO, Ana. De las independencias a los Estados republicanos (1810-1850): Uruguay. *In*: FRASQUET, Ivana; SLEMIAN, Andréa (org.). *De las independencias iberoamericanas a los Estados nacionales (1810-1850)*: 200 años de historia. Madrid; Frankfurt am Main: Iberoamericana; Vervuert, 2009. p. 61-87. (Estudios AHILA de Historia Latinoamericana, n. 6).

[1274] RAMÍREZ, Carlos María. *Artigas*: debate entre "El Sud-América" de Buenos Aires e "La Razón" de Montevideo. Montevideo: Editorial de la Librería Nacional de A. Barreiro y Ramos, 1884. p. 8.

[1275] RAMÍREZ, Carlos María. *Artigas*: debate entre "El Sud-América" de Buenos Aires e "La Razón" de Montevideo. Montevideo: Editorial de la Librería Nacional de A. Barreiro y Ramos, 1884. p. 7.

[1276] Segundo Juarez Fuão, o *Bosquejo* de Berra foi publicado originalmente em 1866, tendo a obra sido objeto de outras três reedições, as quais foram ampliadas e revisadas. Ver: FUÃO, Juarez José Rodrigues. *A construção da memória*: os monumentos a Bento Gonçalves e José Artigas. 2009. Tese (Doutorado em História) – Universidade do Vale do Rio dos Sinos, 2009a.

[1277] SANSÓN CORBO, Tomás. *El espacio historiográfico rioplatense y sus dinámicas*: siglo XIX. La Plata: Publicaciones del Archivo Histórico de la Provincia de Buenos Aires, 2011b. p. 114, aspas do autor, inserção nossa.

modo a combater o antiartiguismo histórico[1278]. Nesse sentido, conforme nos informa Juarez Fuão, essa obra de Berra era, até aquele momento, a mais utilizada para o ensino da história uruguaia e concebia que a nacionalidade oriental teria sido resultado de uma imposição da diplomacia estrangeira[1279]. Ainda sobre o intelectual "portenho-uruguaio", no que tange à sua filiação historiográfica no referido período, Tomás Sansón Corbo informa-nos que ele foi simpatizante de Vicente Fidel López e fazia parte do que esse autor denominou de "tendência filosofante"[1280], a qual já mencionamos.

Além disso, concordamos com Fuão a respeito do teor depreciativo contido na referida obra de Berra, no que tange especificamente à figura de Artigas, e o "lugar" que o livro desse intelectual ocupou diante do processo de revitalização da imagem do prócer oriental, para o qual Ramírez contribuiu:

> O *Bosquejo histórico de la República Oriental del Uruguay*, de Berra, durante três décadas se constituiu no principal livro para o ensino da história nacional. Representava o nascimento da nacionalidade como algo imposto, pela diplomacia estrangeira, aos *orientais*. Em suas páginas, José Artigas ocupa um espaço relevante, porém, carregado de defeitos, como alto personalismo, incapacidade militar, fomentador de discórdias, despótico, orgulhoso e ambicioso, uma liderança que teria explorado a fome e miséria, presente nos acampamentos populares, em favor *"de sus* [sic] *proyecto"*, queria *"imponerse por el terror"*. (BERRA, 1881: 1811) [sic] Caracterizou o General com [sic] uma liderança que *"anteponía a su despótica voluntad, que no sabía moderar sus ímpetos violentos de su carácter, y que carecía de criterio moral para juzgar con elevación los hechos que se producían"*. (BERRA, 1881: 1814) [sic] Com essa representação negativa do líder, a obra de Francisco Berra se posicionava em sentido contrário ao movimento de reabilitação a qual a imagem de José Artigas atravessava no último quartel do século XIX e início do XX.[1281]

O *Bosquejo* de Berra tem um cunho "pedagógico" e "positivista", o qual prezou por uma "moderação" no que tange à participação política em

---

[1278] *Ibid.*

[1279] FUÃO, *op. cit.*

[1280] SANSÓN CORBO, *op. cit.*, p. 35.

[1281] FUÃO, Juarez José Rodrigues. *A construção da memória*: os monumentos a Bento Gonçalves e José Artigas. 2009. Tese (Doutorado em História) – Universidade do Vale do Rio dos Sinos, 2009a. p. 120-121, grifos e aspas do autor; FUÃO, Juarez José Rodrigues. Carlos María Ramírez sai em defesa de José Artigas: da crítica à (re) construção do herói oriental. *Estudos Ibero-Americanos*, v. 35, n. 2, p. 37-58, jul./dez. 2009b. p. 41, grifos e aspas do autor, inserção nossa.

detrimento do caudilhismo histórico, sem, no entanto, priorizar uma coesão de caráter nacional[1282], ao contrário de Ramírez, em sua defesa de Artigas. Além disso, segundo Sansón Corbo, Berra concebia o historiador como um "juiz", o qual deveria submeter os acontecimentos e atores históricos ao "tribunal da História"[1283]. Assim, Berra contribuía, da mesma forma que outros autores de seu contexto e anteriores a ele, para a "facundização" de Artigas:

> O historiador atua como juiz que consagra virtudes e apostrofa vícios [...]. Está informado de uma concepção individualista do acontecer histórico, as personalidades destacadas ocupam um rol decisivo, ainda que, em certas ocasiões, apareçam explicações multifatoriais de condutas e acontecimentos. Predomina uma concepção forense e maniqueísta da história. [...] A abordagem geral da obra possui matizes maniqueístas que pautam uma trama quase elementar e simplista: as ações dos representantes do governo de Buenos Aires são os "bons" e os seguidores de Artigas são os "maus". Por detrás dessa formulação, subjaz a dicotomia sarmientina de "civilização" e "barbárie", sustento da teoria – ou, mais corretamente, deveríamos falar de uma filosofia da história – de Berra. Os traços gerais dessa ideia transbordaram todas as considerações do historiador. [...] A interpretação negativa de Berra sobre Artigas esteve influenciada por sua matriz bonaerense, a "autoridade" de López e de Mitre, e pelos conceitos de Sarmiento que lhe permitiram elaborar uma teoria sócio-histórica que, inevitavelmente, levou-o a uma "Facundização" do personagem.[1284]

Assentes nas considerações de Sansón Corbo, é possível compreender que a visão histórica de Berra não era a mesma que a de Ramírez. Berra expressava uma concepção "jurídica" sobre as possibilidades do conhecimento histórico, detentora de um caráter de "tribunal", "julgadora", a qual se baseava em valores políticos previamente estabelecidos, quais fossem, a vertente liberal de Sarmiento e a sua rígida dicotomia "civilização"/"barbárie". Ainda sobre tal "evolucionismo" e positivismo contidos no texto de Berra, Carolina González Laurino afirma que Berra, em seu discurso historiográfico, não pretendia propor uma coesão nacional em torno de símbolos e elementos comuns, mas sim buscava argumentar em prol da

---

[1282] LAURINO, Carolina González. *La construcción de la identidad uruguaya*. Montevideo: Ediciones Santillana; Taurus, 2001. p. 135.

[1283] SANSÓN CORBO, Tomás. *El espacio historiográfico rioplatense y sus dinámicas*: siglo XIX. La Plata: Publicaciones del Archivo Histórico de la Provincia de Buenos Aires, 2011b. p. 104.

[1284] SANSÓN CORBO, Tomás. *El espacio historiográfico rioplatense y sus dinámicas*: siglo XIX. La Plata: Publicaciones del Archivo Histórico de la Provincia de Buenos Aires, 2011b. p. 104-110, grifos e aspas do autor.

participação regulada do cidadão nas instituições e em oposição aos setores caudilhistas, indígenas e rurais; ainda para Berra a "selvageria" e a "barbárie", contidas em tais grupos sociais desde a época colonial, seriam invariáveis e imutáveis no tempo, o que contribuía para a reprodução da dicotomia sarmientina "aplicada" ao Uruguai[1285].

Conforme a análise de Laurino, as inclinações intelectuais positivistas de Berra acerca da história nacional teriam orientado este escritor a defender uma hierarquização de grupos sociais, de modo que as populações indígenas e rurais do interior do país tivessem uma posição inferior na sociedade em relação aos indivíduos letrados citadinos daquele período. Além disso, Laurino ressalta a diferença de interpretação histórica entre Berra e Ramírez, pois o primeiro desqualificou o elemento popular na organização do Estado Nacional, tendo-lhe sugerido uma "irracionalidade" inerente, ao passo que o segundo teria valorizado tais agentes menosprezados por Berra[1286].

De fato, essa conduta de Berra em relação a Artigas e à história nacional, marcada por elementos europeizantes e estadunidenses, difere-se em relação à de Ramírez, pois, como vimos nos capítulos anteriores, o autor do *Juicio crítico* buscava "encontrar" e aproximar suas propostas com a vivência das camadas populares, fossem elas do interior, fossem da capital. Dessa forma, Laurino identifica, em Ramírez, uma intenção de atribuir o protagonismo ao povo oriental ao longo da história nacional e, consequentemente, o patriotismo inscrito nessa ação[1287], outro ponto que vai ao encontro do que vimos percebendo na atuação pública de Ramírez de modo mais abrangente até aqui.

Nesse sentido, pelo fato de nos debruçarmos especificamente sobre o "itinerário"/trajetória político-intelectual de Ramírez em nosso livro, acreditamos ser válido realizar mais alguns cotejamentos entre os dois escritores oitocentistas. Apesar de Ramírez ter sido professor de Direito Constitucional, ou seja, um profissional da área jurídica, e também prezado pela "verdade" que a ciência e a filosofia proporcionariam aos estudos político-sociais, ele não reproduziu essa dualidade sarmientina, carregada de valores excludentes e seguida por Berra. Além disso, embora Ramírez tenha sido um "sarmientino" em relação a alguns pontos, como a defesa da

---

[1285] LAURINO, Carolina González. *La construcción de la identidad uruguaya*. Montevideo: Ediciones Santillana; Taurus, 2001. p. 135-136.

[1286] LAURINO, Carolina González. *La construcción de la identidad uruguaya*. Montevideo: Ediciones Santillana; Taurus, 2001. p. 140.

[1287] *Ibid.*, p. 146.

imprensa e da publicidade, da unidade nacional, da educação pública para "abrandamento dos costumes" e em detrimento da violência política[1288], acreditamos que o intelectual oriental não reproduziu a referida dicotomia, tendo-a, na verdade, reelaborado.

Conforme já tratamos nos capítulos anteriores, Ramírez flexibilizou e matizou a rigidez de tal dualidade, de modo que os elementos e setores populares e rurais não fossem concebidos como necessariamente ligados à "barbárie", e o urbano, por sua vez, como detentor de toda a "civilidade"/ "civilização" para a construção da nação. Embora também tenha comungado da concepção de "civilização" como entrelaçada ao da de "progresso", no sentido de um estágio de desenvolvimento social e político de uma sociedade em direção à organização baseada na lei e na "ilustração"[1289], Ramírez não focou somente isso. Nesse sentido, podemos perceber que, ao retomarmos essa flexibilização da dicotomia sarmientina realizada por Ramírez ao longo de sua trajetória, mostra-se mais compreensível a adoção de tal orientação também para sua concepção a respeito da história nacional uruguaia e do artiguismo histórico. Assim, acreditamos que a reelaboração político-intelectual realizada por Ramírez acerca do referido maniqueísmo sarmientino seja outro elemento que contribui para compreendermos sua visão acerca da história de Artigas e dos demais elementos do processo de independência oriental. Algo que, em nossa visão, somente pode ser percebido com a análise detida de sua trajetória, estabelecida no último terço do século XIX.

De qualquer modo, ainda segundo Laurino, a história, para os intelectuais uruguaios do século XIX, constituiu-se em um dos principais fatores que compuseram os projetos político-institucionais defendidos no debate público, e isso teve a ver com o caráter multifacetado de tais agentes e da ainda não existente especialização disciplinar[1290]. De forma aproximada ao

---

[1288] Conforme analisamos no capítulo 1, à luz das indicações de Ariadna Islas Buscasso. Ver: BUSCASSO, Ariadna Islas. Morigerar las costumbres para formar la nación: el concepto civilización en el discurso político desde la formación de la sociedad colonial hasta la constitución de la república (1750-1870). *In*: CAETANO, Gerardo (org.). *Historia conceptual*: voces y conceptos de la política oriental (1750-1870). Montevideo: EBO, 2013. p. 93-112.

[1289] Aqui, dialogamos com a análise de Ariadna Islas Buscasso a respeito da concepção contextual do conceito de "civilização" na segunda metade do século XIX uruguaio e sobre a reivindicação de um local próprio para a civilização de caráter "nacional", compartilhada por intelectuais como Alejandro Magariños Cervantes e José Pedro Varela, por exemplo. Ver: BUSCASSO, Ariadna Islas. Morigerar las costumbres para formar la nación: el concepto civilización en el discurso político desde la formación de la sociedad colonial hasta la constitución de la república (1750-1870). *In*: CAETANO, Gerardo (org.). *Historia conceptual*: voces y conceptos de la política oriental (1750-1870). Montevideo: EBO, 2013. p. 94, 109.

[1290] LAURINO, Carolina González. *La construcción de la identidad uruguaya*. Montevideo: Ediciones Santillana; Taurus, 2001. p. 136.

que argumenta Laurino, Sansón Corbo pontua que a intenção de Ramírez foi, de fato, alcançar um público abrangente, o que poderia ser verificado por meio do teor relativamente "'didático'" do *Juicio crítico*, o qual teve "o mérito de conjugar erudição e clareza expositiva"[1291].

De fato, podemos perceber essas características na trajetória e atuação de Ramírez, nosso objeto específico de análise. Além disso, acreditamos que tais ponderações de Sansón Corbo corroboram uma de nossas hipóteses principais, qual seja, a de que Ramírez teria atuado como um intelectual mediador, buscando "encontrar o povo"[1292], de fato. E isso ocorreu na medida em que o escritor uruguaio se dedicou à reelaboração de elementos teóricos político-sociais visando a sua difusão, valendo-se de práticas e de uma linguagem que fosse mais chamativa, abrangente e caracterizada, também, por expressões e metáforas que remetiam a sentimentos e elementos próprios da vivência popular[1293].

Dessa forma, entendemos que a tentativa de conciliação entre os saberes doutos e os não doutos, os elementos citadinos e os rurais, os mais elitistas e os mais populares, também foi um componente da concepção histórica de Ramírez em sua revitalização de Artigas, de forma interligada com os feitos dos demais heróis do processo de independência oriental. Assim, para o intelectual uruguaio, a figura do "caudilho" libertador de 1811, com todas as suas complexidades e relacionado ao contexto em que viveu, teria consistido na expressão da soberania e autonomia tão almejadas não somente pelos setores políticos e sociais que se tornaram os dirigentes, mas também ligado ao elemento popular e rural. Nesse sentido, as ações e ideias de Artigas, empreendidas no início dos anos 1810, teriam aberto o processo da revolução e foram continuadas por Lavalleja, Oribe e Rivera,

---

[1291] SANSÓN CORBO, Tomás. *El espacio historiográfico rioplatense y sus dinámicas*: siglo XIX. La Plata: Publicaciones del Archivo Histórico de la Provincia de Buenos Aires, 2011b. p. 113, aspas do autor.

[1292] Assim como explicitou em seu: RAMÍREZ, Carlos María. *La guerra civil y los partidos de la República Oriental del Uruguay*. Montevideo: Imprenta de El Siglo, 1871. p. 28.

[1293] Conforme discussão teórico-metodológica que estabelecemos na introdução de nosso livro e que desenvolvemos, de forma diluída, ao longo dos capítulos anteriores, principalmente com base nas proposições de Jean-François Sirinelli, Ângela de castro Gomes e Patrícia Hansen. Ver: GOMES, Ângela de Castro; HANSEN, Patrícia. Apresentação. Intelectuais, mediação cultural e projetos políticos: uma introdução para a delimitação do objeto de estudo. *In*: GOMES, Ângela de Castro; HANSEN, Patrícia (org.). *Intelectuais mediadores*: práticas culturais e ação política. Rio de Janeiro: Civilização Brasileira, 2016. p. 7-37; SIRINELLI, Jean-François. Os intelectuais. *In*: REMOND, René. *Por uma história política*. Tradução de Dora Rocha. 2. ed. Rio de Janeiro: Editora FGV, 2003. p. 231-262. A respeito das metáforas mobilizadas por Ramírez — como as relações entre a família, a mulher e a nação —, tratamos sobre tais recursos linguísticos, utilizados pelo intelectual uruguaio, no capítulo 2 de nosso livro.

os líderes da segunda fase do referido processo, de meados da década de 1820 em diante, na concepção de Ramírez.

Retornemos à polêmica travada entre Ramírez e Berra. Juarez Fuão entende que essa resposta do autor do *Juicio crítico* conteve muitos elementos que teriam servido de norte para as representações sobre Artigas realizadas ulteriormente, do fim do século XIX em diante[1294]. Essa posição de Fuão corrobora nossa concepção de que a resposta de Ramírez a Berra poderia ser pensada como um "lance" político-intelectual inovador no "jogo linguístico" de então[1295], considerando as reformulações que fez da dicotomia sarmientina, e consolidadas na polêmica com o periódico argentino *El Sud-América*, em 1884.

Assim, dedicando-se a reagir a tal perspectiva negativa sobre o libertador, Ramírez pôs-se "a estudar os *fatos*", mas de forma não apologética ao prócer, e sim motivado por seu "amor ao país"[1296]. Uma de suas maiores críticas a Berra foi a de que este autor teria reproduzido os exageros contidos nos relatos sobre Artigas ao longo do tempo[1297]. Nesse sentido, Ramírez é considerado um intelectual ocupante de uma "posição intermediária" entre os "iconoclastas" e os "iconódulos" de Artigas[1298]. A figura do histórico "caudilho oriental" passou, então, a ser considerada a mais aceita socialmente para combater a "anarquia" política histórica, além de pacificar o país, conforme argumenta Carlos Demasi:

> A imagem de Artigas, que surge desses exemplos, corresponde à exigência social de um herói nacional que rechaçasse a desordem e contribuísse para reunificar a comunidade nacional. [...] Aparentemente, parecia chegado o momento

---

[1294] FUÃO, Juarez José Rodrigues. *A construção da memória*: os monumentos a Bento Gonçalves e José Artigas. 2009. Tese (Doutorado em História) – Universidade do Vale do Rio dos Sinos, 2009a; FUÃO, Juarez José Rodrigues. Carlos María Ramírez sai em defesa de José Artigas: da crítica à (re)construção do herói oriental. *Estudos Ibero-Americanos*, v. 35, n. 2, p. 37-58, jul./dez. 2009b. Quase duas décadas antes de Fuão, o cientista político e historiador uruguaio Carlos Real de Azúa já havia afirmado algo semelhante, ao asseverar que essa "tese clássica" teria sido elaborada por Francisco Bauzá, Juan Zorrilla de San Martín, Carlos María Ramírez e seu irmão, José Pedro, a qual teria sido reconhecida como a aceita socialmente até o fim da década de 1920. REAL DE AZÚA, Carlos. *Los orígenes de la nacionalidad uruguaya*. 2. ed. Montevideo: Arca; Nuevo Mundo, 1991.

[1295] Mais uma vez, dialogando com as indicações teórico-metodológicas de: POCOCK, John. *Linguagens do ideário político*. Tradução de Fábio Fernandez. São Paulo: EDUSP, 2003.

[1296] RAMÍREZ, Carlos María. *Juicio crítico del bosquejo histórico de la República Oriental del Uruguay por el Dr. Francisco A. Berra*. Buenos Aires: Imprenta del Porvenir, 1882. p. 24, grifo do autor.

[1297] *Ibid.*, p. 28.

[1298] SANSÓN CORBO, Tomás. *El espacio historiográfico rioplatense y sus dinámicas*: siglo XIX. La Plata: Publicaciones del Archivo Histórico de la Provincia de Buenos Aires, 2011b. p. 115.

de cicatrizar as velhas feridas e a figura de Artigas aparecia como uma das mais adequadas para esse propósito.[1299]

Nesse sentido, a reconstrução histórica do prócer, tanto por parte de Ramírez, quanto por Fregeiro, passava pela intenção de atribuir outro significado ao herói, que remetesse à imagem do "caudilho da refundação institucional"[1300]. Justamente por isso, procurou-se mais destacar alguns feitos de Artigas que tiveram esse caráter de ordenação institucional mais moderado ainda durante a época da primeira fase da independência, como, por exemplo, as *Instrucciones* (1813). Por outro lado, outros foram desconsiderados, a exemplo do *Reglamento de Tierras* (1815), documento que, lembrando, visava ao confisco de bens e terras dos setores contrários à revolução de independência[1301].

De fato, em seus escritos, Ramírez realizou esse esforço, tendo até mesmo inserido alguns artigos das *Instrucciones* como apêndice de seu *Juicio crítico*[1302], conforme veremos melhor adiante. De qualquer modo, por mais que também houvesse tais silêncios, na obra de Ramírez, a respeito da referida medida relacionada à questão agrária proposta por Artigas no momento da revolução de independência, percebemos as tentativas do intelectual uruguaio em conciliar os setores citadinos e populares rurais durante a segunda metade do Oitocentos. Nesse sentido, embora não tendo destacado as medidas históricas de Artigas a respeito da referida questão de terras, Ramírez expressou mais uma tentativa de atribuir outros significados a alguns conceitos, tais como o de "barbárie", por exemplo:

O ANO VINTE[1303] é o caos, e das entranhas desse caos surgem os destinos imortais da Nação Argentina. Mas Artigas foi o

---

[1299] DEMASI, Carlos. La figura de Artigas en la construcción del primer imaginario nacional (1875-1900). *In*: FREGA, Ana; ISLAS, Ariadna. *Nuevas miradas en torno al artiguismo*. Montevideo: Facultad de Humanidades y Ciencias de la Educación de la UDELAR, 2001. p. 347-348.

[1300] *Ibid.*, p. 347.

[1301] DEMASI, Carlos. La figura de Artigas en la construcción del primer imaginario nacional (1875-1900). *In*: FREGA, Ana; ISLAS, Ariadna. *Nuevas miradas en torno al artiguismo*. Montevideo: Facultad de Humanidades y Ciencias de la Educación de la UDELAR, 2001. p. 347. Ainda sobre essa tentativa de formação do cidadão uruguaio "moderado" com base na recuperação histórica de Artigas, ver também: ISLAS, Ariadna. Ciudadano Artigas: notas a propósito de la construcción de la ciudadanía en Uruguay, 1888-1897. *In*: FREGA; ISLAS, *op. cit.*, p. 353-366.

[1302] RAMÍREZ, Carlos María. *Juicio crítico del bosquejo histórico de la República Oriental del Uruguay por el Dr. Francisco A. Berra*. Buenos Aires: Imprenta del Porvenir, 1882. p. 103-105.

[1303] Em referência ao ano de 1820, quando Artigas e suas tropas foram definitivamente derrotadas pelos portugueses após muitas batalhas de resistência empreendidas pelos orientais à invasão lusitana. Sobre tais acontecimentos, ver: ACEVEDO, Eduardo. *Anales históricos del Uruguay*. Montevideo: Barreiro y Ramos, 1933. t. 1.

representante da barbárie indígena, diz o autor do *Bosquejo.* [...]. A barbárie também tem sua missão e suas glórias no mundo. Quantas vezes ela guardou, em seu seio, os gérmens da civilização futura, o futuro da humanidade em conflito com os elementos mais cultos das civilizações caducas! [...] Poderia alguém afirmar que esta Buenos Aires, hoje a mais livre, a mais poderosa e progressiva cidade da América do Sul [...] se mais de uma vez não houvesse golpeado suas portas e sacudido seus cimentos *a barbárie* daquelas províncias [...] que Artigas foi o primeiro em remover e acaudilhar durante a década da Revolução?[1304]

Juarez Fuão também já havia realizado algumas considerações a respeito do termo "barbárie" por Ramírez, em sua crítica ao teor negativo atribuído, por Berra, ao prócer, até mesmo destacando parte do excerto *supra*[1305]. No entanto, o historiador brasileiro ateve-se, de modo bem breve, a esse componente da polêmica. Desse modo, como um dos nossos objetivos, neste livro, sempre foi o de analisar a trajetória político-intelectual de Ramírez ao longo das últimas três décadas do século XIX, acreditamos que isso permite que nos dediquemos a esse ponto à luz de uma visão mais ampliada sobre tais usos linguísticos. Assim, será possível compreender melhor tais reformulações conceituais realizadas por ele, em consonância com o seu projeto de construção nacional na esfera pública uruguaia, manifestado ao longo de sua trajetória político-intelectual.

Como podemos perceber no trecho *supra*, o intelectual oriental utilizou-se de um termo que considerou negativo em parte de suas intervenções e que o atribuiu à violência política protagonizada pelos partidos uruguaios nas guerras civis ao longo do Oitocentos, algo que havia combatido em vários outros momentos de sua trajetória por meio de seus escritos públicos. No entanto, para tratar de elementos que tanto Berra quanto outros escritores de seu tempo ressaltavam como ponto negativo em Artigas, a exemplo da "barbárie indígena", Ramírez realizou um esforço de esvaziar o conceito de seus efeitos pejorativos e preenchê-lo com atributos positivos.

[1304] RAMÍREZ, Carlos María. *Juicio crítico del bosquejo histórico de la República Oriental del Uruguay por el Dr. Francisco A. Berra.* Buenos Aires: Imprenta del Porvenir, 1882. p. 101-102, grifos do autor, maiúsculas no original.

[1305] FUÃO, Juarez José Rodrigues. *A construção da memória:* os monumentos a Bento Gonçalves e José Artigas. 2009. Tese (Doutorado em História) – Universidade do Vale do Rio dos Sinos, 2009a; FUÃO, Juarez José Rodrigues. Carlos María Ramírez sai em defesa de José Artigas: da crítica à (re)construção do herói oriental. *Estudos Ibero-Americanos*, v. 35, n. 2, p. 37-58, jul./dez. 2009b.

CARLOS MARÍA RAMÍREZ E A CONSTRUÇÃO DE UMA NOVA REPÚBLICA ORIENTAL DO URUGUAI: ENTRE A "NAÇÃO IDEAL" E A "NAÇÃO REAL" (1868-1898)

Um desses pontos renovados seria o da vinculação da "barbárie indígena", devido ao fato de muitas tropas de Artigas terem sido compostas por esse grupo étnico-social, à ideia de "Revolução", de caráter moderno, ou seja, de mudança histórica profunda em prol de um novo começo e por meio da violência[1306], tão necessária para que a independência oriental ocorresse. Nesse sentido, o significado de Revolução, em Ramírez, indicava uma retomada do sentido de "regeneração" político-social republicana existente nos textos do próprio Artigas, publicados durante a primeira fase do processo independentista oriental[1307]. Esse esvaziamento de sentido negativo relacionado à dicotomia "civilização"/"barbárie" já havia sido feito por Ramírez em outros momentos de sua trajetória, mais especificamente no momento em que buscou mediar, via páginas de *La Bandera Radical*, as reivindicações do líder rural Domingo Ordoñana a respeito da criação da Asociación Rural, conforme vimos no capítulo 2. Portanto, tal concepção revigorada de "barbárie", para Ramírez, passou a estar relacionada com a possibilidade de acesso a uma nova temporalidade e ao advento da modernidade política no Uruguai, em nossa visão.

Assim, como podemos perceber, o conceito de "barbárie" utilizado pelos interlocutores de Ramírez para se referirem negativamente aos indígenas não foi mobilizado da mesma forma pelo intelectual uruguaio. Para este último, a violência que os indígenas praticaram durante o processo de independência oriental também teve seu papel histórico, e a sua concepção sobre tal termo passou a ter uma conotação que remetia a algo instrumental, impulsionador de uma causa maior, ou seja, da independência. Embora guardasse um caráter "primitivo", assim como o "acaudilhamento" e a coesão das massas populares, realizados pelos líderes das milícias rurais durante o processo de emancipação, como Artigas, por exemplo, a "barbárie indígena", entendida dessa forma por Berra e outros antiartiguistas, deixava de ser "barbárie" para Ramírez.

Em outros termos, ele reconhecia que a ação indígena tinha um caráter violento, mas criticou a forma pela qual seus pares a utilizavam, expressando, assim, que a participação dos povos originários da região no

---

[1306] Aos moldes propostos por Hannah Arendt acerca do conceito moderno de "Revolução". Ver: ARENDT, Hannah. *Sobre a revolução*. Tradução de Denise Bottman. São Paulo: Companhia das Letras, 2011. p. 47-91.

[1307] Sobre os significados do termo "Revolução" nas propostas de José Artigas e ao longo do século XIX no Uruguai, ver os seguintes trabalhos de: FREGA, Ana. Las caras opuestas de la revolución: aproximación a sus significados desde la crisis de la monarquía española a la construcción del Estado-nación. *In*: CAETANO, Gerardo (org.). *Historia conceptual*: voces y conceptos de la política oriental (1750-1870). Montevideo: EBO, 2013. p. 51-72; FREGA, Ana. La virtud y el poder: la soberanía particular de los pueblos en el proyecto artiguista. *In*: GOLDMAN, Noemí; SALVATORE, Ricardo (comp.). *Caudillismos rioplatenses*: nuevas miradas a un viejo problema. Buenos Aires: Eudeba, 2005. p. 101-133.

processo emancipatório também contribuiu para o desenvolvimento histórico nacional oriental. Dessa forma, o referido termo, mais uma vez, não foi mobilizado por Ramírez de modo a antagonizar rigidamente com o de "civilização", como fez Sarmiento, mas sim foi usado publicamente de forma matizada e mais complexa do que a dicotomia elaborada pelo intelectual argentino. Assim, ao invés de representar a "anarquia", o "atraso" e demais elementos negativos e estereotipados, o conceito de "barbárie", em Ramírez, passou a ter o significado de algo fomentador da libertação republicana e da autonomia em detrimento do domínio colonial espanhol e português, e, posteriormente, argentino e brasileiro.

Nesse sentido, Ramírez atribuiu aos caudilhos do período independentista em relação à Espanha uma função considerável na tarefa de estabelecer o início de uma coesão político-social para a Revolução, ou melhor, para a formação de uma sociabilidade comum, uma unidade em prol da emancipação. Assim, o "primitivo" caudilho, elemento que era convencionalmente mais ligado à área rural e à "barbárie", de acordo com a ótica sarmientina, passou a ter um valor positivo à "grande missão" da independência da Banda Oriental, e, desse modo, o que seria condizente com os pressupostos da continuidade, da unidade e da síntese micheletianos. Ao mesmo tempo, também iam ao encontro dos pressupostos kantianos sobre o elemento "primitivo" que abria o caminho para as grandes causas e a formação de uma organização político-social idealizada e justa. Conforme o historiador oitocentista uruguaio afirmou:

> Só assim compreenderemos quão necessários foram os caudilhos das condições de *Artigas, Rivera e do mesmo Lavalleja para abranger as massas campesinas nos propósitos grandiosos da Revolução*, fazendo-as concorrer como *forças enérgicas* de uma renovação social que se, costumeiramente contrariaram com as *manifestações desordenadas* de sua natureza semibárbara, alguma vez também souberam *empurrar no sentido das maiores fórmulas democráticas* por suas resistências instintivas às preocupações patrícias e aos excessos centralistas de uma metrópole absorvedora.[1308]

Esse foi outro ponto sobre o qual Fuão tratou em sua tese de doutorado, assim como aqueles que destacamos anteriormente, referente às análises

---

[1308] RAMÍREZ, Carlos María. *Juicio crítico del bosquejo histórico de la República Oriental del Uruguay por el Dr. Francisco A. Berra*. Buenos Aires: Imprenta Del Porvenir, 1882. p. 18, grifos nossos.

CARLOS MARÍA RAMÍREZ E A CONSTRUÇÃO DE UMA NOVA REPÚBLICA ORIENTAL DO URUGUAI: ENTRE A "NAÇÃO IDEAL" E A "NAÇÃO REAL" (1868-1898)

que fez dos escritos de Ramírez sobre Artigas, em resposta à visão histórica de Berra[1309]. No entanto, o autor não deu atenção a essa interconexão entre Artigas, Lavalleja e Rivera, e, assim, mais uma vez, temos algumas considerações mais ampliadas sobre isso. De nossa parte, entendemos que tal menção a Artigas feita pelo intelectual uruguaio, mais uma vez relacionada aos líderes dos Trinta e Três Orientais de 1825, não se limitou a atribuir à figura do caudilho de 1811 um significado positivo, diferentemente do que fazia Berra, mas também expressava algo maior. Era uma forma de Ramírez, mais uma vez, propor, no plano simbólico e linguístico, a unidade histórica de ações realizadas pelos três atores mencionados, estabelecida de forma complementar e crescente ao longo do tempo. Desse modo, o publicista argumentava que eles buscaram organizar os indivíduos pertencentes aos setores populares que se encontravam dispersos no caótico "vazio" "semibárbaro" da área rural, e em busca da formação racional de um "povo". Nesse sentido, essa unidade de ações no tempo poderia, também, ter contribuído para a "Revolução" de independência tanto em relação ao centralismo monárquico espanhol quanto à elite política e econômica dos "patrícios".

Da mesma forma, considerou as complexidades contextuais de cada um dos agentes do passado citados por ele, mas, ao mesmo tempo, defendeu ter havido uma continuidade histórica entre seus atos de modo, também, a pensar a viabilidade e a unidade da nação republicana oriental, e o seu futuro. Nesse sentido, o aspecto visto convencionalmente como "bárbaro" ou "semibárbaro" dos caudilhos e dos setores populares rurais foi convertido em um elemento de resistência "instintiva", "natural", a algo muito mais ameaçador às liberdades políticas e democráticas, que era o domínio colonial espanhol e português, em sua visão[1310]. O que muito bem poderia também servir para o seu momento de escrita em relação às investidas de Brasil e Argentina.

Dessa forma, quando consideramos, abrangentemente, os usos históricos de Artigas, Rivera e Lavalleja feitos por Ramírez, percebemos que essa não é uma

---

[1309] FUÃO, Juarez José Rodrigues. *A construção da memória*: os monumentos a Bento Gonçalves e José Artigas. 2009. Tese (Doutorado em História) – Universidade do Vale do Rio dos Sinos, 2009a. p. 124; FUÃO, Juarez José Rodrigues. Carlos María Ramírez sai em defesa de José Artigas: da crítica à (re)construção do herói oriental. *Estudos Ibero-Americanos*, v. 35, n. 2, p. 37-58, jul./dez. 2009b. p. 45-46.

[1310] Aliás, Ana Frega também destaca o apoio social de tais camadas populares e subalternizadas de então a Artigas, quais sejam, os indígenas, os gaúchos, os pequenos proprietários de terras e agricultores, vínculos esses que "lhe permitiam atuar como 'ponte' entre os grupos sociais heterogêneos desde o ponto de vista cultural, estamental e de classe". FREGA, Ana. La virtud y el poder: la soberanía particular de los pueblos en el proyecto artiguista. *In*: GOLDMAN, Noemí; SALVATORE, Ricardo (comp.). *Caudillismos rioplatenses*: nuevas miradas a un viejo problema. Buenos Aires: Eudeba, 2005. p. 102, aspas da autora.

menção isolada desses três atores em sua obra político-intelectual, haja vista que o publicista oriental já havia feito isso em outros pontos de sua trajetória de modo a defender a unidade nacional, conforme vimos no capítulo 1. Assim, ao considerarmos tanto o contexto político-intelectual de Ramírez quanto os demais momentos de sua atuação pública, percebemos que essa referência a tais líderes pode ser concebida como a reiteração de sua proposta de unidade política nacional, manifestada também em outros escritos ao longo de sua trajetória. Em outros termos, ressaltamos, foi uma intenção de expressar a continuidade histórica em prol de uma unidade abrangente, de caráter histórico, historiográfico e político na busca pela construção nacional uruguaia.

No entanto, apesar dessa nova menção a Rivera e Lavalleja ao lado de Artigas, o foco maior de Ramírez, nesse início dos anos 1880, estava no líder da primeira fase da independência. Assim, ele narrou a saga do herói, de forma ligada aos eventos da história do país, e considerou o libertador de 1811 como aquele que veio a ser o "chefe" dos orientais[1311]. Além disso, o intelectual uruguaio concebeu o referido prócer como um agente histórico que agrupara as populações da então Banda Oriental, antes "elementos dispersos e inorgânicos da antiga Província de Buenos Aires", ainda durante o período colonial[1312]. Sobre esse último ponto, ressaltamos, mais uma vez, um elemento que nos remete à propensão relativa ao pressuposto micheletiano de unidade que, para Ramírez, os processos históricos deveriam possuir. E fez questão de reiterar que:

> [...] Artigas, depois de ter combatido os espanhóis, sob a bandeira comum, combate as forças de Buenos Aires sob a bandeira local, e sob essa mesma bandeira luta como um leão durante quatro anos contra a invasão portuguesa, sublimemente extasiado com a grandeza de seus soldados orientais.[1313]

Desse modo, embora tenha destacado, em alguns momentos, mais as ações dos líderes dos Trinta e Três Orientais para a independência nacional e para a fundação da nacionalidade oriental propriamente ditas, Ramírez entendia, por outro lado, que, se não fosse Artigas, nenhum dos eventos ocorridos de 1825 em diante teriam sido possíveis. Aqui, é perceptível a presença dos elementos relativos à "continuidade" ou ao "crescimento

---

[1311] RAMÍREZ, Carlos María. *Artigas*: debate entre "El Sud-América" de Buenos Aires e "La Razón" de Montevideo. Montevideo: Editorial de la Librería Nacional de A. Barreiro y Ramos, 1884. p. 15.

[1312] RAMÍREZ, Carlos María. *Juicio crítico del bosquejo histórico de la República Oriental del Uruguay por el Dr. Francisco A. Berra*. Buenos Aires: Imprenta del Porvenir, 1882. p. 100.

[1313] RAMÍREZ, Carlos María. *Artigas*: debate entre "El Sud-América" de Buenos Aires e "La Razón" de Montevideo. Montevideo: Editorial de la Librería Nacional de A. Barreiro y Ramos, 1884. p. 10.

progressivo" da "vida histórica" da nação em Ramírez, também aos moldes propostos por Michelet:

> Somos, hoje, independentes, queremos e devemos sê-lo. Como não honraremos, então, a memória daquele que venceu gloriosamente em Las Piedras[1314] a dominação espanhola, que lutou quatro anos, quase sempre desafortunado, mas sempre heroico, contra a dominação portuguesa, e a quem jamais poderá negar-se o título, senão de fundador, de PRECURSOR DA NACIONALIDADE ORIENTAL? Sob esses conceitos, levantamos no passado sua figura histórica – e se quiséssemos levantá-la como um ensinamento para o presente e para o futuro, poderíamos gravar em letras de ouro essas palavras arrancadas das célebres Instruções de Artigas, em 1813: ANIQUILAR O DESPOTISMO MILITAR ASSEGURANDO A SOBERANIA DO POVO. PROMOVER A LIBERDADE CIVIL E RELIGIOSA EM TODA A SUA EXTENSÃO IMAGINÁVEL.[1315]

No trecho *supra*, também percebemos a inclusão, feita por Ramírez, de alguns elementos político-jurídicos que não são convencionalmente atribuídos historicamente a Artigas, como a questão da liberdade religiosa, algo que foi muito defendido pelo intelectual oriental, assim como já vimos nos capítulos 3 e 4.

Outros pontos de crítica levantados por Ramírez, em seu *Juicio crítico*, estiveram relacionados às acusações sobre a personalidade de Artigas, mais especificamente a respeito de o libertador ter sido "cruel", o que também é destacado por Fuão[1316] e Sansón Corbo[1317]. No entanto, acreditamos ser pertinente trazer ao debate um ponto não tão explorado por esses autores e que,

---

[1314] Referência feita por Ramírez à batalha de Las Piedras, ocorrida em 18 de maio de 1811, na região então localizada próxima a Montevidéu, triunfo que abriu o caminho para a independência oriental em face da Coroa Espanhola. No entanto, mesmo com essa vitória, o processo ulterior foi marcado por guerras e instabilidade política, pois Francisco Elío, o então vice-rei de Montevidéu, ao perceber a força de Artigas e suas tropas, recorreu à Coroa Portuguesa e ao Diretório de Buenos Aires, comandado por Juan Pueyrredón, com a finalidade de suprimir a revolução até seu declínio definitivo, em 1820, após muita resistência. PARÍS DE ODDONE, M. Blanca. Presencia de Artigas en la Revolución del Río de la Plata (1810-1820). *In*: FREGA, Ana; ISLAS, Ariadna (org.). *Nuevas miradas en torno al artiguismo*. Montevideo, FHCE/UDELAR, 2001. p. 65-85.

[1315] RAMÍREZ, Carlos María. *Artigas*: debate entre "El Sud-América" de Buenos Aires e "La Razón" de Montevideo. Montevideo: Editorial de la Librería Nacional de A. Barreiro y Ramos, 1884. p. 11, maiúsculas no original.

[1316] FUÃO, Juarez José Rodrigues. *A construção da memória*: os monumentos a Bento Gonçalves e José Artigas. 2009. Tese (Doutorado em História) – Universidade do Vale do Rio dos Sinos, 2009a; FUÃO, Juarez José Rodrigues. Carlos María Ramírez sai em defesa de José Artigas: da crítica à (re)construção do herói oriental. *Estudos Ibero-Americanos*, v. 35, n. 2, p. 37-58, jul./dez. 2009b.

[1317] SANSÓN CORBO, Tomás. *El espacio historiográfico rioplatense y sus dinámicas*: siglo XIX. La Plata: Publicaciones del Archivo Histórico de la Provincia de Buenos Aires, 2011b; SANSÓN CORBO, Tomás. Un debate rioplatense sobre José Artigas (1884). *Anuario del Instituto de Historia Argentina*, n. 4, p. 187-216, 2004; SANSÓN CORBO, Tomás. Historiografía y nación: una polémica entre Francisco Berra y Carlos María Ramírez. *Anuario del Instituto de Historia Argentina*, año 6, p. 177-199, 2006. Disponível em: http://sedici.unlp.edu.ar/handle/10915/12398. Acesso em: 23 jun. 2022.

ademais, indica algumas reservas, por parte de Ramírez, a alguns dos elementos contidos na obra de Michelet. Em uma crítica aos exageros reproduzidos por Berra, em seu *Bosquejo*, a respeito de Artigas, Ramírez citou as hipérboles, enunciadas pelo historiador francês em algum de seus trabalhos[1318], referentes aos "excessos" violentos que teriam sido cometidos durante a Revolução Francesa, comparando-as[1319]. Tais aumentos realizados por Michelet, criticados por Ramírez, diziam respeito especificamente aos boatos, espalhados por toda a Europa, referentes aos eventos de 1792, na França, "de que haviam perecido milhares e milhares de nobres, e que seu sangue havia, literalmente, corrido como uma torrente pelas cloacas de Paris"[1320].

No mesmo sentido, no plano interno e mais contemporaneamente a sua escrita, também relembrou as mortes ocorridas após o assassinato do ex-presidente uruguaio Venâncio Flores, em 1868, levadas a cabo como "represálias" dos correligionários de Flores após o crime ocorrido contra seu líder. Tais notícias chegaram ao seu conhecimento e ao de sua família pela informação de um cocheiro de então, o qual também teria afirmado o seguinte, segundo as palavras de Ramírez:

> O líder da diligência que nos levou a notícia assegurava que, uma vez sufocado o movimento revolucionário, os amigos do general Flores haviam sucumbido a tais excessos de vingança, de que as ruas ficaram banhadas de sangue, *como se nelas houvesse brincado em um terceiro dia de carnaval.*[1321]

Tais exemplos de exageros históricos — tanto os realizados por Berra sobre Artigas quanto aqueles expressados por Michelet a respeito da Revolução Francesa — foram mobilizados, por Ramírez, com a intenção de criticar duramente os usos dessas hipérboles por qualquer autor, em qualquer

---

[1318] Ramírez não explicitou qual foi o trabalho de Michelet em questão.

[1319] Embora não tenha informado o título da obra de Michelet, acreditamos que o livro lido por Ramírez seja o *História da Revolução Francesa*, escrito entre os anos de 1846 e 1853, e considerado o principal texto do historiador francês. Ver: MICHELET, Jules. *História da Revolução Francesa*: da queda da Bastilha à festa da Federação. Tradução de Maria Lúcia Machado. São Paulo: Companhia das Letras, 1989. Inferimos que essa obra de Michelet foi a que serviu como inspiração político-intelectual para Ramírez não somente na referida passagem, mas também nos demais momentos em que identificamos a presença das linguagens políticas do historiador francês nos escritos sobre Artigas de autoria do publicista uruguaio.

[1320] RAMÍREZ, Carlos María. *Juicio crítico del bosquejo histórico de la República Oriental del Uruguay por el Dr. Francisco A. Berra.* Buenos Aires: Imprenta Del Porvenir, 1882. p. 27. Tais críticas de Ramírez muito provavelmente foram direcionadas, mais uma vez, às ações dos jacobinos durante o processo revolucionário francês do século XVIII, grupo político esse que ele concebia como promotores de "excessos" violentos. Assim como já vimos nos capítulos anteriores, Ramírez também já havia declarado sua resistência ao jacobinismo em outros escritos seus, principalmente em artigos publicados em *La Bandera Radical* e em suas *Conferências de Direito Constitucional*.

[1321] *Ibid.*, p. 27-28, grifos do autor.

CARLOS MARÍA RAMÍREZ E A CONSTRUÇÃO DE UMA NOVA REPÚBLICA ORIENTAL DO URUGUAI:
ENTRE A "NAÇÃO IDEAL" E A "NAÇÃO REAL" (1868-1898)

situação, sobre qualquer período histórico. Mais especificamente, Ramírez referiu-se à reprodução e à reiteração realizadas por Berra de toda a lenda que existia sobre Artigas ao longo da história, pelos inimigos contemporâneos do prócer ou não:

> Artigas era cruel, sanguinário, vingativo... Dizem isso as crônicas portenhas e não portenhas de seu tempo, e isso repetem os historiadores que aceitaram aquelas crônicas sem benefício de inventário. [...] Nem um só momento ocorre ao Dr. Berra que pode haver um pouco de exagero no testemunho dos inimigos ou não inimigos do caudilho oriental, precisamente porque as cenas sangrentas são as que mais impressionam a imaginação dos povos e a predispõem a aumentar os fatos com formas e proporções aterrorizantes. [...] O Dr. Berra as pinta, levando por séquito inseparável a pilhagem, a violação e o degolo, o mesmo na Banda Oriental que no Rio Grande, em Misiones, em Entre Rios, em Corrientes e Santa Fé. A devastação e a morte eram seus únicos impulsos, seus únicos propósitos, se nos atemos aos espantáveis relatos do *Bosquejo*. É tão perversa a natureza humana? Tanta foi a barbárie daquela revolução a qual triunfou na sociabilidade argentina?[1322]

Além disso, Ramírez buscou dar exemplos de momentos do processo independentista em que Artigas demonstrara clemência em relação a diversos prisioneiros feitos nas batalhas, de modo a reiterar seu caráter piedoso e justo. Ou, ao menos, um modo de propor uma possibilidade de reflexão acerca da lenda de "sanguinário", a nosso ver, repetida ao longo da história. Após criticar os silêncios de Berra sobre a abundância documental a respeito do tema da invasão portuguesa, Ramírez recorreu ao argumento da autoridade, este supostamente inscrito na publicidade de tais documentos para a busca pela "verdade histórica". Nesse sentido, ele reiterou a vastidão de documentos e a veracidade dos fatos, relacionando-os com o fato de estarem públicos nos arquivos, ou seja, mobilizou a ideia de publicidade como fator de autoridade e enquanto um elemento capaz de ratificar e legitimar a "verdade histórica":

> Tudo isso está escrito, conservado com tinta indelével nos arquivos, e difundido a todos os ventos pelos pregões ensurdecedores e imortais da publicidade: mas só chegou até o ouvido do autor do *Bosquejo* um eco vago e distante que apenas se

---

[1322] RAMÍREZ, Carlos María. *Juicio crítico del bosquejo histórico de la República Oriental del Uruguay por el Dr. Francisco A. Berra*. Buenos Aires: Imprenta Del Porvenir, 1882. p. 27-28, grifo do autor.

> reflete, por fugitiva incidência, nas páginas surdas de seu livro. Aquele rigoroso, nítido analista, o qual contribui para todos aqueles que tendem a difamar os anais uruguaios, passa uma visão sonolenta sobre as origens comprovadas e evidentes da invasão que escravizou e corrompeu, no intervalo de dois lustros, o povo da Banda Oriental, logrando, turvamente, segregá-lo, para sempre, talvez, da comunidade argentina![1323]

Acreditamos ser válido destacar o episódio da invasão portuguesa como aquele que, por um lado, sucedeu imediatamente a queda e o exílio definitivo de Artigas e, por outro, o que originou a posterior dominação brasileira da então Província Cisplatina, a qual foi libertada do jugo imperial de D. Pedro I pelos Trinta e Três Orientais. Ou seja, foi um evento que marcou um processo sensível para a história do país platino e, como podemos perceber, mais especificamente para Ramírez em seus escritos. A preocupação em revisitar esse acontecimento histórico, por parte do intelectual uruguaio, poderia ser concebida também como uma forma de ele destacar e visualizar uma continuidade histórica entre as primeiras ações de Artigas e a dos "cruzados" de 1825. Tais atuações ocorreram, primeiro, no contexto da invasão portuguesa (de 1816 em diante) e, posteriormente, no da dominação brasileira, estando elas, assim, ligadas no tempo e em cada uma dessas investidas monárquicas.

Mais ao fim de seu *Juicio*, Ramírez, em caráter de conclusão do escrito, destacou o modo pelo qual, em sua visão, deveria ser analisada e tratada a História da Banda Oriental em consonância com a História argentina, enquanto formas de se compreender as ações de Artigas durante o processo revolucionário de 1811 em diante:

> Artigas havia quebrado a unidade governamental [colonial] que parecia necessária para levar adiante a guerra da Independência. Frente aos povos incultos que ele acaudilhava desenfreadamente, estava a autoridade central das Províncias Unidas, apoiada na riqueza, na inteligência, na ilustração, na pujança e no prestígio da Comuna Portenha, como base indispensável para salvar materialmente a Revolução. Essa é uma face do drama; mas há outra, distinta e fundamental, que é esta: os homens que, pela força das coisas, ocupavam exclusivamente o organismo da unidade nacional, compunham uma oligarquia orgulhosa, que contrariava o senti-

---

[1323] RAMÍREZ, Carlos María. *Juicio crítico del bosquejo histórico de la República Oriental del Uruguay por el Dr. Francisco A. Berra*. Buenos Aires: Imprenta Del Porvenir, 1882. p. 69, grifo do autor.

> mento dos povos com sub-reptícias tendências à monarquia, e que, organizada em uma Loja veneziana[1324], cuja existência parece ignorar o *Bosquejo*, abusou de seu ministério tutelar até o ponto de entrar em confabulações sigilosas com o trono português, pretendendo conjurar perigos, apesar de consideráveis, eventuais, com uma intriga prenha de perigos imediatos, desmoralizadora e pérfida. Sem considerar essa dupla face do drama revolucionário, não é possível *esboçá--lo*[1325], nem sequer medianamente compreendê-lo. Nesse dualismo está toda a filosofia da história argentina, que é, também, a filosofia da história oriental.[1326]

O referido dualismo citado por Ramírez, qual seja, aquele marcado tanto pela ação de Artigas em desmantelar a ordem centralista monárquica quanto o papel atribuído ao Diretório revolucionário de Buenos Aires na época e entendido por ele como desleal, teria caracterizado a forma de se conceber a história de parte da região rio-pratense. Desse modo, o passado dos dois países, Uruguai e Argentina, poderia ser apreendido sob tal dicotomia, a qual estava, em maior ou menor grau, caracterizada por uma filosofia da história de caráter republicano. Assim, contra o "falseamento" dos fatos, o intelectual oriental deixou claro que: nenhuma versão historiográfica que não realizasse uma "descrição fiel" da referida dualidade seria digna de credibilidade, em termos de "imparcialidade"[1327].

Ramírez acusou Berra de, por um lado, não ter lançado mais luzes sobre as causas da invasão portuguesa e sua relação com os dirigentes das Províncias Unidas — algo que, ao que tudo indica, já era de conhecimento de outros escritores como Mitre e Fidel López, por exemplo[1328] —, e, por outro, de ter atribuído toda a culpa da invasão a Artigas e aos próprios orientais:

> O que o *Bosquejo* fez, e eu censuro com uma severidade sem limites, foi a dissimulação, a alteração do problema histórico

---

[1324] Aqui, Ramírez fez referência a um elemento maçônico, a Loja, local em que usualmente seus membros se reuniam. No entanto, não conseguimos mais informações sobre o referido espaço específico mencionado por ele.

[1325] Nesse ponto, Ramírez fez um trocadilho com o título do livro de Berra, cuja tradução livre em português é "esboço".

[1326] RAMÍREZ, Carlos María. *Juicio crítico del bosquejo histórico de la República Oriental del Uruguay por el Dr. Francisco A. Berra*. Buenos Aires: Imprenta del Porvenir, 1882. p. 90, grifo do autor, inserção nossa.

[1327] *Ibid.*, p. 90-91.

[1328] Mitre e López também travaram uma considerável polêmica intelectual acerca da história da independência argentina, mais no que tange à figura do libertador San Martín. Para Mitre, representante da tendência que Tomás Sansón Corbo denominou de "erudita", López, expoente da corrente "filosofante", concebia tudo o que dizia respeito ao prócer como digno de desconfiança e arbitrariedade. SANSÓN CORBO, Tomás. *El espacio historiográfico rioplatense y sus dinámicas: siglo XIX*. La Plata: Publicaciones del Archivo Histórico de la Provincia de Buenos Aires, 2011b. p. 75.

pela supressão sistemática de um de seus termos concretos e incontestáveis. [...] O que atribui ao senhor Berra responsabilidades das quais desejaríamos vê-lo isento é ter traçado, com esfuminho, o esboço de fatos tão averiguados como as origens da invasão portuguesa e a conivência que, com ela, teve o patriciado da Revolução, enquanto seleciona com o claro pincel de uma certeza absoluta, muito pouco filosófica certamente, tudo o que pode comprometer Artigas e os orientais no êxito da conquista estrangeira.[1329]

Ramírez também combateu as omissões de Berra[1330] sobre a popularidade que Artigas teria conquistado entre os habitantes de algumas províncias que liderou, tais como Córdoba, a qual o teria aclamado "Protetor". Ao mesmo tempo, o intelectual oriental criticou a incoerência do autor do *Bosquejo*, nos vários momentos em este esse enfatizou o caráter "selvagem", violento e arbitrário do libertador de 1811 em relação a outras localidades, a exemplo de Corrientes, Santa Fe e Entre Ríos:

> Se se quer compreender tudo isso, é indispensável completar e relacionar tudo o que o *Bosquejo* deixou truncado e desconexo. Faz-se de Artigas um caudilho local, sem outros meios de ação que o desenfreio da força bruta. Domina, pelo terror, os orientais; *subjuga* violentamente os entrerrianos e correntinos. Santa Fé está sob sua férula selvagem. A influência de Artigas nessas três províncias, que não são sua província natal, pode superficialmente explicar-se somente pela similitude do estado social em que se encontravam e a imediação da base de seu poder pessoal; mas como se explicaria a popularidade de Artigas na distante e douta Córdoba, onde jamais apareceram suas hordas, e que o aclamou Protetor, presenteando-o com uma espada, com inscrições pomposas, que qualquer um pode ver no Museu Público de Montevidéu? [...] Como inscrever esses fatos nas mesquinhas proporções que se atribuem à personalidade de Artigas? O *Bosquejo* adota, a esse respeito, o simples procedimento que o isenta de apuros em circunstâncias análogas: silêncio sobre eles.[1331]

Nas linhas anteriores, o intelectual oriental mencionou a espada que foi dada pelos representantes da província de Córdoba a Artigas como

---

[1329] RAMÍREZ, Carlos María. *Juicio crítico del bosquejo histórico de la República Oriental del Uruguay por el Dr. Francisco A. Berra*. Buenos Aires: Imprenta del Porvenir, 1882. p. 92, grifo do autor.

[1330] Esse não foi o único momento em que Ramírez acusou Berra de silenciar-se sobre outros fatos a respeito da atuação de Artigas. No entanto, não destacaremos todas as passagens por falta de espaço neste trabalho e para evitar descrições excessivas a respeito de tais acontecimentos.

[1331] RAMÍREZ, *op. cit.*, p. 93-94, grifo do autor.

CARLOS MARÍA RAMÍREZ E A CONSTRUÇÃO DE UMA NOVA REPÚBLICA ORIENTAL DO URUGUAI:
ENTRE A "NAÇÃO IDEAL" E A "NAÇÃO REAL" (1868-1898)

mostra do reconhecimento político e social que este líder histórico gozava em seu tempo, ao contrário do que afirmava Berra, presente esse que se encontrava em um espaço público, o Museu de Montevidéu. Desse modo, podemos apreender, novamente, o uso, por parte de Ramírez, do argumento da publicidade dos vestígios históricos como autoridade retórica sustentadora de sua visão do passado, acerca da atuação e reconhecimento popular de Artigas na época da primeira fase da independência oriental. Além disso, identificamos outro trecho em que a presença velada de Michelet pode ser percebida, na qual consta a ênfase na "síntese harmônica", o que pressupõe o elemento da "totalidade", da "harmonia suprema" da história contida na obra do historiador francês:

> Remontando a mente a essas alturas da filosofia histórica, a onde jamais alcança o critério legista e escolástico, mas que são já familiares aos historiadores argentinos, descobre-se, com êxtase, *a síntese harmônica das grandes revoluções dos povos.* Sem aquele patriciado inteligente e ilustrado, único elemento capaz de organizar uma respeitável força de governo no centro mais civilizado e poderoso das Províncias Unidas, abarcando com olhar sagaz o vasto cenário das relações internacionais que despertavam o assomo da Independência sul-americana, a Revolução teria naufragado em um mar de agitações desordenadas e inconscientes; *mas ao mesmo tempo, sem as forças populares que se desenvolviam sob o patrocínio dos caudilhos, rompendo o molde da sociedade antiga e precipitando as soluções revolucionárias, é muito provável que o movimento de 1810 houvesse abortado em combinações diplomáticas e dinásticas verdadeiramente indignas dos destinos que a natureza e a história argentina, destaca-se, imponente e prestigiosa, a figura do caudilho oriental* [...].[1332]

Podemos notar, mais uma vez, o destaque dado pelo intelectual oriental às interconexões dos fatos históricos, à complementaridade existente entre os feitos dos setores sociais mais elitistas e os relativos aos das camadas mais populares e rurais, as quais Artigas havia reunido em torno de sua liderança e referência. Assim, para Ramírez, não teria havido, de fato, a Revolução de Maio[1333] sem tais atos históricos mais abruptos, os quais teriam, de fato,

---

[1332] RAMÍREZ, Carlos María. *Juicio crítico del bosquejo histórico de la República Oriental del Uruguay por el Dr. Francisco A. Berra.* Buenos Aires: Imprenta del Porvenir, 1882. p. 99-100, grifos nossos.

[1333] A Revolução de Maio e outros pontos da independência rio-pratense foram objeto de análise dos intelectuais argentinos da primeira metade do século XIX, especialmente os membros da Geração de 37 exilados, como Fidel López e Sarmiento. Assim, a proscrição de tais escritores, ocorrida no período do governo de Rosas, teria sido um fator condicionador para a escrita da história argentina por parte dos intelectuais mencionados. Sobre esse

desembocado também na Revolução Oriental, objeto central de seu enfoque. Complementaridade, continuidade e "síntese harmônica" históricas: elementos esses que eram reiterados por Ramírez em suas respostas historiográficas a Berra na polêmica sobre o passado da nação oriental. Assim, para o intelectual uruguaio, Artigas foi o "iniciador" e o "precursor" da desconstrução dos elementos coloniais e da edificação da organização republicana e federalista, elementos esses próprios da modernidade política e os quais teriam formado o substrato para o que viria a ser o Uruguai:

> É o iniciador e o precursor das decomposições sociais que virão a transformar em democracia federativa, vivaz, incontestável, os órgãos atrofiados de um vasto império colonial. É o primeiro que abrange e unifica as massas campesinas do Prata sob as bandeiras da Revolução; o primeiro que lhe ensina a lutar e morrer por uma ideia naquele combate heroico de Las Piedras, [...] que é uma glória indisputável de Artigas. Sob sua influência audaz e poderosa, agrupam-se em organismo de província as povoações da Banda Oriental, que eram elementos dispersos e inorgânicos da antiga Província de Buenos Aires, como Entre Rios, como Corrientes, como Santa Fé, que, sob a mesma influência, sentem palpitar seu respectivo organismo, a tão altas funções destinadas. A velha colônia fornecia o elemento democrático da representação municipal; a ata de 25 de Maio de 1810 suscita um elemento novo: a representação nacional; mas há algo que não estava na organização da colônia nem no programa explícito da Revolução de Maio: a representação provincial. É Artigas quem cria esse elemento perdurável, essa base angular da sociabilidade argentina, com as Assembleias de Abril e Dezembro de 1813.[1334]

Além disso, ao enfatizar esse "agrupamento" das províncias e do "povo oriental", levado a cabo por Artigas e pelos demais heróis da independência uruguaia, Ramírez expressava, em nossa visão, reiterar a necessidade do princípio da "associação" para a construção e coesão político-sociais da nação em seu presente. Princípio esse que foi reiterado e praticado por ele desde o início de sua trajetória, por meio de seus escritos e na criação e participação em diversos espaços de sociabilidade, como as associações propriamente ditas e nos periódicos criados e nos quais colaborou ao longo de sua atuação. Inclusive, nos próprios *El Plata*, no qual seu *Juicio crítico*

---

tema, consultar o seguinte artigo de: MYERS, Jorge. Clío filósofa: los inicios del discurso histórico rioplatense (1830-1852). *Varia Historia*, Belo Horizonte, v. 31, n. 56, p. 331-364, maio/ago. 2015.

[1334] RAMÍREZ, Carlos María. *Juicio crítico del bosquejo histórico de la República Oriental del Uruguay por el Dr. Francisco A. Berra*. Buenos Aires: Imprenta del Porvenir, 1882. p. 100-101, grifos nossos.

seria inicialmente publicado, e no *La Razón*, por meio do qual debateu sobre Artigas com o diário *El Sud-América*, de Buenos Aires.

Tais elementos, principalmente o de uma história totalizadora, baseada na unidade dos fatos singulares dados de forma sucessiva, e a necessidade da sociabilidade para a constituição político-social ideal racional, extraídos de Michelet e Kant, respectivamente, indicam-nos um ponto de discordância estabelecido entre a concepção histórica de Ramírez e a de Sarmiento. Baseando-nos nas ponderações de Jorge Myers a respeito da ideia de "barbárie" do intelectual argentino oitocentista, a qual, por sua vez, consistiria em um dos componentes da dicotomia rígida que caracterizava sua filosofia da história, temos que:

> A contraparte dicotômica daquela "civilização" das cidades era a "barbárie" da campanha, que se caracterizava precisamente por seu caráter profundamente antissocial. O vazio da campanha argentina, as enormes distâncias que separavam um povoado do outro, um rancho do outro, a rusticidade dois meios com os quais seus habitantes deveriam buscar sobreviver, tudo isso teria contribuído para forjar um espaço humano no qual a natureza havia triunfado sobre a capacidade social dos homens.[1335] Na descrição sarmientina, sempre atravessada por ambivalências e ambiguidades, os hábitos e os costumes dos habitantes da campanha derivavam mais da natureza que os rodeava que de sua condição humana: sendo, por isso, que na descrição elaborada deles, apareciam, às vezes, como homens, lobos dos homens, da metáfora hobbesiana, outras vezes como aquelas quase-bestas, mudas e solitárias, da postulação rousseauniana. [...] Em semelhante âmbito, o político propriamente dito não poderia existir. Em ausência de uma ordem política, não poderia existir tampouco nenhum progresso moral ou social: a condição determinante do meio rural do meio argentino era sua "selvageria", e isso implicava que o progresso – de qualquer tipo que fosse – sempre encontraria nesse meio um obstáculo ao seu pleno desenvolvimento.[1336]

[1335] Ainda sobre a questão da relevância da natureza para a construção da nação nas representações elaboradas por intelectuais latino-americanos oitocentistas, indicamos, também, o artigo de Maria Elisa Noronha de Sá sobre o tema. Nesse trabalho, a autora compara especificamente as expressões da dicotomia "civilização" e "barbárie" nos escritos de Sarmiento e do brasileiro Paulino José Soares de Sousa, o Visconde do Uruguai, publicados durante a primeira metade do século XIX. Ver: MÄDER, Maria Elisa. Civilização, barbárie e as representações espaciais da nação nas Américas no século XIX. *História Unisinos*, v. 12, n. 3, p. 262-270, set./dez. 2008.

[1336] MYERS, Jorge. Clío filósofa: los inicios del discurso histórico rioplatense (1830-1852). *Varia Historia*, Belo Horizonte, v. 31, n. 56, p. 331-364, maio/ago. 2015. p. 356-357, grifos, aspas e sublinhado do autor.

Considerando a afirmação de Myers *supra*, podemos inferir que, quando Ramírez exaltava a figura do "caudilho" Artigas no "agrupamento" histórico dos indivíduos que compunham as populações "dispersas" da Banda Oriental, o intelectual uruguaio discordava implicitamente da dicotomia rígida e do conceito de "barbárie" criados por Sarmiento. Da mesma forma, não compactuava com os referidos determinismos que criavam os mencionados obstáculos históricos às possibilidades de organização político-social modernas. Assim, Ramírez buscou, a nosso ver, propor que a figura histórica do libertador de 1811 teria consistido em uma forma de valorizar a sociabilidade e a coesão político-social. Isso, por sua vez, constituiu, em nossa perspectiva, sua forma de ver a história e, consequentemente, consolidava sua discordância com o argumento sarmientino de que os caudilhos rurais e as massas do campo caracterizavam um fator antissocial, de pura "barbárie" e "atraso" para a construção da nação.

Nesse sentido, o intelectual uruguaio demonstrou ter concebido Artigas como o "unificador" da população rural que se encontrava dispersa e espalhada, de modo que, assim, fosse desenvolvido um dos princípios de sociabilidade e coesão para a formação desse "organismo" racional e ordenado, em prol da Independência oriental. Também não desconsiderou o que, para ele, teria sido um dos pilares da representação provincial, que foi o da municipalidade de caráter colonial, e este teria sido sucedido por aquele, o que também conotaria um sentido de certa continuidade política e histórica. Embora tenha incluído a representação de caráter "nacional" nesse processo, é necessário que recordemos as reservas de José Carlos Chiaramonte e Gerardo Caetano sobre a utilização desse termo para aquele contexto, pois ele não se referia necessariamente a uma unidade propriamente argentina ou uruguaia, respectivamente[1337].

Ao fim da conclusão, Ramírez recuperou, também, as *Instrucciones de 1813*, proclamadas por Artigas no referido ano, ainda durante o processo de independência em relação à Espanha; e sua justificativa para inserir esse documento histórico como apêndice em seu *Juicio* foi a seguinte:

[1337] Ver: CAETANO, Gerardo. *Historia mínima de Uruguay*. Ciudad de México: El Colegio de México: 2020. *E-book*. Primeira edição impressa em 2019; CHIARAMONTE, José Carlos. *Ciudades, provincias, Estados*: orígenes de la nación argentina (1800-1846). Argentina: Compañía Editora Espasa Calpe Argentina; Ariel, 1997. (Biblioteca del Pensamiento Argentino, 1); CHIARAMONTE, José Carlos. El problema de los orígenes de los Estados hispanoamericanos en la historiografía reciente y el caso del Río de la Plata. *Anos 90*, v. 1, n. 1, p. 49-83, 1993; CHIARAMONTE, José Carlos. Formas de identidad política en el Río de la Plata luego 1810. *Boletín del Instituto de Historia Argentina y Americana "Dr. E. Ravignani"*, n. 1, p. 71-92, 1. sem. 1989. 3. serie; CHIARAMONTE, José Carlos. El mito de los orígenes en la historiografía latinoamericana. *Cuadernos del Instituto Ravignani*, Buenos Aires, n. 2, p. 5-39, oct. 1991.

> Estando várias vezes citadas no texto as instruções de 1813, os editores desse opúsculo decidiram inseri-las integralmente neste lugar. [...] Como os anais históricos do Rio da Prata foram até recentemente formados pelos inimigos do artiguismo, era completamente ignorado esse documento que o mesmo Dr. Berra qualifica como notável. Felizmente, Artigas havia mandado cópia dela ao Dr. Francia[1338], e essa cópia foi casualmente encontrada na pilhagem do arquivo de Assunção (1868).[1339] Eu tive a oportunidade de vê-la, com a assinatura de Artigas entre os papéis de meu ilustrado compatriota e amigo D. Clemente L. Fregeiro.[1340]

Nas *Instrucciones* de 1813, anexadas ao *Juicio crítico*, constam as principais diretrizes artiguistas para o governo republicano e constitucional que se visava consolidar, em detrimento do jugo da Coroa Espanhola, ainda durante a primeira metade dos anos 1810. Tais princípios foram os seguintes: a reiteração da independência da Banda Oriental e das demais províncias vizinhas diante da Espanha e da dinastia dos Bourbons; a escolha do sistema de confederação, o qual era concebido, por Artigas, como o capaz de gerir a relação entre as demais províncias; a promoção da liberdade civil e religiosa; manutenção da liberdade, da igualdade, da segurança dos cidadãos e dos povos, além da autonomia de cada província em estabelecer seu próprio governo de modo conciliado com o "governo supremo da Nação"; a criação dos três poderes, o Executivo, o Legislativo e o Judiciário, autônomos entre si; a "aniquilação" do "despotismo militar" mediante as "travas constitucionais" e a "soberania dos povos"; a garantia de um governo republicano, a qual seria a única forma possível etc.[1341]

[1338] Aqui, Ramírez muito provavelmente fez referência ao então presidente do Paraguai, José Gaspar Rodríguez de Francia, país no qual Artigas teve que se exilar. A relação entre o prócer oriental e Francia sempre foi considerada ambígua pela historiografia e objeto de incertezas. Segundo Sansón Corbo, alguns historiadores acreditam que Artigas foi feito prisioneiro no Paraguai, ao passo que outros defendem que o libertador de 1811 teria sido um exilado político, de fato. De qualquer modo, ainda segundo o autor, Francia teria assegurado uma permanência digna no Paraguai a Artigas até este morrer, em 1850. Sobre o tema, ver: SANSÓN CORBO, Tomás. Cuando el Paraná fue un rubicón: hechos, preguntas y ¿certezas? sobre José Artigas en Paraguay. *In*: SANSÓN CORBO, Tomás *et al*. 200 años del ingreso de José Gervasio Artigas al Paraguay. *Res Gesta*, n. 56, p. 163-169, 2020. p. 157-183. Disponível em: https://erevistas.uca.edu.ar/index.php/RGES/article/view/3255. Acesso em: 13 abr. 2022.

[1339] No contexto da Guerra do Paraguai (1864-1870).

[1340] RAMÍREZ, Carlos María. *Juicio crítico del bosquejo histórico de la República Oriental del Uruguay por el Dr. Francisco A. Berra*. Buenos Aires: Imprenta del Porvenir, 1882. p. 103, grifo do autor.

[1341] ARTIGAS, José. Instrucciones que se dieron a los representantes del pueblo oriental, para el desempeño de su encargo en la Asamblea Constituyente fijada en la ciudad de Buenos Aires, 1813. *In*: RAMÍREZ, Carlos María. *Juicio crítico del bosquejo histórico de la República Oriental del Uruguay por el Dr. Francisco A. Berra*. Buenos Aires: Imprenta del Porvenir, 1882. p. 103-105.

Conforme nos informa Tomás Sansón Corbo, a resposta de Berra, contida em seu *Estudios históricos acerca de la República Oriental del Uruguay. Defensa documentada del bosquejo histórico contra el juicio crítico que le ha dedicado el doctor don Carlos María Ramírez*, veio a público um ano depois da publicação do texto de Ramírez. Ainda segundo o autor, Berra, em sua tréplica, reiterou o que já havia afirmado em seu *Bosquejo*, além de ter asseverado que Ramírez teria se deixado absorver pela imagem histórica de Artigas e, por isso, realizado uma história de caráter chauvinista[1342].

Além disso, Berra, ao respondê-lo publicamente, teria associado Ramírez a uma tradição que denominou "filo-bárbara", devido a contextualizações e matizes propostos pelo então diretor do *El Plata* a respeito das camadas populares e rurais seguidoras de Artigas no contexto da independência. Por outro lado, Berra atribuiu a si mesmo o pertencimento a outra tendência historiográfica, a "pró-civilizada", também conceituada por ele, a qual seria detentora da moralidade e das virtudes históricas[1343]. Conforme as reflexões de Sansón Corbo, tal contenda político-intelectual sobre a história do país

> Foi uma polêmica intensa, versão uruguaia do conflito de tendências – a filosofante, representada por Berra, e a erudita, por Ramírez – protagonizada contemporaneamente por Mitre e López, na Argentina.[1344] Ramírez foi o porta-voz do socioleto encrático e sua ação representativa da operação epistêmica eponimizadora de Artigas.[1345]

[1342] SANSÓN CORBO, Tomás. *El espacio historiográfico rioplatense y sus dinámicas*: siglo XIX. La Plata: Publicaciones del Archivo Histórico de la Provincia de Buenos Aires, 2011b. p. 101.

[1343] *Ibid.*, p. 133.

[1344] Embora Sansón Corbo tenha colocado essas duas tendências como rivais naquele contexto, o autor também reconhece que havia espaço para que expoentes de uma delas interagissem com as da outra, construindo o que denominou de "vasos comunicantes" e visando ao acesso de informações, bibliografia e documentos históricos para sustentar suas respectivas pesquisas. Foi o caso do próprio Berra, um "filosofante", que buscou estabelecer uma relação direta com Mitre, um "erudito", assim como Ramírez, de modo a embasar suas investigações sobre a história uruguaia e em sua detração pública a Artigas. Ver: SANSÓN CORBO, *op. cit.*, p. 107.

[1345] SANSÓN CORBO, *op. cit.*, p. 101-102. Para o estudo que faz dos escritos sobre a história nacional elaborados pelos historiadores argentinos e uruguaios do século XIX, Tomás Sansón Corbo utilizou-se de alguns conceitos propostos por Roland Barthes, em especial os que dizem respeito às ideias de "socioleto encrático" e "socioleto acrático". Sobre tais conceitos, mobilizados em seu trabalho, o autor afirma o seguinte: "O socioleto encrático – discurso próprio dos setores sociais dominantes, administradores das estruturas de poder – operou de forma coerente e ao uníssono na tarefa de construir referentes firmemente ancorados no passado, com efeitos de gerar laços coesivos que deram aos 'cidadãos' espírito de corpo e sentido de pertença. Os historiadores – juntamente com outros intelectuais, mas ocupando estes um lugar privilegiado – foram seus porta-vozes qualificados". Além disso, Sansón Corbo reforça, ainda com base nos postulados de Barthes, que: "O discurso encrático é funcional e operativo aos interesses dos setores socialmente hegemônicos, pretende impor seus conteúdos através dos meios com os quais conta o Estado (sistema educacional, imprensa, museus e instituições públicas em geral, entre outros). É difuso e massificado, dificilmente reconhecível, influi nas classes subalternas e contribui para

CARLOS MARÍA RAMÍREZ E A CONSTRUÇÃO DE UMA NOVA REPÚBLICA ORIENTAL DO URUGUAI:
ENTRE A "NAÇÃO IDEAL" E A "NAÇÃO REAL" (1868-1898)

No mesmo ano de 1883, o governo militar de Santos — também incentivador da revitalização de Artigas, mas pelo viés estatal —, do qual Ramírez era ferrenho opositor, ordenou a proibição do livro de Berra nas escolas. O que se buscava, naquele momento, tanto por parte dos meios oficiais quanto pelos setores artísticos e intelectuais independentes, era a ressignificação histórica do prócer. Nesse sentido, o então ministro de Fomento, Carlos de Castro, ex-professor de Ramírez na Universidade, solicitou ao diretor nacional de Educação, Jacobo Varela, irmão do já falecido José Pedro Varela, a retirada do *Bosquejo* do meio educacional, impedindo, assim, sua divulgação ou consulta nas instituições de ensino[1346]. Assim, tal medida se baseou no fato de que

> [...] o Estado, enquanto custódio das tradições honrosas da pátria, deve pautar a bibliografia autorizada nas escolas oficiais. Ademais, consagra oficial e pedagogicamente Artigas como figura imaculada. A História se transformou em ferramenta privilegiada para a formação da consciência nacional. Começava a definição da "tese independentista clássica", pilar teórico fundamental da corrente nacionalista.[1347]

Tais eventos nos conduzem a algumas reflexões que acreditamos serem pertinentes sobre a trajetória político-intelectual não só de Ramírez, mas também acerca das dos demais intelectuais que, no fim dos anos 1860 e na década de 1870, estiveram ao seu lado em outras causas, como a da educação pública, das liberdades civis e dos direitos políticos. Da construção da nação uruguaia, de modo geral. Para além de José Pedro Varela, que havia sido nomeado inspetor nacional de Educação no governo autoritário de Lorenzo Latorre, em 1876[1348], seu irmão, Jácobo Adrián, e Carlos de Castro, supramencionados, também ocuparam cargos estatais ao longo da ditadura

---

formar a opinião pública. O discurso acrático, por contraste, é paradoxal, pois enfrenta a doxa – a opinião geral gerada pelo socioleto encrático. Ambos têm códigos assumidos por seus aderentes, os quais pautam as formas de expressão e comportamento; rechaçam os que estão fora e brindam segurança e identidade aos que estão dentro. Cada um contém uma linguagem política". SANSÓN CORBO, *op. cit.*, p. 7-8, aspas do autor.

[1346] SANSÓN CORBO, Tomás. *El espacio historiográfico rioplatense y sus dinámicas*: siglo XIX. La Plata: Publicaciones del Archivo Histórico de la Provincia de Buenos Aires, 2011b. p. 102.

[1347] *Ibid.*, aspas do autor.

[1348] Varela, mesmo tendo hesitado consideravelmente, ocupou tal cargo até o ano de sua morte, em 1879, o qual sofreu muitas críticas dos seus pares naquele momento pois passava a integrar o governo militar de Latorre. Tratamos, de forma mais atenta, sobre tal atuação de Varela no referido cargo em outro trabalho, o qual é resultado de nossa dissertação de mestrado. Ver: DIANA, Elvis de Almeida. *Educação pública e política em José Pedro Varela no Uruguai do século XIX*. Curitiba: Editora Prismas, 2018.

militar (1876-1887). Essas mudanças de trajetória nos fazem, inevitavelmente, confrontar as referidas atuações com a de Ramírez, o qual manteve sua oposição ferrenha aos governos ditatoriais das décadas de 1870 e 1880, tendo sido, até mesmo, proscrito por causa de tal postura, assim como já mencionamos. Cabe acrescentarmos que, apesar dos caminhos divergentes tomados por esses intelectuais, a questão da história nacional e da educação pública foi uma preocupação constante de ambos os lados.

De qualquer modo, as polêmicas político-intelectuais sobre o passado oriental e acerca da atuação histórica de Artigas, nas quais Ramírez se envolveu, não se limitaram ao debate público com Berra, tendo ele travado, também, o embate com o periódico argentino *El Sud-América* dois anos depois, em 1884. Trataremos sobre essa outra polêmica a seguir.

4.3 Entre um lado e outro do Prata: batalhas escritas entre *La Razón* (Montevidéu) e *El Sud-América* (Buenos Aires)

Conforme já mencionamos, a polêmica que Ramírez travou com Berra a respeito da história oriental e sobre Artigas não foi a única. Dois anos após tal contenda pública acerca dos eventos pretéritos nacionais, o intelectual, então colaborador do diário *La Razón*, envolveu-se em outro debate considerável, mas que ultrapassou as fronteiras uruguaias e trouxe ao debate o periódico *El Sud-América*, de Buenos Aires[1349]. No entanto, antes de nos debruçarmos mais especificamente sobre tal polêmica, acreditamos ser pertinente tratar brevemente sobre algumas características essenciais a respeito da historiografia uruguaia e argentina de então, pois tal debate, como dissemos, não se limitou ao território e aos publicistas uruguaios daquele período.

Tomás Sansón Corbo, autor que analisou especificamente as dinâmicas do início da formação de um campo historiográfico de caráter rio-pratense propriamente dito no século XIX, defende que a construção de tal área

---

[1349] Segundo Tim Duncan, o *El Sud-América* foi um diário político criado em 1884 por Paul Groussac e Carlos Pellegrini e que teve suas atividades encerradas no ano de 1892. Esteve em atividade durante os governos de Julio Roca (1880-1886), Miguel Juárez Celman (1886-1890) e o de Pellegrini (1890-1892), um de seus fundadores. Foi contemporâneo de outros periódicos argentinos conhecidos daquele momento, tais como o *La Nación*, o *La Tribuna Nacional* e o *El Nacional*. Conforme Duncan, o *El Sud-América*, assim como outros vários periódicos políticos argentinos da década de 1880, compôs um sistema político democrático de considerável inter-relação entre governo, opinião pública e imprensa. Ver: DUNCAN, Tim. La prensa política: Sud-América, 1884-1892. *Revista de Instituciones, Ideas y Mercados*, n. 46, p. 65-92, mayo 2007.

poderia ser concebida com base em algumas ideias e conceitos teóricos principais. Conforme o historiador uruguaio,

> No Rio da Prata, as condições de produção do conhecimento histórico estiveram pautadas por um processo de influências mútuas e geração de redes de intercâmbio que possibilitaram o desenvolvimento da disciplina, forjaram relatos nacionais coerentes, imaginários nacionais coesivos e contribuíram para a definição dos mitemas referenciais. A articulação das historiografias de Uruguai e Argentina se processou em três dimensões: dialógica, dialética e didática. A primeira esteve pautada pela colaboração e intercâmbio de insumos e informações entre historiadores e correntes (foi de caráter inclusivo e integrador); a segunda, por polêmicas e debates nos quais se enfrentaram concepções e métodos divergentes; e a terceira, ligada à transposição pedagógica da história investigada em história ensinada. Coexistiram sincronicamente, mas responderam a uma emergência diacrônica segundo uma sequência estabelecida por: a) processo de configuração heurística e hermenêutica que fez possível a história investigada, b) as diferenças e tensões que contribuíram para definir os perfis disciplinares, e c) a posterior divulgação e imposição dos referentes nacionalistas através da historiografia didascálica.[1350]

Desse modo, ainda a respeito desse processo recíproco de construção da disciplina histórica em ambas as margens do Rio da Prata, o autor argumenta que, dentro dessa "rede de intercâmbios", foi possível a circulação e "empréstimos hermenêuticos" e de documentos e livros, o compartilhamento de projetos coletivos (revistas, instituições etc.), ações essas movidas por demandas semelhantes[1351]. Nesse sentido, para empreendermos nossa análise a respeito da referida polêmica transfronteiriça entre Ramírez e o publicista anônimo argentino de *El Sud-América*, dialogamos constantemente

---

[1350] SANSÓN CORBO, Tomás. *El espacio historiográfico rioplatense y sus dinámicas*: siglo XIX. La Plata: Publicaciones del Archivo Histórico de la Provincia de Buenos Aires, 2011b. p. 11. No entanto, Sansón Corbo, em outro trabalho, argumenta que a devida consolidação de um campo historiográfico de caráter autônomo e especializado teria se dado, no Uruguai, somente em meados do século XX, em um contexto marcado pelo crescimento econômico, pela estabilidade política e social. SANSÓN CORBO, Tomás. Proceso de configuración del campo historiográfico uruguayo. *História da Historiografia*, n. 6, p. 123-141, mar. 2011a. p. 130, grifo do autor. Disponível em: https://www.historiadahistoriografia.com.br/revista/article/view/204/169. Acesso em: 23 jun. 2022. Ver também: SOLER, Letícia. *Historiografia uruguaya contemporánea (1985-2000)*. Montevideo: Ediciones Trilce, 2000.

[1351] SANSÓN CORBO, Tomás. *El espacio historiográfico rioplatense y sus dinámicas*: siglo XIX. La Plata: Publicaciones del Archivo Histórico de la Provincia de Buenos Aires, 2011b. p. 27.

com Sansón Corbo a respeito da articulação desse "espaço historiográfico rio-pratense", conforme denominado pelo autor[1352].

No que tange mais especificamente ao contexto político-intelectual uruguaio e à temática da independência oriental, Sansón Corbo dividiu as maiores tendências daquele momento em duas: a dos "nacionalistas", que viam em Artigas um "herói" nacional, e que tinha como expoentes Isidoro de María, Francisco Bauzá, Juan Zorilla de San Martín e o próprio Ramírez; e dos "unionistas", nas figuras de Ángel Floro Costa, Juan Carlos Gómez e Francisco Berra, principalmente, os quais tinham um caráter anticaudilhista e "pró-portenho"[1353]. Ambas as correntes político-intelectuais debateram publicamente, pela primeira vez, durante a inauguração do monumento em homenagem à Independência, ocorrida no departamento de Florida, em 1879[1354], e sobre o qual já mencionamos no capítulo 1. Acreditamos que as considerações do historiador uruguaio supramencionado sejam muito válidas, pois permitem que compreendamos melhor a disposição daqueles intelectuais, de suas propostas e das polêmicas em que se envolveram na busca pela reconstituição de um contexto linguístico e político-intelectual a respeito da reescrita da história nacional.

Após essa breve explanação a respeito do início da formação do "espaço historiográfico" no Uruguai e na Argentina[1355], passemos para a polêmica protagonizada por Ramírez, mediante o diário *La Razón*, e o periódico argentino *El Sud-América*, de Buenos Aires. Realizada no ano de 1884, Ramírez travou uma batalha pela reputação do herói Artigas, de modo a combater a lenda que o representava como um "bandoleiro", "cruel", "contrabandista" etc., ainda reproduzida pelos bonaerenses. Essa polêmica ocorreu no momento em que o governo militar uruguaio do já mencionado general Máximo Santos (1882-1886) empreendeu uma homenagem a Artigas, a qual consistia em um funeral público na Catedral de Montevidéu, fato esse noticiado por toda a imprensa do país. Tal evento gerou a reação antiartiguista ainda existente, principalmente nos periódicos argentinos. Um deles foi o referido *El Sud- América*[1356], da

---

[1352] *Ibid.*

[1353] SANSÓN CORBO, Tomás. *El espacio historiográfico rioplatense y sus dinámicas*: siglo XIX. La Plata: Publicaciones del Archivo Histórico de la Provincia de Buenos Aires, 2011b. p. 58.

[1354] *Ibid.*

[1355] *Ibid.*

[1356] Os artigos publicados por *El Sud-América* tiveram caráter anônimo, mas foram atribuídos a Lucio Vicente López, filho de Vicente Fidel López, algo que não foi, de fato, consolidado pelos autores que trataram sobre o tema. No entanto, Sansón Corbo defende que, apesar de tais indefinições da verdadeira autoria dos escritos no

capital argentina, dando início, assim, à polêmica com o *La Razón*, do qual Ramírez era colaborador naquele momento[1357]. Ainda sobre a repercussão e relevância de tal contenda político-intelectual sobre a história de Artigas, Sansón Corbo afirma o seguinte:

> Essa polêmica foi muito importante em sua época e, possivelmente, teve maior transcendência que a sustentada entre Ramírez e Berra, em virtude de seu caráter internacional. Mobilizou vários historiadores e aficionados da história, que intervieram lateralmente brindando seus pontos de vista – em Montevidéu, são de destacar os aportes de Isidoro de María, em *El Ferro Carril*, Juan Barbosa, em *El Bien Público*, e um autor anônimo em *El Diario*, mas também interessou ao público que a seguiu através da imprensa.[1358]

Buscando reinserir-se nesse debate e, ao mesmo tempo, reiterar a rejeição à tradição antiartiguista reproduzida até então, Ramírez enfatizou novamente a mudança de orientação sofrida em sua trajetória político--intelectual a respeito da imagem histórica de Artigas. Nesse sentido, o intelectual uruguaio argumentou o seguinte:

> Sofri, assim como outros, a influência da lenda hostil à memória do General Artigas. Assim o declarava em 1881, em meu *Juicio Crítico del Bosquejo Histórico de la República Oriental del Uruguay*, quando já começava a emancipar-me dessa influência. Disse, então, que não havia *formado opinião definitiva* e que *me dedicava com afinco a estudar os fatos, para dar base ao meu juízo.* – Incessante foi essa dedicação desde então, apesar de minhas tarefas da imprensa diária e minha aflição às agitações da política militante. Quando em Setembro [sic] deste ano [1884] decretou o Governo da República grandes honras à memória do General Artigas, no trigésimo quarto aniversário de sua morte, pude associar-me à homenagem, desde as colunas de *La Razón*, com segura consciência, porque o estudo atento dos fatos, já que não em todos os seus detalhes, ao menos em suas fases

---

periódico de Buenos Aires, seria possível afirmar que tais manifestações antiartiguistas ainda eram compartilhadas por uma considerável maioria dos historiadores e intelectuais contemporâneos a Ramírez. Sobre isso, ver: SANSÓN CORBO, *op. cit.*

[1357] SANSÓN CORBO, Tomás. *El espacio historiográfico rioplatense y sus dinámicas*: siglo XIX. La Plata: Publicaciones del Archivo Histórico de la Provincia de Buenos Aires, 2011b.

[1358] *Ibid.*, p. 134, grifos do autor.

> principais, havia dissipado em meu espírito todo o prestígio da lenda patrícia e levantado, por sua vez, a figura do caudilho popular. Escrevendo o artigo que dá início a este volume, disse que, em Buenos Aires, seriam *julgadas com severidade as honras tributadas* à memória de Artigas, e, assim, de fato, sucedeu-se. Um violentíssimo artigo do *Sud-América* veio a patenteá-lo, provocando, em Montevidéu, polêmicas apaixonadas. Alguns amigos me indicaram que eu deveria participar do debate, e segui a indicação acreditando que era uma oportunidade adequada para fundar extensamente as modificações de minhas opiniões distantes, e evidenciar a sinceridade reflexiva com que me havia associado à apoteose do vencedor de Las Piedras.[1359]

Esse trecho é duplamente significativo para nossa análise. Primeiro, devido ao fato de que Ramírez explicita uma mudança de pensamento e opinião estabelecida em sua trajetória, pois buscou reiterar a sua desvinculação do antiartiguismo, já iniciada quando da elaboração e publicação de *Juicio crítico*, dois anos antes. Além disso, sustenta sua divergência político-intelectual e historiográfica em relação à tendência liberal e positivista que estava se consolidando não somente no Uruguai daquele momento, mas no âmbito regional, conforme pudemos perceber com base em nosso diálogo com a bibliografia pertinente. De qualquer modo, o intuito central foi o de reforçar a ideia de que Artigas havia sido "horrivelmente caluniado" historicamente. Somado a isso, desfazer tal reputação negativa, por meio de "revisão severa", também fez parte dos objetivos de Ramírez ao ter entrado em mais essa polêmica pública:

> Só uma ilusão me anima na publicação destas páginas. Acredito que, ainda que aqueles que não compartilham do meu critério histórico hão de reconhecer que o General Artigas foi horrivelmente caluniado pelos contemporâneos e pela posteridade que guardou inconscientemente seus ecos. Não pode o patriotismo impor-se uma missão mais nobre que a revisão severa de todas as versões tendentes a deslustrar nossa história. [...] se sabemos desentranhar os elementos originários de nossa sociabilidade e o caráter especialíssimo dos conflitos que atormentaram os primeiros anos de nossa vida revolucionária, relacionando e comparando nossa história

---

[1359] RAMÍREZ, Carlos María. Introducción. *In*: RAMÍREZ, Carlos María. *Artigas*: debate entre "El Sud-América" de Buenos Aires e "La Razón" de Montevideo. Montevideo: Editorial de la Librería Nacional de A. Barreiro y Ramos, 1884. p. V, grifos do autor, inserções nossas.

com o do resto da América espanhola – segundo o prescrevem regras elementares de filosofia histórica – oh! Então tenhamos por certo que os ensinamentos do passado hão de fazer-nos levantar a cabeça com cívica altivez![1360]

Percebemos que tal reparação histórica da reputação de Artigas, reiterada por Ramírez, era uma forma de redimir não somente o libertador de 1811, mas também a nação oriental como um todo, e estabelecer, ao mesmo tempo, um novo futuro para a República uruguaia. Nesse sentido, Ramírez retificou a apologia que *El Sud-América* fez de Feliciano Cavia, autor de um dos primeiros escritos que detrataram Artigas, e, utilizando-se do argumento da falta de coerência, afirmou que Cavia não teve uma vida pública digna de respeito, pois começou *unitário* e terminou um *federalista* defensor de Rosas[1361].

Dessa forma, tal falta de constância/continuidade política na vida pública de Cavia conferia um significado de autoridade aos argumentos de Ramírez, em termos de que, segundo a concepção do publicista de *La Razón*, o primeiro crítico de Artigas não tinha credibilidade pública para ter atacado o prócer e, por isso, seu relato não era válido. Assim, destacou, mais uma vez, o elemento da publicidade como componente considerável do debate sobre a história e a construção nacionais orientais, valorizando-o como critério de moralidade/credibilidade, caso fosse dotado de constância ou continuidade.

Ramírez também questionou as acusações feitas pelo periódico argentino de que Artigas era cruel. Tais afirmações negativas estiveram relacionadas, ainda, ao que havia afirmado Cavia de que o "caudilho oriental" cobria os inimigos em couro fresco/cru e os deixava curtindo no sol, o que, na visão do publicista uruguaio, era algo dotado de terror exagerado, segundo Ramírez[1362]. Assim, na empreitada de desconstruir a referida versão portenha, o colaborador de *La Razón* argumentou que o nome do libertador não se encontrava associado, nos documentos históricos originais, a tais atos de violência contra seus opositores. Ao contrário, quando era mencionado em tais fontes, mostrava-se relacionado com sua "generosidade", ao recusar a

---

[1360] RAMÍREZ, Carlos María. Introducción. *In*: RAMÍREZ, Carlos María. *Artigas*: debate entre "El Sud-América" de Buenos Aires e "La Razón" de Montevideo. Montevideo: Editorial de la Librería Nacional de A. Barreiro y Ramos, 1884. p. VII.

[1361] *Ibid.*, p. 207.

[1362] RAMÍREZ, Carlos María. *Artigas*: debate entre "El Sud-América" de Buenos Aires e "La Razón" de Montevideo. Montevideo: Editorial de la Librería Nacional de A. Barreiro y Ramos, 1884. p. 30, 326.

425

executar sumariamente alguns prisioneiros que lhe foram entregues pelo então diretor das Províncias Unidas, após a queda de Alvear[1363]. Assim, para Ramírez, os "fatos concretos e devidamente comprovados" garantiriam as honrarias e homenagens por parte dos orientais a Artigas não como "degolador", mas sim como um homem "generoso"[1364].

A série de acusações relacionadas a uma postura criminosa e desleal de Artigas não se limitou aos ataques anteriores. O escritor oriental afirmou que não havia provas de que o prócer teria sido, de fato, um *"ladrão e salteador de caminhos* [...] jamais se encontrou um documento histórico que lhe atribua esse caráter", mas sim o contrário, pois indicavam o "apreço de que gozava Artigas entre os estancieiros da Banda Oriental e as autoridades espanholas"[1365]. E teria sido Artigas um contrabandista? Ramírez reconhecia que o contrabando era, de fato, ilegal, mas necessário, ou seja, "uma reação natural contra o sistema restritivo da colônia", era a "lei social da época"[1366]. Assim, questionou:

> É sensato fazer desse acidente dos primeiros anos do caudilho uma mancha indelével para sua memória e um capítulo de acusação contra os que o admiram como *campeão da independência oriental?*[1367]

Ramírez também respondeu às acusações sobre Artigas ter nomeado o general Fernando de Otorgués para a administração de Montevidéu durante a revolução de emancipação, militar esse que ficou conhecido, posteriormente, pela gestão desastrosa da cidade. Assim, o intelectual uruguaio afirmou que, assim que o prócer de 1811 soube dos atos violentos de Otorgués, destituiu-o e investiu Miguel Barreiro, um dos Constituintes de 1830, em seu lugar. Tais informações, segundo o articulista de *La Razón*, constaram em uma carta escrita pelo libertador dos anos 1810 ao próprio Barreiro, a qual foi citada por Antonio Pereira em sua obra, um dos autores contemporâneos de Ramírez e que também se dedicou à revitalização histórica do "caudilho oriental"[1368].

[1363] RAMÍREZ, Carlos María. *Artigas*: debate entre "El Sud-América" de Buenos Aires e "La Razón" de Montevideo. Montevideo: Editorial de la Librería Nacional de A. Barreiro y Ramos, 1884. p. 36-37.

[1364] *Ibid.*, p. 37.

[1365] *Ibid.*, p. 28-29, grifos do autor.

[1366] *Ibid.*, p. 29.

[1367] *Ibid.*, grifos nossos.

[1368] *Ibid.*, p. 67-68.

CARLOS MARÍA RAMÍREZ E A CONSTRUÇÃO DE UMA NOVA REPÚBLICA ORIENTAL DO URUGUAI: ENTRE A "NAÇÃO IDEAL" E A "NAÇÃO REAL" (1868-1898)

Outro ponto debatido foi sobre a suposta "desordem" que caracterizava as principais províncias na época da Revolução de independência. Segundo Ramírez, a "anarquia" de tais províncias estava para além da ação de Artigas e encontrava-se relacionadas mais com o desenvolvimento da revolução em si mesmo, caracterizado pelo reconhecimento do caudilho, tido como representante das massas camponesas e a resistência ao centralismo de Buenos Aires[1369]. E isso remeteu ao "veneno"[1370] que Artigas teria administrado nas províncias de Entre Ríos, Corrientes e Santa Fe, o que levou Ramírez a questionar novamente se teria sido possível realizar a revolução de Independência sem as camadas populares rurais e os caudilhos. Afirmou, ainda, que a ação do libertador de 1811, em relação a tais localidades, foi, na verdade, ter incutido a "bandeira republicana e federalista" nas referidas províncias[1371]. Nesse sentido, Ramírez afirmou:

> Entre Ríos, Corrientes, Santa Fé, tiveram corrompida sua *seiva* com o *veneno* de Artigas. As duas primeiras e a *Banda Oriental* haviam recebido mais diretamente a influência do caudilho. E o que nos diz a história dessas regiões *envenenadas?* Nenhuma das outras províncias argentinas se deu uma constituição local antes de 1853, mas Entre Ríos a teve em 4 de Março de 1822 e Corrientes, no dia 15 de Setembro de 1824 [sic]. Em relação à Banda Oriental, ah! Havia caído em poder dos portugueses graças à diplomacia de Buenos Aires![1372]

Ramírez, retomando o constitucionalismo do qual era adepto e o qual havia difundido consideravelmente, por meio da publicação de suas aulas de Direito Constitucional no *La Bandera Radical* havia mais de uma década, questionou tais colocações do "envenenamento" que Artigas teria imposto às localidades supramencionadas. Ao invés de algo nocivo, o pensamento e ação do prócer, na verdade, teriam contribuído para a desvinculação do centralismo monárquico sob o qual tais províncias se encontravam, por meio do federalismo, que só foi possível devido à criação de tais constituições pioneiras na região. Desse modo, o intelectual afirma que, de fato, Artigas

---

[1369] RAMÍREZ, Carlos María. *Artigas*: debate entre "El Sud-América" de Buenos Aires e "La Razón" de Montevideo. Montevideo: Editorial de la Librería Nacional de A. Barreiro y Ramos, 1884. p. 74.

[1370] Esse ponto sobre o "envenenamento" que Artigas teria provocado nas referidas províncias remete-nos ao mito da conspiração, analisado por Raoul Girardet, geralmente criado e divulgado por setores mais conservadores ao longo da história. Era composto, entre outros elementos, pela transgressão das regras sociais da ordem vigente em determinado período histórico, inclusive pela associação imagética de tais "insurgentes" com animais rastejantes, imundos e peçonhentos. Ver: GIRARDET, Raoul. *Mitos e mitologias políticas*. São Paulo: Companhia das Letras, 1987.

[1371] RAMÍREZ, *op. cit.*, p. 76.

[1372] *Ibid.*, p. 97, grifos do autor, inserção nossa.

as havia "envenenado", mas com uma "aspiração irresistível aos grandes princípios da liberdade humana!"[1373]

Outras investidas de *El Sud-América* também estiveram relacionadas especificamente à questão nacional da resistência à invasão portuguesa liderada por Artigas. Segundo o polemista anônimo do periódico argentino, o enfrentamento artiguista não teria sido dotado de um "caráter eminentemente nacional", pois fora empreendido por poucos orientais, de fato, e que, em sua maioria, suas tropas eram formadas por argentinos ou brasileiros[1374].

Questionando como o *El Sud-América* poderia desacreditar ou diminuir a resistência dos orientais contra a invasão portuguesa, Ramírez valeu-se das considerações de alguns autores argentinos contemporâneos a ele, os quais também se dedicaram à escrita do passado de seu respectivo país e da região platina. Alguns deles foram os antiartiguistas Vicente Fidel López, José Manuel Estrada e Bartolomé Mitre, intelectuais aos quais Ramírez recorreu para argumentar que todos reconheceram as ações dos orientais em tais eventos, em maior ou menor grau, apesar da rejeição daqueles a Artigas[1375]. O intelectual uruguaio destacou um trecho da obra *Historia de Belgrano*, de Mitre, para mostrar que, mesmo sendo um antiartiguista, o argentino reconhecera os feitos de resistência "heroica" dos orientais durante a invasão portuguesa[1376]. Desse modo, Ramírez valeu-se da produção de tais intelectuais, reconhecidos regionalmente, para endossar seus argumentos a respeito dos atos históricos dos orientais ao longo da resistência aos portugueses:

> Sim! A causa era sagrada, e seus valentes soldados dignos de toda admiração, ainda que o contrário diga dom Pedro Feliciano Cavia, pontífice infalível de suas calúnias contra o povo oriental. Deveríamos, nós orientais, renegar o Chefe que, durante quatro anos, representou essa causa e acaudilhou esses soldados? [...] Com seis ou sete mil milicianos, mal armados, quase desnudos, defendeu, durante quatro anos, o território aberto e despejado de sua pátria, contra 14 ou 15 mil homens bem armados, bem equipados, que tinham, como base, corpos veteranos da guerra europeia e chefes militares

---

[1373] RAMÍREZ, Carlos María. *Artigas*: debate entre "El Sud-América" de Buenos Aires e "La Razón" de Montevideo. Montevideo: Editorial de la Librería Nacional de A. Barreiro y Ramos, 1884. p. 98.

[1374] *Ibid.*, p. 99.

[1375] *Ibid.*, p. 102.

[1376] *Ibid.*, p. 102-103.

consumados ou guerrilheiros tão hábeis e audazes como os mesmos orientais. Era humanamente possível fazer mais?[1377]

Nesse sentido, por meio da exaltação e da tentativa de reiterar os feitos militarmente limitados, mas "heroicos", dos orientais ao longo da segunda metade da década de 1810, contra as investidas portuguesas, Ramírez atribuiu um caráter épico e sagrado a tais atos, assim como em outros vários momentos de sua trajetória. E isso, inevitavelmente, remete-nos às outras passagens de seus escritos nos quais o intelectual uruguaio fez usos das demais figuras que ele concebeu como próceres nacionais, tais como Rivera, Lavalleja e Oribe, por exemplo. Desse modo, percebemos que defender a reputação de tais atores históricos era defender, igualmente, a reputação da nação uruguaia, mediante uma visão sobre o passado que privilegiasse a coesão político-social, a "harmonia suprema" e a continuidade histórica.

Ramírez ressaltou quão forte ainda era a lenda antiartiguista em seu tempo. Era fruto de uma tradição sob dois vieses consideráveis, assentada em elementos tanto "europeus" quanto "americanos". Desse modo, compreendia a questão da seguinte forma:

> Lenda poderosa a que pesou e ainda pesa sobre a memória do General Artigas! É uma lenda europeia, a cuja formação contribuíram espanhóis e portugueses. Aqueles, porque tinham natural interesse em acreditar e em fazer acreditar que a emancipação das colônias havia tido, como efeito imediato, jogá-las ao abismo de uma anarquia bárbara; e esses, porque a Corte de Portugal tomou como pretexto da invasão de 1816 os excessos que atribuía ao Chefe dos Orientais, e pretendeu legitimar a conquista sustentando que ela havia sido aclamada pelos naturais e habitantes da Banda Oriental, como um ato de redentora salvação.[1378]

Assim, as monarquias ibéricas, na concepção de Ramírez, teriam convergido nessa oposição ao líder da emancipação oriental dos anos 1810, as quais compartilhavam das imagens dos "excessos" e da "anarquia" encabeçada por Artigas. Mas, de modo ligado aos elementos europeus, também era uma lenda de caráter "americano", reproduzida por brasileiros e argentinos, na concepção do intelectual uruguaio, o que conotava uma permanência no tempo após os eventos revolucionários:

[1377] RAMÍREZ, Carlos María. *Artigas*: debate entre "El Sud-América" de Buenos Aires e "La Razón" de Montevideo. Montevideo: Editorial de la Librería Nacional de A. Barreiro y Ramos, 1884. p. 104.

[1378] *Ibid.*, p. 127.

> É uma lenda americana, sobre a qual conseguiram colocar-se de acordo [...] o Império do Brasil, sem distinção de partidos, e a República Argentina, representada pelo seu velho partido unitário, ou seja, pelo partido que dispôs de maiores elementos de inteligência, de palavra, de propaganda, de ação eficiente sobre as ideias de seu tempo. *Os brasileiros haviam herdado a conquista portuguesa e necessitavam justificar seu usufruto.* Como haviam de fazê-lo. Repetindo os sofismas de seus causantes: Artigas, com seus crimes, fez inevitável a invasão: essa foi recebida com palmas pela população da província mártir e o engrandecimento havia feito o demais, sendo já firme vontade dos orientais chamar-se cisplatinos e pertencer ao Brasil, para não voltar a pertencer às garras de Artigas, ou de seus dignos êmulos. *E os unitários de 1820, necessitando, por sua vez, explicar suas complacências com a invasão portuguesa, reconheciam que ela havia sido provocada pelos horrores de Artigas,* e lançavam sobre ele toda a responsabilidade da conquista, mesmo se quando admitiam que havia mérito para reagir contra ela, já que os portugueses e os brasileiros deviam contentar-se com o humanitário resultado do aniquilamento do bárbaro, e devolver a Banda Oriental regenerada ao colo materno das Províncias Unidas![1379]

Quando Ramírez afirmou que a lenda tinha essa dupla origem, europeia e americana, e que em cada uma existiam as "heranças" caracterizadas pela negação a Artigas, entendemos ser possível identificar, mais uma vez, a continuidade histórica, que, a nosso ver, foi um dos elementos componentes de sua concepção a respeito do passado nacional. Assim, os argentinos e os brasileiros teriam reproduzido o antiartiguismo iniciado por suas respectivas metrópoles, Portugal e Espanha, no fim do período colonial na região platina.

Além disso, o periódico de Buenos Aires asseverou que os orientais preferiram estar sob a dominação portuguesa a serem tutelados por Artigas, afirmação contestada por Ramírez. O intelectual uruguaio argumentou ser essa sentença um exagero, uma "aberração", elencando vários pontos para embasar sua visão:

> Resultante dessas causas é a aberração que, hoje, repete o *Sud-América*: "os orientais preferiram o jugo português à dominação de Artigas"; e dizemos aberração porque, para chegar a ela, foi necessário exagerar não pouco os males

---

[1379] RAMÍREZ, Carlos María. *Artigas*: debate entre "El Sud-América" de Buenos Aires e "La Razón" de Montevideo. Montevideo: Editorial de la Librería Nacional de A. Barreiro y Ramos, 1884. p. 128-129, grifos nossos.

CARLOS MARÍA RAMÍREZ E A CONSTRUÇÃO DE UMA NOVA REPÚBLICA ORIENTAL DO URUGUAI:
ENTRE A "NAÇÃO IDEAL" E A "NAÇÃO REAL" (1868-1898)

> da anarquia oriental e, sobretudo, apresentá-los como um fenômeno excepcional e isolado; tomar seriamente pretextos invocados pela Corte de Portugal para realizar seus sonhos seculares sobre a margem Oriental do Prata; obscurecer aquela resistência heroica que os soldados de Artigas realizaram de 1816 a 1820, e que será com o tempo uma das mais charmosas páginas da história da América; da importância desmesurada à defecções parciais, que não a têm ante o conjunto da resistência acaudilhada por Artigas, e que existiram sempre nas grandes crises dos povos atropelados por um invasor prepotente; confundir com mais ou menos malícia o período da queda com o período da luta, de tal modo que aparece de antemão desonrada pelas misérias daquela, e atribuir, por último, um valor absurdo, uma respeitabilidade profundamente imoral, aos sofismas com que se decoravam as debilidades ou as covardias, e as recriminações calculadas para lisonjear o vencedor ou favorecer seus propósitos.[1380]

Conforme percebemos na contra-argumentação *supra* de Ramírez, assim como já havia proposto e reiterado em suas respostas a Berra dois anos antes, era necessário matizar e contextualizar os eventos históricos próprios de "grandes mudanças", ou "grandes crises", e as atuações dos atores envolvidos em tais processos. Da mesma forma, mostrava-se essencial uma postura que privilegiasse a "imparcialidade" e uma justa medida entre a crítica e os valores políticos na análise dos acontecimentos históricos, principalmente se eles estivessem relacionados com os atos de Artigas e à sua reputação. Para ele, quando se tratava do prócer, seus detratores não consideravam a complexidade contextual da totalidade, e investiam em detalhes que mais lhes interessavam para o embasamento de suas posturas políticas, próprias de seu presente, em detrimento do todo, da unidade histórica.

Nesse sentido, o publicista de *La Razón* criticou, mais uma vez, o modo de conceber e escrever a história que prezava pelo isolamento dos fatos em detrimento do conjunto, além dos silenciamentos realizados intencionalmente a respeito de outros acontecimentos. Aqui, percebemos, mais uma vez, as indicações político-intelectuais e historiográficas de Michelet presentes em sua defesa de Artigas e dos orientais dos anos 1810. Desse modo, advogou em prol da "integridade" dos fatos, os quais teriam sido, por décadas, "desfigurados" pelos opositores e críticos do prócer de 1811, especialmente no

---

[1380] RAMÍREZ, Carlos María. *Artigas*: debate entre "El Sud-América" de Buenos Aires e "La Razón" de Montevideo. Montevideo: Editorial de la Librería Nacional de A. Barreiro y Ramos, 1884. p. 130-131, grifo do autor.

que tange à questão da aclamação do libertador pelos orientais quando da invasão portuguesa, a partir de 1816:

> *Isolar os fatos é a mais cômoda maneira de desfigurá-los.* Faz-se destacar com grande relevo o pequeno grupo invasor; e se deixa na penumbra do dilatado cenário os milhares de orientais que, de Agosto de 1816 a Janeiro de 1817 [sic], haviam disputado o caminho para a conquista desde as remotas Misiones até a margem do Oceano Atlântico.[1381]

Desse modo, o intelectual uruguaio reiterou sua crítica à postura dos publicistas de *El Sud-América* e da dos demais intelectuais argentinos, os quais, em sua visão, ainda reproduziam e perpetuavam uma lenda que só beneficiava a monarquia portuguesa[1382]. Ramírez foi leitor do escritor e historiador brasileiro João Manuel Pereira da Silva, e, mais especificamente, citou, em várias passagens, o seu livro *História da fundação do Império brasileiro* (1865). Aliás, essa obra foi mais uma citada pelo intelectual uruguaio para argumentar a respeito do "patriotismo" dos orientais sob o comando de Artigas[1383], assim como já havia feito quando recorreu a Mitre e a Fidel López, conforme já vimos. Assim, buscando em Pereira da Silva a possibilidade de mais uma autoridade intelectual para embasar o que defendia publicamente[1384] em detrimento do que afirmou *El Sud-América* sobre a suposta preferência dos orientais pelos portugueses, Ramírez afirmou o seguinte:

> Fazem mal os argentinos sustentar, até hoje, uma lenda que só poderia ser benéfica para as antigas ambições da Corte de Portugal, ou de seus herdeiros legítimos. Alguns dos historiadores brasileiros reagiram contra a falsificação da verdade histórica. Pereira da Silva, atual Presidente da Sociedade dos Homens de Letras do Brasil, e recentemente eleito senador pela Província do Rio de Janeiro, é o autor dessa página que

---

[1381] RAMÍREZ, Carlos María. *Artigas*: debate entre "El Sud-América" de Buenos Aires e "La Razón" de Montevideo. Montevideo: Editorial de la Librería Nacional de A. Barreiro y Ramos, 1884. p. 150, grifos e inserção nossos.

[1382] *Ibid.*, p. 162.

[1383] *Ibid.*, p. 149, 152.

[1384] Aqui, dialogamos, mais uma vez, com as proposições de José Murilo de Carvalho relativas aos usos, por parte dos intelectuais oitocentistas brasileiros, de obras de escritores estrangeiros como modo de outorgar uma autoridade retórica às suas propostas públicas dentro das polêmicas nas quais se envolveram no referido período. Ver: CARVALHO, José Murilo de. História intelectual no Brasil: a retórica como chave de leitura. *Topoi*, Rio de Janeiro, n. 1, p. 123-152, 2000. No caso de Ramírez, assim como já indicamos, ele recorreu a nomes de escritores estrangeiros e, nesse ponto em específico, do de um historiador brasileiro do mesmo período, ou seja, de Pereira da Silva.

devemos incorporar com orgulho aos anais da República Oriental do Uruguai [...].[1385]

Em seguida, Ramírez destacou a passagem do livro de Pereira da Silva na qual identificou os elementos componentes de seu argumento. O trecho do livro do historiador brasileiro mobilizado por Ramírez foi o seguinte:

"A guerra da invasão durou três anos seguidos. As tropas brasileiras e portuguesas *encontraram resistência, combates, emboscadas, oposições de toda espécie, por todas as partes e em todas as localidades da província. Destruídos ficaram os campos, destruídas as populações, desertos os estabelecimentos de criação de gados* [...]. *Prostrados, abatidos, mutilados e vencidos, encurvaram-se, por fim, os habitantes a Dom João VI.* Os que não quiseram se submeter, emigraram para Entre Ríos, Corrientes, Santa Fé e Buenos Aires, povos vizinhos, descendendo da mesma raça, falando a mesma língua, vivendo com os mesmos costumes e conservando as mesmas tendências de espírito inquieto, desordenado e anárquico. [...] Não melhorou nem adiantou o Estado Oriental sob o domínio do Brasil. As guerras civis que antecederam a conquista já o haviam arruinado excessivamente, acabando-lhe o comércio exterior e extinguindo-lhe a indústria dos campos, que somente com a paz cresce e prospera. A guerra, com dom João VI, assim lhe extinguiu a população, acabando de devastá-la. O Império não conseguiu reabilitar-lhe as forças, *ocupando-o e governando-o mais militar que civilmente.* Povoado pela mesma raça, continuava a população hostil em seus sentimentos em relação ao Brasil, ainda que mais ou menos aparentemente tranquila. Ainda na cidade de Montevidéu, travaram-se relações entre orientais e brasileiros; mas nas vilas e aldeias, no campo, os habitantes fugiam do contato dos conquistadores" (Segundo período do Reinado de Pedro I – pág. 44).[1386]

Ramírez também rebateu duas outras afirmações de *El Sud-América* sobre a relação de Artigas e os Trinta e Três: 1) sobre a "pátria" pela qual lutaram os Cruzados de 1825 não ter sido a mesma de Artigas; 2) sobre a rejeição ou não da participação de Otorgués nas tropas dos Trinta e Três[1387]. Começando pelo último ponto, segundo Ramírez, não havia evidências

---

[1385] RAMÍREZ, Carlos María. *Artigas*: debate entre "El Sud-América" de Buenos Aires e "La Razón" de Montevideo. Montevideo: Editorial de la Librería Nacional de A. Barreiro y Ramos, 1884. p. 162.

[1386] PEREIRA DA SILVA, João Manuel. *Historia de la fundación del Imperio Brasilero.* Segundo período do Reinado de Pedro I, 1865. p. 44 *apud* RAMÍREZ, *op. cit.*, p. 162-163, grifos e aspas do autor.

[1387] RAMÍREZ, *op. cit.*, p. 165.

documentais de que Otorgués fora rejeitado por Lavalleja e Rivera[1388]. Apesar de suas muitas críticas a Otorgués, e da severidade com qual afirmava tratar sobre os feitos históricos desse militar da independência, Ramírez reconhecia que aquele tinha seus méritos, pois teria "amado muito" a independência oriental e sofrido por essa causa[1389].

Sobre o outro ponto, para Ramírez, teria sido impossível que os Trinta e Três tivessem recorrido ao nome de Artigas como símbolo de "heroísmo" nas batalhas da Cruzada, pois o prócer já não era mais conhecido, em meados dos anos 1820, como o vitorioso das batalhas de Las Piedras, nem da batalha de Guayabos[1390]. Assim, Ramírez prosseguiu:

> Supondo que se quisesse ter-lhe dado [a Artigas] um posto na contenda, o que não é provável, porque as novas ambições, até certo ponto legítimas, deviam estar pouco dispostas a subordinar-se outra vez, tal propósito encontrava um obstáculo insuperável no isolamento absoluto do Paraguai, onde Artigas vivia em mal dissimulado cativeiro. Unicamente teria sido possível invocar seu nome como uma recordação de heroísmo, como a velha bandeira de resistência ao estrangeiro; mas, ah! Artigas não era mais o vencedor de Las Piedras, nem o representante da causa que havia triunfado em Guayabos; era o general desafortunado das campanhas de 1816 a 1821, e as sombras dessas derrotas, as quais nenhum poder humano pôde conjurar, manchava seu nome ante o juízo ingrato dos contemporâneos. Ai dos vencidos!, dizia o conquistador antigo, e essas palavras têm alcance moral mais desesperador ainda que seu significado material. Prescindindo dessas causas [...], era absolutamente impossível que os Trinta e Três, dadas as condições em que se verificava sua empresa, fizessem-se publicamente solidários da tradição de Artigas. Para convencer-se disso, basta recordar dessas condições.[1391]

No entanto, o intelectual uruguaio também não perdeu de vista que alguns dos líderes dos Trinta e Três, Lavalleja e Oribe, nunca teriam

---

[1388] RAMÍREZ, Carlos María. *Artigas*: debate entre "El Sud-América" de Buenos Aires e "La Razón" de Montevideo. Montevideo: Editorial de la Librería Nacional de A. Barreiro y Ramos, 1884. p. 185.

[1389] *Ibid.*

[1390] *Ibid.*, p. 172-173. Uma breve consideração sobre esse evento. A batalha de Guayabos, ocorrida em 1815, deu-se no contexto das já referidas investidas, por parte do Diretório revolucionário de Buenos, contra Artigas, na qual as tropas artiguistas, a mando, *grosso modo*, de Rivera e Lavalleja, teriam vencido os soldados de Dorrego, mesmo com uma vantagem de 700 homens que o representante portenho tinha. ACEVEDO, Eduardo. *Anales históricos del Uruguay*. Montevideo: Barreiro y Ramos, 1933. t. 1, p. 160.

[1391] RAMÍREZ, *op. cit.*, p. 172-173, inserção nossa.

abandonado a tradição artiguista, iniciada desde quando esses militares foram os subordinados do prócer de 1811. Lavalleja foi combatente e vencedor na batalha de Guayabos, mencionada por Ramírez no trecho *supra*, e comandante militar na invasão portuguesa de 1816[1392]. Considerando isso, Ramírez afirmou que:

> [...] o chefe dos Trinta e Três [para ele, Lavalleja], o qual personifica e encarna sua cruzada, *cuja glória nos domina*, segundo o [peródico] *Sud-América*, pertencia de corpo e alma à tradição artiguista. Decidido a redimir a sua pátria do cativeiro das armas brasileiras, estava disposto a submeter-se a todos os sacrifícios que exigissem a consecução desse grande objetivo, revelando, com isso, mais habilidade política que a que comumente lhe atribuem os juízos frívolos; mas tais sacrifícios não alteram as linhas fundamentais de sua personalidade histórica. O que era dom Juan Antonio Lavalleja se não o oficial de milícias formado sob as bandeiras de Artigas, desde 1811 até 1815, que o saúda já como um dos combatentes e vencedores de Guayabos? A invasão portuguesa de 1816 o encontrou como comandante militar na Colônia.[1393]

Desse modo, ao contrário do que afirmava o *El Sud-América*, Lavalleja nunca tinha sido desleal a Artigas, segundo Ramírez, o que expressava, em sua concepção, uma certa continuidade de ação por parte de um dos líderes da Cruzada de 1825. Segundo o polemista uruguaio de *La Razón*, um dos "heróis" de 1825 e ex-subordinado militar do prócer de 1811 teria resistido às investidas de Portugal no acampamento de Purificación, fora feito prisioneiro e enviado ao cárcere no Rio de Janeiro, onde se encontrara com outros presos simpáticos à "causa oriental". Assim,

> Lavalleja, nem mesmo com suas dúvidas sinceras, quis ser infiel à causa do General Artigas. Não figurou entre os chefes que ouviram o canto da sereia portenha para entender-se com Lecor[1394] e abandonar o solo da pátria ao invasor estrangeiro.[1395]

[1392] RAMÍREZ, Carlos María. *Artigas*: debate entre "El Sud-América" de Buenos Aires e "La Razón" de Montevideo. Montevideo: Editorial de la Librería Nacional de A. Barreiro y Ramos, 1884. p. 179.

[1393] *Ibid.*, p. 178-179, grifos do autor, inserções nossas.

[1394] Aqui, Ramírez fez uma referência ao militar português Carlos Federico Lecor (1764-1836), responsável pelas investidas luso-brasileiras durante as guerras ocorridas na região da então Província Cisplatina, entre 1816 e 1828. Ver: ACEVEDO, Eduardo. *Anales históricos del Uruguay*. Montevideo: Barreiro y Ramos, 1933. t. 1.

[1395] RAMÍREZ, Carlos María. *Artigas*: debate entre "El Sud-América" de Buenos Aires e "La Razón" de Montevideo. Montevideo: Editorial de la Librería Nacional de A. Barreiro y Ramos, 1884. p. 179. Aqui, Ramírez muito provavelmente se referiu à aproximação entre a Coroa Portuguesa, representada militarmente por Lecor, e os

Da mesma forma que fez em relação às acusações do *El Sud-América* sobre a deslealdade de Lavalleja em relação a Artigas, Ramírez contestou o mesmo tipo de afirmação do periódico argentino, mas feita acerca da atuação de Oribe ante a tradição artiguista:

> Durante a *guerra grande*, deu o General Oribe numerosos testemunhos de que aceitava aquelas tradições nacionais. [...] Entre ele e o general Lavalleja não havia antagonismo a tal respeito; existia, na verdade, um acordo que transcendeu no espírito do partido que ambos fundaram.[1396]

Assim, reiteramos que tais argumentações de Ramírez a respeito da "fidelidade" de Lavalleja e Oribe a Artigas representam uma forma de defender uma continuidade histórica e política entre os feitos do prócer de 1811 e as atuações dos líderes da Cruzada Libertadora de 1825, ou seja, da manutenção da referida "tradição artiguista". Como os "Cruzados" orientais foram *blancos*, Ramírez, até mesmo, tratou sobre como, majoritária e historicamente, os membros desse partido tiveram uma veia artiguista, de fato, e citou uma ocasião ocorrida durante o levante do *colorado* Venâncio Flores contra o então governo constitucional do *blanco* Berro, em 1865, no contexto da Guerra do Paraguai:

> Em 1865, quando esse partido foi derrocado pelo partido adverso, com hostilidades camufladas do governo do Brasil, o *nome de Artigas, que tem, em si mesmo, certa sonoridade guerreira*, estava nos corpos do exército, nos navios da esquadra, nas baterias das fortificações, nas proclamações dos heróis e até no título dos periódicos de combate. Não se forçaria a linguagem metafórica dizendo que o antigo partido *blanco* quis cair, em 1865, envolto na túnica de Artigas.[1397]

No entanto, também destacou a recuperação de Artigas, em seu presente, por parte do governo militar e *colorado* de Máximo Santos[1398], o que era uma forma de inferir que tais inclinações ao artiguismo não ficaram restritas somente aos *blancos* e, desse modo, mais um argumento em prol da unidade política e da "harmonia suprema" nacional. De qualquer

---

membros do Diretório de Buenos Aires, Balcarce, Pueyrredón e Alvarez, visando a combater Artigas de 1816 em diante. Ver: ACEVEDO, *op. cit.*

[1396] RAMÍREZ, Carlos María. *Artigas*: debate entre "El Sud-América" de Buenos Aires e "La Razón" de Montevideo. Montevideo: Editorial de la Librería Nacional de A. Barreiro y Ramos, 1884. p. 184, grifos do autor.

[1397] *Ibid.*, p. 184-185, grifos nossos.

[1398] RAMÍREZ, Carlos María. *Artigas*: debate entre "El Sud-América" de Buenos Aires e "La Razón" de Montevideo. Montevideo: Editorial de la Librería Nacional de A. Barreiro y Ramos, 1884. p. 185.

modo, Ramírez tratou do evento no qual Lavalleja e Oribe "marcharam", com o "povo em armas", para a região de Durazno, onde radicava a então Assembleia Constituinte, com a intenção de acusá-la de traição à vontade popular. Assim, o intelectual uruguaio argumentou ter sido essa uma constituição que não respeitara a ampla participação dos cidadãos orientais, provavelmente em sua elaboração. Isso, em seu entender, consistiu no fato de que os dois líderes dos Trinta e Três teriam mantido, em suas ações e ideário, os elementos políticos propostos por Artigas havia mais de uma década antes da Cruzada Libertadora e os quais teriam como norte o caráter popular[1399]. E, para Ramírez, tais elementos artiguistas só foram, de fato, difamados por uma pequena elite ainda simpática à dominação luso-brasileira ou aos "prestígios portenhos", o que teria sido um fator antagônico aos anseios do povo oriental:

> Em Outubro [sic] de 1827, Lavalleja e Oribe, ou seja, os Trinta e Três, acompanhados pelo povo em armas, apresentavam-se em Durazno, onde residia a então assembleia e a declaração caduca, invocando, entre outras razões, que ela *havia traído a vontade dos povos, conspirando-se com os agentes do sistema de unidade para reconhecer uma constituição em que nem tiveram parte os povos nem três mil cidadãos* em que naquela oportunidade se encontravam combatendo pela liberdade do país. Não julgamos agora se foi legítima e necessária a anulação da assembleia provincial; recordamos o fato como um novo comprovante de que a memória de Artigas só foi abertamente flagelada por pequenas minorias, obedientes ao jugo luso-brasileiro ou aos prestígios portenhos, e sempre opostas às palpitações espontâneas do coração do povo.[1400]

Mais uma vez, Ramírez exaltou um fator de continuação histórica entre os principais expoentes dos Trinta e Três Orientais e as ideias e práticas de Artigas, destacando que Rivera teria sido um dos principais "cruzados" a manifestar-se favorável à implementação dos ideais federalistas. Segundo a ótica de Ramírez, esse fato também contribuiria para "comprovar" que os heróis de 1825 teriam seguido a "tradição artiguista" do federalismo e, consequentemente, todos os próceres históricos orientais teriam sido, de fato, simpatizantes da ideia da "federação", ou melhor, da construção de um "Estado federal" nacional (oriental). De qualquer modo, para Ramírez, todos estiveram sob a tradição artiguista do federalismo; essa ideia também teria

---

[1399] *Ibid.*, p. 186.

[1400] *Ibid.*, p. 186-187, grifos do autor.

sido a principal intenção dos "Cruzados", mas não se concretizara institucionalmente como um elemento oficialmente inserido na primeira Constituição republicana, criada em 1830. Por fim, o intelectual uruguaio relembrou os usos realizados, por parte dos Trinta e Três, de um símbolo histórico artiguista, que foi a mobilização da bandeira Tricolor de 1815, tremulada, inicialmente, por Artigas durante a primeira fase do processo independentista oriental:

> Recordamos, também, o fato para evidenciar que os Trinta e Três professavam, em 1827, o ideal da federação, em cujo serviço os já havia precedido o general Rivera, ficando assim comprovado que todos os heróis de nossa emancipação definitiva haviam recebido e respeitado o batismo da tradição artiguista. Todos eram federais e esse sentimento indômito da autonomia federal que o general Artigas soube inocular em nossas massas foi a força mais ativa na nacionalidade oriental. Concluamos. Quando os Trinta e Três desembarcavam, em 19 de Abril de 1825, nas praias da Agraciada, traziam uma bandeira. Qual? A bandeira tricolor de 1815, a *bandeira de Artigas*, que as novas gerações se acostumaram a chamar de *a bandeira dos Trinta e Três*. Podemos dar-lhe indistintamente um ou outro nome, sendo essa nossa melhor resposta aos que lutam por abrir um abismo entre os vencedores de Sarandi[1401] e o primeiro chefe dos Orientais.[1402]

Consideramos esse último excerto fundamental para compreendermos alguns dos pontos da recuperação e ressignificação históricas de Artigas feitas por Ramírez. Contribui para que percebamos, mais uma vez, a presença de elementos político-intelectuais de Michelet na concepção do articulista de *La Razón* sobre a história nacional oriental. No capítulo 1, identificamos a primeira vez em que Ramírez mencionou as ações dos "Cruzados" nesse evento histórico da batalha de Sarandí. Dessa forma, essa nova menção à referida contenda bélica indica uma reiteração da união "heroica" que esses líderes históricos teriam tido durante aquele evento e da expressão dessa unidade e dessa continuidade históricas e políticas em sua ressignificação de Artigas, de modo interligado aos heróis de 1825. Em outros termos, é possível verificarmos a ideia de "continuidade" histórica proposta pelo historiador

---

[1401] Somente relembrando que a batalha de Sarandí, ocorrida na região de Florida, foi vencida pelas tropas de Lavalleja, no contexto da Cruzada Libertadora de 1825, e consistiu, ao lado da batalha de Rincón, em um dos maiores triunfos militares e históricos realizados pelos Trinta e Três Orientais na campanha da emancipação uruguaia. Ver: ACEVEDO, Eduardo. *Anales históricos del Uruguay*. Montevideo: Barreiro y Ramos, 1933. t. 1.

[1402] RAMÍREZ, Carlos María. *Artigas*: debate entre "El Sud-América" de Buenos Aires e "La Razón" de Montevideo. Montevideo: Editorial de la Librería Nacional de A. Barreiro y Ramos, 1884. p. 187, grifos do autor.

CARLOS MARÍA RAMÍREZ E A CONSTRUÇÃO DE UMA NOVA REPÚBLICA ORIENTAL DO URUGUAI: ENTRE A "NAÇÃO IDEAL" E A "NAÇÃO REAL" (1868-1898)

francês na obra do polemista uruguaio e da necessidade da "unidade", da consideração do todo, que deveria existir na produção do conhecimento histórico. Da mesma forma que Kant, em sua filosofia da história.

Desse modo, entre réplicas e contrarréplicas realizadas entre Ramírez, por meio de *La Razón*, e o *El Sud-América*, alguns dos pontos defendidos pelo intelectual uruguaio foram endossados por outros publicistas, mais especificamente a respeito da acusação de Artigas ter sido um contrabandista ainda no período colonial. Essa contra-argumentação foi realizada por um terceiro publicista, cujo nome Ramírez não revelou. No entanto, ele anexou o artigo do referido polemista anônimo ao seu livro, juntamente às respostas ao *El Sud-América* que elaborara e publicara. Segundo o autor desconhecido, o qual veio endossar o que defendia Ramírez, o contrabando praticado por Artigas, no fim do século XVIII, representou uma forma de desenvolvimento eficaz na região do Rio da Prata e teria consistido, também, em uma forma precursora da independência social e política das colônias daquele momento[1403].

Tal endosso corroborava a posição de Ramírez a respeito da questão do contrabando realizado pelo prócer antes dos anos 1810, quando defendeu a necessidade dessa prática na resistência à ordem colonial já enunciada por ele em seu *Juicio crítico*, dois anos antes, conforme já vimos. Além disso, contribuiu para que o intelectual uruguaio atribuísse um caráter popular à prática do contrabando, no sentido de que este fora excepcionalmente necessário para garantir a sobrevivência do povo em um momento em que o trabalho era escasso, e a concentração de terras e o seu preço alto ainda predominavam, impedindo, assim, a sua justa distribuição[1404].

E, ainda matizando, em alguns momentos, e refutando, em outros, as acusações que imputavam a Artigas de algum crime realizado antes ou durante a independência, o intelectual uruguaio fez questão de perpassar os documentos que, segundo o *El Sud-América*, "comprovariam" tais delitos do prócer de 1811. Nesse sentido, escrutinou, mais uma vez, o libelo escrito por Feliciano de Cavia, as *Memorias del general Miller*[1405], ambos ainda do período emancipatório. Também analisou os comentários contidos em um

---

[1403] RAMÍREZ, Carlos María. *Artigas*: debate entre "El Sud-América" de Buenos Aires e "La Razón" de Montevideo. Montevideo: Editorial de la Librería Nacional de A. Barreiro y Ramos, 1884. p. 195.

[1404] *Ibid.*, p. 197.

[1405] Segundo Ramírez, o mencionado general Miller foi um militar inglês que lutou nas guerras de independência sob a liderança de San Martín, tendo atuado em algumas regiões do Chile e do Peru. Assim, argumentou o intelectual oriental, justamente pela distância entre os locais nos quais guerreou e a região do Rio da Prata,

folheto que ele chamou de *Un viejo oriental*, de autoria anônima, publicado em 1878, e que deixava de mencionar as impressões do general Nicolás de Vedia, revolucionário contemporâneo e hostil à atuação de Artigas. Nesse sentido, afirmou não ter encontrado nenhum indício, em tais fontes, de que o prócer de 1811 teria sido um "bandido", ou melhor, um "bandoleiro"[1406].

Também nos chama atenção a resposta que Ramírez deu ao *El Sud- -América* a respeito do que esse periódico afirmou sobre Artigas ter ordenado a execução sumária de espanhóis e portenhos semanalmente para, simplesmente, "conservar a moral"[1407]. Tal diário se baseou no que estava contido naquele que então era o mais recente livro de Sarmiento, *Conflicto y armonías de las razas en América*, publicado um ano antes da polêmica com Ramírez, em 1883. Assim como em seu *Facundo*, escrito de quase 40 anos antes, Sarmiento, em vários momentos de sua então mais nova obra, rechaçou os feitos históricos de Artigas, tachando o prócer como cruel. Nesse sentido, de modo mais específico, o trecho do referido escrito do intelectual argentino, e mobilizado por *El Sud-América*, foi o seguinte, o qual dizia respeito a uma carta que teria supostamente sido escrita pelo próprio Artigas, ainda no período do processo independentista dos anos 1810:

> Na página 223 do livro do senhor Sarmiento CONFLICTOS Y ARMONÍAS, lê-se: "O Macabeu da insurreição dava essa ordem a um chefe minuano encarregado do governo de uma cidade de espanhóis:" (como o senhor Sarmiento escrevia sobre raças, ao dizer *espanhóis,* queria diferenciar a raça branca da indígena): "Fuzile dois espanhóis por semana; se não houvesse espanhóis europeus, fuzile dois portenhos, e se não houvesse, quaisquer outros em seu lugar, a fim *de conservar a moral*"[1408].

Pelo fato de Sarmiento ter sido um autor cujo pensamento se situou entre o romantismo e o positivismo, sua filosofia da história foi marcada

---

teria sido improvável que esse militar tenha, de fato, realizado quaisquer comentários sobre Artigas. RAMÍREZ, *op. cit.*, p. 206.

[1406] RAMÍREZ, Carlos María. *Artigas*: debate entre "El Sud-América" de Buenos Aires e "La Razón" de Montevideo. Montevideo: Editorial de la Librería Nacional de A. Barreiro y Ramos, 1884. p. 205-217.

[1407] EL SUD-AMÉRICA, 1884. *In*: RAMÍREZ, *op. cit.*, p. 329-330. Ramírez não mencionou o número, o nome do artigo, nem a data exata em que esse texto foi publicado por *El Sud-América*, assim como nos demais momentos em que reproduziu integralmente os outros escritos contidos no periódico argentino.

[1408] EL SUD-AMÉRICA, 1884. *In*: RAMÍREZ, Carlos María. *Artigas*: debate entre "El Sud-América" de Buenos Aires e "La Razón" de Montevideo. Montevideo: Editorial de la Librería Nacional de A. Barreiro y Ramos, 1884. p. 329-330, grifos e aspas do autor, maiúsculas no original. Esse trecho específico se encontra originalmente no capítulo V da referida obra de Sarmiento, o qual é intitulado "Virreinato de Buenos Aires. Gérmenes de disolución". Ver: SARMIENTO, Domingo Faustino. *Conflicto y armonías de las razas en América*. Buenos Aires: Imprenta de D. Tuñez, 1883. t. 1, p. 104.

por uma concepção teleológica e pela ausência de continuidade histórica, conforme a análise de Oscar Martí[1409], de modo que esta fosse capaz de pensar/prever o futuro argentino e, também, latino-americano[1410]. Por meio de novos aportes teóricos (inspirados em Comte, Buckle e Spencer, por exemplo), tratou sobre os "atrasos" que enxergava como entraves para o desenvolvimento não somente da Argentina, mas de vários outros países da América Latina. Essas características teriam indicado, segundo David Solodkow, um aprofundamento, realizado por Sarmiento, em relação ao seu *Facundo*, publicado quase 40 anos antes. Ao mesmo tempo, ainda segundo o autor, o intelectual argentino, nessa obra dos anos 1880, buscou unificar as subjetividades étnicas existentes sob a intenção da construção nacional, o que teria consistido em uma expressão própria de uma modernidade periférica:

> Na realidade, estamos frente à presença de um processo de assimilação do fragmentário – desse caleidoscópio colonial reacionário – no qual teorias anacrônicas entre si e, muitas vezes, contrapostas em suas conclusões, dão as mãos para articular a visão panóptica, totalitária e negadora do que já se é. É o intelectual que flutua no paradoxo e na periferia da modernidade que o nega sistematicamente como sujeito. Modernidade à qual quer pertencer, mas da qual fica excluído: uma modernidade que, se não se obedece como mandato total, relega o sujeito para o lado inútil, para o afora da teleologia racial branca e europeia da história. Teleologia na qual a América não tem lugar por ser o Outro da Europa. É por isso que, para Sarmiento – assim como para os tecnocratas neoliberais do presente – há que deixar de ser América, há que deixar de ser mestiço, há que começar a ser Europa branca, ou melhor, seu modelo mais exemplar e exitoso no continente: Estados Unidos.[1411]

Nesse sentido, o que nos interessa especificamente sobre essa nova menção a Sarmiento, mesmo que feita pelo periódico com o qual

---

[1409] MARTÍ, Oscar. Sarmiento y el positivismo. *Cuadernos Americanos*, 13.1, 1989, p. 146 *apud* SOLODKOW, David. Racismo y nación: conflictos y (des)armonías identitarias en el proyecto nacional sarmientino. *Decimonónica*, v. 2, n. 1, p. 95-121, 2005. p. 96. Disponível em: https://centroafrobogota.com/attachments/article/4/Racismo%20y%20nacio%CC%81n%20conflictos%20y%20desarmoni%CC%81as%20identitarias%20en%20el%20proyecto%20nacional%20sarmientino,%20David%20Solodkow.pdf. Acesso em: 23 jun. 2022.

[1410] SOLODKOW, *op. cit.*, p. 96-97.

[1411] SOLODKOW, David. Racismo y nación: conflictos y (des)armonías identitarias en el proyecto nacional sarmientino. *Decimonónica*, v. 2, n. 1, p. 95-121, 2005. p. 111. Disponível em: https://centroafrobogota.com/attachments/article/4/Racismo%20y%20nacio%CC%81n%20conflictos%20y%20desarmoni%CC%81as%20identitarias%20en%20el%20proyecto%20nacional%20sarmientino,%20David%20Solodkow.pdf. Acesso em: 23 jun. 2022.

debatia, é que o intelectual uruguaio refutou tais interpretações elitistas e antiartiguistas dos argentinos, tanto os do periódico *El Sud América* quanto a do próprio Sarmiento, referenciado pelo polemista anônimo do diário portenho. O publicista oriental questionou a origem, o conteúdo e quem estava com a posse da carta utilizada por Sarmiento para reiterar a crueldade de Artigas. Assim, Ramírez entrou em contato com os parentes de Juan Bugglen[1412] e Tomás Tomkinson[1413], os quais teriam guardado tal epístola até o momento de suas respectivas mortes, com a intenção de confirmar se alguém realmente tinha conhecimento de tal documento histórico. Dessa forma, Ramírez enviou correspondências para Helena Tomkinson, Eleuterio Ramos, Mariano Ferreyra, além de Carlos Navia, o qual, segundo Ramírez, foi "um velho soldado da independência oriental"[1414].

Todos os destinatários negaram ter conhecimento ou mesmo saber de alguém que já ouvira falar da referida missiva, o que, segundo o articulista de *La Razón*, invalidaria os argumentos tanto da parte de Sarmiento quanto da parte do polemista de *El Sud-América*. Essa foi a última contrarréplica realizada pelo periódico argentino, o que indicou o fim dessa considerável polêmica pública a respeito dos feitos e do caráter históricos de Artigas[1415].

No entanto, Ramírez ainda escreveu uma espécie de posfácio ao livro, o qual teve o caráter de encerramento do debate e que tratou sobre o histórico das manifestações contrárias a Artigas e da "reabilitação" do prócer estabelecida após sua morte, ou seja, de 1850 em diante. Como o intelectual uruguaio mencionou numerosos exemplos antiartiguistas e, também, os de sua recuperação histórica, acreditamos não ser pertinente tratar sobre todos eles aqui, até para não nos estendermos demais, nem corrermos o risco de ser repetitivos. No entanto, consideramos válido destacar a análise feita por

---

[1412] Segundo as informações fornecidas pelo artigo de *El Sud-América*, Bugglen foi um inglês que teria se casado com uma mulher pertencente à família de Artigas. A carta teria sido entregue a ele por Miguel Barreiro, um dos então constituintes de 1830. EL SUD-AMÉRICA, 1884. *In*: RAMÍREZ, Carlos María. *Artigas*: debate entre "El Sud-América" de Buenos Aires e "La Razón" de Montevideo. Montevideo: Editorial de la Librería Nacional de A. Barreiro y Ramos, 1884. p. 330.

[1413] Também segundo Ramírez, Tomás Tomkinson foi um comerciante montevideano que teria recebido, de Bugglen, a carta histórica de Artigas. *Ibid.*

[1414] RAMÍREZ, *op. cit.*, p. 334.

[1415] *Ibid.*, p. 334-342. Acreditamos ser pertinente e necessário informar que Tomás Sansón Corbo, em artigo no qual tratou especificamente sobre essa mesma polêmica pública entre Ramírez, por meio do *La Razón*, e o *El Sud-América*, também destacou as trocas de cartas realizadas por Ramírez e os indivíduos mencionados. Ver: SANSÓN CORBO, Tomás. Un debate rioplatense sobre José Artigas (1884). *Anuario del Instituto de Historia Argentina*, n. 4, p. 187-216, 2004.

Ramírez após realizar tal panorama histórico e as mudanças de concepção, identificadas por ele, a respeito da atuação histórica do prócer de 1811 ao longo do tempo. Assim, Ramírez destacou uma transição entre uma concepção negativa a respeito da figura "primitiva" do caudilho/caudilhismo, muito atribuída a Artigas inicialmente, e as novas formas de organização político-social, ou seja, as instituições do Estado e da democracia modernos:

> Sim, certamente, o gaúcho, que era uma charmosa forma de nossa civilização primitiva, desaparece sob as novas formas de uma civilização mais avançada. O caudilho, que era organismo necessário das massas gaúchas, em seu processo de assimilação dos hábitos de obediência legal e da liberdade política, extinguiu-se por si mesmo com a supressão das funções que desempenhava; e os caudilhos que sobrevivem podem ser classificados, não em linguagem metafórica, mas sim *com precisão científica, como órgãos atrofiados da velha complexão social*. Esta *evolução orgânica*, eliminando da política militante o caudilhismo, despojou de todo elemento estranho à questão histórica que existia a esse respeito, *e os ânimos estão preparados para julgar com toda equidade sua ação e sua influência no desenvolvimento da Revolução. A obra da reabilitação de Artigas ganhou imensamente com isso*, e os governos ou as legislaturas do partido hoje dominante, que continuaram a tradição de governos e legislaturas pertencentes ao partido adverso, dando o nome do Chefe dos Orientais a um caminho nacional, a um quartel, a uma fortaleza, a um navio de guerra e a um novo departamento da República, *foram acertados intérpretes de um sentimento que se arraiga e cresce por dias no coração do povo*.[1416]

No excerto anterior, é possível notarmos uma linguagem que indicaria uma percepção sobre a transição não somente de um tipo de concepção político-intelectual a outra a respeito de Artigas, mas também nos conduz à identificação de uma passagem do "primitivo" para a modernidade. Assim, Ramírez entendia que os caudilhos e o caudilhismo, por mais necessários que tenham sido para a Revolução de independência, ainda pertenciam à tradição, mas foram desaparecendo aos poucos devido ao alinhamento progressivo com elementos modernos, como a "obediência à lei" e a liberdade política.

Além disso, como mais uma vez podemos perceber, Ramírez, implicitamente, divergiu da concepção de Sarmiento a respeito da figura do *gaucho*

[1416] RAMÍREZ, Carlos María. *Artigas*: debate entre "El Sud-América" de Buenos Aires e "La Razón" de Montevideo. Montevideo: Editorial de la Librería Nacional de A. Barreiro y Ramos, 1884. p. 420-421, grifos nossos.

e do caudilho para a formação da nação. Ao passo que o intelectual argentino entendia a existência dessa camada social como prejudicial à construção do Estado, assim como explicitou em relação a José Artigas, Facundo Quiroga e os seus respectivos seguidores, Ramírez indicava ter uma compreensão mais abrangente e matizada sobre tais camadas político-sociais, sem, no entanto, defender sua exclusão.

Como vimos percebendo desde o capítulo 1 e, de modo mais próximo, pelo excerto que destacamos há pouco, Ramírez buscava contextualizar e matizar o papel do caudilho na organização e mobilização das massas populares rurais em prol da Revolução de independência e na formação histórica da nação republicana oriental. Desse modo, as lideranças militares rurais e seus subordinados, mesmo com seu caráter "primitivo" em termos político-sociais, representaram, para o escritor uruguaio, um meio necessário para alcançar tais objetivos históricos. De certa maneira, esses "vestígios da experiência" contribuíram para a continuidade, "acumulação" e sedimentação históricas[1417], estabelecidas por meio da ação dos heróis nas duas fases do processo de emancipação nacional, e, também, na tentativa de consolidação paulatina do Estado moderno uruguaio.

De modo geral, Ramírez, ao buscar descontruir as visões históricas negativas a respeito de Artigas e "redimir" a história do "caudilho oriental", intencionou, também, não deixar a própria independência oriental cair em descrédito e, ao mesmo tempo, dar continuidade ao seu projeto de construção nacional. Em outras palavras, defender Artigas era defender a independência uruguaia contra qualquer desconfiança a respeito de sua viabilidade e, assim, concretizá-la em seu momento de atuação político-intelectual. Ou seja, a nosso ver, a tentativa, por parte de Ramírez, de ressignificar a imagem histórica do libertador dos anos 1810, realizada durante o último terço do século XIX, expressava que o tema da emancipação nacional ainda se mostrava como um "problema" histórico e político a ser resolvido, conforme o que propôs Ardao[1418].

Nesse sentido, mobilizando implicitamente suas inspirações político--intelectuais de caráter micheletiano, Ramírez, mais uma vez, argumentou sobre a continuidade relativa às sucessões de eventos e fatos históricos interligados, mais especificamente sobre reconhecer que Artigas não fora o "fundador" da nacionalidade Oriental, mas sim seu "precursor". Desse modo,

---

[1417] Reiterando nosso diálogo com as proposições teóricas de: KOSELLECK, Reinhart. *Estratos do tempo*: estudos sobre história. Tradução de Markus Hediger. Rio de Janeiro: Contraponto; PUC-Rio, 2014. p. 20-25.

[1418] ARDAO, Arturo. *Etapas de la inteligencia uruguaya*. Montevideo: UDELAR; Atenas, 1971. p. 175-176.

reiterou sua concepção de história relacionada especificamente à atuação do "caudilho oriental" e seu legado ao longo do tempo, afirmando que seus atos e ideias teriam contribuído para a formação paulatina do povo oriental após a primeira fase da independência uruguaia:

> [...] por que se chama a Artigas de o fundador da Nacionalidade Oriental? A dissidência que surge a esse respeito é mais aparente que real. Em um sentido estrito, com relação à sua própria época, não foi Artigas o fundador da nacionalidade oriental [...], *mas o foi em sentido lato, no transcurso dos anos e na complicação dos acontecimentos*, porque sob suas aspirações audazes e sob a vontade incontrastável encontraram os orientais o nome que tinham na história, e *foram um só povo guerreiro sob uma mesma bandeira, uma só província unida e compacta, orgulhosa de sua força, zelosa de sua autonomia e de sua integridade territorial, imensamente mais disposta à independência absoluta que à vassalagem servil de uma oligarquia estranha*. Marca o tempo as primeiras impressões da vida revolucionária; triunfa a conquista lusitana; alçam-se os Trinta e Três para lidar com ela em terra; vêm, em seu auxílio, as armas de Buenos Aires; surge da luta como fórmula de paz entre a República Argentina e o Brasil a constituição da nacionalidade oriental, e não será uma fórmula vã e efêmera da diplomacia astuta, por que, para recebê-la, fazê-la sua, amá-la, *dignificá-la e defendê-la na sucessão dos tempos, estará ali o povo modelado por Artigas*.[1419]

Nesse sentido, consideramos que o manifestado por Ramírez, nesse excerto, corrobora o que vimos argumentando em todo nosso livro a respeito de que, para o intelectual uruguaio, houve uma continuidade dos atos de Artigas presente nas atuações dos Trinta e Três Orientais e nos demais eventos que desencadearam a formação nacional oriental/uruguaia. Para o polemista de *La Razón*, não havia singularidade específica em cada um desses atos e eventos isoladamente, mas sim uma interconexão entre eles, característica esta capaz de dar a coesão das ações ao longo do tempo e que, por sua vez, teria contribuído para a aspiração à unidade e à coesão nacionais até o seu presente. Desse modo, Ramírez reiterou que Artigas fora o primeiro "campeão dos orientais contra a dominação espanhola" e "na resistência armada às ambições da monarquia portuguesa", além de ter sido "o único guerreiro da independência

---

[1419] RAMÍREZ, Carlos María. *Artigas*: debate entre "El Sud-América" de Buenos Aires e "La Razón" de Montevideo. Montevideo: Editorial de la Librería Nacional de A. Barreiro y Ramos, 1884. p. 425, grifos nossos.

do Rio da Prata [...] na profissão do dogma republicano"[1420]. Portanto, podemos conceber a exaltação, por parte de Ramírez, das ideias, dos valores e práticas republicanos presentes na atuação e pensamento históricos de Artigas. Por fim, o intelectual uruguaio qualificou o prócer da seguinte forma:

> É Artigas o fugitivo, o proscrito[1421], o mendigo [...] *o grande caluniado da história da América*, o herói desafortunado cuja póstuma glorificação será perdurável estímulo das abnegações patrióticas que só alcançam dos contemporâneos a ingratidão, o insulto e o martírio.[1422]

Assim, a nosso ver, mobilizou tal forma de entender a história nacional e, de modo mais específico, na revitalização das ações e ideias de Artigas como mais um componente de seu projeto de nação republicana, principalmente a defesa da autonomia nacional e do federalismo constitucionais. Acreditamos ser pertinente frisar que esses elementos também foram destacados por ele em outros pontos de sua trajetória político-intelectual, assim como em suas variadas publicações na imprensa e na divulgação de suas aulas sobre o Direito Constitucional, conforme já vimos nos capítulos anteriores. Assim, sua concepção de história contribui para compreendermos a defesa que fez de Artigas, em consonância com as ações dos demais heróis nacionais.

Tal entendimento, de cunho micheletiano, foi caracterizado pela continuidade, a totalidade, a unidade e a sucessão progressiva dos acontecimentos e ações dos atores históricos no tempo. Assim, teriam sido realizadas em prol de um processo maior, a independência oriental, ou seja, ao pressuposto kantiano da "tarefa difícil", porém "grandiosa", conforme já indicamos. De modo complementar, pudemos identificar a presença de algumas ideias de Kant nos escritos de Ramírez, mais no que tange à sua defesa da necessidade da sociabilidade para a formação de uma organização

---

[1420] RAMÍREZ, Carlos María. *Artigas*: debate entre "El Sud-América" de Buenos Aires e "La Razón" de Montevideo. Montevideo: Editorial de la Librería Nacional de A. Barreiro y Ramos, 1884. p. 426.

[1421] Após sua derrota final, em 1820, Artigas exilou-se no Paraguai até morrer nesse país, em 1850, como já afirmamos. Sua retirada resultou, *grosso modo*, na volta da dominação monárquica, a partir de então portuguesa e, em seguida, brasileira, até a independência definitiva da Banda Oriental, de 1825 em diante. Além disso, com sua desaparição pública, iniciou-se a disputa pela hegemonia política por parte dos caudilhos regionais que antes estavam sob suas ordens. PARÍS DE ODDONE, M. Blanca. Presencia de Artigas en la Revolución del Río de la Plata (1810-1820). *In*: FREGA, Ana; ISLAS, Ariadna (org.). *Nuevas miradas en torno al artiguismo*. Montevideo, FHCE/UDELAR, 2001. p. 84.

[1422] RAMÍREZ, *op. cit.*, p. 426.

político-social "ideal" e justa, mesmo que iniciada por elementos mais "primitivos", porém necessários. Elementos kantianos esses que o intelectual oriental considerou ao matizar e ressignificar o papel do caudilhismo e do "caudilho oriental" e "precursor" da nacionalidade uruguaia, José Artigas.

4.4 Tornar público o passado: mediação cultural e o "lugar" de Ramírez na reescrita da história nacional oriental

A polêmica travada entre Ramírez, por meio do diário *La Razón*, e o argentino *El Sud-América*, compilada e publicada em forma de livro, em 1884, teve uma segunda edição, finalizada um ano antes da morte de Ramírez, em 1897. Desta vez, foi levada ao público pelo próprio periódico uruguaio, mediante o qual o intelectual oriental havia entrado em embate com os portenhos 13 anos antes. Nessa nova impressão, o publicista teceu alguns comentários, a título de "advertência"/prólogo, sobre como a primeira tiragem, ocorrida ainda na primeira metade dos anos 1880, teve sucesso em suas vendas e, também, sobre sua intenção de fazer com que essa segunda tivesse um caráter "popular":

> Este livro, resultado de uma improvisação, teve boa fortuna. A primeira edição se esgotou rapidamente e, hoje, quantos exemplares adquirem os livreiros, estes são vendidos a um preço alto. Muitas pessoas me indicaram a conveniência de imprimir uma segunda edição que, por sua barateza, esteja ao alcance de todos. Defiro a essa indicação, sem ânimo de lucro. Cada volume, que na primeira edição valia dois pesos, e hoje só pode ser comprado pelo dobro ou pelo triplo, valerá, nesta edição popular, *quarenta centavos*.[1423]

Por meio da manifestação *supra* de Ramírez, fica explícita a intenção do intelectual em alcançar o maior público possível mediante seus escritos sobre a "redenção" histórica de Artigas, o que corrobora o que já afirmamos quanto à prática de mediação cultural e político-intelectual que buscou realizar. Acreditamos que o caráter popular atribuído por ele a essa segunda edição, de 1897, evidencia sua intenção, expressa desde o fim dos

---

[1423] RAMÍREZ, Carlos María. Advertencia. *In*: RAMÍREZ, Carlos María. *Artigas*: debate entre "El Sud-América" de Buenos Aires e "La Razón" de Montevideo. 2. ed. Montevideo: Imprenta y litografía "La Razón", 1897. s/p, grifos do autor.

anos 1860, em "encontrar o povo" uruguaio/oriental e visando à unidade e à construção nacionais[1424].

Mediante os usos públicos das linguagens, conceitos, metáforas e símbolos referentes ao passado nacional, Ramírez, mais uma vez, interveio na esfera pública não somente para defender suas propostas de construção da nação republicana, mas como uma maneira de justamente consolidar e ampliar a esfera pública por meio da qual propunha suas ideias. Isso também ocorreu com base em suas referidas inspirações intelectuais, que trataram sobre a concepção de história, fossem elas mais explícitas, como as de Sarmiento e Michelet, fossem mais implícitas e, talvez, em menor grau, como alguns princípios de Kant. Conforme o diálogo direto que estabelecemos com os autores que igualmente se debruçaram sobre essa temática, reforçamos o nosso entendimento de que o intelectual uruguaio também realizou mediações político-intelectuais no que tange à referida recorrência a ações e eventos pretéritos nacionais. E fê-lo ao ter tornado pública a sua concepção sobre a história e as atuações de Artigas, de modo interligado às dos Trinta e Três Orientais no combate ao antiartiguismo e em prol da coesão e unidade político-social e institucional republicana para a nação oriental.

Nesse sentido, entendemos que Ramírez não se envolveu em tais polêmicas sobre a história de Artigas motivado somente pela intenção de demonstrar erudição a respeito de tal tema, mas visou formar uma opinião pública sobre a nova imagem do prócer oriental que almejou criar. Assim, o libertador de 1811 deveria ser "redimido", e essa revitalização urgia ser divulgada o mais amplamente possível para que fosse estabelecida, consequentemente, uma nova imagem acerca da própria independência oriental e do próprio Uruguai dali para frente.

Na linha de nossa argumentação, e assim como destacaram Laurino[1425] e Sansón Corbo[1426], também percebemos uma intenção, por parte de Ramírez, em alcançar um público mais amplo por meio de seus escritos históricos, o que pode ser verificado pela apreensão de uma linguagem mais clara e pela abordagem consideravelmente didática, objetiva e lógica de sua argu-

---

[1424] Como enunciada em seu: RAMÍREZ, Carlos María. *La guerra civil y los partidos de la República Oriental del Uruguay*. Montevideo: Imprenta de El Siglo, 1871. p. 28.

[1425] LAURINO, Carolina González. *La construcción de la identidad uruguaya*. Montevideo: Ediciones Santillana; Taurus, 2001.

[1426] SANSÓN CORBO, Tomás. *El espacio historiográfico rioplatense y sus dinámicas*: siglo XIX. La Plata: Publicaciones del Archivo Histórico de la Provincia de Buenos Aires, 2011b.

CARLOS MARÍA RAMÍREZ E A CONSTRUÇÃO DE UMA NOVA REPÚBLICA ORIENTAL DO URUGUAI:
ENTRE A "NAÇÃO IDEAL" E A "NAÇÃO REAL" (1868-1898)

mentação. E essa tentativa de "alcançar/encontrar o povo", como já vimos indicando desde o capítulo 2, não teve início nos debates públicos sobre a história uruguaia e os feitos de Artigas, estabelecidos na década de 1880, mas já vinha de antes, desde o fim dos anos 1860 e início dos anos 1870, por meio de seus outros escritos e práticas de então. Desse modo, seus textos sobre o prócer dos anos 1810 e a história uruguaia também teriam consistido em uma prática de mediação político-intelectual, em nossa visão.

Ao mesmo tempo, percebemos a intenção, por parte de Ramírez, em fomentar esse debate visando contribuir com a construção nacional e com novas formas de conduta cidadã e política[1427], em prol de uma coesão e unidade político-social para o Uruguai. Tal renovação do presente pelo passado estaria baseada tanto em elementos liberais quanto republicanos, ambos inspirados em algumas ideias e medidas políticas de Artigas, como as *Instrucciones* de 1813. Lembremos que a anexação de tal documento artiguista dos anos 1810 em seu *Juicio crítico* contribui para essa interpretação, a qual também é compartilhada por autores como Carlos Demasi, por exemplo[1428]. Assim como já havia feito em outros momentos, valorizou os elementos rurais e o papel do caudilho histórico Artigas na "agrupação" das camadas populares do campo e na conformação de uma sociabilidade que resultasse, progressivamente, no combate ao caráter disperso da população oriental e, principalmente, na emancipação política em face do domínio colonial e monárquico. Um "agrupamento" que significava, em sua perspectiva, consolidar o princípio da "associação" nacional, ou seja, da coesão e da unidade político-sociais da nação oriental diante das guerras civis, do autoritarismo interno e da intervenção estrangeira.

Além disso, Ramírez argumentou em prol da publicidade, desta vez da história, e reforçou a necessidade de conciliação entre o campo e a cidade, o que corrobora nosso argumento a respeito de seus atos de mediação entre tais espaços, de modo que o todo da nação oriental pudesse alcançar a unidade e a estabilidade político-sociais. Isso contribuiria, em sua visão, para a pacificação do país e a consolidação institucional de forma autônoma, em torno de uma Constituição de cunho federalista, mais ou menos aos moldes que havia proposto Artigas nos anos 1810 e, posteriormente, continuada

---

[1427] Conforme diálogo que estabelecemos, também, com Ariadna Islas Buscasso sobre esse ponto. Ver: BUSCASSO, Ariadna Islas. Ciudadano Artigas: notas a propósito de la construcción de la ciudadanía en Uruguay, 1888-1897. *In*: FREGA, Ana; ISLAS, Ariadna. *Nuevas miradas en torno al artiguismo*. Montevideo: Facultad de Humanidades y Ciencias de la Educación de la UDELAR, 2001. p. 353-366.

[1428] DEMASI, Carlos. La figura de Artigas en la construcción del primer imaginario nacional (1875-1900). *In*: FREGA; ISLAS, *op. cit.*, p. 341-351.

pelos líderes da Cruzada Libertadora de 1825. E, também, de acordo com o que ele próprio já havia defendido, ao ter publicado suas aulas de Direito Constitucional mais de dez anos antes das polêmicas sobre o libertador de 1811, nas quais se envolveu.

Entendemos, pois, que Ramírez teve uma posição considerável nos debates sobre a reescrita da história uruguaia, ao ter defendido a revitalização de Artigas e seus feitos de modo não hagiográfico, como fez Clemente Fregeiro e Bauzá, mas, ao mesmo tempo, não reproduzindo o antiartiguismo histórico, perpetuados tanto por liberais quanto por conservadores. Nesse sentido, considerando a análise que vimos realizando de sua trajetória político-intelectual e das intervenções públicas anteriores a tais polêmicas sobre Artigas, podemos afirmar que Ramírez trouxe ao referido debate elementos políticos que já vinha defendendo desde antes. Alguns deles foram a unidade nacional, o constitucionalismo, o federalismo, as ideias e os valores republicanos, e a defesa da publicidade da história.

No entanto, tais manifestações também nos indicaram discordâncias implícitas com parte de alguns referenciais político-intelectuais com os quais ele demonstrou ter maior alinhamento no início de sua atuação pública, como Sarmiento, por exemplo. Das inspirações provindas do intelectual argentino, Ramírez preservou sua defesa da imprensa, da publicidade da história, da escola pública e da unidade nacional. No entanto, como já havia indicado em outros momentos de sua trajetória, recusou a dicotomia rígida entre a "civilização" e a "barbárie", ou melhor, entre o campo e a cidade, o que nos faz identificar um distanciamento implícito com o autor de *Facundo*.

Assim, ao contrário do que propôs o também antiartiguista Sarmiento, Ramírez defendeu que Artigas teria contribuído para a formação de uma sociabilidade dos orientais camponeses na época da independência. Isso o afastou do argumento sarmientino de que os caudilhos e a área rural necessariamente proporcionavam um caráter "antissocial" e, consequentemente, não político. E essa posição do intelectual uruguaio compôs sua concepção de história, de modo a revalorizar o papel de prócer de 1811 no início do processo da independência oriental. E todas essas propostas foram sustentadas pelos usos de ideias e linguagens políticas relativas a diversas tradições político-intelectuais, também relacionadas à concepção de História.

De qualquer modo, é nítida a tentativa, por parte de Ramírez, de conectar o seu passado e seu presente próprios com os eventos da independência e formação da "pátria", tornando-os quase a mesma coisa e atribuindo a "orientalidade" a eles. Assim, visou à "redenção da pátria", o que, a nosso ver, também poderia ser entendido como uma linguagem política que expressaria a necessidade histórica de concretização do processo de emancipação e da estabilidade política nacionais ainda tão almejados. Da mesma forma, podemos entender esses usos e essa alusão à "redenção" como tentativas de forjar, por meio da recorrência aos símbolos da independência, uma imagem da nação que pressupusesse algo "recompensador" e uma "coesão"[1429].

Tal manifestação político-intelectual de Ramírez ainda poderia ser pensada, em nossa ótica, como uma forma de conceber e gerir as experiências do tempo histórico político. Assim, em um diálogo com Reinhart Koselleck, entendemos que poderia ter sido uma tentativa de se superar um "espaço de experiência"[1430], caracterizado pelas consequências das guerras civis e as intervenções estrangeiras históricas. Ao mesmo tempo, buscava evadir-se de um "presentismo" dilatado, alargado, nos termos de François Hartog[1431], marcado ainda por essas experiências nacionais negativas que o escritor oriental combatia em seus textos, de modo a expressar um novo "horizonte de expectativas", conforme os conceitos também próprios de Koselleck[1432]. E tudo isso por meio da mobilização pública das linguagens políticas utilizadas, relacionadas às recorrências ao passado nacional uruguaio.

[1429] Dialogando, aqui, com as proposições de François Hartog e Jacques Revel a respeito dos usos políticos do passado ao longo da história. HARTOG, François; REVEL, Jacques. *Les usages politiques du passé*. Paris: École des Hautes Études en Sciences Sociales; SHADYC, 2001. p. 8.

[1430] KOSELLECK, Reinhart. *Futuro passado*: contribuição à semântica dos tempos históricos. Rio de Janeiro: Contraponto; Editora PUC-Rio, 2006. p. 305-327.

[1431] HARTOG, François. *Regimes de historicidade*: presentismo e experiências do tempo. Belo Horizonte: Autêntica Editora, 2013. (Coleção História e Historiografia).

[1432] KOSELLECK, *op. cit.*

CONSIDERAÇÕES FINAIS

Ao longo deste livro, a análise que realizamos sobre o "itinerário" político-intelectual de Ramírez contribui para a compreensão de como esse publicista político e professor de Direito pode ser considerado um agente histórico relevante à construção do Estado nacional uruguaio do século XIX. Ramírez enfatizou tanto o tema da unidade nacional em suas propostas quanto a consolidação e ampliação de uma esfera pública no país, tendo tratado de variadas temáticas de interesse público e coletivo, visando, assim, construir a nação oriental que tanto almejou. Por intermédio das sociabilidades às quais pertenceu, praticadas por meio das mediações intelectuais e político-culturais que realizou e da interação com diversos outros intelectuais contemporâneos, criou variados espaços nos quais pensou e debateu a nação projetada, tendo, constantemente, extrapolado os espaços nos quais atuou. Tais ambientes consistiram em variadas associações e periódicos nos quais atuou entre o fim dos anos 1860 até o ano de sua morte, em 1898.

Ao contrário do que parte da historiografia uruguaia afirmou sobre suas ideias e atuação, de que ele não teria tido sucesso político concreto[1433], mostramos que o pensamento e as práticas de Ramírez consistiram em uma ação político-intelectual mais abrangente do que o cunho político-partidário propriamente dito. Assim, sua atuação pública fundamentou-se, principalmente: na reafirmação de uma identidade nacional própria; na ampliação de uma esfera pública; na busca pela unidade; na defesa da educação pública; na proposição de consolidação das instituições republicanas; na reiteração da estabilidade político-institucional e social; e na reescrita da história uruguaia e da ressignificação das ações dos heróis nacionais do passado do país. Desse modo, tais intervenções públicas acerca desses variados assuntos fazem com que estejamos convencidos dessa sua atuação mais ampla no âmbito político[1434].

[1433] A título de recordação, afirmaram isso os seguintes historiadores: BARRÁN, José Pedro. *Apogeo y crisis del Uruguay pastoril y caudillesco*: 1839-1875. Montevideo: Banda Oriental, 1990a. t. 4; ARTEAGA, Juan José. *Uruguay*: breve historia contemporánea. México (Ciudad): Fondo de Cultura Económica, 2000; ZUM FELDE, Alberto. *Proceso histórico del Uruguay*. Montevideo: Arca, 1967.

[1434] Algo que reiteramos ao considerarmos as diversas novas abordagens desenvolvidas com base na renovação dos pressupostos da História Política, que superam e muito as atividades estritamente político-partidárias ou institucionais. Ver: REMOND, René (org.). *Por uma história política*. Tradução de Dora Rocha. 2. ed. Rio de Janeiro: Editora FGV, 2003; ROSANVALLON, Pierre. *Por uma história do político*. São Paulo: Alameda, 2010.

Para levar a cabo tais propostas e ação, conforme também pudemos identificar, embora seu foco fosse a formação dos aspectos internos da nação uruguaia, suas inspirações político-intelectuais vinham tanto de dentro do país como, igualmente, provinham de outras partes das Américas e da Europa. Essa premissa, relacionada a tal complementaridade entre referenciais político-intelectuais internos e estrangeiros, foi uma de nossas perguntas e hipóteses iniciais neste livro, a qual pudemos, de fato, responder e constatar ao longo da pesquisa. Como mostramos, os maiores referenciais de Ramírez foram vários, tendo sido eles uruguaios ou não, contemporâneos a ele ou não, e tanto de forma explícita quanto mais implícita.

Entre os uruguaios, o publicista inspirou-se consideravelmente nos *fusionistas* da década de 1850, alguns dos quais também compartilharam dos mesmos espaços que ele do fim dos anos 1860 em diante. Além deles, inspirou-se naqueles que serviram de referências cívicas e cidadãs para ele, tais como um dos defensores de Montevidéu durante as investidas do então presidente argentino Juan Manuel de Rosas, no contexto da Guerra Grande (1839-1851), o general e publicista Melchor Pacheco y Obes. Também fundamentou seu pensamento segundo as mudanças ocorridas na Universidade uruguaia de início dos anos 1860, com a criação da Cátedra de Economia Política, iniciada por Carlos de Castro, além do *principismo* uruguaio, surgido quase no mesmo contexto.

Já no que tange mais às ideias vindas "de fora", verificamos que a gama foi vasta. No âmbito regional (latino-americano), Ramírez recorreu às ideias dos seguintes intelectuais: os argentinos Domingo Faustino Sarmiento, Esteban Echeverría, Juan Bautista Alberdi (*grosso modo*, à Geração de 1837 como um todo), Pedro Goyena e José Manuel Estrada; o constitucionalista colombiano, Florentino González; o publicista e filósofo chileno, Francisco Bilbao; e o historiador brasileiro, João Manuel Pereira da Silva. Já entre os estadunidenses, suas inspirações foram principalmente o educador e publicista Horace Mann, os juristas Joseph Story e Frederick Grimke, todos oitocentistas, ao passo que, entre os do século XVIII, James Madison foi mencionado em alguns momentos, principalmente ao tratar sobre as ideias federalistas. Entre os europeus, podemos listar Montesquieu, Jean-Jacques Rousseau, Alexis de Tocqueville, John Stuart Mill, Jules Michelet, Jules Simon, Benjamin Constant e Immanuel Kant.

A recorrência de Ramírez a alguns desses filósofos e publicistas foi maior e mais constante do que em relação a outros, e, ao que pudemos verificar, destacaram-se aqueles que, *grosso modo*, estiveram presentes em praticamente todos os escritos elaborados e publicados por Ramírez, os quais analisamos desde o capítulo 1, quais sejam: Sarmiento, Michelet, Stuart Mill, Tocqueville, Bilbao e Montesquieu.

Em Sarmiento — e, também, em Goyena — encontrou seus maiores referenciais de figura pública e de como deveria ser a atuação do publicista político em prol do trato com os assuntos de interesse coletivo, o que equivaleria ao seu entendimento do conceito de "civilização". Em Michelet, teve o norte para colocar o povo como protagonista dos processos históricos, das mudanças políticas da nação e à defesa da lei e da justiça, valendo-se de uma ressignificação dos valores religiosos cristãos para os princípios laicos, os quais também orientaram consideravelmente suas propostas. Em Tocqueville, encontrou o embasamento para lidar com o individualismo e o utilitarismo liberais exacerbados, compatibilizando-os, assim, com a virtude republicana do coletivo e com a "temperança" e a "moderação", valores e práticas que o cidadão deveria nutrir ao viver em uma República. Já em Bilbao, o qual também foi leitor e aluno de Michelet na França, Ramírez encontrou as bases para o racionalismo como o elemento propulsor de uma República e da "religião da lei" e, ao mesmo tempo, antagônico ao dogma acrítico do catolicismo ainda predominante no Uruguai.

Em maior ou menor grau, Ramírez utilizou-se das ideias desses intelectuais oitocentistas estrangeiros para constituir seu arcabouço de pensamento e de ações de modo a pensar e construir a nação uruguaia durante a segunda metade do século XIX, mas não "copiando-as" mecanicamente à realidade de seu país. Elas foram usadas e reelaboradas, em maior ou menor grau, para cada conjuntura em que atuou mais diretamente e para tratar de diversos temas que o intelectual uruguaio levou a público, unindo os aspectos mais racionais e "doutos" aos mais espontâneos e próprios da sensibilidade e vivência popular.

E, conforme pudemos identificar, tais ideias, as quais expressaram variados liberalismos, republicanismos e compartilhadas desses diversos referenciais, compuseram suas intervenções públicas e embasaram suas práticas associativas em prol da construção da nação oriental. Assim, inaugurou os diversos espaços e periódicos sobre os quais tratamos em nosso livro, expressando, de dentro deles próprios e recorrentemente, seu apreço à necessidade da sociabilidade e da prática associativa na e para a consolidação da esfera pública nacional. Por meio da vinculação entre todas essas ações e as linguagens políticas que foram mobilizadas por ele desde dentro desses espaços, é possível compreendermos como sua proposta de nação republicana, unida, estável, solidária, soberana e fraterna perpassava o próprio exercício das práticas associativas. Como afirmamos ao longo de todo este livro, entendemos que Ramírez concebeu as associações e os periódicos com os quais colaborou como eles próprios sendo uma "miniatura"[1435] da nação republicana almejada. Assim, as práticas de civilidade, fraternas, de autogestão e de solidariedade exercidas por ele e os demais intelectuais no interior desses espaços consistiram em um embrião da comunidade nacional que buscaram construir em nível mais ampliado[1436].

O intelectual uruguaio, desde 1868, já participava de associações e atuava publicamente por meio da imprensa. Pudemos apreender isso devido à sua colaboração na inauguração de espaços como o Club Universitario e a Sociedad de Amigos de la Educación Popular, esta última criada dentro das dependências do primeiro. Foi, aliás, por meio da SAEP que Ramírez, José Pedro Varela, Élbio Fernandez e outros vários intelectuais se engajaram na reformulação da educação popular e na construção de escolas e bibliotecas públicas na capital e no interior do país. Essas práticas, a nosso ver, foram uma expressão evidente acerca da expansão da esfera pública e da extrapolação dos círculos letrados e "doutorais" da capital, de modo a incluir o interior do país no projeto de nação uruguaia moderna visado.

No entanto, foi como um ex-*colorado* e ex-combatente da guerra civil (da *Revolución de las Lanzas*) que Ramírez intensificou suas intervenções em prol da unidade, da defesa da prática associativa e do fim das guerras civis históricas no país. Tais manifestações estiveram presentes em variados escritos seus, sendo elas desde poesias, conforme vimos no capítulo 1, até

[1435] Retomando nosso diálogo com Heloisa Starling sobre essa ideia. Ver: STARLING, Heloisa Murgel. A matriz norte-americana. *In*: BIGNOTTO, Newton (org.). *Matrizes do republicanismo*. Belo Horizonte: Editora UFMG, 2013. p. 248.

[1436] Com base nas considerações sobre o significado e relevância das sociabilidades e das práticas associativas como expressão política da cidadania, da construção da esfera pública e das instituições em meio à formação das nações republicanas latino-americanas do século XIX, propostas por Hilda Sabato e Pilar González Bernaldo, autoras com as quais dialogamos em todo o nosso livro. Ver: GONZÁLEZ BERNALDO, Pilar. *Civilidad y política en los orígenes de la nación argentina*: las sociabilidades en Buenos Aires, 1829-1862. 2. ed. Buenos Aires: Fondo de Cultura Económica, 2008; SABATO, Hilda. *Povo & política*: a construção de uma república. Tradução de Daniel da Silva Becker. Porto Alegre: EdiPUCRS, 2011. (Série História, 59); SABATO, Hilda. Soberanía popular, ciudadanía y nación en Hispanoamérica: la experiencia republicana del siglo XIX. *Almanack Braziliense*, n. 9, p. 23-40, maio 2009. Disponível em: https://sites.usp.br/ieb/wp-content/uploads/sites/127/2016/07/almanack_09_1322176965.pdf. Acesso em: 23 jun. 2022; SABATO, Hilda. Nuevos espacios de formación y actuación intelectual: prensa, asociaciones, esfera pública (1850-1900). *In*: ALTAMIRANO, Carlos (dir.). *Historia de los intelectuales en América Latina*. Buenos Aires: Katz, 2008. v. 1, p. 387-411.

outros ensaios e artigos na imprensa a partir do início dos anos 1870. Desse modo, acreditamos que a vivência que teve do cotidiano bélico e da destruição do interior quando de sua participação na referida contenda, tendo visto de perto o terror da guerra como ele mesmo explicitou em alguns de seus textos, teria contribuído sobremaneira para que Ramírez recrudescesse seu pensamento e ações em prol da unidade e construção nacionais.

Sua primeira manifestação, após a intensificação de seu engajamento, foi a elaboração e publicação do ensaio *La guerra civil y los partidos de la República Oriental del Uruguay: profesión de fe que dedica a la juventud de su patria*, em 1871, ou seja, logo após ter retornado da guerra. Lembremos que foi nesse ensaio que Ramírez expressou todas as ideias que definiram a sua ação pública dali em diante, em prol da construção nacional uruguaia. Nele, também explicitou a defesa da "unidade moral", um componente que concebia como fundamental para o que entendia por "nação", e que complementava outros elementos, como o território, a raça, a língua e a religião comuns de um povo, no caso, o uruguaio.

Nesse ensaio, ainda é possível apreendermos as intenções e propostas de mediação político-intelectual e cultural da parte do intelectual oriental. Em nossa análise, desvelamos os usos de recursos linguísticos que expressaram uma abertura para atender a oralidade popular. Conforme reiteramos, acreditamos que Ramírez teve contato com tais vivências durante sua experiência e participação na guerra, e que teria sido convertida, de forma ordenada e racional, em escrita pública. Desse modo, conforme vimos, consistiu em uma mediação cultural, pois ouviu o sofrimento dos setores populares assolados pela guerra civil e proporcionou o espaço, contido nas páginas de seus escritos públicos, para que, assim, eles também fossem ouvidos por outros setores por meio da esfera pública.

Nesse sentido, deu continuidade à mobilização de linguagens políticas, à sua defesa da prática associativa e da imprensa. Referimo-nos, mais especificamente, às intermediações que exerceu entre os diversos setores da sociedade, mas baseado em espaços inicialmente frequentados pelas elites culturais — associações e periódicos —, o Estado e a Igreja uruguaios da segunda metade do século XIX. E fê-lo com a finalidade de, a nosso ver, consolidar e ampliar a esfera pública política, na qual seria possível debater e difundir seu projeto de construção nacional, em detrimento das guerras civis e das restrições historicamente impostas por um partido sobre o outro quando detentores do poder central e pelo domínio católico histórico.

Em tais intervenções, conforme mostramos, Ramírez propôs tanto um espaço abstrato de debate a respeito de temas de interesse comum, representados pelas associações e pela imprensa, quanto a respeito da construção de espaços públicos no sentido físico propriamente dito, empreendido por meio do Club Universitario e da SAEP. Desse modo, como mostramos, defendeu, em seus vários escritos e discursos publicados, os dois tipos de âmbito público supramencionados: tanto o "abstrato", no qual o debate sobre o interesse coletivo se estabeleceria, a esfera pública, quanto o "concreto" ou físico, a exemplo dos prédios e bibliotecas populares criados por ele e os demais intelectuais frequentadores dos mencionados periódicos e associações.

Assim, reelaborou ideias e projetos pretéritos mobilizando-os, de modo ressignificado, em seu presente. Tais reelaborações estiveram relacionadas às ideias *fusionistas*, inicialmente expressas no começo da década de 1850, por meio de um de seus principais espaços, a Sociedad de Amigos del País, e que prezavam pela "fusão" ou extinção dos partidos, visando à união nacional oriental. Em sua reformulação de tais elementos, Ramírez rejeitou essa extinção, propondo, assim, uma coexistência pacífica e democrática entre os *blancos* e *colorados*, apelando para que ambos também agissem em prol da união e estabilidade política nacionais, por meio de um "partido novo". Essa reelaboração foi mais um exemplo, em nossa visão, de mediação realizada por Ramírez, mais especificamente em sua intenção de realizar uma intermediação visando à reconciliação pacífica, na esfera pública, entre esses dois partidos. E fez isso reiterando a criação de um "partido intermediário", que fosse sustentado pela "moderação" e o "equilíbrio" entre os âmbitos privado e público.

E o papel do publicista também estava relacionado a essa última proposta: estabelecer um canal intermediário entre "o isolamento da vida privada e as comoções da vida política"[1437], nesse caso, a vida pública, em nosso entender, defendido nos textos que publicou a respeito da criação de uma Convenção Nacional. Essa "grande assembleia", de caráter amplo e popular, consistiu, para Ramírez, na expressão de uma nova temporalidade política e demarcava, assim, as tensões e o rompimento com o passado de violência política e restrições no que tangia à cidadania.

A função do publicista, para Ramírez, também seria escrever de forma atrativa, acessível, e que fosse capaz de ser entendido pelo povo em geral, de

---

[1437] RAMÍREZ, Carlos María. La Convención Nacional. SUS CONDICIONES, SUS ANTECEDENTES, SUS ALCANCES (maiúsculas no original). *La Bandera Radical*: Revista Semanal de Intereses Generales, año 1, n. 6, 5 mar. 1871. p. 201.

modo a ter sucesso em suas propostas em prol da nação republicana oriental e ser apoiado publicamente, valendo-se da formação de uma opinião pública "racional" e abrangente. Ou seja, a escrita pública também deveria ter cunho educativo. Expressou isso em vários momentos, o que convergiu com a sua indagação sobre "como alcançar o povo", feita inicialmente em seu ensaio *La guerra civil y los partidos* (1871)[1438]. Ou seja, pouco antes de criar o periódico *La Bandera Radical* e o Club Radical com os demais intelectuais já mencionados.

Nesse sentido, o significado de "radical"/"radicalismo" proposto por Ramírez, nesses últimos espaços mencionados, estava relacionado à defesa da unidade nacional e da coexistência dos partidos políticos de então na esfera pública e em prol da sustentação da República Oriental. Tal ideia era legatária dos ideais *fusionistas* da década de 1850. Porém, diferenciava-se deles, pois Ramírez e os colaboradores de *La Bandera Radical*, ao contrário dos intelectuais de 20 anos antes, não defendiam a fusão dos partidos em um só, mas sim sua coparticipação democrática e harmônica no debate público. Assim, era somente dessa forma que a nação uruguaia poderia se sustentar, na visão do publicista uruguaio e dos demais *principistas* da década de 1870.

Além disso, o "radicalismo", a nosso ver, remetia à intenção do intelectual uruguaio em mediar, política e intelectualmente, a união de diversos setores da sociedade uruguaia, mas especialmente os grandes âmbitos rural e urbano. Desse modo, o diretor de *La Bandera Radical* valeu-se de linguagens, metáforas e simbologias que, embora tenham partido muitas vezes de conceitos e de elementos mais "duros" da filosofia e teoria políticas, foram convertidos, por ele, em aspectos e imagens mais próximos da vivência cotidiana dos setores mais populares.

Exemplos disso foram, principalmente, os usos de recursos linguísticos diversos que remeteram a símbolos e imagens próprios da tradição cristã católica, como as alusões à figura de Jesus Cristo, às Cruzadas, o altar, o catecúmeno, o sacerdócio, o apostolado, a missão, o sacrifício, de modo a preenchê-los com "substitutos laicos"[1439]. Assim, cada uma dessas linguagens

---

[1438] RAMÍREZ, Carlos María. *La guerra civil y los partidos de la República Oriental del Uruguay*: profesión de fe que dedica a la juventud de su patria. Montevideo: Imprenta a vapor de El Siglo, 1871. p. 28.

[1439] Conforme dialogamos em vários momentos com os termos propostos por: CAETANO, Gerardo. Laicidad, ciudadanía y política en el Uruguay contemporáneo: matrices y revisiones de una cultura laicista. *Revista Cultura & Religión*, v. 7, n. 1, p. 116-139, 30 dic. 2013b. Disponível em: https://www.revistaculturayreligion.cl/index.php/revistaculturayreligion/article/view/370. Acesso em: 23 jun. 2022.

religiosas foi compatibilizada com elementos políticos e seculares, próprios e ligados às ideias do compromisso, da missão e do sacrifício, mas em prol da construção da nação de cunho republicano. Assim, o "evangelho" passaria a ter esse significado, conforme já havia preconizado tanto Michelet quanto Bilbao. Nesse sentido, verificamos que Ramírez mobilizou tais recursos em vários escritos seus, elaborados e publicados ao longo de sua trajetória.

Da mesma forma, valeu-se dos usos das imagens da mulher e da mãe de família, ou seja, a nação, que poderia ser reabilitada, revigorada de sua enfermidade, caso seus filhos, os partidos, reconciliassem-se e tornassem-se fraternos, ou melhor, democráticos, uns com os outros. Ao mesmo tempo, a mulher solitária nos lares da área rural, tornada "vulnerável" pela partida dos filhos e maridos convocados para as guerras civis, não deveria ceder ao assédio dos "libidinosos" que a cortejavam, pois isso equivaleria à nação/pátria uruguaia ser dominada por aqueles de "fora". Ou seja, uma muito provável alusão às tentativas de intervenção que o Uruguai ainda sofria por parte dos países vizinhos na segunda metade do século XIX, em especial Brasil e Argentina, em maior ou menor grau.

Além disso tudo, Ramírez abriu espaço, principalmente no periódico *La Bandera Radical*, às expressões populares espontâneas, como o "canto da fraternidade", de autoria do combatente desconhecido da guerra civil, mas o qual poderia representar, abrangentemente, todos os anseios do povo uruguaio daquele momento. Também intermediou publicamente as reivindicações de outros periódicos tanto de Montevidéu, quanto do interior do país, conforme mostramos, atos esses que constatam que Ramírez estabeleceu tais práticas de mediação na esfera pública. Destacamos o espaço que cedeu às ideias trazidas a público pelo líder rural Domingo Ordoñana a respeito da criação de uma associação que atendesse aos apelos relativos à pacificação, à unidade e à estabilidade políticas do país, e, ao mesmo tempo, contemplasse os interesses dos setores do campo.

Assim, nessa conjuntura, foi criada a Asociación Rural del Uruguay, associação essa considerada, pela historiografia uruguaia, como uma das expressões do processo da modernização política e capitalista nesse país a partir do fim do século XIX[1440]. Dessa forma, concebemos que, por meio de imagens, símbolos e linguagens como a da família, ou melhor, a da nação unida, fraterna, estável e solidária, compartilhadas na esfera pública pelos

---

[1440] Somente para mencionar alguns dos historiadores uruguaios que defendem essa ideia, quais sejam, Gerardo Caetano, José Pedro Barrán e Benjamín Nahum. Ver: CAETANO, Gerardo. *Historia mínima de Uruguay*. Ciudad de México: El Colegio de México: 2020. *E-book*. Primeira edição impressa em 2019; BARRÁN, José Pedro; NAHUM, Benjamín. *Historia rural del Uruguay moderno*: 1851-1885. Montevideo: EBO, 1967. t. 1.

diversos periódicos do interior e, principalmente, por Ordoñana, Ramírez contribuiu para que tais conquistas pudessem ser alcançadas. Embora se mostrasse uma ação que poderia ser vista como conservadora, expressando elementos da tradição, entendemos que Ramírez concebeu ser necessário recorrer ao passado para se utilizar dele na construção do futuro, de modo a concretizar seu projeto progressista de nação moderna e republicana.

Assim, reiteramos que, em qualquer um dos pontos da trajetória do intelectual uruguaio que elencamos anteriormente, pudemos verificar que esse publicista compatibilizou linguagens políticas ligadas a matrizes diversas do republicanismo e do liberalismo, ou melhor, recorreu aos republicanismos e aos liberalismos na história, de modo a embasar seus propósitos. Aqui, também damos especial destaque à recorrência realizada por ele à ideia da virtude cívica republicana de "amor" à pátria, de Montesquieu, ao princípio da "simpatia", extraído de Stuart Mill, e ao "interesse bem compreendido", buscado em Tocqueville. Todas essas linguagens foram mobilizadas para argumentar a favor da necessidade da fraternidade e do exercício da sociabilidade política harmônica em prol da unidade nacional e republicana.

Nesse sentido, eram modos de, conforme mostramos, aproximar-se de elementos culturais seguidos pelos setores populares e/ou mais próximos deles, mas ressignificando-os, visando ao que deveria ser a nova nação republicana e incutir tal reformulação na sociedade uruguaia de modo mais ampliado e acessível possíveis.

Assim, por meio desses "liberalismos" e "republicanismos", Ramírez também reiterou a necessidade da liberdade religiosa, da "fé cívica", da "moral laica" e, em outros momentos, da separação entre o Estado e a Igreja. Da mesma forma que fez em relação aos exemplos que mencionamos anteriormente, o publicista uruguaio intencionou preencher, com tais "substitutos laicos", as linguagens políticas que utilizou para tratar sobre a temática que dizia respeito diretamente aos assuntos ligados ao âmbito das tensões entre a religião, a sociedade e o Estado uruguaios. Nesse sentido, tais intervenções e usos linguísticos, a nosso ver, consistiram em elementos que compuseram o processo de secularização da sociedade uruguaia de meados do século XIX em diante, conforme já vimos em nosso diálogo com Gerardo Caetano, Roger Geymonat[1441] e José Pedro Barran[1442].

[1441] CAETANO, Gerardo; GEYMONAT, Roger. *La secularización uruguaya (1859-1919)*. Montevideo: Ediciones Santillana; Taurus, 1997.

[1442] BARRÁN, José Pedro. *Iglesia Católica y burguesía en el Uruguay de la modernización (1860-1900)*. Montevideo: Departamento de Publicaciones de la Facultad de Humanidades y Ciencias, 1988.

Suas práticas de mediação político-intelectual não se restringiram a tais pontos que destacamos anteriormente. Ao levar as aulas de Direito Constitucional que ministrou para fora dos ambientes da UDELAR, também por meio das páginas de *La Bandera Radical*, Ramírez demonstrou uma vinculação estreita entre as associações e os periódicos que criara e o exercício magisterial e intelectual que exercera enquanto foi professor. Desse modo, mostramos que tais práticas político-intelectuais se complementaram ao longo da trajetória de Ramírez, as quais intencionou alinhar de modo a "encontrar" e alcançar o povo com suas propostas de construção e de unidade da nação republicana.

Ressaltamos, ainda, os conteúdos propriamente ditos sobre os quais tratou em suas aulas, relacionados desde as mais diversas e "sisudas" vertentes da teoria e filosofia política e jurídica, como Stuart Mill, Rousseau, Simon, Hobbes, Story, Blackstone, Grimke, entre outros, de modo a, mais uma vez, convertê-las em linguagens mais próximas ao entendimento popular. Assim, por meio de um diálogo estabelecido com esses e outros filósofos e juristas dos séculos XVIII e XIX, tratou da questão da soberania do povo, de suas potencialidades e limites para a legitimação do poder e de uma organização política e social nacional que fosse estável e, ao mesmo tempo, baseada na moderação e no equilíbrio dos poderes. Outro ponto muito recorrente nas conferências de Ramírez foi sua intenção em explicar a necessidade, e a "naturalidade", do Estado social e da sociabilidade do homem, elementos sobre os quais, em sua visão, os críticos de Rousseau (em seu *Contrato social*, a respeito da ideia do homem isolado) não trataram[1443].

Mais uma vez, utilizou o princípio da "simpatia" como norte dessa necessidade e naturalidade, assim como fenômeno para a organização social do indivíduo[1444]. Esse ponto nos remete ao que mostramos no capítulo 2, a respeito desse termo inicialmente mobilizado por Stuart Mill em sua obra *Representative government*, o qual Ramírez também citou em seus artigos publicados em *La Bandera Radical*. No entanto, a mobilização dessa linguagem política foi feita, por parte do professor da UDELAR, em outros escritos do periódico, os quais julgamos mais informais e caracterizados pela união entre a teoria política e uma linguagem mais sentimental, visando ser mais acessível aos leitores.

[1443] RAMÍREZ, Carlos María. Conferencias de Derecho Constitucional. Séptima conferencia. Organización social – Origen del estado de sociedad. *La Bandera Radical*: Revista Semanal de Intereses Generales, año 1, n. 22, 25 jun. 1871. p. 389-395.

[1444] *Ibid.*, p. 393.

CARLOS MARÍA RAMÍREZ E A CONSTRUÇÃO DE UMA NOVA REPÚBLICA ORIENTAL DO URUGUAI:
ENTRE A "NAÇÃO IDEAL" E A "NAÇÃO REAL" (1868-1898)

Ainda sobre o termo "simpatia" utilizado por Ramírez, tomado "emprestado" de Stuart Mill, reiteramos: o publicista oriental não o utilizou de forma despretensiosa, mas sim enquanto um meio de reforçar, mediante o uso de uma linguagem que conotava um sentimento, a sua proposta de unidade nacional. Essa união, reforçamos, seria sustentada por uma sociabilidade harmônica, "natural" do indivíduo em sociedade. E, conforme pudemos perceber, essa linguagem política da "simpatia" foi mobilizada mais de duas décadas depois por outro escritor uruguaio, o também jurista e político Feliciano Viera. Isso foi feito, por Viera, na seção de apêndice contida na reedição das *Conferencias* de Ramírez, a qual foi compilada por Justo Cubiló e reinserida nas aulas de Direito da UDELAR no ano de 1897, ou seja, um ano antes da morte do ex-professor dessa instituição.

Outro ponto essencial que identificamos na obra e atuação de Ramírez foi o viés "agregador" e inclusivo da ideia de nação que Ramírez defendera publicamente. Em qualquer um dos temas sobre os quais tratou, o intelectual uruguaio reiterou a necessidade de englobar os "estrangeiros" (no caso, imigrantes) para a construção de uma nacionalidade e uma organização político-social abrangentes.

Constatamos, da mesma forma, que esse sentido de inclusão também estava presente em sua defesa dos heróis nacionais, de modo que houvesse uma unidade política e histórica, e que, consequentemente, proporcionasse uma coesão político-social em seu presente. Em meio à construção do primeiro imaginário nacional no país[1445], caracterizado pela recorrência aos símbolos e aos agentes históricos emblemáticos da independência oriental, em especial José Artigas, Ramírez inseriu-se nesse debate defendendo tanto esse libertador de 1811 quanto os Trinta e Três Orientais de 1825. Nesse sentido, com o intuito de tornar público o passado por meio da reescrita da história do país, e, assim, ampliar o alcance desses elementos na sociedade uruguaia, argumentou em prol de uma complementaridade histórica entre os atos "heroicos" de todos esses próceres, tornados nacionais. Assim, buscou conectar as ações históricas de Artigas, Oribe, Rivera e Lavalleja no tempo, de modo que as do prócer de 1811 tivessem sido as "precursoras" e, de algum modo, contribuído para os atos heroicos dos Cruzados da década seguinte, como um crescimento histórico e progressivo.

[1445] Em diálogo com os termos de: DEMASI, Carlos. La figura de Artigas en la construcción del primer imaginario nacional (1875-1900). *In*: FREGA, Ana; ISLAS, Ariadna. *Nuevas miradas en torno al artiguismo*. Montevideo: Facultad de Humanidades y Ciencias de la Educación de la UDELAR, 2001. p. 341-351.

Conforme mostramos, as principais inspirações político-intelectuais às quais Ramírez recorreu para embasar sua concepção de História foram os elementos propostos por Michelet, mais no que tange às ideias da continuidade, da unidade e da totalidade históricas. Assim, os eventos e as ações dos agentes históricos do passado da nação interconectavam-se e cresciam de modo progressivo ao longo do tempo, o que contribuía para a sedimentação e a formação política e social nacionais, segundo a concepção do intelectual uruguaio, inspirado no historiador francês oitocentista[1446].

Ao mesmo tempo, percebemos uma base kantiana de sua ideia de História, marcada, principalmente, pela defesa de uma sociabilidade natural dos indivíduos em prol das "grandes causas" e na construção de uma organização político-social ideal e justa, estabelecida segundo o caminhar histórico. Nesse sentido, entendemos que uniu as duas matrizes de pensamento e foi nesse sentido que realizou uma mudança conceitual do termo sarmientino de "barbárie", assim como também havia feito ao abrir espaço aos setores rurais em *La Bandera Radical* nos anos 1870.

Isto, pois, ao contrário do que o intelectual argentino defendeu, Ramírez matizou e analisou o papel dos caudilhos, em especial Artigas, de forma complexa, atribuindo a esses agentes político-sociais uma relevância na "agrupação" dos setores populares e rurais que, para ele, encontravam-se dispersos antes da independência oriental. Isso, em seu entender, contribuiu para preceder o processo emancipatório uruguaio, resultando, assim, no já referido crescimento e acúmulo das experiências heroicas históricas para a conformação de uma nação republicana, unida e estável ao longo do tempo. Assim, reiterou isso tudo em suas polêmicas públicas com os intelectuais de seu momento de escrita, visando à formação de uma opinião pública a favor de seu projeto de nação republicana, o qual já difundia, em maior ou menor grau, desde o fim dos anos 1860.

Assim, concebemos que, valendo-se dos usos tanto explícitos quanto implícitos das ideias micheletianas e kantianas, Ramírez contribuiu para tensionar o debate sobre a atuação de Artigas e os demais atores da independência uruguaia, pois sua concepção de unidade histórica e política nacionais também superava a dicotomia rígida sarmientina de "civilização"

[1446] Discutimos tais hipóteses com base nas considerações teóricas de Reinhart Koselleck, sobre os "estratos do tempo" e a sedimentação das ações históricas. Ver: KOSELLECK, Reinhart. *Estratos do tempo*: estudos sobre história. Tradução de Markus Hediger. Rio de Janeiro: Contraponto; PUC-Rio, 2014. p. 20.

e "barbárie". Além disso, mostramos como tais usos linguísticos e ressignificações conceituais poderiam ser concebidos enquanto tentativas, por parte do intelectual uruguaio, de fazer superar experiências negativas das guerras civis históricas, as quais contribuíam para um presente que parecia não acabar e, assim, travava a chegada do futuro esperado da nação republicana idealizada por ele[1447].

Como mostramos, o projeto de nação idealizado por Ramírez, caracterizado pela unidade, pela defesa da educação pública, da autonomia e da consolidação das instituições republicanas nacionais, concorreu com a realidade ainda vigente, marcada pelas relações personalistas e, em grande parte do recorte que estudamos, autoritárias existentes em seu momento de escrita e atuação pública. Assim, a "nação ideal", caracterizada pela defesa da esfera e da educação públicas, da "religião da lei" e da justiça, pelos valores e virtudes republicanos diversos reiterados por ele, não foi totalmente vitoriosa em relação à "nação real"[1448]. No entanto, em nosso entender, abriu caminho para o que viria a ser o Uruguai "moderno", no qual as guerras civis, muito recorrentes no século XIX, tiveram fim e o sistema político-social passou a ser marcado por uma democracia mais pujante entre o fim do século XIX e início do XX[1449].

Desse modo, para que possamos compreender os processos políticos, sociais e culturais que proporcionaram a concepção de que o Uruguai foi e ainda é um dos países mais laicos e estáveis política e socialmente das Américas, reconhecido por sua cultura democrática e de respeito ao bem

---

[1447] Conforme mostramos, tratamos sobre tais hipóteses e premissas igualmente em diálogo com Koselleck, mas também com François Hartog, com base na ideia das experiências do tempo histórico que desembocam em "presentismos alargados" e "dilatados". Ver: KOSELLECK, Reinhart. *Futuro passado*: contribuição à semântica dos tempos históricos. Rio de Janeiro: Contraponto; Editora PUC-Rio, 2006. p. 305-327; HARTOG, François. *Regimes de historicidade*: presentismo e experiências do tempo. Belo Horizonte: Autêntica Editora, 2013. (Coleção História e Historiografia).

[1448] Aqui, reiteramos algo que já havíamos argumentado na introdução de nosso trabalho: que, ao utilizarmos as expressões "nação ideal" e "nação real", as quais fazem parte do título de nosso livro, dialogamos diretamente com os autores que trataram sobre o contexto que estamos pesquisando e que concordam com a existência de uma oposição entre o "país legal" e, por extensão, "ideal", pensado pelos setores intelectuais daquele período, e o "país real", caracterizado pelas relações e disputas político-partidárias complexas e, em muitos casos, com a violência resultante delas. Especificamente sobre as expressões "país legal" e "país real", ver: CAETANO, Gerardo. *Historia mínima de Uruguay*. Ciudad de México: El Colegio de México: 2020. *E-book*. Primeira edição impressa em 2019.

[1449] Para melhor compreensão da ideia de "Uruguai moderno" utilizada pela historiografia do país, ver os trabalhos de Gerardo Caetano, José Pedro Barrán e Benjamín Nahum, principalmente: CAETANO, Gerardo. *Historia mínima de Uruguay*. Ciudad de México: El Colegio de México: 2020. *E-book*. Primeira edição impressa em 2019; CAETANO, Gerardo; RILLA, José. *Historia contemporánea del Uruguay*: de la colonia al Mercosur. Montevideo: Fin de Siglo, 1994; BARRÁN, José Pedro; NAHUM, Benjamín. *Historia rural del Uruguay moderno*: 1851-1885. Montevideo: EBO, 1967. t. 1.

público, isso tudo necessariamente também passa pela análise atenta da atuação política de intelectuais como Carlos María Ramírez. É certo que suas ações estão relativamente distantes de nosso presente e que ele esteve ligado aos referenciais culturais e intelectuais de seu próprio tempo. No entanto, acreditamos que, ainda assim, seu compromisso público, sua prática associativa e suas ações mediadoras contribuíram tanto para o engendramento da percepção de uma nova temporalidade quanto para, no limite, a renovação de práticas políticas democráticas e republicanas nesse país. Assim, cabe-nos afirmar que Ramírez, por meio de seu pensamento, dos recursos linguísticos mobilizados e das suas práticas político-intelectuais e mediadoras, contribuiu para, ao menos, diminuir a distância entre a "nação ideal" e a "nação real". Construiu, assim, mais uma ponte à democracia, teceu alguns de seus "fios soltos"[1450] e, consequentemente, propôs um novo tempo para o seu país.

[1450] Mais uma vez, fazemos referência à expressão de Antonio Carlos Amador Gil a respeito da construção da nação argentina, também no século XIX. GIL, Antonio Carlos Amador. *Tecendo os fios da nação*: soberania e identidade nacional no processo de construção do Estado. Vitória: Instituto Histórico e Geográfico do Espírito Santo, 2001.

REFERÊNCIAS

Fontes documentais

Periódicos

INTRODUCCIÓN. El Iniciador, Montevideo, 1838, Tomo 1, n. 1, p. 1-24, 15 de abr. 1838.

LA BANDERA RADICAL: REVISTA SEMANAL DE INTERESES GENERALES. Edición de Carlos María Ramírez *et al.* Montevideo: Telégrafo Marítimo, 1871. 40 números publicados entre 29 de janeiro e 29 de outubro de 1871.

LA FUSIÓN: PERIÓDICO POLÍTICO. 21 ene. 1852.

RAMÍREZ, Carlos María *et al. Conferencias de Derecho Constitucional* (1871). Montevideo: Ministerio de Instrucción Pública y Previsión Social, 1966. Publicadas em vários números do periódico *La Bandera Radical*, em 1871.

Artigos, polêmicas, atas de reunião, manifestos, notas e discursos publicados em periódicos

ARÉCHAGA, Justino Jiménez; RAMÍREZ, Carlos María *et al.* Profesión de fe racionalista (9 de julio de 1872). *In*: PALOMEQUE, Agapo Luis (comp./org.). *Obras de José Pedro Varela:* la primera memoria. Montevideo: Cámara de Representantes de la República Oriental del Uruguay, 1990a. v. 2, p. 429-431.

RAMÍREZ, Carlos María. [SEM TÍTULO]. El Siglo, 13 de out. 1876. *In*: RAMÍREZ, Carlos María; VARELA, José Pedro. *El destino nacional y la universidad*: polémica. Montevideo: Ministerio de Instrucción Pública e Previsión Social: Biblioteca Artigas, [1876] 1965. t. 2, p. 26-33.

BERRA, Francisco Antonio. Noticia de José Pedro Varela y su participación en la reforma escolar del Uruguay (1888). *In*: PALOMEQUE, Agapo Luis (comp./org.). *La legislación escolar*. Obras de José Pedro Varela (I). Con biografías de Manuel Herrero y Espinoza e Francisco Antonio Berra. Montevideo: Editorial Salamandra: Cámara de Representantes de la República Oriental del Uruguay, 1989. p. 337-365.

CARTA de Ramírez a Ángel Floro Costa publicada pelo jornal El Siglo, 27 e 28 de julho de 1874. *In*: RAMÍREZ, Carlos María; VARELA, José Pedro. *El destino nacional y la universidad*: polémica. Montevideo: Ministerio de Instrucción Pública e Previsión Social: Biblioteca Artigas, 1965. t. 2, p. 134-145.

SOCIEDAD DE AMIGOS DE LA EDUCACIÓN POPULAR (SAEP). Estatutos. Sancionados en la reunión general del 06 de octubre de 1868. *In*: PALOMEQUE, Agapo Luis (comp./org.). *Obras de José Pedro Varela*. la primera memoria. Montevideo: Cámara de Representantes da República Oriental del Uruguay, 1990a. v. 2, p. 391-395.

FUNDACIÓN DE LA SOCIEDAD DE AMIGOS DE LA EDUCACIÓN POPULAR (maiúsculas no original). Acta de instalación (1868). *In*: PALOMEQUE, Agapo Luis (comp./org.). *Obras de José Pedro Varela (II)*: la primera memoria. Montevideo: Cámara de Representantes da República Oriental del Uruguay, 1990b. p. 387-389.

LA PAZ. EL BANQUETE DE LA JUVENTUD. DISCURSO DE CARLOS MARÍA RAMÍREZ (maiúsculas no original), 16 de abril de 1872. *In*: PALOMEQUE, Ágapo Luis (comp./org.). *Obras de José Pedro Varela (V)*: segunda parte. Montevideo: Cámara de Representantes da República Oriental del Uruguay, 2000b. p. 159-161.

MANIFESTACIÓN DE PRINCÍPIOS Y PROPÓSITOS DEL CLUB NACIONAL (07 de julho de 1872) (maiúsculas no original). *In*: PALOMEQUE, Ágapo Luis (comp./org.). *Obras de José Pedro Varela (V)*: segunda parte. Montevideo: Cámara de Representantes da República Oriental del Uruguay, 2000b. p. 184-186.

PROGRAMA DEL CLUB LIBERTAD (maiúsculas no original). *In*: PALOMEQUE, Ágapo Luis (comp./org.). *Obras de José Pedro Varela (V)*: segunda parte. Montevideo: Cámara de Representantes da República Oriental del Uruguay, 2000b. p. 187-190.

RAMÍREZ, Carlos María. Carlos María Ramírez "extranjero" (1887). *In*: BIBLIOTECA DE LA SOCIEDAD DE HOMBRES DE LETRAS DEL URUGUAY. *Carlos María Ramírez*: apuntes y discursos. Montevideo: Gaceta Comercial, 1948. p. 52-55.

RAMÍREZ, Carlos María. En el banquete a Sarmiento (1881). *In*: BIBLIOTECA DE LA SOCIEDAD DE HOMBRES DE LETRAS DEL URUGUAY. *Carlos María Ramírez*: apuntes y discursos. Montevideo: Gaceta Comercial, 1948. p. 45-51.

RAMÍREZ, Carlos María. La independencia nacional (1879). *In*: BIBLIOTECA DE LA SOCIEDAD DE HOMBRES DE LETRAS DEL URUGUAY. *Carlos María Ramírez*: apuntes y discursos. Montevideo: Gaceta Comercial, 1948. p. 57-63.

RAMÍREZ, Carlos María. Los fugitivos del Quebracho (1886). *In*: RAMÍREZ, Carlos María. *Páginas de historia*. Montevideo: Ministerio de Educación y Cultura, 1978. p. 135-167. (Colección de Clásicos Uruguayos, v. 152).

RAMÍREZ, Carlos María. Reminiscencias. Leído en la conferencia literario-musical dada por el Ateneo del Uruguay, el 25 de setiembre, en celebración del décimo-quarto aniversario de su fundación. Por el Doctor Don Carlos María Ramírez. *In*: ANALES DEL ATENEO DEL URUGUAY. Publicación mensual. Montevideo: Imprenta y encuadernación de Ríos y Becchi, 1883. t. 4, p. 459-465.

RAMÍREZ, Carlos María; VARELA, José Pedro. SISTEMAS Y MÉTODOS DE ENSEÑÁNZA (maiúsculas no original). Informe de los señores don José Pedro Varela y don Carlos María Ramírez. *In*: PALOMEQUE, Agapo Luis (comp./org.). *Obras de José Pedro Varela (II)*: la primera memoria. Montevideo: Cámara de Representantes de la República Oriental del Uruguay, 1990a. p. 409-428.

RAMÍREZ, Carlos María. Sobre el "Facundo" (1873). *In*: BIBLIOTECA DE LA SOCIEDAD DE HOMBRES DE LETRAS DEL URUGUAY. *Carlos María Ramírez*: apuntes y discursos. Montevideo: Gaceta Comercial, 1948. p. 17-18.

RAMÍREZ, Carlos María; VARELA, José Pedro *et al.* MANIFESTO Y PROGRAMA DEL CLUB RADICAL (maiúsculas no original). *In*: PALOMEQUE, Ágapo Luis (comp./org.). *Obras de José Pedro Varela (V)*: segunda parte. Montevideo: Cámara de Representantes da República Oriental del Uruguay, 2000b. p. 176-180. Originalmente publicada em 1871.

Livros e ensaios

ALBERDI, Juan Bautista. *Bases y puntos de partida para la organización de la República Argentina*. Buenos Aires: Biblioteca del Congreso de la Nación, [1853] 2017.

ARTIGAS, José. Instrucciones que se dieron a los representantes del pueblo oriental, para el desempeño de su encargo en la Asamblea Constituyente fijada en la ciudad de Buenos Aires, 1813. *In*: RAMÍREZ, Carlos María. *Juicio crítico del bosquejo histórico de la República Oriental del Uruguay por el Dr. Francisco A. Berra*. Buenos Aires: Imprenta del Porvenir, 1882. p. 103-105.

BILBAO, Francisco. *El evangelio americano*. Buenos Aires: Imp. de la Soc. Tip. Bonaerense, 1864.

BILBAO, Francisco. *La América en peligro*. Buenos Aires: Imprenta y Litografía a vapor, de Bernheim y Boneo, 1862.

CONSTANT, Benjamin. *De la liberté des anciens comparé à célle des modernes*. Discours prononcé à l'Athénée royal de Paris, 1819. Disponível em: https://www.institutcoppet.org/wp-content/uploads/2015/01/7.-CONSTANT-Benjamin-De-la-liberte-des-Anciens-comparee-a-celle-des-Modernes.pdf. Acesso em: 16 abr. 2000.

ECHEVERRÍA, Esteban. Dogma socialista. *In*: CASAVALLE, Carlos. *Obras completas de D. Estéban Echeverria*. Buenos Aires: Imprenta y Librería de Mayo, 1873. (Escritores Argentinos).

GOMAR, Gregorio Pérez. *Curso elemental de Derecho de Gentes*. Precedido por una introducción sobre el Derecho Natural. Montevideo: Imprenta tipográfica a vapor, 1967. t. 1. Originalmente publicada em 1864.

GRIMKE, Frederick. *Considerations upon the nature and tendency of free institutions*. Cincinatti; New York: H. W&Co. Publishers, 1848. Libro 3, Cap. 4.

HERRERA Y OBES, Manuel; BERRO, Bernardo Prudencio. *El caudillismo y la revolución americana*: polémica. Montevideo: Ministerio de Instrucción Pública y Previsión Social; Biblioteca Artigas, 1966. Originalmente publicada em 1847.

HOBBES, Thomas. *Leviatã ou matéria, forma e poder de um Estado eclesiástico e civil*. Organização de Richard Tuck. Tradução de João Paulo Monteiro, Maria Beatriz Nizza da Silva, Claudia Berliner. São Paulo: Martins Fontes, 2003. (Clássicos Cambridge de Filosofia Política).

MICHELET, Jules. *História da Revolução Francesa*: da queda da Bastilha à festa da Federação. Tradução de Maria Lúcia Machado. São Paulo: Companhia das Letras, 1989.

MILL, John Stuart. *Representative government*. Canadá: Catoche Books, 2001. Originalmente publicada em 1861.

MONTESQUIEU, Charles de Secondat, Barão de. *O espírito das leis*. Apresentação de Renato Janine Ribeiro. Tradução de Cristina Murachco. São Paulo: Martins Fontes, [1747], 1996.

RAMÍREZ, Carlos María. Advertencia. *In*: RAMÍREZ, Carlos María. *Artigas*: debate entre "El Sud-América" de Buenos Aires e "La Razón" de Montevideo. 2. ed. Montevideo: Imprenta y litografía "La Razón", 1897.

RAMÍREZ, Carlos María. *Artigas*: debate entre "El Sud-América" de Buenos Aires e "La Razón" de Montevideo. Montevideo: Editorial de la Librería Nacional de A. Barreiro y Ramos, 1884.

RAMÍREZ, Carlos María. *Juicio crítico del bosquejo histórico de la República Oriental del Uruguay por el Dr. D. Francisco A. Berra*. Buenos Aires: Imprenta del "Porvenir", 1882.

RAMÍREZ, Carlos María. *La guerra civil y los partidos de la República Oriental del Uruguay*: profesión de fe que dedica a la juventud de su patria. Montevideo: Imprenta de El Siglo, 1871.

RAMÍREZ, Carlos María. *Conferencias de Derecho Constitucional*. Dictadas por el Catedrático de la asignatura para el curso inaugural de la misma en la Universidad de Montevideo el año 1871. Edición de Justo Cubiló. 2. ed. Montevideo: Imprenta y Litografía "La Razón", 1897. p. 319-544.

SARMIENTO, Domingo Faustino. *Conflicto y armonías de las razas en América*. Buenos Aires: Imprenta de D. Tuñez, 1883. t. 1.

SARMIENTO, Domingo Faustino. *Facundo*: civilización y barbarie. 2. reimp. Buenos Aires: R.P. Centro Editor de Cultura, [1845] 2012.

SIMON, Jules. *La liberté de conscience*. Paris: Librairie de L. Hachette et Cia., 1857.

STORY, Joseph. *Comentario sobre la Constitución federal de los Estados Unidos (1830)*. Traducción de Nicolás Calvo. Buenos Aires: Imprenta La Universidad, 1888. 4 t.

TOCQUEVILLE, Alexis de. *A democracia na América*. Tradução de Eduardo Brandão. 2. ed. São Paulo: Martins Fontes, 2005. Livro 1.

TOCQUEVILLE, Alexis de. *A democracia na América*. Tradução de Eduardo Brandão. São Paulo: Martins Fontes, 2000. Livro 2.

VATTEL, Emer de. *O direito das gentes*. Prefácio e tradução de Vicente Marotta Rangel. Brasília: Editora Universidade de Brasília; Instituto de Pesquisa de Relações Internacionais, 2004.

VIERA, Feliciano. CAPÍTULO III. LA LIBERTAD DE REUNIÓN Y DE ASOCIACIÓN POR EL DOCTOR FELICIANO VIERA. (maiúsculas no original). *In*: RAMÍREZ, Carlos María. *Conferencias de Derecho Constitucional*. Dictadas por el Catedrático de la asignatura para el curso inaugural de la misma en la Universidad de Montevideo el año 1871. Edición de Justo Cubiló. 2. ed. Montevideo: Imprenta y Litografía "La Razón", 1897. p. 391-430.

Poemas

RAMÍREZ, Carlos María. La guerra. *In*: MAGARIÑOS CERVANTES, Alejandro. *Album de poesias*. Montevideo: Imprenta a vapor de La Tribuna, 1878.

RAMÍREZ, Carlos María. Voto nupcial. *In*: MAGARIÑOS CERVANTES, Alejandro. Álbum de poesias. Montevideo: Imprenta a vapor de La Tribuna, 1878. p. 488-489.

Fontes bibliográficas

ACEVEDO, Eduardo. *Anales históricos del Uruguay*. Montevideo: Barreiro y Ramos, 1933. t. 1.

ACEVEDO, Eduardo. *Anales históricos del Uruguay*. Montevideo: Barreiro y Ramos, 1934. t. 4.

ACHUGAR, Hugo. *Planetas sem boca*: escritos efêmeros sobre arte, cultura e literatura. Tradução de Lyslei Nascimento. Belo Horizonte: Editora UFMG, 2006.

ACLAND, Alicia; CATENACCIO, Roberto; NALERIO, Martha. *Positivismo y proceso curricular en el Uruguay del siglo XIX (ensayo)*. Montevideo: Ideas, 1992.

AGULHON, Maurice. *Política, imágenes, sociabilidades*: de 1789 a 1989. Ed. e Introd. de Jordi Canal. Tradução de Francisco Javier Ramón Solans. Zaragoza: Prensas de la Universidad de Zaragoza, 2016.

ALTAMIRANO, Carlos. *Intelectuales*: notas de investigación. Bogotá: Grupo Editorial Norma, 2006.

ALTAMIRANO, Carlos. Introducción general. *In*: ALTAMIRANO, Carlos (dir.). *Historia de los intelectuales en América Latina*. Buenos Aires: Katz, 2008. v. 1, p. 9-27.

ALTAMIRANO, Carlos. *Para un programa de historia intelectual y otros ensayos*. Buenos Aires: Siglo XXI Editores, 2005.

ALTAMIRANO, Carlos; SARLO, Beatriz. *Ensayos argentinos*: de Sarmiento a la vanguardia. Buenos Aires: Compañía Editora Espasa Calpe Argentina: Ariel, 1997.

ANDERSON, Benedict. *Comunidades imaginadas*: reflexões sobre a origem e a difusão do nacionalismo. Tradução de Denise Bottman. São Paulo: Companhia das Letras, 2008.

ANSART, Pierre. *A gestão das paixões políticas*. Tradução de Jacy Seixas. Curitiba: Ed. UFPR, 2019.

TAMAYO ARBOLEDA, Fernando León. Autoritarismo y liberalismo: una mirada a partir de la obra de Florentino González a la ideología liberal en Colombia en el siglo XIX. *Estudios Políticos (Universidad de Antioquia)*, n. 51, p. 106-127, 2017.

DOI: 10.17533/udea.espo.n51a06. Disponível em: https://www.redalyc.org/journal/164/16452081006/html/. Acesso em: 13 set. 2021.

ARDAO, Arturo. *Espiritualismo y positivismo en el Uruguay*. 2 ed. Montevideo: Universidad de la República, 1968.

ARDAO, Arturo. *Etapas de la inteligencia uruguaya*. Montevideo: UDELAR: Atenas, 1971.

ARDAO, Arturo. *La Universidad de Montevideo*: su evolución histórica. Montevideo: UDELAR, 1950.

ARDAO, Arturo. *Racionalismo y liberalismo en el Uruguay*. Montevideo: Ed. Universidad de la República, 1962.

ARENAL FENOCHIO, Jaime de. *Historia mínima del derecho en Occidente*. México, D. F.: El Colegio de México, 2016; Sextil Online, 2017. *E-book*.

ARENDT, Hannah. *Sobre a revolução*. Tradução de Denise Bottman. São Paulo: Companhia das Letras, 2011.

ARES PONS, Roberto. Blancos y colorados. *In*: REAL DE AZÚA, Real (org.). *El Uruguay visto por los uruguayos (antología)*. Montevideo: Centro Editor de América Latina, 1968. t. 2.

ARTEAGA, Juan José. *Uruguay*: breve historia contemporánea. México (Ciudad): Fondo de Cultura Económica, 2000.

AUDREN, Frédéric. Introduction: l'histoire intellectuelle du droit ou la fin du "Grand partage". *Clio@ Themis*: Revue Electronique d'Histoire du Droit, n. 9, p. 1-4, 2015. Disponível em: https://publications-prairial.fr/cliothemis/index.php?id=1511. Acesso em: 23 jun. 2022.

ÁVILA, Alfredo. Liberalismos decimonónicos: de la historia de las ideas a la historia cultural e intelectual. *In*: PALACIOS, Guillermo (org.). *Ensayos sobre la nueva historia política de América Latina*: siglo XIX. [México]: El Colegio de México, 2007. p. 111-145. JSTOR. DOI 10.2307/j.ctv47w53q.

AVRITZER, Leonardo; COSTA, Sérgio. Teoria crítica, democracia e esfera pública: concepções e usos na América Latina. *In*: MAIA, Rousiley; CASTRO, Maria Ceres Pimenta Spínola. *Mídia, esfera pública e identidades coletivas*. Belo Horizonte: Editora UFMG, 2006. p. 63-90.

BARRAN, José Pedro. *Apogeo y crisis del Uruguay pastoril y caudillesco*: 1839-1875. Montevideo: Banda Oriental, 1990. t. 4.

BARRAN, José Pedro. *Iglesia Católica y burguesía en el Uruguay de la modernización (1860-1900)*. Montevideo: Departamento de Publicaciones de la Facultad de Humanidades y Ciencias, 1988.

BARRAN, José Pedro. La independencia y el miedo a la revolución social en 1825. *Revista de la Biblioteca Nacional*, n. 24, 1986.

BARRAN, José Pedro; NAHUM, Benjamín. El batllismo uruguayo y su reforma "moral". *Desarrollo Económico*, Argentina, v. 23, n. 89, p. 121-135, abr./jun. 1983.

BARRAN, José Pedro; NAHUM, Benjamín. *Historia rural del Uruguay moderno*: 1851-1885. Montevideo: EBO, 1967. t. 1.

BARRAN, José Pedro; NAHUM, Benjamín. *Historia rural del Uruguay moderno (1886-1894)*. Montevideo: EBO, 1968. t. 2.

BARRÓN, Luis. Republicanismo, liberalismo y conflicto ideológico en la primera mitad del siglo XIX en América Latina. *In*: RIVERA, José Antonio Aguilar; ROJAS Rafael (org.). *El republicanismo en Hispanoamérica*: ensayos de historia intelectual y política. México: Fondo de Cultura Económica, 2002. p. 118-137.

BARROS, José d'Assunção. *Teoria da história*. 4. ed. Petrópolis: Vozes, 2014. v. 2.

BENJAMIN, Walter. *Passagens*. Tradução de Irene Aron e Cleonice Paes Barreto. Belo Horizonte: Editora UFMG; São Paulo; Imprensa Oficial do Estado de São Paulo, 2009.

BERTEN, André. Secularização e liberdade religiosa: pode o modelo americano ser universalizado? *In*: ARAÚJO, Luiz Bernardo Leite; MARTÍNEZ, Marcela Borges; PEREIRA, Taís Silva (org.). *Esfera pública e secularismo*: ensaios de filosofia política. Rio de Janeiro: EdUERJ, 2012. p. 27-49.

BIBLIOTÈQUE DE L'INSTITUT DE FRANCE. Jules Simon (1814-1896). Philosophie, laïcité et liberté. Disponível em: https://www.bibliotheque-institutdefrance. fr/sites/default/files/jules_simon_catalogue_dexpo.pdf. Acesso em: 25 ago. 2021.

BIGNOTTO, Newton. A matriz francesa. *In*: BIGNOTTO, Newton (org.). *Matrizes do republicanismo*. Belo Horizonte: Editora UFMG, 2013. p. 175-230.

BONAVITA, Luis. Prólogo. *In*: RAMÍREZ, Carlos María. *Artigas*. Montevideo: Biblioteca Artigas, [1897], 1953. p. XI-XX.

BOTANA, Natalio. *La tradición republicana*: Alberdi, Sarmiento y las ideas políticas de su tiempo. Buenos Aires: Edhasa, 2013.

BOURDÉ, Guy. As filosofias da história. *In*: BOURDÉ, Guy; MARTIN, Hervé (org. em colaboração com Pascal Balmand). *As escolas históricas*. Tradução de Fernando Scheibe. Belo Horizonte: Autêntica Editora, 2018. (Coleção História e Historiografia).

BOURDIEU, Pierre. *A economia das trocas simbólicas*. Introdução, organização e seleção de Sérgio Miceli. São Paulo: Perspectiva, 2007.

BOURDIEU, Pierre. A ilusão biográfica. *In*: FERREIRA, Marieta de Moraes; AMADO, Janaina (coord.). *Usos e abusos da história oral*. Rio de Janeiro: Editora FGV, 2006. p. 183-191.

BOURDIEU, Pierre. *Meditações pascalianas*. Tradução de Sérgio Miceli. Rio de Janeiro: Bertrand Brasil, 2001.

BOURDIEU, Pierre. *O poder simbólico*. Tradução de Fernando Tomaz. Lisboa; Rio de Janeiro: Difel; Ed. Bertrand Brasil, 1989.

BRALICH, Jorge. *José Pedro Varela*: sociedad burguesa y reforma educacional. Montevideo: Nuevo Mundo, 1989.

BRUSCHERA, Oscar H. Los partidos políticos tradicionales en el Uruguay: análisis de su estructura. *In*: REAL DE AZÚA, Real (org.). *El Uruguay visto por los uruguayos (antología)*. Montevideo: Centro Editor de América Latina, 1968. t. 2, p. 54-60.

BUSCASSO, Ariadna Islas. Ciudadano Artigas: notas a propósito de la construcción de la ciudadanía en Uruguay, 1888-1897. *In*: FREGA, Ana; ISLAS, Ariadna. *Nuevas miradas en torno al artiguismo*. Montevideo: Facultad de Humanidades y Ciencias de la Educación de la UDELAR, 2001. p. 353-366.

BUSCASSO, Ariadna Islas. Entre pactos: notas sobre el concepto de Estado entre la nación española y la república oriental (1750-1870). *In*: CAETANO, Gerardo (org.). *Historia conceptual*: voces y conceptos de la política oriental (1750-1870). Montevideo: EBO, 2013. p. 73-91.

BUSCASSO, Ariadna Islas. Morigerar las costumbres para formar la nación: el concepto civilización en el discurso político desde la formación de la sociedad colonial hasta la constitución de la república (1750-1870). *In*: CAETANO, Gerardo (org.). *Historia conceptual*: voces y conceptos de la política oriental (1750-1870). Montevideo: EBO, 2013. p. 93-112.

CAETANO, Gerardo. El "impulso republicano" del Uruguay del 900: la reforma política del "primer batllismo" (1890-1930). *Varia Historia*, Belo Horizonte, v. 37, n. 73, p. 217-250, jan./abr. 2021. Disponível em: https://www.scielo.br/j/vh/a/r4WhkbJKfPx4FSXp7FWVf8M/?format=pdf&lang=es. Acesso em: 23 jun. 2022.

CAETANO, Gerardo. Genealogías de la política uruguaya moderna: el liberalismo como "concepto fundamental" y su primacía sobre el republicanismo en el siglo XIX. *Claves*: Revista de Historia, n. 2, p. 111-143, ene./jun. 2016.

CAETANO, Gerardo. *Historia mínima de Uruguay*. Ciudad de México: El Colegio de México: 2020. *E-book*. Primeira edição impressa em 2019.

CAETANO, Gerardo. Identidad nacional e imaginario colectivo en Uruguay: la síntesis perdurable del centenario. *In*: ACHUGAR, Hugo; CAETANO, Gerardo. *Identidad uruguaya*: ¿mito, crisis o afirmación? 3. ed. Montevideo: Ediciones Trilce, 1993. p. 75-96.

CAETANO, Gerardo. La cuestión del origen de los partidos: el pleito entre distintas maneras de concebir la asociación política. *In*: CAETANO, Gerardo (org.). *Historia conceptual*: voces y conceptos de la política oriental (1750-1870). Montevideo: EBO, 2013. p. 197-213.

CAETANO, Gerardo. La patria resignificada tras los "lenguajes del patriotismo". *In*: CAETANO, Gerardo (org.). *Historia conceptual*: voces y conceptos de la política oriental (1750-1870). Montevideo: EBO, 2013. p. 215-231.

CAETANO, Gerardo. Laicidad, ciudadanía y política en el Uruguay contemporáneo: matrices y revisiones de una cultura laicista. *Revista Cultura & Religión*, v. 7, n. 1, p. 116-139, 30 dic. 2013b. Disponível em: https://www.revistaculturayreligion.cl/index.php/revistaculturayreligion/article/view/370. Acesso em: 23 jun. 2022.

CAETANO, Gerardo; GEYMONAT, Roger. *La secularización uruguaya (1859-1919)*. Montevideo: Ediciones Santillana: Taurus, 1997.

CAETANO, Gerardo; RIBEIRO, Ana. El pleito conceptual entre libertad y república en los tiempos artiguistas. *Ariadna Histórica*: Lenguajes, Conceptos, Metáforas, n. 7, p. 13-35, 2018.

CAETANO, Gerardo; RILLA, José. El sistema de partidos: raíces y permanencias. *Cuadernos del CLAEH*, Montevideo, n. 31, p. 81-98, 1984.

CAETANO, Gerardo; RILLA, José. *Historia contemporánea del Uruguay*: de la colonia al Mercosur. Montevideo: Fin de Siglo, 1994.

CAETANO, Gerardo; RILLA, José. Prólogo. *In*: REAL DE AZÚA, Carlos. *Los orígenes de la nacionalidad uruguaya*. 2. ed. Montevideo: Arca: Nuevo Mundo, 1991. p. 5-11.

CARRERA, Julián. *Pulperos y pulperías rurales bonaerenses*: su influencia en la campaña y los pueblos, 1780-1820. 2010. (Doctorado en Historia) – Universidad Nacional de la Plata, La Plata (Buenos Aires), 2010. Disponível em: http://www.memoria. fahce.unlp.edu.ar/tesis/te.338/te.338.pdf. Acesso em: 14 abr. 2020.

CARVALHO, José Murilo de. História intelectual no Brasil: a retórica como chave de leitura. *Topoi*, Rio de Janeiro, n. 1, p. 123-152, 2000.

CASTELFRANCO, Diego. De la "Iglesia libre en el Estado libre" a la amenaza del "Estado ateo": José Manuel Estrada y su trayectoria intelectual. *In*: DI STEFANO, Roberto; SILVA, Ana Rosa Cloclet da (org.). *Catolicismos en perspectiva histórica*: Brasil e Argentina en diálogo. Santa Rosa: IEHSOLP Ediciones, 2020. p. 83-111.

CASTRO, Flaviola Rivera. El liberalismo en América Latina. *In*: COSTA, Adriane Vidal; PALTI, Elías J. *História intelectual e circulação de ideias na América Latina nos séculos XIX e XX*. Belo Horizonte: Fino Traço, 2021. p. 114-136.

CAWEN, Inés Cuadro. "Entre clasicismo, jacobinismo y representatividad": variaciones del concepto político "democracia" en el territorio de la Banda Oriental del Uruguay (1770-1870). *In*: CAETANO, Gerardo (org.). *Historia conceptual*: voces y conceptos de la política oriental (1750-1870). Montevideo: EBO, 2013. p. 155-174.

CHARTIER, Roger. *A história cultural*: entre práticas e representações. Tradução de Maria Manuela Galhardo. 2. ed. Portugal: Difel, 2002.

CHIARAMONTE, José Carlos. Alberdi y el sentido de su federalismo. *PolHis*, año 9, n. 17, p. 8-21, ene./jun. 2016.

CHIARAMONTE, José Carlos. *Ciudades, provincias, Estados*: orígenes de la nación argentina (1800-1846). Argentina: Compañía Editora Espasa Calpe Argentina; Ariel, 1997. (Biblioteca del Pensamiento Argentino, 1).

CHIARAMONTE, José Carlos. Conceptos y lenguajes políticos en el mundo iberoamericano, 1750-1850. *Revista de Estudios Políticos*, Madrid, n. 140, p. 11-31, abr./jun. 2008.

CHIARAMONTE, José Carlos. El mito de los orígenes en la historiografía latinoa-mericana. *Cuadernos del Instituto Ravignani*, Buenos Aires, n. 2, p. 5-39, oct. 1991.

CHIARAMONTE, José Carlos. El problema de los orígenes de los Estados hispanoamericanos en la historiografía reciente y el caso del Río de la Plata. *Anos 90*, v. 1, n. 1, p. 49-83, 1993.

CHIARAMONTE, José Carlos. Formas de identidad política en el Río de la Plata luego 1810. *Boletín del Instituto de Historia Argentina y Americana "Dr. E. Ravignani"*, n. 1, p. 71-92, 1. sem. 1989. 3. serie.

CHIARAMONTE, José Carlos. Províncias ou estados? As origens do federalismo platino. *Cadernos do Programa de Pós-graduação em Direito PPGDir/UFRGS*, Porto Alegre, v. 17, n. 1, p. 73-114, 2016.

CHIARAMONTE, José Carlos; MARICHAL, Carlos; GRANADOS GARCIA, Aimer. *Crear la nación*: los nombres de los países de América Latina. Buenos Aires: Editorial Sudamericana, 2008.

COSTA, Adriane Vidal; MAÍZ, Claudio. Introdução. *In*: COSTA, Adriane Vidal; MAÍZ, Claudio (org.). *Nas tramas da "cidade letrada"*: sociabilidade dos intelectuais latino-americanos e as redes transnacionais. Belo Horizonte: Fino Traço, 2018. p. 7-18.

COSTA, Wilma Peres. História e direito: em busca dos continentes submersos. Comentário ao texto de Annick Lempériere. *Almanack*, Guarulhos, n. 15, p. 44-58, 2017.

DALLARI, Dalmo de Abreu. A Constituição de Cádiz: valor histórico e atual. *Revista de Estudios Brasileños*, v. 1, n. 1, p. 81-96, 2014.

DARNTON, Robert. *O beijo de Lamourette*: mídia, cultura e revolução. Tradução de Denise Bottman. São Paulo: Companhia das Letras, 1990.

DE TORRES, María Inés. *¿La nación tiene cara de mujer?*: mujeres y nación en el imaginario letrado del Uruguay del siglo XIX. Bernal: Universidad Nacional de Quilmes, 2013.

DEAS, Malcolm. Venezuela, Colombia y Ecuador. *In*: BETHELL, Leslie (org.). *Historia de América Latina*. Barcelona: Editorial Crítica, 1991. t. 6, p. 175-201.

DELIO MACHADO, Luis Marìa. El partido constitucional y la Facultad de Derecho. *Revista de la Facultad de Derecho*, n. 24, p. 99-124, 19 dic. 2005.

DEMARCO, Cecília. Tipógrafos y esfera pública en Montevideo: 1885-1902. *Revista Encuentros Latinoamericanos*, v. III, n. 2, p. 303-329, jul./dic. 2019. 2. época.

DEMASI, Carlos. La figura de Artigas en la construcción del primer imaginario nacional (1875-1900). *In*: FREGA, Ana; ISLAS, Ariadna. *Nuevas miradas en torno al artiguismo*. Montevideo: Facultad de Humanidades y Ciencias de la Educación de la UDELAR, 2001. p. 341-351.

DEMURO, Wilson González. "Un juez severo a quien temen aun los Gobiernos más despóticos": el concepto de opinión pública en la prensa oriental durante la revolución (1810-1820). *Humanidades*: Revista de la Universidad de Montevideo, n. XII, p. 97-124, 2013.

DEMURO, Wilson González. El concepto de libertad: un acercamiento a su evolución, desde el fin de la época colonial a la primera modernización estatal uruguaya. *In*: CAETANO, Gerardo (org.). *Historia conceptual*: voces y conceptos de la política oriental (1750-1870). Montevideo: EBO, 2013. p. 175-194.

DEVOTO, Fernando J. La construcción del relato de los orígenes en Argentina, Brasil y Uruguay: las historias nacionales de Varnhagen, Mitre y Bauzá. *In*: ALTA-MIRANO, Carlos (dir.). *Historia de los intelectuales en América Latina*. Buenos Aires: Katz, 2008. v. 1, p. 269-289.

DI MEGLIO, Gabriel. República. Argentina - Río de la Plata. *In*: SEBÁSTIAN, Javier Fernández (dir.). *Diccionario político y social iberoamericano*. Madrid: Fundación Carolina: Sociedad Estatal de Conmemoraciones Culturales: Centro de Estudios Políticos y Constitucionales, 2009. p. 1.270-1.281.

DIANA, Elvis de Almeida. Da tradição ao moderno, do privado ao público: linguagens políticas, metáforas e mediações político-culturais em Carlos María Ramírez na construção da nação republicana uruguaia no Oitocentos. *Outros Tempos*: Pesquisa em Foco - História, v. 20, n. 36, p. 1-31, 2023. DOI 10.18817/ot.v20i36.1021.

DIANA, Elvis de Almeida. *Educação pública e política em José Pedro Varela no Uruguai do século XIX*. Curitiba: Editora Prismas, 2018.

DIANA, Elvis de Almeida. Travessias historiográficas: da história das ideias às contribuições da história intelectual e da história conceitual para o estudo dos processos políticos uruguaios oitocentistas. *História da Historiografia*: International Journal of Theory and History of Historiography, Ouro Preto, v. 15, n. 38, p. 67-96, 2022. DOI 10.15848/hh.v15i38.1809.

DOSSE, François. *História e ciências sociais*. Tradução de Fernanda Abreu. Bauru: EDUSC, 2004.

DOSSE, François. *La marcha de las ideas*: historia de los intelectuales, historia intelectual. València: PUV/Universitat de València, 2007.

DUNCAN, Tim. La prensa política: Sud-América, 1884-1892. *Revista de Instituciones, Ideas y Mercados*, n. 46, p. 65-92, mayo 2007.

DUTRA, Delamar José Volpato. A autoridade da lei e a força do direito: a natureza dos vínculos obrigacionais segundo Hobbes. *Philosophica*, Lisboa, n. 43, p. 7-31, 2014.

DUTRA, Eliana de Freitas; MOLLIER, Jean-Yves. Introdução. *In*: DUTRA, Eliana de Freitas; MOLLIER, Jean-Yves (org.). *Política, nação e edição*: o lugar dos impressos na construção da vida política no Brasil, Europa e Américas nos séculos XVIII-XX. São Paulo: Annablume, 2006.

ENGELMANN, Fabiano; PENNA, Luciana Rodrigues. Constitucionalismo e batalhas políticas na Argentina: elementos para uma história social. *Estudos Históricos*, Rio de Janeiro, v. 29, n. 58, p. 505-524, maio/ago. 2016. Disponível em: https://www.scielo.br/j/eh/a/WgyVhkgYysVFqY74685RLwk/?lang=pt. Acesso em: 23 jun. 2022.

EZCURRA, Mara Polgovsky. La historia intelectual latinoamericana en la era del "giro linguístico". *Nuevo Mundo Mundos Nuevos*: Cuestiones del Tiempo Presente, 2010. Disponível em: https://journals.openedition.org/nuevomundo/60207. Acesso em: 29 jan. 2024.

FERNANDEZ SALDAÑA, José M. *Diccionario uruguayo de biografías (1810-1940)*. Montevideo: Editorial Amerindia, 1945.

FERNÁNDEZ Y MEDINA, Benjamin. *La imprenta y la prensa en el Uruguay*: desde 1807 a 1900. Montevideo: Imprenta de Dornaleche y Reyes, 1900.

FERREIRA, André L. Partidos tradicionais e partidos de ideias no Uruguai: uma crítica conceitual. *In*: 9º ENCONTRO INTERNACIONAL DA ANPHLAC, 9., 2010, Goiânia. *Anais* [...]. Formato digital. 2010, p. 1-7. Disponível em: http://antigo.anphlac.org/sites/default/files/Ferreira%20AL.pdf. Acesso em: 23 jun. 2022.

FERRETJANS, Daniel Álvarez. *Historia de la prensa en el Uruguay*: desde la Estrella del Sur a internet. Montevideo: Fin de Siglo, 2006.

FREGA, Ana. La virtud y el poder: la soberanía particular de los pueblos en el proyecto artiguista. *In*: GOLDMAN, Noemí; SALVATORE, Ricardo (comp.). *Caudillismos rioplatenses*: nuevas miradas a un viejo problema. Buenos Aires: Eudeba, 2005. p. 101-133.

FREGA, Ana. Las caras opuestas de la revolución: aproximación a sus significados desde la crisis de la monarquía española a la construcción del Estado-nación. *In*: CAETANO, Gerardo (org.). *Historia conceptual*: voces y conceptos de la política oriental (1750-1870). Montevideo: EBO, 2013. p. 51-72.

FREGA, Ana. Uruguayos y orientales: itinerario de una síntesis compleja. *In*: CHIARAMONTE, José Carlos; MARICHAL, Carlos; GRANADOS GARCÍA, Aimer. *Crear la nación*: los nombres de los países de América Latina. Buenos Aires: Editorial Sudamericana, 2008. p. 95-112.

FREITAS NETO, José Alves de. A formação da nação e o vazio na narrativa argentina: ficção e civilização no século XIX. *Esboços*, v. 15, p. 189-204, 2008. Disponível em: https://periodicos.ufsc.br/index.php/esbocos/article/view/2175-7976. 2008v15n20p189/9534. Acesso em: 23 jun. 2022.

FREITAS NETO, José Alves de. Mitre e a edificação de um patrimônio historiográfico argentino. *História da Historiografia*, Ouro Preto, n. 7, p. 78-93, nov./dez. 2011. Disponível em: https://www.historiadahistoriografia.com.br/revista/article/view/292/202. Acesso em: 23 jun. 2022.

FREITAS NETO, José Alves de. Un siglo todo de señales: o trabalho intelectual em Buenos Aires e as demandas expostas em La Moda (1837-1838). *Revista Territórios & Fronteiras*, Cuiabá, v. 6, n. 2, p. 166-187, jul./dez. 2013. Disponível em: https:// periodicoscientificos.ufmt.br/territoriosefronteiras/index.php/v03n02/article/ view/238/169. Acesso em: 24 jan. 2024.

FUÃO, Juarez José Rodrigues. *A construção da memória*: os monumentos a Bento Gonçalves e José Artigas. 2009. Tese (Doutorado em História) – Universidade do Vale do Rio dos Sinos, 2009a.

FUÃO, Juarez José Rodrigues. Carlos María Ramírez sai em defesa de José Artigas: da crítica à (re)construção do herói oriental. *Estudos Ibero-Americanos*, v. 35, n. 2, p. 37-58, jul./dez. 2009b.

GALLARDO, Javier. Las ideas republicanas en los orígenes de la democracia uruguaya. *Araucaria*: Revista Iberoamericana de Filosofía, Política y Humanidades, v. 5, n. 9, p. 3-44, 2003.

GALLO, Max. *Revolução Francesa*. Tradução de Julia da Rosa Simões. Porto Alegre: L&PM, 2012. v. 1.

GAMBETTA, Eugenia Ortiz. Intertextualidad y modelización en tres novelas de gauchos del Río de la Plata (1850-1870). *Humanidades*: Revista de la Universidad de Montevideo, n. XI, p. 109-125, 2011.

GARGARELLA, R. El constitucionalismo en Sudamérica (1810-1860). *Precedente*: Revista Jurídica, n. -, p. 51-82, 16 dic. 2006.

GARRIGA, Carlos. ¿De qué hablamos los historiadores del derecho cuando hablamos de derecho? *Revista Direito Mackenzie*, v. 14, n. 1, p. 1-24, 2020. Disponível em: http://www.mpsp.mp.br/portal/page/portal/documentacao_e_divulgacao/doc_biblioteca/bibli_servicos_produtos/bibli_boletim/bibli_bol_2006/Rev-Dir--Mackenzie_v.14_n.01.pdf. Acesso em: 23 jun. 2022.

GARRIGA, Carlos. ¿La cuestión es saber quien manda? Historia política, historia del derecho y "punto de vista". *PolHis*, año 5, n. 10, p. 89-100, 2. Sem. 2012. Disponível em: http://historiapolitica.com/datos/boletin/Polhis10_GARRIGA.pdf. Acesso em: 23 jun. 2022.

GIL, Antonio Carlos Amador. *Tecendo os fios da nação*: soberania e identidade nacional no processo de construção do Estado. Vitória: Instituto Histórico e Geográfico do Espírito Santo, 2001.

GIORGI, Diógenes de. *El impulso educacional de José Pedro Varela (orígenes de la reforma escolar)*. Montevideo: Impresores A. Monteverde & Cia, 1942.

GIRARDET, Raoul. *Mitos e mitologias políticas*. São Paulo: Companhia das Letras, 1987.

GOLDMAN, Noemi. Constitución. Argentina – Río de la Plata. *In*: SEBÁSTIAN, Javier Fernández (dir.). *Diccionario político y social iberoamericano*. Madrid: Fundación Carolina: Sociedad Estatal de Conmemoraciones Culturales: Centro de Estudios Políticos y Constitucionales, 2009.

GOMES, Ângela de Castro. Escrita de si, escrita da história: a título de prólogo. *In*: GOMES, Ângela de Castro (org.). *Escrita de si, escrita da história*. Rio de Janeiro: Editora FGV, 2004. p. 7-24.

GOMES, Ângela de Castro; HANSEN, Patrícia. Apresentação. Intelectuais, mediação cultural e projetos políticos: uma introdução para a delimitação do objeto de estudo. *In*: GOMES, Ângela de Castro; HANSEN, Patrícia (org.). *Intelectuais mediadores*: práticas culturais e ação política. Rio de Janeiro: Civilização Brasileira, 2016. p. 7-37.

GOMES, Wilson. Apontamentos sobre o conceito de esfera pública política. *In*: MAIA, Rousiley; CASTRO, Maria Ceres Pimenta Spínola (org.). *Mídia, esfera pública e identidades coletivas*. Belo Horizonte: Editora UFMG, 2006. p. 49-61.

GONZÁLEZ BERNALDO, Pilar. *Civilidad y política en los orígenes de la nación argentina*: las sociabilidades en Buenos Aires, 1829-1862. 2. ed. Buenos Aires: Fondo de Cultura Económica, 2008.

GONZÁLEZ BERNALDO, Pilar. La "identidad nacional" en el Río de la Plata post-colonial: continuidades y rupturas con el antiguo régimen. *Anuario del IEHS "Prof. Juan C. Grosso"*, 12, TandH, UNCPBA, p. 109-122, 1997.

GONZÁLEZ BERNALDO, Pilar. Pedagogía societaria y aprendizaje de la nación en el Río de la Plata. *In*: ANNINO, Antonio; XAVIER GUERRA, François (org.). *Inventando la nación*: Iberoamérica, siglo XIX. México: Fondo de Cultura Económica, 2003. p. 565-589.

GONZÁLEZ BERNALDO, Pilar. Sociabilidad y opinión pública en Buenos Aires (1821-1852). *Historia Contemporánea*, n. 27, p. 663-694, 2003.

GONZÁLEZ, Jorge Enrique. Introducción. *In*: GONZÁLEZ, Jorge Enrique (ed.). *Nación y nacionalismo en América Latina*. Bogotá: Universidad Nacional de Colombia/Facultad de Ciencias Humanas: Centro de Estudios Sociales (CES): Consejo Latinoamericano de Ciencias Sociales (CLACSO), 2007. p. 7-27.

GRANADOS GARCÍA, Aimer; MARICHAL, Carlos. *Construcción de las identidades latinoamericanas*: ensayos de historia intelectual, siglos XIX y XX. México, D.F.: El Colegio de México: Centro de Estudios Históricos, 2009.

GROS ESPIELL, Héctor. El Derecho Constitucional y la historiografía uruguaya. *Revista de Derecho de la Universidad de Montevideo*, año 5, n. 10, p. 29-52, 2006. Disponível em: http://revistaderecho.um.edu.uy/wp-content/uploads/2012/10/DERECHO-10.pdf. Acesso em: 11 out. 2021.

GROS ESPIELL, Héctor. *Las Constituciones del Uruguay*. Madrid: Centro Iberoamericano de Cooperación, 1978.

GROS ESPIELL, Héctor. Prólogo. *In*: RAMÍREZ, Carlos María. *Conferencias de Derecho Constitucional (1871)*. Montevideo: Ministerio de Instrucción Pública y Previsión Social, 1966. p. VII-XXXI.

GROSSI, Paolo. O ponto e a linha: história do direito e direito positivo na formação do jurista de nosso tempo. *Revista Sequência*, n. 51, p. 31-45, dez. 2015. Disponível em: https://periodicos.ufsc.br/index.php/sequencia/article/view/15170/13796. Acesso em: 23 jun. 2022.

GUERRA, François-Xavier. A nação na América espanhola: a questão das origens. Tradução de Marco Morel. *Revista Maracanan*, v. 1, n. 1, p. 9-30, 1999. Disponível em: https://www.e-publicacoes.uerj.br/index.php/maracanan/article/view/13242/10116. Acesso em: 4 fev. 2020.

GUERRA, François-Xavier. *Modernidad e independencias*: ensayos sobre las revoluciones hispánicas. Madrid: Editorial MAPFRE, 1992.

GUERRA, François-Xavier; LEMPÈRIÉRE, Annick. Introducción. *In*: GUERRA, François-Xavier; LEMPÈRIÉRE, Annick (org.). *Los espacios públicos en Iberoamérica*: ambiguedades y problemas. Siglos XVIII-XIX. Nueva edición. México: Fondo de Cultura Económica; Centro de Estudios Mexicanos y Centroamericanos, 2008. *En línea*. Disponível em: https://books.openedition.org/cemca/1450. Acesso em: 10 fev. 2020.

HABERMAS, Jürgen. *Direito e democracia*: entre facticidade e validade. Tradução de Flávio Beno Siebeneichler. Rio de Janeiro: Tempo Brasileiro, 1997. v. 1.

HABERMAS, Jürgen. *Mudança estrutural da esfera pública*: investigações quanto a uma categoria da sociedade burguesa. Tradução de Flávio R. Kothe. Rio de Janeiro: Tempo Brasileiro, 2003.

HALBWACHS, Maurice. *La memoria colectiva*. Zaragoza: Prensas Universitarias de Zaragoza, 2004.

HALL, Stuart. *A identidade cultural na pós-modernidade*. Tradução de Tomás Tadeu da Silva e Guacira Lopes Louro. Rio de Janeiro: Lamparina, 2015.

HARTOG, François. *Regimes de historicidade*: presentismo e experiências do tempo. Belo Horizonte: Autêntica Editora, 2013. (Coleção História e Historiografia).

HARTOG, François; REVEL, Jacques. *Les usages politiques du passé*. Paris: École des Hautes Études en Sciences Sociales: SHADYC, 2001.

HERMET, Guy. *História das nações e do nacionalismo na Europa*. Tradução de Ana Moura. Lisboa: Editorial Estampa, 1996.

HIMMELFARB, Gertrude. *Os caminhos para a modernidade*: os iluminismos britânico, francês e americano. Tradução de Gabriel Ferreira da Silva. São Paulo: É Realizações, 2011.

HOBSBAWM, Eric. *Nações e nacionalismos desde 1780*: programa, mito e realidade. Tradução de Maria Cecília Paoli e Anna Maria Quirino. Rio de Janeiro: Paz e Terra, 1990.

JASMIN, Marcelo Gantus. Interesse bem compreendido e virtude em A democracia na América. *In*: BIGNOTTO, Newton (org.). *Pensar a república*. Belo Horizonte: EdUFMG, 2000. p. 71-85.

JASMIN, Marcelo Gantus; FERES JÚNIOR, João. História dos conceitos: dois momentos de um encontro intelectual. *In*: JASMIN, Marcelo; FERES JÚNIOR, João (org.). *História dos conceitos*: debates e perspectivas. Rio de Janeiro: Editora PUC-Rio: Edições Loyola: IUPERJ, 2006. p. 9-38.

JUNQUEIRA, Mary Anne. *Estados Unidos*: Estado nacional e narrativa da nação (1776-1900). 2. ed. rev. e ampl. São Paulo: Editora da Universidade de São Paulo, 2018.

KOERNER, Andrei. Sobre a história constitucional. *Estudos Históricos*, Rio de Janeiro, v. 29, n. 58, p. 525-540, maio/ago. 2016.

KOSELLECK, Reinhart. *Estratos do tempo*: estudos sobre história. Tradução de Markus Hediger. Rio de Janeiro: Contraponto: PUC-Rio, 2014.

KOSELLECK, Reinhart. *Futuro passado*: contribuição à semântica dos tempos históricos. Rio de Janeiro: Contraponto: Editora PUC-Rio, 2006.

KOSELLECK, Reinhart. *Histórias de conceitos*: estudos sobre a semântica e a pragmática da linguagem política e social. Tradução de Markus Hediger. Rio de Janeiro: Contraponto, 2020.

KUHN, Thomas. *A estrutura das revoluções científicas*. 5. ed. São Paulo: Perspectiva, 1998.

LANZARO, Jorge Luis; ARMAS, Gustavo de. *Clases medias y procesos electorales en una democracia de partidos*. Instituto de Ciencia Política: Universidad de la República, 2012. (Documento on-line, n. 4). Disponível em: http://biblioteca.clacso. edu.ar/Uruguay/icp-unr/20170112023239/pdf_475.pdf. Acesso em: 14 abr. 2020.

LAURINO, Carolina González. *La construcción de la identidad uruguaya*. Montevideo: Ediciones Santillana: Taurus, 2001.

LEMPÈRIÉRE, Annick. Los hombres de letras hispanomericanos y el proceso de secularización. *In*: ALTAMIRANO, Carlos (dir.). *Historia de los intelectuales en América Latina*. Buenos Aires: Katz, 2008. v. 1, p. 242-266.

LIMA, Sérgio Cruz de Castro. Liberdade e interesse bem compreendido no pensamento político de Alexis de Tocqueville. *Mosaico*, v. 7, n. 10, p. 40-55, 2016.

LOCKHART, Washington. Las guerras civiles. *In:* EDITORES REUNIDOS. *Enciclopedia Uruguaya*. Montevideo: Editorial Arca, 1968. t. 11.

LOPES, Marcos Antonio. O direito divino dos reis: para uma história da linguagem política no antigo regime. *Síntese Nova Fase*, v. 19, n. 57, p. 223-248, 1992.

LOPES, Marcos Antonio. *Para ler os clássicos da história intelectual*: um guia historiográfico. Rio de Janeiro: Ed. FGV, 2002.

LUCA, Tânia Regina de. História dos, nos e por meio dos periódicos. *In:* PINSKY, Carla Bassanezi (org.). *Fontes históricas*. 2. ed., 1. reimp. São Paulo: Contexto, 2008. p. 111-153.

MÄDER, Maria Elisa. Civilização, barbárie e as representações espaciais da nação nas Américas no século XIX. *História Unisinos*, v. 12, n. 3, p. 262-270, set./dez. 2008.

MAÍZ, Claudio (org.). *El ensayo latinoamericano*: revisiones, balances y proyecciones de un género fundacional. Mendoza: Facultad de Filosofía y Letras, U. Cuyo, 2010.

MAÍZ, Claudio. Las re(d)vistas latinoamericanas y las tramas culturales: redes de difusión en el romanticismo y el modernismo. *In:* COSTA, Adriane Vidal; MAÍZ, Claudio (org.). *Nas tramas da "cidade letrada"*: sociabilidade dos intelectuais latino-americanos e as redes transnacionais. Belo Horizonte: Fino Traço, 2018. p. 131-151.

MANSILLA, H. C. F. La ensayística latinoamericana como filosofía política. *Ciencia y Cultura*, n. 38, p. 59-82, jun. 2017.

MARIANI, Alba. Principistas y doctores. *Enciclopedia Uruguaya*. Montevideo: Editorial Arca, 1968.

MARTIN, Hervé. Michelet e a apreensão "total" do passado. *In:* BOURDÉ, Guy; MARTIN, Hervé (org. em colaboração com Pascal Balmand). *As escolas históricas*. Tradução de Fernando Scheibe. Belo Horizonte: Autêntica Editora, 2018. p. 143-163. (Coleção História e Historiografia).

MARX, Karl. *Crítica da filosofia do direito de Hegel*. Tradução de Rubens Enderle e Leonardo de Deus. 2. ed. rev. São Paulo: Boitempo, 2010.

MELLO, Celso D. de Albuquerque. *Curso de direito internacional público*. 12. ed. rev. e aum. Rio de Janeiro: Renovar, 2000. v. 1.

MENESES, Martha V. Santos. As ideias políticas de Francisco Bilbao: entre a influência intelectual francesa e as especificidades hispano-americanas. *Temporalidades*, v. 4, n. 1, p. 113-136, jan./jul. 2012.

MIRANDA, Marcella. A teoria da soberania de Thomas Hobbes. *Revista 7 Mares*, n. 3, p. 128-144, out. 2013.

MITRE, Antonio. *O dilema do centauro*: ensaios de teoria da história e pensamento latino-americano. Belo Horizonte: Editora UFMG, 2003.

MOLINA, Diego A. Sarmiento e o romantismo no Rio da Prata. *Estudos Avançados*, v. 27, n. 77, p. 333-348, 2013.

MOLINA, Eugenia. Sociabilidad y redes político-intelectuales: algunos casos entre 1800 y 1852. *CILHA*, año 12, n. 14, p. 19-54, 2011.

MONTERO BUSTAMANTE, Raúl. Prólogo. *In*: RAMÍREZ, Carlos María. *Páginas de historia*. Montevideo: Ministerio de Educación y Cultura, 1978. (Colección de Clásicos Uruguayos, v. 152).

MONTESA, Salvador (org.). *Literatura y periodismo*: la prensa como espacio creativo. España: Publicaciones del Congreso de Literatura Española Contemporánea, 2003.

MORAÑA, Mabel. Revistas culturales y mediación letrada en América Latina. *Outra Travessia*, p. 67-74, 2. sem. 2003. Disponível em: https://periodicos.ufsc. br/index.php/Outra/article/view/13093. Acesso em: 23 jun. 2022.

MORELLI, Federica. Entre el antiguo y el nuevo régimen: la historia política hispanoamericana del siglo XIX. *Historia Crítica*, n. 33, p. 122-155, ene./jun. 2007.

MOSCATELLI, Renato. História intelectual: a problemática da interpretação de textos. *In*: LOPES, Marcos Antônio (org.). *Grandes nomes da história intelectual*. São Paulo: Contexto, 2003. p. 48-59.

MYERS, Jorge. A revolução de independência no Rio da Prata e as origens da nacionalidade argentina (1806-1825). *In*: PAMPLONA, Marco A.; MÄDER, Maria Elisa (org.). *Revoluções de independências e nacionalismos nas Américas*: Região do Prata e Chile. São Paulo: Paz e Terra, 2007. p. 69-130.

MYERS, Jorge. Clío filósofa: los inicios del discurso histórico rioplatense (1830-1852). *Varia Historia*, Belo Horizonte, v. 31, n. 56, p. 331-364, maio/ago. 2015.

MYERS, Jorge. El letrado patriota: los hombres de letras hispanoamericanos en la encrucijada del colapso del imperio español en América. *In*: ALTAMIRANO,

Carlos (dir.). *Historia de los intelectuales en América Latina*. Buenos Aires: Katz, 2008. v. 1, p. 121-143.

MYERS, Jorge. La revolución en las ideas: la generación romántica de 1837 en la cultura y en la política argentinas. *In*: GOLDMAN, Noemi (org.). *Revolución, república, confederación*: 1806-1852. 2. ed. Buenos Aires: Sudamericana, 2005. p. 381-445.

MYERS, Jorge. Los intelectuales latinoamericanos desde la colonia hasta inicio del siglo XX. *In*: ALTAMIRANO, Carlos (dir.). *Historia de los intelectuales en América Latina*. Buenos Aires: Katz, 2008. v. 1, p. 29-50.

MYERS, Jorge. Músicas distantes. Algumas notas sobre a história intelectual hoje: horizontes velhos e novos, perspectivas que se abrem. *In*: NORONHA DE SÁ, Maria Elisa (org.). *História intelectual latino-americana*: itinerários, debates e perspectivas. Rio de Janeiro: Ed. PUC-Rio, 2016. p. 23-56.

NASCIMENTO, Alcileide. Na trama da Revolução Francesa com Jules Michelet. *Saeculum*: Revista de História, n. 8/9, p. 143-15, jan./dez. 2002-2003. Disponível em: https://periodicos.ufpb.br/ojs2/index.php/srh/article/view/11282/6396. Acesso em: 20 abr. 2020.

NEGRETTO, Gabriel L. Repensando el republicanismo liberal en América Latina. Alberdi y la Constitución argentina de 1853. *In*: RIVERA, José Antonio Aguilar; ROJAS, Rafael (org.). *El republicanismo en Hispanoamérica*: ensayos de historia intelectual y política. México: Fondo de Cultura Económica, 2002. p. 210-243.

NERHOT, Patrick. No princípio era o direito... *In*: BOUTIER, Jean; JULIA, Dominique (org.). *Passados recompostos*: campos e canteiros da história. Tradução de Marcella Mortara e Anamaria Skinner. Rio de Janeiro: Editoria UFRJ: Editora FGV, 1998. p. 91-103.

NICOLETE, Roberta K. *Quando a política caminha na escuridão*: um estudo sobre interesse e virtude n'A democracia na América de Tocqueville. 2012. Dissertação (Mestrado) – Universidade de São Paulo, 2012.

NICOLETE, Roberta K. Soromenho. Da doutrina do interesse bem compreendido n'A democracia na América. *Araucaria*: Revista Iberoamericana de Filosofía, Política, Humanidades y Relaciones Internacionales, año 21, n. 42, p. 449-474, 2. sem. 2019. Disponível em: https://revistascientificas.us.es/index.php/araucaria/article/view/10800/9497. Acesso em: 23 jun. 2022.

NOIRIEL, Gérard. Repensar o Estado-nação: elementos para uma análise sócio--histórica. *Revista Ler História*, Lisboa, n. 41, p. 39-54, 2001.

ODDONE, Juan Antonio. *El principismo del Setenta*: una experiencia liberal en el Uruguay. Montevideo: Universidad de la República Oriental del Uruguay, 1956.

ODDONE, Juan; ODDONE, Blanca París. *Historia de la Universidad de la República*: la Universidad vieja, 1849-1885. 2. ed. Montevideo: Ediciones Universitárias, 2010. t. 1. Originalmente publicado em 1963.

ODDONE, Juan; ODDONE, Blanca París. *Historia de la Universidad de la República*: la Universidad del militarismo a la crisis, 1885-1958. 2. ed. Montevideo: Universidad de la República/Departamento de Publicaciones, 2010 [1971]. t. 2.

PADOIN, Maria Medianeira. O "direito natural e das gentes" e o federalismo no processo de independência na América. *Anos 90*, Porto Alegre, v. 20, n. 37, p. 115-136, jul. 2013.

PALACIOS, Guillermo. El "otro" en el centro de lo "propio": visiones de la alteridad en los nacionalismos iberoamericanos tempranos. *In*: BEIRED, José Luis Bendicho; CAPELATO, Maria Helena; PRADO, Maria Lígia Coelho (org.). *Intercâmbios políticos e mediações culturais nas Américas*. Assis; São Paulo: FCL/Assis-UNESP Publicações: Laboratório de Estudos de História das Américas – FFLCH/USP, 2010. p. 419-440.

PALTI, Elías José.; COSTA, Adriane Vidal. Prefácio: os lugares das ideias na América Latina. *In*: PALTI, Elías J.; COSTA, Adriane Vidal (org.). *História intelectual e circulação de ideias na América Latina nos séculos XIX e XX*. Belo Horizonte: Fino Traço, 2021. p. 5-11.

PALTI, Elías José. *El tiempo de la política*: el siglo XIX reconsiderado. Buenos Aires: Siglo XXI Editores, 2007a.

PALTI, Elías José. La nueva historia intelectual y sus repercusiones en América Latina. *História Unisinos*, v. 11, n. 3, p. 297-305, set./dez. 2007b. Disponível em: http://revistas.unisinos.br/index.php/historia/article/view/5908/3092. Acesso em: 23 jun. 2022.

PALTI, Elías José. Historia de ideas e historia de lenguajes políticas: acerca del debate en torno a los usos de los términos "pueblo" y "pueblos". *Varia Historia*, Belo Horizonte, v. 21, n. 34, p. 325-343, jul. 2005. Disponível em: https://www.scielo.br/j/vh/a/ZpL83bgMVppXjqqRtqHNMHz/?format=pdf&lang=es. Acesso em: 23 jun. 2022.

PALTI, Elías José. Ideas, conceptos, metáforas: la tradición alemana de historia intelectual y el complejo entramado del lenguaje. *Res Publica*, n. 25, p. 227-248, 2011. Disponível em: https://revistas.ucm.es/index.php/RPUB/article/view/47815/44748. Acesso em: 20 jun. 2021.

PALTI, Elías José. Koselleck y la idea de *Sattelzeit*: un debate sobre modernidad y temporalidad. *Ayer*, v. 1, n. 53, p. 63-74, 2004.

PALTI, Elías José. *La nación como problema*: los historiadores y la cuestión nacional. Buenos Aires: Fondo de Cultura Económica de Argentina, 2002.

PALTI, Elías José. Las polémicas en el liberalismo argentino: sobre virtud, republicanismo y lenguaje. *In*: RIVERA, José Antonio Aguilar; ROJAS, Rafael (org.). *El republicanismo en Hispanoamérica*: ensayos de historia intelectual y política. México: Fondo de Cultura Económica, 2002. p. 167-209.

PALTI, Elías José. Temporalidade e refutabilidade dos conceitos políticos. *Revista da Faculdade de Direito da UFRGS*, Porto Alegre, n. 35, p. 4-23, dez. 2016. Disponível em: https://seer.ufrgs.br/index.php/revfacdir/article/view/70284/39717. Acesso em: 23 jun. 2022.

PANIZZA, Francisco. El liberalismo y sus "otros": la construcción del imaginario liberal en el Uruguay (1850-1930). *Cuadernos del CLAEH*, Montevideo, v. 14, n. 50, p. 31-44, 1989.

PARÍS DE ODDONE, M. Blanca. Presencia de Artigas en la Revolución del Río de la Plata (1810-1820). *In*: FREGA, Ana; ISLAS, Ariadna (org.). *Nuevas miradas en torno al artiguismo*. Montevideo: FHCE/UDELAR, 2001. p. 65-85.

PATIÑO, Roxana. América Latina: literatura e crítica em revista(s). Tradução de Cristiano Silva de Barros. *In*: SOUZA, Eneida Maria de; MARQUES, Reinaldo (org.). *Modernidades alternativas na América Latina*. Belo Horizonte: Editora UFMG, 2009. p. 456-468.

PEREIRA, Affonso Celso Thomaz. *A terceira margem do Prata*: Alberdi, Sarmiento e a conformação do discurso republicano na imprensa chilena, 1841-1852. 2015. Tese (Doutorado) – Universidade de São Paulo, São Paulo, 2015.

PÉREZ PERDOMO, Rogelio. Los juristas como intelectuales y el nacimiento de los estados nacionales en América Latina. *In*: ALTAMIRANO, Carlos (dir.). *Historia de los intelectuales en América Latina*. Buenos Aires: Katz, 2008. v. 1, p. 168-183.

PICCATO, Pablo. A esfera pública na América Latina: um mapa da historiografia. *Revista Territórios & Fronteiras*, Cuiabá, v. 7, n. 1, p. 6-42, jan./jun. 2014.

PIMENTA, João Paulo G. A independência do Brasil como uma revolução: história e atualidade de um tema clássico. *História da Historiografia*, Ouro Preto, n. 3, p. 53-82, set. 2009.

PIMENTA, João Paulo G. Província Oriental, Cisplatina, Uruguai: elementos para uma história da identidade oriental (1808-1828). *In*: PAMPLONA, Marco A.; MÄDER, Maria Elisa (org.). *Revoluções de independências e nacionalismos nas Américas*: região do Prata e Chile. São Paulo: Paz e Terra, 2007. p. 27-55.

PIMENTA, João Paulo G.; ARAÚJO, Valdei Lopes. História. *In*: FERES JÚNIOR, João (org.). *Léxico da história dos conceitos políticos do Brasil*. Belo Horizonte: EdU-FMG, 2014. p. 103-120.

POCOCK, John. *Linguagens do ideário político*. Tradução de Fábio Fernandez. São Paulo: EDUSP, 2003.

PRADO, Maria Lígia. *A formação das nações latino-americanas*. 3. ed. São Paulo: Atual; Campinas: Editora da Universidade Estadual de Campinas, 1987.

PRADO, Maria Lígia; PELLEGRINO, Gabriela. *História da América Latina*. 3. reimp. São Paulo: Contexto, 2018.

PRADO, Maria Lígia Coelho. *América Latina no século XIX*: tramas, telas e textos. 2. ed., 1. reimp. São Paulo: EDUSP, 2014.

PRADO, Maria Lígia Coelho. Leituras políticas e circulação de ideias entre a França e as Américas: Francisco Bilbao e a Revue des Deux Mondes. *In*: BEIRED, José Luis Bendicho; CAPELATO, Maria Helena; PRADO, Maria Lígia Coelho (org.). *Intercâmbios políticos e mediações culturais nas Américas*. Assis: FCL-Assis-UNESP/LEHA-USP, 2010. p. 193-205.

PRADO, Maria Lígia Coelho. O artista entre a história, a política e a pintura: retratando a independência no século XIX. *e-l@tina:* Revista Electrónica de Estudios Latinoamericanos, Buenos Aires, v. 7, n. 25, p. 13-27, out./dez. 2008.

PRADO, Maria Lígia Coelho. Uma introdução ao conceito de identidade. *In*: BARBOSA, Carlos Alberto Sampaio; GARCIA, Tânia da Costa (org.). *Cadernos de Seminário Cultura e Política nas Américas*. Assis: FCL-Assis-UNESP Publicações, 2009. v. 1, p. 66-71.

RAMA, Ángel. *La ciudad letrada*. Montevideo: Arca, 1998.

RAMAGLIA, Dante. Modernidad cultural y políticas del lenguaje en la historia del pensamiento latinoamericano. *In*: JALIF DE BERTRANOU, Clara Alicia *et al. Actas V Congreso Interoceánico de Estudios Latinoamericanos II Congreso Internacional de Filosofía y Educación en Nuestra América Latina*: movimientos intelectuales, manifiestos y proclamas. Mendoza, Argentina: Instituto de Filosofía Argentina y Americana/ Facultad de Filosofía y Letras/Universidad Nacional de Cuyo, 2016. p. 261-274.

RAMOS, André da Silva. Reinhart Koselleck e a análise das metáforas: sobre as possibilidades para além do conceitual. *Tempo e Argumento*, Florianópolis, v. 11, n. 26, p. 431-455, jan./abr. 2019. Disponível em: encurtador.com.br/gixS5. Acesso em: 17 nov. 2022.

RAMOS, Julio. *Desencontros da modernidade na América Latina*: literatura e política no século XIX. Tradução de Rômulo Monte Alto. Belo Horizonte: Editora UFMG, 2008.

REAL DE AZÚA, Carlos. *El impulso y su freno*: tres décadas de batllismo y las raíces de la crisis uruguaya. Ediciones de la Banda Oriental, 1964.

REAL DE AZÚA, Carlos. *El patriciado uruguayo*. Montevideo: Imprenta Letras, 1961.

REAL DE AZÚA, Carlos. *Los orígenes de la nacionalidad uruguaya*. 2. ed. Montevideo: Arca: Nuevo Mundo, 1991.

RELA, Walter. *Uruguay*: cronología histórica documentada. [*S. l.: s. n.*], [19--]. t. 3.

REMOND, René. Do político. *In*: REMOND, René (org.). *Por uma história política*. Tradução de Dora Rocha. 2. ed. Rio de Janeiro: Editora FGV, 2003. p. 441-450.

RIBEIRO, Ana. De las independencias a los Estados republicanos (1810-1850): Uruguay. *In*: FRASQUET, Ivana; SLEMIAN, Andréa (org.). *De las independencias iberoamericanas a los Estados nacionales (1810-1850)*: 200 años de historia. Madrid; Frankfurt am Main: Iberoamericana; Vervuert, 2009. p. 61-87. (Estudios AHILA de Historia Latinoamericana, n. 6).

RIBEIRO, Ana. El largo camino de un concepto migratorio: soberanía. *In*: CAETANO, Gerardo (org.). *Historia conceptual*: voces y conceptos de la política oriental (1750-1870). Montevideo: EBO, 2013. p. 135-152.

RIBEIRO, Ana. Orden y desorden: salud y enfermedad social em tempos de heroísmos fundacionales. *In*: CAETANO, Gerardo (org.). *Historia conceptual*: voces y conceptos de la política oriental (1750-1870). Montevideo: EBO, 2013. p. 115-133.

RICHTER, Melvin. Avaliando um clássico contemporâneo: o Gechichtliche Grundbegriffe e a atividade acadêmica futura. *In*: JASMIN, Marcelo; FERES JÚNIOR, João (org.). *História dos conceitos*: debates e perspectivas. Rio de Janeiro: Editora PUC-Rio: Edições Loyola: IUPERJ, 2006. p. 39-53.

RILLA, José. La tradición contra los partidos en el Uruguay. *História*, São Paulo, v. 1-2, n. 23, p. 161-196, 2004. Disponível em: https://www.scielo.br/j/his/a/jgr5LNSX8Q5rWDPmr9PQgtN/?lang=es&format=pdf. Acesso em: 23 jun. 2022.

RIOUX, Jean-Pierre. A associação em política. *In*: REMOND, René (org.). *Por uma história política*. Tradução de Dora Rocha. 2. ed. Rio de Janeiro: Editora FGV, 2003. p. 99-139.

RIVERA, José Antonio Aguilar. *En pos de la quimera*: reflexiones sobre el experimento constitucional atlántico. México: Fondo de Cultura Económica, 2000.

ROCCA, Pablo. Los destinos de la nación: el imaginario nacionalista en la escritura de Juan Zorrilla de San Martín, Eduardo Acevedo Díaz y su época. *In*: ACHUGAR, Hugo; MORAÑA, Mabel (org.). *Uruguay*: imaginarios culturales. Desde las huellas indígenas a la modernidad. Montevideo: Trilce, 2000.

RODRÍGUEZ PÉRSICO, Adriana. *Un huracán llamado progreso*: utopía y autobiografía en Sarmiento y Alberdi. Washington: Secretaria General de la Organización de los Estados Americanos/OEA, 1993. (Colección INTERAMER).

RODRÍGUEZ, Júlio C. Las montoneras y sus caudillos. *Enciclopedia Uruguaya*. Montevideo: Editorial Arca, 1968.

ROHLING, Marcos. A igualdade e a liberdade em Tocqueville: contribuições para o desenvolvimento da virtude cívica liberal e a tarefa político-pedagógica da democracia. *Em Tese*, Florianópolis, v. 12, n. 1, p. 80-107, jan./jul. 2015. Disponível em: https://periodicos.ufsc.br/index.php/emtese/article/view/1806-5023.2015v12n1p80/29696. Acesso em: 23 jun. 2022.

ROSANVALLON, Pierre. *Por uma história do político*. São Paulo: Alameda, 2010.

SABATO, Hilda. Nuevos espacios de formación y actuación intelectual: prensa, asociaciones, esfera pública (1850-1900). *In*: ALTAMIRANO, Carlos (dir.). *Historia de los intelectuales en América Latina*. Buenos Aires: Katz, 2008. v. 1, p. 387-411.

SABATO, Hilda. *Povo & política*: a construção de uma república. Tradução de Daniel da Silva Becker. Porto Alegre: EdiPUCRS, 2011. (Série História, 59).

SABATO, Hilda. Soberanía popular, ciudadanía y nación en Hispanoamérica: la experiencia republicana del siglo XIX. *Almanack Braziliense*, n. 9, p. 23-40, maio 2009. Disponível em: https://sites.usp.br/ieb/wp-content/uploads/sites/127/2016/07/almanack_09_1322176965.pdf. Acesso em: 23 jun. 2022.

SANSÓN CORBO, Tomás. Cuando el Paraná fue un rubicón: hechos, preguntas y ¿certezas? sobre José Artigas en Paraguay. *In*: SANSÓN CORBO, Tomás *et al*. 200 años del ingreso de José Gervasio Artigas al Paraguay. *Res Gesta*, n. 56, p. 163-169, 2020. Disponível em: https://erevistas.uca.edu.ar/index.php/RGES/article/view/3255. Acesso em: 13 abr. 2022.

SANSÓN CORBO, Tomás. Proceso de configuración del campo historiográfico uruguayo. *História da Historiografia*, n. 6, p. 123-141, mar. 2011a. Disponível em: https://www.historiadahistoriografia.com.br/revista/article/view/204/169. Acesso em: 23 jun. 2022.

SANSÓN CORBO, Tomás. *El espacio historiográfico rioplatense y sus dinámicas*: siglo XIX. La Plata: Publicaciones del Archivo Histórico de la Provincia de Buenos Aires, 2011b.

SANSÓN CORBO, Tomás. Historiografía y nación: una polémica entre Francisco Berra y Carlos María Ramírez. *Anuario del Instituto de Historia Argentina*, año 6, p. 177-199, 2006. Disponível em: http://sedici.unlp.edu.ar/handle/10915/12398. Acesso em: 23 jun. 2022.

SANSÓN CORBO, Tomás. La historiografía colonial y los fundamentos de la tesis independentista clásica en Uruguay. *Anuario del Instituto de Historia Argentina*, n. 12, p. 1-26, 2012. Disponível em: http://sedici.unlp.edu.ar/handle/10915/33819. Acesso em: 23 jun. 2022.

SANSÓN CORBO, Tomás. Un debate rioplatense sobre José Artigas (1884). *Anuario del Instituto de Historia Argentina*, n. 4, p. 187-216, 2004.

SANTOS, Afonso Carlos Marques dos. Nação e história: Jules Michelet e o paradigma na historiografia do século XIX. *Revista de História [da] USP*, n. 144, p. 151-180, 2001. Disponível em: https://www.revistas.usp.br/revhistoria/article/view/18913/20976. Acesso em: 23 jun. 2022.

SANTOS, Murilo Angeli dos. *O conceito de justiça em Thomas Hobbes e suas consequências jusfilosóficas*. Dissertação (Mestrado em Filosofia) – Universidade São Judas Tadeu, 2007.

SARLO, Beatriz. Intelectuales y revistas: razones de una práctica. *América*: Cahiers du CRICCAL, n. 9-10, p. 9-16, 1992. Disponível em: https://www.persee.fr/doc/ameri_0982-9237_1992_num_9_1_1047. Acesso em: 23 jun. 2022.

SCHEIDT, Eduardo. Debates historiográficos acerca de representações de nação na região platina. *Revista Eletrônica da ANPHLAC*, n. 5, p. 1-26, 2006. Disponível em: https://revista.anphlac.org.br/anphlac/article/view/1369/1240. Acesso em: 23 jun. 2022.

SCHEIDT, Eduardo. Representações da Revolução Americana no ideário de Francisco Bilbao. *Estudos Ibero-Americanos*, v. 36, n. 1, p. 48-66, jan./jun. 2010. Disponível em: https://revistaseletronicas.pucrs.br/ojs/index.php/iberoamericana/article/view/7853/pdf. Acesso em: 23 jun. 2022.

SEBASTIÁN, Javier Fernández. *Historia conceptual en el Atlántico ibérico*: lenguajes, tiempos, revoluciones. Madrid: Fondo de Cultura Económica, 2021.

SILVA, Helenice Rodrigues da. A história intelectual em questão. *In*: LOPES, Marco Antônio (org.). *Grandes nomes da história intelectual*. São Paulo: Contexto, 2003. p. 15-25.

SILVA, Helenice Rodrigues da. *Fragmentos da história intelectual*: entre questionamentos e perspectivas. Campinas: Papirus, 2002.

SILVA, Luiz Gustavo Teixeira da. Laicidade do Estado no Uruguai: considerações a partir do debate parlamentar sobre o aborto (1985-2016). *Religião e Sociedade*, Rio de Janeiro, n. 38, v. 2, p. 53-84, 2018. Disponível em: https://www.scielo.br/j/rs/a/88ZXnzC3nTKfBnFpfmFpFwQ/?lang=pt. Acesso em: 23 jun. 2022.

SILVEIRA, Mariana de Moraes. *Desloca(liza)r o direito*: intercâmbios, projetos partilhados e ações públicas de juristas (Argentina e Brasil, 1917-1943). 2018. Tese (Doutorado em História Social) – Universidade de São Paulo, 2018.

SIRINELLI, Jean-François. A geração. *In*: FERREIRA, Marieta de Morais Ferreira; AMADO, Janaína (coord.). *Usos & abusos da história oral*. Rio de Janeiro: Editora da Fundação Getulio Vargas, 1996. p. 131-137.

SIRINELLI, Jean-François. As elites culturais. *In*: RIOUX, Jean Pierre; SIRINELLI, Jean-Francois. *Para uma história cultural*. Lisboa: Editorial Estampa, 1998. p. 259-279.

SIRINELLI, Jean-François. Os intelectuais. *In*: REMOND, René. *Por uma história política*. Tradução de Dora Rocha. 2. ed. Rio de Janeiro: Editora FGV, 2003. p. 231-262.

SKINNER, Quentin. *As fundações do pensamento político moderno.* São Paulo: Companhia das Letras, 1996.

SKINNER, Quentin. Significado y comprensión en la historia de las ideas. Tradução de Horacio Pons. *Prismas*: Revista de Historia Intelectual, n. 4, p. 149-191, 2000. Disponível em: https://ridaa.unq.edu.ar/bitstream/handle/20.500.11807/2628/Prismas04_argumentos04.pdf?sequence=1&isAllowed=y. Acesso em: 23 jun. 2022.

SKINNER, Quentin. *Visões da política*: sobre os métodos históricos. Lisboa: Algés: DIFEL, 2005.

SMITH, Anthony D. O nacionalismo e os historiadores. *In*: BALAKRISHNAN, Gopal (org.). *Um mapa da questão nacional*. Rio de Janeiro: Contraponto, 2000. p. 185-208.

SOLER, Letícia. *Historiografia uruguaya contemporánea (1985-2000)*. Montevideo: Ediciones Trilce, 2000.

SOLODKOW, David. Racismo y nación: conflictos y (des)armonías identitarias en el proyecto nacional sarmientino. *Decimonónica*, v. 2, n. 1, p. 95-121, 2005. Disponível em: https://centroafrobogota.com/attachments/article/4/Racismo%20y%20nacio%CC%81n%20conflictos%20y%20desarmoni%CC%81as%20identitarias%20en%20el%20proyecto%20nacional%20sarmientino,%20David%20Solodkow.pdf. Acesso em: 23 jun. 2022.

SOMMER, Doris. *Ficções de fundação*: os romances nacionais da América Latina. Tradução de Glaucia Gonçalves e Eliana Lourenço de Lima Reis. Belo Horizonte: Editora UFMG, 2004.

SORDI, Gabriel. O historiador Alexandre Dumas, defensor do Uruguai. *In*: ENCONTRO INTERNACIONAL DA ANPHLAC, 9., 2010, UFG. *Anais* [...]. p. 1-22. Disponível em: http://antigo.anphlac.org/sites/default/files/Sordi%20G.pdf. Acesso em: 10 abr. 2020.

SOUZA, Marcos Alves de. *A cultura política do "batllismo" no Uruguai (1903-1958)*. São Paulo: Annablume: FAPESP, 2003.

STARLING, Heloisa Murgel. A matriz norte-americana. *In*: BIGNOTTO, Newton (org.). *Matrizes do republicanismo*. Belo Horizonte: Editora UFMG, 2013. p. 231-314.

STARLING, Heloisa Murgel. *Ser republicano no Brasil Colônia*: a história de uma tradição esquecida. São Paulo: Companhia das Letras, 2018.

STEUDEMAN, Michael J. Horace Mann, the necessity of education in a Republican government. *Voices of Democracy*, n. 8, p. 1-22, 2013.

STEWART, Watt; FRENCH, William Mashall. The influence of Horace Mann on the educational ideas of Domingo Faustino Sarmiento. *Hispanic American Historical Review*, v. 1, n. 20, p. 12-31, 1940.

STOLLEIS, Michael. Entrevista com Michael Stolleis: os caminhos da história do direito. *Cadernos do Programa de Pós-Graduação Direito/UFGRS*, v. 9, n. 2, p. 1-19, 2014. Disponível em: https://seer.ufrgs.br/index.php/ppgdir/article/view/52795/32848. Acesso em: 23 jun. 2022.

TAYLOR, Charles. O que significa secularismo? *In*: ARAÚJO, Luiz Bernardo Leite; MARTÍNEZ, Marcela Borges; PEREIRA, Taís Silva (org.). *Esfera pública e secularismo*: ensaios de filosofia política. Rio de Janeiro: EdUERJ, 2012. p. 157-195.

TEDESCO, Juan Carlos; ZACARÍAS, Ivana. Presentación. *In*: SARMIENTO, Faustino Domingo. *Educación popular*. La Plata: UNIPE: Editorial Universitaria, 2011. p. 9-25.

TEIXEIRA, Maria Juliana Gambogi. Jules Michelet: um historiador às voltas com a crítica literária. *Cadernos Literários*, v. 23, n. 1, p. 83-98, 2015. Disponível em: https://periodicos.furg.br/cadliter/article/view/5488/5894. Acesso em: 23 jun. 2022.

TEIXEIRA, Maria Juliana Gambogi. Michelet, teórico do romance. *ALEA*, Rio de Janeiro, v. 19/3, p. 618-635, set./dez. 2017. Disponível em: https://www.scielo.br/j/alea/a/gGRfCDpPsKWc9yfCwHcn8Kc/?format=pdf&lang=pt. Acesso em: 23 jun. 2022.

TERNAVASIO, Marcela. *Los juegos de la política*: las independencias hispanoamericanas frente a la contrarrevolución. Buenos Aires: Siglo Veintiuno Editores, 2021.

TERRA, Mano. *A influência do gaucho na cultura de três países*. [*S. l.: s. n.*], [20??]. Disponível em: https://inrcbage.files.wordpress.com/2011/09/terra-v-vai.pdf. Acesso em: 14 abr. 2020.

THIESSE, Anne-Marie. Ficções criadoras: as identidades nacionais. *Anos 90*, Porto Alegre, n. 15, p. 7-23, 2001/2002.

URUGUAY. *Constitución de la República Oriental del Uruguay*. Montevideo: Imprenta del Comercio del Plata, 1829.

VELASCO, Francisco Quijano. *Las repúblicas de la monarquía*: pensamiento constitucionalista y republicano en Nueva España, 1550-1610. México: Universidad Nacional Autónoma de México/Instituto de Investigaciones Históricas, 2017.

VILLA, Oscar Jorge; MENDIVE, Gerardo. *La prensa y los constituyentes en el Uruguay de 1830*: fundamentos técnicos, económicos y sociales. Montevideo: Impresora Cordón: Biblioteca Nacional, 1980/1981.

VILLEGAS, Juan S. J. La actividad educativa de la Iglesia en el Uruguay hasta José Pedro Varela. *Punto 21*, Montevideo, v. 3, n. 2, p. 49-59, ago. 1977.

VIOLA, Francesco. Derecho de gentes antiguo y contemporáneo. Tradução de Isabel Trujillo. *Persona y Derecho*, n. 51, p. 165-189, 2004.

VOVELLE, Michel. *A Revolução Francesa explicada à minha neta*. Tradução de Fernando Santos. São Paulo: Editora UNESP, 2007.

WALBY, Sylvia. A mulher e a nação. *In*: BALAKRISHNAN, Gopal. *Um mapa da questão nacional*. Tradução de Vera Ribeiro. Rio de Janeiro: Contraponto, 2000. p. 249-269.

WASSERMAN, Claudia. História intelectual: origem e abordagens. *Tempos Históricos*, v. 19, p. 63-79, 1. sem. 2015.

WASSERMAN, Claudia. Percurso intelectual e historiográfico da questão nacional e identitária na América Latina: as condições de produção e o processo de repercussão do conhecimento histórico. *Anos 90*, Porto Alegre, n. 18, p. 99-123, dez. 2003.

WASSERMAN, Fabio. *Conocimiento histórico y representaciones del pasado en el Río de la Plata (1830-1860)*. 2004. Tesis (Doctorado en Historia) – Universidad de Buenos Aires, Buenos Aires, 2004.

WASSERMAN, Fabio. El concepto de nación y las transformaciones del orden político en Iberoamérica (1750-1850). *In*: SEBÁSTIAN, Javier Fernández (dir.). *Diccionario político y social iberoamericano*. Madrid: Fundación Carolina; Sociedad Estatal de Conmemoraciones Culturales; Centro de Estudios Políticos y Constitucionales, 2009. p. 851-869.

WASSERMAN, Fabio. *Formas de identidad política y representaciones de la nación en el discurso de la Generación de 1837*. Tesis (Licenciatura en Historia) – Universidad de Buenos Aires (UBA), Buenos Aires, 1996.

WASSERMAN, Fabio. Historia – Río de la Plata. *In*: SEBÁSTIAN, Javier Fernández (dir.). *Diccionario político y social iberoamericano*. Madrid: Fundación Carolina;

Sociedad Estatal de Conmemoraciones Culturales; Centro de Estudios Políticos y Constitucionales, 2009. p. 580-592.

WINTER, Murilo Dias. Debates nas esferas públicas: transformações da opinião na imprensa periódica da província Cisplatina (1821-1828). *Revista Latino-Americana de História [da] /PPGH-UNISINOS*, v. 3, n. 10, p. 24-43, ago. 2014.

WOLKMER, Antonio Carlos; BRAVO, Efendy Emiliano Maldonado; FAGUNDES, Lucas Machado. Historicidade crítica do constitucionalismo latino-americano e caribenho. *Revista Direito e Práxis*, v. 8, n. 4, p. 2.843-2.881, 2017. Disponível em: https://www.scielo.br/j/rdp/a/xMcbGxqpwk8QfxnvCxXgv3r/abstract/?lang=pt. Acesso em: 23 jun. 2022.

ZERMEÑO PADILLA, Guillermo. Historia, experiencia y modernidad en Iberoamérica, 1750-1850. *In*: SEBÁSTIAN, Javier Fernández (dir.). *Diccionario político y social iberoamericano*. Madrid: Fundación Carolina; Sociedad Estatal de Conmemoraciones Culturales; Centro de Estudios Políticos y Constitucionales, 2009. p. 551-579.

ZUBILLAGA, Carlos. Breve panorama da imigração maciça no Uruguai (1870-1931). *In*: FAUSTO, Boris. *Fazer a América*: a imigração em massa para a América Latina. São Paulo: EDUSP, 2000. p. 420-460.

ZUM FELDE, Alberto. *Proceso histórico del Uruguay*. Montevideo: Arca, 1967.